Beck-Wirtschaftsberater:
Lexikon des Personalmanagements

W0048231

Beck-Wirtschaftsberater:
Lexikon des Personalmanagements

Von Professor Dr. Fred G. Becker

Deutscher
Taschenbuch
Verlag

Originalausgabe

Gedruckt auf säurefreiem Papier; hergestellt aus chlorfrei gebleichtem Zellstoff
November 1994
Redaktionelle Verantwortung: Verlag C. H. Beck, München
Umschlaggestaltung: Fuhr & Wolf Design-Agentur, Frankfurt a. M.
Satz: primustype Robert Hurler GmbH, Notzingen
Druck und Bindung: C. H. Beck'sche Buchdruckerei, Nördlingen
ISBN 3 423 05872 2 (dtv)
ISBN 3 406 38774 8 (C. H. Beck)

Vorwort

Dieses Lexikon ist eine umfassende und in sich konsistente Darstellung des gesamten Bereichs eines betrieblichen Personalmanagements. Die Stichwortwahl basiert auf einem recht weiten Verständnis personalwirtschaftlich relevanter Fragen. So finden sich Stichworte mit motivations-, führungs- und organisationstheoretischen Aspekten über vielfältige Instrumente und Methoden der betrieblichen Personalarbeit bis hin zu arbeitsrechtlichen Fragen. Dadurch erscheint einigermaßen gewährleistet, daß die Zielgruppen des Lexikons, v. a. Studenten der Betriebswirtschaftslehre an Universitäten wie Fachhochschulen und Personalverantwortliche in Betrieben, aber auch sonstige an personalwirtschaftlichen Problemen Interessierte (in der Fortbildung u. ä.) zumindest einen ersten Einblick in alle personalwirtschaftlich relevanten Fragestellungen erhalten. Der Umfang der Stichworte ist aufgrund eigener Interessenlagen und Arbeitsgebiete, aktueller Probleme und/oder struktureller Gründe uneinheitlich. Daher ist von kurzen, überblicksartigen Informationen bis hin zu relativ ausführlichen Texten vieles vorzufinden. Häufig sind den Stichworten *Literaturhinweise* angefügt, die interessierten Lesern weitergehende, nicht aber unbedingt mit den Stichworttexten voll übereinstimmende Informationen bieten. Dabei wurde Übersichtsartikeln und Lehrbüchern (v. a. meines akademischen Lehrers, Prof. Dr. *Jürgen Berthel*) i. d. R. der Vorzug gegeben. Dies erleichtert eine eventuelle Beschaffung der Literatur.

Das Lexikon wäre in der vorliegenden Form und zum jetzigen Zeitpunkt nicht ohne die Mithilfe einer Vielzahl engagierter wie kompetenter Helfer erschienen. Bewundernswert fand ich die stoische Ruhe, mit der *Constanze Neukirch* die vielfältigen Texte erfaßt sowie Ergänzungen, Veränderungen, Korrekturen, Streichungen, Verschiebungen usw. immer wieder hingenommen und treffend umgesetzt hat. Meine Mitarbeiter, Dipl.-Kfm. *Heiko Lorson* (als verantwortlicher Koordinator besonders gefordert), Dipl.-Kfm. *Michael Fallgatter*, Dipl.-Kfm. *Hilke Ganslmeier*, Dr. *Bernd Hantke* und *Simone D. Seitz*, MA, haben durch mehrfaches Lesen der Inhalte und durch das Formulieren einzelner Stichworte wesentlich zur Vielfältigkeit, Genauigkeit und Konsistenz der Stichworte beigetragen. Hierbei hat auch cand. rer. pol. *Ivonn Bartmann* geholfen; ebenso wie sie waren die studentischen Hilfskräfte stud. rer. pol. *Susanne Bohne*, stud. rer. pol. *Sven Günther* und stud. rer. pol. *Kati Orzechowski* für vielfältiges und genaues Korrekturlesen zuständig. Die Abbildungen und Tabellen wurden gemeinsam von *Constanze Neukirch* und *Susanne Bohne* ideenreich angefertigt. Ihnen allen sei an dieser Stelle für ihre oft doch über das übliche Maß hinausgehende Arbeit sehr herzlich gedankt.

Dank sagen möchte ich zuletzt noch Herrn Dipl.-Volksw. *Hermann Schenk* vom Verlag C. H. Beck für die verläßliche Zusammenarbeit.

Jena, im Juli 1994   *Fred G. Becker*

Benutzerhinweise

1. Um einen schnellen Zugriff zu ermöglichen, wurden alle Stichwörter alphabetisch geordnet. Dies gilt auch für zusammengesetzte Begriffe. Somit erscheint jedes Stichwort i. d. R. unter seinem Anfangsbuchstaben, z. B. „Fachkraft für Arbeitssicherheit", „Normatives Entscheidungsmodell von Vroom/Yetton". Die Umlaute ä, ö, ü wurden bei der alphabetischen Einordnung wie die Grundlaute a, o, u behandelt.
2. Verweispfeile dienen den Lesern zur weitergehenden Information. Einmal verweisen sie von Stichwörtern ohne Begriffsklärung auf diejenigen Stichwörter, wo eine entsprechende Begriffserläuterung erfolgt. Weiterhin verweisen sie auf Stichwörter, die für den entsprechenden Zusammenhang eine wichtige Rolle spielen. Schließlich stellen sie die Begriffsverbindung innerhalb einer Stichworthierarchie her.
3. Geläufige Synonyme werden jeweils am Anfang eines Stichwortes aufgeführt. Querverweise erlauben in jedem Fall das Auffinden der entsprechenden Begriffserläuterung.
4. Die Begriffe „Mitarbeiter" und „Arbeitnehmer" werden im Lexikon synonym verwendet.
5. Der Begriff „Betrieb" wird als Oberbegriff für alle soziotechnischen Systeme im Arbeitsleben vorrangig verwendet. Lediglich in Fragen der Mitbestimmung gilt die dort übliche Differenzierung in Unternehmung und Betrieb.
6. Die angegebene Literatur gibt einen ersten, weitergehenden Überblick über das jeweilige Stichwort.

A

Abfindung

Klagt ein → Arbeitnehmer gegen eine sozial ungerechtfertigte → Kündigung beim Arbeitsgericht (→ Arbeitsgerichtsbarkeit) und stellt das Gericht fest, daß das → Arbeitsverhältnis durch die Kündigung nicht aufgelöst ist, dem Arbeitnehmer jedoch die Fortsetzung des Arbeitsverhältnisses nicht zuzumuten ist, so hat das Gericht (nach → Kündigungsschutzgesetz) auf Antrag des Arbeitnehmers das Arbeitsverhältnis aufzulösen und den → Arbeitgeber zur Zahlung einer angemessenen Abfindung zu verurteilen. Als Abfindung ist dabei ein Betrag von bis zu 12 Monatsverdiensten (→ Entgelt) festzusetzen. Hat der Arbeitnehmer das 50. Lebensjahr vollendet und hat das Arbeitsverhältnis mindestens 15 Jahre bestanden, so ist ein Betrag bis zu 15 Monatsverdiensten, hat der Arbeitnehmer das 55. Lebensjahr vollendet und hat das Arbeitsverhältnis mindestens 20 Jahre bestanden, so ist ein Betrag bis zu 18 Monatsverdiensten festzusetzen. Als Monatsverdienst gilt dabei, was dem Arbeitnehmer bei der für ihn maßgeblichen regelmäßigen → Arbeitszeit in dem Monat, in dem das Arbeitsverhältnis endet, an Geld und Sachbezügen zusteht. Diese Regelung gilt nicht für → Leitende Angestellte. Hier werden eventuelle Abfindungen frei ausgehandelt, manchmal mit sehr hohen Beträgen (→ Goldener Fallschirm).

Abgangsgespräch (→ Mitarbeitergespräch)

Abmahnung

Die Abmahnung ist eine schriftliche oder mündliche Rüge vertragswidrigen Verhaltens, womit ein → Arbeitgeber einem → Arbeitnehmer die Unrechtmäßigkeit seines Tuns vorhält, ihn zur ordnungsgemäßen Vertragserfüllung auffordert und für den Wiederholungsfall arbeitsrechtliche Konsequenzen (z. B. → Versetzung oder → Kündigung) androht. In manchen Fällen ist sie Voraussetzung für eine rechtlich einwandfreie Kündigung.

Abrufvertrag (→ KAPOVAZ)

Abschlußprovision

Bei der Abschlußprovision handelt es sich um ein → Entgelt, das gemäß HGB jeder bei einem Geschäftsabschluß – auch ohne Verabredung – fordern kann, der in Ausübung seines Handelsgewerbes einer anderen Person Geschäfte besorgt oder Dienste leistet. Beispielhaft zu nennen sind der Abschluß von Versicherungen, Lagerung von Sachen und die Bewilligung eines Kredites. Daneben kann die Abschlußprovision auch als ein variables Entgelt für Vertriebsmitarbeiter angeboten werden.

Absentismus

Unter Absentismus ist eine spezielle Verhaltensweise von → Arbeitnehmern im Zusammenhang mit → Fehlzeiten zu verstehen. Absentismus entspricht dem motivational bedingten, durch den Arbeitnehmer entscheidbaren Entschluß zur Abwesenheit, sog. motivationsbedingte Fehlzeiten. Sie sind nicht durch medizinische Gründe (z. B. Krankheit, Mutterschutz) oder durch vertragliche Regelungen (z. B. → Urlaub) zu erklären. Dem Absentismusproblem im speziellen wie auch dem Fehlzeitenproblem im generellen wird in der betrieblichen Praxis erhebliche Bedeutung zugesprochen, da mit ihm erhebliche Personalkosten durch → Überstunden, Aushilfen oder → Personalleasing entstehen. Absentismus ist allerdings auch als Indikator für eine unzureichende → Mitarbeiterführung zu deuten.

Lit.: Nieder 1992

Abteilungsversammlung

Eine Abteilungsversammlung ist nach → Betriebsverfassungsgesetz eine Form der → Betriebsversammlung, die für → Arbeitnehmer durchzuführen ist, die organisatorisch oder räumlich abgegrenzten Betriebsteilen angehören und wenn dies für die Erörterung der besonderen Belange der Arbeitnehmer erforderlich ist. Liegen die Voraussetzungen vor, so hat der → Betriebsrat in jedem Kalenderjahr zwei Betriebsversammlungen als Abteilungsversammlungen durchzuführen.

Action Learning

Action Learning (AL) ist eine Personalentwicklungsmethode der → Führungskräfteentwicklung im Rahmen des → Training-off-the-job. Die Teilnehmer von AL-Programmen (v. a. Nachwuchsmanager) werden für einen längeren Zeitraum (meist länger als sechs Monate) von ihrem Arbeitsplatz freigestellt und bearbeiten während dieser Zeit in einem anderen Bereich oder Betrieb im Rahmen einer Projektgruppe ein konkretes Problem von der Analyse bis zur Umsetzung der Maßnahmen. Die Entwicklung der → Qualifikation erfolgt durch die direkte Konfrontation mit realen, schwierig zu lösenden Problemen in neuen Situationen und durch die Zusammenarbeit mit anderen Personen. Als → Lernorte fungieren: der neue, temporäre Arbeitsplatz, die Projektgruppe sowie Vorbereitungs- und Unterstützungskurse.

Lit.: Berthel 1991

Änderungskündigung

Eine Änderungskündigung liegt nach → Kündigungsschutzgesetz dann vor, wenn der → Arbeitgeber ein bestehendes → Arbeitsverhältnis einseitig kündigt, dem → Arbeitnehmer aber gleichzeitig im Zusammenhang mit der → Kündigung die Fortsetzung des Arbeitsverhältnisses zu geänderten Arbeitsbedingungen (z. B. → Umsetzung auf einen hierarchisch bzw. inhaltlich niedriger bewerteten Arbeitsplatz) anbietet. Der Arbeitnehmer hat die Wahl, ob er die → Kündigungsschutzklage erheben will oder ob er die Änderungskündigung annimmt. Dabei kann der Arbeitnehmer das Angebot unter dem Vorbehalt annehmen, daß die Änderung der → Arbeitsbedingungen nicht sozial ungerechtfertigt ist. Dieser Vorbehalt muß innerhalb der → Kündigungsfrist, spätestens jedoch innerhalb von drei Wochen nach Zugang der Kündigung dem Arbeitgeber gegenüber erklärt werden.

Äquivalenzprinzip

Das Äquivalenzprinzip besagt, daß die Höhe des → Entgeltes der Leistung eines Mitarbeiters entsprechen soll. Äquivalenz von Entgelt und Leistung herstellen bedeutet dabei speziell, Äquivalenz von Entgelt- und Anforderungsgrad sowie von Entgelt- und Leistungsgrad herbeizuführen. Dies gilt deshalb, weil → Leistung Leistungsvollzug und Leistungsergebnis meint, der Vollzug durch den Anforderungsgrad der Verrichtung bestimmt ist und das Ergebnis von der Leistungsanstrengung abhängt.

Akkordlohn

Unter dem Akkordlohn ist ein Entlohnungsgrundsatz zu verstehen, bei dem der Lohn (→ Entgelt) für gewerbliche → Arbeitnehmer i. d. R. anforderungs- und leistungsabhängig differenziert wird. Die erbrachte, notwendigerweise individuell beeinflußbare Mengenleistung ist unmittelbare Bemessungsgrundlage des Entgelts. Bei der Berechnung des

Akkordlohnes wird von einem normalen Stundenverdienst ausgegangen, den ein Arbeitnehmer bei normaler Leistung (→ Normalleistung) erreichen soll. Häufig wird hierauf noch ein sog. *Akkordzuschlag* als Ausgleich für die entstehenden Belastungen hinzugerechnet, so daß sich als Akkordbasis für die Berechnung ein sog. *Akkordrichtsatz* ergibt. Der Akkordlohn tritt in *zwei Erscheinungsformen* auf, die sich in der Art und Weise der Lohnverrechnung unterscheiden:

- Bei der historisch älteren Form des Akkords, dem sog. *Stückakkord* (synonym: Geldakkord), wird pro Leistungseinheit (i. d. R. pro Stück) ein bestimmter Geldbetrag unmittelbar vorgesehen. Steht die normale Leistungsmenge (bzw. Stückmenge) je Stunde fest, so kann der Richtsatz durch die Anzahl der in der Stunde normalerweise erstellbaren Stücke dividiert werden. Damit ergibt sich der Geldbetrag je Stück, der dem Stücklöhner vorgegeben wird. Da in diesem Fall die Vorgabe unmittelbar in einem Geldbetrag je Stück erfolgt, spricht man auch vom Geldakkord. Die Geldeinheiten je Mengeneinheit werden in Verhandlungen zwischen Betrieb und → Betriebsrat festgelegt. Der Stückakkordlohn ergibt sich dann aus der Multiplikation der produzierten Mengen mit den Geldeinheiten. Für den *Betrieb* gelten folgende Vorteile: eine Minderleistung trifft auch den Mitarbeiter, die Entgeltkosten pro

Stück sind in etwa konstant und erleichtern die Kalkulation; sowie folgende Nachteile: die Zeitvorgabe ist nicht unmittelbar zu erkennen; wegen eventuellen Qualitätsverschlechterungen wird eine stärkere Qualitätskontrolle notwendig; bei Tarifvertragsänderungen sind neue Verhandlungen um die Höhe der Geld- bzw. Mengeneinheiten notwendig. Für die *Mitarbeiter* ergeben sich folgende Vorteile: die Mehrleistung kommt auch ihnen zugute und eine höhere Selbst- statt Fremdkontrolle; sowie v. a. folgender Nachteil: Tendenz zur Überforderung.

• Die moderne Form des Akkords, die die skizzierten Nachteile zu vermeiden sucht, ist der *Zeitakkord*. Bei ihm werden zwei Elemente getrennt berücksichtigt: Zum einen die pro Stück erforderliche Zeit in Minuten (*Zeitfaktor*, Normalminuten oder Vorgabezeit) und zum anderen der auf Basis des Akkordrichtsatzes pro Minute zu verdienende Geldbetrag (*Geldfaktor* oder Minutenfaktor). Diese Zeit wird mit Hilfe von Verfahren zur Arbeitszeitermittlung systematisch erfaßt. Die monatliche Entgelthöhe ergibt sich dann aus der Multiplikation der Leistungsmenge mit dem Zeitfaktor und dem Geldfaktor. Ebenso wie beim Stückakkord wird auch hier die individuelle Leistung anhand der Menge der tatsächlich erstellten Stücke erfaßt. Doch wird dem Arbeitnehmer für das Stück nicht ein fester Geldbetrag, sondern gewissermaßen auf indirektem Wege stattdessen die damit zusammenhängende Normalzeit je Stück in Minuten gutgeschrieben. Vielfach legen Tarifverträge die Einzelheiten fest. Der Zeitakkord hat gegenüber dem Stückakkord manche *Vorteile*: Einmal bewirkt die Zeitvorgabe, daß der Arbeitnehmer nur beim Zeitakkord genau über die Normgröße im Bilde ist, die man seiner Leistung zugrunde gelegt hat. Zudem braucht bei Lohnsatzänderungen nur der Geldfaktor geändert zu werden.

Der *Gruppenakkord* als eine spezifische Variante des Akkordlohns zeichnet sich dadurch aus, daß Vorgabezeit, Minutenfaktor und Stücklohn für eine Gruppe von Mitarbeitern ermittelt werden. Probleme ergeben sich in der angemessenen Verteilung des Akkordentgelts auf die einzelnen Gruppenmitglieder, ganz besonders bei unterschiedlicher Leistungsfähigkeit.

Lit.: Theis 1992

Akkordschere

Akkordschere bedeutet, daß man beim → Akkordlohn bei hohen Akkordentgelten eine für den → Arbeitnehmer ungünstigere Norm (→ Normalleistung) festlegt, um das → Entgelt der Arbeitnehmer zu beschneiden. Die Akkordschere kann heute nicht mehr in Erscheinung treten, weil es heutzutage allgemein anerkannt und auch in den meisten → Tarifverträgen festgeschrieben ist, daß die ermittelte Normalleistung so lange gültig bleibt, wie keine Änderung an den Betriebsanlagen, Werkstoffen oder Arbeitsverfahren eingetreten ist und die neue Vorgabe aufgrund einer neuen, einwandfreien Normalgrößenbestimmung vorgenommen wurde.

Aktionsforschung

Im Rahmen der Aktionsforschung als einer Methode der empirischen Sozialforschung und der betrieblichen → Personalforschung wird versucht, die Problemerkennung wie die Maßnahmen zu dessen Lösung zusammen mit Betroffenen zu erarbeiten. Gegenüber der üblichen Forschungsmethodik unterscheidet sich die Aktionsforschung v. a. dadurch, daß der untersuchte Personenkreis nicht allein Objekt, sondern vorwiegend Subjekt der Forschung ist. Ziel ist zudem nicht die Hypothesenüberprüfung, sondern die praktische Veränderung. Ein einbezogener Forscher übernimmt eine Doppelrolle, die des Wissenschaftlers und die des Veränderers. Die Betroffenen werden in alle Phasen verantwortlich einbezogen. In der Literatur wird die Aktionsforschung vielfach kritisch bewertet.

Lit.: Wächter 1992, Nieder 1993

Allgemeinverbindlichkeitserklärung von Tarifverträgen

Der Bundesminister für Arbeit und Sozialordnung kann gemäß → Tarifvertragsgesetz einen → Tarifvertrag im Einvernehmen mit einem aus je drei Vertretern der → Spitzenorganisation der → Arbeitgeber und der → Arbeitnehmer bestehenden Ausschuß auf Antrag einer → Tarifvertragspartei für allgemeinverbindlich erklären, wenn einerseits die tarifgebundenen Arbeitgeber nicht weniger als 50 % der unter den Geltungsbereich des Tarifvertrages fallenden Arbeitnehmer beschäftigen und zum anderen die Allgemeinverbindlichkeitserklärung im öffentlichen Interesse geboten erscheint. Mit der Allgemeinverbindlichkeitserklärung erfassen die Rechtsnormen des Tarifvertrages für die Dauer seiner Gültigkeit in seinem Geltungsbereich auch die ansonsten nicht tarifgebundenen Arbeitgeber und Arbeitnehmer. Vor der Entscheidung ist den am Ausgang des Verfahrens interessierten → Gewerkschaften und → Arbeitgeberverbänden sowie den obersten Arbeitsbehörden der Länder, auf deren Bereich sich der Tarifvertrag erstreckt, Gelegenheit zur schriftlichen Stellungnahme sowie zur Äußerung in einer mündlichen und schriftlichen Verhandlung zu geben. Erhebt die oberste Arbeitsbehörde eines beteiligten Landes Einspruch gegen die beantragte Allgemeinverbindlichkeitserklärung, so kann der Bundesminister für Arbeit und Sozialordnung dem Antrag nur mit Zustimmung der Bundesregierung stattgeben. Der Bundesminister kann der obersten Arbeitsbehörde eines Landes für einzelne Fälle das Recht zur Allgemeinverbindlichkeitserklärung sowie zur Aufhebung der Allgemeinverbindlichkeit übertragen.

Altersstruktur

Unter der Altersstruktur versteht man die zahlenmäßige Verteilung der gesamten Belegschaft eines Betriebs nach Altersstufen („Alterspyramide"). Diese Verteilung der Belegschaft auf einzelne Belegschaftsgruppen ist sinnvoll für die Analyse und Prognose des → Personalbestandes sowie somit der → Personalbedarfsermittlung. Die *Altersstatistik* dient dabei einerseits der Ermittlung von Abgängen wegen Erreichung der Altersgrenze und andererseits der Überwachung der Altersstruktur. Die Altersstruktur sollte idealerweise ein möglichst ausgewogenes Verhältnis zwischen älteren und jüngeren → Arbeitnehmern in den einzelnen Bereichen und Berufsgruppen aufweisen, um relativ konstante Personalaufwendungen (→ Personalkosten), → Personalbeschaffungen u. a. zu haben.

Lit.: Nienhüser 1991

Altersteilzeitgesetz (Gesetz zur Förderung eines gleitenden Übergangs älterer Arbeitnehmer in den Ruhestand – AltersteilzeitG)

Das AltersteilzeitG soll den Übergang vom Arbeitsleben in den Ruhestand erleichtern (→ Pensionierung) und flexibilisieren (→ Arbeitszeitflexibilisierung). Das Gesetz sieht u. a. vor, daß → Arbeitnehmer nach Vollendung des 58. Lebensjahres ihre tarifliche regelmäßige Wochenarbeitszeit um die Hälfte reduzieren können, wenigstens jedoch 18 Wochenstunden durchschnitt-lich arbeiten. Der → Arbeitgeber muß die Vergütung für die Altersteilzeit um mindestens 20 % aufstokken und Beiträge zur gesetzlichen → Rentenversicherung auf die Differenz zwischen dem → Entgelt für Altersteilzeit und 90 % der Vollarbeitszeit zahlen. Er muß weiterhin einen Arbeitslosen einstellen. Altersteilzeitwünsche von mehr als 5 % der Arbeitnehmer seines Betriebes muß er nach dem Gesetz nicht berücksichtigen. Liegen die genannten Voraussetzungen vor, so erstattet die → Bundesanstalt für Arbeit den Aufstockungsbetrag und den Rentenversicherungsbeitrag.

Altersversorgung (→ Betriebliche Altersversorgung)

Anforderungen

Unter Anforderungen (synonym: Qualifikationsanforderungen, Arbeitsanforderungen) sind Soll-Vorstellungen über diejenigen menschlichen → (Leistungs-)Voraussetzungen zu verstehen, die von einer spezifischen Aufgabenstellung im situativen Kontext ausgehen und die von einem → Stelleninhaber erfüllt sein müssen, um diese Aufgabe hinreichend bewältigen zu können. Sie stellen das Bindeglied zwischen Stellen- und Personenmerkmalen dar. Von daher ist es nur sinnvoll, solche Anforderungen bzw. Anforderungsarten zu formulieren, die auch als persönliche Qualifikationsmerkmale (→ Qualifikation) festgestellt werden können. Ein Versuch zu einer

Anforderungsmerkmale	Bewertung				
	1	2	3	4	5
Belastbarkeit		●			
Zuverlässigkeit			●		
Initiative			●		
Ausdauer				●	
Sozialverhalten		●			

Beispielhaftes Anforderungsprofil (Ausschnitt)

solchen Klassifizierung stellt das → Genfer Schema dar.

Lit.: Berthel 1991

Anforderungsanalyse (→ Arbeitsplatzanalyse)

Anforderungsbewertung (→ Arbeitsbewertung)

Anforderungskriterien

In der Regel müssen personalwirtschaftliche Instrumente (z. B. → Leistungsbeurteilungen, → Entgeltsysteme) bestimmten, auf die Zielvorstellungen und die Situation von den Entscheidungsträgern festgelegten Anforderungen genügen. Diese Anforderungen werden aus einer Vielzahl an prinzipiell möglichen Faktoren ausgewählt und letztlich als Anforderungskriterien definiert, um sowohl die Auswahl bzw. Gestaltung eines Instruments wie auch dessen nachträgliche Bewertung systematisch zu ermöglichen.

Lit.: Becker, W. 1980

Anforderungsprofil

Mit einem Anforderungsprofil werden verschiedene → Anforderungen an die → Qualifikation eines Mitarbeiters als Gegenstück zum → Qualifikationsprofil für eine Stelle visuell dargestellt. Dazu werden zunächst die Anforderungen analytisch differenziert in einzelne, für wichtig erachtete Kriterien. Die Bedeutung der einzelnen Anforderungsmerkmale für einen bestimmten Arbeitsplatz wird danach in ihren jeweiligen Ausprägungen in der Abbildung zum Anforderungsprofil beispielhaft veranschaulicht.

Lit.: RKW-Handbuch 1990

Anforderungsprognose

Vor allem im Rahmen der → Potentialbeurteilung, der → Personalentwicklung sowie der → Personalbedarfsermittlung bedarf es neben der

Angestellte

→ Anforderungsanalyse der Prognose der zukünftigen → Anforderungen, die von Stellen zu bestimmten späteren Zeitpunkten vermutlich ausgehen werden. Die im Rahmen einer solchen Anforderungsprognose ermittelten Informationen bieten dann eine Basis, um gezielter → Eignungen prüfen bzw. Maßnahmen zur → Qualifizierung und zur → Personalbeschaffung durchführen zu können. Allerdings unterliegen diese Prognosen mannigfaltigen Unsicherheiten. Diskontinuierliche, unstete Prozesse führen zu schwer vorhersehbaren → Arbeitssituationen und insofern zu unterschiedlichen Anforderungen. Als teilweiser Ausweg bietet sich die Anwendung des Konzepts der → extrafunktionalen Qualifikationen an.

Lit.: RKW-Handbuch 1990, Berthel 1991

Angestellte

Nach → Betriebsverfassungsgesetz (BetrVG) sind Angestellte solche → Arbeitnehmer (im Gegensatz zu → Arbeitern), die eine nach → Angestelltenversicherungsgesetz und die hierzu erlassenen Vorschriften über die Versicherungspflicht der Angestellten als Angestelltentätigkeit bezeichnete Beschäftigung ausüben, auch wenn sie nicht versicherungspflichtig sind. Als Angestellte gelten dabei auch diejenigen Beschäftigten, die sich in → Berufsausbildung zu einem Angestelltenberuf befinden sowie die in → Heimarbeit Beschäftigten, die in der Hauptsache für den Betrieb Angestelltentätigkeit verrichten. Angestellte gehören i. d. R. der → Rentenversicherung für Angestellte an und haben gemäß BetrVG eine eigene Vertretung im → Betriebsrat und in den anderen Organen der → Mitbestimmung. Man differenziert inhaltlich in Betrieben oft in: *technische Angestellte* (z. B. Vorarbeiter, Meister, Techniker, Laborant, Ingenieur u. ä.), *kaufmännische Angestellte* (z. B. Bürogehilfe ohne und mit Abschluß, Bürokaufmann, Industriekaufmann bzw. Bank-, Versicherungs-, Einzelhandels-, Großhandelskaufmann etc., Fachwirt, Diplom-Kaufmann u. ä.) und → *Leitende Angestellte*. Angestellte erhalten i. d. R. monatlich einen festen → Zeitlohn bzw. ein Grundgehalt (→ Entgelt).

Angestelltenkündigungsschutzgesetz (Gesetz über die Fristen für die Kündigung von Angestellten - AngKSchG)

Das AngKSchG hatte gesetzliche → Kündigungsfristen für ältere bzw. länger beschäftigte → Angestellte zum Inhalt. Das Gesetz ist durch das Kündigungsfristengesetz (→ Kündigungsfrist) aufgehoben worden.

Angestelltenversicherungsgesetz (AVG)

Das AVG hatte die gesetzliche → Rentenversicherung der → Angestellten zum Inhalt. Es regelte v. a. die Aufgaben des Versicherungsträgers, den Kreis der Versicherten, die Leistungen aus der Versicherung, die Aufbringung der Mittel und das Beitragsverfahren. Das Gesetz wurde durch die entsprechenden Regelungen im → Sozialgesetzbuch abgelöst.

Anhörungsrecht des Betriebsrates
(→ Betriebliche Mitbestimmung)

Anhörungs- und Erörterungsrecht der Arbeitnehmer

Im Rahmen der → betrieblichen Mitbestimmung berechtigt das → Anhörungs- und Erörterungsrecht des → Betriebsverfassungsgesetzes → Arbeitnehmer, zu Maßnahmen des → Arbeitgebers, die sie betreffen, Stellung zu nehmen sowie Vorschläge zur Gestaltung des Arbeitsplatzes und des Arbeitsablaufs zu machen. Darüber hinaus können sie verlangen, daß ihnen die Berechnung und Zusammensetzung ihres jeweiligen → Entgelts erläutert sowie die Beurteilung ihrer → Leistungen (→ Leistungsbeurteilung) und die betrieblichen Entwicklungsmöglichkeiten (→ Karriereplanung) erörtert werden. Zur ordnungsgemäßen Wahrung des Anhörungs- und Erörterungsrechtes hat der Arbeitgeber die Gründe für seine Maßnahmen mitzuteilen und Stellungnahmen entgegenzunehmen. Ein Mitglied des → Betriebsrates kann durch die Arbeitnehmer hinzugezogen werden. Es ist dabei zu Stillschweigen verpflichtet.

Anlernausbildung

Unter einer Anlernausbildung wird die → Qualifizierung eines → Arbeitnehmers im Rahmen einer betrieblichen → Ausbildung v. a. durch → Unterweisung am Arbeitsplatz für ein i. d. R. enges Fachgebiet verstanden. Sie bietet sich an, wenn die Arbeitsplätze zumindest so kompliziert auszufüllen sind, daß sich eine einfache Unterweisung als unzureichend herausstellt, eine umfassende → Berufsausbildung aber unnötig ist. Die Anlernausbildung ist insofern von kurzer Dauer, auf die speziellen → Anforderungen eines Arbeitsplatzes zugeschnitten und nicht mit einem staatlichen Abschluß verbunden. Den Arbeitnehmern vermittelt sie neben speziellen Fertigkeiten auch den Zugang zu besser bezahlten Stellen.

Lit.: Conradi 1983, Berthel 1991

Anpassungsfortbildung

Die Anpassungsfortbildung stellt eine bestimmte inhaltliche Richtung der → Fortbildung dar. Von ihr wird gesprochen, wenn die → Qualifikation der Mitarbeiter einer technischen, wirtschaftlichen, organisatorischen und/oder sozialen Veränderung reaktiv oder antizipativ – bei i. d. R. gleichem Arbeitsplatz – anzupassen ist. Damit soll ein beruflicher Abstieg oder sogar ein Ausscheiden aus dem erlernten Beruf vermieden werden, d. h. Zielsetzung ist die Erhaltung der horizontalen Mobilität. Zu unterscheiden hiervon ist die → Aufstiegsfortbildung.

Anreiz-Beitrags-Theorie

Nach der Anreiz-Beitrags-Theorie wird ein Mitarbeiter bei freier Wahl

Anreize

des Arbeitsplatzes seine Mitgliedschaft und sein leistungsorientiertes Verhalten in einem Betrieb beibehalten bzw. steigern, wenn und solange sein Anreiznutzen (alle materiellen und immateriellen → Belohnungen, die die Person von einem Betrieb erhält; → Anreizsystem) den Beitragsnutzen (Kosten für die Beiträge bzw. maximaler Anreizwert der Belohnung, die die Person bei einer anderen oder weniger intensiven Tätigkeit erwarten könnte) übersteigt bzw. ihm entspricht. Die Mitarbeiter setzen demnach ihre Teilnahme im Betrieb nur solange fort, wie die gebotenen → Anreize gleich groß oder größer sind als die geforderten Beiträge. Der Beitragsnutzen bestimmt die Mindesthöhe der anzubietenden Anreize. Für Betriebe ergibt sich die Notwendigkeit, den erwarteten individuellen Leistungsbeiträgen ein Anreizangebot mit Hilfe von betrieblichen Anreizsystemen gegenüberzustellen, das den Mitarbeitervorstellungen zumindest entspricht und sich von konkurrierenden Betrieben abhebt. Im Betrieb werden die Beiträge der Mitarbeiter u. a. in Anreize transformiert, die dann wiederum an die Teilnehmer zurückfließen. Ein Betrieb befindet sich im Gleichgewicht, wenn die Beiträge ausreichen, Anreize in einem solchen Ausmaß anzubieten, daß die Mitarbeiter ihre Beitragsleistung fortsetzen. Die Anreiz-Beitrags-Theorie unterstellt dabei vereinfachend, daß Personen in der Lage sind, Anreize und Beiträge in einer einzigen Nutzengröße zusammenzufassen und zur Grundlage ihres Verhaltens zu erheben.

Lit.: Nick 1974, Berger/Bernhard-Mehlich 1993

Anreize

Bei einem Anreiz (synonym: Stimulus) handelt es sich um jenen Teil der wahrgenommenen Situation, der bei einem Individuum bestehende → Motive (und Motivation) aktiviert, → Belohnungen anbietet und letztendlich Verhalten auslösen soll (→ Leistungsdeterminantenkonzept). Voraussetzung ist die Kompatibilität der Anreize und der individuellen Motive. Die möglichen Anreize zur Stimulierung können in vielfältiger Weise klassifiziert werden:

● nach dem *Objekt* in materielle und immaterielle Anreize. *Materielle Anreize* (synonym: finanzielle bzw. monetäre Anreize) umfassen neben dem direkten → Entgelt alle solchen Gegenleistungen eines Betriebes, die einen materiellen Wert haben, v. a. Sicherungs- und Versorgungssysteme, Werkswohnung, Kredithilfen u. a. m. *Immaterielle Anreize* lassen sich nicht direkt „messen". Ihnen kommt ein immaterieller Wert zu. Differenzieren kann man sie in Anreize durch die Arbeit selbst (Autonomie, Identität, Anforderung, Sinn u. ä.), soziale Anreize (Kollegen- und Vorgesetztenverhalten) und Anreize des inner- und außerbetrieblichen Umfeldes (Image, Prestige u. ä.).

- nach den *Quellen* in intrinsische und extrinsische Anreize. *Extrinsische Anreize* sind mehr umwelt- und weniger tätigkeitsabhängig. Für bestimmte i. d. R. gewünschte Verhaltensweisen und Ergebnisse werden sie einem Mitarbeiter von seiner Umwelt in materieller und immaterieller Form gewährt. *Intrinsische Anreize* ergeben sich jeweils unmittelbar aus den Tätigkeiten eines Mitarbeiters in Form persönlicher Erfolgs- und Mißerfolgserlebnisse.
- nach den *Ansprechpartnern* in individuelle, gruppenbezogene und betriebsweite Anreize.

Darüber hinaus lassen sich die Anreize nach spezifischen *Steuerungszwecken* und *Zielgruppen* differenzieren, z. B.: operative und strategische Anreize, Anpassungs- und Innovationsanreize, Anreize für Führungskräfte, Sachbearbeiter u. a. m. Die einzelnen Differenzierungen lassen sich dabei weiter untergliedern. Weithin die meiste Beachtung haben die beiden erstgenannten Klassifizierungen erhalten.

Lit.: Rüttinger u. a. 1974, Wiswede 1980, Becker, F. G. 1990, Schanz 1991

Anreizsystem

Unter betrieblichen Anreizsystemen wird die Summe aller bewußt gestalteten → Arbeitsbedingungen verstanden, die direkt oder indirekt bestimmte Verhaltensweisen zielgerichtet verstärken, die Wahrscheinlichkeit des Auftretens anderer dage- gen vermindern sollen. Sie bedienen sich dabei einerseits verschiedener positiv wie negativ wirkender → Anreize bzw. → Belohnungen (auch: positive und negative → Sanktionen) sowie andererseits einer Reihe von Elementen, die deren Ermittlung und Zuteilung betreffen (z. B. → Beurteilungskriterien, → Leistungsprinzip, → Leistungsbeurteilung). Mit dem Angebot eines Wirkungsverbundes von Anreizen und der Gewährung von Belohnungen wird versucht, die Mitarbeiter zu mehr oder weniger bestimmten Arbeits- und → Leistungsverhalten anzuregen. Der gesamte Betrieb gilt dabei als Anreizsystem. So wird die Gesamtheit der von anderen Beschäftigten oder vom Betrieb gewährten materiellen und immateriellen Anreize (materielles und immaterielles Anreizsystem), die für den Anreizempfänger einen subjektiven Wert besitzen, erfaßt. Ein solch umfassendes Anreizsystem ist ein fiktives Gebilde. Es löst sich in den einzelnen Subsystemen der → Führungskonzeption (v. a. Planungs-, Organisations-, Kontroll-, Informations-, Personalsystem) auf, falls bei deren sachgerechter Gestaltung auch die Anreizwirkung der jeweilig angestrebten Subsystemstruktur mit als Nebenbedingung beachtet wird. Oft wird allerdings - insbes. im Alltag - auch eine engere Definition des Anreizsystems bis hin zur Reduzierung auf ein → Entgeltsystem vorgenommen. Dieses Entgeltsystem stellt aber lediglich die materielle Komponente des Anreizsystems dar. Wenn-

Elemente des betrieblichen Anreizsystems

Materielles Anreizsystem (Entgeltsystem)		**Immaterielles Anreizsystem**
obligatorisches	*fakultatives*	* Planungssystem * Personalsystem (v. a. Aus- und Weiterbildung, Karrieresystem, Aufgaben- strukturierung)
* Festgehalt (v. a. nach Gehaltsgruppen, Arbeitsbewertung, Qualifikation) * Sozialleistungen * (Leistungs-) Zulagen * variables Entgelt (Bonus, Tantieme etc.)	* Erfolgs- beteiligung * Kapital- beteiligung	* Informations- und Kommunikationssystem * Organisationssystem * unternehmungspolitischer Rahmen (Organisations- kultur, Identität)

Elemente eines betrieblichen Anreizsystems

gleich diese Elemente i. d. R. häufiger diskutiert werden, kommt der immateriellen Komponente letztlich eine stärkere Wirkung zu. Die Abbildung gibt einen Überblick über die *Elemente eines betrieblichen Anreizsystems*.

Im einzelnen kommen Anreizsystemen v. a. folgende *Funktionen* zu:

- *Aktivierungsfunktion*. Die Mitarbeitermotive sollen aktiviert und die kognitiven Komponenten positiv beeinflußt sowie letztendlich in eine aktuell wirkende Motivation umgesetzt werden, um die gesamte Qualifikation der Mitarbeiter besser zu nutzen.

- *Steuerungsfunktion*. Prinzipiell besteht bei verschiedenen Elementen eines Anreizsystems (z. B. variable Entgelte, Karrieresystem) die Möglichkeit, eine direkte Verknüpfung zu betriebli-

chen Zielen vorzunehmen. Anreize können dadurch Art und Intensität des Mitarbeiterverhaltens nachhaltig beeinflussen, indem sie dieses Mitarbeiterverhalten entsprechend positiv oder negativ sanktionieren.

- *Informationsfunktion*. Anreizsysteme vermitteln Informationen über die Strategie, die → Organisationskultur u. a. Es werden explizit formulierte wie auch hintergründige Signale gesendet, die den Mitarbeitern vermitteln, was angesehen ist oder nicht und entsprechend positiv bzw. negativ sanktioniert wird.

- *Veränderungsfunktion*. Im Rahmen von Veränderungsstrategien (→ Organisationsentwicklung) können Anreizsysteme dazu genutzt werden, veränderte Anforderungen an die Mitarbeiter zu verdeutlichen.

Anreizsysteme als Bestandteil jedweder Führungskonzeption dienen dabei als Subsystem instrumentell zur Erreichung der betrieblichen Ziele. Es gibt verschiedene Ebenen eines betrieblichen Anreizsystems:

- *Anreizsystem im weitesten Sinne.* Verhaltensbeeinflussende Stimuli gehen stets von den vorhandenen innerbetrieblichen Bedingungen aus. Auf dieser Ebene konstituiert sich ein Anreizsystem unbedingt – bewußt oder unbewußt, gewollt oder ungewollt – durch jede strukturelle, prozessuale und/oder operative Entscheidung sowie deren Umsetzung: Der Betrieb ist ein Anreizsystem!

- *Anreizsystem im weiteren Sinne.* Aus analytischer Sicht vollzieht sich die Führung eines Betriebes innerhalb eines Führungssystems. Es läßt sich entlang der Managementfunktionen in Subsysteme aufspalten: Planungs- und Kontroll-, Organisations- sowie Personal- und Anreizsystem. Diese dienen als → Führungsinstrumente auch mittels zielgerichteter Gestaltung auf die Motivation der Mitarbeiter: Der Betrieb hat ein Anreizsystem!

- *Anreizsystem im engeren Sinne.* Aus der generellen Systemgestaltung werden zeitspezifisch individuelle Anreizpläne abgeleitet, welche sich konkret auf einzelne Mitarbeiter richten: Der Betrieb setzt individuelle Anreizsysteme ein!

I. d. R. sind die zwei letztgenannten Ebenen angesprochen. Sie unterliegen der Gestaltung des Managements. Der Zusammenhang der Anreizsysteme mit anderen Führungssubsystemen macht es notwendig, sich mit den instrumentellen Beziehungen auseinanderzusetzen, denn einzelne Subsysteme lassen sich z. T. *als funktional-äquivalente Führungsinstrumente* verstehen. Funktionale Äquivalenz von Anreizsystemen und Planungs- bzw. Organisationssystemen bedeutet z. B., daß die Funktionen u. U. durch andere Subsysteme erfüllt werden können, da bspw. Anreizsysteme im Prinzip eine Kontroll-, eine Planungs und eine Organisationsfunktion leisten können. Auch die Gestaltung der Subsysteme hat neben ihren anvisierten Zwecken mittel- oder unmittelbare Anreizwirkungen. Gewissermaßen erfolgt die Gestaltung bspw. des Planungs- und Organisationssystems unter anreizpolitischen Maßstäben. Das Anreizsystem wird in der Umsetzung erleichtert oder erschwert, je nachdem, wie gut die jeweils anderen Subsysteme auf die anreizpolitischen Grundsätze abgestimmt sind.

Lit.: Schanz 1991, Weber 1993a, Becker, F. G. 1994a

Anspruchsniveau

Das Anspruchsniveau ist einer der Faktoren des → Leistungsdeterminantenkonzeptes. Es beschreibt Art und Ausmaß der verschiedenen bewußten wie unbewußten → Erwartungen der Mitarbeiter und ist von daher gleichbedeutend mit deren

Anstrengungserwartung

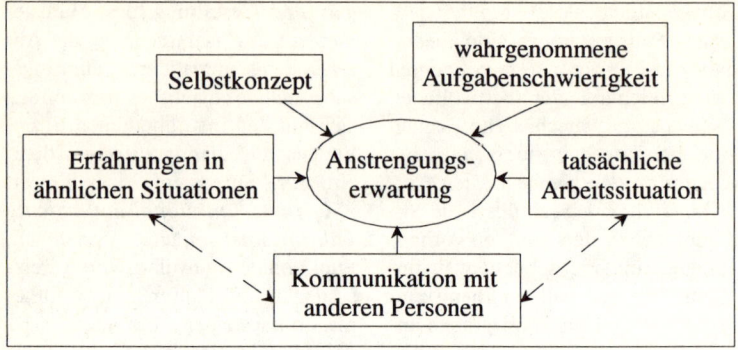

Determinanten der Anstrengungserwartung

konkreten Zielsetzungen. Deren Erreichen führt zu Zufriedenheit, deren Verfehlung zu Unzufriedenheit. Von daher wird der Charakter des Anspruchsniveaus im Rahmen der Selbstbewertung der erreichten → Leistungsergebnisse, des gezeigten → Leistungsverhaltens sowie der erhaltenen und empfundenen → Belohnungen deutlich. Die Höhe des jeweiligen Anspruchsniveaus wird durch vorhergehende Erfahrungen, Sozialisationsprozesse (→ Sozialisation) und Fremderfahrungen bzw. -beobachtungen determiniert. Es steigt bei Zielerreichungen und es sinkt bei Zielverfehlungen, sofern nicht kognitive Verzerrungen (→ Kognition, → Attribution) diesen Prozeß verhindern.

Lit.: Wiswede 1980, Berthel 1991, Schanz 1993

Anstrengungserwartung

Die Anstrengungserwartung stellt ein Konstrukt bzw. eine Determi-

nante im Rahmen des → Leistungsdeterminantenkonzeptes dar und ist eine der beiden motivationalen Komponenten der → Erwartung (neben der → Konsequenzerwartung). Sie steht für die subjektiv angenommene Wahrscheinlichkeit, daß die eigene → Leistung bzw. das zu erwartende → Leistungsergebnis vom eigenen individuellen Einsatz abhängt und erreicht werden kann. Sie kommt zustande, wenn der Einzelne seine Leistung als Folge der Intensität seines Einsatzes, also der eigenen Anstrengung, sieht, sie also nicht auf andere Ursachen zurückführt. Die Abbildung gibt die wesentlichsten Determinanten der Anstrengungserwartung wieder.

Lit.: Wiswede 1980, Berthel 1991

Arbeit

Unter menschlicher Arbeit im weiteren Sinne versteht man den auf wirtschaftliche Zwecke gerichteten Einsatz körperlicher und geistiger Kräf-

14

te von → Arbeitnehmern. Im → Arbeitsrecht hat sich jedoch eine engere Definition der Arbeit herausgebildet. Arbeit wird dort als eine durch individuelle oder kollektive Verträge vereinbarte Tätigkeit verstanden. Viele Probleme menschlicher Arbeit haben sich aus dieser engen, die ökonomische Perspektive betonenden Begriffsauffassung ergeben. Soziale Aspekte bleiben so vernachlässigt.

Lit.: Kerber 1975, Pfeiffer/Dörrie/ Stoll 1977, Antoni 1982, Kreikebaum 1992

Arbeiter

Das → Betriebsverfassungsgesetz definiert Arbeiter als → Arbeitnehmer einschließlich der zu ihrer → Berufsausbildung Beschäftigten, die eine arbeiterrentenversicherungspflichtige Beschäftigung ausüben, auch wenn sie nicht versicherungspflichtig sind. Ihre Tätigkeit ist überwiegend körperlicher Art. Als Arbeiter gelten in diesem Zusammenhang auch die in → Heimarbeit Beschäftigten, die in der Hauptsache für den Betrieb arbeiten. Sie erhalten im Gegensatz zu → Angestellten einen umgangssprachlich so bezeichneten Lohn (→ Entgelt). Man differenziert in Betrieben vielfach in ungelernte Arbeiter, angelernte Arbeiter und Facharbeiter.

Arbeitgeber

Arbeitgeber im arbeitsrechtlichen Sinne ist, wer mindestens einen → Arbeitnehmer beschäftigt. Arbeitgeber können dabei sowohl natürliche als auch juristische Personen sein.

Arbeitgeberverbände

Bei den Arbeitgeberverbänden handelt es sich um Interessenvertretungen der → Arbeitgeber. Sie stellen freiwillige Zusammenschlüsse dieser Betriebe dar, um nach innen sowie gegenüber → Gewerkschaften und der Öffentlichkeit in wirtschaftlichen und sozialen Fragen ihre Interessen zu vertreten. Die Arbeitgeberverbände sind zunächst *regional* (z. B. Vereinigung der Arbeitgeberverbände in Bayern) und dann nach Fachverbänden *branchenorientiert* (z. B. der Verband der Deutschen Automobilindustrie, Arbeitgeberverband des privaten Bankgewerbes) gegliedert. Die Bundesvereinigung der Deutschen Arbeitgeberverbände (BDA) bildet dabei die Dachorganisation. Die *Hauptaufgaben* der Arbeitgeberverbände sind: Verhandlung und Abschluß von → Tarifverträgen mit den Gewerkschaften, Beratung und Vertretung der Arbeitgeber in arbeits- und sozialrechtlichen Fragen, gemeinsame Aus- und Fortbildungsveranstaltungen (→ Bildung), Lobbyismus in Staat und Gesellschaft. Von den Arbeitgeberverbänden zu unterscheiden sind die Wirtschaftsverbände (→ Industrie- und Handelskammer, → Handwerkskammer).

Lit.: Rauscher 1992, Rodenstock 1993

Arbeitnehmer

Im weitesten Sinne sind Arbeitnehmer alle diejenigen Erwerbstätigen, die einem → Arbeitgeber gegenüber zur Arbeitsleistung verpflichtet sind. In einem engeren Sinne versteht das deutsche Recht jedoch unter einem Arbeitnehmer, wer unselbständige Dienstleistungen auf freiwilligcr, privatrechtlicher und vertraglicher Basis im Rahmen der von einem Dritten bestimmten Arbeitsorganisation zu erbringen verpflichtet ist und dabei den Weisungen seines Vertragspartners (→ Direktionsrecht), dem Arbeitgeber, Folge zu leisten hat. Arbeitnehmerschaft liegt insofern vor, wenn die folgenden fünf Kriterien zutreffen: (1) Weisungsgebundenheit durch Fremdbestimmung, (2) Abhängigkeit, (3) Freiwilligkeit, (4) Für einen Dritten und (5) Erwerbszweck. Selbständige sind daher keine Arbeitnehmer, weil sie nicht abhängig beschäftigt sind; auch mithelfende Familienangehörige gelten nicht als Arbeitnehmer, weil sie nicht aufgrund eines Arbeitsverhältnisses, sondern wegen familiärer Beziehungen arbeiten. → Auszubildende, Praktikanten, Volontäre, Wehrpflichtige und Zivildienstleistende gelten in diesem Sinne auch nicht als Arbeitnehmer, weil ihre Beschäftigung in erster Linie keine Erwerbstätigkeit ist. Arbeitnehmer werden in drei große Gruppen eingeteilt: → Arbeiter, → Angestellte und → Leitende Angestellte. Die historisch zu erklärende Unterscheidung insbes. zwischen Arbeiter und Angestellten hat heute v. a. noch Bedeutung für das Sozialversicherungsrecht, für → die betriebliche Mitbestimmung und die→ unternehmerische Mitbestimmung.

Sie wird jedoch vermehrt aus Gründen der Gleichbehandlung aufgegeben.

Lit.: Endruweit 1992

Arbeitnehmererfindung

Nach dem *Patentgesetz* werden zum Patent angemeldete Erfindungen dadurch geschützt, daß allein der Patentinhaber berechtigt ist, die patentierte Erfindung gewerblich zu nutzen. Nach dem *Gebrauchsmustergesetz* gilt entsprechendes für kleinere technische Erfindungen. Dadurch, daß die weitaus meisten Erfindungen von → Arbeitnehmern gemacht werden, bedarf es eines Interessenausgleichs zwischen dem Arbeitnehmer, der die entsprechende Leistung erbracht hat, und dem → Arbeitgeber, der die Betriebsmittel dazu bereitgestellt hat. Das *Arbeitnehmererfindungsgesetz* versucht diesen Interessenausgleich herbeizuführen. Folgende Regelungen gelten:

• Sog. *Diensterfindungen* hat der Arbeitnehmer dem Arbeitgeber unverzüglich mitzuteilen. Bei ihnen handelt es sich um solche Erfindungen, die aus der Tätigkeit des Arbeitnehmers im Betrieb entstanden sind, oder doch maßgeblich auf Erfahrungen oder Arbeiten des Betriebes beruhen. Der Arbeitgeber kann die Erfindung innerhalb von vier Monaten in Anspruch nehmen; die durch die Erfindung entstandenen Persönlichkeitsrechte, z. B. das Recht, als Erfinder genannt zu werden, bleiben dem Arbeitnehmer jedoch erhalten. Wenn der Arbeitgeber die Erfindung nicht in Anspruch nimmt oder wenn er sie ausdrücklich freigibt, kann der Arbeitnehmer mit ihr nach seinem eigenen Gutdünken umgehen. Nimmt der Arbeitgeber die Erfindung in Anspruch, ist er verpflichtet, sie zur Erteilung eines Schutzrechtes (Patent, Gebrauchsmuster) anzumelden. Dem Arbeitnehmer steht eine angemessene Vergütung (→ Entgelt) zu. Deren Höhe wird durch eine Vereinbarung zwischen Arbeitnehmer und Arbeitgeber bestimmt. Sofern kein Vertrag zustandekommt, setzt der Arbeitgeber die Vergütung einseitig fest. Ist der Arbeitnehmer mit der Art und Höhe nicht einverstanden, kann er ein Schiedsverfahren in Gang setzen und später auch zur ordentlichen Gerichtsbarkeit übergehen.

- Die sog. *technischen Verbesserungsvorschläge* (Vorschläge für nichtpatent- oder gebrauchsmusterfähige Neuerungen), welche im Zusammenhang mit der betrieblichen Tätigkeit der Arbeitnehmer stehen, muß der Arbeitnehmer dem jeweiligen Arbeitgeber zur Verfügung stellen. Er erhält dafür eine Vergütung, die sich in ihrer Höhe nach den für die Diensterfindung geltenden Bestimmungen richtet.

Arbeitnehmererfindungsgesetz
(Gesetz über Arbeitnehmererfindungen) (→ Arbeitnehmererfindung)

Arbeitnehmerüberlassung (→ Personalleasing)

Arbeitnehmerüberlassungsgesetz
(Gesetz zur Regelung der gewerbsmäßigen Arbeitnehmerüberlassung - AÜG) (→ Personalleasing)

Arbeitnehmerverbände (→ Gewerkschaften)

Arbeitnehmervertretung (→ Betriebsrat)

Arbeitsamt (→ Bundesanstalt für Arbeit)

Arbeitsanalyse (→ Arbeitsplatzanalyse)

Arbeitsanforderungen (→ Anforderungen)

Arbeitsbedingungen
Bei den Arbeitsbedingungen handelt es sich um solche Faktoren der gesamten → Arbeitssituation, die – als Könnens-Merkmale des → Leistungsdeterminantenkonzepts – die Leistung eines Mitarbeiters wie die des Betriebes in einer bestimmten Situation positiv oder negativ beeinflussen. In der Literatur und Praxis werden Arbeitsbedingungen hinsichtlich ihres Begriffsumfanges unterschiedlich weit definiert. Hier wird eine weite Fassung bevorzugt, weil mit ihr die real wirkenden Determinanten auf → Anforderungen, → Motive und Motivation, → Arbeitszufriedenheit und → Arbeitsproduktivität eher erfaßt werden können. Damit wird die enge Be-

griffsauffassung der → Arbeitswissenschaften überschritten. I. d. R. sind die einzelnen Determinanten weder inhaltlich gleichbleibend noch statisch; sie verändern sich vielmehr in ihrer Art und Ausprägung sowie dementsprechend in ihrer situativen Wirkung. Darüber hinaus sind sie z. T. kontrollierbar und z. T. nicht kontrollierbar. Im Rahmen des → Personalmanagements sind v. a. die Arbeitsbedingungen bei der → Arbeitsplatzanalyse (Bedingungsanalyse), bei der → Leistungsbeurteilung (als → Leistungsbedingungen) sowie bei der → Arbeitsplatzgestaltung zu beachten. Kompliziert wird es bei der jeweiligen Erfassung der gesamten betriebs- und zeitspezifischen Arbeitssituation oder gar bei der Bildung einer sinnvollen konkreten Taxonomie für die jeweils leistungsrelevanten Determinanten eines Arbeitsplatzes. In der Abbildung wird eine allgemein anwendbare, grob differenzierende Taxonomie vorgestellt.

Lit.: Hacker 1986, Krell 1992

Grobtaxonomie von Arbeitsbedingungen		
Sachliche Arbeitsbedingungen		Personelle Arbeitsbedingungen
Endogene Faktoren	Exogene Faktoren	
Endogene Arbeitsbedingungen betreffen solche Faktoren, die im Betrieb selbst vorliegen und von den betriebliche Entscheidungsträgern –wenn auch in unterschiedlichem Ausmaß –direkt beeinflußt werden können. Beispielhaft zu nennen sind: zur Verfügung stehende sachliche (Maschinen, Ausstattung) und finanzielle Ressourcen (Budgets), die Arbeitsorganisation (bspw. Fließ-,	Exogene Arbeitsbedingungen betreffen solche Faktoren, die im außerbetrieblichen Umfeld vorliegen und die Erbringung der Arbeitsleistung wesentlich beeinflussen. Sie beziehen sich bspw. auf konjunkturelle und branchenbezogene Entwicklungen sowie auf singuläre Ereignisse wie z. B. den Konkurs eines Mitwettbewerbers, staatliche Eingriffe und Maßnahmen, die Produkteinführung eines	Personelle Arbeitsbedingungen sind stets endogene Faktoren. Sie beziehen sich auf die zeitspezifische Eignung (Fähigkeiten, Gesundheit, Motive, Arbeitskenntnis u. a.) der anderen im Kombinationsprozeß tätigen Arbeitnehmer, also ständig oder zeitweise beschäftigte Untergebene, Vorgesetzte, Projektmitglieder u. a. Deren Eignung sowie die gemeinsamen internen Interaktionsbeziehungen in

| Werkstatt- oder Insel-fertigung; Formalisie-rung), die Arbeits-platzumgebung (z. B. Klima, Lärm; Groß-raumbüro), betriebs- und personalpoliti-sche Faktoren (z. B. Entgeltformen, Ar-beitszeit; Erfolgs- oder Leistungsprin-zip; organisatorische Regeln), die Aufgaben-gestaltung (Vielfalt, Termindruck, Verant-wortung, Selbständig-keitsgrad, Innova-tionsgrad u. ä.) | Konkurrenten, die Vorgehensweise von Kunden, Lieferanten und anderen externen Interaktionspartnern u. ä. Sie sind i. d. R. kaum kontrollierbar. | ihrer Art und Weise beeinflussen die Lei-stung. Ihre Kontrol-lierbarkeit ist z. T. ein-geschränkt. |

Grobtaxonomie von Arbeitsbedingungen

Arbeitsberatung

Im Rahmen der Arbeitsberatung hat die → Bundesanstalt für Arbeit → Arbeitnehmer und → Arbeitgeber auf deren Wunsch über die Lage auf dem → Arbeitsmarkt, die Entwick-lung in den → Berufen, zu Aspekten der beruflichen → Bildung sowie de-ren Förderung und über die Förde-rung der Arbeitsaufnahme zu infor-mieren. In Fragen der Wahl oder Be-setzung der Arbeitsplätze hat sie zu beraten. Die Arbeitsberatung soll diese Aufgaben auch unabhängig von der → Arbeitsvermittlung und der → Berufsberatung erfüllen.

Arbeitsbereitschaft

Im Rahmen der Arbeitsbereitschaft muß ein → Arbeitnehmer an seiner Arbeitsstelle anwesend bzw. jeder-zeit in der Lage sein, in den Arbeits-prozeß einzugreifen. Die Arbeitsbe-reitschaft zählt zur → Arbeitszeit.

Arbeitsbeschreibungsbogen

Unter einem Arbeitsbeschreibungs-bogen (ABB) nach *Neuberger/Aller-beck* ist ein hochstrukturierter, schriftlicher, universell anwendba-rer Fragebogen zu verstehen, der auf-grund von individuellen Beschrei-bungen der → Arbeitssituation quan-titative Aussagen über die → Arbeits-zufriedenheit der Mitarbeiter erlau-ben soll. Insgesamt 79 Items decken die Bereiche Kollegen, Vorgesetzte, → Arbeitsbedingungen, Tätigkeit, Organisation/Leitung, Entwick-lung, Bezahlung, allgemeine Arbeits-

Arbeitsbewertung

zufriedenheit, allgemeine Lebenszufriedenheit und gesicherter Arbeitsplatz ab.

Lit.: Neuberger/Allerbeck 1978, v. Rosenstiel 1992

Arbeitsbewertung

Aufgabe der Arbeitsbewertung als Teilaufgabe der → Arbeitsforschung ist die vergleichende Beurteilung der Arbeitsplätze innerhalb eines Betriebes, um letztendlich eine anforderungsbezogene Differenzierung der → Entgelte zu ermitteln. Der Anspruch einer anforderungsgerechten Entlohnung (→ Entgeltfindung) ist in fast allen geltenden Entgelttarifverträgen (→ Tarifvertrag) verankert. Danach sollen Mitarbeiter, die an Arbeitsplätzen mit höheren → Anforderungen beschäftigt sind, ein höheres Entgelt als die Mitarbeiter an Arbeitsplätzen mit geringeren Anforderungen erhalten. Grundlage der Arbeitsbewertung ist das Ergebnis der → Arbeitsplatzanalyse und einer → Anforderungsanalyse. Zur Arbeitsbewertung werden verschiedene Standardverfahren

(siehe die Abbildung) verwendet. Summarische und analytische Bewertungsmethoden werden dabei mit zwei verschiedenen Bewertungsprinzipien kombiniert: → *Prinzip der Reihung* (= wechselseitiger Vergleich) und → *Prinzip der Stufung* (= Vergleich mit vorher festgelegten Anforderungsstufen).

Bei den *summarischen Arbeitsbewertungsverfahren* erfolgt eine ungeteilte Beurteilung der Arbeitsschwierigkeiten eines gesamten Arbeitsplatzes. Je nach verwendetem Prinzip der Reihung oder Stufung werden Rangfolgeverfahren und Lohngruppenverfahren unterschieden.

- Beim *Rangfolgeverfahren* wird jede einzelne Stelle im Ganzen mit allen anderen Stellen in einem Betrieb verglichen und in eine Rangfolge aller Stellen eingegliedert, die den geschätzten Schwierigkeitsgraden entsprechen soll. Diese Vorgehensweise entspricht in keinster Weise den Mindestanforderungen an eine Arbeitsbewertung.
- Das *Lohngruppenverfahren* (synonym: Katalogverfahren) ist das

Bewertungs-prinzipien	Bewertungsverfahren	
	summarische Verfahren	*analytische Verfahren*
Prinzip der Reihung	Rangfolgeverfahren	Rangreihenverfahren
Prinzip der Stufung	Lohn-/Gehaltsgruppen- verfahren, Katalogver- fahren	Stufenwertzahl-, Punkt- bewertungsverfahren

Standardverfahren der Arbeitsbewertung

in der Bundesrepublik Deutschland verbreitetste Standardverfahren. Mit ihm wird eine bestimmte, nach Schwierigkeitsgraden abgestufte Anzahl von Lohngruppen (bzw. Gehalts- oder Entgeltgruppen) definiert. Die jeweiligen Gruppen werden mit Hilfe von Richtbeispielen von Arbeitsplätzen erläutert. Die Anzahl der verwendeten Lohngruppen (i. d. R. 6 - 12 Stufen) und die Genauigkeit der Richtbeispiele sind nach Branche und/oder nach Tarifbezirk verschieden. Üblich sind anforderungsorientierte Entgeltgruppenmerkmale (also eine Differenzierung der Arbeitstätigkeiten nach den von ihnen unmittelbar ausgehenden Anforderungen und der Schwierigkeit, diesen zu entsprechen), aber auch verrichtungsorientierte Entgeltgruppen (nicht die Anforderungen eines Arbeitsplatzes direkt, sondern die Arbeitsvorgänge, die an einem Arbeitsplatz zu verrichten sind, führen zur Eingruppierung). Es ist Aufgabe des tarifgebundenen Betriebes, die einzelnen betrieblichen Arbeitsplätze in die Entgeltgruppen einzuordnen und damit zugleich die tarifliche Vergütung festzulegen. Beim Lohngruppenverfahren ergeben sich erhebliche Interpretationsspielräume durch die Formulierung in den Lohngruppentexten.

Bei den *analytischen Arbeitsbewertungsverfahren* erfolgt eine Bewertung der Einzeltätigkeiten einer Stelle durch die Aufgliederung der Gesamtanforderung in verschiedene Anforderungsarten (→ Genfer Schema), deren Ausprägungen dann gesondert beurteilt werden. Die sich ergebenden Wertzahlen pro Anforderungsart werden weiter verarbeitet, um dann durch Addition die Gesamtbewertungszahl zu ermitteln. Anforderungsgewichte dienen dazu, die unterschiedliche Bedeutung der Anforderungsarten zahlenmäßig zu verdeutlichen. Man differenziert in Rangreihenverfahren und in Stufenwertzahlverfahren.

● Beim *Rangreihenverfahren* wird jede Stelle pro gewählter Anforderungsart durch Vergleich mit allen anderen Stellen eines Bereiches oder Betriebes in eine, dem Schwierigkeitsgrad entsprechende Rangreihe gebracht. Es entstehen dadurch so viele Rangreihen wie Anforderungsarten als Bewertungskriterien verwendet werden. In jeder Rangreihe steht der Arbeitsplatz mit der am höchsten geschätzten Schwierigkeit an oberster Stelle etc. Die jeweiligen Platznummern in den Rangreihen dienen in aufsteigender Reihenfolge als Anzeichen für höhere Anforderungsgrade. Eine Stelle mit hohem Anforderungsgrad steht dadurch in mehreren Reihen weit oben.

● Beim *Stufenwertzahlverfahren* (synonym: Punktbewertungsverfahren) werden die Arbeitsplätze anhand der gewählten Anforderungsmerkmale differenziert eingestuft. Nach Auswahl der Merkmale werden diese zum einen durch Gewichtungen in eine Rangskala der relativen Bedeutung zueinander gebracht sowie zum anderen in verschiedene Ausprägungsstufen unterteilt und mit Punktbewertungen (hohe Punkte entsprechen hoher Anforderung) versehen. Die jeweils ermittelten Punktzahlen werden zu einem Arbeitswert addiert und ergeben den Schwierigkeitsgrad der gesamten Aufgabenerfüllung. Falls ein Stufenwertzahlverfahren tarifvertraglich vorgeschrieben ist, sind in aller Regel Anzahl, Art und Gewichtung der zu bewertenden Arbeitsanforderungen sowie die Anzahl der Entgeltgruppen im Tarifvertrag vorgegeben.

Eine wissenschaftliche Methode zur objektiven Ermittlung der einzelnen Anforderungen und ihrer Gewichtungen bzw. des „Arbeitswertes" ist nicht zu erwarten. Darüber kann auch die in diesem Zusammenhang oft verwendete Bezeichnung „wissenschaftliche Verfahren" nicht hinwegtäuschen. Es handelt sich vielmehr um politisch ausgehandelte, von → Tarifvertragsparteien, Betrieben und → Betriebsräten akzeptierte Regelungen.

Lit.: Bartölke u. a. 1981, Ridder 1982, 1990, 1993

Arbeitsbeziehungen

Der Begriff der Arbeitsbeziehungen (synonym: Industrial Relations, Industrielle Beziehungen, Arbeitgeber-Arbeitnehmer-Beziehungen) bezieht sich auf die Institutionen, Verfahren und Regeln, welche die sozialen, wirtschaftlichen und politischen Beziehungen zwischen → Arbeitgebern und deren Verbänden, → Arbeitnehmern und deren Verbänden sowie dem Staat bestimmen. Fünf verschiedene Ebenen können differenziert werden: (1) Ebene des Arbeitsplatzes, (2) betriebliche bzw. Unternehmungsebene, (3) regionale oder sektorale Ebene, (4) nationale Ebene und (5) internationale Ebene. Auf vielen dieser Ebenen sind unterschiedliche Akteure tätig: individuelle Arbeitnehmer und Arbeitsgruppen bzw. deren Repräsentanten, Arbeitnehmervertretungen, Betriebs- bzw. Unternehmungsleitungen und kommunale Behörden, regionale bzw. sektorale → Arbeitgeberverbände, entsprechende Gewerkschaften und regionale staatliche Instanzen, nationale Arbeitgeberverbände, → Gewerkschaften (→ Tarifvertragsparteien) und nationale staatliche Instanzen, europäische Arbeitgeber- und Arbeitnehmerverbände und EG-Institutionen. Von daher befassen sich unterschiedliche Wissenschaftsdisziplinen mit den Industrial Relations, v. a.: Betriebs- und Volkswirtschaftslehre, Rechtswissenschaften, Soziologie, Politologie. Eine umfassende Theorie liegt jedoch nicht vor.

Lit.: Wächter/Metz 1993

Arbeitsdirektor

Der Arbeitsdirektor ist ein gesetzlich definiertes, gleichberechtigtes Mitglied eines Vorstandes und dient als

Organ der → unternehmerischen Mitbestimmung der → Arbeitnehmer auf Unternehmungsebene. Der Arbeitsdirektor hat als gleichberechtigtes Mitglied wie die übrigen Mitglieder des zur gesetzlichen Vertretung der Unternehmung befugten Organs seine Aufgaben (i. w. Personal- und Sozialaufgaben) in engem Einvernehmen mit dem Gesamtorgan auszuüben. Nach dem → Montan-Mitbestimmungsgesetz darf der Arbeitsdirektor bei Betrieben des Bergbaus sowie der Eisen- und Stahlindustrie in der Rechtsform einer Kapitalgesellschaft mit mehr als 1000 Beschäftigten nicht gegen die Stimmen der Mehrheit der Arbeitnehmervertreter bestellt werden (Sperrklausel), während nach dem → Mitbestimmungsgesetz und → Montanmitbestimmungsergänzungsgesetz für seine Bestellung nichts anderes wie für die sonstigen Vorstandsmitglieder gilt.

Lit.: Noll 1992

Arbeitsentgelt (→ Entgelt)

Arbeitserlaubnisverordnung (Verordnung über die Arbeitserlaubnis für nichtdeutsche Arbeitnehmer – AEVO)

Die AEVO dient der Konkretisierung des → Arbeitsförderungsgesetzes, wonach Nicht-EU-Ausländer, die in Deutschland arbeiten wollen, eine Arbeitserlaubnis, die vom Arbeitsamt (→ Bundesanstalt für Arbeit) erteilt wird, benötigen. Sie regelt v. a. die allgemeine Arbeitserlaubnis, die Arbeitserlaubnis in besonderen Fällen, den räumlichen Geltungsbereich, die Geltungsdauer und Versagungsgründe. Arbeitserlaubnisse können inhaltlich unbeschränkt oder für eine bestimmte berufliche Tätigkeit in einem bestimmten Betrieb erteilt werden. Auch ist eine Beschränkung auf bestimmte Regionen möglich. Grundsätzlich sind sie befristet. Seit 1991 können insbes. für Saisonarbeiter bis zu drei Monate befristete Arbeitserlaubnisse erteilt werden. Voraussetzung für die Erteilung einer Arbeitserlaubnis ist die Berechtigung des ausländischen → Arbeitnehmers zum Aufenthalt in der Bundesrepublik Deutschland.

Arbeitsfeldstrukturierung (→ Aufgabenstrukturierung)

Arbeitsförderung

Arbeitsförderung meint das Erreichen bzw. Sichern eines möglichst hohen Beschäftigungsstandes durch staatliche Maßnahmen. Zur Arbeitsförderung gehören die Aufgaben und Maßnahmen, die nach dem → Arbeitsförderungsgesetz der → Bundesanstalt für Arbeit zugesprochen werden.

Arbeitsförderungsgesetz (AFG)

Das AFG stellt die Arbeitsverwaltung (→ Bundesanstalt für Arbeit) in den Dienst einer aktiven Arbeitsmarktpolitik zur Beeinflussung der Angebots- wie Nachfrageseite. Alle Maßnahmen der → Arbeitsförderung sind im Rahmen der Sozial- und Wirtschaftspolitik der Bundesregierung darauf auszurichten, daß

Arbeitsforschung

ein hoher Beschäftigungsstand erzielt und aufrechterhalten, die Beschäftigungsstruktur ständig verbessert und damit das Wachstum der Wirtschaft gefördert wird. Die von der Bundesanstalt für Arbeit durchzuführenden Aufgaben sind v. a. folgende: → Berufsberatung, → Arbeitsvermittlung, Arbeitsmarkt- und Berufsforschung (→ Arbeitsmarktforschung), → Arbeitsberatung, Bildungsförderung, Arbeitslosenförderung (→ Arbeitslosengeld, → Arbeitslosenhilfe, → Eingliederungshilfen, → Kurzarbeitergeld, → Arbeitsbeschaffungsmaßnahmen, → Konkursausfallgeld, → Beschäftigungsprogramme).

Arbeitsforschung

Zur Arbeitsforschung als Teilbereich der → Personalforschung zählt zunächst die → Arbeitsplatzanalyse, dann die → Anforderungsanalyse und beiden nachfolgend die → Arbeitsbewertung. Ihr Objekt ist der Arbeitsplatz inkl. Arbeitsaufgaben und → Arbeitsbedingungen. Mit ihr wird versucht, die informatorische Fundierung vielfältiger personalwirtschaftlicher Entscheidungen (z. B. → Entgeltfindung, → Personalauswahl) zu verbessern.

Lit.: Drumm 1992a, Becker/Martin 1993

Arbeitsgemeinschaft zur Förderung der Partnerschaft in der Wirtschaft e. V. (AGP)

Die Arbeitsgemeinschaft zur Förderung der Partnerschaft in der Wirtschaft e. V. (AGP) fördert seit 1950 die Idee der → Sozialpartnerschaft in der Wirtschaft. Die AGP ist dabei als gemeinnütziger Verein konstituiert, veranstaltet Tagungen und gibt die Zeitschrift „Das Neue Unternehmen" heraus. Sie hat rund 420 Mitglieder, die sich vornehmlich aus solchen Betrieben zusammensetzen, die als Form der Partnerschaft → Erfolgs- und → Kapitalbeteiligungen durchführen.

Lit.: Tuchtfeldt 1992

Arbeitsgerichtsbarkeit

Gesetzliche Grundlage der Arbeitsgerichtsbarkeit ist das → Arbeitsgerichtsgesetz. Bei der Arbeitsgerichtsbarkeit handelt es sich um eine besondere Gerichtsbarkeit, die aus *Arbeitsgerichten* als Erstinstanz, *Landesarbeitsgerichten* als Berufungsinstanz und dem *Bundesarbeitsgericht* in Kassel als Revisionsinstanz besteht. Die Spruchkammern bei den Gerichten für Arbeitssachen sind durch Berufs- und Laienrichter besetzt. Die ehrenamtlichen Laienrichter (Arbeitsrichter) stammen je zur Hälfte aus Kreisen der → Arbeitnehmer und der → Arbeitgeber. Beim Arbeitsgericht und beim Landesarbeitsgericht sind die Kammern mit einem Berufsrichter als Vorsitzenden und zwei Arbeitsrichtern besetzt. Beim Bundesarbeitsgericht bestehen die Senate aus drei Berufsrichtern und zwei Bundesarbeitsrichtern. Vor dem Arbeitsgericht kann jedermann Anträge stellen. Die jeweiligen Parteien können sich durch Verbandsvertreter (der → Arbeitgeberverbände und der → Gewerkschaften) vertreten lassen. Vor dem Landesarbeitsgericht besteht dagegen Vertretungszwang durch Anwälte oder Verbandsvertreter. Vor dem Bundesarbeitsgericht besteht ein Anwaltszwang. Vor jeder Verhandlung in der ersten Instanz erfolgt eine Güteverhandlung vor dem vorsitzenden Berufsrichter der zuständigen Kammer, in welcher versucht wird, den Rechtsstreit gütlich beizulegen. Die *Zuständigkeit* der Arbeitsgerichte besteht im wesentlichen in Rechtsstreitigkeiten zwischen Arbeitnehmern und Arbeitgebern aus dem Arbeitsverhältnis, in Rechtsstreitigkeiten zwischen Arbeitnehmern aus gemeinsamer Arbeit, die mit dem Arbeitsverhältnis im Zusammenhang stehen, in Rechtsstreitigkeiten zwischen Tarifvertragsparteien über tarifrechtliche Fragen und in Entscheidungen über betriebsverfassungsrechtliche Fragen.

Die Arbeitsgerichte haben zwei *Verfahrensarten* zur Verfügung. Normalerweise besteht ein *Urteilsverfahren*, wobei gegen Urteile die Berufung und die Revision zulässig sind. Im besonderen *Beschlußverfahren* werden i. w. Auseinandersetzungen zwischen Tarifvertragsparteien und betriebsverfassungsrechtliche Streitigkeiten (→ Betriebsverfassung) behandelt. Gegen entsprechende Beschlüsse des Arbeitsgerichts ist die Beschwerde zulässig. Die Verfahren unterscheiden sich auch dadurch, daß im Urteilsverfah-

ren die gleichen Verfahrensgrundsätze gelten wie sonst in zivilprozessualen Verfahren, im Beschlußverfahren dagegen das Arbeitsgericht den Sachverhalt im Rahmen der gestellten Anträge von Amts wegen erforscht. Die Arbeitsgerichte werden in der ersten Instanz ohne Rücksicht auf die jeweiligen Streitwerte einer Rechtssache tätig. Eine Berufung ist gegen Urteile möglich, wenn der Wert des Streitgegenstandes DM 800,- erreicht oder bei dem das Arbeitsgericht die Berufung wegen der grundsätzlichen Bedeutung der Rechtssache zugelassen hat. Eine Sprungrevision ist unter bestimmten Umständen auch möglich. Die Landesarbeitsgerichte entscheiden als letzte Tatsacheninstanz über Berufungen und Beschwerden gegen die Entscheidung der Arbeitsgerichte. Das Bundesarbeitsgericht entscheidet schließlich nur über Revision und Rechtsbeschwerden. Es überprüft also lediglich die richtige Anwendung des formellen und materiellen Rechts durch die Vorinstanz, ohne eine eigene Sachaufklärung bzw. Beweisaufnahme durchzuführen.

Lit.: Gross 1992

Arbeitsgerichtsgesetz (ArbGG)

Das ArbGG enthält allgemeine Vorschriften v. a. über die Zuständigkeit der Arbeitsgerichte (→ Arbeitsgerichtsbarkeit), deren Besetzung, den Gang des Verfahrens sowie die Parteifähigkeit und die Prozeßvertretung. Weiterhin regelt es den Aufbau der Gerichte und enthält die Bestimmungen über das Verfahren vor den Gerichten. Der Grund für die Schaffung einer besonderen Arbeitsgerichtsbarkeit lag zum einen darin, daß man auf diesem Weg die Richterbank (anders als bei den Zivilgerichten) auch mit ehrenamtlichen Laienrichtern aus dem Kreis der → Arbeitgeber und → Arbeitnehmer besetzen wollte. Zum anderen war die Erwägung ausschlaggebend, daß das normale Zivilverfahren wegen der besonderen sozialen Bedeutung des → Arbeitsrechts oft zu schwerfällig und zu langsam ist.

Lit.: Grunsky 1992

Arbeitsgruppe

Die Arbeitsgruppe ist eine spezielle Art einer *formalen Gruppe* in Betrieben.

- Mitarbeitergruppen lassen sich in formelle wie informelle Gruppen unterscheiden: (1) *Formelle Gruppen* sind Organisationseinheiten mit mehreren Mitarbeitern, die zur arbeitsteiligen und gemeinsamen Erfüllung spezifischer Aufgaben im Rahmen des betrieblichen Kombinationsprozesses bewußt geschaffen werden. Sie unterstehen i. d. R. jeweils einer → Instanz, die sie in ihrer Zielsetzung, Information, Koordination (fremd-)bestimmt und steuert. (2) *Informelle Gruppen* entstehen dagegen im Betrieb i. d. R. aus spontanen Gruppierungen von Gruppenmitgliedern. Sie sind selbstgesteuert und selbstbestimmt. Sie sind nicht bewußt vom Betrieb geschaffen, wenngleich ihr Vorhandensein Vorteile haben kann.

- Im Rahmen der → Humanisierung der Arbeit sowie auch unter motivationalen Aspekten und Effizienzüberlegungen werden einzelne Arbeitsplätze (→ Stellen) zu einem *Gruppenarbeitsplatz* zusammengelegt (z. B. Fertigungsinseln). Die Gruppe (bzw. ihre Mitglieder) soll dann über die meisten anfallenden Arbeiten innerhalb gewisser von außen im Rahmen der notwendigen Arbeitsorganisation vorgegebener Bandbreiten selbständig entscheiden und zwar von der Planung über die Durchführung bis hin zur Kontrolle. Da die Arbeitsgruppen Bestandteil des Betriebes bleiben, wird von *teilautonomen Arbeitsgruppen* gesprochen. Bei einer seltener vorkommenden *autonomen Arbeitsgruppe* (z. B. im F&E-Bereich) handelt es sich um eine voll selbständige Arbeitsgruppe in einem Betrieb, deren Teilnehmer gemeinsam über die Verteilung und den Ablauf der einzelnen Arbeiten entscheiden. Voraussetzung zum Bilden solcher Arbeitsgruppen ist, daß diese Arbeiten relativ unabhängig von anderen Betriebsteilen abgewickelt werden können.

Lit.: Gebert 1992, Schanz 1993

Arbeitskammern

Arbeitskammern sind in manchen Bundesländern und in Österreich als Körperschaften des öffentlichen Rechts die gesetzlichen Interessenvertretungen der im jeweiligen Kammergebiet wohnhaften oder beschäftigten → Arbeitnehmer. Arbeitnehmer gehören ihnen als Pflichtmitglieder an und haben i. d. R. einen Pflichtbeitrag zu entrichten. Aufgaben bestehen in der Mitwirkung an der Rechtssetzung, der Beratung von → Gewerkschaften, der Bildung insbes. von → Personal- und → Betriebsräten und der Beratung der Mitglieder.

Lit.: Klein 1992

Arbeitskampf

Zwar wird der Begriff „Arbeitskampf" in zahlreichen gesetzlichen Normen verwendet, ist aber vom Gesetzgeber inhaltlich nicht bestimmt. In einem weiten Verständnis ist unter Arbeitskampf zu verstehen, wenn die Arbeitnehmer- und/oder Arbeitgeberseite die → Arbeitsbeziehungen durch kollektive Maßnahmen beeinträchtigt, um ein spezifisches Ziel zu erreichen. Im Rahmen eines rechtmäßigen Arbeitskampfes sind einerseits die Gewerkschaften sowie andererseits einzelne Arbeitgeber oder Arbeitgeberverbände die Parteien. Als wichtigste *Arbeitskampfmittel* gelten der → Streik sowie die → Aussperrung.

Lit.: Beuthien 1992, Gross 1992

Arbeitskenntnis

Arbeitskenntnis ist als eine wichtige Könnens-Komponente des → Leistungsdeterminantenkonzeptes zu verstehen. Der Begriff hat die spezifische Art und Weise zum Inhalt, in der ein Mitarbeiter die ihm übertragene betriebliche Aufgabe definiert (Rolleninterpretation, → Rolle) und seine → Qualifikation zu ihrer Erfüllung einzusetzen weiß. Arbeitskenntnis ist insofern eine Art „Wissen", das sich darauf bezieht, welche Wissens- und Fähigkeitsinhalte sowie Verhaltensweisen in welcher Anwendungsweise wesentlich sind und wie die erforderlichen → Arbeitsbedingungen für eine erfolgreiche Aufgabenerfüllung gestaltet sein müssen. Die Arbeitskenntnis ist insofern von Fachkenntnissen abzugrenzen.

Lit.: Berthel 1991

Arbeitslosengeld

Arbeitslosengeld stellt monetäre Leistungen der → Bundesanstalt für Arbeit an bislang beschäftigte → Arbeitnehmer dar, die ihren Arbeitsplatz verloren haben (→ Arbeitslosigkeit). Anspruch auf Arbeitslosengeld hat nach → Arbeitsförderungsgesetz, wer arbeitslos ist, der → Arbeitsvermittlung zur Verfügung steht, die Anwartschaftszeit erfüllt, sich beim Arbeitsamt arbeitslos gemeldet und Arbeitslosengeld beantragt hat. Die *Höchstdauer* für den Bezug des Arbeitslosengeldes beträgt 12 Monate. Danach setzt die → Arbeitslosenhilfe ein. Bei älteren Arbeitslosen verlängert sich die Höchstdauer des Arbeitslosengeldes und zwar gestaffelt vom 44. Lebensjahr an auf 16 Monate, vom 49.

Arbeitslosenhilfe

Lebensjahr an auf 20 Monate und vom 54. Lebensjahr an auf 24 Monate. Eine *Sperrfrist* von 3 Monaten kann verhängt werden, wenn der Arbeitslose die Arbeitslosigkeit selbst verschuldet hat. Selbst verschuldet ist sie dann, wenn ohne neuen Arbeitsplatz das alte → Arbeitsverhältnis aufgegeben wurde oder die → Kündigung des → Arbeitgebers durch vertragswidriges Verhalten ausgelöst wurde. Die *Anwartschaftszeit* hat erfüllt, wer mindestens 12 Monate beitragspflichtig beschäftigt war. Die *Höhe* des Arbeitslosengeldes beträgt (seit 1994) für Arbeitslose, die mindestens ein Kind (im Sinne des Steuerrechts) haben, 67 %, für die übrigen Arbeitslosen 60 % des um die gesetzlichen Abzüge, die bei Arbeitnehmern gewöhnlich anfallen, verminderten letzten → Entgelts. Finanziert wird das Arbeitslosengeld v. a. durch die → Arbeitslosenversicherung.

Arbeitslosenhilfe

Die Arbeitslosenhilfe wird prinzipiell dann gewährt, wenn der Anspruch eines Arbeitslosen auf → Arbeitslosengeld ausgeschöpft ist oder kein Anspruch auf Arbeitslosengeld besteht. Abhängig ist die Gewährung von einer Bedürftigkeitsprüfung. Die Arbeitslosenhilfe wird unbefristet gewährt. Die Höhe der Arbeitslosenhilfe beträgt (seit 1994) für Arbeitslose, die mindestens ein Kind haben (im Sinne des Steuerrechts) 57 %, für die übrigen Arbeitslosen 53 % des um die gesetzlichen Abzü-

ge, die bei → Arbeitnehmern gewöhnlich anfallen, verminderten letzten → Entgelts. Die Arbeitslosenhilfe mindert sich, wenn im Zuge der Bedürftigkeitsprüfung Einkommen oder Vermögen zu berücksichtigen ist (→ Arbeitslosenhilfe-Verordnung).

Arbeitslosenhilfe-Verordnung (Arbeitslosenhilfe-VO)

Die Arbeitslosenhilfe-VO regelt hinsichtlich der Bedürftigkeitsprüfung die Berücksichtigung von Vermögen (Verwertung von Vermögen, Verkehrswert, Dauer der Berücksichtigung), die Bestreitung des Lebensunterhaltes auf andere Weise sowie die Berücksichtigung von Einkommen bei der Berechnung der → Arbeitslosenhilfe.

Arbeitslosenversicherung

Die gesetzliche Arbeitslosenversicherung ist ein Zweig der → Sozialversicherung. Träger ist die → Bundesanstalt für Arbeit. Versicherungspflichtig sind alle → Arbeitnehmer ohne Berücksichtigung der Höhe ihres → Entgeltes. Der Beitrag wird je zur Hälfte vom → Arbeitgeber und Arbeitnehmer getragen. Leistungen sind v. a. → Arbeitslosengeld, → Arbeitslosenhilfe, → Kurzarbeitergeld und → Schlechtwettergeld.

Arbeitslosigkeit

Arbeitslosigkeit (synonym: Erwerbslosigkeit) ist das Fehlen einer erwünschten, abhängigen Beschäftigung einer erwerbsfähigen Person. Die → Bundesanstalt für Arbeit verwendet eine hiervon sich unterscheidende, engere Definition der Arbeitslosigkeit, die nicht alle Personen erfaßt, die eine abhängige Beschäftigung anstreben. Die Arbeitslosigkeit wird hinsichtlich ihrer *Ursachen* in verschiedene Formen unterschieden:

- Unter *exportierter Arbeitslosigkeit* ist die Arbeitslosigkeit zu verstehen, die aufgrund von Exportförderungsmaßnahmen des Exportlandes bzw. Inlands quasi „exportiert" wird. Bspw. verursacht eine Währungsaufwertung im Exportland ebenso wie eine Abwertung im Importland günstigere Preise und somit eine höhere Nachfrage nach ausländischen Gütern in Importländern. Die in den Exportländern eventuell bestehende Arbeitslosigkeit wird durch die erhöhte Nachfrage quasi „exportiert".

- *Friktionelle Arbeitslosigkeit* (synonym: Fluktuationsarbeitslosigkeit, → Fluktuation) wird verursacht durch die u. U. sehr häufigen Arbeitsplatzwechsel der → Arbeitnehmer. Das Ende der einen Arbeitstätigkeit und der Beginn der neuen Arbeitstätigkeit folgen nicht unmittelbar aufeinander. Der Zeitabstand dazwischen bedeutet Arbeitslosigkeit für die Arbeitnehmer.

- *Institutionelle Arbeitslosigkeit* entsteht dann, wenn Arbeitnehmer aufgrund gesetzlicher Regelungen mehr oder weniger dazu gezwungen sind, sich beim Arbeitsamt arbeitslos zu melden, ohne daß sie tatsächlich eine Erwerbstätigkeit anstreben: bspw. sog. Rentenarbeitslose, Vorruhestandsarbeitslose, Sozialhilfearbeitslose u. a.

- Die *konjunkturelle (zyklische) Arbeitslosigkeit* betrifft diejenige Arbeitslosigkeit, die übrig bleibt, wenn man die Arbeitslosenzahl um saisonale oder irreguläre Faktoren bereinigt. Die Ursache liegt in zyklischen Schwankungen von Nachfrage, Produktion und Beschäftigung. Die gesamtwirtschaftliche Nachfrage ist nicht ausreichend zum letztendlichen Ausgleich von Arbeitsnachfrage und Arbeitsangebot.

- *Strukturelle Arbeitslosigkeit* liegt vor, wenn aus bestimmten Gründen Angebot und Nachfrage auf dem Arbeitsmarkt nicht mehr zusammenpassen. Bei diesen Gründen handelt es sich um folgende: Region, → Qualifikation, Alter, Geschlecht u. a. sind je nach Angebot bzw. Nachfrage unterschiedlich und passen nicht zusammen. Diese Strukturdifferenzen sind letztendlich unvermeidbar, da Strukturwandel und technischer Fortschritt andauernd und immer wieder neue → Anforderungen an die Qualifikation der Arbeitnehmer sowie an deren Mobilität stellen. Dies führt zu veränderten Zusammensetzungen der Arbeitsnachfrage. Die Höhe der strukturellen Arbeitslosigkeit ist mit von der Dynamik der Veränderung inhaltlicher wie regionaler Art abhängig.

- *Versteckte Arbeitslosigkeit* liegt vor, wenn die gleichen Güter bzw. Dienstleistungen mit weniger Arbeitnehmern erzeugt werden könnten, d. h. mehr Mitarbeiter als eigentlich notwendig beschäftigt werden. Darüber hinaus zählt zur versteckten Arbeitslosigkeit – zumindest in der Arbeitslosenstatistik – das Nichtaufführen von Arbeitslosen, die Umschulungsmaßnahmen machen, die vorzeitig pensioniert wurden, die „Null-Kurzarbeit" ausüben u. ä.
- Die sog. *Bodensatzarbeitslosigkeit* (synonym: Sockel-, Restarbeitslosigkeit) ist eine Teilmenge der Arbeitslosigkeit. Sie umfaßt zu vermittelnde Arbeitslose, leistungs- und gesundheitsschwache Arbeitslose, kurz vor der → Pensionierung stehende Personen und/oder Personen mit geringer Arbeitsbereitschaft.
- Die *saisonale Arbeitslosigkeit* ergibt sich bei Arbeitnehmern, die zeitweise in Betrieben bestimmter Branchen tätig sind, deren Arbeitsaktivität von der Jahreszeit bzw. saisonalen Schwankungen abhängt. Sie sind sehr stark von Natureinflüssen (Landwirtschaft, Baugewerbe) oder durch saisonale Nachfrageballung (z. B. Tourismus) abhängig. Die Schwankung des Personalbedarfs kann so groß sein, daß die Betriebe Arbeitnehmer entlassen oder außerhalb der Saison keine neuen einstellen.

Lit.: Watzka 1989, Kromphardt 1992

Arbeitsmarkt

Unter einem Arbeitsmarkt ist der Bereich zu verstehen, in dem sich Beschäftigungsverhältnisse abwickeln. Er wird von dem Angebot und der Nachfrage zum einen an Arbeit und zum anderen an → Arbeitnehmern bzw. deren → Qualifikationen bestimmt, die in einem → Arbeitsverhältnis Leistungen erbringen (wollen). Der aktuelle Zustand wie auch die erwartete Entwicklung wird im Rahmen der → Arbeitsmarktforschung analysiert bzw. prognostiziert. Differenziert werden kann der Arbeitsmarkt wie folgt:

- Das Verhältnis von Arbeitsplätzen und offenen Stellen auf der einen sowie Beschäftigten und Arbeitslosen auf der anderen Seite bestimmen die Lage auf dem *überbetrieblichen bzw. externen Arbeitsmarkt.* Diese ist selten konstant. Strukturen und Tätigkeiten verändern sich, Arbeitsplätze fallen weg, neue kommen hinzu, Arbeitnehmer bzw. Qualifikationen verändern sich, sie verlieren Arbeitsplätze, suchen neue, treten erstmals in das Arbeitsleben ein oder scheiden aus ihm aus, oder ändern ihr Beschäftigungsverhalten. Von daher ist es oft schwierig, treffende Arbeitsmarktprognosen abzugeben (→ Personalbedarfsermittlung).
- Abzugrenzen davon ist der *innerbetriebliche bzw. interne Arbeitsmarkt,* der alle aktuellen und zukünftigen Planstellen (besetzt wie vakant) sowie die beschäftigten

Arbeitnehmer - differenziert nach Quantität, Qualität und Ort eines Betriebes – umfaßt. Der Beschäftigungsbedarf wie die Qualifikation und Mobilität der Arbeitnehmer kennzeichnet die Lage am innerbetrieblichen Arbeitsmarkt und damit den jeweiligen Einfluß der Betroffenen.

Lit.: Buttler/Bellmann 1992

Arbeitsmarktforschung

Die Arbeitsmarktforschung bezieht sich auf die Analyse und Prognose des → Arbeitsmarktes. Sie läßt sich differenzieren zum einen in die überbetriebliche und zum anderen in die betriebliche Arbeitsmarktforschung. Die *überbetriebliche Arbeitsmarktforschung* erfolgt durch das → Institut für Arbeitsmarkt- und Berufsforschung und bezieht auch die Berufsforschung mit ein. Die *betriebliche Arbeitsmarktforschung* umfaßt die Erschließung, Aufbereitung und Auswertung aller derjenigen arbeitsmarktbezogenen Informationen, die für verschiedene Entscheidungen im Rahmen der betrieblichen Personalarbeit (z. B. → Personalbeschaffungsmethode, → Fortbildung, → Berufsausbildung) relevant sind. Sie ist Teil der → Personalforschung, sofern sie durch betriebliche Stellen durchgeführt wird. Ihr Ziel ist die möglichst frühzeitige Aufdeckung zum einen gegenwärtiger und zukünftiger interner wie externer Angebots- und Nachfragepotentiale betrieblich relevanter Arbeitsmarktsegmente (interne wie externe

Forschung) sowie zum anderen von Veränderungen der wesentlichen Einflußfaktoren des Arbeitsmarktes. Eine systematische betriebliche Arbeitsmarktforschung geht in mehreren *Phasen* vor sich: Segmentierung relevanter externer und spezifisch interner Arbeitsmärkte, Formulierung des Informationsbedarfs, Erschließung aussagekräftiger Informationsquellen sowie Auswertung der erhobenen Informationen. Eine ständige Forschung findet allerdings nur bei laufend benötigten Mitarbeiterkategorien statt, ansonsten wird sie fallweise bei erkennbarem Personalbedarf notwendig.

Lit.: Scherm 1990, 1993, Drumm 1992

Arbeitsmarktpolitik (→ Arbeitsförderungsgesetz)

Arbeitsmarkttheorien

Arbeitsmarkttheorien beschäftigen sich mit Analysen und Erklärungen von Prozessen und Ergebnissen des → Arbeitsmarktes. Sie lassen sich in klassische bzw. neoklassische sowie in die neueren mikroökonomischen Arbeitsmarkttheorien untergliedern. *Neoklassische Arbeitsmarkttheorien* verstehen den Arbeitsmarkt als *Auktionsmarkt* und basieren auf den Annahmen des vollkommenen Marktes, also vollständiger Information, vollständiger Faktormobilität, nicht vorhandener Markteintritts- und -austrittsbarrieren sowie homogener Arbeit. Desweiteren wird den Betrieben Gewinnmaximierung und den Arbeitnehmern Nutzenmaximierung als einziges handlungsleitendes Ziel unterstellt. Folgende Ansätze sind v. a. anzuführen:

● Die *Theorie des kurzfristigen Arbeitsangebots* versucht, in Abwandlung der neoklassischen Haushaltsnachfragetheorie, die Angebotsmenge auf dem Arbeitsmarkt zu erklären. Das nutzenmaximierende Individuum wird gerade soviel arbeiten, daß der Nutzenentgang durch die letzte aufgegebene Freizeitstunde dem Nutzenzuwachs durch den aufgrund der Lohnzahlung (→ Entgelt) vermehrten Güterkonsum entspricht. Im Gleichgewicht bildet dann der Marktlohnsatz den Wert ab, den ein Arbeitsanbieter (→ Arbeitgeber) einer zusätzlichen Freizeitstunde beimißt.

● Die *Theorie der kurzfristigen Arbeitsnachfrage* zeigt entsprechend, daß unter der Annahme vollständiger Konkurrenz und damit völlig elastischen Arbeitsangebots der Betrieb Mengenanpasser ist und so lange → Arbeitnehmer einstellt, wie das Wertgrenzprodukt, also die bewertete Leistung der letzten eingestellten Arbeitskraft, über dem zu zahlenden Lohn liegt.

Mit den skizzierten Ansätzen lassen sich viele der Phänomene am Arbeitsmarkt nicht erklären. Das führte zur Entwicklung mehrerer Ansätze, die als neuere *mikroökonomische Arbeitsmarkttheorien* bezeichnet und im nachfolgenden skizziert werden sollen. (Bis auf die Segmentationstheorie stellen alle Ansätze Varianten des neoklassischen Grundmodells dar.) Sie unterscheiden sich von den neoklassischen Arbeitsmarktmodellen, indem sie eine oder mehrere der restriktiven Annahmen des vollkommenen Marktes aufgeben und so realitätsnäher vorgehen. Sie bleiben jedoch bei der Annahme rationalen Verhaltens.

● Die *Suchtheorie* erklärt → Arbeitslosigkeit, indem sie Entscheidungsregeln festlegt, die individuelles Arbeitssuchverhalten unter der Prämisse rationalen Entscheidens bei unvollständiger Information optimieren. Arbeitslosigkeit wird allerdings als überwiegend freiwillig bzw. friktionell verstanden. Die Theorie geht davon aus, daß dem Arbeitssuchenden sowohl die Wahrscheinlichkeitsverteilung der individuell erreichbaren Lohnangebote, wie auch die Grenzkosten der Suche bekannt sind, daß ein abgelehntes Angebot nicht nachträglich angenommen werden kann und ein angenommenes Angebot zu unbefristeter Beschäftigung führt. Damit ergibt sich als Grundaussage, daß die Suchdauer umso länger ist, je geringer die Suchkosten und je höher der Lohnanspruch. Die sehr mathematische Vorgehensweise und der Mangel an ökonomischen Lösungsansätzen haben zur theoretischen und empirischen Kritik der Suchtheorie geführt.

● Die *Humankapitaltheorie* gibt die Annahme homogener Arbeit auf und untersucht die Verteilung des Arbeitseinkommens, die Höhe des Individualeinkommens und auch die Wahl des Arbeitsplatzes sowie die Fristigkeit von Beschäftigungsverhältnissen. Die zentrale Aussage der Theorie ist, daß Arbeitnehmer durch die als Ergebnis einer persönlichen Optimierungsentscheidung getätigten Investition in ihr → Humankapital in Form von Bildung ihre Produktivität und damit den für sie erzielbaren Lohnsatz erhöhen. Diese Investition in das Humankapital kann sowohl allgemeine wie auch betriebsspezifische Qualifizierungsmaßnahmen (→ Personalentwicklung) umfassen und sowohl vor dem Eintritt in den Arbeitsmarkt wie auch später im Betrieb erfolgen. Gerade die betriebsspezifischen Investitionen in das Humankapital können dazu beitragen, die Beschäftigungsverhältnisse zu stabilisieren, da diese Spezialkenntnisse den Betrieb motivieren, durch einen lukrativen Lohnsatz den Arbeitnehmer an sich zu binden und so dessen Fluktuationswahrscheinlichkeit (→ Fluktuation) verringert wird.

- Die *Kontrakttheorie* gibt die Annahme der vollständigen Information (insbes. im Hinblick auf zukünftige Beschäftigungsschwankungen) auf und versucht zu erklären, warum Betriebe wie Arbeitnehmer daran interessiert sind, die Lohnentwicklung zu verstetigen und nicht an Produktions-

schwankungen anzupassen. Zum einen haben beide Seiten ein Interesse, betriebsspezifische Humankapitalinvestitionen durch stabile Löhne und Beschäftigung zu sichern. Zum anderen entspricht es auch bei allgemeinen Humankapitalinvestitionen dem Sicherheitsbedürfnis der Arbeitnehmer, auf den maximal erzielbaren Lohnsatz in der Hochkonjunktur zugunsten eines stabilen Arbeitseinkommens zu verzichten, wenn sie im Gegenzug in Depressionen eine Beschäftigungsgarantie erhalten.

- Ausgangspunkt der *Effizienzlohntheorie* ist die Überlegung, daß die Leistung eines Arbeitnehmers nicht nur durch seine → Qualifikation sondern auch durch seine → Motive und Motivation bestimmt ist und letztere über Lohnanreize zu steigern ist, so daß es rational ist, einen überdurchschnittlichen Lohn zu zahlen. Ein weiterer Grund für die Zahlung eines marktabweichenden Lohnes ist die Vermeidung von Fluktuationskosten.

- *Insider-Outsider Modelle* teilen den Arbeitsmarkt in Betriebsangehörige (Insider) und Arbeitsuchende (Outsider) und erklären Lohnforderungsunterschiede zwischen diesen Gruppen über Fluktuationskosten. Diese bestehen einerseits aus Entlassungs-, Neueinstellungs- und Ausbildungskosten und andererseits aus Integrationskosten, die auch von der Kooperationsbereitschaft der Insider abhängen. Arbeitssuchende müssen das Lohnniveau der Insider um die Fluktuationskosten unterbieten, um eingestellt zu werden. Umgekehrt können Insider bei starrem externen Lohnniveau Lohnerhöhungen bis zur Höhe der Fluktuationskosten durchsetzen bzw. letztere über Produktivitätsverluste durch Nichtkooperation mit Neueingestellten erhöhen.

- Die *Filtertheorien* kritisieren die Annahme der Humankapitaltheorie, daß Bildung zu Produktivitätssteigerung und erhöhtem Einkommen führt. Demgegenüber wird dargelegt, daß das Bildungssystem nicht berufsspezifische → Fähigkeiten vermittle, sondern Lern- und Anpassungsmöglichkeiten von Arbeitnehmern signalisiere. Lediglich diese Signal- oder Filterwirkung des Bildungssystems nutze den Arbeitgebern bei der geeigneten Besetzung von Arbeitsplätzen.

- In ihrem Kern unterscheidet die *Segmentationstheorie* einerseits das Konzept des *dualen* Arbeitsmarkts und andererseits den internen bzw. externen Arbeitsmarkt. Die Spaltung der Märkte wird durch eine unterschiedlich begründete Zutrittsbeschränkung erklärt. Der duale Arbeitsmarkt wird durch eine zunächst empirisch deskriptiv festgestellte vom Ausbildungsniveau unabhängige Zweiteilung in qualitativ gute und schlechte Arbeitsplätze gekennzeichnet. Die Theorie be-

triebsinterner Arbeitsmärkte besagt, daß ein Großteil des Arbeitsmarktes in Betrieben nicht der externen Konkurrenz unterliegt, sondern nach administrativ festgelegten Regeln durch interne Mitarbeiter besetzt wird. Die Internalisierung des Arbeitsmarktes verringert dabei die Beschäftigungsflexibilität des Arbeitgebers, erhöht jedoch die Rentabilität betrieblicher Ausbildungsinvestitionen, die Motivation und Loyalität der Arbeitskräfte. Die theoretischen Begründungen für das empirisch festgestellte Phänomen der Arbeitsmarktsegmentation sind so heterogen, daß sie sich derzeit nicht eindeutig in eine Arbeitsmarkttheorie integrieren lassen.

Lit.: Buttler/Gerlach 1982, Gerlach/Lorenz 1992

Arbeitsmedizin

Die Arbeitsmedizin umfaßt das Studium aller von der Arbeit, den Arbeitsmethoden und den → Arbeitsbedingungen ausgehenden Faktoren, welche Krankheiten, Verletzungen oder sonstige Gesundheitsschädigungen bei → Arbeitnehmern verursachen können. Als *Ziele* der Arbeitsmedizin lassen sich nennen: (1) die Förderung der Aufrechterhaltung des körperlichen, geistigen und sozialen Wohlbefindens der Arbeitnehmer, (2) der Schutz vor Überforderung gleich welcher Art, (3) der Schutz vor der Gefahr gesundheitsschädigender Stoffe und (4) die

Sorge für eine ausgeglichene Bilanz aller Körperfunktionen. Aufgetretenen gesundheitlichen Störungen aller Art soll durch den Einsatz moderner Früh- und Feindiagnostik sowie umfassender Therapie entgegengewirkt werden. Den eventuell Geschädigten ist die Wiederanpassung durch Rehabilitation an ihre Arbeitsumwelt zu erleichtern. Als *Teildisziplinen* der Arbeitsmedizin lassen sich unterscheiden: Arbeitsphysiologie, Arbeitspathologie, Arbeitstoxikologie, Arbeitshygiene, Arbeitspsychologie (→ Betriebspsychologie). Es besteht eine enge Verzahnung zur Sozialmedizin, zu den → Arbeitswissenschaften und zum → Arbeitsschutz. Die Umsetzung der auf all den genannten Gebieten gewonnenen Erkenntnisse in die arbeitsmedizinische Prävention (Vorbeugung) und den Arbeitsschutz ist wesentliche Aufgabe des *Arbeitsmediziners* sowohl als Betriebsarzt als auch als Staatlicher Gewerbearzt oder Landesgewerbearzt. Die Arbeit eines *Betriebsarztes* im Hinblick auf → Berufskrankheiten liegt dabei überwiegend in der Prävention. Betriebe, die keinen eigenen Betriebsarzt beschäftigen wollen, können die Arbeitsmediziner des Berufsgenossenschaftlichen Arbeitsmedizinischen Dienstes (BAD) anfordern.

Lit.: Hettinger 1992

Arbeitsmotivation

Arbeitsmotivation entsteht dann, wenn ein → Arbeitnehmer → An-

reize bzw. Stimuli in der ihn umgebenden → Arbeitssituation wahrnimmt, die dazu geeignet sind, verschiedene individuelle → Motive (und Motivation) so zu aktivieren, daß dadurch ein Arbeits- bzw. Leistungsverhalten ausgelöst bzw. beeinflußt wird. Arbeitsmotivation wird so als Wechselbeziehung zwischen motiviertem Arbeitnehmer und motivierender → Arbeitssituation verstanden. Die Arbeitsmotivation als „Motivation am Arbeitsplatz" wird üblicherweise aufgegliedert: (1) Unter *Teilnahme- (bzw. Bleibe-)motivation* werden jene Bedingungen verstanden, die eine Person veranlassen, einem Betrieb als Arbeitnehmer „beizutreten", die Mitgliedschaft bzw. das → Arbeitsverhältnis aufrechtzuerhalten und insbes. bestimmte Arbeitsaufgaben zu übernehmen. (2) Die *Leistungsmotivation* in dem hier verwendeten Sinne betrifft diejenigen Bedingungen, die sich auf die Entstehung der und das Vorhandensein von → Leistungsbereitschaft zur guten und aktiven Erfüllung der übernommenen Arbeitsaufgaben – jenseits eines „Dienstes nach Vorschrift" – beziehen (→ Leistungsverhalten).

Lit.: Neuberger 1974, Nick 1974

Arbeitsökonomie

Die Arbeitsökonomie (vielfach synonym: Arbeitsökonomik, „labor economics") stellt - trotz ihrer Interdisziplinarität - einen Teilbereich der Wirtschaftswissenschaften dar. Ihr

Arbeitsordnung

Gegenstand ist die Erklärung von Arbeitsmarktstrukturen und -prozessen (→ Arbeitsmarkttheorien). Dabei bilden mikroökonomische Theorien und deren empirische Überprüfung den Kernbereich der Forschung. Neben ökonomischen werden auch sozialwissenschaftliche und rechtliche Aspekte berücksichtigt.

Lit.: Brinkmann 1981–84, Gerlach/Lorenz 1992

Arbeitsordnung

Die Arbeitsordnung (früher: Betriebsordnung) ist eine zwischen → Betriebsrat und dem → Arbeitgeber geschlossene → Betriebsvereinbarung, die inhaltlich v. a. die Regelungen spezieller Art aus Arbeitsschutzgesetzen (→ Arbeitsschutz), → Tarifverträgen, der Rechtsprechung und den Satzungen der zuständigen → Berufsgenossenschaften zu dem Zwecke zusammenfaßt, eventuelle Unstimmigkeiten der Regelungen speziell für den eigenen Betrieb auszuräumen sowie den → Betriebsfrieden und einen geordneten Arbeitsablauf sicherzustellen. Sie enthält auch Regelungen für potentielle Konfliktsituationen. Eine zwingende Vorschrift zu ihrer Einführung besteht nicht.

Lit.: Schaub 1988

Arbeitspflicht (→ Dienstleistungspflicht des Arbeitnehmers)

Arbeitsplatz (→ Stelle)

Arbeitsplatzanalyse

Die Analyse der → Arbeitssituation wird hier als Arbeitsplatzanalyse (oft synonym: Arbeitsanalyse) bezeichnet. Die Arbeitsplatzanalyse dient als Oberbegriff für vier Teilanalysen: Aufgaben-, Bedingungs- und Rollenanalyse, die letztendlich die → Anforderungsanalyse ermöglichen. (s. Abbildung).

Traditioneller Ausgangspunkt ist eine *Aufgabenanalyse* unter organisatorischem Aspekt. Sie ist insoweit interessant, als mit ihrer Hilfe eine komplexe Aufgabenstellung in solche Teilaufgaben zerlegt werden kann, von denen spezifische → Anforderungen im Sinne von → Leistungsvoraussetzungen ausgehen. Die Verlängerung der Aufgabenanalyse stellt die *Bedingungsanalyse* dar. Sie richtet sich auf die Gliederung der Erfüllungsvorgänge (Arbeitsverfahren), die Analyse der Arbeitsbedingungen und die Analyse der Mittel der Aufgabenerledigung (Arbeitshilfsmittel). Die *Rollenanalyse* konzentriert sich auf die personellen Interaktionsbeziehungen zwischen den Arbeitsplatzinhabern und zu externen Partnern. Die Ergebnisse werden zudem gesammelt dazu genutzt, die Qualifikationsanforderungen im Rahmen einer *Anforderungsanalyse* abzuleiten. Die Anforderungsanalyse soll die aktuellen Anforderungen zur Erfüllung einer Arbeitsaufgabe am Arbeitsplatz systematisch ermitteln. Sie basiert auf den vorgelagerten Teilbereichen der Arbeitsplatzanalyse und leitet

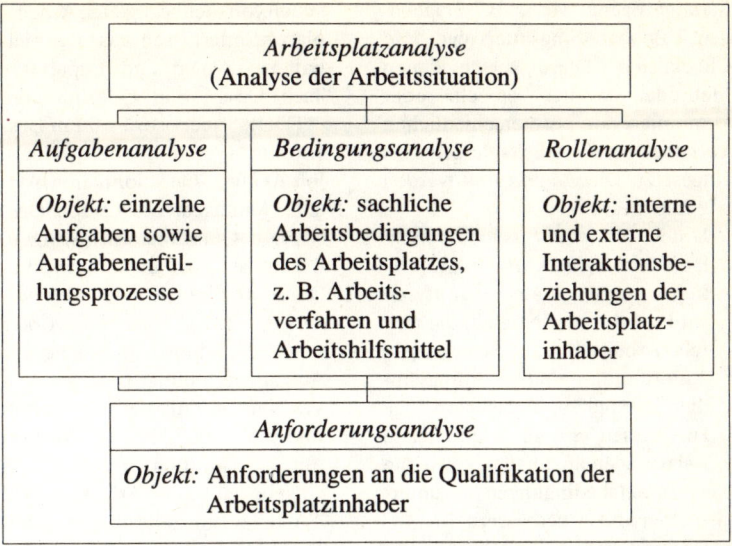

Inhalte einer Arbeitsplatzanalyse

aus deren Ergebnissen die konkreten Anforderungen an die → Qualifikation der Mitarbeiter ab. Dies geschieht i. d. R. hinsichtlich spezifischer Anforderungsarten (z. B. → Genfer Schema). Ihr Ergebnis kann in einem → Anforderungsprofil veranschaulicht werden. Für die Vorhersage zukünftiger Anforderungen dient eine → Anforderungsprognose. Auf der Arbeitsplatzanalyse basiert eine → Arbeitsbewertung. Es gibt bislang kein hinreichendes theoretisches Modell, um diese Anforderungen aus Arbeitsaufgaben abzuleiten. Zudem lassen sich die oft verwendeten Anforderungen vielfach kaum voneinander abgrenzen sowie in ihren Ausprägungen nur unzuverlässig messen. Letztendlich zeigt sich auch bei der Ermittlung von Qualifikationsanforderungen, daß sie weniger eine objektive Ableitung aus den Stellenaufgaben darstellen, sondern Ergebnis eines Verhandlungsprozesses sind.

Als *Methoden der Arbeitsplatzanalyse* werden folgende unterschieden: Zum einen sind es *unstandardisierte* Methoden, wie z. B. vorliegende → Stellenbeschreibungen, freie Berichte von Stelleninhabern, frei formulierte Berichte von Arbeitsanalytikern und Vorgesetzten, Arbeitsdurchführung durch den Arbeitsanalytiker und Dokumentenanalyse. Zum anderen sind es *halbstandardisierte Methoden*, wie z. B. die → Critical-Incident-Technique, ein Arbeitstagebuch, Beobachtung und Interview. Zum dritten werden *standardisierte Methoden* herangezogen, wie z. B. Fragebogen, Beobachtungsinterview und Checklisten. Diese verschiedenen Methoden werden einzeln oder kombiniert in unterschiedlichen Verfahren zur Arbeitsplatzanalyse eingesetzt. Diese *Verfahren* werden wie folgt gegliedert:

- Unter den *nicht-psychologisch, technisch-arbeitswissenschaftlich ausgerichteten Analysen* sind solche zu verstehen, die mittels Arbeitsablauf-, Bewegungs-, Anforderungs- und Belastungsstudien versuchen, Arbeitsvorgänge zu erfassen und zu vereinfachen, Belastungen abzubauen sowie die → Arbeitsbedingungen zu untersuchen und zu verbessern. Im Mittelpunkt stehen die Arbeitsbedingungen und die technologisch-organisatorischen Arbeitsinhalte; dies führt v. a. zu arbeits-/verrichtungsorientierten Analysen.

- Mit *psychologisch-orientierten Analyseverfahren* wird versucht, daß beobacht- und abfragbare Verhalten der Mitarbeiter am Arbeitsplatz systematisch sowie psychologisch fundiert festzustellen. Diese Personenorientierung führt zu einer Konzentration auf die allgemeine Beschreibung des Mitarbeiterverhaltens und der Verhaltensmuster am Arbeitsplatz. Zur gleichen Zeit ist allerdings auch ein möglichst vollständiges Bild der gesamten Arbeitssituation zu erstellen. Verschiedene Verfahrensansätze sind zu differenzieren: *Aufgaben- oder aktivitätsorientierte Ansätze* („task oriented") gehen von sachbezogenen Arbeitsplatzerfordernissen aus. Beispielhaft zu nennen sind: Supervisor Task Description Questionnaire (STDQ), Supervisor Position Description Questionnaire (SPDQ), Job Analysis Questionnaire (JAQ) u. a., Management Position Description Questionnaire (MPDQ), Executive Position Description Questionnaire (EPDQ). *Verhaltensorientierte Ansätze* („worker oriented") knüpfen an dem bei der Aufgabenerfüllung beobachteten Verhalten an. Als Verfahrensarten sind v. a. anzuführen: → Position Analysis Questionnaire (PAQ), → Fragebogen zur Arbeitsanalyse (FAA), → Tätigkeitsanalyse in den Tag (TAI) von *Frieling u. a.*, → Arbeitswissenschaftliches Verfahren zur Tätigkeitsanalyse (AET), → Verhaltensbeobachtungsskalen. *Persönlichkeitsorientierte Ansätze* („trait-ability oriented") sehen v. a. in Persönlichkeitsmerkmalen die Grundlage für eine effiziente Aufgabenerfüllung. Beispielhaft zu nennen sind: Minnesota Job Requirements Questionnaire (MJRQ), → Job Diagnostic Survey (JDS), Taxonomy of Human Performance, → Subjektive Arbeitsanalyse (SAA).

Lit.: Maier 1988, Berthel 1991, Zink 1992

Arbeitsplatzanforderungen (→ Anforderungen)

Arbeitsplatzbeschreibung (→ Stellenbeschreibung)

Arbeitsplatzgestaltung

Die betriebliche Arbeitsplatzgestaltung beschäftigt sich mit der körperlich wie auch psychisch angemessenen, leistungsfördernden Gestaltung der Arbeitsplätze bzw. beeinflußbarer → Arbeitsbedingungen der → Arbeitnehmer. Sie ist von der → Aufgabenstrukturierung zu unterscheiden und in einzelne Fragestellungen bzw. Teilbereiche zu differenzieren, die in der Abbildung graphisch dargestellt werden:

Unter der *ergonomischen Arbeitsplatzgestaltung* (→ Ergonomie) wird die komplexe Erforschung und die Gestaltung des Arbeitsplatzes unter Einbeziehung der gesamten → Arbeitssituation mit dem Ziel der Optimierung der Beziehung von Mitarbeitern zum Arbeitsplatz, zum Arbeitsprozeß und zu den Arbeitsbedingungen unter ökonomischen wie humanen Zielsetzungen (→ Humanisierung der Arbeit) verstanden. Dazu ist eine differenzierte Vorgehensweise notwendig: Bei der Gestaltung des Arbeitsplatzes sind dessen Abmessungen in bezug zu menschlichen Körpermaßen und -formen zu setzen (*anthropometrische Arbeitsplatzgestaltung*). Desweiteren ist die Abstimmung von Arbeitsmethoden (z. B. Körperhaltung) und -bedingungen (z. B. Beleuchtung, Lärm) mit der menschlichen Leistungsfähigkeit und Belastbarkeit notwendig (*physiologische Arbeitsplatzgestaltung*). Die Gestaltung einer für die Mitarbeiter an-

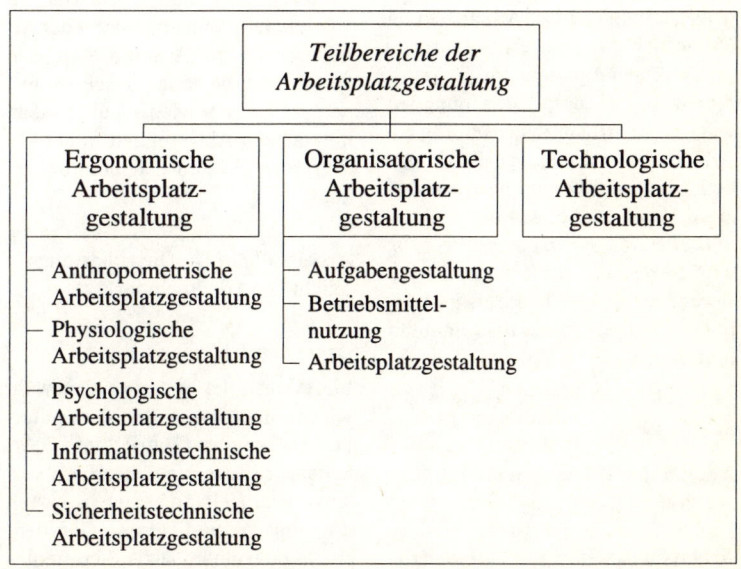

Teilbereiche der Arbeitsplatzgestaltung

genehmen Umwelt durch Schaffung optischer und akustischer Annehmlichkeiten sowie durch die Verringerung von Monotonie zählt ebenfalls dazu (*psychologische Arbeitsplatzgestaltung*). Weiterer Gegenstand ist die Schaffung von Erleichterungen für die menschlichen Sinnesorgane zur Informationsaufnahme, um diese sicherer und schneller zu machen, z. B. mit Skalengestaltung, Zifferngröße, akustischen Signalen (*informationstechnische Arbeitsplatzgestaltung*). Schließlich ist der Arbeitsplatz noch unter Aspekten des → Unfallschutzes zu untersuchen und zu gestalten (*sicherheitstechnische Arbeitsplatzgestaltung*). Die *organisatorische Arbeitsplatzgestaltung* bezieht sich hier auf Maßnahmen (1) der Aufgabengestaltung und Arbeitsteilung im Betrieb (→ Aufgabenstrukturierung), (2) der Nutzung von Betriebsmitteln sowie deren Zuordnung sowie (3) der Arbeitszeitgestaltung (→ Arbeitszeitmanagement). Auch stehen ökonomische und humane Ziele im Vordergrund. Mit der *technologischen Arbeitsplatzgestaltung* wird insbes. der Grad der Mechanisierung eines Arbeitsplatzes im Hinblick auf Ökonomie und Humanität bestimmt.

Lit.: Berthel 1991, Bokranz 1992, Scholz 1993

Arbeitsplatzringtausch (→ Job Rotation)

Arbeitsplatzschutzgesetz (Gesetz über den Schutz des Arbeitsplatzes

bei Einberufung zum Wehrdienst - ArbPlSchG)

Das ArbPlSchG befaßt sich mit dem durch den Wehrdienst bedingten → Kündigungsschutz für → Arbeitnehmer. Das Gesetz gilt aber auch für Wehrdienstverweigerer, die als Ersatz Zivildienst leisten (Zivildienstgesetz). Wird ein Arbeitnehmer zum Grundwehrdienst oder zu einer Wehrübung einberufen, so ruht das → Arbeitsverhältnis während dieser Zeit. Der Arbeitnehmer muß seinen Einberufungsbescheid unverzüglich seinem → Arbeitgeber vorlegen. Von der Zustellung des Einberufungsbescheides bis zur Beendigung des Grundwehrdienstes sowie während einer Wehrübung darf der Arbeitgeber das Arbeitsverhältnis nicht kündigen, auch nicht aus Anlaß des Wehrdienstes. Nimmt der Arbeitnehmer im Anschluß an den Wehrdienst die Arbeit in seinem bisherigen Betrieb wieder auf, so darf ihm aus der Abwesenheit in beruflicher Hinsicht kein Nachteil entstehen.

Arbeitspflicht (→ Dienstleistungspflicht der Arbeitnehmer)

Arbeitsprobe

Im Rahmen der → Personalauswahl wird in manchen Fällen vom mitarbeitersuchenden Betrieb eine Arbeitsprobe von den Bewerbern verlangt. Hierbei kann es sich bspw. um die Präsentation eines Gesellenstücks oder einer Plastik, Veröffentlichungen, Architektenentwürfe

u. ä., aber auch um die Demonstration von → Fähigkeiten wie bspw. schnelles und fehlerfreies Schreibmaschinenschreiben handeln. Der Aussagewert für den Auswahlprozeß ist situations- und hier v. a. stellenbezogen unterschiedlich. Arbeitsproben stellen ein Instrument der → Personalauswahl dar. Sie sind nur bei bestimmten Berufsgruppen möglich, sie geben aber einen direkten Einblick in die Fähigkeiten und v. a. in die Fertigkeiten des Bewerbers.

Arbeitsproduktivität

Die Arbeitsproduktivität setzt die Ergiebigkeit der Mitarbeitertätigkeiten in ein Verhältnis zur Leistungserstellung von Gütern und/oder Dienstleistungen im betrieblichen Kombinationsprozeß. Sie wird als Relation der während eines bestimmten Zeitabschnitts erstellten Leistungen zu der in der gleichen Zeit dafür eingesetzten Arbeit (Quantität und Qualität) definiert. Die Arbeitsproduktivität gilt dabei als eine Schlüsselgröße für die Wettbewerbsfähigkeit eines Betriebes und auch den Reichtum einer Volkswirtschaft.

Lit.: Tlach 1992

Arbeitspsychologie (→ Betriebspsychologie)

Arbeitsrecht

Das Arbeitsrecht ist ein eigenständiges Rechtsgebiet. Es ist vorwiegend privatrechtlicher Art, das zwar einen stark öffentlich-rechtlichen Einschlag aufweist (z. B. Arbeitsschutzrecht, Mutter- und Jugendarbeitsschutz), insgesamt aber als ein Teil des Privatrechts (bspw. BGB) zu verstehen ist. Das Arbeitsrecht gilt trotz der vielen geltenden Gesetzesnormen als sog. → *Richterrecht*. Das Arbeitsrecht wird differenziert in das → Individualarbeitsrecht und das → Kollektivarbeitsrecht. Das Arbeitsrecht ist in erster Linie *Arbeitnehmerschutzrecht*. Es ist allerdings nicht nur das Sonderrecht zum Schutz der Arbeitnehmer, sondern ist maßgebend für die gesamten Rechtsbeziehungen der Arbeitsvertragsparteien, → Arbeitnehmer und → Arbeitgeber, sowie deren Verbände. (Die Regelungen des Arbeitsrechts gelten nicht für Beamte und Selbständige. Rechtsgrundlage für deren Arbeit ist kein → Arbeitsverhältnis.)

Lit.: Buchner 1992, Martens 1993, Schanz 1993, Oechsler 1994

Arbeitsschutz (→ Arbeitsschutzrecht)

Arbeitsschutzausschuß

Der Arbeitsschutzausschuß ist ein innerbetriebliches Gremium des betrieblichen Arbeitsschutzes. Er hat die Aufgabe, die Anliegen des Arbeitsschutzes und der Unfallverhütung (→ Unfallschutz) zu beraten und ist in allen Betrieben zu bilden, in denen → Betriebsärzte und → Fachkräfte für Arbeitssicherheit bestellt sind. Alle am Arbeitsschutz maßgeblich Beteiligten sollten in ihm vertreten sein. Der Ausschuß tritt dabei mindestens einmal im Quartal zusammen. Darüber hinaus ist er einzuberufen, wenn ein wichtiger Punkt, der die Arbeitssicherheit im Betrieb betrifft, einer Regelung bedarf. Entscheidungen obliegen nicht seinen Aufgaben.

Arbeitsschutzrecht

Das Arbeitsschutzrecht stellt eine öffentlich-rechtliche Schutzvorschrift dar und ist ein Teilbereich des → Arbeitsrechts. Unter den Arbeitsschutz fallen alle Vorschriften, die der Erhaltung der Gesundheit der → Arbeitnehmer dadurch dienen, daß berufsbedingte Beeinträchtigungen, Gefährdungen und Schädigungen wie auch Über- und Unterforderung der Arbeitnehmer verhütet oder – wenn dies nicht vollständig möglich ist – verringert werden. Mit seiner Hilfe soll der Schutz des Arbeitnehmers vor Gefahren des Arbeitslebens durch staatliche Aufsicht, behördlichen Zwang und Strafandrohungen gewährleistet werden. Hierzu gehören insbes. der Betriebs- und Gefahrenschutz, der Arbeitszeitschutz sowie der Schutz bestimmter Arbeitnehmergruppen (z. B. Jugendliche, Schwerbehinderte, Frauen). Dem → Arbeitgeber werden notfalls auch gegen den Willen des geschützten Arbeitnehmers öffentlich-rechtliche Pflichten auferlegt, um die bei der Arbeit dem einzelnen drohende Gefahren zu beseitigen oder zu vermindern. Der Arbeitnehmer kann auf die Einhaltung der Vorschriften des Arbeitsschutzrechtes nicht wirksam verzichten. Die Regelungen stehen nicht zur Disposition der Arbeitsvertragsparteien. Dabei gibt es kein spezielles Arbeitsschutzgesetz. Die entsprechenden Regelungen und Bestimmungen finden sich z. B. in der → Arbeitsstättenverordnung, der → Gefahrstoffverordnung, der → Arbeitszeitordnung, dem → Arbeitssicherheitsgesetz, dem → Jugendarbeitsschutzgesetz und dem → Mutterschutzgesetz. Unter bestimmten Bedingungen ist ein → Arbeitsschutzausschuß zu bilden.

Lit.: Spinnarke 1992, Jeiter 1993

Arbeitssicherheitsgesetz (Gesetz über Betriebsärzte, Sicherheitsingenieure u. a. Fachkräfte für Arbeitssicherheit – ArbSichG)
Gemäß ArbSichG hat der → Arbeitgeber einen → Betriebsarzt und → Fachkräfte für Arbeitssicherheit zu bestellen. Sie sollen ihn beim → Arbeitsschutz und bei der → Unfallverhütung unterstützen, soweit dies wegen der Betriebsart und der damit für die → Arbeitnehmer verbundenen Unfall- und Gesundheitsgefahren, der Zahl der beschäftigten Arbeitnehmer sowie der Zusammensetzung der Arbeitnehmerschaft und der Betriebsorganisation erforderlich ist. Die speziellen Mitarbeiter sollen generell dazu beitragen, daß Arbeitsschutz- und Unfallverhütungsvorschriften den Betriebsverhältnissen angepaßt, gesicherte arbeitsmedizinische und sicherheits-

technische Erkenntnisse verwirklicht werden sowie die dem Arbeitsschutz und der Unfallverhütung dienenden Maßnahmen einen möglichst hohen Wirkungsgrad erreichen.

Arbeitssituation

Die Arbeitssituation konstituiert sich aus den konkreten Ausprägungen der jeweilig relevanten → Arbeitsbedingungen.

Arbeitsstättenverordnung (Verordnung über Arbeitsstätten – ArbStättV)

Die ArbStättV als Teil des → Arbeitsschutzes verpflichtet die → Arbeitgeber zur Einhaltung von Mindeststandards beim Betreiben der Arbeitsstätten sowie bei der Planung und Gestaltung von Räumen und Einrichtungen. Sie ist nicht auf ständig wechselnde Arbeitsplätze bzw. -orte im Freien anzuwenden. Die Verordnung regelt neben dem Geltungsbereich v. a. allgemeine und spezielle Anforderungen an Räume (z. B. Arbeitsräume, Pausen-, Bereitschafts- und Liegeräume, Sanitätsräume), Verkehrswege und Einrichtungen in Gebäuden. Gute Luft, gutes Licht, gutes Klima und genügend Bewegungsfreiheit am Arbeitsplatz sind die Anforderungen, die als Grundlage der ArbStättV zu nennen sind. Mit wenigen Ausnahmen (öffentlicher Dienst, Landwirtschaft) gilt sie für alle Arbeitsstätten in der Industrie, im Handwerk und im Handel.

Arbeitsstrukturierung (→ Aufgabenstrukturierung)

Arbeitsstudium

Nach → REFA(-Verband) besteht das Arbeitsstudium in der Anwendung von Methoden und Erfahrungen zur Untersuchung und Gestaltung von Arbeitssystemen mit dem Ziel, die Arbeit unter Beachtung der Leistungsfähigkeit und der → Motive (und Motivation) des Menschen zu verbessern, sowie die Wirtschaftlichkeit des Betriebes zu erhöhen. Dabei wirken in Arbeitssystemen Menschen und Betriebsmittel zusammen, um Aufgaben zu erfüllen. Das Arbeitsstudium verwendet Ergebnisse aus solchen Wissenschaftsdisziplinen wie → Arbeitswissenschaften, Betriebswirtschaftslehre, Statistik, Rechtswissenschaft, Sozialwissenschaft und Ingenieurwissenschaften. Das Arbeitsstudium stellt die menschengerechte Gestaltung der Arbeit sowie die Wirtschaftlichkeit des Betriebes gleichberechtigt auf eine Stufe. Beide Hauptziele bilden in der Gestalt von Sachzielen die Spitze einer Zielhierarchie. Hieraus abgeleitet, werden von REFA sog. Schwerpunkte des Arbeitsstudiums dargestellt und inhaltlich interpretiert. Die sind die Datenermittlung, die Kostenrechnung, die Arbeitsgestaltung, die Anforderungsermittlung (→ Arbeitsbewertung), die anforderungs- und leistungsabhängige Lohndifferenzierung sowie die sog. Arbeitsunterweisung. Eingebettet ist das Arbeitsstudium in die gesamte Betriebsorganisationsstruk-

Arbeitsteilung

tur (prononciert in der Fertigungsorganisation). Hauptkomplexe (Methoden) bilden im Arbeitsstudium die Analyse (Untersuchung von Arbeitsabläufen) und die Synthese (Gestaltung von Arbeitssystemen).

Lit.: Kirchner 1992, Rohmert 1993

Arbeitsteilung

Unter Arbeitsteilung versteht man die Zerlegung eines geschlossenen Arbeitskomplexes in einzelne Arbeitsaufgaben einzelner → Arbeitnehmer. In allen Fällen, in denen ein Arbeitskomplex durch zwei oder mehr Arbeitnehmer erledigt wird, geschieht dies also arbeitsteilig. Dies betrifft sowohl die gesamte Welt (*internationale Arbeitsteilung*), die gesamte Volkswirtschaft (z. B. Bauer – Milchgenossenschaften – Käseproduzenten – Großhändler – Einzelhändler – *volkswirtschaftliche Arbeitsteilung*) als auch jeden einzelnen Betrieb (z. B. Beschaffung, Finanzierung, Produktion, Verkauf, → Personalmanagement) bzw. jedes einzelne Produkt (z. B. Anfertigung von einzelnen Werkstücken – Qualitätskontrolle – Zusammenbau – Endkontrolle). Bei der *betrieblichen Arbeitsteilung* kann es sich dabei zum einen um eine *Artteilung* (jeder hat eine artverschiedene bzw. unterschiedliche Arbeit zu erledigen; z. B. Einkäufer/Verkäufer) oder um eine *Mengenteilung* (jeder hat die gleiche Arbeit, aber unabhängig voneinander; z. B. Bearbeitung der Kunden A - K bzw. L - M) handeln. Mischformen sind möglich. Unum

gängliche Begleiterscheinung einer Arbeitsteilung ist eine *Kooperation* und *Koordination* zwischen den beteiligten Personen(-gruppen), und zwar unter aufgabenbezogenen, räumlichen, informatorischen, zeitlichen und verantwortungsgemäßen Aspekten. Das wirft eine Fülle von organisatorischen Fragen auf. Arbeitsteilung sowie Arbeits- und Aufbauorganisation eines Betriebes sind daher untrennbar miteinander verknüpft. Die Arbeitsteilung ist nicht generell negativ anzusehen, wie dies hin und wieder geäußert wird. Speziell in einer hochtechnisierten Arbeitswelt wäre es ohne sie und den damit zusammenhängenden Spezialisten unmöglich, eine prosperierende Volkswirtschaft und einen relativ hohen durchschnittlichen Wohlstand zu erreichen. Allerdings entstehen für einzelne Betriebe wie auch für die Gesellschaft und ihre Mitglieder Probleme. Bei einer weit fortgeschrittenen Arbeitsteilung zeigen sich häufig psychische und physische Ermüdungserscheinungen. Arbeitsunlust und -entfremdung tragen ein übriges dazu bei, daß der persönliche Leistungsgrad und auch die Arbeitsqualität sinken sowie die → Fluktuation und die → Fehlzeiten steigen. Der Krankenstand wird allein dadurch erhöht, daß einseitige körperliche und geistige Belastungen dazu führen, daß eine monotone Arbeit auch als monoton empfunden wird. Diese sozialen Folgen sind jedoch nicht unumgänglich. Maßnahmen zur Verhinderung der negativen Folgen der Arbeitsteilung sind bspw.: Gruppen fertigung, → Job rotation, → Job enlargement, → Job enrichment.

Lit.: Schanz 1993

Arbeitsunfähigkeit

Arbeitsunfähigkeit meint die Verhinderung der Arbeitsleistung eines → Arbeitnehmers infolge von Krankheit (→ Fehlzeiten). Der Arbeitnehmer ist verpflichtet, dem → Arbeitgeber die Arbeitsunfähigkeit und deren voraussichtliche Dauer unverzüglich anzuzeigen und vor Ablauf des dritten Kalendertages nach Beginn seiner Arbeitsunfähigkeit eine ärztliche Bescheinigung (Arbeitsunfähigkeitsbescheinigung) darüber nachzureichen. Dauert die Arbeitsunfähigkeit länger als in der Bescheinigung angegeben, so ist der Arbeitnehmer verpflichtet, eine neue ärztliche Bescheinigung vorzulegen.

Arbeitsunfall

Arbeitunfälle sind Unfälle, die Berufstätige während ihrer Arbeit und auf Dienstreisen erleiden. Dazu gehören bspw. auch Unfälle beim ersten Gang zur Bank nach der Überweisung des → Entgeltes, beim Betriebssport, bei Familienheimfahrten und bei Betriebsferien. Sie sind im Rahmen der → Unfallversicherung der → Berufsgenossenschaft gedeckt.

Arbeitsunterweisung (→ Unterweisung am Arbeitsplatz)

Arbeitsverbandsrecht

Das Arbeitsverbandsrecht als Teilbereich des → Kollektivarbeitsrechts

befaßt sich mit den Zusammenschlüssen von → Arbeitgebern und → Arbeitnehmern zu Verbänden. Es existiert allerdings keine gesetzliche Regelung der Zusammenschlüsse bez. ihrer Gründung sowie ihrer verbandsinternen Willensbildung in einem Verbändegesetz. Grundlage des Arbeitsverbandsrechts ist die → Koalitionsfreiheit nach Art. 9 GG.

Arbeitsverhalten (→ Leistungsverhalten)

Arbeitsverhältnis

Ein Arbeitsverhältnis ist ein durch den → Arbeitsvertrag begründetes Rechtsverhältnis, daß die Vertragsparteien → „Arbeitgeber" und → „Arbeitnehmer" miteinander verbindet. Dabei umfaßt es nicht nur den Austausch von Leistungen (→ Arbeit gegen → Entgelt), sondern begründet – als Rechtsverhältnis eigener Art – unter den Beteiligten personenrechtliche Bindungen, die es von der Einstellung bis zur Entlassung beherrschen und die Parteien des Vertrages zur gegenseitigen Treue verpflichten (→ Treuepflicht des Arbeitnehmers und → Fürsorgepflicht des Arbeitgebers). Man spricht auch von Haupt- und Nebenpflichten der Vertragsparteien. Siehe dazu die Abbildung auf S. 46.

Arbeitsvermittlung

Die Arbeitsvermittlung (i. e. S.) wird durch die → Bundesanstalt für Arbeit (BfA) durchgeführt, und zwar durch die ihr nachgeordneten Lan-

Arbeitsvermittlung

desarbeitsämter und Arbeitsämter sowie einigen Fachvermittlungsdiensten. Anderen Stellen und Personen ist die Arbeitsvermittlung grundsätzlich verboten, da das *Monopol für die Arbeitsvermittlung* in der Bundesrepublik Deutschland nach → Arbeitsförderungsgesetz bei der BfA liegt. Die von den Personalleasingbetrieben betriebene gewerbsmäßige Arbeitnehmerüberlassung (→ Personalleasing) ist damit allerdings ebenso vereinbar, wie wenn ein → Arbeitgeber einen → Arbeitnehmer für bestimmte Zeit zur Beschäftigung in einen anderen Betrieb abstellt. Rechtlich teilweise problematisch ist das sog. → Head Hunting, welches aller-

Rechte und Pflichten im Arbeitsverhältnis		
	Arbeitgeber	Arbeitnehmer
Hauptpflichten	• Entgeltzahlungspflicht (Zahlung des vereinbarten Entgelts zum rechten Termin) • Beschäftigungspflicht (Beschäftigung entsprechend der vereinbarten Tätigkeit; Ausnahme: während der Kündigungszeit)	• Arbeits-/Dienstleistungpflicht (Erbringung der vereinbarten Arbeitsleistung; nicht berufsfremde Arbeiten)
Nebenpflichten (* Treuepflichten)	• Fürsorgepflicht, z. B.: menschenwürdige Arbeitsablaufgestaltung, Einhaltung des Arbeitsvertrages, bei familiären Ereignissen • Pflicht zur Erteilung eines Zeugnisses	• Wettbewerbsverbot* während des Arbeitsverhältnisses • Abwerbungsverbot* während des Arbeitsverhältnisses • Verschwiegenheitspflicht* • Gebot der Schadensabwendung* • Unterlassung rufschädigender Äußerungen* • Weisungsgebundenheit gem. Direktionsrecht*

Rechte und Pflichten von Arbeitgeber und Arbeitnehmer

dings nur bei einem weitgefaßten Begriffsverständnis zur Arbeitsvermittlung gezählt werden kann. Eine Aufhebung des Vermittlungsmonopols ist vorgesehen.

Lit.: Schanz 1993

Arbeitsvermögen (→ Qualifikation)

Arbeitsvertrag

Jedem → Arbeitsverhältnis liegt ein Arbeitsvertrag zugrunde, durch den sich ein → Arbeitnehmer einem → Arbeitgeber gegenüber verpflichtet, unter Eingliederung in dessen Betrieb und nach dessen Weisung (→ Direktionsrecht) gegen → Entgelt bestimmte Dienste zu leisten. Der Arbeitsvertrag bedarf keiner besonderen Form; er ist schriftlich wie mündlich möglich. Eine Ausnahme hiervon bildet die → Konkurrenzklausel (Wettbewerbsverbot), die zur Rechtswirksamkeit der Schriftform bedarf, sowie der → Berufsausbildungsvertrag. Zusätzlich kann durch einen Tarifvertrag die Schriftform vorgeschrieben sein. Aus Beweisgründen empfiehlt es sich jedoch, die getroffenen Vereinbarungen stets schriftlich niederzulegen und zu unterzeichnen. Die Bedingungen können in freier Vereinbarung von den Vertragsparteien ausgehandelt werden, wobei sie sich aber an bestimmte Mindestbedingungen des → Arbeitsrechts halten müssen (eingeschränkte Vertragsfreiheit).

Arbeitsverwaltung

Die vom Staat zu erfüllenden Aufgaben der → Arbeitsförderung (v. a. →

Arbeitsvermittlung, → Arbeitslosenversicherung, → Arbeitslosenhilfe, → Berufsberatung, Förderung der beruflichen Bildung) erfordern eine Vielzahl verschiedener Maßnahmen. Um diese angemessen erfüllen zu können, ist die sog. Arbeitsverwaltung mit einer Anzahl besonderer Behörden gebildet worden: → Bundesanstalt für Arbeit, Landesarbeitsämter, Arbeitsämter. Die oberste Arbeitsbehörde im Bund ist das Bundesministerium für Arbeits- und Sozialordnung. In den Ländern ist es das jeweilige Landesarbeitsministerium.

Arbeitswertstudien (→ Arbeitsbewertung)

Arbeitswissenschaften

Die Arbeitswissenschaften als interdisziplinäre, angewandte Wissenschaften erforschen die Einflüsse, welche die → Arbeit auf die → Arbeitnehmer hat und die Bedingungen, von denen Größe und Art der menschlichen Arbeitsleistung abhängen. Im Vordergrund der bisherigen Forschung stand dabei insbes. solche Arbeit, die sich mit dem Mensch-Maschine-System, d. h. der körperlichen Tätigkeit in Industriebetrieben, auseinandersetzt. Das *Ziel* der Forschung besteht darin, zum einen die → Arbeitsbedingungen den Arbeitnehmern, zum anderen die Arbeitnehmer z. T. den Arbeitsbedingungen anzupassen. Sie umfaßt dabei eine Vielzahl verschiedener Einzeldisziplinen; als Teilbereiche zählen v. a. die → Arbeitsmedizin, die Arbeitspsychologie (→ Betriebspsychologie), die → Arbeitssoziologie und die → Ergonomie. Für das Personalmanagement liefern die Arbeitswissenschaften wichtige Erkenntnisse über Analysemethoden, Verfahren der Arbeitsgestaltung (→ Arbeitsplatzgestaltung) und der → Arbeitsplatzanalyse.

Lit.: Hackstein/Heeg 1992, Zink 1993

Arbeitswissenschaftliches Verfahren zur Tätigkeitsanalyse (AET)

Das Arbeitswissenschaftliche Verfahren zur Tätigkeitsanalyse (AET) wurde auf Basis des → Fragebogen zur Arbeitsanalyse zur → Arbeitsplatzanalyse entwickelt. Ziel war es, ein weniger aufwendiges Verfahren zur ökonomischen Analyse und Beschreibung von sog. Arbeitssystemen zu erhalten. Dazu ist es in drei Hauptteile differenziert: *Arbeitssystemanalyse* (Die Arbeitsobjekte werden mit 33 Merkmalen, die Betriebsmittel mit 36 Merkmalen und die Arbeitsumgebung mit 75 Merkmalen erfaßt.), *Aufgabenanalyse* (Mit 31 Merkmalen wird versucht, die Aufgaben, deren Anzahl und Wiederholungsfrequenz zu erfassen.) und *Anforderungsanalyse* (Die in Frage kommenden Anforderungsbereiche werden bezüglich der Informationsaufnahme mit 17 Merkmalen, bezüglich der Informationsverarbeitung bzw. Entscheidung mit 8 Merkmalen und bezüglich der Informationsabgabe bzw. Handlung mit 17 Merkmalen differenziert.).

Lit.: Rohmert/Landau 1979, Maier 1988

Arbeitszeit

Bei der Arbeitszeit handelt es sich nach der → Arbeitszeitordnung (AZO) um die Zeit, in der ein → Arbeitnehmer seine Arbeitskraft vertraglich gegen → Entgelt dem Betrieb zur Verfügung stellt. Als tägliche Arbeitszeit wird in der AZO die Zeit vom Beginn bis zum Ende der Arbeitstätigkeit ohne die Ruhepausen (→ Pausen) definiert. Nicht entscheidend ist dabei, daß der Arbeitnehmer auch tatsächlich arbeitet. Vielmehr genügt es, daß er sich zur Erfüllung seiner Vertragspflicht im Betrieb des → Arbeitgebers zur Verfügung hält. Als Arbeitszeit gilt auch die Zeit, während der ein im Betrieb Beschäftigter in seiner eigenen Wohnung oder Werkstatt oder sonst außerhalb des Betriebes beschäftigt wird. Die regelmäßige werktätige Arbeitszeit darf dabei die Dauer von acht Stunden nicht überschreiten. Im Grundsatz soll der Achtstundentag auch im Rahmen des neuen, derzeit im Gesetzgebungsverfahren befindlichen → Arbeitszeitgesetzes gelten. Verschiedene gesetzliche Vorschriften über den Arbeitszeitschutz gelten: → Arbeitszeitordnung, → Gewerbeordnung, → Bundesurlaubsgesetz und → Unfallverhütungsvorschriften.
Verschiedene spezifische *Begriffe* werden verwendet (s. Abbildung):

Lit.: Marr 1987, Hamel 1992

Arbeitszeiterfassung

Gegenstand der Arbeitszeiterfassung sind Arbeitszeitdaten wie z. B. → Fehlzeiten, Plus- und Minusstunden, → Mehrarbeit, Urlaubs- und Resturlaubszeiten (→ Urlaub) u. a. Mit Hilfe von bestimmten Regeln zur → Arbeitszeit (z. B. Gleitzeit- und Kernzeitspanne, → Pausen) und zu Tarifen (z. B. Mehrarbeits-, Nachtarbeits-, Sonntagsarbeitszuschläge) werden in elektronischen Zeiterfassungssystemen die Arbeitszeiten der Mitarbeiter bewertet. Die Arbeitszeiterfassung nützt den Mitarbeitern, indem sie ihnen Auskunft gibt z. B. über Resturlaub, geleistete → Überstunden u. a. Die Einführung solcher Zeiterfassungssysteme hat es möglich gemacht, daß die Mit-

	Arbeitszeitbegriffe (Fortsetzung S. 50)
tarifliche Arbeitszeit	Die tarifliche Arbeitszeit umfaßt diejenige Zeitspanne, die durch Vereinbarungen der Tarifvertragspartner i. d. R. für eine längere Zeitperiode für alle Mitarbeiter derjenigen Betriebe, für die der Tarifvertrag gilt, festgelegt wurde.
flexible Arbeitszeit	Die flexible Arbeitszeit betrifft die betriebsspezifische Differenzierung der tariflichen Arbeitszeit für unterschiedliche Mitarbeiter, Mitarbeitergruppen oder Betriebsteile, bei der unterschiedlich lange Wochenarbeitszeiten abgeleistet werden können. Voraussetzung ist i. d. R. jedoch, daß während eines bestimmten Zeitraumes alle einbezogenen Arbeitnehmer im Durchschnitt die tarifliche Arbeitszeit absolvieren.
variable Gleitzeit- arbeit	Bei der variablen Gleitarbeitszeit existiert keine Kernzeit mehr. Die Mitarbeiter haben ein bestimmtes Arbeitspensum zu bewältigen. Es steht in ihrer eigenen freien Entscheidung, mit welchem zeitlichen Einsatz und wann dies geschieht.
Tagesar- beitszeit	Die Tagesarbeitszeit (tägliche Arbeitszeit) umfaßt diejenige Zeitspanne, die Mitarbeiter innerhalb eines Tages für die Arbeit im Betrieb zur Verfügung stehen.
Wochen- arbeitszeit	Die Wochenarbeitszeit (wöchentliche Arbeitszeit) wird üblicherweise durch den Tarifvertrag geregelt. Die Tarifverträge sehen dabei oft vor, daß die Verteilung der Arbeitszeit ungleichmäßig zwischen verschiedenen Arbeitnehmergruppen (bspw. 37 bis 40 Stunden) möglich ist – bei entsprechender Vereinbarung zwischen Arbeitgeber und Betriebsrat.

Arbeitszeitflexibilisierung

Monats-arbeitszeit	Die Monatsarbeitszeit betrifft die branchenbezogen übliche Arbeitszeit innerhalb des Zeitrahmens „Monat".
Jahres-arbeitszeit	Die Jahresarbeitszeit umfaßt die für eine Jahresperiode vereinbarte Arbeitszeit, die je nach Vereinbarung zu unterschiedlichen Zeiten abgeleistet werden kann.
Lebens-arbeitszeit	Die Lebensarbeitszeit spricht v. a. die gesamte Dauer der Erwerbstätigkeit eines Arbeitnehmers an.
Teilzeit-arbeit	Teilzeitarbeit steht für eine geringere als die betriebsübliche Arbeitszeit. Ihre Lage und Dauer ist in verschiedenen Varianten denkbar und flexibel gestaltbar
Mehrarbeit	Mehrarbeit betrifft die Arbeitszeit, die auf Anordnung des Betriebes über die tarifliche Arbeitszeit hinaus unter bestimmten Restriktionen zu leisten ist.
Kurzarbeit	Kurzarbeit bedeutet die vorübergehende Verkürzung der tariflichen Arbeitszeit aufgrund betrieblicher Erfordernisse.

Arbeitszeitbegriffe

arbeiter Beginn und Ende ihrer Arbeitszeit in bestimmten Grenzen selber festlegen können.

Arbeitszeitflexibilisierung

Die Grundidee der Arbeitszeitflexibilisierung ist eine Entkopplung der → Arbeitszeit der Mitarbeiter von den Betriebszeiten der Arbeitsplätze und Betriebsmittel. *Ziel* ist die optimale Anpassung der Arbeitszeiten der Mitarbeiter an den Arbeitszeitbedarf des Betriebes und an die Interessen der Mitarbeiter. Auf der *individuellen Zielebene* geht es z. B. um die Anpassung der Arbeitszeit an den individuellen Arbeitsrhythmus, um eine Verkürzung der → Wegezeiten, um eine bessere Abstimmung von beruflichen und familiären Verpflichtungen sowie um eine erhöhte

Motivation durch individuelle Gestaltungsfreiheit der Arbeitszeit. Auf der *betrieblichen Zielebene* geht es zum einen um ökonomische Ziele, wie z. B. die Anpassung der Personalkapazität an eventuell schwankenden Bedarf, eine bessere Ausnutzung der Betriebsmittel durch Erweiterung der Betriebszeit sowie eine mögliche Reduzierung von → Überstunden. Zum anderen handelt es sich um solche Ziele wie z. B. die Erhöhung der Attraktivität des Arbeitsplatzes, eine Verminderung der → Fluktuation, der Personalleerkosten sowie eine Verminderung der → Fehlzeiten, insbes. der Kurzerkrankungen. Auf der *gesellschaftlichen Zielebene* geht es v. a. um die → Humanisierung der Arbeit durch verstärkte Selbstbestimmung über Arbeitsmenge und -rhythmus sowie den Abbau von → Arbeitslosigkeit durch die Verteilung eines gegebenen Gesamtvolumens an Arbeit auf eine größere Zahl von Erwerbspersonen.

Arbeitszeitflexibilisierung bezieht sich sowohl auf Länge als auch Lage (1) der täglichen Arbeitszeit, (2) der wöchentlichen Arbeitszeit, (3) der monatlichen Arbeitszeit, (4) der jährlichen Arbeitszeit und (5) der Lebensarbeitszeit. Die Formen der Arbeitszeitflexibilisierung knüpfen an den jeweiligen Arbeitszeitperioden an, wobei Tagesarbeitszeitmodelle mit Wochenarbeitszeitmodellen bzw. Jahresarbeitszeitmodellen kombiniert werden können. Siehe Abbildung:

Lit.: Teriet 1976, 1981, 1983, Marr 1987, Glaubrecht u. a. 1988, Rademacher 1990, Beyer 1992

Arbeitszeitflexibilisierung	
Flexibilisierung der Tages- arbeitszeit	• *Gleitzeitarbeit* sieht für die Mitarbeiter die freie Wahl von Beginn, Ende und Dauer der täglichen Arbeitszeit im Rahmen bestimmter Bandbreiten (z. B.: Arbeitsbeginn 7.00 – 9.00 Uhr, Arbeitsende 15.30 – 18.30 Uhr) vor. Sie ist in Verwaltungsbereichen weit verbreitet, im Produktionsbereich allerdings schwer realisierbar.
	• Mit *Staffelarbeitszeit* ist eine einfache Form der Flexibilisierung der täglichen → Arbeitszeit angesprochen. Den Mitarbeitern werden mehrere festgelegte Normarbeitszeiten zur Wahl angeboten, bspw. 8–16 Uhr oder 9–17 Uhr. Man kann sie deshalb auch als eine Form der Gleitarbeitszeit verstehen.
	• *Schichtarbeit* betrifft die gegenüber der normalen Tagesarbeitszeit versetzte Arbeitszeit, die die Betriebszeiten über acht Stunden erhöht, z. T. auf 24 Stunden. Dies hat verschiedene Schichten zur Folge. Übliche Schichtdauern sind acht Stunden, wenngleich auch zwölfstündige Dauern wie auch Kurzschichten praktiziert werden. Schichtarbeit wird v. a. aufgrund ökonomischer und technischer Notwendigkeiten angewendet. Ihr Flexibilisierungspotential liegt v. a. in der Bestimmung der Schichtdauer, der Schichtanzahl und der Verteilung der Arbeitszeit in bestimmten Zeiträumen.

Arbeitszeitflexibilisierung

Flexibilisierung der Tagesarbeitszeit	• *Teilzeitarbeit* steht für eine geringere als die betriebsübliche tägliche Arbeitszeit (z. B. Halbtagsarbeit). Ihre Lage und Dauer ist in verschiedenen Varianten denkbar und dementsprechend je nach Arbeitsplatz flexibel für Betrieb wie Arbeitnehmer gestaltbar. • Beim *Job sharing* teilen sich Mitarbeiter innerhalb einer vorgegebenen Gesamtarbeitszeit ihre individuelle Arbeitszeit – in Grenzen – selbst ein. Diese Vereinbarungen setzen zur Flexibilisierung Kooperationsbereitschaft der betroffenen Mitarbeiter voraus. Sie sind nicht für alle Stellen umsetzbar. • Zudem ist eine *individuelle Arbeitszeitverkürzung* oder -verlängerung mit oder ohne Lohnausgleich möglich.
Flexibilisierung der Wochenarbeitszeit	• *Teilzeitarbeit* (z. B. 3 oder 4 Tage pro Woche, Job sharing, alternierende Wochenarbeitszeiten, Bandbreitenmodelle für eine Vier- bis Sechstagewoche bei entsprechender Variation der Tagesarbeitszeit. • Beim *rollierenden Arbeitszeitsystem* haben die Arbeitnehmer jeweils einen Arbeitstag in der Woche frei, wobei sich dieser Tag kontinuierlich vorwärts oder rückwärts weiterschiebt. Dieses System wird v. a. im Einzelhandel angewendet. • Die Einführung von *Sonntags- und Feiertagsarbeit* mit Ruheersatztagen ist zudem möglich.
Flexibilisierung der Monatsarbeitszeit	• Im Rahmen der *KAPOVAZ* wird die monatliche Arbeitszeit je nach Arbeitsanfall variabel eingeteilt; i. d. R. erfolgt dies kurzfristig durch den Arbeitgeber. • Die monatlichen Arbeitszeiten können je *Saison* unterschiedlich lang fixiert werden.
Flexibilisierung der Jahresarbeitszeit	• *Sabbaticals* können als Sonderurlaub für mehrere Wochen und Monate ebenfalls z. T. zur Flexibilisierung der Arbeitszeit eingesetzt werden. Dies ist i. d. R. allerdings nur bei wenigen Stellen oder bei Stellenwechsel praktizierbar. • Durch *Saisonarbeit* wird die jährlich geleistete Arbeitszeit auf bestimmte Jahreszeiten konzentriert.

Flexibilisierung der Jahresarbeitszeit	Voraussetzung zu dieser Flexibilisierungsform ist die Bereitschaft von Arbeitnehmern, diese unbeständige Beschäftigung zu akzeptieren. • Die Festlegung einer *Gesamtjahresarbeitszeit* mit variabler Verteilung auf Tage, Wochen und Monate kann ebenso zur Flexibilisierung beitragen wie • die Verlängerung der Urlaubszeit durch Mehrarbeit, zeitliche Verteilung des Jahresurlaubs u. a. m.
Flexibilisierung der Lebensarbeitszeit	• Ein *abrupter Übergang in den Ruhestand* reduziert die Dauer der Lebensarbeitszeit. • Ein *gleitender Übergang in den Ruhestand* sieht eine zwei oder mehrstufige Verkürzung der Arbeitszeit (Teilzeitarbeit) vor der Pensionierung vor.

Formen der Arbeitszeitflexibilisierung

Arbeitszeitgesetz

Derzeit liegt ein Entwurf der Bundesregierung zur Novellierung der → Arbeitszeitordnung zur Schaffung eines Arbeitszeitgesetzes vor. Es sieht derzeit u. a. folgendes vor:

• Bei Verlängerung der täglichen → Arbeitszeit von acht auf zehn Stunden (→ Mehrarbeit) muß innerhalb von sechs Monaten ein Zeitausgleich stattfinden, um eine durchschnittliche tägliche Arbeitszeit von acht Stunden zu erreichen.

• Zwischen Ende des Arbeitstages (Feierabend) und Beginn des nächsten Arbeitstages muß eine arbeitsfreie Zeit (→ Ruhezeit) von mindestens 11 Stunden liegen.

• Bei der Nachtarbeit ist folgendes vorgesehen: betroffen ist der Zeitraum zwischen 23.00 und 6.00 Uhr; durchschnittliche Arbeitszeit acht Stunden innerhalb enger

Durchschnittsgrenzen; Gleichbehandlung von Männern und Frauen (→ Gleichbehandlungsgrundsatz); ärztliche Untersuchung im Drei-Jahres-Rhythmus; Anspruch auf Zusatzurlaub und → Entgeltzulage; auf Wunsch Freistellung bei Familienpflichten (bspw. Kindesbetreuung, Versorgung schwerpflegebedürftiger Person).

• Die Sonn- und Feiertagsarbeit wird bei Vorliegen bestimmter Ausnahmetatbestände möglich. Mindestens ein Sonntag im Monat muß arbeitsfrei bleiben. Zudem besteht ein Anspruch auf jeweils einen Ersatzruhetag.

Arbeitszeitgestaltung (→ Arbeitszeitmanagement)

Arbeitszeitmanagement

Arbeitszeitmanagement ist der Ausdruck für andauernde Bemühungen im Rahmen der → Arbeitsplatzgestaltung, Arbeitszeitsysteme zu erarbeiten und zu implementieren. *Hauptaufgabe* ist es, solche Modelle zu entwickeln und in Betrieben zu implementieren, die eine betrieblicherseits besonders effiziente Anpassung an den sich verändernden Arbeitszeitbedarf (→ Personalbedarfsermittlung), aber auch an individuelle Arbeitszeitinteressen ermöglichen. *Ziel* ist letztlich die Aufnahme, Analyse und Verarbeitung von Informationen, um innerhalb eines ggf. neu zu definierenden Betriebszeitrahmens Beginn, Ende, Lage sowie Abfolge der Arbeitszeit in Abhängigkeit von Betriebsmitteln, Nutzungs bzw. Kundenansprechzeiten variabel festzulegen. Von daher handelt es sich i. d. R. um eine flexible Arbeitszeitgestaltung (→ Arbeitszeitflexibilisierung), die Dispositionsspielräume schafft und nutzt. Hierzu stehen v. a. drei *Gestaltungselemente* zur Verfügung: (1) die Variation des *Bezugszeitraums*: wie Stunden, Tage, Wochen, Monate, Jahre; (2) die Variation der *Dauer der Arbeitszeit* (chronometrische Variation); und (3) die Variation der *Lage* und Abfolge der Arbeitszeit (chronologische Variation).

Lit.: Marr 1987

Arbeitszeitordnung (AZO)

Die AZO, als Teil des → Arbeitsschutzes, ist ein Gesetz, welches für → Arbeitnehmer über 18 Jahren in Betrieben und Verwaltungen aller Art gilt und insbes. Bestimmungen zur → Arbeitszeit enthält. Geregelt

sind bspw. Höchstarbeitszeiten, Arbeitspausen, Vergütungspflicht bei Mehrarbeit. Ausgenommen hiervon sind lediglich einige spezielle Branchen bzw. Mitarbeitergruppen, wie z. B. die Landwirtschaft, die Fischerei, die Seeschiffahrt, die Luftfahrt, → leitende Angestellte, Bäckereien, Pflegepersonal. Derzeit wird vom Bundesarbeitsministerium ein neuer Entwurf für ein → Arbeitszeitgesetz erarbeitet.

Arbeitszeitverkürzung

Arbeitszeitverkürzungen beziehen sich normalerweise auf Verkürzungen der Wochenarbeitszeit (→ Arbeitszeit), teilweise aber auch auf die Reduzierung der Lebensarbeitszeit durch vorzeitige Pensionierungen. Eine *allgemeine Arbeitszeitverkürzung* betrifft alle Mitarbeiter eines Betriebes bzw. Tarifbezirkes. Sie wird i. allg. durch → Tarifverträge ausgehandelt. Umstritten ist i. d. R., ob die Arbeitszeitverkürzung mit oder ohne → Lohnausgleich erfolgt, also ob entsprechend der niedrigeren Arbeitszeit auch das → Entgelt sinkt oder nicht. Von der allgemeinen ist die *individuelle Arbeitszeitverkürzung* zu unterscheiden. Sie stellt eine individualvertragliche Veränderung der Arbeitszeit eines einzelnen Mitarbeiters dar und hat → Teilzeitarbeit zur Folge. Sie kann auf Wunsch des Mitarbeiters erfolgen, sofern sie betrieblicherseits möglich ist, aber auch als Maßnahme der zeitlichen → Personalfreisetzung eingesetzt werden.

Arbeitszeugnis

Arbeitzeugnisse (manchmal synonym: Betriebszeugnisse) beziehen sich in aller Regel auf die Tätigkeit eines → Arbeitnehmers in einem Betrieb sowie u. U. auch auf die Beurteilung des Arbeitsverhaltens durch den → Arbeitgeber. Inhaltlich lassen sich zwei Arten unterscheiden: Arbeitnehmer haben nach BGB einen Anspruch auf ein sog. *einfaches Zeugnis*. Auf besonderes Verlangen hat sich dieses Zeugnis auch auf eine Beurteilung der „Leistungen und die Führung im Dienste" (sog. *qualifiziertes Zeugnis*) zu erstrecken. Abgestufte Umschreibungen der Leistung sind üblich. Die Inhalte der Zeugnisse des Arbeitgebers müssen dabei wahr, aber auch wohlwollend abgefaßt werden. Die Kritik ist maßvoll zu formulieren. Aus diesen Gründen hat sich eine „Zeugnissprache" entwickelt, die mit positiven Formulierungen bestimmter Art alle Einschätzungen von „ungeeignet" bis „ausgezeichnet" in verschiedenen Verhaltensbereichen umfassen will. Da es jedoch weder eine einheitliche Zeugnissprache gibt (trotz einer Vielzahl an „Lexika") und es i. d. R. unklar ist, ob der Zeugnisverfasser bewußt oder unbewußt das Zeugnis formuliert hat, sollten die qualitativen Aussagen eines Zeugnisses vorsichtig interpretiert werden. Zu beachten ist noch der prinzipielle Schadensersatzanspruch des Arbeitnehmers, wenn ein Zeugnis zu günstig und grob unrichtig erteilt wurde.

Lit.: Runggaldier 1992

Arbeitszufriedenheit

Arbeitszufriedenheit ist ein emotionaler Zustand, der eintritt, wenn die Konsequenzen eines bestimmten, motivierten Verhaltens den individuellen → Erwartungen und → Anspruchsniveaus zumindest entsprechen (→ Leistungsdeterminantenkonzept). Umgekehrt entsteht Arbeitsunzufriedenheit, wenn diese Erwartungen nicht erfüllt wurden. Die Arbeitszufriedenheit ist in diesem Sinne:

- ein motivationaler Begriff, da die Motive Mitauslöser von Verhalten, welches in emotionale Zustände mündet, sind;
- ein dynamischer Begriff, da die Arbeitszufriedenheit an die jeweiligen Anspruchsniveaus der individuellen Erwartungen gekoppelt ist; und
- ein relationaler Begriff, da die Arbeitszufriedenheit als Ergebnis individueller Vergleichsprozesse entsteht.

Es ist unzutreffend, sich die Arbeitszufriedenheit als eine Globalgröße vorzustellen: Zum ersten ist sie auf unterschiedliche, motivational erstrebte Konsequenzen bezogen und durch spezifische Belohnungen hervorgerufen. Zum zweiten tritt sie in differenzierten Erscheinungsformen (z. B. progressive, resignative, konstruktive Arbeitszufriedenheit) auf. Sie selbst ist zum dritten auch nur Faktor der Lebens- und Berufszufriedenheit. Die Erfassung der Arbeitszufriedenheit ist ein schwierig zu lösendes Problem, wenngleich verschiedene Instrumente hierzu vorliegen (z. B. → Arbeitsbeschreibungsbogen).

Lit.: Neuberger 1974, Berthel 1991, Martin 1992, Schanz 1993

Assessment-Center

Assessment-Center (AC) sind auf betriebliche Anforderungen maßgeschneiderte Testbatterien, welche sich v. a. aus situationsbezogenen Prüfverfahren zusammensetzen. Sie zählen zu den Instrumenten der → Qualifikations- und Eignungsforschung und werden im Rahmen der → Personalauswahl, der → Potentialbeurteilung und der → Personalentwicklung eingesetzt. Typisch für ein AC sind insbes. folgende sechs Merkmale:

(1) *Anforderungsbezogenheit.* AC basieren auf einer intensiven Anforderungsermittlung mit Angabe charakteristischer Verhaltensmerkmale, die für die Übernahme bestimmter Positionen als wesentlich angesehen werden. Die Beobachter selber definieren die → Anforderungen und spezifizieren die zum Transferprozeß notwendigen und in den Übungen beobachtbaren einschlägigen operationalen Verhaltensitems. Im Idealfall sind alle Übungen im AC vor dem Hintergrund eines Anforderungskataloges konstruiert, der für einen ganz bestimmten Arbeitsplatz erarbeitet wurde.

(2) *Verhaltensorientierung.* Es werden zum überwiegenden Teil Übungen verwendet, die bei den Teilnehmern Verhalten provozieren, welches beobachtbar ist und bei einer der zu besetzenden Vakanzen als Voraussetzung für eine erfolgreiche Aufgabenerfüllung gilt.

(3) *Methodenvielfalt.* Es kommen mehrere herkömmliche Instrumente der betrieblichen Eignungsdiagnostik (Eignungsprüfung) zur Anwendung, z. B. klassische → psychologische Tests, Beobachtungen, Gruppendiskussionen, Selbstvorstellung, → In-basket-Methode, Befragungen bzw. Interviews. In verschiedenen Simulationen wird versucht, die erwarteten Verhaltensweisen einer Beobachtung von Experten zugänglich zu machen. Dies bedeutet i. d. R. auch eine Dauer eines ACs über 2 – 3 Tage.

(4) *Situationsorientierung.* Die verwendeten Methoden sollen soweit als möglich danach ausgesucht bzw. konstruiert werden, daß sie arbeitstypische Situationen (bzw. Teile aus ihnen) abbilden. Je besser dies gelingt, desto eher läßt sich gefordertes bzw. erwartetes Verhalten beobachten.

(5) *Mehrfachbeurteilung.* Jeder Teilnehmer wird durch mehrere Beobachter mehrfach beobachtet und beurteilt. Hierbei handelt es sich i. d. R. um der zu besetzenden Position hierarchisch übergeordnete und speziell trainierte Manager. Idealtypisch spricht man von 12 Teilnehmern und 6 Beobachtern pro Assessment-Center.

(6) *Trennung von Beobachtung und Bewertung.* Systematisch wird versucht, daß die Beurteiler die Beurteilungssequenzen der Beobachtung und der Bewertung trennen, um voreilige Beurteilungen zu verhindern. Die Beobachtungseindrücke sollen zunächst deskriptiv festgehalten werden. Durch die Trennung der Beobachtung von der nachfolgenden Bewertung soll eine bewußtere Beurteilung ermöglicht werden.

Zum Ablauf siehe Abbildung.

Mit einem AC verbunden sind einige *Vorteile*: Die Konzentration auf relevante Verhaltensweisen, die weitgehende Einigung auf bestimmte Verhaltensitems als → Beurteilungskriterien, die → Qualifikation der geschulten Beurteiler und die vielfältig anfordernden Übungen führen dazu, daß eine intersubjek-

Ablauf eines Assessment-Centers		
Vorbereitung	Durchführung	Abschluß
Festlegung der Ziele und der Zielgruppe	Training der Beobachter	Abstimmung der Auswertungen
Auswahl der Beobachter	Empfang der Teilnehmer, Ziel und Ablauf des Programms erläutern	Anfertigung der Gutachten, Empfehlung von Fördermaßnahmen
Definition des Anforderungsprofils mit Beobachtern	Bearbeitung der Übungen und Unterlagen durch Teilnehmer	Abstimmung und Endauswahl
Zusammenstellung der Übungen mit Anforderungsbezug	Beobachtung der Leistungen durch Beobachter	Teilnehmer über Ergebnisse informieren
Organisatorische Vorbereitung	Auswertung der Beobachtungen	ggf. Vereinbarung von Entwicklungsmaßnahmen

Ablauf eines Assessment-Centers

tiv besser nachvollziehbare, weitgehend bewußtere Entscheidung eines Gremiums getroffen wird. Voraussetzung ist jedoch ein weitgehend idealtypisches Vorgehen des Betreibers. *Problempunkte* des AC-Verfahrens sind die fiktiv durchzuführenden Aufgaben- und Anforderungsanalysen, evtl. fehlende Authentizität des Verhaltens, die darauf aufbauende Benennung und Abgrenzung von treffenden Verhaltenskategorien, die Sichtbarmachung aufgabenrelevanter Verhaltensweisen durch geeignete Testverfahren, die Beobachtung der Verhaltensweisen sowie die Qualifikation der Beobachter.

Lit.: Jeserich 1981, Kompa 1984, Berthel/Touet 1990, v. Rosenstiel 1992, Becker, M. 1993

Atkinsons Risiko-Wahl-Modell (→ Risiko-Wahl-Modell von *Atkinson*)

Attribution

Personen begnügen sich i. allg. nicht damit, die jeweiligen Ereignisse in ihrer Umwelt nur wahrzunehmen (→ Wahrnehmung) und zu speichern. Dies trifft insbes. dann zu, wenn sie sich selbst betroffen fühlen. In diesem Fall sind sie bewußt oder unbewußt bemüht, die Ereignisse (z. B. den Erfolg oder den Mißerfolg ihres eigenen → Leistungsverhaltens) auf bestimmte Ursachen (als selbst- bzw. fremdverursacht) zurückzuführen (→ Kognition). Solche kognitiven, subjektiven Ursachenzuschreibungen nennt man Attribution (synonym: Kausalattribution, Ursachenzuschreibung, Zurechnung). Sie haben eine entscheidende Rolle bei der Verhaltensentstehung und -erklärung (→ Leistungsdeterminantenkonzept, → Attributionstheoretisches Modell von *Weiner*). Die – antizipative – Zuschreibung von Verantwortung ist indirekt motivational wichtig. Sie beeinflußt die individuellen → Erwartungen: Für die Bereitschaft zu Leistungsverhalten ist es wichtig, ob eine Person ihren Leistungserfolg als durch eigene → Qualifikation determiniert ansieht, oder ob sie ihn dem Zufall o. ä. zuschreibt. Die Interpretation dieser subjektiven Zuschreibungen hilft aber auch Vorgesetzten; zum einen, um individuelles Verhalten im betrieblichen Umfeld bzw. dessen Ergebnis zu erklären und zu bewerten. Zum anderen kann man mit ihrer Hilfe versuchen, zukünftige Handlungen der Mitarbeiter zu interpretieren und zu steuern. Letzteres wird durch die Annahme erleichtert, daß jede Person eine zeitlich relativ stabile Erklärungsstruktur für bestimmte Ereignisse hat.

Attributionstheoretisches Modell von *Weiner*

Eine Version der → Theorie der Leistungsmotivation ist durch das attributionstheoretische Modell v. a. von *Weiner* entwickelt worden. Auf Basis von → Erwartungs-Valenz-Modellen wurden zusätzliche kognitive Variablen, speziell Kausalattri-

Stabilität über Zeit \ Personenab- hängigkeit	interne Zurechnung (Selbst- verursachung)	externe Zurechnung (Fremd- verursachung)
stabile Faktoren	Begabung/Fähigkeiten	Aufgabenschwierigkeit
instabile Faktoren	Anstrengung	Zufall (Glück/Pech)

Vierfeldermatrix zur Kausalattribution

butionen (→ Attribution), näher untersucht. Die wichtigste Aussage lautet: Individuen begnügen sich i. allg. nicht damit, Ereignisse in ihrer Umwelt nur wahrzunehmen, sondern sie sind bestrebt, diese Ereignisse auf bestimmte Ursachen zurückzuführen. *Weiner* kombiniert die Dimensionen der Attribution in einer *Vierfeldermatrix*. Zunächst werden die Ursachenfaktoren anhand der Dimensionen Zeitstabilität und Personenabhängigkeit der Zurechnung klassifiziert. Es ergeben sich dadurch vier Ursachenfaktoren, wie die Abbildung zeigt.

Die Art der Zuschreibung durch das Individuum hat sehr wichtige Konsequenzen: Ein Individuum, das einen Mißerfolg mangelnder Begabung zuschreibt, wird kaum einen neuen Versuch unternehmen. Macht es dagegen Lustlosigkeit oder Pech dafür verantwortlich, so kann es zu neuen Verhaltensbemühungen kommen. Eine positive Veränderung von → Erwartungen ist um so wahrscheinlicher, je mehr die eigene → Fähigkeit und Begabung sowie die Aufgabenschwierigkeit

zur Erklärung des Ergebnisses herangezogen werden. Als Informationsquellen zur Feststellung der „Ursachen" des Erfolgs bzw. Mißerfolgs dienen bspw. die im folgenden wiedergegebenen Indikatoren:

- Begabung/Fähigkeiten: Anzahl der Erfolge, Verhältnis der Erfolge/Mißerfolge, Erfolgsmuster, Maximalleistung;
- Anstrengung: Ergebnis, Leistungsmuster, wahrgenommene Muskelanspannung, Schwitzen, Ausdauer;
- Aufgabenschwierigkeit: objektive Aufgabenmerkmale, soziale Normen;
- Zufall: objektive Aufgabenmerkmale, Unabhängigkeit und Zufälligkeit der Ergebnisse, Einzigartigkeit der Ergebnisse.

Eine Reihe von Studien unterstützt die Annahmen des attributionstheoretischen Modells, andere haben die postulierten Zusammenhänge nicht finden können. Insgesamt ist die Befundlage noch nicht umfassend. In Untersuchungen hat sich allerdings tendenziell gezeigt, daß Menschen in *unterschiedli-*

chem Maße dazu geneigt sind, bestimmte Kausalattribuierungen zu gebrauchen. Zum einen neigen Individuen eher dazu, sich für Erfolge persönlich verantwortlich zu zeigen und die Verantwortung für Mißerfolge eher abzuschwächen oder zu leugnen. Es bestehen somit *Asymmetrien* in der Attribuierung von Erfolg und Mißerfolg. Es zeigte sich zum anderen, daß Erfolgsorientierte sich vornehmlich für ihre Erfolge verantwortlich fühlten und Mißerfolge auf mangelnde Anstrengungen zurückführten, während Mißerfolgsorientierte sich eher für ihre Mißerfolge verantwortlich fühlten und auf mangelnde Begabung zurückführten. Empirische Studien zeigten zudem, daß Leistungen, die aufgrund hoher Anstrengung entstanden sind, i. allg. höher von den Individuen bewertet werden als begabungsbedingte Leistungen.

Lit.: Weiner 1976, Heckhausen 1980, Berthel 1991, Wiswede 1991

Attributionstheorien der Führung

Im Rahmen der Attributionstheorien der Führung wird die → Mitarbeiterführung nicht als ein objektiver Sachverhalt verstanden, sondern als ein subjektiv wahrgenommenes Phänomen. Im Mittelpunkt steht insbes., wie Personen (Vorgesetzte wie Untergebene) Urteile über die Ursachen ihres eigenen (Führungs-)Verhaltens und das (Führungs-)Verhalten anderer Personen bilden (→ Attribution). Zwei Forschungsrichtungen untersuchen

dabei zum einen die Attributionen von Untergebenen bez. des Verhaltens ihrer Vorgesetzten und zum anderen die Attributionen der Vorgesetzten über das Verhalten ihrer Untergebenen. Insgesamt stellt die attributionstheoretische Führungsforschung eine sinnvolle Ergänzung der Führungsforschung (→ Führungstheorien) dar; aufgrund ihrer begrenzten Reichweite jedoch nicht viel mehr.

Lit.: Mitchell 1987, Neuberger 1990, Berthel 1991, Staehle 1991

Aufgabenanalyse (→ Arbeitsplatzanalyse)

Aufgabenbereicherung (→ Job Enrichment)

Aufgabendelegation (→ Delegation)

Aufgabenerweiterung (→ Job Enlargement)

Aufgabenorientierte Einstufungsverfahren

Aufgabenorientierte Einstufungsverfahren sind die Ausnahme der → Leistungsbeurteilung. Hierunter sind solche Verfahren (→ Einstufungsverfahren der Personalbeurteilung) zu verstehen, die ausgehend von den in einer bestimmten Leistungsperiode von Mitarbeitern zu erfüllenden, positionsspezifischen Aufgaben eine darauf zugeschnittene Leistungsbeurteilung der Aufgabenerfüllung durchführen. Das bekannteste aufgabenrientierte Verfahren ist das

„Konzept der ganzheitlichen Qualifikation" nach *Capol*. Mit der Methode wird bewußt auf die interindividuelle Vergleicbarkeit der Leistungen verzichtet. Stattdessen wird das
Verstehen des Zustandekommens
einer individuellen Leistung, also
subjektives Beurteilen, bewußt zum
wesentlichenPrinzip des Verfahrens
erhoben. Zudem soll das Verfahren
Hinweise zu Qualifikationsentwick-
lungen geben. Im einzelnen ist das
Verfahren wie folgt aufgebaut:

(1) Zunächst erfolgt gemeinsam
und vorab eine Untersuchung,
Differenzierung und schriftliche
Festlegung der konkreten und
wesentlichen *Aufgaben*stellun-
gen des spezifischen Positionsin-
habers.

(2) Die *Beurteilung des Arbeitsverhaltens* wird anhand der speziellen Aufgabenliste mit Hilfe von
vier Stufen (ausgezeichnet, gut,
befriedigend, unbefriedgend)
wie der Beschreibung des *Sozial-
verhaltens* vorgenommen. Jede
Bewertung ist jeweils mit Angabe von Beobachtungen und be-
legbaren Tatsachen verbal zu begründen.

(3) Jede Einstufung soll den Erfül-
lungsgrad der geforderten Leistung einer spezifischen Teilaufgabe wiedergeben. Die Einstufungen dienen nur als methodi-
sches Hilfsmittel für die Beurteiler und nicht statistischen Aus-
wertungen. Nachfolgend ist die
Frage nach den jeweiligen Ursachen der beschriebenen Verhaltensweisen zu beantworten.

Hiermit wird eine Möglichkeit
geschaffen, individuelle Qualifikationen wie auch externe Leistungsbedingungen als Ursachen mit in die Begründung für
gut oder schlecht bewertete Auf-
gabenerfüllungen einzubeziehen.

(4) Schließlich erfolgt in einer weiteren Rubrik ein Vorschlag, der
aufgrund der Leistungsbeurteilung einzuleitende Maßnahmen
(z. B. Förderung, → Qualifizierung, Arbeitsplatzveränderung,
Leistungszulagen) erfaßt.

Aufgabenorientierte Einstufungsverfahren stellen trotz aller treffenden
Einzelkritik eine äußerst fruchtbare
Idee zur Entwicklung aufgaben-,
zeit-, situations und personenspezi-
fischer Beurteilungsverfahren dar.

Lit.: Capol 1965, Becker, F. G. 1994

Aufgabenstrukturierung

Die Aufgabenstrukturierung (oft
synonym: Arbeitsstrukturierung, Arbeitsfeldstrukturierung) hat die gezielte Gestaltung des Aufgabenfeldes eines Arbeitsplatzinhabers zum
Gegenstand: Diese kann in zwei
Richtungen erfolgen: Zum einen
trägt eine *Aufgabenverkleinerung*
zur Rationalisierung und Spezalisie-
rung bei. Sie verringert dabei die vertikale wie horizontale → Arbeitsteilung (z. B. Auflösung von Stellen
und Zusammenlegung von Aufgaben gleicher oder unterschiedlicher
hierarchischer Ebenen). Zum anderen trägt eine *Aufgabenvergröße-
rung* – neben anderen Gründen –

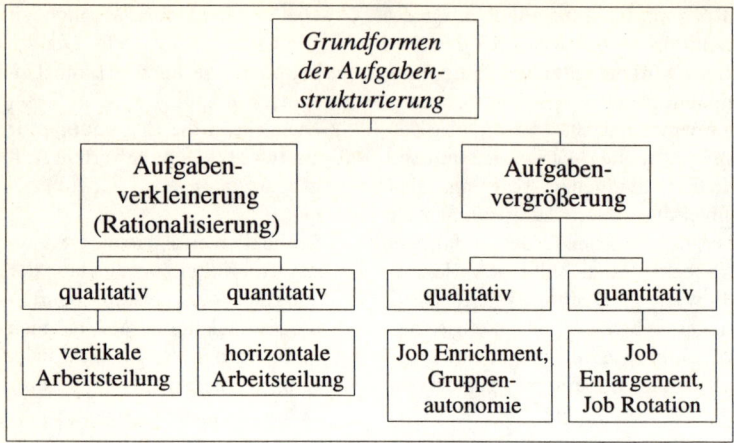

Grundformen der Aufgabenstrukturierung

zur → Personalentwicklung bspw. mittels → Job Enrichment, → Job Enlargement und → Job Rotation bei. Die Grundformen sind in der Abbildung wiedergegeben.

Lit.: Berthel 1991, Schanz 1993

Aufhebungsvertrag

In einem Aufhebungsvertrag verständigen sich → Arbeitgeber und → Arbeitnehmer im Rahmen der allgemeinen Vertragsfreiheit darüber, alle gegenseitigen Rechte und Pflichten aus einem → Arbeitsvertrag zu einem vereinbarten Zeitpunkt außer Kraft treten zu lassen und dadurch das → Arbeitsverhältnis zu beenden. Sofern → Tarifverträge o. ä. keine bestimmte Form des Aufhebungsvertrages vorsehen, ist die Gültigkeit nicht an eine bestimmte Form gebunden. → Kündigungsfristen brauchen nicht eingehalten zu werden, Kündigungsschutzvorschriften

finden keine Anwendung, der → Betriebsrat muß nicht gehört werden. Aufhebungsverträge werden im Rahmen von → Personalfreisetzungen (v. a. vorzeitige → Pensionierungen, größerer Personalabbau, Unstimmigkeiten mit Führungskräften) angewendet. Er kann dabei sowohl für den Arbeitgeber als auch für den Arbeitnehmer Vorteile gegenüber einer → Kündigung bieten.

Aufstiegsfortbildung

Aufstiegsfortbildung wird im Rahmen der beruflichen → Fortbildung mit dem Ziel eines beruflichen und sozialen Aufstiegs (vertikale Mobilität) für einen Mitarbeiter speziell in der betrieblichen Hierarchie durchgeführt. Beispiele für begleitende und notwendige Qualifizierungsmaßnahmen sind die → Karrieremuster vom Facharbeiter zum Meister und Ingenieur, vom Kaufmannsge-

hilfen zum Fachwirt und Betriebs-
wirt, vom Gesellen zum Handwerks-
meister. Alle setzen bestimmte Fort-
bildungen mit anschließenden Prü-
fungen voraus. Prüfungscharakter
ist jedoch kein notwendiges Defini-
tionskriterium der Aufstiegsfortbildung. Zu unterscheiden hiervon ist
die → Anpassungsfortbildung.

Auktionsmarkt (→ Arbeitsmarkttheorien)

Ausbildender

Ausbildender ist derjenige, der einen anderen (→ Auszubildenden)
zur → Berufsausbildung einstellt.
Dies wird i. d. R. der Betriebsinha-
ber selbst sein, oder aber die zur Vertretung des → Arbeitgebers berechtigte Person. Vom Ausbildenden ist
derjenige zu unterscheiden, der die
Ausbildung tatsächlich durchführt.
Das kann zwar der Ausbildende in
eigener Person sein, aber auch ein
von ihm beauftragter → Ausbilder.

Ausbilder

Ausbilder sind diejenigen Personen
in einem Betrieb, die hauptamtlich
oder nebenamtlich für Aufgaben der
→ Berufsausbildung der → Auszubildenden verantwortlich eingesetzt
werden, wenn der → Ausbildende
nicht selbst ausgebildet ist oder man-
gels fachlicher → Eignung nicht ausbilden darf. Die Ausbilder müssen
den Anforderungen der → Ausbildereignungsverordnung entsprechen
und i. d. R. eine → Ausbildereignungsprüfung bestanden haben.

Ausbildereignungsprüfung

Durch das Bestehen der Ausbildereignungsprüfung zeigt der → Ausbilder eine erweiterte fachliche Eignung, die ihn zur → Berufsausbildung im Namen des → Ausbildenden formal qualifiziert. Die Prüfung
erstreckt sich auf vier Fächer:
Grundfragen, der Jugendliche in der
Berufsausbildung, Planung und
Durchführung der Berufsausbildung und Berufsbildungs- sowie Arbeitsrecht. Die zu prüfenden Stoffin-
halte sind in der → Ausbildereignungsverordnung beschrieben.

Ausbildereignungsverordnung

Im Rahmen einer Ausbildereignungsverordnung ist die für die →
Berufsausbildung erforderliche persönliche sowie fachliche Eignung
der → Ausbilder angegeben. Die
Ausbilder sollen nach → Berufsbildungsgesetz mind. 24 Jahre alt sein,
eine Abschlußprüfung einer Berufsausbildung bestanden haben (Aus-
nahmegenehmigungen sind möglich) sowie eine spezifische berufs-
und arbeitspädagogische → Eignung vorweisen. Die entsprechenden Kenntnisse sind von den Personen in einer → Ausbildereignungsprüfung nachzuweisen.

Ausbildung

Umgangssprachlich sowie teilweise
auch in der Literatur wird der Begriff „Ausbildung" synonym mit
dem der „Berufsausbildung" verwendet. Dieser Gleichsetzung wird
in diesem Zusammenhang nicht ge-

Ausbildungsberuf

folgt. Ausbildung als Teilsystem der betrieblichen → Bildung und → Personalentwicklung vermittelt (1) berufsbezogene (→ *Berufsausbildung*), (2) tätigkeits- und arbeitsplatzspezifische (→ *Anlernausbildung*) sowie (3) ebenen- bzw. bereichsspezifische (→ *Trainee-Ausbildung*) → Qualifikationen an ausgewählte → Arbeitnehmer. Sie ist in das Personalentwicklungssystem eines Betriebes eingebunden und entsprechend der genannten Ausrichtungen unterschiedlich organisiert.

Ausbildungsberuf (→ Beruf)

Ausbildungsberufsbild

Im Ausbildungsberufsbild, als Bestandteil der → Ausbildungsordnung, sind nach → Berufsbildungsgesetz diejenigen Fertigkeiten und Kenntnisse (→ Qualifikation) wiedergegeben, die Gegenstand der spezifischen → Berufsausbildung und des angestrebten → Berufes sind.

Ausbildungsordnung

Ausbildungsordnungen sind gemäß → Berufsbildungsgesetz Grundlage für die → Berufsausbildung in anerkannten Ausbildungsberufen (→ Beruf). Sie werden vom zuständigen Fachminister im Einvernehmen mit dem Bundesminister für Bildung und Wissenschaft erlassen. Durch ihren Charakter als Rechtsverordnung regeln sie verbindlich Inhalte, Gliederung und Ablauf der Berufsausbildung für die jeweiligen Ausbildungsberufe, geben damit einen Mindeststandard vor und binden

alle beteiligten Personen und Institutionen. Folgende Elemente werden geregelt: die Bezeichnung des Ausbildungsberufes, die Ausbildungsdauer, Fertigkeiten und Kenntnisse (→ Qualifikation), die Gegenstand der Berufsausbildung sind (→ Ausbildungsberufsbild), eine Anleitung zur sachlichen und zeitlichen Gliederung der Vermittlung der Fertigkeiten und Kenntnisse (→ Ausbildungsrahmenplan) sowie die Prüfungsanforderungen für die Abschlußprüfung.

Ausbildungsplan

Der Ausbildungsplan stellt im Rahmen der → Berufsausbildung den betrieblichen Einsatzplan für alle → Auszubildenden in einer betrieblichen Ausbildungsstätte dar. Der → Ausbilder erstellt den spezifischen Plan auf der Basis des → Ausbildungsrahmenplans unter den spezifischen innerbetrieblichen Restriktionen. Der Ausbildungsplan hat sowohl den sachlichen Aufbau als auch die zeitliche Folge der Berufsausbildung auszuweisen. Bei der Erstellung ist der sog. Tiefenstufenkatalog zu beachten, der erläutert, in welcher Tiefe und Breite die einzelnen Inhalte zu vermitteln sind. Es werden dabei vier Stufen unterschieden: Grundkenntnisse, Kenntnisse, Mitwirkung bei Arbeits- und Geschäftsvorfällen sowie selbständiges Bearbeiten von Arbeits- und Geschäftsvorfällen.

Ausbildungsplatzförderungsgesetz (Gesetz zur Förderung des Angebots an Ausbildungsplätzen in der Berufsausbildung – APlFG)

Das APlFG hatte die wesentliche Aufgabe, die Finanzierung der → Berufsausbildung durch die Erhebung einer Berufsausbildungsabgabe sicherzustellen. Darüber hinaus enthielt das Gesetz weitere Bestimmungen über das → Bundesinstitut für Berufsbildung. 1980 wurde jedoch durch das Bundesverfassungsgericht das Gesetz für unvereinbar mit dem Grundgesetz erklärt. Daraufhin wurde 1981 ein neues Gesetz, das → Berufsbildungsförderungsgesetz, entwickelt und gebilligt.

Ausbildungsrahmenplan

Ein Ausbildungsrahmenplan ist Bestandteil der → Ausbildungsordnung. Er stellt für die → Berufsausbildung die wichtigste Grundlage zur Erstellung des betrieblichen → Ausbildungsplanes dar und beinhaltet eine Anleitung zur sachlichen und zeitlichen Vermittlung der erwarteten Kenntnisse und Fertigkeiten (→ Qualifikation) der → Auszubildenden. Dabei ist der zu vermittelnde Ausbildungsinhalt zum einen sachlich nach Schwierigkeitsgraden gegliedert. Der Ausbildungsrahmenplan enthält zum anderen einen Zeitplan, nach welchen Zeitperioden und in welcher zeitlichen Reihenfolge die einzelnen Fertigkeiten und Kenntnisse zu vermitteln sind.

Ausbildungsvertrag (→ Berufsausbildungsvertrag)

Ausbildungswerkstatt

Die Ausbildungswerkstatt (synonym: Lehrwerkstatt) ist ein im Rahmen der → Berufsausbildung verwendeter → Lernort. In ihr wird nach vorgegebenen Lehrplänen eine systematische → Qualifizierung von gewerblichen → Auszubildenden vorgenommen. Zumeist sollen praktische Kenntnisse und Fertigkeiten (→ Qualifikationen) durch Übung vermittelt werden. Der Grundgedanke dabei ist, die Ausbildung systematisch und weitgehend losgelöst von Tagesnotwendigkeiten, die in Fertigungswerkstätten anliegen, durchzuführen. Durch eine mehr oder weniger übergreifende „Grundausbildung" in der Ausbildungswerkstatt und die damit verbundene Konzentration auf die zu erlernenden Fertigkeiten kann eine ordnungsgemäße und kontinuierliche Berufsausbildung gewährleistet werden. Neben betrieblichen existieren auch überbetriebliche Werkstätten und Schullehrstätten, die es inbes. kleineren Betrieben und deren Auszubildenden ermöglichen sollen, diese Fertigkeiten zu erwerben.

Aushilfen

Aushilfen sollen dem Betrieb bei besonderem, vorübergehendem Arbeitsanfall (→ Personalbedarf) bei der Bewältigung des Arbeitspensums helfen. Dabei sind die → Arbeitsverträge für Aushilfen von vornherein nur vorübergehend gedacht und enden grundsätzlich mit dem

Auslandszulage

Ablauf der festgelegten Zeit (z. B. Aushilfe für zwei Monate) oder mit der Erfüllung der zu erledigenden Aufgabe (z. B. Aushilfe für die Dauer der Krankheit eines bestimmten Mitarbeiters).

Auslandszulage

Eine Auslandszulage als Variante einer → Entgeltzulage soll prinzipiell einen finanziellen Anreiz anbieten, daß Mitarbeiter für den Betrieb für einen längeren Zeitraum vollberuflich im Ausland arbeiten. Zudem stellt sie einen Ausgleich für die damit verbundenen Härten dar.

Ausschüttungsgewinnbeteiligung
(→ Gewinnbeteiligung)

Ausschüttungsperiode und -frequenz (→ Erfolgsbeteiligung)

Aussperrung

Die Aussperrung ist das Arbeitskampfmittel (→ Arbeitskampf) der → Arbeitgeber. Sie stellt das Pendant zum → Streik der → Arbeitnehmer dar. Ein Arbeitgeber läßt in diesem Fall planmäßig Arbeitnehmergruppen nicht arbeiten und verweigert diesen auch die Entgeltzahlung, um sein Arbeitskampfziel zu erreichen. Das → Arbeitsverhältnis ruht. Das Bundesarbeitsgericht (→ Arbeitsgerichtsbarkeit) hat bestimmte Grenzen hinsichtlich des Umfangs der Aussperrung festgelegt. Zu differenzieren ist in zwei Formen: Die *Abwehraussperrung* ist die unmittelbare Reaktion der Arbeitgeber auf Schwerpunktstreiks bzw. auf Flächenstreiks der Arbeitnehmer. Die *Angriffsaussperrung* stellt im Gegensatz dazu eine Form dar, die aktiv erstmalig Arbeitskampfmaßnahmen in einer Tarifauseinandersetzung vorsieht. Sie wird aufgrund strenger rechtlicher Normen selten praktiziert.

Austauschtheorien

Austauschtheorien gehen von der Annahme aus, daß sich Interaktionsprozesse zwischen zwei oder mehreren Menschen als Austausch von positiven und negativen Reizen auffassen lassen. Dabei steht jedem der Interaktionspartner auch im Betrieb eine bestimmte Anzahl an Verhaltensalternativen zur Verfügung, denen wiederum ein bestimmter Wert beigemessen wird. Jede mögliche Verhaltensalternative ist für die Partner in unterschiedlicher Weise mit „Lohn" oder „Kosten" verbunden, die sich in Zahlen ausdrücken lassen. Versteht man Menschen als rein rational handelnde Wesen, so lautet das angestrebte Ziel demzufolge auch in sozialen Tauschprozessen am Arbeitsplatz Lohnmaximierung sowie Kostenminimierung. Als logische Konsequenz der Austauschtheorie erwächst menschliches Verhalten aus utilitaristisch kalkulierten Tauschbeziehungen. Im Rahmen des → Personalmanagements erlangte die Austauschtheorie v. a. auf dem Gebiet der sog. → Interaktionsansätze der Mitarbeiterführung Bedeutung. Sie beleuchtet hier die Interaktion zwischen Führern und Geführten vor dem Hintergrund oben beschriebener theoretischer Aussagen.

Lit.: Herkner 1986, Zalesny/Graen 1987, Wiswede 1991

Austrittsinterview (→ Mitarbeitergespräch)

Auswahlrichtlinien

Auswahlrichtlinien legen für bestimmte Arbeitsplätze und Mitarbeiterkategorien fest, welche Voraussetzungen bspw. bei der → Personalauswahl, bei → Umgruppierungen, bei → Versetzungen oder bei Kündigungen erforderlich sind oder nicht vorliegen müssen. Nach → Betriebsverfassungsgesetz bedürfen Richtlinien i. d. R. der Zustimmung des → Betriebsrates. In Betrieben mit mehr als 1000 Arbeitnehmern kann der Betriebsrat die Aufstellung von Auswahlrichtlinien verlangen. Kommt eine Einigung über die Richtlinien oder ihren Inhalt nicht zustande, so entscheidet auf Antrag des → Arbeitgebers die → Einigungsstelle. Der Spruch der Einigungsstelle ersetzt die Einigung zwischen → Arbeitgeber und Betriebsrat.

Auswertungsobjektivität (→ Objektivität)

Auszubildende

Unter Auszubildenden (veraltet: Lehrlinge, Stifte; Abk.: „Azubi") sind diejenigen Personen zu subsumieren, die im Rahmen einer → Berufsausbildung in einem Betrieb (→ Ausbildender) beschäftigt sind. Sie gelten dabei nicht als → Arbeitnehmer, da sie in erster Linie keine Erwerbstätigkeit ausüben. Ihre Rechte und Pflichten sind im → Berufsausbildungsvertrag geregelt.

B

Baumtest

Der Baumtest stellt einen → projektiven Test dar. Er wird zur → Personalauswahl und zur → Potentialbeurteilung eingesetzt. Die Versuchsperson ist in diesem Rahmen aufgefordert, frei nach Belieben einen Baum zu zeichnen. Dieser Baum wird als „Projektionsträger" verstanden und soll der Erfassung von Persönlichkeitsstrukturen dienen, die wiederum Rückschlüsse auf die → Eignung der Person zulassen sollen. Seine Anwendung im Bereich der Eignungsdiagnostik (→ Eignungsprüfung) ist wissenschaftlich umstritten und sollte allenfalls durch erfahrene Psychologen erfolgen.

Lit.: Brickenkamp 1975

Bedingungsanalyse (→ Arbeitsplatzanalyse)

Bedürfnis

Der Terminus „Bedürfnis" wird i. allg. synonym für → Motiv (und Motivation) verwendet. Von manchen Autoren wird ein Bedürfnis jedoch als grundlegender, eher physiologisch drängend und ohne direktes Zielstreben aufgefaßt.

Bedürfnishierarchie von Maslow

Ein in der Managementliteratur sehr weit verbreiteter motivationstheoretischer Ansatz ist die Bedürf-

nistheorie von *Maslow*, klinischer Psychologe und Vertreter einer „Humanistischen Psychologie" (→ Humanistische Konzepte der Motivationstheorie). Der Ansatz entstand aufgrund vielfältiger eigener klinischer Erfahrungen und war in seiner Entstehungsgeschichte nicht als Beitrag zur Theorie der → Arbeitsmotivation gedacht. Erst *McGregor* übertrug die allgemeinen motivationstheoretischen Überlegungen auf die Arbeitsmotivation und postulierte – im Gegensatz zu *Maslow* – deren universelle Gültigkeit. Der bekannteste Teil der *Maslow*schen Arbeit, die *Bedürfnishierarchie,* sei hier kurz referiert. Die → Bedürfnisse (→ Motiv und Motivation) aller Menschen lassen sich nach *Maslow* in insgesamt fünf Ebenen hierarchisch gruppieren. Die Basis bilden *physiologische Bedürfnisse* nach Nahrung, Schlaf, Atmung. Ihr folgen *Sicherheitsbedürfnisse* zum Schutz vor Gefahren, zur wirtschaftlichen wie rechtlichen Sicherheit, *soziale Bedürfnisse* nach Kontakt, Zugehörigkeit und Zuneigung sowie *Achtungs- bzw. Ich-bezogene Bedürfnisse* nach Ansehen, Status, Anerkennung und Prestige. Den Abschluß der Hierarchie bilden die *Selbstverwirklichungsbedürfnisse* zur Nutzung und Entfaltung der in einem Individuum vorhandenen Möglichkeiten. Die vier „untersten"

Bedürfnisse bezeichnet *Maslow* als *Defizit-Bedürfnisse*. Sie werden nur bei Mangelzuständen bzw. Abweichungen vom „normalen" Niveau ihrer Befriedigung aktiviert. Im aktivierten Zustand streben sie stets danach, den entstandenen Spannungszustand, gemäß dem Homöostase-Prinzip (jeder Organismus strebt danach, das gewohnte Gleichgewicht wiederherzustellen) durch Bedürfnisbefriedigung (im Rahmen des Arbeitsverhaltens) abzubauen. Die Defizit-Bedürfnisse verlieren nach ihrer Befriedigung ihre aktivierende Kraft. Die fünfte Bedürfnisklasse, das Selbstverwirklichungs-Bedürfnis, gilt als *Wachstums-Bedürfnis*. Es kann erst aktiviert werden, wenn die untergeordneten Defizitbedürfnisse weitgehend befriedigt sind. Mit ihm ist keine Defizitbeseitigung, sondern eine expansive, fortschreitende, andauernde und endgültig nicht zu befriedigende Potentialverwirklichung angestrebt.

Zur Veranschaulichung siehe „Bedürfnis-Pyramide" in der A dung.

Maslow geht von der *Rangfolgethese* aus, die besagt, daß ein Bedürfnis nur dann und nur solange verhaltensbestimmende Kraft hat, als es nicht vollständig befriedigt ist. In dem Maße, in dem die in der Bedürfnishierarchie auf den unteren Ebenen stehenden Bedürfnisse befriedigt sind, werden die Bedürfnisse der jeweils nächst höheren, übergeordneten Ebene aktiviert und verhaltensrelevant. Das jeweils niedrigere Bedürfnis ist, solange es unbefriedigt ist, für die Verhaltensaktivierung das wichtigste. Alle anderen („höheren") Bedürfnisse bleiben so lange verdrängt, bis der empfundene Mangelzustand behoben ist. Wenn höheren Bedürfnissen keine Befriedigung geboten wird, erfolgt eine Korrektur des Anspruchniveaus bzw. ein Rückfall auf das darunter liegende Bedürfnis. Im Zeitab-

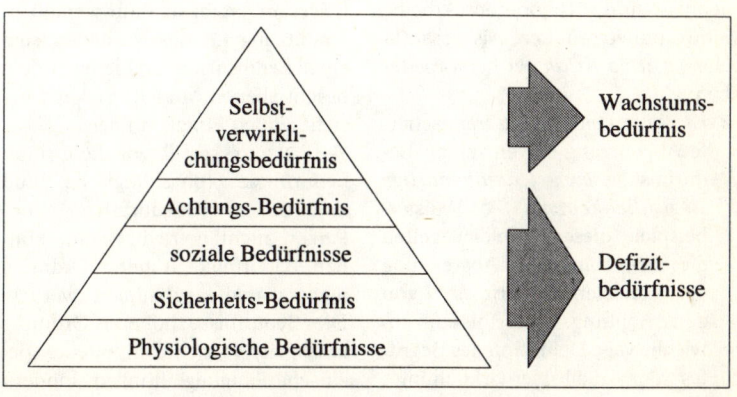

Bedürfnispyramide von Maslow

lauf wurden folgende, realitätsnähere Relativierungen der Entwicklungsstadien vorgenommen: Bei dem Gedanken einer Erhöhung der Ansprüche (des „Strebens nach Höherem") im Rahmen der Entwicklungsthese ist nicht von starren Grundgegebenheiten auszugehen. Änderungen von Motivinhalten und von Anspruchsniveaus im Zeitablauf (durch Lernprozesse) und damit auch Überlappungen der Motivebenen können nicht ausgeschlossen werden.

Die weite Verbreitung des Erklärungsansatzes von *Maslow* in der Managementpraxis, aber auch in der Managementliteratur ist wohl auf seine Einfachheit, seine Verständlichkeit, seinen weithin akzeptierten normativen Charakter zurückzuführen. Inhaltlich ist sie nach den vorliegenden theoretischen und empirischen Untersuchungen jedoch nicht zu vertreten. *Maslow* selbst hat sich kritisch zur Popularisierung und Übernahme seiner Ergebnisse in die Theorie der Arbeitsmotivationen geäußert. Als wesentliche *negative Kritik* sei hervorgehoben:

- Es besteht eine wenig trennscharfe Abgrenzung der einzelnen Bedürfnisklassen (*„amöbenartige Begrifflichkeiten"*). Als Musterbeispiele dieser Probleme gelten die unverständliche Abgrenzung der „sozialen Bedürfnisse" von den „Achtungs-Bedürfnissen" sowie die vage Definition des Begriffes der „Selbstverwirklichung", die einer Leerformel gleicht.

- Es liegt *keine empirische Bestätigung* sowohl der Inhalte der Bedürfnisklassen als auch ihrer postulierten Abfolge vor. Diejenigen empirischen Studien, die den Erklärungsansatz anscheinend belegen, haben erhebliche methodische Mängel (z. B. Querschnitts- statt Längsschnittuntersuchungen, Vernachlässigung von Status-, Lern- und Sozialisationseffekten).

- Die Bedingungen, unter denen ein bestimmtes Bedürfnis wann vorliegt und wann nicht sowie wann es verhaltensaktivierend wird, werden nicht angegeben. *Situative und gesellschaftliche Faktoren bleiben somit vernachlässigt.*

- Der Ansatz ist angelehnt an den Idealen der amerikanischen Mittelschicht sowie am bürgerlich-humanistischen Idealbild des Menschen mit dem Überziel der Selbstverwirklichung und *somit sehr kultur- und schichtspezifisch.*

Insgesamt ergibt sich nur wenig Unterstützung für das Vorhandensein einer Bedürfnishierarchie nach dem beschriebenen Modell. Vielfach besteht jedoch Einigkeit über folgende *Tendenzaussage*: Bevor die Grundbedürfnisse (physiologische und z. T. Sicherheitsbedürfnisse) einer Person nicht befriedigt sind, können Bedürfnisse höherer Ordnung nicht verhaltensdominant werden. Die Bedürfnisse höherer Ordnung lassen sich jedoch nicht in eine spezifische Rangfolge bringen, sondern sie existieren vielfach nebeneinan-

Beitragsbemessungsgrenze

der, sind simultan wirksam sowie individuell und situationsspezifisch unterschiedlich.

Lit.: Maslow 1965, Wunderer/Grunwald 1980, Wiswede 1991, Berthel 1991, Staehle 1991

Bedürfnispyramide(→ Bedürfnishierarchie von *Maslow*)

Beendigung des Arbeitsverhältnisses

Die Beendigung eines → Arbeitsverhältnisses kann aufgrund verschiedener Tatsachen durch → Arbeitgeber wie → Arbeitnehmer bewirkt werden: Fristablauf oder Eintritt eines bestimmten Ereignisses, → Aufhebungsvertrag, Tod des Arbeitnehmers, → Kündigung, Erreichung des Pensionsalters und Urteil des → Arbeitsgerichts.

Behavioral Expectation Scales (BES) (→ Verhaltenserwartungsskala)

Behaviorally Anchored Rating Scales (BARS) (→ Verhaltenserwartungsskala)

Behaviorally Observation Scales (BOS) (→ Verhaltensbeobachtungsskala)

Behaviorally Summary Scales (BSS) (→ Verhaltenssummenskala)

Behaviorismus

Beim Behaviorismus handelt es sich um eine v. a. in angelsächsischen Ländern verbreitete psychologische Schulrichtung, die neben der → kognitivistischen Psychologie die zweite große Hauptströmung innerhalb der empirischen Psychologie darstellt. Als prominenteste Vertreter sind *Pawlow, Watson, Thorndike* und *Skinner* zu nennen. Im Gegensatz zu den Kognitivisten (→ Kognition) konzentrieren sich die Behavioristen ausschließlich auf beobachtbares Verhalten (Handlungen), da ihrer Meinung nach Bewußtseinsprozesse einer exakten Methodik nicht zugänglich sind. Dies hat den vollständigen Verzicht auf die Beschreibung von Bewußtseinsinhalten zur Folge. Erkenntnisgegenstand behavioristischer Theorien sind allgemeine, gesetzmäßige Beziehungen zwischen Stimulus-Response-Variablen (→ S-R-Modelle). Eine zentrale Rolle innerhalb des Behaviorismus nimmt die Untersuchung von → Lernprozessen ein (→ Lerntheorien), da Verhalten als durch Erfahrung, d. h. → Lernen entstanden aufgefaßt wird.

Lit.: Herkner 1986

Behindertenschutz (→ Schwerbehindertengesetz)

Beitragsbemessungsgrenze

Die Beitragsbemessungsgrenze ist eine monatliche Einkommenshöhe, ab der → Arbeitnehmer in verschiedenen Zweigen der → Sozialversicherung pflichtversichert sind bzw. ab der das darüber hinausgehende Einkommen (→ Entgelt) nicht mehr in die Beitragsermittlung miteinbe-

71

Belegschaft

Sozialversicherungszweig		Beitragsbemes-sungsgrenze	Höchstmonats-beitrag
Rentenver-sicherung	alte Bundes-länder	7600 DM	1459,20 DM
	neue Bundes-länder	5900 DM	1132, 80 DM
Arbeitslosen-versicherung	alte Bundes-länder	7600 DM	494,– DM
	neue Bundes-länder	5900 DM	383,50 DM
Kranken-versicherung (AOK)	alte Bundes-länder	5700 DM	843,60 DM
	neue Bundes-länder	4425 DM	566,40 DM

Beitragsbemessungsgrenzen in der Sozialversicherung (1994)

zogen werden darf. Die Pflichtversi-cherungsgrenze wird jährlich zum 1. Januar an die Höhe der Löhne und Gehälter angepaßt und zwar in dem Verhältnis, in dem die Brutto-lohn- und -gehaltssumme je durch-schnittlich beschäftigten → Arbeit-nehmer zur entsprechenden Brutto-lohn- und -gehaltssumme im voran-gegangenen Kalenderjahr steht. Die Beitragsbemessungsgrenze der → Krankenversicherung beträgt dabei 75 % der jeweils geltenden Beitrags-bemessungsgrenze der → Rentenver-sicherung. Die Beitragsbemessungs-grenzen der Sozialversicherung ab Januar 1994 sind in der Abbildung zusammengestellt.

Belegschaft

Die Belegschaft ist die Gesamtheit der durch einen → Arbeitsvertrag an einen Betrieb gebundenen → Arbeit-nehmer.

Belegschaftsaktien

Belegschaftsaktien stellen eine Form der Eigenkapitalbeteiligung im Rahmen der betrieblichen → Ka-pitalbeteiligung dar. Durch die Mög-lichkeit, Belegschaftsaktien aus Ei-genmitteln, aus zustehenden Er-folgsanteilen einer → Erfolgsbeteili-gung oder aus einer Kombination von beiden zu erwerben, werden die Mitarbeiter zu Miteigentümern. Meistens wird dabei Mitarbeitern die Möglichkeit geboten, Aktien zu einem Vorzugspreis zu erwerben.

Belohnung

Das Stichwort „Belohnung" (synonym: positive → Sanktion) gilt als allgemeine Bezeichnung für solche Folgen des → Leistungsverhaltens, die während oder nach erfolgreichem Vollzug einer → Leistung eintreten bzw. veranlaßt werden und die Befriedigung eines Motives oder mehrerer Motive (→ Motiv und Motivation) bewirken. Es besteht eine Ähnlichkeit zu → Anreizen. Zu unterscheiden sind zwei verschiedene Formen:

- *Intrinsische Belohnungen* (bspw. ein Erfolgserlebnis) sind durch das → Leistungsverhalten (Leistung als solche) selbst gegeben. Hier geht es um Bewußtseinszustände (bspw. Befriedigung), die aus der Arbeit (während des Verhaltens oder aufgrund des Erfolgs eines Verhaltens) selbst hervorgehen und die der Mitarbeiter an sich selbst unmittelbar erlebt.

- Dagegen erfolgen *extrinsische Belohnungen* (bspw. Bezahlung, Anerkennung, Beförderung) nach einem Leistungsverhalten. Sie sind Konsequenz des Arbeitsvollzugs und ergeben sich aus den Begleitumständen der Arbeit, wie bspw. der Abschluß eines Vertrages nach Verhandlungen mit einem Lieferanten. Sie werden den Mitarbeitern durch andere Personen (Vorgesetzte, Kollegen, Kun-

den, andere Verhandlungspartner) vermittelt.

Benachteiligung

Eine Benachteiligung einer bestimmten Arbeitsgruppe bzw. eines → Arbeitnehmers im Betrieb besteht dann, wenn diese(r) einer anderen → Arbeitsgruppe bzw. einem anderen Arbeitnehmer gegenüber zurückgesetzt bzw. schlechter behandelt wird. Die normativ gebotene Anwendung des sog. → Gleichbehandlungsgrundsatzes sowie des Diskriminierungsverbots (nach → Betriebsverfassungsgesetz und BGB) unterbleibt also generell oder im Einzelfall. Benachteiligungen unterscheiden sich dadurch von → *Ungleichbehandlungen*, indem sie den Mitgliedern einer bestimmten Arbeitsgruppe ungleiche Bedingungen und Chancen durch organisatorische Strukturen, → Arbeitsbedingungen und v. a. durch Personalentscheidungen ohne tatsächlichen Grund gewähren. Trotz gleicher bzw. gleichwertiger Voraussetzungen werden bspw. einzelne Frauen bei betrieblichen Entscheidungen gegenüber ihren männlichen Kollegen – nicht bloß zufällig – benachteiligt. Benachteiligungen können unbewußt wie auch bewußt geschehen. Der *Bewußtheitsgrad*, sowohl bei den Benachteiligern (den → Personalverantwortlichen) als auch bei den Benachteiligten ist insofern kein Kriterium der Benachteiligung. Hier wäre eine → Diskriminierung angesprochen. Benachteiligungen müssen zudem nicht unbedingt aufgrund einer Handlung entstehen. Jegliches aktives oder passives Verhalten seitens der Personalverantwortlichen kann zu Benachteiligungen führen. Entscheidend ist das *Handlungspotential* als die Möglichkeit, etwas zu tun, etwas zu unterlassen und Einfluß auszuüben. Zu differenzieren ist wie folgt:

- Unter der *direkten Benachteiligung* (synonym: unmittelbare Benachteiligung) wird die offensichtliche Schlechterstellung einer bestimmten Arbeitsgruppe bzw. einzelner Mitglieder dieser Arbeitsgruppe verstanden. Es handelt sich um eine oft von Vorurteilen geprägte, bewußte und unbewußte Verhaltensweise, die zu willkürlichen Entscheidungen im Einzelfall führen kann. Die Benachteiligungsgründe können offengelegt, aber auch versteckt sein. Beispiele zur direkten Benachteiligung: (1) Einer Bewerberin oder einem Behinderten wird offen erklärt, daß für eine bestimmte Position keine Frauen, keine Behinderten und andere „Randgruppen" in Frage kommen (lediglich in wenigen Ausnahmefällen ist ein sachlicher Grund für eine solche Ungleichbehandlung gegeben). (2) Bewerbungskriterien werden so definiert, daß für eine Position keine Frauen in Frage kommen oder sie werden so definiert, daß sie nur von einem Mann erfüllt werden können. (3) Unterschiedliche Regelung für → Entgelt und → Sozialleistungen, z. B. in Höhe

und anknüpfend am Familienstand (hier wäre z. B. anzuführen, daß eine unterschiedliche Behandlung von verheirateten männlichen und weiblichen Mitarbeitern grundsätzlich bei der Vergabe von Sozialleistungen u. ä. nicht gestattet ist.).

- Bei der *indirekten Benachteiligung* (synonym: mittelbare Benachteiligung) wird nicht direkt an einem bestimmten Gruppenmerkmal angeknüpft. Bei einer Maßnahme, die an alle Arbeitnehmer gerichtet ist, von der die Mitglieder einer bestimmten Arbeitsgruppe aber ungleich betroffen sind, gehen indirekt wirkende Effekte aus. Sie erfolgt meist auf Grundlage eines Systems allgemeiner Regeln und Praktiken in einem Betrieb, welche zwar durchaus von sachlichen Überlegungen auszugehen scheinen, in ihrer Wirkung aber zu ungerechtfertigten Ungleichbehandlungen führen. Sie beinhaltet eine Schlechterstellung bzw. eine weniger günstige Behandlung der Mitglieder dieser Arbeitsgruppe (im Vergleich zu Personen anderer Arbeitsgruppen) auf der Grundlage von unzulässigen formalen und „objektiven" Kriterien. Beispiele zur indirekten Benachteiligung erwerbstätiger Frauen: (1) Eine Festlegung und Gewichtung von Kriterien in Arbeitsbewertungsverfahren (→ Arbeitsbewertung), die Männer bevorzugen. (2) Der Anteil von erwerbstätigen Frauen, die von einer allgemeinen Maßnahme, bspw. Entscheidungen über → Entgeltzulagen, Pensionierungsregeln, nachteilig betroffen sind oder sein könnten, ist erheblich höher als der der Männer. Es handelt sich in solchen Fällen um eine i. d. R. *versteckte Benachteiligung.*

Lit.: Pfarr/Bertelsmann 1985

Beobachtungslernen (→ Modell-Lernen)

Beratungsrecht

Im Rahmen des Beratungsrechts der → betrieblichen Mitbestimmung ist ein → Arbeitgeber nach → Betriebsverfassungsgesetz in manchen Fällen verpflichtet, von sich aus den → Betriebsrat um seine Meinung zu fragen und mit ihm die diese Fälle betreffenden Argumente abzuwägen. Es handelt sich hierbei v. a. um: → Kündigung, Arbeitsschutz, Planung von baulichen Veränderungen, technischen Anlagen, Arbeitsverfahren und -abläufe, → Personalplanung, → Berufsausbildung.

Bereitschaftsdienst

Im Rahmen des Bereitschaftsdienstes ist ein → Arbeitnehmer in der Verwendung seiner Zeit prinzipiell frei. Sie gilt nicht als → Arbeitszeit im Sinne der → Arbeitszeitordnung, selbst wenn der Arbeitnehmer im Betrieb anwesend sein muß.

Beruf

Unter Beruf werden die auf Erwerb ausgerichteten charakteristischen Fertigkeiten und Kenntnisse sowie Erfahrungen (→ Qualifikation) erfordernden und in einer typischen Kombination zusammenfließenden Arbeitsverrichtungen bestimmter Tätigkeiten eines → Arbeitnehmers verstanden. Die bestimmten Arbeitsverrichtungen werden jeweils nach zweckgerichteten Bündeln benannt (z. B. Bankkaufleute, Maler). Das *„Schlüsselverzeichnis der Berufsbenennungen"* baut auf der „Klassifizierung der Berufe" (KdB) auf. Es wurde im Rahmen der Volks- und Berufszählung 1987 erstellt. Mit ihr ist eine Zuordnung von mehr als 23 000 Berufsbezeichnungen zu Berufsgruppen möglich. Jedem Beruf ist ein sog. *Berufsbild* zugeordnet. Berufsbilder stellen in ihrem Kern mustertypische Arbeitsvorgänge am Arbeitsplatz dar. Bei Ausbildungsberufen (→ Berufsausbildung) sind zusätzlich zur Präzisierung des Berufsbildes noch Mindestkenntnisse und Mindestfähigkeiten anzugeben, die im Verlauf der Berufsausbildung zu vermitteln sind. Bei den Berufsbildern handelt es sich um sehr starre Muster, die i. d. R. nur eine Hilfestellung für den Betrieb darstellen sollen. Berufsbilder wandeln sich jedoch faktisch dynamischer und unstetiger, als Aktualisierungen der KdB möglich sind. Arbeitsplatzspezifische → Stellenbeschreibungen haben einen höheren Informationswert, sofern sie den Situationen angepaßt werden.

Berufsakademie

Bei der Berufsakademie handelt es sich um eine insbes. in Baden-Würt-

Berufsausbildung

temberg bestehende Fortbildungs-
einrichtung, die in drei Jahren einen
berufsqualifizierenden Abschluß in
den Bereichen Wirtschaft (Diplom-
Kaufmann BA), Technik (Diplom-
Ingenieur BA) und Sozialwesen (Di-
plom-Sozialpädagoge BA) vermittelt. Die Abschlüsse sind denen der
Fachhochschule gleichgestellt. Bereits nach jeweils zwei Jahren kann
nach einer staatlichen Prüfung ein
Abschluß als Wirtschaftsassistent
BA, Ingenieurassistent BA oder Er-
zieher BA erfolgen. Der Fortbil-
dungsprozeß sieht einen jeweils 12-
wöchigen Wechsel zwischen Theorie und Praxis, d. h. zwischen dem
theoretischen Studium an der Aka-
demie und der praktischen Tätigkeit in einem Betrieb vor. Die Studenten müssen, um zum Studium
zugelassen zu werden, unbedingt einen Berufsausbildungsvertrag (→
Berufsausbildung) mit Betrieben,
die mit der Berufsakademie zusam-
menarbeiten, vorweisen. Das Konzept der Berufsakademie wird in
der letzten Zeit, auch insbes. in den
neuen Bundesländern, sehr gefördert.

Berufsausbildung

Unter Berufsausbildung (oft, nicht
jedoch hier synonym: Ausbildung)
soll hier die Gesamtheit aller institutionalisierten Formen der → Ausbildung (im Rahmen der → Bildung)
subsumiert werden, die im Sinne einer → Erstausbildung darauf gerichtet sind, Personen auf eine Übernahme beruflicher Funktionen (→ Be-

ruf) vorzubereiten. Die Berufsausbildung ist stets auf die planmäßige,
systematische und erstmalige Entwicklung von → Qualifikationen gerichtet, die das Erlernen eines staat-
lich anerkannten Berufes sowohl
für Jugendliche als auch für Erwachsene zum Ziel hat. Nach dem → Berufsbildungsgesetz hat die Berufsausbildung eine breit angelegte berufliche Grundbildung sowie die
für die Ausübung einer qualifizierten beruflichen Tätigkeit notwendigen fachlichen Fertigkeiten und
Kenntnisse in einem geordneten
Ausbildungsgang zu vermitteln. Sie
soll ferner den Erwerb der erforderlichen Berufserfahrung ermöglichen. Ein → Berufsausbildungsverhältnis dient insofern nicht primär
der Erbringung einer Arbeitsleistung zur Erzielung von Arbeitsentgelt. Die jeweilige Berufsausbildung
orientiert sich an einer → Ausbildungsordnung.

Lit.: Schanz 1992

Berufsausbildungsverhältnis

Wer einen anderen (→ Auszubildender) zur → Berufsausbildung einstellt (→ Ausbildender) und damit
ein Berufsausbildungsverhältnis ein-
geht, hat nach → Berufsbildungsgesetz mit dem Auszubildenden einen
→ Berufsausbildungsvertrag zu vereinbaren. Das Berufsausbildungsverhältnis beginnt mit einer 1 bis 3-
monatigen → Probezeit. Während
dieser Probezeit kann das Berufsausbildungsverhältnis jederzeit
ohne Einhaltung einer → Kündi-

gungsfrist, nach der Probezeit nur aus bestimmten Gründen gekündigt werden. Besteht der Auszubildende die Abschlußprüfung vor oder mit dem Ablauf der Ausbildungszeit, so endet das Berufsausbildungsverhältnis mit Bestehen der Abschlußprüfung. Wird die Abschlußprüfung nicht bestanden, so verlängert sich auf Verlangen des Auszubildenden das Berufsausbildungsverhältnis bis zur nächstmöglichen Wiederholungsprüfung, höchstens jedoch um ein Jahr. Bei Beendigung des Ausbildungsverhältnisses ist dem Auszubildenden ein Zeugnis auszustellen.

Berufsausbildungsvertrag

Der Berufsausbildungsvertrag (synonym: Ausbildungsvertrag) ist ein schriftlich abzuschließender Vertrag zwischen dem → Ausbildenden und dem → Auszubildenden. Er muß nach → Berufsbildungsgesetz auf jeden Fall folgende Angaben enthalten: Art, zeitliche Gliederung und Ziel der → Berufsausbildung, Beginn und Dauer der Berufsausbildung, Ausbildungsmaßnahmen außerhalb der Ausbildungsstätte, Dauer der → Probezeit, Dauer der regelmäßigen täglichen Ausbildungszeit, Dauer des → Urlaubs, Zahlung und Höhe des → Entgelts sowie die Voraussetzungen, unter denen der Vertrag gekündigt werden kann. Für den Abschluß von Berufsausbildungsverträgen mit Minderjährigen ist die Zustimmung des gesetzlichen Vertreters erforderlich.

Berufsberatung

Unter Berufsberatung ist die Erteilung von Ratschlägen und die Auskunft in Fragen der Berufswahl (→ Beruf) einschließlich des Berufswechsels zu verstehen. Nach → Arbeitsförderungsgesetz dürfen → Berufsberatung, Vermittlung in berufliche Ausbildungsstellen (→ Berufsausbildung) und → Arbeitsvermittlung nur von der → Bundesanstalt für Arbeit durch Berufsberater betrieben werden. Von der Berufsberatung abzugrenzen ist die → Arbeitsberatung.

Berufsbild (→ Beruf)

Berufsbildung

Berufsbildung i. S. des → Berufsbildungsgesetzes umfaßt die → Berufsausbildung, die berufliche → Fortbildung und die berufliche → Umschulung. Sie ist Bestandteil der betrieblichen → Personalentwicklung bzw. → Bildung. Dieser Systematisierung wird allerdings innerhalb dieses Lexikons nicht gefolgt, da sie aus betrieblicher Sicht wichtige andere Qualifizierungsmaßnahmen unberücksichtigt läßt (vgl. → Bildung, → Ausbildung, → Berufsausbildung).

Berufsbildungsausschuß

Ein Berufsbildungsausschuß ist für jeden Bezirk einer Kammer (Industrie- und Handelskammer, Handwerkskammer, Landwirtschaftskammer usw.) zu errichten. Ausschußmitglieder sind sechs selbständige Unternehmer, sechs Arbeitnehmer und – mit beratender Stimme – sechs Lehrer an berufsbildenden Schulen. Die Kammern haben bez. der → Berufsausbildung in allen Dienstleistungs-, Handels-, Industrie- und Landwirtschaftsbetrieben die Regelungskompetenz für alle Fragen der Ausbildungsdurchführung gemäß → Berufsbildungsgesetz. Der Ausschuß berät die Kammer in Sachen Berufsausbildung und beschließt die zu ihrer Durchführung notwendigen Rechtsvorschriften. In allen wichtigen Angelegenheiten der beruflichen → Bildung im Kammerbezirk ist der Berufsbildungsausschuß von daher zu unterrichten und anzuhören. Eine wesentliche Aufgabe des Ausschusses ist der Beschluß über die Prüfungsordnungen in der jeweiligen Fassung im jeweiligen Kammerbezirk. Neben den einzelnen Berufsbildungsausschüssen gibt es auch noch Landesbildungsausschüsse in den jeweiligen Bundesländern. Deren wesentliche Aufgaben liegen darin, die Aufgaben der beruflichen Bildung im Bundesland zu koordinieren und den Kultusminister des Bundeslandes in wichtigen Fragen der beruflichen Bildung zu beraten.

Berufsbildungsbericht

Der Berufsbildungsbericht wird vom Bundesminister für Bildung und Wissenschaft jährlich dem Bundeskabinett vorgelegt. In diesem Bericht soll der Minister die regionale und sektorale Entwicklung des Angebotes an Berufsausbildungsplät-

zen (→ Berufsausbildung) sowie die diesbezügliche Nachfrage darstellen. Ist die Sicherung eines ausgewogenen Angebotes gefährdet, so sind nach → Berufsbildungsförderungsgesetz zugleich Vorschläge für die Behebung zu machen.

Berufsbildungsförderungsgesetz

(Gesetz zur Förderung der Berufsbildung durch Planung und Forschung – BerBiFG)

Das Berufsbildungsförderungsgesetz ist gewissermaßen als Ersatz für das → Ausbildungsplatzförderungsgesetz in Kraft getreten. Es regelt neben dem Anwendungsbereich und den Zielen der Berufsbildungsplanung v. a. die Organisation des → Bundesinstitutes für Berufsbildung (Errichtung, Aufgaben, Organe, Hauptausschuß, Fachausschüsse). Durch die Berufsbildungsplanung sind Grundlagen für eine abgestimmte und den technischen, wirtschaftlichen und gesellschaftlichen Anforderungen entsprechende Entwicklung der beruflichen → Bildung zu schaffen. Das Gesetz gilt für die → Berufsbildung, soweit sie nicht in berufsbildenden Schulen durchgeführt wird, die den Schulgesetzen der Länder unterstehen. Es sieht weiter vor, daß der zuständige Bundesminister jährlich einen → Berufsbildungsbericht vorlegt.

Berufsbildungsforschung

Die Berufsbildungsforschung gehört nach dem → Berufsbildungsförderungsgesetz zu den Aufgaben des

→ Bundesinstituts für Berufsbildung. Dieses führt die Berufsbildungsforschung nach dem durch den Hauptausschuß des Bundesinstituts beschlossenen Forschungsprogramm durch. Das Forschungsprogramm bedarf der Genehmigung des zuständigen Bundesministers. Die wesentlichen Ergebnisse der Berufsbildungsforschung sind zu veröffentlichen.

Berufsbildungsgesetz (BBiG)

Im BBiG werden die Rechtsbeziehungen des → Auszubildenden zum → Ausbildenden im Rahmen der → Berufsausbildung näher geregelt. Hauptsächlich enthält das Gesetz jedoch Bestimmungen über Begründung, Inhalt sowie Beginn und Beendigung des → Berufsausbildungsverhältnisses im Rahmen der → Berufsausbildung. Weiterhin regelt das BBiG die Ordnung der Berufsbildung (u. a. die Berechtigung zum Einstellen und Ausbilden, die Anerkennung von Ausbildungsberufen (→ Beruf), das Prüfungswesen, die berufliche → Fortbildung und → Umschulung, die berufliche Bildung Behinderter). Darüber hinaus enthält es Schutzvorschriften für arbeitende Jugendliche.

Berufsbildungssystem (→ Duales System der Berufsausbildung)

Berufsfachschule

Bei der Berufsfachschule handelt es sich um eine Schule mit mind. einjähriger Ausbildungsdauer, die auf dem Hauptschulabschluß aufbaut

und der → Berufsausbildung oder Berufsvorbereitung dient. Die zweijährige Form der Berufsfachschule ersetzt dabei die Berufsschule und führt i. d. R. zur Fachschulreife, nicht aber zu einem Ausbildungsabschluß. Berufsfachschulen setzen keine praktische Berufserfahrung voraus und gehen nicht mit einer praktischen Berufsausbildung, wie dies im → dualen System der Berufsausbildung der Fall ist, einher.

Berufsgenossenschaft

Bei der Berufsgenossenschaft handelt es sich um einen Verband mit Zwangsmitgliedschaft für die versicherungspflichtigen Betriebe zur Finanzierung der gesetzlichen → Unfallversicherung gemäß → Reichsversicherungsordnung. Sie übernimmt den Versicherungsschutz der Betriebe bei → Arbeitsunfällen, → Wegeunfällen und → Berufskrankheiten. Die Verbandsbeiträge sind ausschließlich vom → Arbeitgeber und nicht von den → Arbeitnehmern zu entrichten.

Berufsgrundbildungsjahr

Das Berufsgrundbildungsjahr ist eine spezielle Form einer breit angelegten beruflichen Grundbildung für → Auszubildende (→ Berufsausbildung). Es währt ein Jahr und ist auf die Vermittlung von Fertigkeiten und Kenntnissen (→ Qualifikation) ausgerichtet, welche für verschiedene, einander verwandte → Berufe einen gemeinsamen Unterbau bestimmter Qualifikationen darstellen. Ziel eines Berufsgrundbildungsjahres ist es, den Auszubildenden eine Orientierung zu ermöglichen. Dies ist dadurch gegeben, daß zunächst keine Entscheidung für einen bestimmten Beruf, sondern nur für ein Berufsfeld getroffen wird. Dabei werden die verwandten Berufe als *Berufsfeld* bezeichnet und insgesamt 13 Felder definiert. Das Berufsgrundbildungsjahr wird in zwei verschiedenen *Varianten* praktiziert: Einerseits in einer vollzeitschulischen Form, die in einigen Bundesländern als Berufsgrundschuljahr bezeichnet wird. Andererseits als kooperative Form im dualen System: die Auszubildenden haben → Ausbildungsverträge mit Betrieben und sind Schüler der Berufsschule.

Berufskrankheit

Berufskrankheiten sind nach → Reichsversicherungsordnung (RVO) solche Krankheiten, die ein Mitarbeiter bei der Ausübung einer versicherten (betrieblichen) Tätigkeit erleidet und die durch Rechtsverordnung der Bundesregierung mit Zustimmung des Bundesrates in der sog. → Berufskrankheitenverordnung (BKVO) aufgeführt werden. Jede Berufskrankheit, die einen versicherten → Arbeitnehmer mehr als drei Tage arbeitsunfähig macht oder tödlich verläuft, muß vom → Arbeitgeber an die gesetzliche → Unfallversicherung, an das → Gewerbeaufsichtsamt, an den → Betriebsrat und an die zuständige Gemeindebehörde gemeldet werden. Auch Ärzte

sind anzeigepflichtig. Probleme treten regelmäßig bei der Anerkennung einer bei der Arbeitstätigkeit erlittenen Erkrankung als Berufskrankheit auf, wenn diese Erkrankung nicht in der Liste der Berufskrankheiten aufgeführt ist. In diesen Fällen ist der Nachweis eines ursächlichen Zusammenhanges schwer. In Ausnahmefällen kann eine nicht im Anhang zu BKVO aufgeführte Krankheit als „Quasi-Berufskrankheit" nach RVO anerkannt werden. Dabei kommt der Beurteilung durch den Betriebsarzt besondere Bedeutung zu.

Lit.: Peters 1992

Berufskrankheitenverordnung (BKVO)

Die BKVO regelt v. a. die als → Berufskrankheiten anerkannten Krankheiten.

Beschäftigungsförderungsgesetz (Gesetz über arbeitsrechtliche Vorschriften zur Beschäftigungsförderung – BeschFG)

Das BeschFG erleichtert für einen bestimmten Zeitraum den Abschluß von befristeten → Arbeitsverträgen. So ist es vom 1. Mai 1985 bis zum 31. Dezember 1995 zulässig, eine einmalige Befristung von Arbeitsverträgen bis zur Dauer von 18 Monaten zu vereinbaren, wenn der → Arbeitnehmer neu eingestellt wird oder er im unmittelbaren Anschluß an eine → Berufsausbildung nur vorübergehend weiterbeschäftigt werden kann, weil kein Arbeitsplatz für einen unbefristet einzustellenden Arbeitnehmer vorhanden ist. Außerdem enthält das Gesetz Schutzvorschriften für → Teilzeitarbeit. So gilt als Hauptprinzip, daß der → Arbeitgeber einen in Teilzeit beschäftigten Arbeitnehmer nicht wegen der Teilzeitarbeit gegenüber Vollzeitbeschäftigten unterschiedlich behandeln darf, es sei denn, daß sachliche Gründe dies rechtfertigen.

Beschäftigungsgesellschaft

Anfang der 80er Jahre wurde – vorrangig durch → Gewerkschaften, aber auch durch das beschäftigungspolitische Engagement kommunaler und freier Träger sowie Verbände – der Anstoß zur Gründung von Beschäftigungsgesellschaften gegeben. Infolge der unterschiedlichen Trägerschaft bildeten sich sog. betriebliche und kommunale Beschäftigungsgesellschaften heraus. Ihre grundlegende *Funktion* bestand darin, die von → Arbeitslosigkeit bedrohten → Arbeitnehmer „aufzufangen" und ihnen am → Arbeitsmarkt einen sozialverträglich gestalteten Übergang in eine neue Beschäftigung zu ermöglichen bzw. eine verbesserte Reintegration von Arbeitslosen zu erreichen. Obwohl es keine allgemeingültige bzw. anerkannte Begriffsbestimmung für Beschäftigungsgesellschaften gibt, ist man sich intern darüber einig, daß eine Beschäftigungsgesellschaft v. a. ein Instrument der Arbeitsmarkt- und Strukturpolitik darstellt, welches Umstrukturierungsmaßnahmen in

Krisenbranchen und -regionen sozialverträglich begleiten soll. Ihre Gründung ist zum Ausgleich kurzfristiger Beschäftigungsschwankungen sinnvoll, langfristig führt sie allerdings nur zu einer Verdeckung und nicht zur Behebung von Arbeitslosigkeit. Strukturanpassungen werden durch sie verhindert. Beschäftigungsgesellschaften erfüllen somit eine zeitlich befristete Brückenfunktion. Im Zuge der Besonderheiten in der Entwicklung des Arbeitsmarktes in den neuen Bundesländern entstanden speziell auf der Grundlage der „Rahmenvereinbarung zur Bildung von Gesellschaften zur Arbeitsförderung, Beschäftigung und Strukturentwicklung" (ABS) zwischen Gewerkschaften, → Arbeitgeber(n), Treuhandanstalt und den neuen Bundesländern eine neue Form von Beschäftigungsgesellschaften. Mit deren Hilfe soll grundsätzlich auch das klassische Instrumentarium der aktiven Arbeitsmarktpolitik nach dem → Arbeitsförderungsgesetz adäquat umgesetzt werden. Es handelt sich bei den ABS um eigenständige juristische Personen, die ein beschäftigungs- und/oder bildungs- und/oder arbeitsmarktrelevantes Betreuungsziel verfolgen, in deren Rahmen öffentlich geförderte und befristete Arbeit bzw. Bildung angeboten wird. Die Besonderheit bzw. der Unterschied zu den traditionellen Beschäftigungsgesellschaften besteht darin, daß die Beschäftigungsverhältnisse der Betroffenen aufgekündigt werden und mit den ABS neu

Beschäftigungsprogramm

beschlossen werden müssen. D. h. die Wiedereingliederungsmöglichkeiten in den ehemaligen Betrieb sowie die Wahrung erworbener Ansprüche sind nicht mehr relevant.

Lit.: Bosch 1990, Müller 1992

Beschäftigungsprogramm

Beschäftigungsprogramme sind Versuche des Staates, die → Arbeitslosigkeit zu verringern. Dies kann bspw. zum einen geschehen durch direkte staatliche → Anreize und Initialzündungen durch Steuererleichterungen zur Wachstumssicherung sowie durch Zukunftsinvestitionsprogramme (Nachfragepolitik). Zum anderen kann dies geschehen durch Verstärkung der Selbstheilungskräfte des Marktes durch Verbesserung der Angebotsbedingungen und Verminderung des Staatseinflusses (Angebotspolitik).

Beschäftigungsverbot

In der → Arbeitszeitordnung sind verschiedene Beschäftigungsverbote insbes. für Frauen vorgesehen. Sie werden mit der Reform des diesbezüglichen → Arbeitsrechts entweder abgeschafft oder auf beide Geschlechter bezogen.

Beschwerderecht

Jeder → Arbeitnehmer hat nach → Betriebsverfassungsgesetz das Recht, sich bei den zuständigen Stellen zu beschweren, wenn er sich vom → Arbeitgeber oder Arbeitnehmern des Betriebes benachteiligt (→ Benachteiligung) oder ungerecht behandelt oder in sonstiger Weise beeinträchtigt fühlt. Dabei ist das Hinzuziehen eines Mitgliedes des → Betriebsrates möglich. Der Arbeitgeber hat dem Arbeitnehmer über die Behandlung der Beschwerde einen Bescheid zu erteilen und ihr abzuhelfen, wenn er die Beschwerde für berechtigt hält. Wegen der Erhebung einer Beschwerde dürfen dem Arbeitnehmer keine Nachteile entstehen.

Beteiligungsbasis (→ Erfolgsbeteiligung)

Beteiligungsfeld (→ Erfolgsbeteiligung)

Betriebliche Altersversorgung

Die betriebliche Altersversorgung stellt eine freiwillige betriebliche → Sozialleistung dar. Unter ihr sind im Sinne des → Betriebsrentengesetzes Leistungen der Alters-, Invaliditäts- oder Hinterbliebenenversorgung zu verstehen, die aus Anlaß eines → Arbeitsverhältnisses von einem → Arbeitgeber (direkt oder indirekt) einem → Arbeitnehmer zugesagt worden sind. Sie stellt die sog. zweite Säule neben der mehr oder weniger umfassenden gesetzlichen → Rentenversicherung dar. Ihr Umfang orientiert sich an den verbleibenden individuellen Versorgungslücken der Arbeitnehmer und an den wirtschaftlichen Möglichkeiten des Betriebes. Verschiedene grundsätzliche *Gestaltungsformen* der betrieblichen Altersversorgung bieten sich an (siehe hierzu die Abbildung).

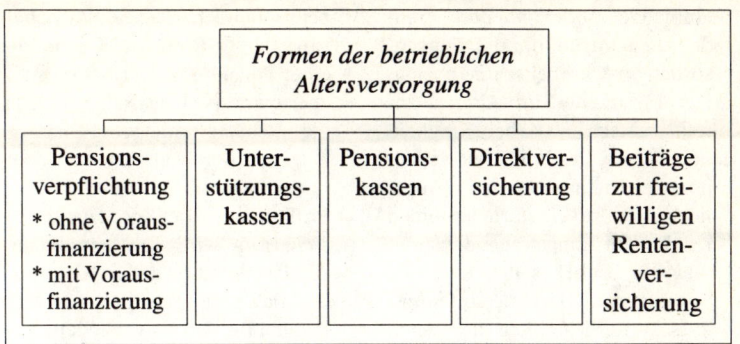

Grundformen der Gestaltung der betrieblichen Alterversorgung

● Bei der Form der *Pensionsver-pflichtung* (synonym: Pensions-zusage, Versorgungszusage, Ruhe-geldverpflichtung) erfolgt eine Zu-sage des Arbeitgebers, bei Eintritt des Versorgungsfalles (Ausschei-den in Folge von Invalidität, Tod oder Erreichen eines bestimmten Alters) an den begünstigten Mitar-beiter oder dessen Hinterbliebe-nen einmalige oder wiederkehren-de Versorgungsleistungen zu er-bringen. Diese Verpflichtung kann begründet sein durch eine einzelvertragliche Pensionszusa-ge oder eine → Betriebsvereinba-rung, einen → Tarifvertrag, eine Besoldungsordnung oder eine → be triebliche Übung. Der Arbeitge-ber ist Träger der betrieblichen Al-tersversorgung und ausschließli-cher Finanzier. Zwei Finanzie-rungsformen sind prinzipiell mög-lich: (1) *Pensionsverpflichtung ohne Vorausfinanzierung*, wo-bei diese Form auch wegen des nicht erreichbaren Finanzierungs-

effekts für den Betrieb und der Un-sicherheit der zukünftigen Er-tragskraft kaum praktiziert wird, sowie (2) *Pensionsverpflichtung mit Vorausfinanzierung* mittels Anwartschaftsdeckungsverfahren, Kapitaldeckungsverfahren und/ oder Rückdeckungsverfahren. Es bestehen verschiedene Vorschrif-ten: für sog. Neuzusagen ab dem 1. 1. 1987 Passivierungspflicht, für sog. Altzusagen Passivierungs-wahlrecht, Ausweis in der Han-delsbilanz, Schriftform u. a. Durch die Bildung der mit der Pas-sivierung verbundenen Pensions-rückstellungen ergeben sich nicht zu vernachlässigende Finanzie-rungseffekte für den Betrieb. Die steuerliche Anerkennung der Pen-sionsrückstellung, auch notwen-dig für einen erstrebten Finanzie-rungseffekt, ist im Einkommen-steuergesetz geregelt.
● Unter einer *Unterstützungskas-se* ist eine rechtlich selbständige Einrichtung zur Gewährung von

einmaligen oder wiederkehrenden Leistungen ohne Rechtsanspruch an Mitarbeiter und ehemalige Mitarbeiter im Alter, während einer → Arbeitslosigkeit, nach einer Invalidität zu verstehen, bei Tod auch an deren Angehörige. Als Rechtsform kommen i. d. R. der eingetragene Verein und die GmbH, selten auch die Stiftung vor. Die Unterstützungskasse unterliegt nicht der Versicherungsaufsicht.

- Bei *Pensionskassen* handelt es sich faktisch um Lebensversicherungsbetriebe, zumeist in der Rechtsform eines Versicherungsvereins auf Gegenseitigkeit (VVaG). Neben den durch einen Betrieb alleine gegründeten Pensionskassen sind auch überbetriebliche (Gruppen-)Pensionskassen verschiedener Branchen möglich. Die Pensionskassen zahlen die satzungsgemäßen Versorgungsleistungen ausschließlich an ehemalige Mitarbeiter der Trägerbetriebe aus. Diese erwerben ihr Mitgliedsschaftsrecht in der Pensionkasse durch Beschluß des Trägerbetriebs. Bei Eintritt des Versorgungsfalles entsteht ein Rechtsanspruch auf die Leistungen. Die Beiträge zur Vorsorge können in Einmalbeiträgen, aber auch in jährlichen Zahlungen erfolgen. Sie stellen für den Trägerbetrieb Betriebsausgaben dar. Ein Finanzierungseffekt ergibt sich für den Trägerbetrieb nur begrenzt. Es sind lediglich Darlehen in begrenztem Umfang und bei entsprechender Kreditsicherung möglich. Für die Gründung einer Pensionskasse ist das Versicherungsaufsichtsgesetz (VAG) die Rechtsgrundlage. Pensionskassen unterliegen der Versicherungsaufsicht.

- Im Rahmen einer sog. *Direktversicherung* wird die betriebliche Altersversorgung dadurch begründet, daß zwischen dem arbeitgebenden Betrieb als Versicherungsnehmer und einer privaten Versicherungsgesellschaft ein Lebensversicherungsvertrag (als Einzel- oder Gruppenversicherung) auf das Leben des Mitarbeiters abgeschlossen wird. Unmittelbar bezugsberechtigt ist dieser Mitarbeiter oder seine Hinterbliebenen. Dabei richtet sich dieser Anspruch direkt gegen den Lebensversicherer. Die zu zahlenden Einmalprämien bzw. laufenden Prämien werden vom Betrieb erbracht, für den sie im Jahr der Zahlung jeweils eine Betriebsausgabe darstellen. Eine Eigenbeteiligung der Mitarbeiter ist prinzipiell möglich.

- Im Rahmen der betrieblichen Altersversorgung kann der Betrieb auch die Verpflichtung eingehen, für den Mitarbeiter *Beiträge zur freiwilligen Versicherung* in die → gesetzliche Rentenversicherung, v. a. zum Zwecke der Höherversicherung und zur Weiterversicherung (bei vorheriger Befreiung von der Versicherungspflicht), einzuzahlen. Dies ist unter bestimmten Bedingungen möglich. Für den Betrieb stellen die Zahlungen Betriebsausgaben dar. Der Anspruch des Mitarbeiters auf Versorgungsleistungen richtet sich an den gesetzlichen Rentenversicherungsträger.

Die Beiträge der Betriebe zur betrieblichen Altersversorgung sind unterschiedlich *lohnsteuerpflichtig*: Beiträge an eine Pensionskasse, für eine Direktversicherung oder für die freiwillige Versicherung in der gesetzlichen Rentenversicherung sind als geldwerte Vorteile des Mitarbeiters bei diesem lohnsteuerpflichtig. Eine pauschale Versteuerung der Mitarbeiter durch den Betrieb ist gem. Einkommensteuergesetz unter bestimmten Bedingungen in gewissem Rahmen möglich. Beiträge für Pensionsverpflichtungen und Unterstützungskassen sind nicht lohnsteuerpflichtig. Dafür sind die späteren Rentenleistungen der Lohnsteuer unterworfen.

Lit.: Harlander u. a. 1985, Heubeck 1992

Betriebliche Mitbestimmung

Die → betriebliche Mitbestimmung ist neben der → unternehmerischen Mitbestimmung das zentrale Element der Mitwirkung von → Arbeitnehmern und ihren Vertretern am betrieblichen Entscheidungsprozeß. Ihr Umfang ist im → Betriebsverfassungsgesetz – und z. T. durch die → Arbeitsgerichtsbarkeit – geregelt. Die betriebliche Mitbestimmung bezieht sich insbes. auf folgende Gegenstände (s. Abbildung S. 86).

Die Mitbestimmungsrechte (besser: Beteiligungs- oder Mitwirkungsrechte) lassen sich nach dem Ausmaß wie folgt abstufen:

- *Informations- bzw. Unterrichtungsrecht* bei allen Angelegenheiten, die von Arbeitnehmerinteresse sein könnten (u. a. bei Beschwerden, Unfallschutz, → Personalplanung, Änderungen von Arbeitsverfahren, Arbeitsplätzen und Bauten, Jahresabschluß, personelle Einzelmaßnahmen),
- *Anhörungs- und Erörterungsrecht* (bei → Kündigungen),
- *Vorschlagsrecht* (z. B. Vorschlag zur Einführung einer Personalplanung), Durchführung betrieblicher Bildungsmaßnahmen,
- *Beratungsrecht* (z. B. Personalplanung, Arbeitsschutz, Betriebsänderungen, Berufsbildung, Planung von Änderungen),
- *Widerspruchsrecht* (v. a. bei Kündigungen),
- *Zustimmungsrecht* (z. B. bei Auswahlrichtlinien, → Personalfragebogen, Beurteilungsgrundsätzen),
- *Zustimmungsverweigerungsrecht* (v. a. bei personellen Einzelmaßnahmen),
- *Mitbestimmungsrecht* (i. e. S.) mit und ohne Initiativrecht (z. B. soziale Angelegenheiten, → Sozialplan, → Innerbetriebliche Stellenausschreibung, → Interessenausgleich,

Der im Betriebsverfassungsgesetz festgelegte Grundsatz der vertrauensvollen Zusammenarbeit von Betriebsrat und Arbeitgeber manifestiert, daß → Konflikte nicht auf

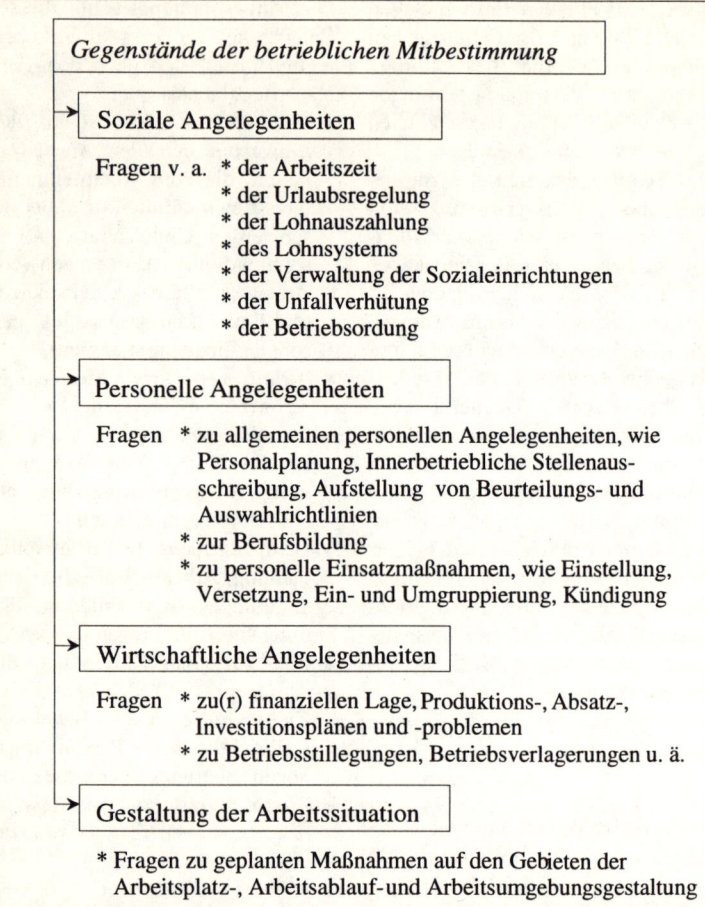

Gegenstände der betrieblichen Mitbestimmung

dem Wege von → Arbeitskämpfen ausgetragen werden dürfen.

Lit.: Hamel 1993, Oechsler 1993

Betriebliches Vorschlagswesen

Ein Betriebliches Vorschlagswesen (BVW) hat neben Personalentwick-lungs- und Innovationsfunktionen auch eine Anreizfunktion, und zwar vornehmlich für Mitarbeiter unter-halb des mittleren Managements. Dem teilnahmeberechtigten Perso-nenkreis werden für die Konzipie-rung von nützlichen, meist realisier-ten Innovationen im Betrieb (sofern dies nicht zu ihrer ureigensten Aufgabe zählt) → Anreize in Form von materiellen Prämien (Geld- und Sachprämien) und immateriellen → Belohnungen (persönliche Anerkennung, schöpferische Mitarbeit, Arbeitserleichterung und -sicherung) angeboten. Studien zeigen, daß die → Motive (und Motivation) zur Erarbeitung und Einreichung von Verbesserungsvorschlägen vielfältig sind und nicht nur durch monetäre Anreize angesprochen werden. Sie weisen auch auf individuelle Willens-, Fähigkeits- und Risikobarrieren hin, Verbesserungsvorschläge einzureichen: Furcht vor materiellen (Einkommens- und Arbeitsplatzverlust sowie vor → Kurzarbeit) und immateriellen Nachteilen (Konformitätsdruck der Kollegen, Reaktion des Vorgesetzten, Blamagefurcht), Änderungswiderstand, Ressentiments und Gleichgültigkeit (fehlende Bereitschaft zur aktiven wie passiven Mitarbeit im Betrieb). Zur erfolgreichen Realisierung und Nutzung von BVW bedarf es verschiedener *organisatorischer Regelungen*:

● Die Förderung seitens des Top-Managements muß deutlich werden, so daß auch untergeordnete Führungskräfte sich engagiert um die Durchführung kümmern.

● Ein Verfahren zur Schätzung bzw. Errechnung des Nutzens für den Betrieb sowie der – materiellen – Belohnungshöhe für den Einreicher eines Verbesserungsvorschlages ist zu erarbeiten. Bei Verbesserungsvorschlägen mit quantifizierbarem Nutzen sind Regelungen

zu folgenden Aspekten zu treffen: Festlegung des Prämiensatzes (z. B. prozentuale Beteiligung am Jahresergebnis, Regelung bez. Steuern und Sozialabgaben; aus motivationstheoretischen Aspekten empfiehlt sich die Übernahme durch den Betrieb), Festlegung von Mindest- und Höchstprämie (Vermeidung von Trinkgeldzahlung) und Ansatz von Korrekturfaktoren (Berücksichtigung der betrieblichen Stellung, des Arbeitsbereiches, der Einkommensklasse). Bei Verbesserungsvorschlägen mit nicht quantifizierbarem Nutzen, z. B. Verbesserung der Sicherheitsvorkehrungen, bedarf es spezieller Bewertungsschemata. In ihnen sollten Fleiß, Mühe, Engagement, Originalität, Vergleichbarkeit zu anderen Verbesserungsvorschlägen sowie Werbewirksamkeit und Anreizwirkung berücksichtigt werden.

● Daneben bedarf es der Festlegung des Kreises der Prämienberechtigten (z. B. bis zu den → leitenden Angestellten, Individual- und Gruppenvorschläge), der Bewertungsprozeduren, der Bewerter sowie der Ausschlußzeiten.

Lit.: Thom 1991, Heidack 1992

Betriebliche Übung

Die betriebliche Übung hat eine gewisse Ähnlichkeit mit der → Betriebsvereinbarung. Sie stellt eine stillschweigende Vereinbarung zwischen den Parteien im Betrieb dar und beruht dabei auf einem fortge-

Betriebsänderung

setzten gleichmäßigen Verhalten v. a. des → Arbeitgebers über einen längeren Zeitraum hinweg (i. d. R. mindestens drei aufeinanderfolgende Jahre). Dieses Verhalten läßt den Schluß zu, daß der Arbeitgeber sich auch in Zukunft so verhalten will, es sei denn, er weist jedesmal auf den temporären Charakter der Leistung hin. Hat der Arbeitgeber einen entsprechenden Vertrauenstatbestand geschaffen, z. B. dreimalige, aufeinanderfolgende und uneingeschränkte Gewährung einer freiwilligen sozialen Leistung, so entsteht ein Rechtsanspruch der → Arbeitnehmer auf Fortgewährung.

Betriebsänderung

Unter einer Betriebsänderung versteht das → Betriebsverfassungsgesetz folgende Tatbestände: die Einschränkung, Stillegung oder Verlegung eines ganzen Betriebes oder von wesentlichen Betriebsteilen, der Zusammenschluß mit anderen Betrieben, eine grundlegende Änderung von Betriebsorganisation, -zweck oder -anlagen sowie die Einführung grundlegend neuer Arbeits- und Fertigungsmethoden. Von einer Betriebsänderung müssen dabei mindestens 5 % der → Belegschaft betroffen sein. Der → Arbeitgeber hat in Betrieben mit i. d. R. mehr als 20 wahlberechtigten → Arbeitnehmern den → Betriebsrat über geplante Betriebsänderungen, die wesentliche Nachteile für die Belegschaft oder wesentliche Teile davon zur Folge haben können, rechtzeitig und umfassend zu unterrichten sowie die geplanten Änderungen mit ihm zu beraten. Ein → Sozialplan und ein → Interessenausgleich können die Folge sein.

Betriebsarzt (→ Arbeitsmedizin)

Betriebsassistentenmodell

Im Rahmen eines sog. Koblenzer Betriebsassistentenmodells geht es darum, → Auszubildende in einem anerkannten Ausbildungsberuf (→ Beruf) gleichzeitig, also in die → Berufsausbildung integriert, zum sog. Betriebsassistenten weiterzuqualifizieren. *Ziel* ist es dabei v. a., die gewerblich-technische Ausbildung um eine kaufmännische Kompetenz zu erweitern sowie in fachtheoretischer und fachpraktischer Hinsicht zu vertiefen. Die Gesellen sollen dabei v. a. für Führungsaufgaben in kleinen und mittleren Handwerksbetrieben qualifiziert werden. Die Umsetzung erfolgt v. a. in Form von speziellem Berufsschulunterricht, zusätzlichen Schulungsmaßnahmen der → Handwerkskammer und erweiterten betrieblichen Ausbildungsanteilen.

Betriebsausschuß

Beim Betriebsausschuß handelt es sich um ein nach dem → Betriebsverfassungsgesetz mögliches Organ des → Betriebsrates. Er wird gebildet, wenn der Betriebsrat neun oder mehr Mitglieder umfaßt. Er führt die laufenden Geschäfte des Betriebsrates, der ihm auch Aufgaben zur selbständigen Erledigung übertragen kann. Der Betriebsausschuß besteht aus dem Vorsitzenden des Betriebsrates, dessen Stellvertreter und je nach Größe des Betriebsrates aus weiteren Mitgliedern. Diese werden vom Betriebsrat aus seiner Mitte nach geheimer Wahl und nach den Grundsätzen des Verhältniswahlrechtes gewählt. Die im Betriebsrat vertretenen Gruppen gehören dem Betriebsausschuß entsprechend ihrer Größe, mindestens jedoch mit einem Mitglied an.

Betriebsblindheit

Betriebsblindheit ist ein Ausdruck dafür, daß Mitarbeiter sich in bestimmten Situationen gewohnheitsmäßig verhalten, obwohl die Ausgangsbedingungen für die ursprünglich effiziente Verhaltensweise sich geändert haben. Dies trifft um so mehr zu, als man in der Vergangenheit immer wieder zumindest zufriedenstellend die angestrebten Ziele erreicht hat. In Betrieben versucht man, die Betriebsblindheit durch → Versetzungen, externe → Fortbildung und externe → Personalbeschaffung zu reduzieren.

Betriebsbuße

Die Betriebsbuße ist eine innerbetriebliche → Sanktion, die gegen den einzelnen → Arbeitnehmer wegen eines Fehlverhaltens verhängt werden kann. Die Betriebsbuße gilt als ein Mittel zur Durchsetzung der → Arbeitsordnung. Sie darf nur für solche Verstöße verhängt werden, die zugleich eine Verletzung arbeitsvertrag-

licher Pflichten darstellen. Außerbetriebliches Verhalten ist mit ihr also i. d. R. nicht zu erfassen. Allerdings kann auch nicht jede Verletzung des → Arbeitsvertrages durch eine Betriebsbuße geahndet werden. Bspw. läßt sich zwar eine Buße bei einem Verstoß gegen das Rauchverbot am Arbeitsplatz verhängen, nicht jedoch wegen fehlerhaften Leistungsverhaltens. Mit einer Betriebsbuße belegt werden können bspw. Übertretung des Alkoholverbots, das unerlaubte Verlassen des Arbeitsplatzes, die Störung des Betriebsfriedens durch politische Aktivitäten, die Beleidigung von Vorgesetzten sowie Sachbeschädigung. Die Regelung der Rechtsfolgen umfaßt einen abgestuften Katalog von Sanktionen (*Bußordnung*): Verwarnung, Verweis, Geldbuße (bis zur Höhe eines Tagesverdienstes unbedenklich), temporärer Entzug betrieblicher Vergünstigungen, Androhung einer → Versetzung und die Versetzung. Die Verhängung einer Betriebsbuße unterliegt dem Mitbestimmungsrecht des → Betriebsrates. Die Betriebsbuße kann nur dann verhängt werden, wenn im Rahmen einer → Betriebsvereinbarung eine Bußordnung geschaffen wurde.

Betriebsferien (→ Betriebsurlaub)

Betriebsklima

Betriebsklima ist ein Ausdruck der sozialen Atmosphäre, wie Mitarbeiter sie in einem Betrieb, einer Abteilung oder einer Gruppe empfinden. Im Gegensatz zur → Arbeitszufriedenheit spielen die zwischenmenschlichen Beziehungen und die Zusammenarbeit der Mitarbeiter eine besondere Rolle. Die Identifikation mit einem Betrieb, die → Leistung u. a. steigen i. d. R. mit einem guten Betriebsklima. Ein schlechtes Betriebsklima macht sich i. d. R. in erhöhter → Fluktuation, in höheren → Fehlzeiten u. ä. bemerkbar. Von daher ist es im Rahmen der → Mitarbeiterführung zu beeinflussen. Als Determinanten gelten i. allg.: Kollegenbeziehungen, Vorgesetztenverhalten, Arbeitsorganisation, → Arbeitssystem, → Arbeitsbedingungen, → Partizipation.

Lit.: Wiswede 1981, 1991

Betriebskrankenkasse

Die Betriebskrankenkasse (BKK) stellt eine Einrichtung zur Gesundheitsfürsorge und Unterstützung ihrer Mitglieder in Krankheitsfällen im Rahmen der → Krankenversicherung dar. Sie ist auf beruflicher Grundlage errichtet und besteht für einen oder mehrere Betriebe desselben → Arbeitgebers. Die Mitgliedschaft ist für → Arbeiter eines Betriebes Pflicht, → Angestellte können wählen zwischen BKK und anderen Kassen. BKK gehören als Träger der → Sozialversicherung zu den Körperschaften des öffentlichen Rechts mit demokratischer Selbstverwaltung. Der Gesetzgeber knüpft an ihre Errichtung sowohl betriebliche als auch leistungsmäßige Voraussetzungen.

Lit.: Bartscher/Fritsch 1992

Betriebsordnung (→ Arbeitsordnung)

Betriebspädagogik

Unter Betriebspädagogik wird je nach Intention folgendes verstanden: Zum einen stellt Betriebspädagogik die Bezeichnung für ein spezifisches Forschungsfeld der Erziehungswissenschaften dar. Ihr Gegenstand und ihr Standort ist bislang allerdings noch offen. Zum anderen bedeutet Betriebspädagogik ein spezifisches pädagogisches Handeln an einem besonderen Ort, dem Betrieb. In diesem Sinne ist es ein alternativer Begriff für die betriebliche → Berufsausbildung, die betriebliche → Fortbildung usw.

Lit.: Geißler/Wittwer 1992

Betriebspsychologie

Die Betriebspsychologie beschäftigt sich als Teilgebiet der angewandten Psychologie und der Wirtschaftspsychologie insbes. mit den möglichen Verhaltensweisen von Mitarbeitern im Betrieb, ihren Beweggründen (→ Motiv und Motivation) und den situativen Einflußmöglichkeiten. Die Betriebspsychologie gilt i. d. R. als angewandte Disziplin und versteht sich dabei schwerpunktmäßig als eine empirische Wissenschaft, die mit in den empirischen Sozialwissenschaften üblichen Verfahren zu Erkenntnissen gelangen möchte. Die empirischen Studien sollen dabei auf Grundlage theoretischer Konzepte durchgeführt werden; ihre Forschungsbemühungen sind auf solche Ergebnisse gerichtet, die für die Praxis relevant sind. Der relativ weite Aufgabenbereich führt zu folgender Differenzierung, die allerdings nicht generell vorzufinden ist (In der Literatur sind teilweise andere Termini und Begriffshierarchien vorzufinden.):

- Die *Arbeitspsychologie* untersucht speziell die psychischen → Anforderungen, die von Arbeitsplätzen (→ Arbeitsplatzanalyse, → Arbeitsforschung) ausgehen sowie die psychologischen Einflüsse von → Arbeitsbedingungen, die bspw. im Hinblick auf Unfallgeschehen und Arbeitsqualität zu beachten sind.

- Der Begriff der *Organisationspsychologie* ersetzt in vielen Quellen zunehmend den der Betriebspsychologie. Dies ist v. a. darin begründet, daß der Begriff „Organisation" (im institutionellen Sinne) weiter verstanden wird als der Begriff „Betrieb" (unter dem in diesem Falle Verwaltungsbetriebe, Dienstleistungsbetriebe, Non-Profit-Organisationen u. a. gezählt werden). Diese Einschätzung wird hier nicht geteilt. Die Organisationspsychologie ist vielmehr als Teilgebiet der Betriebspsychologie zu verstehen (wobei „Organisation" hier mehr im instrumentellen Sinne interpretiert wird). Sie beschäftigt sich mit der Frage, wie ein Betrieb aus psychologischer Sicht organisiert sein sollte, damit er betriebliche Ziele wie Mitarbeitermotive erfüllen kann. In ihrem Rahmen werden Informationssysteme, Führungsorganisationen u. ä. auf ihre psychologischen Auswirkungen, die Bedingungen ihres Funktionierens und Gestaltungshinweise hin untersucht.

- Im Rahmen *personalpsychologischer Aufgaben* steht der Mitarbeiter im Betrieb im Zentrum der Studien. Unterschiedliche Perspektiven werden je nach Bereich berücksichtigt:
  - die *Eignungsdiagnostik* (→ Eignungsprüfung) bei der → Personalauswahl, insbes. bei Tests,
  - die *Lernpsychologie* bei der → Personalentwicklung,
  - die *Sozialpsychologie* zur Erklärung von Gruppenprozessen,
  - die *Führungspsychologie* bei der Erläuterung von Bedingungen zu erfolgreichem Verhalten bei der → Mitarbeiterführung,
  - die → *Motivationspsychologie* zum Verständnis und zur Gestaltung der Mitarbeitermotivation (→ Motiv und Motivation),
  - die *Konfliktpsychologie* zur Erforschung und Handhabung von → Konflikten.

Allerdings lassen sich die einzelnen Disziplinen der Betriebspsychologie nicht so eindeutig abgrenzen, wie dies die Aufzählung vielleicht vermittelt.

Lit.: Sauermann 1981, v. Rosenstiel 1992

Betriebsräteversammlung

Nach → Betriebsverfassungsgesetz hat der → Gesamtbetriebsrat mindestens einmal in jedem Kalenderjahr die Vorsitzenden und die stellvertretenden Vorsitzenden der → Betriebsräte sowie die weiteren Mitglieder dieser → Betriebsausschüsse zu einer Versammlung einzuberufen. In dieser Betriebsräteversammlung hat der Gesamtbetriebsrat dabei einen Tätigkeitsbericht vorzulegen sowie der → Arbeitgeber einen Bericht über das Personal- und Sozialwesen und über die wirtschaftliche Lage und Entwicklung des Betriebes zu erstatten, soweit dadurch nicht Betriebsgeheimnisse gefährdet sind.

Betriebsrat

Der Betriebsrat vertritt die Interessen der → Arbeitnehmer eines Betriebes im Rahmen der → betrieblichen Mitbestimmung. Nach dem → Betriebsverfassungsgesetz können, sofern die Arbeitnehmer dies wollen, in Betrieben mit mind. fünf ständigen wahlberechtigten Arbeitnehmern, von denen drei wählbar sind, Betriebsräte gebildet werden. Die *Größe* des Betriebsrates richtet sich nach der Mitarbeiterzahl des Betriebes. Zur Wahl und Zusammensetzung des Betriebsrates siehe Abbildung.

Die *Amtszeit* des durch die Belegschaft zu wählenden Betriebsrates beträgt vier Jahre. In größeren Betrieben besteht eventuell die Möglichkeit, einen → Gesamtbetriebsrat und einen → Konzernbetriebsrat zu bilden. Jeder Betriebsrat wählt aus seiner Mitte einen Vorsitzenden und einen stellvertretenden Vorsitzenden. Der Vorsitzende leitet die Geschäfte des Betriebsrates, gibt Willenserklärungen ab und nimmt solche entgegen. Umfaßt der Betriebsrat mehr als neun Mitglieder, übernimmt dies ein → Betriebsausschuß. Um diese Aufgabe erfüllen zu können, werden in größeren Betrieben Betriebsratsmitglieder ganz für diese Aufgabe freigestellt. Zu den *allgemeinen Aufgaben* des Betriebsrates zählen folgende:

- Überwachung der Einhaltung von Rechtsnormen und arbeitsrechtlichen Grundsätzen, die zugunsten von Arbeitnehmern gelten;
- Beantragung von Maßnahmen, die dem Betrieb und den Arbeitnehmern dienen;
- Entgegennahme von Anregungen der Arbeitnehmer sowie der → Jugend und Auszubildendenvertretung, Vertretung der Anregungen;
- Eingliederung schutzbedürftiger Personen;
- Zusammenarbeit mit der Jugend- und Auszubildendenvertretung;
- Förderung der Beschäftigung älterer Arbeitnehmer,
- Eingliederung ausländischer Arbeitnehmer.

Die Mitwirkungsrechte in den verschiedenen mitbestimmungsmöglichen Angelegenheiten sind unterschiedlich umfassend.

Betriebsratswahlen

Die regelmäßig durchzuführenden Betriebsratswahlen finden nach →

Wahl und Zusammensetzung des Betriebsrates	
Einrichtung eines Betriebsrates	In Betrieben, die i. d. R. mind. fünf ständige Wahlberechtigte haben, von denen mind. drei wählbar sind, werden auf Wunsch der Arbeitnehmer Betriebsräte gewählt.
aktives Wahlrecht (Wahlberechtigung)	Wahlberechtigt sind alle Arbeitnehmer (inkl. Auszubildende), die das 18. Lebensjahr vollendet haben.
passives Wahlrecht (Wählbarkeit)	Wählbar sind diejenigen Arbeitnehmer, die wahlberechtigt sind und mind. sechs Monate Betriebszugehörigkeitsdauer aufweisen können.
Zeitpunkt der Wahlen	Regelmäßige Betriebsratswahlen finden alle vier Jahre in der Zeit vom 1. März bis 31. Mai statt.
Zusammensetzung	Die Größe des Betriebsrates hängt von der Anzahl der wahlberechtigten Arbeitnehmer ab:

	Wahlberechtigte	Anzahl der Betriebsratsmitglieder	davon freigestellt
	5– 20	1 Betriebsobmann	–
	21– 50	3 Betriebsräte	–
	51– 150	5 Betriebsräte	–
	151– 300	7 Betriebsräte	–
	301– 600	9 Betriebsräte	1
	601–1000	11 Betriebsräte	2
	1001–2000	15 Betriebsräte	3
	2001–3000	19 Betriebsräte	4
	3001–4000	23 Betriebsräte	5
	4001–5000	27 Betriebsräte	6
	5001–6000	29 Betriebsräte	7
	6001–7000	29 Betriebsräte	8
	7001–9000	31 Betriebsräte	9

In Betrieben mit mehr als 9000 Wahlberechtigten erhöht sich die Zahl der Betriebsratsmitglieder für je angefangene 3000 wahlberechtigte Arbeitnehmer um zwei Betriebsräte.

Wahl und Zusammensetzung des Betriebsrates

Betriebsrenten

Betriebsverfassungsgesetz alle vier Jahre statt. (Sie sind zeitgleich mit den regelmäßigen Wahlen zum → Sprecherausschuß der → Leitenden Angestellten einzuleiten.) Der → Betriebsrat wird in geheimer und unmittelbarer Wahl gewählt. Besteht der Betriebsrat aus mehr als einer Person, so wählen die → Arbeiter und → Angestellten ihre Vertreter in getrennten Wahlvorgängen, es sei denn, daß die wahlberechtigten Angehörigen beider Gruppen vor der Neuwahl in getrennten, geheimen Abstimmungen die gemeinsame Wahl beschließen. Die Wahl erfolgt dabei nach den Grundsätzen der Verhältniswahl; wird nur ein Wahlvorschlag eingereicht, so erfolgt die Wahl nach den Grundsätzen der Mehrheitswahl. Zur Wahl des Betriebsrates können sowohl die wahlberechtigten → Arbeitnehmer als auch die im Betrieb vertretenen → Gewerkschaften Wahlvorschläge machen.

Betriebsrenten (→ Betriebliche Altersversorgung)

Betriebsrentengesetz (Gesetz zur Verbesserung der betrieblichen Altersversorgung – BetrAVG)
Das BetrAVG ist v. a. zur Verbesserung der Ansprüche der → Mitarbeiter an die → betriebliche Altersversorgung verabschiedet worden. Es regelt v. a. die Gewährleistung der Ansprüche vorzeitig ausgeschiedener Mitarbeiter, die Insolvenzsicherung des Betriebes durch Einrichtung eines → Pensions-Sicherungs-

Vereins sowie die Anpassung der Versorgungsleistungen an Kaufkraftveränderungen durch eine Dynamisierung.

Betriebssoziologie

Zentraler Aufgabenbereich der Betriebssoziologie ist die Analyse und Interpretation des innerbetrieblichen zwischenmenschlichen Geschehens. Forschungsbemühungen unter struktureller Perspektive heben die Sozialstruktur des Betriebes besonders hervor; unter verhaltensorientierter Perspektive ist es v. a. das sozialgeprägte und -orientierte Verhalten der Mitarbeiter im Betrieb.

Lit.: Fürstenberg 1992

Betriebsunfall

Betriebsunfälle sind Unfälle von → Arbeitnehmern, die sich bei der Ausübung der Beschäftigung ereignen. Unabhängig von der Schuldfrage tritt bei Betriebsunfällen immer die gesetzliche → Unfallversicherung ein. Betriebsunfälle sollen durch den betrieblichen → Unfallschutz vermieden werden.

Betriebsurlaub

Betriebsurlaub (synonym: Betriebsferien, Werksferien) meint die Schließung eines ganzen Betriebes oder zumindest seiner wesentlichen Teile für eine bestimmte Zeitdauer, während der die gesamte Belegschaft oder der überwiegende Teil in → Urlaub geht. Der Betriebsurlaub wird meistens in die Zeit der Sommerferien der Schulen im betreffenden Bundesland gelegt. Der → Betriebsrat hat bei der Festlegung der Betriebsferien im Rahmen der → betrieblichen Mitbestimmung ein Mitbestimmungsrecht.

Betriebsvereinbarung

Betriebsvereinbarungen stellen schriftliche Verträge zwischen → Arbeitgebern und → Betriebsrat über Angelegenheiten, die zum Zuständigkeitbereich des Betriebsrates zählen und über einen → Tarifvertrag hinausgehen, dar. Sie können, genauso wie der Tarifvertrag, einen schuldrechtlichen Teil zur Festlegung der wechselseitigen Rechte und Pflichten der Vertragsparteien (bspw. zur Arbeitsfreistellung der Betriebsratsmitglieder) und einen normativen Teil zur Regelung der → Arbeitsverhältnisse der dem Betrieb angehörigen → Arbeitnehmer (bspw. die → Arbeitszeit) enthalten. Ihr Gegenstand sind üblicherweise solche Materien, die sich durch einen Tarifvertrag wegen der geltenden unterschiedlichen Bedingungen kaum abschließend regeln lassen. Dies betrifft bspw. die Aufstellung eines Urlaubsplans, die Festlegung von Beginn und Ende der Arbeitszeit, Gleitzeitregelungen (→ Gleitzeitarbeit), betriebliche → Sozialleistungen, wie → Erfolgsbeteiligung, Zusatzurlaub, Jubiläumszuwendungen, → betriebliche Alterversorgung. Sie setzen objektives Recht, wirken als Normen unmittelbar und zwingend und gelten für alle Arbeitnehmer des Betriebes, unabhängig davon, ob diese

Gewerkschaftsmitglieder sind oder nicht. Ausgenommen sind lediglich → Leitende Angestellte; auf sie ist die Betriebsvereinbarung nur anzuwenden, soweit ihr → Arbeitsvertrag einen entsprechenden Hinweis enthält. Sofern ein Problem durch Tarifvertrag geregelt ist, können Betriebsvereinbarungen hierüber nur abgeschlossen werden, wenn sog. → Öffnungsklauseln in diesem Tarifvertrag vorgesehen sind. Im Unterschied zu einem Tarifvertrag, kann der Abschluß einer Betriebsvereinbarung nicht durch → Streik erzwungen werden.

Lit.: Oechsler 1992, Blohm 1993

Betriebsverfassung

Unter Betriebsverfassung läßt sich die Gesamtheit aller inhaltlichen und organisatorischen Regelungen zur Gestaltung des Verhältnisses der Mitglieder des sozialen bzw. soziotechnischen Systems „Betrieb" zueinander verstehen. Unter Betrieb wird in diesem Sinne ein organisatorisch und räumlich abgrenzbares, offenes, dynamisches, sozio-technisches, ökonomisches System der Wertschöpfung verstanden. In Abgrenzung dazu stellt der Begriff „Unternehmung" einen Ausdruck für ein privatrechtliches, autonomes ökonomisches System dar, welches eine Unternehmungsverfassung hat. (Entsprechend wird zwischen → betrieblicher und → unternehmerischer Mitbestimmung differenziert.) Zur gesetzlichen Basis der Betriebsverfassung zählen v. a. das → Betriebsverfassungsgesetz, einige Vorschriften des Grundgesetzes, das Arbeitsvertragsrecht, das Arbeitnehmerschutzrecht, das Sozialrecht, das Berufsbildungsrecht sowie die Tarifautonomie in zahlreichen Einzelgesetzen. Die Organisation der Betriebsverfassung kommt in verschiedenen Organen zum Ausdruck: → Betriebsrat, → Sprecherausschuß, → Betriebsversammlung, → Gesamtbetriebsrat, → Gesamtsprecherausschuß, → Unternehmungssprecherausschuß, → Konzernbetriebsrat, → Konzernsprecherausschuß, → Wirtschaftsausschuß, → Betriebsräteversammlung, → Jugend und Auszubildendenvertretung, → Schwerbehindertenvertretung.

Lit.: Wiese 1992, Hamel 1993

Betriebsverfassungsgesetz
(BetrVG)

Das *BetrVG 1952* enthält v. a. nach wie vor geltende Vorschriften für die → unternehmerische Mitbestimmung von → Arbeitnehmern für solche Unternehmungen, die bis zu 2000 Arbeitnehmer beschäftigen und weder unter das → Montan-Mitbestimmungsgesetz noch unter das → Mitbestimmungsergänzungsgesetz fallen. Im Rahmen der unternehmerischen Mitbestimmung ist vorgesehen, daß in den Aufsichtsräten eine Drittelparität besteht, d. h., daß ein Drittel der Stimmen und Sitze für Arbeitnehmervertreter reserviert sind. Das *BetrVG 1972* regelt dagegen v. a. die Interessenvertretung

der → Arbeitnehmer gegenüber dem → Arbeitgeber im Rahmen der → betrieblichen Mitbestimmung für Betriebe der Privatwirtschaft mit mehr als fünf ständigen, zur Wahl eines → Betriebsrates berechtigten Arbeitnehmern bzw. für Betriebe in der Landwirtschaft mit mehr als zehn Mitarbeitern. Vertretungsorgan der Arbeitnehmer ist der Betriebsrat. Daneben sind weitere Gremien vorgesehen: die → Betriebsversammlung, die → Jugend- und Auszubildendenvertretung, der → Wirtschaftsausschuß, die → Einigungsstelle. → Leitende Angestellte gehören nicht zur Belegschaft, die durch den Betriebsrat repräsentiert wird. Das *Hauptanliegen* des BetrVG ist zum einen die Einschränkung von Arbeitgeberrechten, wo dies im Interesse der Arbeitnehmer liegt und zum anderen die vertrauensvolle Zusammenarbeit von Betriebsrat und Arbeitgeber unter Mitwirkung der im Betrieb vertretenen → Gewerkschaften und → Arbeitgeberverbände. Das Gesetz regelt weiter die Zusammensetzung, die Wahl, die Amtszeit und die Geschäftsführung des Betriebsrates und enthält Bestimmungen über den → Gesamtbetriebsrat, den → Konzernbetriebsrat und die → Jugend- und Auszubildendenvertretung.

Betriebsverpflegung

Unter der Betriebsverpflegung ist ein Teilbereich der Außer-Haus-Verpflegung in einem Betrieb zu verstehen. Mit ihr sind betriebliche Einrichtungen angesprochen, die v. a.

der Ausgabe von Lebensmitteln (Speisen, Getränke) an die im Betrieb beschäftigten → Arbeitnehmer zur Aufrechterhaltung der physiologischen Körperfunktionen dienen. Die Entscheidung eines Betriebes, eine Betriebsverpflegung einzuführen, unterliegt nicht der → betrieblichen Mitbestimmung durch den → Betriebsrat. Mitbestimmungspflichtig ist allerdings die Form, Ausgestaltung und Verwaltung einer solchen Einrichtung. Mitbestimmungsfrei ist dagegen die Höhe der vom → Arbeitgeber gezahlten Essenzuschüsse. Eine alternative Form der Verpflegung stellt das → Catering dar.

Betriebsversammlung

Die Betriebsversammlung ist nach → Betriebsverfassungsgesetz eine regelmäßige, nicht-öffentliche Zusammenkunft aller → Arbeitnehmer eines Betriebes. Sie wird vom Vorsitzenden des → Betriebsrates geleitet. Der Betriebsrat muß einmal in jedem Kalendervierteljahr eine Betriebsversammlung einberufen und in ihr einen Tätigkeitsbericht erstatten. Der → Arbeitgeber ist dazu einzuladen und auch berechtigt, dort zu sprechen. Er oder sein Vertreter hat mindestens einmal in jedem Kalenderjahr in einer Betriebsversammlung über das Personal- und Sozialwesen des Betriebes und über die wirtschaftliche Lage und Entwicklung des Betriebes zu berichten, soweit dadurch nicht Betriebsgeheimnisse gefährdet werden. Die Betriebsversammlungen finden grundsätzlich während der → Arbeitszeit

statt. Sie können nur betriebsbezogene Angelegenheiten – einschließlich solcher tarifpolitischer, sozialpolitischer und wirtschaftlicher Art, die den Betrieb oder seine Arbeitnehmer unmittelbar betreffen – behandeln. Ferner können die Betriebsversammlungen dem Betriebsrat Anträge unterbreiten und zu seinen Beschlüssen Stellung nehmen. Durchsetzbare Rechte hat die Betriebsversammlung nicht, sie dient mehr der Information. Unter bestimmten Bedingungen ist sie als → Abteilungsversammlung durchzuführen.

Beurteilungsbogen (→ Beurteilungsformular)

Beurteilungsfehler

Beurteilungsfehler betreffen bewußte und v. a. unbewußte Verfälschungen der Beurteiler im Rahmen der → Personalbeurteilung und teilweise der → Personalauswahl. Sie lassen sich in drei Kategorien differenzieren, die weitere Unterformen aufweisen (s. Abbildung S. 98).
Wahrnehmungsverzerrungen stellen unbewußte Übertreibungen eines Beurteilers dar, die sich in verschiedene Richtungen entwickeln.

• Der *Halo-Effekt* kommt dadurch zum Tragen, daß ein Beurteilungsmerkmal (z. B.: Wortgewandtheit) durch eine (unbewußte) Überbewertung durch den Beurteiler auf mehrere andere (z. B.: Integrität, Sozialverhalten, Zuverlässigkeit) ausstrahlt, so daß der Beurteiler letztendlich nur ein Merkmal tatsächlich bewertet.

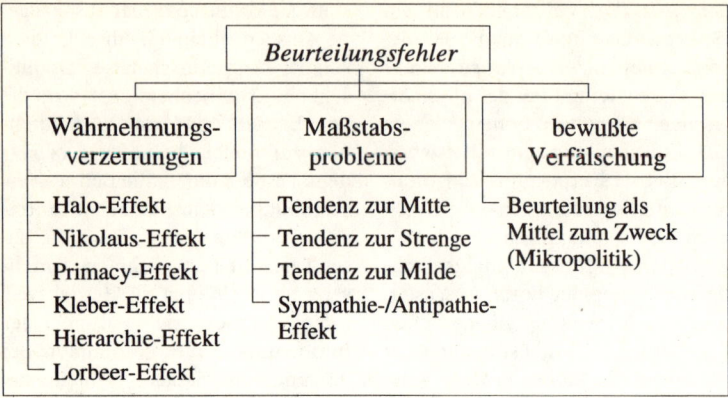

Überblick über Beurteilungsfehler

- Der *Nikolaus-Effekt* (synonym: Recency-Effekt) drückt aus, daß der Beurteiler bei der Bewertung speziell auf Ereignisse, die erst kürzlich stattgefunden haben, abstellt.
- Mit dem *Primacy-Effekt* wird ausgedrückt, daß die in einer Beurteilungsperiode bzw. -sequenz zuerst erhaltenen Informationen bzw. Eindrücke auf den Beurteiler größere Wirkung erzielen als später erhaltene und von daher unbewußt bei der Bewertung übergewichtet werden.
- Der *Kleber-Effekt* hat zur Folge, daß längere Zeit nicht beförderte Mitarbeiter von Beurteilern unbewußt unterschätzt und entsprechend schlecht bewertet werden.
- Der *Hierarchie-Effekt* kommt dadurch zum Ausdruck, daß die Beurteiler solche Mitarbeiter besser bewerten, die höher als andere in der Hierarchie eingeordnet sind.
- Unter dem *Lorbeereffekt* ist ein

Beurteilungsfehler zu verstehen, bei dem der Beurteiler insbes. die in der Vergangenheit erreichten „Lorbeeren" berücksichtigt, ohne daß ein unmittelbarer Bezug zur aktuellen Beurteilung gegeben ist.

Maßstabsprobleme beziehen sich auf unbewußte Verzerrungen der Beurteiler durch verschiedene → Anspruchsniveaus bzw. Maßstäbe:

- Bei der *Tendenz zur Mitte* geschieht eine unzutreffende Maßstabsanwendung dadurch, daß überproportional häufig mittlere Urteilswerte auf den Skalen von den Beurteilern gewählt werden.
- Bei der *Tendenz zur Milde* erfolgt eine unzutreffende Maßstabsanwendung, indem die Beurteiler in ihren Beurteilungen auf Skalen durchschnittlich im Vergleich zu anderen Beurteilern nach oben abweichen. Ihr Anspruchsniveau ist faktisch niedriger.
- Bei der *Tendenz zur Strenge* verwenden Beurteiler einen unzutref-

fenden Maßstab durch ein zu hohes Anspruchsniveau. Dies führt im Vergleich zu anderen Beurteilern zu überproportional niedrigen Einstufungen auf den Skalen.

- Beim *Sympathiefehler* erfolgt eine verzerrte Maßstabsanwendung, indem auf die Beurteiler besonders sympathisch wirkende Mitarbeiter unbewußt besser bewertet werden als andere. Umgekehrtes Verhalten stellt einen *Antipathie-Effekt* dar.

Bei *bewußten Verfälschungen* schließlich erfolgen die Beurteilungen als Mittel zum Zweck (→ Mikropolitik), z. B. um Mitarbeitern eine bestimmte Entgeltzulage zuzuspielen oder sie wegzuloben, um bestimmte Bewerber zu bevorzugen u. a. m.

Lit.: Hentze 1980, Becker, F. G. 1994

Beurteilungsformular

Beim Beurteilungsformular (synonym: Beurteilungsbogen) handelt es sich um das formlose, teilstandardisierte, vorwiegend aber vollstandardisierte Formular, das von den Beurteilern zur → Personalbeurteilung oder z. T. auch zur → Personalauswahl verwendet werden muß.

Beurteilungsgespräch (→ Mitarbeitergespräch)

Beurteilungsgrundsätze

Zu den Beurteilungsgrundsätzen werden → Beurteilungsformulare und → Beurteilungskriterien gezählt. Wenn allgemeine Grundsätze im Rahmen einer → Personalbeurtei-

lung vom → Arbeitgeber verwendet werden, bedürfen sie der Zustimmung des → Betriebsrates. Kommt eine Einigung über ihren Inhalt nicht zustande, so entscheidet die → Einigungsstelle. Deren Spruch ersetzt die Einigung zwischen Arbeitgeber und Betriebsrat.

Beurteilungskriterien

Beurteilungskriterien werden im Rahmen von Beurteilungsprozessen wie bspw. bei der → Personalauswahl (z. B. Fremdsprachenkenntnisse), der → Personalbeurteilung (z. B. Erfüllung einer bestimmten Aufgabe), der → Evaluierung von Maßnahmen der → Fortbildung (z. B. Veränderung des Verhaltens) u. ä. aus einer Vielzahl prinzipiell zur Verfügung stehender Merkmale bzw. Variablen ausgewählt. Ohne → Kriterien ist eine Beurteilung nicht durchführbar. Es handelt sich dabei um gezielt normativ gesetzte Variablen. Mit ihnen ist die Annahme verbunden, daß sie geeignet sind, das entsprechende Objekt strukturgenau und inhaltlich treffend zu erfassen. Diese Kriterien sind zudem als Aufmerksamkeitsregeln zu verstehen, die Wahrnehmungsprozesse (→ Wahrnehmung, → Kognition) der Beurteiler selektiv strukturieren und eine Informationsüberlastung verhindern helfen (sollen). Kriterien sind nicht Selbstzweck. Es ist daher jeweils vorab zu klären, welchen Anforderungen (→ Anforderungskriterien) die Beurteilungskriterien genügen müssen. Diese sind dann ent-

Beurteilungsperiode und -frequenz

sprechend umzusetzen. Es ergibt sich zudem spätestens am Ende der Beurteilungsperiode die Frage, ob und inwieweit die Wahl und v. a. die Anwendung der Anforderungskriterien sich auf die Ergebnisse der jeweiligen Beurteilung auswirkt.

Beurteilungsperiode und -frequenz (→ Erfolgsbeteiligung)

Beurteilungspsychologie (→ Kognitive Beurteilungspsychologie)

Beurteilungstendenzen(→ Beurteilungsfehler)

Beurteilungsverfahren der kritischen Ereignisse

Mit dem Beurteilungsverfahren der kritischen Ereignisse als ein → Kennzeichnungsverfahren der → Personalbeurteilung wird zunächst die Erfassung und Beschreibung von Schlüsselindikatoren für arbeitsplatzbezogene effiziente bzw. ineffiziente Verhaltensweisen (Problembewältigung, Entscheidungsprozeß, Ressourcenverwendung u. a.) sowie daran anschließend v. a. die → Leistungsbeurteilung anhand dieser Indikatoren angestrebt. Annahme ist, daß bestimmte Verhaltensweisen über den Erfolg oder Mißerfolg einer Aufgabenerfüllung entscheiden. Als *kritische Ereignisse* bzw. Handlungen (→ „Critical-Incident-Technique") gelten dabei diejenigen beobachtbaren Verhaltensweisen, welche mit ausschlaggebend dafür sind, ob eine Aufgabe effizient, ökonomisch und sinnvoll bzw. ineffizient, unökonomisch und

sinnwidrig erfüllt wird. Im Rahmen des Verfahrens bestimmen die Systembetreiber zunächst eine spezifische aufgabenbezogene Liste von Verhaltensweisen, die als kritisch für den Erfolg bzw. Mißerfolg - einer spezifischen Position - angesehen wird bzw. diesen begründet. Dieses Klassifikationsschema ist mit relativ viel Arbeitsaufwand (u. a. mit systematischen Umfragen bei Beurteilern und nachfolgenden Bewertungen der erhobenen „kritischen Ereignisse" durch Arbeitsplatzexperten und zukünftige Benutzer) zu erstellen. Die „Beurteiler" sollen dann, basierend auf ihren tatsächlichen Beobachtungen des Aufgabenvollzugs während der Leistungsperiode, die relevanten Verhaltensweisen aus dem vorgegebenen Klassifikationsschema festhalten. Im Zeitablauf bilden sich dann Häufigkeitsverteilungen bei den kritischen Ereignissen, die als Basis der zusammenfassenden Leistungsbeurteilung dienen. Die Bewertung eines Mitarbeiters ergibt sich dann jeweils aus der Summe der positiven abzüglich der Summe der negativen Eintragungen.

Lit.: Becker, F. G. 1994

Bewegungsstudium

Unter dem Bewegungsstudium wird die Analyse von Bewegungen oder einzelnen Bewegungsabläufen eines Mitarbeiters bei der Arbeitstätigkeit verstanden, bei der die Art und Wirkung der die Bewegungsausführung beeinflussenden Faktoren (Bewegungslänge bspw.) zu bestimmen sind. Ausgangspunkt der Betrachtung sind isolierte Einzelbewegungen. Derartige Bewegungen können in „reine" oder „zweckbestimmte" differenziert werden. Letztere sind Objekt der Gestaltung von Bewegungsabläufen im Rahmen des Bewegungsstudiums. Die Gestaltung bezieht sich danach auf die Teilbereiche (1) Bewegungsvereinfachung, (2) Bewegungsverdichtung, (3) Teilmechanisierung und (4) Aufgabenerweiterung. Bereits zu Beginn dieses Jahrhunderts veröffentlichte *Gilbreth* Arbeiten zum Bewegungsstudium, die für die heutigen Systeme vorbestimmter Zeiten (SvZ) (→ Zeitstudie) die Basis darstellten.

Lit.: REFA 1985

Bewerbungsunterlagen

Im Rahmen der → Personalbeschaffung werden die möglichen Bewerber dazu aufgerufen, ihre Bewerbungsunterlagen schriftlich einzureichen. Die schriftliche Bewerbung umfaßt i. allg. folgende Unterlagen: (1) *Anschreiben*, in dem explizit auf die vakante, zumeist ausgeschriebene Stelle eingegangen und der Grund der Bewerbung genannt wird, (2) *Lebenslauf*, mit dem zumeist tabellarisch und lückenlos über die wichtigsten Stationen des Lebens- und Karriereweges Auskunft gegeben wird, (3) *Lichtbild* und (4) → *Zeugnisse*, je nach Wichtigkeit und Alter neben den Arbeitszeugnissen auch Schul- und Lehrgangszeugnisse.

Gegebenenfalls - zumeist jedoch erst nach Anfrage - können noch → Referenzen, → Arbeitsproben und Handschriftproben (→ Schriftbildanalyse) hinzugefügt werden. → Personalfragebogen, vom Adressaten der Bewerbung zugesendet, zählen ebenfalls als Unterlage. Die Bewerbungsunterlagen dienen dem Betrieb zur Vorauswahl der Bewerber im Rahmen der → Personalauswahl. Eine systematische Bearbeitung der eingegangenen Bewerbungsunterlagen erleichtert eine zeitraubende Entscheidungsfindung darüber, welche der Bewerber in die engere Wahl kommen. In einem ersten Schritt werden die Bewerbungsunterlagen aussortiert, die allein durch ihre äußere Form abträglich auffallen. Schreibfehler, fehlender Absender, falscher Firmennamen, Fettflecken, schlechte Kopien usw. zeigen, daß der Bewerber sich keine große Mühe gegeben hat. Dadurch wird zumindest ein Indiz auf sein Verhalten am Arbeitsplatz, bspw. hinsichtlich von Korrektheit und Sorgfalt, gegeben. Nach dieser eher formalen Analyse kommt die inhaltliche Analyse der Bewerbungsunterlagen. Ziel ist es, im Rahmen einer Zeit- und Positionsanalyse die bisherigen Tätigkeiten und die berufliche Entwicklung des Bewerbers zu erfassen. Damit verbunden ist im Rahmen der → Lebenslaufanalyse der Aspekt der Entwicklung des Bewerbers, die Klärung möglicher Eignungs- und Interessenschwerpunkte. Darüber hinaus gilt es zu klären, welche ergänzenden Informationen bez. der → Qualifikation bzw. Eignung noch zu erfassen sind (bspw. durch → Zeugnisanalysen, → Lichtbildanalysen).

Lit.: Becker, M. 1993

Bezugsleistung

Die Bezugsleistung ist eine i. allg. im Rahmen der → Arbeitsforschung und der → Personalbedarfsermittlung verwendete Größe. Nach → REFA(-Verband) wird mit Bezugsleistung die einer „Soll-Zeit" zugrundeliegende Leistung bezeichnet. Sie erhält i. allg. den Leistungsgrad 100 %. D. h. um eine Ist-Zeit (→ Zeitstudie) auf eine Zeit bestimmter Bezugsleistung umzurechnen, ist die Kenntnis des Leistungsgrades erforderlich, der der Ist-Zeit zugrunde liegt. Zur Bestimmung der Bezugsleistung sind drei Möglichkeiten gegeben: die REFA → Normalleistung, die Durchschnittsleistung und die Standardleistung der Systeme vorbestimmter Zeiten (SvZ). Welche Bezugsleistung festgesetzt wird, bestimmen die → Tarifparteien.

Lit.: REFA 1985

Bildung

Bildung zählt in dem hier verwendeten Kontext als Teilbereich der → Personalentwicklung. Sie wird dementsprechend in einzelne betriebliche Bildungsaspekte differenziert: → Ausbildung und → Fortbildung. Der Begriff ist insofern nicht genau identisch mit dem der → Berufsbildung aus dem → Berufsbildungsge-

setz. Dort wird unter Berufsbildung die Berufsausbildung, die berufliche Fortbildung und die berufliche → Umschulung verstanden. Allgemeinsprachlich wird unter Bildung z. T. der Vorgang verstanden, der entweder mit Lernen gleichzusetzen ist oder den Stand der Kenntnisse und des Verständnisses (v. a. humanistischer Inhalte) betrifft.

Lit.: Berthel 1991

Bildungscontrolling (→ Evaluierung)

Bildungsurlaub

Im Rahmen eines Bildungsurlaubs werden → Arbeitnehmer zur Teilnahme an anerkannten Bildungsveranstaltungen (→ Fortbildung) unter Fortzahlung des Arbeitsentgelts (→ Entgelt) freigestellt. Der Bildungsurlaub ist vom → Erholungsurlaub im Sinne des → Bundesurlaubsgesetzes zu unterscheiden. I. d. R. sind etwa fünf Tage pro Jahr und Arbeitnehmer zur Teilnahme an Fortbildung in Politik, Allgemein und → Berufsbildung vorgesehen. Für Betriebs und Personalräte, Jugendvertreter, Betriebsärzte, Sicherheitsingenieure u. a. bestehen bundeseinheitliche Sonderregelungen. Ansonsten existieren unterschiedliche landesrechtliche Regelungen.

Lit.: Winterhager 1992

Biographischer Fragebogen (→ Biographische Verfahren)

Biographische Verfahren

Biographische Verfahren (v. a. biographische Fragebogen) sind standardisierte Instrumente zur systematischen Gewinnung, psychometrischer Auswertung und Interpretation von Vergangenheits- und Hintergrunddaten von Mitarbeitern bzw. Bewerbern. Sie werden v. a. bei der → Personalauswahl und der → Potentialbeurteilung eingesetzt, d. h. es erfolgt der Versuch, bisherige Verhaltensweisen zur Prognose zukünftigen Verhaltens zu nutzen. Daher unterscheiden sich biographische Verfahren sowohl von Selbstbeschreibungen (durch den prognostischen Anspruch) als auch von standardisierten Interviewleitfäden (durch die Systematisierung der Auswertung). Der Einsatz bedarf der Zustimmung des → Betriebsrates. Als *Basisthese* gilt: Die besten Vorhersagekriterien für zukünftiges, erfolgreiches → Arbeitsverhalten – und damit für (Miß-)Erfolg – sind Persönlichkeitsmerkmale und Verhaltensmuster in der Vergangenheit. Man nimmt Bezug auf Persönlichkeitsmerkmale, die als relativ überdauernd und nicht situationsspezifisch gelten und die eine Prognosekraft für den Berufserfolg bei bestimmten Aufgabenstellungen haben sollen. Es handelt sich z. B. um: Eltern/Kinder-Beziehungen, soziale Introvertiertheit, sozio-ökonomischen Status, positive Studieneinstellung, religiöses Engagement, Mitgliedschaft in Parteien und Vereinen. In den USA, dem Herkunftsland dieser Verfahren, sind v. a. zwei Formen von biographischen Verfahren verbreitet: Der sog. „Weighted-Application Blank" (WAB) und der „Biographical Information Blank" (BIB), die beide auf *Cascio* zurückgehen. Beim *WAB* werden mittels eines → Fragebogens die biographischen Daten der Mitarbeiter ermittelt. Vergleichbare Personen aus dem eigenen oder aus anderen Betrieben werden ebenfalls mit dem Fragebogen konfrontiert und anhand von ordinal skalierten Erfolgskriterien in erfolgreiche und nicht erfolgreiche Personengruppen sowie in Erhebungs- und Kontrollgruppen dichotom eingeteilt. Diese Personen werden zuvor aufgrund ihrer Aufgaben einer → Positionsfamilie zugeordnet. Sofern es gelingt, zentrale verhaltensprägende Dimensionen zu erkennen, werden aus Personen mit ähnlichen Persönlichkeitsmerkmalen Subgruppen (Cluster) gebildet, für die jeweils ähnliche Verhaltensweisen prognostiziert werden können. Erwartet werden signifikant unterschiedliche biographische Daten der beiden Erhebungsgruppen. Vergleichbare Persönlichkeitsmerkmale und Erfahrungsmuster von Erhebungs- und Kontrollgruppe gelten als Validierung und führen dann zur Bewertung des individuellen → Qualifikationspotentials für die korrespondierenden Positionsfamilien und zu einer Entscheidung bez. der Eignung. Der *BIB* ist von der Vorgehensweise dem WAB ähnlich, jedoch werden hier biographische Daten erhoben, die bewußt extrem auf subjektive → Einstellungen und Eigenbeurteilungen des Bewerbers abstellen. So würde der WAB bspw. nach dem Ausbildungsabschluß fragen, der BIB hingegen, womit man am liebsten unterhalten würde, wäre man Entertainer.

Folgendes ist zur *Kritik* festzuhalten: Die prognostische → Validität von biographischen Daten ist möglicherweise, so zeigen Studien, im Vergleich zu anderen Methoden der Personalauswahl relativ hoch. Kritisch ist zu bemerken: Die Zusammenhänge zwischen einem bestimmten Lebenslauf und dem späteren Erfolg im Beruf sind theoretisch kaum geklärt (ein theoretisches Konzept fehlt). Es ist z. B. nicht bekannt, warum frühere Hauptschüler mit Ferienjobs im Versicherungsaußendienst weniger erfolgreich sind als Hauptschüler ohne Ferienjobs, während es bei ehemaligen Realschülern genau umgekehrt ist. Einen anderen Kritikpunkt stellen die einzelnen, oft intimen Fragen an die Bewerber bzw. Mitarbeiter dar. Hier liegen ethische Probleme vor. Zudem darf die relativ hohe prognostische Validität nicht darüber hinwegtäuschen, daß nur ein relativ geringer Teil der Faktoren, die für den späteren Berufserfolg sprechen, betrachtet werden. Weitere Probleme biographischer Verfahren bestehen v. a. in dem fehlenden Anforderungsbezug, in der Bildung angemessener Kontrollgruppen, den eher willkürlich ausgewählten biographischen Daten, den kulturspezifischen Leistungsindikatoren, den möglicher-

weise falschen Antworten der Bewerber, dem Diskriminierungspotential und der konservativen Fortschreibung von sozialen und anderen Gegebenheiten.

Lit.: Stehle 1980, Berthel/Koch 1985, Weuster 1987, Becker, M. 1993, Scholz 1993

Blake/Moutons Verhaltensgitter (→ Verhaltensgitter von *Blake/Mouton*)

Bleibemotivation (→ Motivation)

Blockunterricht

Blockunterricht ist eine mögliche Form des Besuchs der Berufsschule im → Dualen System der Berufsausbildung. Dabei besuchen die → Auszubildenden die Berufsschule nicht jede Woche ein oder zwei Tage, sondern sind z. B. zwei Wochen im Betrieb und dann eine Woche (Block) in der Schule.

Bodensatzarbeitslosigkeit (→ Arbeitslosigkeit)

Bruttopersonalbedarf (→ Personalbedarfsermittlung)

Bundesanstalt für Arbeit

Die Bundesanstalt für Arbeit (BfA) ist eine Körperschaft des öffentlichen Rechts mit Selbstverwaltung. Ihre Hauptstelle ist in Nürnberg. Sie hat unmittelbar nachgeordnete Dienststellen und *Einrichtungen* (u. a. das → Institut für Arbeitsmarkt- und Berufsforschung, → Zentralstelle für Arbeitsvermittlung, Landesarbeitsämter und Arbeitsämter). Die *Selbstverwaltung* wird durch Vertreter der → Arbeitgeber, der → Arbeitnehmer und der öffentlichen Körperschaften drittelparitätisch wahrgenommen. Zentrale *Organe* sind der Verwaltungsrat und der Vorstand. Dabei erläßt der Verwaltungsrat die Satzung und stellt den Haushalt fest, während der Vorstand die Bundesanstalt gerichtlich und außergerichtlich vertritt, soweit diese Aufgabe nicht dem Präsidenten der Bundesanstalt zufällt. Das → Arbeitsförderungsgesetz spricht der BfA und der ihr nachgeordneten Ämter folgende *Aufgaben* zu: die → Berufsberatung, die → Arbeitsberatung, die Förderung der beruflichen → Bildung, soweit sie ihr in diesem Gesetz übertragen ist, die Gewährung von berufsfördernden Leistungen zur Rehabilitation, die Gewährung von Leistungen zur Erhaltung und Schaffung von Arbeitsplätzen, die Gewährung von → Arbeitslosengeld, → Konkursausfallgeld und Kindergeld. Darüber hinaus hat die BfA → Arbeitsmarkt- und Berufsforschung zu betreiben. Die Aufgabenerfüllung wird überwiegend aus dem Beitragsaufkommen der → Arbeitslosenversicherung finanziert.

Lit.: Franke 1992

Bundesausbildungsförderungsgesetz (Bundesgesetz über individuelle Förderung der Ausbildung – BAföG)

Nach Maßgabe des BAföG hat ein → Auszubildender (nicht nur ein Stu-

dierender) einen Rechtsanspruch auf individuelle Ausbildungsförderung für eine der Neigung, Eignung und Leistung entsprechende → Berufsausbildung, wenn die für seinen Lebensunterhalt und seine Berufsausbildung erforderlichen Mittel nicht zur Verfügung stehen. Das Gesetz regelt in mehreren Abschnitten u. a., was als förderungsfähige Berufsausbildung gilt, welche persönlichen Voraussetzungen vorliegen müssen, wie die gewährten Leistungen aussehen und wie vorhandenes Einkommen und Vermögen angerechnet wird.

Bundesausschuß für Berufsbildung

Der Bundesausschuß für Berufsbildung war ein in den 70er Jahren tätiger Ausschuß, der aus Vertretern von → Arbeitgebern, → Arbeitnehmern, Bundesländern und der → Bundesanstalt für Arbeit zusammengesetzt war. Seine Aufgaben sind vom → Bundesinstitut für Berufsbildung übernommen worden.

Bundesdatenschutzgesetz (Gesetz zum Schutz vor Mißbrauch personenbezogener Daten bei der Datenverarbeitung – BDSG)

Das BDSG dient u. a. dem Schutz vor Mißbrauch personenbezogener Daten, insbes. in Betrieben. Ziel des Gesetzes ist es, durch den Schutz personenbezogener Daten bei ihrer Speicherung, Übermittlung, Veränderung und Löschung der Beeinträchtigung schutzwürdiger Belange der betroffenen → Arbeitnehmer entgegenzuwirken. Die schutzwürdigen Belange beziehen sich dabei insbes. auf die Privatsphäre. Das bedeutet auch, daß nicht alle Daten dem Datenschutz unterliegen, sondern nur diejenigen, die in Dateien gespeichert, verändert, gelöscht oder aus Dateien übermittelt werden. Unter einer Datei ist dabei eine gleichartig aufgebaute Sammlung von Daten zu verstehen. Dies ist bei EDV-gestützten → Personalinformationssystemen wegen der standardisierten Informationsgewinnung und -speicherung auf einheitlichen Datenträgern der Fall.

Bundeserziehungsgeldgesetz (Gesetz über die Gewährung von Erziehungsgeld und Erziehungsurlaub – BErzGG)

Nach dem BErzGG kann ein Vater oder eine Mutter bei Erwerbstätigkeit beider Ehegatten Erziehungsurlaub nehmen, um ein neu geborenes Kind zu betreuen und zu erziehen. Wer diese Aufgabe übernimmt, hat Anspruch auf Erziehungsgeld, daß im Regelfall monatlich 600 DM beträgt. In den ersten sechs Monaten wird es unabhängig vom Einkommen gewährt, ab dem siebten Lebensmonat gelten Einkommensgrenzen. Für Kinder, die nach dem 30. 6. 1990 geboren sind, wird Erziehungsgeld bis zur Vollendung des 18. Lebensmonats gezahlt. Für Geburten seit dem 1. 1. 1993 wird es für die ersten 24 Lebensmonate gewährt. Anspruch auf Erziehungsurlaub besteht bis zur Vollendung des

3. Lebensjahres der Kinder, die nach dem 31. 12. 1991 geboren sind (davor 18 Monate). Der → Arbeitgeber darf das → Arbeitsverhältnis während des Erziehungsurlaubs nicht kündigen.

Bundesinstitut für Berufsbildung

Das Bundesinstitut für Berufsbildung (Bibb) hat nach dem → Berufsbildungsförderungsgesetz mehrere *Aufgaben*. Es muß nach Weisung des zuständigen Bundesministers an der Vorbereitung von → Ausbildungsordnungen, an der Vorbereitung des → Berufsbildungsberichtes sowie an der Durchführung der Berufsbildungsstatistik mitwirken. Es hat die Planung, Errichtung und Weiterentwicklung überbetrieblicher Berufsbildungsstätten zu unterstützen. Ferner hat das Institut die Bundesregierung in Fragen der beruflichen → Bildung zu beraten, die → Berufsbildungsforschung durchzuführen sowie das Verzeichnis der anerkannten Ausbildungsberufe (→ Berufe) zu führen und zu veröffentlichen. Die *Organe* des Bundesinstituts sind der Generalsekretär und der Hauptausschuß. Der Generalsekretär verwaltet das Institut und führt dessen Aufgaben durch. Der Hauptausschuß beschließt über die Angelegenheiten des Bundesinstituts, soweit sie nicht dem Generalsekretär übertragen sind. Dem Hauptausschuß gehören je elf Beauftragte der → Arbeitgeber, der → Arbeitnehmer und der Länder sowie fünf Beauftragte des Bundes an.

Bundespersonalvertretungsgesetz
(Personalvertretungsgesetz des
Bundes – BundesPersVG)

Das BundesPersVG regelt die Personalvertretung durch den → Personalrat für den öffentlichen Dienst. Es
wird zum öffentlichen Recht gezählt
und ist dem → Betriebsverfassungsgesetz angeglichen.

Bundesurlaubsgesetz (Mindesturlaubsgesetz der Arbeitnehmer –
BUrlG)

Das BUrlG setzt gesetzliche Mindestnormen für den → Urlaub von →
Arbeitnehmern fest. Demnach hat
jeder Arbeitnehmer im Kalenderjahr Anspruch auf einen bezahlten
Erholungsurlaub von mindestens
18 Tagen. Weiterhin regelt das Gesetz die Wartezeit, den Ausschluß
von Doppelansprüchen, die Erwerbstätigkeit und Erkrankung während des Urlaubs sowie Kur- und
Heilverfahren. Zudem wird das Verhältnis zwischen dem Gesetz und tarifvertraglichen Regelungen geregelt: Grundsätzlich gehen nach dem
Günstigkeitsprinzip Tarifverträge
vor.

**Bundesversicherungsanstalt für
Angestellte** (BfA) (→ Rentenversicherung)

Bürokratieansatz

Beim Bürokratieansatz von *Max
Weber* handelt es sich um einen organisationstheoretischen bzw. organisationssoziologischen Ansatz zur
Erklärung von bürokratischer Herrschaft. Dazu wird anhand von sieben Merkmalen (→ Arbeitsteilung,
(Amts-) → Hierarchie, Regelgebundenheit, Aktenmäßigkeit, Standardisierung, Unpersönlichkeit und Laufbahnprinzip) das Funktionieren gro
ßer Organisationen beschrieben.
Diese Merkmale konstituieren nach
Weber die Bürokratie als einen Idealtypus (i. S. relevanter Beschreibungsdimensionen der Wirklichkeit, nicht als anzustrebendes Modell) zur Durchsetzung legitimer
Herrschaftsinteressen. Legale Herrschaft ist dabei im Gegensatz zur traditionellen (qua Geburt) oder charismatischen Herrschaft (qua Heiligkeit oder Vorbild) an beiderseitig geltende Regeln gebunden und unabhängig vom Instanzeninhaber.

Lit.: Wunderer/Grunwald 1980, Kieser/Kubicek 1992, Kieser 1993a

Bußordnung (→ Betriebsbuße)

C

Cafeteria-Systeme

Als Konzepte individueller und flexibler Entgeltgestaltung (→ Anreizsystem) für Mitarbeiter sind Cafeteria-Systeme als Bestandteil eines → Entgeltsystems bekannt. Durch sie erhalten die Mitarbeiter die Möglichkeit, sozial- und/oder übertarifliche Entgeltzuwendungen (→ Entgeltzulagen) oder Gehaltserhöhungen des Betriebes aus vorgegebenen Alternativen entsprechend ihren persönlichen Motiven auszuwählen. Die Mitarbeiter erhalten dadurch kein höheres → Entgelt, sondern lediglich durch die eigene Auswahl an materiellen → Belohnungen die Möglichkeit einer höheren Motivbefriedigung. Es wird versucht, die engen Spielräume der materiellen Belohnungen insbes. durch die Nettobeträge bei Entgelterhöhungen durch eine Verschiebung des Anreiznutzens zu erweitern. Die entsprechenden Entgeltkosten sind eine konstante Größe und stellen individuell ein Budget dar, dessen optimale Aufteilung dem jeweiligen Mitarbeiter obliegt. Verschiedene *Gestaltungsformen* werden anhand einiger Komponenten diskutiert:

(1) *Wahloptionen der Leistungen:* Cafeteria-Optionen werden den Mitarbeitern quasi in einem Katalog angeboten und sind je nach individueller Budgethöhe auszuwählen: Barzahlung, Ab-

geltung in Freizeit (frühere → Pensionierung, → Langzeiturlaub, kürzere Wochen- oder Jahresarbeitszeit u. a. m.), Versicherungsleistungen (Lebens-, Kranken-, Berufsunfähigkeits-, Invaliditätsversicherung), höhere Rentenzahlungen, Sachleistungen (Werkswohnung, Sportmöglichkeiten, Dienstwagen u. a. m.), → Mitarbeiterbeteiligung etc.

(2) *Verrechnungsmodus:* Die einzelnen Wahloptionen bedürfen einer Quantifizierung der betrieblichen Kosten, um auch zu verschiedenen Zeitpunkten miteinander vergleichbar zu sein sowie um ihren Budgetwert zu bestimmen.

(3) *Wahlmöglichkeiten:* Die individuellen Wahlmöglichkeiten bei den Optionen können aus Planungs- und Kostengründen durch die Verwendung von Standardleistungspaketen mit unterschiedlichen Freiheitsgraden eingeschränkt werden. Unterschiedliche Pakete werden diskutiert: „Core Cafeteria Plans" mit einem einheitlichen Basispaket und darüber hinaus gehenden individuellen Wünschen, „Buffet Plans" mit absolut freier Wahl und „Alternative Dinners Plans" mit unterschiedlich festen Leistungspaketen, die in-

haltlich auf bestimmte Mitarbeitergruppen (Ledige, Verheiratete mit/ohne Kinder u. a.) abgestimmt sind. Die Präferenzen der Mitarbeiter sind vorab zu ermitteln.

(4) *Wahlturnus:* Die Geltungsdauer der Wahl der Mitarbeiter ist zu bestimmen, um veränderten Motivstrukturen Rechnung zu tragen.

(5) *Periodenfixierung:* Zu klären ist des weiteren, ob Cafeteria-Budgetpunkte auf andere Perioden übertragbar sind oder nicht.

(6) *Restsummen und Zusatzbedarfsregelungen:* Letztlich sind Vereinbarungen sinnvoll, über die Verwendung der verbleibenden, nicht aufbrauchbaren Budgetpunkte und die eventuelle Möglichkeit, durch Eigenzahlungen diese Punkte nutzen zu können.

Sofern die Einrichtung eines Cafeteriasystems tatsächlich den Anreiznutzen bei nahezu gleichen Entgeltkosten erhöht, sind die zusätzlichen Verwaltungskosten eine sinnvolle Investition.

Lit.: Dycke/Schulte 1986, Grawert/Wagner 1990, Wagner 1991, Schanz 1993

Case-method (→ Fallstudienmethode)

Catering

Beim Catering handelt es sich um die Versorgung eines Betriebes bzw. seiner Mitarbeiter mit Lebensmitteln und Verpflegung durch fremde Betriebe. Sie stellen insofern eine Alternative zur werkseigenen Küche bzw. Kantine (→ Betriebsverpflegung) dar. Bei kleineren Betrieben ist es oft die einzige Alternative der Versorgung mit Lebensmitteln durch den → Arbeitgeber, bei größeren Betrieben kann es kostengünstiger sein.

Check-List-Verfahren der Personalbeurteilung

Das Check-List-Verfahren der Beurteilung wird insbes. im Rahmen der → Leistungsbeurteilung diskutiert. Es zählt dabei zu den sog. → Kennzeichnungsverfahren. Die Beurteilung erfolgt dabei auf Basis einer Liste von kurzen Verhaltensbeschreibungen oder auch von Eigenschaftsbeschreibungen. Von diesen wird angenommen, daß sie für die Aufgabenerfüllung bzw. positionsbezogene → Leistung prinzipiell förderlich oder hinderlich sind. In einem ersten Schritt ist eine große Anzahl von solchen Aussagen durch eine Befragung von Vorgesetzten (teilweise auch von Gleich- und Untergeordneten) zu generieren. Im Rahmen dieser Generierungsstudie wird nach den Vorfällen gefragt, bei denen sich Mitarbeiter in der Vergangenheit besonders erfolgreich bzw. unzweckmäßig verhalten haben. Arbeitsplatzexperten beurteilen dann das Ausmaß, inwieweit die einzelnen Aussagen effizientes und ineffizientes Verhalten repräsentieren. Die Listen sind um die unwesentlichen Beschreibungen zu „bereinigen". Die Expertenbefragungen werden dann summiert, um solche Aussagen zu identifizieren, die durchgehend an bestimmten Punkten des Effizienzkontinuums plaziert sind. Jede Aussage hat nun einen bestimmten, den Beurteilern unbekannten Leistungswert. Die einzelnen Items können – in einer Variante des Verfahrens – ohne Kenntnis der Beurteiler in ihrer Bedeutung gewichtet sein. Die jeweiligen Merkmale werden in gemischter Reihenfolge vorgegeben, um zu verhindern, daß die Beurteiler Einsicht in die Zusammenhänge erhalten. Die Urteilsqualität soll damit erhöht werden. Die Verhaltensbeschreibungen (z. B. „hält jeden Termin ein", „hat Schwierigkeiten mit der Aufgabenerfüllung") bzw. Eigenschaftsmerkmale (z. B. „hilfsbereit", „konzentriert") wirken während des Bewertungsprozesses als Erinnerungsanreiz. Bei Verwendung einer Checkliste im Rahmen der Beurteilung berichten die Beurteiler über die zu beurteilenden Personen dadurch, daß sie jeweils angeben, ob die in der entsprechenden Liste angeführten Merkmale zutreffen oder nicht. Sie geben auf vorformulierte Fragen Ja/Nein-Antworten. Eine Bewertung der jeweiligen Ausführung erfolgt im strengen Sinne nicht. Diese wird später von anderen Instanzen, bspw. der Personalabteilung, durchgeführt. Check-List-Verfahren eignen sich allerdings aus verschiedenen Gründen nicht als Beurteilungsverfahren. An diesem Urteil ändern auch die oft wenig eigenschafts-

orientierten Fassungen der Beurteilungsformulare sowie die teilweise praktizierte Partizipation der Beurteiler an der Konstruktion grundsätzlich nichts. Problematisch ist bei den Checklist-Verfahren insbes. der Aufwand bei der Erstellung der positionsspezifischen Prüflisten, die durch die großen Interpretationsschwierigkeiten, mangelnde Möglichkeiten, ein fundiertes Beurteilungsgespräch zwischen Vorgesetzten und Mitarbeiter durchzuführen, die Fixierung nur auf Denkbares sowie die unterschiedlichen subjektiven Interpretationen der Fragen durch die Beurteiler. Die Beschönigung von Urteilen kann man nicht verhindern, da i. d. R. leicht erkennbar ist, welche Eigenschaften und Verhaltensweisen erwünscht sind.

Lit.: Becker, F. G. 1994

Closed Shop-Prinzip

Das Closed Shop-Prinzip bedeutet, daß die → Personalbeschaffung auf dem innerbetrieblichen → Arbeitsmarkt basiert, also eine interne Beschaffungsstrategie verfolgt wird. Insbes. bei Großbetrieben ist die Auswahl von → Führungskräften zu einem weitgehend geschlossenen System mit Zuflüssen von externen Berufsanfängern auf unteren Hierarchieebenen geworden.

Clusteranalyse

Clusteranalyse ist der Oberbegriff für eine Gruppe von statistischen Verfahren, anhand derer Objekte einer gegebenen Objektmenge systematisch klassifiziert werden sollen; dadurch findet eine Reduktion des Datenmaterials statt. Die durch einen festen Satz von Merkmalen beschriebenen Objekte werden dabei nach Maßgabe ihrer Ähnlichkeit in Gruppen, sog. „Cluster" eingeteilt. Diese Cluster sollten intern möglichst homogen und extern möglichst gut voneinander separierbar sein. Zur Beschreibung der Ähnlichkeit wird eine Vielzahl von Maßzahlen herangezogen, die hinsichtlich inhaltlich-theoretischer Überlegungen und des Datenniveaus der Variablen auszuwählen sind. Im betrieblichen Umfeld lassen sich mit Hilfe der Clusteranalyse bspw. Tätigkeiten auf ihre Ähnlichkeit hin untersuchen und dann zu → Positionsfamilien zusammenfassen.

Lit.: Bortz 1985, Scholz 1993

Coaching

Unter Coaching wird v. a. die psychische, z. T. auch die physische Begleitung von → Führungskräften (Coachee) durch einen Berater (Coach) im Rahmen einer Einzelberatung verstanden. Der Coach kann dem Coachee von Hinweisen zur Etikette bei Tisch bis hin zu Verhaltensregeln in Führungssituationen oder Tips für konditionelles Training Hilfestellung anbieten. I. d. R. ist es beim Coaching Aufgabe des Coachs, Wahrnehmungblockaden zu lösen und Prozesse der Selbstorganisation zu initiieren, damit die Problembewältigung durch den Coachee effizienter möglich wird. Ge-

sprächsinhalte sind v. a. Probleme am Arbeitsplatz, wie z. B.: Rollenkonflikte zwischen Familie und Beruf, Streßbewältigung, Spannungen in der Arbeitsgruppe, Führungsprobleme und Motivationsmängel bei Untergebenen. Bei entsprechender Schulung können neben externen wie betriebsinternen Beratern auch Vorgesetzte die Coaching-Rolle übernehmen. Eine Verwandtschaft zur → Mentorenschaft (Beratung in Karriereangelegenheiten) und zum → Counselling (Beratung in Qualifizierungsprozessen) ist gegeben. In jüngster Zeit wird diese Hilfestellung systematisch von Beratungsunternehmen angeboten.

Lit.: Hauser 1993

College Recruitment

College Recruitment (synonym: Campus Recruiting) ist ein Instrument im Rahmen der externen → Personalbeschaffung, unter dem unterschiedliche Formen der Kontaktaufnahmen von Betrieben zu Studenten von Fachhochschulen und Universitäten zu verstehen sind. Ziel ist es v. a., besonders qualifizierte Studenten – begleitet durch Aktivitäten des → Personalmarketings – bereits dann zu entdecken und zu einer Bewerbung zu motivieren, bevor diese anderweitige Angebote erhalten bzw. sich anderswo beworben haben. Als Maßnahmen bieten sich an: Fachvorträge an Hochschulen, Anzeigen in Hochschulpublikationen, Schenkungen an Hochschulen, Einladungen von Studenten

Commitment

und Lehrpersonal zu Betriebsbesichtigungen, Unterstützung von Diplomarbeiten, Bereitstellung von Praktikantenplätzen etc.

Commitment

Beim Commitment handelt es sich um einen englischsprachigen Begriff, der wörtlich übersetzt „Bindung" oder „Verpflichtung" bedeutet und in personalwirtschaftlichen Zusammenhängen als Ausdruck für eine bestimmte → Einstellung eines Mitarbeiters gegenüber einem Betrieb und dessen Zielen verwendet wird. Diese Einstellung läßt sich am besten durch die Begriffe „Loyalität zu" und „Identifikation mit dem Betrieb" umschreiben. Die Haltung des „sich verpflichtet Fühlens" seitens der Mitarbeiter ist demzufolge ein sehr positiv bewertetes Merkmal.

Complex man (→ Menschenbild)

Coping

Unter Coping versteht man die individuellen psychologischen Verarbeitungsmechanismen eines Mitarbeiters bei der Bewältigung von Streßsituationen. Möglichkeiten, mit großen Belastungen umzugehen, bestehen bspw. in intellektueller Distanzierung, einer veränderten → Wahrnehmung u. ä.

Lit.: Gebert 1981

Counselling

Counselling ist als eine Möglichkeit zur → Personalentwicklung zu verstehen, bei der die Mitarbeiter durch geplante und überwachte Tätigkei-

ten Erfahrungen sammeln können. Das Bemühen des Vorgesetzten ist in dieser Führungsrolle darauf ausgerichtet, durch Rat, Hilfe und Anregungen das Hineinwachsen in neue Aufgabenstellungen zu erleichtern. Ähnliche Konzepte zur Beratung von Mitarbeitern sind das → Coaching und die → Mentorenschaft.

Lit.: Wunderer 1993a

Courtage

Bei der Courtage handelt es sich um eine Vergütung für Makler (und insofern nicht um ein → Entgelt für → Arbeitnehmer). Bspw. erhalten Immobilienmakler eine Courtage in Abhängigkeit von der jeweiligen Monatsmiete bzw. vom Kaufpreis der vermittelten Immobilie sowie Börsenmakler eine Courtage in Abhängigkeit vom Kurswert der vermittelten Wertpapiere.

Critical-Incident-Technique

Die Critical-Incident-Technique (synonym: Verfahren bzw. Methode der kritischen Ereignisse) wird sowohl im Rahmen der → Arbeitsforschung (speziell: → Anforderungsanalyse) als auch in der → Qualifikations- und Eignungsforschung bzw. → Leistungsbeurteilung (→ Beurteilungsverfahren der kritischen Ereignisse) eingesetzt. Das von *Flanagan* ursprünglich entwickelte halbstandardisierte Verfahren versucht ganz bewußt, im positiven wie negativen Sinne herausragende „kritische" Verhaltensweisen oder Ereignisse eines Arbeitsplatzes bzw. Arbeitsplatzinhabers durch die Befragung von Vorgesetzten und/oder Arbeitsplatz-experten herauszufinden, die in der Vergangenheit besonders zum Erfolg bzw. zum Mißerfolg beigetragen haben. Es werden also keine typischen bzw. repräsentativen Tätigkeitsausschnitte eines Arbeitsplatzes erhoben. Die erhobenen Beispiele werden skaliert und letztlich mittels einer Checkliste der „kritischen Ereignisse" an einem Arbeitsplatz dargestellt. Je nach Zweck erfolgt eine weitere Verarbeitung (s. o.). Die Verwendung der Critical-Inci-dent-Technique ist zeitintensiv, die Abgrenzung der Ereignisse schwierig und selten eindeutig, v. a. aber kaum vollständig.

Lit.: Flanagan 1954, v. Rosenstiel 1992

Curriculum

Unter Curriculum (Mehrzahl: Curricula) versteht man die wissenschaftliche Reflexion des Zusammenhangs von Lernzielen, Lerninhalten und Lernmethoden im Rahmen der betrieblichen → Bildung.

D

Datenschutzbeauftragter

Der betriebliche Datenschutzbeauftragte hat gemäß → Bundesdatenschutzgesetz die Durchführung des Gesetzes und sonstiger Datenschutzvorschriften im Betrieb – also auch für die betriebliche Personalarbeit mit ihrem → Personalinformationssystem – sicherzustellen. Er ist direkt der Geschäftsleitung unterstellt, um weitgehende Interessenneutralität sicherzustellen.

Lit.: Marr 1992

Davoser Manifest

Beim Davoser Manifest handelt es sich um ein 1973 auf dem sog. *European Management Forum* in Davos entwickeltes Manifest, das in vielen Fällen als Grundlage für die Erstellung von → Führungsgrundsätzen dient.

Lit.: Staehle 1991

Deckungslücke (→ Lückenanalyse)

Delegation

Mit Delegation ist eine Übertragung von Entscheidungs- bzw. Ausführungsbefugnissen (→ Kompetenz) und/oder Verantwortlichkeiten auf Mitarbeiter nachgeordneter Hierarchieebenen durch direkte Vorgesetzte zu verstehen. Sie wird bereits prinzipiell bei der organisatorischen Gestaltung eines Betriebes vorgesehen oder im Rahmen der → Mitarbeiterführung gezielt eingesetzt. Ziel der Delegation ist es, neben der → Motive und Motivation der Untergebenen eine Entlastung der Vorgesetzten zu bewirken. Eine Übertragung von Verantwortung ohne die gleichzeitige Übertragung von Entscheidungsbefugnissen ist oft Ursache für die Demotivation von Mitarbeitern.

Lit.: Grün 1987, Steinle 1992

Dequalifizierungsthese (→ Thesen zur Qualifikationsentwicklung)

Deutsche Gesellschaft für Personalführung

Die Deutsche Gesellschaft für Personalführung (DGfP) ist ein Zusammenschluß von z. Z. mehr als 1300 Betrieben in der Bundesrepublik Deutschland mit Sitz in Düsseldorf. Als Kernaufgabe gelten v. a. die Unterstützung der Mitglieder in personalwirtschaftlichen Fragen. Dies geschieht durch ca. 92 Erfahrungsaustauschgruppen, Fachtagungen, Seminare und Publikationen sowie durch die Zeitschrift „Personalführung".

Lit.: Wirth 1992

Deutsche Gesellschaft für Personalwesen

Die Deutsche Gesellschaft für Personalwesen (DGP) ist von → Arbeitgebern des öffentlichen Dienstes, Verbänden und Banken gegründet worden, um Betriebe in Fragen der betrieblichen Personalarbeit zu unterstützen. Hierzu werden Beratungstätigkeiten, Fortbildungsmaßnahmen und ein Informationsdienst angeboten. Sitz ist Hannover.

Lit.: Wirth 1992

Deutscher Gewerkschaftsbund (→ Gewerkschaften)

Deutscher Handwerkskammertag

Beim Deutschen Handwerkskammertag (DHKT) handelt es sich um die Vereinigung von → Handwerkskammern in der Bundesrepublik Deutschland. Er vertritt die Interessen seiner Mitglieder (Handwerker) in Politik und Gesellschaft. Sitz ist Bonn.

Deutscher Industrie- und Handelstag

Beim Deutschen Industrie- und Handelstag (DIHT) handelt es sich um die Spitzenorganisation der → Industrie- und Handelskammern in der Bundesrepublik Deutschland. Er vertritt die Interessen der gewerblichen Wirtschaft gegenüber Politik und Gesellschaft. Sitz ist Bonn.

Diagnoseorientierte Verfahren

Bei den diagnoseorientierten Verfahren handelt es sich um die üblicherweise angewendeten Verfahren der → Potentialbeurteilung. Sie basieren i. d. R. auf einer vorgenommenen → Leistungsbeurteilung und las-

sen sich unterschiedlich akzentuiert durchführen:

● Mit der *Fortschreibung* von Diagnosedaten, die i. d. R durch → merkmalsorientierte Einstufungsverfahren ermittelt wurden, wird versucht, Trends der bis dahin erhobenen Qualifikationsmerkmale (→ Qualifikation) in die Zukunft zu extrapolieren. Prognostiziert wird eine zeitabhängige Änderung im Merkmal bei gegebener Tätigkeit durch Erwerb von Erfahrung oder Routine.

● Die *Interpretation* setzt ein an besonders typisch angenommenen Kennzeichen und deren Zusammensetzung sowie der Entwicklung des → Qualifikationspotentials an. Man versucht bspw. (Dis-)Kontinuität der Qualifikationsentwicklung, die zeitliche Dauer dieser Entwicklung, die Ausprägungsstärken einzelner Merkmale sowie v. a. deren Änderungstendenz auf Basis vergangener Leistungsbeurteilungen zu prognostizieren.

● Die *Ergänzung* der Leistungsbeurteilung bezieht sich mehr auf die Beurteilung individueller Entwicklungsmöglichkeiten. Sie wird global (durch offene Fragen bez. des Potentials der zu beurteilenden Mitarbeiter, zusätzlich zu den Fragen zur Leistung) oder anhand spezifischer Qualifikationsmerkmale (durch willkürliche Auswahl vorgegebener, teilstrukturierter Fragen), von denen angenommen wird, daß sie von Bedeutung für das Potential sind, vorgenommen. Auch die Wirkungen von möglichen Qualifizierungsmaßnahmen sollen im Hinblick auf mögliche Zielpositionen durch die Vorgesetzten antizipiert werden.

Als Potentialbeurteilungsverfahren sind diese Vorgehensweisen aus verschiedenen Gründen ungeeignet: Der Bezug auf Vergangenheitsdaten ist für Prognosezwecke ungeeignet; i. d. R. fehlt der direkte Bezug zu einer bestimmten Stelle und deren Anforderungen; Beurteiler sind bei der → freien Beurteilung überfordert; die Gefahr des → Peter-Prinzips ist außerordentlich groß u. a. m.

Lit.: Berthel 1991, Becker, F. G. 1991, 1992

Dienstleistungspflicht des Arbeitnehmers

Mit der Dienstleistungspflicht (synonym: Arbeitspflicht) des → Arbeitnehmers ist dessen Verpflichtung zur Erbringung der arbeitsvertraglich vereinbarten Arbeitsleistung (allerdings nicht zu berufsfremden Arbeiten) angesprochen.

Dienstvertrag

Durch den Dienstvertrag wird nach BGB derjenige, der Dienste zusagt, zur Leistung der versprochenen Dienste, der andere zur Gewährung des vereinbarten → Entgelts verpflichtet. Dabei können Dienste jeder Art Gegenstand des Vertrages sein. Wichtig ist, daß die Dienste in wirtschaftlicher und sozialer Unab-

hängigkeit und Selbständigkeit erbracht werden. Eine besondere Form des Dienstvertrages ist der → Arbeitsvertrag, der zwischen → Arbeitgeber und → Arbeitnehmer abgeschlossen wird.

Dilemmata der Führung

Vorgesetzte sind keine autonomen Persönlichkeiten, sondern Zwängen und Beeinflussungen ausgesetzt. Sobald dies sowie die Kollidierung mit persönlichen → Motiven (und Motivation) wahrgenommen wird, entsteht ein Dilemma bzw. ein Intrarollenkonflikt (→ Konflikt). *Neuberger* geht nun von der realitätsnahen These aus, daß Vorgesetzte notgedrungen und unabwendbar (allenfalls manchmal gemildert) auch im Rahmen der → Mitarbeiterführung mit Widersprüchen auskommen müssen, aus denen heraus es für sie keinen eindeutigen Ausweg geben kann. Dabei entstehen Dilemmata der Führung für die Vorgesetzten. Eine Wahlfreiheit für ihr Führungsverhalten (→ Führungsstil) haben → Führungskräfte selten. Sie treffen ihre diesbezüglichen Entscheidungen nach Abwägung zwischen verschiedenen, antizipierten Folgen, die oft mehrdimensionalen, nicht auf eine Ebene zurückführenden Charakter haben, zwischen Verstand und Gefühl, zwischen offenen wie latenten Widersprüchen, eingezwängt in unangenehme Bedingungen. Vorgesetzte, die diese Unvollkommenheit und die damit verbundene Unsicherheit erleben, befinden sich insofern in einem Dilemma (Rollendilemma). Es sind aufgrund der inneren Zwiespältigkeit des Führens anderer Personen Kompromisse zwischen als alternativen, i. d. R. jedoch als unverzichtbar erscheinenden Aspekten notwendig. Das Ignorieren der vorliegenden Ambivalenz wird von *Neuberger* letztlich als nachteiliger eingeschätzt, als die Friktionen, die bei der bewußten Auseinandersetzung entstehen können. Da es aus den Dilemmata letztlich keinen reibungslosen Ausweg gibt, erzeugen diese individuellen Leidensdruck bei den Führern, der allerdings im beruflichen Alltag weitgehend tabuisiert wird. Von daher dürfte es umso wichtiger sein, diesen Problemen nachzugehen. Die Abbildung auf S. 118–119 gibt einen Überblick über die Dilemmata.

Lit.: Neuberger 1990, Berthel 1991

Direkte Führung (→ Mitarbeiterführung)

Direktionsrecht

Das Direktionsrecht (synonym: Weisungsrecht) ist wichtiges Merkmal im → Arbeitsvertrag. Es spricht dem → Arbeitgeber das Recht zu, die im Arbeitsvertrag vereinbarten Arbeitsleistungen im tatsächlichen Arbeitsprozeß durch zusätzliche Weisungen (v. a. Zeit, Ort und Art der Arbeit) an den → Arbeitnehmer näher regeln und konkretisieren zu können. Das Direktionsrecht gründet sich auf das grundgesetzlich verankerte Eigentumsrecht und Verfü-

gungsrecht über Produktionsmittel sowie auf den Arbeitsvertrag. Es findet Einschränkungen durch Arbeitnehmerschutzgesetze. Bei der Erteilung von Weisungen hat der Vorgesetzte aufgrund seiner → Fürsorgepflicht Rücksicht auf besondere persönliche Belange im Einzelfall zu nehmen (z. B. Gesundheitszustand, Familienverhältnisse). Dem Weisungsrecht des Arbeitgebers entspricht die Gehorsamspflicht des Arbeitnehmers.

Lit.: Preis 1992

Direktversicherung (→ Betriebliche Altersversorgung)

Diskriminierung

Unter Diskriminierung ist eine bestimmte Art der → Benachteiligung zu verstehen. Am Arbeitsplatz zählen zu ihr alle Benachteiligungen, die durch Vorgesetzte und Kollegen (also nicht nur → Personalverantwortliche) veranlaßt werden sowie die sexuelle Belästigung im Betrieb. Erwerbstätige Frauen (einzeln oder in der Gruppe) werden bspw. aufgrund ihrer Zugehörigkeit zum weiblichen Geschlecht rechtswidrig anders behandelt als ihre männlichen Kollegen, z. B. herabgesetzt bzw. herabgewürdigt. Die Diskriminierung beruht dabei auf → Werten und → Einstellungen der männlichen Erwerbstätigen und der Entscheidungsträger. Ähnliche ließen sich für Nationalitäten, Rassen, Landsmannschaften u. ä. formulieren. Eine Klassifizierung von betriebli-

Dilemmata

1.	Mittel Betrachtung des einzelnen als „Kostenfaktor", „Instru- ment", „Leistungsträger", „Mensch als Mittel"	↔	Zweck Selbstverwirklichung und Motivbefriedigung des ein- zelnen als oberstes Ziel; „Mensch im Mittelpunkt"
2.	Gleichbehandlung aller Fairness, Gerechtigkeit, Anwendung allgemeiner Regeln, keine Bevorzugun- gen	↔	Eingehen auf Einzelfälle Rücksichtnahme auf die Besonderheiten des Einzel- falls, Aufbau persönlicher Beziehungen
3.	Distanz Unnahbarkeit, hierarchi- sche Überlegenheit, Status- betonung	↔	Nähe Wärme, Gleichberechti- gung, Freundschaft, Ein- fühlung
4.	Fremdbestimmung Gängelung, Reglementie- rung, Unterordnung, Zen- tralisierung, Kontrolle	↔	Selbstbestimmung Autonomie, Handlungs-/ Entscheidungsfreiräume, Entfaltungsmöglichkeiten, Selbständigkeit
5.	Spezialisierung „Fachmann/-frau" sein, um bei Sachproblemen kompetent entscheiden zu können	↔	Generalisierung Zusammenhänge sehen und einen allgemeinen Überblick, jedoch keine Detailkenntnisse haben
6.	Gesamtverantwortung wenig Verantwortung und Zuständigkeit delegieren, für alle Fehler einstehen	↔	Einzelverantwortung Verantwortung und Aufga- ben aufteilen; bei Fehlern Rechenschaft fordern
7.	Bewahrung Stabilität, Tradition, Vor- sicht, Regeltreue, Konfor- mität	↔	Veränderung Flexibilität, Experimentier- freude, Toleranz, Nonkon- formität

8.	Konkurrenz Rivalität, Konfrontation, Aggressivität	↔	Kooperation Harmonie, Hilfeleistung, Solidarität, Ausgleich
9.	Aktivierung antreiben, drängen, moti- vieren, begeistern	↔	Zurückhaltung sich nicht einmischen, Ent- wicklungen abwarten
10.	Innenorientierung sich auf interne Gruppen- beziehungen konzentrie- ren, Mittelpunkt sein	↔	Außenorientierung Außenkontakte pflegen, Gruppeninteressen gegen- über Dritten durchsetzen
11.	Zielorientierung Ziele vorgeben und Errei- chung kontrollieren	↔	Verfahrensorientierung die „Wege zum Ziel" vorge- ben und kontrollieren
12.	Belohnungsorientierung Tauschbeziehung etablie- ren, mit Belohnung/Bestra- fung operieren, Kurzzeit- perspektive	↔	Wertorientierung Verinnerlichung von Nor- men/Werten anstreben, Be- lohnungsaufschub fordern, Langzeitperspektive
13.	Selbstorientierung Verfolgung eigener Interes- sen und Ziele	↔	Gruppenorientierung Kompromisse/übergeord- nete Ziele anstreben

Rollendilemmata der Führung nach Neuberger

chen Entscheidungen und Maßnahmen als diskriminierend ist schwierig und in den wenigsten Fällen
rechtlich eindeutig möglich (→
Gleichbehandlung).

Lit.: Pfarr/Bertelsmann 1985

Dissonanztheorie

Die auf *Festinger* zurückgehende
Dissonanztheorie besagt, daß das
Erleben kognitiver Dissonanzen bei
Menschen zu einem als unangenehm empfundenen, gespannten
Zustand führt und daher eine Reduktion des erlebten Widerspruches
angestrebt wird. Dies führt zur Modifizierung zumindest einer der vorher bestehenden, gegensätzlichen →
Kognitionen. Beispiel: Ein Raucher,
der sich folgender Tatsachen bewußt ist: „Ich rauche viel" und „Rauchen ist extrem gesundheitsschädi-
gend". Er hat nun die Möglichkeit,

Dividendenbeteiligung

entweder den ersten („Gemessen an anderen rauche ich eigentlich gar nicht so viel.") oder den zweiten Tatbestand („So ungesund kann Rauchen nicht sein; mein Onkel war Kettenraucher und ist 99 Jahre alt geworden.") kognitiv umzubewerten. Dadurch wird der vorher bestehende Widerspruch zumindest abgeschwächt. Die Dissonanztheorie faßt den Menschen demnach nicht als rationales, sondern als rationalisierendes Wesen auf.

Lit.: Festinger 1957, Osnabrügge/ Frey 1987, Frey/Weidemann 1992

Dividendenbeteiligung (→ Erfolgsbeteiligung)

Drei-D-Modell von *Reddin*

Das Drei-D-Modell von *Reddin* geht von den → *Ohio-Studien* bzw. von dem daraus abgeleiteten → Verhaltensgitter von *Blake/Mouton* aus. Es werden die beiden Verhaltensdimensionen der Führung „Kontaktorientierung" („relationship orientation") und „Aufgabenorientierung" („task orientation") als unabhängig voneinander dargestellt, aber – durch die Einbeziehung der dritten Dimension „Situation" – relativiert. Je nach Situation (v. a. operationalisiert durch organisatorische Regeln, Arbeitstechnologie, Vorgesetzte, Mitarbeiter) kann jedes Mischverhältnis von Kontaktorientierung und Aufgabenorientierung effizient oder ineffizient ausfallen (s. Abbildung). Ausgegangen wird allerdings von vier *Basisstilen* (die vier Eckfelder von *Blake/Mouton*): starke Aufgabenorientierung (Einsatzstil), starke Mitarbeiterorientierung (Kontaktstil), geringe Ausprägung beider Stilrichtungen (Trennungsstil) und Kombination starker Aufgaben- und Kontaktorientierung. Jeder dieser Führungsstile kann nun entsprechend situationsadäquat (= effizient oder ineffizient) eingesetzt werden. Dadurch ergeben sich acht verschiedene Führungsstile, wie die

situationsinadäquat genutzt (weniger effizient)	Basisstile	situationsadäquat genutzt (effizient)
Kompromißler ←	integrieren →	dynamischer Führer
Deserteur ←	sich heraushalten →	Bürokrat
Autokrat ←	der Aufgabe verschreiben →	wohlwollender Autokrat
Missionar ←	Verbindung halten →	Förderer

Basistile im Drei-D-Modell von Reddin

Abbildung zeigt. Letztendlich leitet *Reddin* noch drei Führungsqualifikationen ab, die er für notwendig hält: Offenheit für Situationsfaktoren, Führungsflexibilität und Gestaltungsfähigkeit.

Die Annahme, daß je nach Situation jede beliebige Kombination der beiden Führungsdimensionen mehr oder weniger Führungserfolg bedingen kann, ist plausibel. Unbefriedigend erscheint jedoch, daß *Reddin* diese Effizienz in das Modell als dritte Dimension der unabhängigen Variablen aufnimmt, obwohl letztlich die Effizienz eine abhängige Variable darstellt. Angemessener wäre gewesen, verschiedene Situationsparameter zu benennen und zu operationalisieren, die letztlich angeben, welche Kombination des Führungsverhalten unter welchen Situationsbedingungen zu Effizienz führt.

Lit.: Reddin 1970, 1971, Berthel 1991, Staehle 1991

Dreischichtbetrieb (→ Schichtarbeit)

Dual Career Couple

Unter einem Dual Career Couple (DCC) (synonym: „professional couple", „two paycheck marriage") wird insbes. im US-amerikanischen Sprachraum ein Paar verstanden, bei dem beide Partner – mit oder ohne Kindern – karriereorientiert berufstätig sind und zugleich Wert auf die Partnerschaft bzw. die Familie legen. Die DCC bilden insofern für den Betrieb eine spezielle Mitar-

beitergruppe, die in der heutigen Zeit zunehmend Bedeutung erlangt. Von daher sind zumindest in größeren Betrieben die Besonderheiten dieser Mitarbeitergruppen im Rahmen der → Personalplanung zu berücksichtigen. Dies bedeutet u. a., daß in der → Karriereplanung für die DCC eine aufeinander abgestimmte Steuerung der Positionsabfolge im Betrieb möglich ist.

Lit.: Domsch/Krüger/Basener 1993

Duale Hierarchie (→ Parallelhierarchie)

Duales System der Berufsausbildung

Die → Berufsausbildung in der Bundesrepublik Deutschland wird überwiegend im dualen System ausgeübt. Mit diesem Begriff wird die Organisationsform in der Berufsausbildung bezeichnet, in der an zwei Ausbildungseinrichtungen (→ Lernorten), nämlich Betrieben und Berufsschulen, die Ausbildung arbeitsteilig und kooperativ durchgeführt wird. Der *Berufsschule* fällt dabei die Aufgabe zu, berufstheoretisches Wissen zu vermitteln. Vom *Ausbildungsbetrieb* wird erwartet, daß → berufspraktische → Fähigkeiten und Kenntnisse (→ Qualifikation) entwickelt werden. Beide Institutionen führen also gemeinsam die Berufsausbildung durch, gleichwohl sind die jeweils rechtlichen Rahmenbedingungen unterschiedlich. Während der Berufsschulunterricht in der Verantwortung der einzelnen

Durchführungsobjektivität

Bundesländer liegt, unterliegt die betriebliche Berufsausbildung der Regelung durch ein Bundesgesetz (→ Berufsbildungsgesetz). Dies bedeutet u. a., daß → Ausbildungsordnungen für die Berufsausbildung in den Betrieben auf Grundlage des Berufsbildungsgesetzes bundeseinheitlich sind, während die Lehrpläne für die Berufsschule von Bundesland zu Bundesland unterschiedlich sein können.

Durchführungsobjektivität (→ Objektivität)

Durchstreiche-Test

Bei Durchstreiche-Tests handelt es sich um eine Gruppe von → Leistungstests, die der Messung von Aufmerksamkeits- und Konzentrationsleistungen dienen. Durchstreiche-Tests (der bekannteste ist der sog. „d2" von *Brickenkamp*) verlangen von der Versuchsperson eine rasche und treffsichere Unterscheidung bestimmter Stimuli (Buchstaben, Zahlen, Figuren), die im Laufe des Tests durchgestrichen werden müssen. Durchstreiche-Tests werden im Bereich der betrieblichen Eignungsdiagnostik (→ Eignungsprüfung) eingesetzt und gehören in die Hände von Psychologen. Ihre Aussagekraft im Rahmen der → Personalauswahl ist als mäßig einzustufen.

Lit.: Brickenkamp 1975

E

Ecklohn

Der Ecklohn wird im → Tarifvertrag für einen über 21 Jahre alten Facharbeiter der untersten Tarifgruppe als Normallohn (→ Entgelt) festgesetzt. Er bildet damit die Grundlage für die Berechnung der Grundlöhne der anderen Lohngruppen (→ Arbeitsbewertung). Der Ecklohn ist bei Verhandlungen um Lohn- und Gehaltstarifverträge jeweils ein wichtiger Verhandlungsgegenstand.

Economic Man (→ Menschenbild)

Effektivlohn

Beim Effektivlohn handelt es sich um das den → Arbeitnehmern tatsächlich gezahlte → Entgelt, welches i. d. R. höher ist als das im → Tarifvertrag vereinbarte. Er enthält außer dem tariflichen Mindestlohn Überstundenvergütungen und übertarifliche → Entgeltzulagen.

Effizienzlohntheorie

Die Effizienzlohntheorie beruht auf der Annahme, daß die → Leistung eines → Arbeitnehmers zumeist nicht genau vorgegeben ist und vom gezahlten Reallohn (→ Entgelt) positiv beeinflußt wird. Der Kernhypothese zufolge werden Lohnsenkungsspielräume selbst bei Arbeitsangebotsüberschuß nicht genutzt, da deren möglicherweise abträglichen Rückwirkungen auf die Arbeit-

nehmer und deren Motivation (→ Motive und Motivation) die Einsparungen durch die Lohnsenkung dominieren bzw. kompensieren. Effizienzlohnsätze thematisieren somit die Differenz zwischen aktuellem Entgelt und alternativen Verdienstmöglichkeiten unter der Prämisse der unvollkommenen Information. Ziel der Effizienzlohnzahlung ist es, möglichst „produktive" Arbeitnehmer einzustellen („adverse-selection"-Ansatz), Leistungsanreize zu setzen („shirking"-Ansatz), die Fluktuationskosten zu minimieren („labour-turnover"-Ansatz) und einen im Sinne der Beschäftigten „gerechten" Lohn zu zahlen (soziologischer Ansatz).

Lit.: Gerlach/Hübler 1985, Akerlof/Yellen 1986

Eigenschaftsansätze der Führung

Mit den Eigenschaftsansätzen der Führung (oft synonym: Eigenschaftstheorie) wird i. d. R. versucht, → Mitarbeiterführung und v. a. Führungserfolg mit den Eigenschaften des Führers zu erklären. Eigenschaften gelten dabei als zeitlich stabile, in vielen Situationen angewendete und bei allen Menschen, wenngleich in unterschiedlichen Ausprägungen vorhandene Persönlichkeitsmerkmale. Die diesbezügliche Führungsforschung suchte lange Zeit nach den charakteristischen

Eignung

Eigenschaften (Energie, Durchsetzungsfähigkeit, Dynamik, Risikobereitschaft, Intelligenz, Kontaktfähigkeit, Initiative u. v. a. m.) von -insbes. erfolgreichen - Führern, die diese von Geführten unterscheiden sollten. Der klassische Eigenschaftsansatz („unit-trait approach") ging sogar so weit, daß nur ein einziges charakteristisches Merkmal als „eigentlich" bedeutsam angesehen wurde. Dies wie auch die Weiterentwicklung mit einer Kombination verschiedener anderer Merkmale („multi-trait-approch") impliziert, daß Erfolg v. a. auf Führereigenschaften zurückzuführen ist. Den Forschungsansätzen war - trotz vielfältiger Bemühungen - wenig Erfolg beschieden, wenngleich sie immer wieder einmal verändert eingeführt werden. Ihnen fehlt eine theoretische wie empirische Basis insbes. über den Transferprozeß, wie also Eigenschaften in - welche - einzelne Verhaltensweisen „transformiert" werden und unter welchen Bedingungen auf welche Art unter Einsatz welcher (Macht-)Mittel erfolgreich Einfluß auf andere Personen ausgeübt wird.

Lit.: Wunderer/Grunwald 1980, Delhees 1987

Eignung

Unter Eignung kann die Summe derjenigen persönlichen Qualifikationsmerkmale verstanden werden, die einen Mitarbeiter dazu befähigen, eine bestimmte Tätigkeit erfolgreich zu vollziehen bzw. einen bestimm-

ten → Arbeitsplatz einnehmen zu können. Individuelle → Qualifikationen, insbes. die Könnensmerkmale, werden also direkt auf → Anforderungen bezogen. Mitarbeiter gelten dann als für einen Arbeitsplatz bzw. eine Tätigkeit geeignet, mehr oder weniger geeignet oder nicht geeignet. Oft wird der Eignungsbegriff mit dem der Qualifikation gleichgesetzt; dem wird hier nicht gefolgt, um die Unterschiede besser verdeutlichen zu können.

Eignungsdiagnostik (→ Eignungsprüfung)

Eignungsprüfung

Als Oberbegriff für alle Beurteilungen von Personen in Betrieben dient die *personale Eignungsprüfung* im Rahmen der → Personalforschung als informatorische Fundierung für alle Entscheidungen des → Personalmanagements. Sie ist in mehrere spezielle Formen zu differenzieren (s. auch die Abbildung).

- Die *Eignungsdiagnostik* wird von Fachleuten (i. d. R. Psychologen) mittels eignungsdiagnostischer Verfahren (z. B. → Leistungs- und → Persönlichkeitstests) angewendet. Sie kann zwar auch im betrieblichen Umfeld zu vielerlei Zwecken eingesetzt werden, wird i. d. R. jedoch außerhalb von Betrieben durchgeführt. Ihr Aussagewert ist zumindest für betriebliche Zwecke zumeist sehr gering.
- Die *Eignungsbeurteilung* ist dagegen eine Laienbeurteilung, die

124

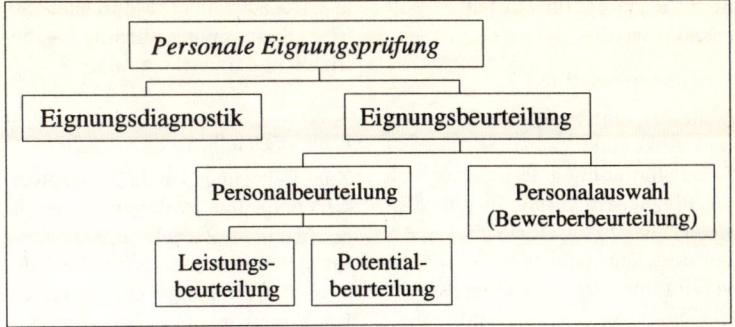

Formen der personalen Eignungsprüfung

von Mitarbeitern des Betriebes durchgeführt wird. Sie läßt sich differenzieren in Bewerberbeurteilung und → Personalbeurteilung. Die *Bewerberbeurteilung* betrifft die Feststellung der voraussichtlichen Eignung von externen wie internen Bewerbern für vakante Stellen hinsichtlich der jeweiligen Stellenanforderungen im Rahmen der → Personalauswahl. Die *Personalbeurteilung* bezieht sich dagegen ausschließlich auf bereits im Betrieb beschäftigte Mitarbeiter. Untergliedern läßt sie sich in zwei Formen: Während die → *Leistungsbeurteilung* als Objekt die durch die Mitarbeiter in der Vergangenheit erbrachten Leistungen hat, versucht man mit der → *Potentialbeurteilung* zu erfassen, welches → Qualifikationspotential bzw. welche → Qualifikationen diese Mitarbeiter zukünftig haben werden.

Lit.: Wunderer 1978, Kompa 1989, Lössl 1992, Becker, F. G. 1994

Einarbeitungszuschüsse

Die → Bundesanstalt für Arbeit (BfA) kann → Arbeitgebern für → Arbeitnehmer Zuschüsse gewähren, wenn sie eine volle Leistung am Arbeitsplatz erst nach einer Einarbeitungszeit erreichen können und sie vor Beginn der Einarbeitung arbeitslos oder von → Arbeitslosigkeit unmittelbar bedroht sind. Zuschüsse werden nicht gewährt, wenn die Einarbeitung beim bisherigen Arbeitgeber erfolgt. Ferner muß die BfA Arbeitgebern für jene Arbeitnehmer, die nach Zeiten der Kindererziehung oder nach Zeiten der Pflege von Angehörigen ins Erwerbsleben zurückkehren, Zuschüsse gewähren, wenn sie eine volle Leistung erst nach einer Einarbeitungszeit erreichen können. Der Einarbeitungszuschuß darf 30 % des tariflichen oder, soweit eine tarifliche Regelung nicht besteht, des für den → Beruf des Arbeitnehmers ortsüblichen Arbeitsentgelts (→ Entgelt) nicht übersteigen und

Eingliederungshilfe

nicht länger als für ein halbes Jahr gewährt werden.

Eingliederungshilfe

Spätaussiedler sowie ihre Ehegatten und Abkömmlinge haben nach → Arbeitsförderungsgesetz Anspruch auf Eingliederungshilfe für Spätaussiedler, wenn sie arbeitslos (→ Arbeitslosigkeit) sind, der → Arbeitsvermittlung zur Verfügung stehen, sich beim Arbeitsamt arbeitslos gemeldet und Eingliederungshilfe beantragt haben, bedürftig sind und keinen Anspruch auf → Arbeitslosengeld oder → Arbeitslosenhilfe haben sowie innerhalb eines Jahres vor dem Tag, an dem die sonstigen Voraussetzungen für den Anspruch auf Eingliederungshilfe erfüllt sind, in den Aussiedlungsgebieten mindestens 150 Kalendertage in einer Beschäftigung gestanden haben, die bei Ausübung im Geltungsbereich dieses Gesetzes die Beitragspflicht begründet hätte. Die Eingliederungshilfe bemißt sich nach einem Arbeitsentgelt (→ Entgelt) in Höhe von 60 % der Bezugsgröße nach → Sozialgesetzbuch, die bei Entstehung des Anspruchs im Gebiet der BRD nach dem Stand bis zum 3.100.90 maßgebend ist. Die Dauer des Anspruchs beträgt 234 Tage.

Eingruppierung

Bei der Eingruppierung handelt es sich um die Festlegung der Tarifgruppe bzw. der Höhe des → Entgelts für einen neu einzustellenden Mitarbeiter, eine neu geschaffene Planstelle bzw. den auf eine andere Arbeitsstelle zu versetzenden Mitarbeiter. Sie ist mitbestimmungspflichtig (→ betriebliche Mitbestimmung).

Einigungsstelle

Zur Beilegung von Meinungsverschiedenheiten zwischen → Arbeitgeber und → Betriebsrat ist nach → Betriebsverfassungsgesetz bei Bedarf eine Einigungsstelle zu bilden. Die Einigungsstelle wird paritätisch durch vom Arbeitgeber und Betriebsrat bestellte Beisitzer gebildet sowie einem unparteiischen Vorsitzenden, auf dessen Person sich beide Parteien einigen müssen. Kommt eine Einigung über die Person des Vorsitzenden nicht zustande, so stellt ihn das Arbeitsgericht (→ Arbeitsgerichtsbarkeit). Die Einigungsstelle entscheidet in Regelungsstreitigkeiten (Was soll zukünftig rechtens sein?; bspw. bez. Dauer, Lage, Verteilung geplanter → Kurzarbeit u. a. m.) sowie Rechtsstreitigkeiten (Was war bzw. was ist gegenwärtig rechtens?; bspw. bez. Beschwerden eines Mitarbeiters, → Umgruppierung u. a. m.). Die Einigungsstelle faßt ihre Beschlüsse nach mündlicher Beratung mit Stimmenmehrheit. Bei der Beschlußfassung hat sich der Vorsitzende zunächst der Stimme zu enthalten. Kommt eine Stimmenmehrheit nicht zustande, so nimmt der Vorsitzende nach weiterer Beratung an der erneuten Beschlußfassung teil. Durch → Betriebsvereinbarungen können weitere Einzelheiten des Verfahrens geregelt werden, u. a. auch die Einrichtung einer ständigen Einigungsstelle. Die Einigungsstelle hat ihre Beschlüsse unter angemessener Berücksichtigung der Belange des Betriebes und der betroffenen Arbeitnehmer nach beliebigem Ermessen zu treffen. Bestehen Bedenken hinsichtlich der Überschreitung der Grenzen des Ermessens, so besteht die Möglichkeit, das Arbeitsgericht anzurufen. Im übrigen wird die Einigungsstelle nur tätig, wenn beide Seiten es beantragen oder mit ihrem Tätigwerden einverstanden sind. In diesen Fällen ersetzt ihr Spruch die Einigung zwischen Arbeitgeber und Betriebsrat nur, wenn beide Seiten sich dem Spruch im voraus unterworfen oder ihn nachträglich angenommen haben. Die Kosten der Einigungsstelle trägt dabei der Arbeitgeber.

Lit.: Schönfeld 1992

Einkommensteuer

Bei der Einkommensteuer handelt es sich um die Besteuerung der Einkommen natürlicher und in der Bundesrepublik ansässiger Personen sowie der inländischen Einkünfte im Ausland lebender Personen gemäß Einkommensteuergesetz (EStG). Insgesamt sieben Einkommensarten fallen unter die zu versteuernden Einkommen. Die Höhe der Einkommensteuer wird durch den Einkommensteuertarif festgelegt. Bei → Arbeitnehmern wird i. d. R. die Einkommensteuer als Lohnsteuer vom Bruttogehalt (→ Entgelt) einbehalten.

Einsatz als Assistent und/oder Stellvertreter

Der Einsatz eines Mitarbeiters als Assistent und/oder Stellvertreter kann als → Personalentwicklungsinstrument der internen → Fortbildung im Rahmen einer → Karriereplanung eingesetzt werden. Mit ihm sollen Qualifizierungseffekte on-the-job (→ Training-on-the-job) erzielt werden. Mitarbeiter werden durch Mitwirkung, Vorbereitung und stellvertretende Ausführung bei bzw. von Tätigkeiten in die Probleme übergeordneter und qualitativ anderer Aufgabenbereiche eingeführt, um für eine solche Position vorbereitet und qualifiziert zu werden.

Einsatzbereitschaft (→ Leistungsbereitschaft)

Einstellung

Einstellungen stammen aus mittelbarer und/oder unmittelbarer Erfahrung eines Menschen, sie sind insoweit gelernt, haben überdauernden Charakter und leiten sich i. d. R. aus allgemeineren → Werten des Menschen ab, wobei sie sich allerdings auf ein spezifisches Objekt richten. Bei positiven Erfahrungen mit dem Objekt in der Vergangenheit wird sich eine eher positive Einstellung ergeben bzw. verstärken et vice versa. Einstellungen sind mit ein wesentlicher Einflußfaktor im → Leistungsdeterminantenkonzept. Der Einstellungsbegriff wird sehr heterogen verwendet. Zwei dominante Definitionsrichtungen sind erkennbar:

Einstellungsinterview

- *Mehrkomponentenansätze* sehen eine Einstellung als Konstrukt mit einer Struktur, die aus mehreren Komponenten besteht. Bspw. wird davon gesprochen, daß jede Einstellung aus einer kognitiven (→ Kognition), einer affektiven und einer konativen Komponente besteht; die kognitive Komponente betrifft die individuellen „Kenntnisse" über das Einstellungsobjekt; die affektive Komponente umfaßt die emotionalen (→ Emotion) bzw. wertenden Reaktionen positiver oder negativer Art auf dieses Objekt; die konative (bzw. verhaltensbezogene) Komponente bezieht sich auf die beabsichtigte bzw. real gezeigten Verhaltensweisen bez. des Einstellungsobjekts. Die drei Komponenten werden dabei i. d. R. in einen konsistenten Zusammenhang gebracht. Aufgrund dieser Festlegung und der infolge schwierigen Festlegung der Beziehungen zur Definition der Einstellung sind die Mehr-

komponentenansätze starker Kritik ausgesetzt.

- *Eindimensionale Ansätze* setzen Einstellungen zumeist mit objektbezogenen Bewertungen gleich, die zeitlich relativ stabil sind und das Verhalten der Personen stark beeinflussen. Gemeint sind die Einstellungen einer Person zu einer Person oder einem anderen Objekt.

Lit.: Wiswede 1991, Herkner 1992

Einstellungsinterview (→ Vorstellungsgespräch)

Einstellungsstop

Durch einen Einstellungsstop wird versucht, das Ausscheiden von Mitarbeitern aus dem Betrieb infolge von → Fluktuation, Erreichung der Altersgrenze u. ä. zur → Personalfreisetzung zu nutzen. Die - eventuell auch nur zeitweise - ausscheidenden Mitarbeiter werden prinzipiell nicht durch Ersatzeinstellungen (Besetzung freiwerdender Vakanzen durch neu einzustellende Mitarbei-

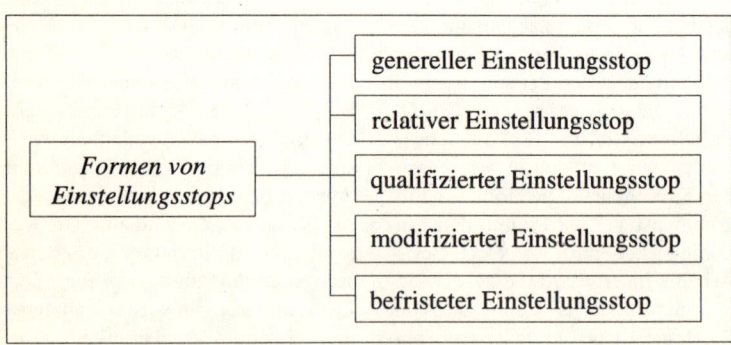

Formen des Einstellungsstops

ter) ersetzt. Zudem werden keine Neueinstellungen (Besetzung bzw. Schaffung neuer Planstellen) vorgenommen. Verschiedene *Formen* des Einstellungsstops sind möglich (s. auch die Abbildung).

- Bei einem *generellen Einstellungsstop* erfolgen keine Ersatz- und Neueinstellungen. Er betrifft alle Bereiche und alle Positionen im Betrieb. Von daher stellt er keine differenzierte, konkret steuerbare Maßnahme dar (Zufallsabhängigkeit im Ausmaß sowie im Hinblick auf die Alters- und Qualifikationsstruktur je nach frei werdender Stelle).

- Bei einem *relativen Einstellungsstop* erfolgen nur Ersatzeinstellungen. Zusätzliche Planstellen werden nicht genehmigt. Er erwirkt kaum Verringerungen der personellen Überkapazität.

- Bei einem *qualifizierten Einstellungsstop* erfolgen nur Einstellungen für bestimmte Mitarbeitergruppen (z. B. Experten, Führungskräfte, Teilzeitbeschäftigte, → Auszubildende) oder bestimmte Bereiche. Vermieden werden dadurch mögliche Engpässe in einzelnen Betriebsbereichen. Obwohl problemangemessen, ist er wegen der unterschiedlichen Betroffenheit der Organisationseinheiten schwer durchzusetzen.

- Bei einem *modifizierten Einstellungsstop* wird der Ersatzbedarf bei freiwerdenden Stellen oder der Planstellenbedarf besonders geprüft. Diese Variante erfordert einen hohen Kontrollaufwand,

wenn sie auch inhaltlich am besten auf die Komponenten der personellen Überkapazität abgestimmt werden kann. Mikropolitische Prozesse (→ Mikropolitik) verwässern zudem oft den erzielbaren Effekt.

- Bei einem *befristeten Einstellungsstop* werden lediglich für einen bestimmten Zeitraum Einstellungen nicht vorgenommen. Er kann in allen o. g. Varianten vorgesehen sein und ist insbes. bei zeitlicher Personalüberdeckung sinnvoll.

Der → Betriebsrat hat nach dem Betriebsverfassungsgesetz ein Informationsrecht über die Einführung eines Einstellungsstops, kann aber nur gegen diese eintreten, wenn → Überstunden und → Mehrarbeit im Betrieb anstehen. Der → Wirtschaftsausschuß muß bei der Entscheidung beratend hinzugezogen werden. Neben den bereits genannten Problemen besteht die Gefahr, daß mit Einstellungssperren Unsicherheit in der Belegschaft entsteht und sich qualifizierte Mitarbeiter nach Arbeitsplätzen in anderen Betrieben umsehen.

Einstufungsverfahren der Personalbeurteilung

Bei Einstufungsverfahren handelt es sich um eine spezielle Form von → Personalbeurteilungen, insbes. aber von → Leistungsbeurteilungen. Im Rahmen dieser Verfahren sind in den → Beurteilungsformularen i. d. R. nach Ausprägungsgrad ge-

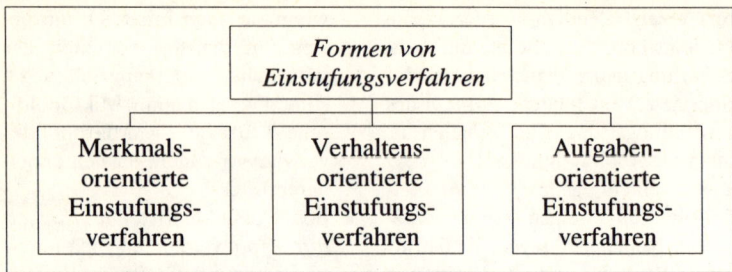

Formen von Einstufungsverfahren der Personalbeurteilung

ordnete, verbal oder numerisch bezeichnete Kategorien bzw. → Beurteilungskriterien vorgegeben. Verschiedene Ausprägungsgrade sollen die Kriterien individuell repräsentieren. Mit ihnen sind bestimmte Vorstellungen hinsichtlich der Güte der zu beurteilenden Objekte (→ Leistungen oder → Qualifikationspotentiale) verbunden. Die durch die Beurteiler wahrgenommene Ausprägung der Kriterien bei bestimmten Personen ist mit den Kriterienausprägungen der verschiedenen Kategorien zu vergleichen, die treffendste Kategorie ist zu wählen. Mit den Einstufungsverfahren wird den Beurteilern gerade hinsichtlich des analytischen Charakters insgesamt eine höhere Differenzierung hinsichtlich der zu gebenden Antworten abverlangt. Einstufungsverfahren liegen in verschiedenen Varianten vor (s. auch die Abbildung):

● Zum einen handelt es sich bei diesen Verfahren um solche, bei denen als Beurteilungsmerkmale schwerpunktmäßig allgemeine, arbeitsplatzübergreifende Kriterien vorgegeben sind (→ *merk-*

malsorientierte- bzw. analytische Einstufungsverfahren) und die Beurteiler i. d. R. mit Hilfe von Skalen angeben müssen, inwieweit bestimmte Merkmale vorkommen. I. d. R. handelt es sich dabei in der betrieblichen Praxis um Eigenschaftsmerkmale.

● Zum zweiten werden mehr oder weniger konkrete, empirisch aufwendig ermittelte Verhaltensbeispiele im Beurteilungsformular vorgegeben, deren – mögliches – Vorliegen dann von den Beurteilern anzugeben ist (→ *verhaltensorientierte Einstufungsverfahren*).

● Zum dritten sind stellenspezifische Aufgaben zu ermitteln und die Beurteiler müssen die jeweilige Aufgabenerfüllung einstufen (→ *aufgabenorientierte Einstufungsverfahren*).

Lit.: Becker, F. G. 1994, Oechsler 1994

Emotion

Emotionen gehören als Teil der aktivierenden Prozesse neben den kognitiven Prozessen (→ Kognition) zu den psychologischen Verhaltensgrundlagen von Personen. Mit dem Begriff der Emotion werden meistens Gefühle, Stimmungen, Affekte umschrieben. Sie gehören zu den Bestimmungsgrößen der Leistungsfähigkeit von Mitarbeitern.

Entgelt

Das Entgelt (oft synonym: Arbeitsentgelt, Vergütung, Verdienst, Entlohnung, Leistungsentlohnung) stellt die i. d. R. vertraglich vereinbarte materielle Gegenleistung des → Arbeitgebers für die geleistete Arbeit eines → Arbeitnehmers dar. Zwei prinzipielle Entgeltformen werden i. d. R. differenziert: Unter *Lohn* wird das Entgelt für die geleistete Arbeit eines gewerblichen Arbeitnehmers (→ Arbeiter), unter *Gehalt* das Entgelt für einen v. a. im kaufmännischen Bereich tätigen Arbeitnehmer (→ Angestellter) verstanden. Die Unterscheidung ist mittlerweile rechtlich und in der Praxis nicht mehr bedeutend. Eine Vielzahl verschiedener *Entgeltformen* kommen in Betracht, wie die Abbildung überblicksartig veranschaulicht (die einzelnen Entgeltformen werden gesondert behandelt).

Das sich ergebende *Bruttoentgelt* (Bruttolohn, -gehalt) wird in der → Lohn- und Gehaltsabrechnung er-

Entgeltformen				
1. Grundentgelte				
Zeitlohn (Gehalt)	Akkordlohn	Prämienlohn	Polyvalenzlohn	Pensumlohn
reiner Zeitlohn	Zeitakkord	Grundprämienlohn	reiner Polyvalenzlohn	Vertragslohn
Zeitlohn mit Leistungszulage	Stückakkord als Einzel- oder Gruppenakkord	Zusatzprämienlohn	gemischter Polyvalenzlohn	Programmlohn
Zeitlohn (Fixum) mit Provision		• Mengenprämie		Festlohn mit geplanter Tagesleistung (MDW-Lohn)
Zeitlohn mit Prämie		• Qualitätsprämie		
Zeitlohn mit sonstiger Zulage		• Nutzungsprämie		
		• Ersparnisprämie		
		• Terminprämie		
		• Sorgfaltsprämie		

Entgeltfindung

2. Zusatzentgelte				
Investivlohn	Provisionen	Gratifikationen & Zusatzleistungen	Entgeltzulagen	Mitarbeiterbeteiligung
	Bezugsbasis: Umsatz, Deckungsbeiträge u. a. Provisionssätze: konstant, degressiv, progressiv, konditionsgebunden	Dienstwagen Betriebliche Altersversorgung Jubiläumsgratifikation Weihnachtsgeld Urlaubsgeld	Zulagen zum Nachteilsausgleich Leistungszulagen Funktionszulagen Besitzstandszahlungen persönliche Zulagen Arbeitsmarktzulagen	Erfolgsbeteiligung Kapitalbeteiligung

Überblick über Entgeltformen

mittelt und um Abzüge, d. h. Steuern (Lohn- und Kirchensteuer), Sozialabgaben (→ Sozialversicherung) und eventuelle Beiträge zur Vermögensbildung (→ Vermögensbildungsgesetz), reduziert. Ausgezahlt werden die *Nettobezüge* („Nettolohn").

Lit.: Maier 1988, Schanz 1991, Oechsler 1994

Entgeltfindung

Das Vorgehen bei der Feststellung des → Entgelts eines Mitarbeiters wird als Entgeltfindung bezeichnet. Insbes. drei verschiedene Vorgehensweisen werden differenziert:

• Im Rahmen der *kausalen Entgeltfindung* wird versucht, einen möglichst engen, d. h. kausalen Zusammenhang zwischen → Anforderungen der Aufgabe bzw. der → Qualifikation und individueller Leistung auf der einen Seite sowie der Entgelthöhe auf der anderen Seite herzustellen (→ Äquivalenzprinzip). Speziell folgende Entgeltformen werden zur Umsetzung eingesetzt: → Akkordlohn, → Prämienlohn, → Zeitlohn und → Polyvalenzlohn.

• Bei der *finalen Entgeltfindung* wird vom periodenbezogenen Ergebnis der betrieblichen Tätigkeit (z. B. Ertrag, Umsatz, Gewinn) ausgegangen. Letztendlich geht es um die Verteilung der erreichten betrieblichen Wertschöpfung. Umsetzen läßt sie sich i. d. R. nur durch die betriebliche → Erfolgsbeteiligung und den → Investivlohn.

- Mit der *sozialen Entgeltfindung* wird versucht, soziale Gesichtspunkte bei der Entgeltfestsetzung zu berücksichtigen (→ Soziallohn). Bei den Aspekten handelt es sich bspw. um den Familienstand, die Kinderzahl u. ä. der Mitarbeiter. Im betrieblichen Alltag findet diese Form der Entgeltfindung eine nachgeordnete Rolle. Sie wird v. a. durch bestimmte Zuschläge und Altersstufen im Entgelttarifvertrag (→ Tarifvertrag) sowie durch staatliches Handeln bei der Steuergesetzgebung mit berücksichtigt.

Entgeltfortzahlung

In der BRD besteht kein einheitliches Recht für die Entgeltfortzahlung im Krankheitsfall (→ Karenztage). Es gibt vielmehr ein Nebeneinander gruppenspezifischer Rechtsnormen: für Arbeiter das → Lohnfortzahlungsgesetz (LohnFG), für kaufmännische Angestellte die → Gewerbeordnung, für sonstige Angestellte das BGB und für Auszubildende das → Berufsbildungsgesetz in Verbindung mit dem LohnFG. Die unterschiedlichen Regelungen, v. a. verbunden mit der Vielzahl an Urteilen der Arbeitsgerichte (→ Arbeitsgerichtsbarkeit), erschweren für den Betriebspraktiker den Über-

blick. Die Bundesregierung arbeitet derzeit an einem Entwurf für ein einheitliches Entgeltfortzahlungsgesetz (EntwEntgFG).

Entgeltgerechtigkeit

Entgeltgerechtigkeit ist ein variabler Begriff, der je nach Ebene der Diskussion und Interessenschwerpunkt differenziert wird:

- Die *gesellschaftliche Entgeltgerechtigkeit* betrifft die mehr oder weniger diffuse Forderung nach bedürfnisorientierter Entgeltverteilung und -verwendung.
- Die *gesamtwirtschaftliche Entgeltgerechtigkeit* spricht die makroökonomisch vertretbaren Entgelthöhen und die Verteilung an, ohne allerdings durch machtpolitische Faktoren bei → Tarifverhandlungen definiert werden zu können.
- Die *individuelle Entgeltgerechtigkeit* liegt vor, wenn Mitarbeiter ihren Anreiz- und ihren Beitragsnutzen zumindest als äquivalent - auch im Vergleich zu anderen - empfinden.
- Die *betriebliche Entgeltgerechtigkeit* betrifft die Äquivalenz von Entgelt einerseits sowie Leistung und Anforderungsgrad andererseits (→ Äquivalenzprinzip).

Lit.: Berthel 1991

Entgeltgespräch (→ Mitarbeitergespräch)

Entgeltproblem

In der Literatur werden zwei Erscheinungsformen des Entgeltpro-

Entgeltsystem

blems in Anlehnung an *Kosiol* diskutiert: Zum einen handelt es sich beim *formalen Entgeltproblem* um diejenigen innerbetrieblichen Entgeltregelungen, die die Bestimmungen der Relationen verschiedener Bestandteile des → Entgelts zueinander sowie zu anderen Anreizelementen betrachten. Solche Regelungen eines → Entgeltsystems sind Gegenstand wissenschaftlicher Studien. Beim *materiellen Entgeltproblem* handelt es sich zum anderen um Entscheidungstatbestände, die die absoluten Entgeltzahlen zum Gegenstand haben. Die Bestimmung der jeweiligen Entgelthöhe ist dabei v. a. eine politische Aufgabe des Betriebes und zählt weniger zum Objektbereich der Wissenschaft.

Lit.: Kosiol 1962

Entgeltsystem

Ein Entgeltsystem (synonym: Vergütungs- oder Entlohnungssystem) ist Bestandteil eines (materiellen) → Anreizsystems. Unter ihm wird die Summe aller der vom Betrieb zu zahlenden materiellen → Belohnungen für die durch die Mitarbeiter erbrachten Arbeitsleistungen (→ Leistungsverhalten und/oder → Leistungsergebnis) verstanden. Diese Belohnungen sind i. d. R. vertraglich vereinbart und bestehen aus verschiedenen obligatorischen Formen von → Entgelten sowie fakultativen Formen von Entgelten (→ Mitarbeiterbeteiligung). Neben diesen Möglichkeiten der vertraglich vereinbarten monetären Leistungen gehören

zum Entgeltsystem als weitere Elemente: die Entgeltberechnung, die Entgeltauszahlung und eventuell → Cafeteria-Systeme. Differenziert wird i. d. R. in Entgeltsysteme für tariflich bezahlte Mitarbeiter sowie in Entgeltsysteme für → Führungkräfte.

Lit.: Evers 1987, Ondrack 1987, Schanz 1991, Becker, F. G. 1990, Kadel/Meier 1992

Entgeltzulagen

Entgeltzulagen sind als eine spezifische Form des → Entgelts Bestandteil eines → Entgeltsystems. Sie werden aus den unterschiedlichsten Gründen (Abgeltung besonderer Leistungserbringung, soziale Aspekte, Arbeitsmarktlage) von Betrieben an → Arbeitnehmer gewährt. Beispielhaft zu nennen sind:
- *Zulagen zum Nachteilsausgleich* (synonym: Erschwerniszulagen) aus besonderen → Arbeitsbedingungen: Mehr-, Schicht-, Nachtarbeit, gefährliche Arbeiten, erschwerte andere Arbeitsbedingungen;
- *Leistungszulagen* aufgrund einer → Leistungsbeurteilung, die systematisch eine leistungsgerechte Entgeltdifferenzierung begründen soll oder einer unsystematisch begründeten positiven Einschätzung der individuellen → Leistung;
- *Funktionszulagen* für die Übernahme besonderer Funktionen: z. B. als Beauftragter zur Überwachung bestimmter Sicherheitsanlagen;

- *Zulagen aufgrund sozialer Belastungen* eines Arbeitnehmers (Familienstand, Kinderzahl);
- *Besitzstandszulagen* nach → Umgruppierungen oder → Umsetzungen;
- *persönliche Zulagen* für ein bestimmtes, erwünschtes Verhalten (z. B. für lange Betriebszugehörigkeit oder geringe → Fehlzeiten);
- *Arbeitsmarktzulage* aufgrund einer schwierigen Arbeitsmarktlage für den arbeitnehmersuchenden Betrieb zur Gewinnung qualifizierter Mitarbeiter.

Die Zahlung solcher freiwilliger Entgeltzulagen ist dem Arbeitgeber nicht völlig frei in Ermessen gestellt. Ohne ausreichenden sachlichen Grund dürfen einzelne Mitarbeiter oder Mitarbeitergruppen nicht davon ausgeschlossen werden, da sonst der → Gleichbehandlungsgrundsatz verletzt wird.

Entlassung (→ Kündigung)

Entlohnung (→ Entgelt)

Equity-Theorie (→ Gleichheitstheorie von *Adams*)

Erfolgsanteil (→ Erfolgsbeteiligung)

Erfolgsbeteiligung

Unter einer Erfolgsbeteiligung als fakultatives → Entgelt und einer Form der → Mitarbeiterbeteiligung sind materielle, variable Zuwendungen zu verstehen, die die Mitarbeiter eines Betriebes aufgrund freiwilliger, vorab getroffener „individueller" vertraglicher Vereinbarungen zusätzlich zu ihrem obligatorischen Entgelt erhalten. Von der Erfolgsbeteiligung zu trennen ist die prinzipiell unabhängige → Kapitalbeteiligung. Die Schaffung eines Erfolgsbeteiligungssystems soll die Errei-

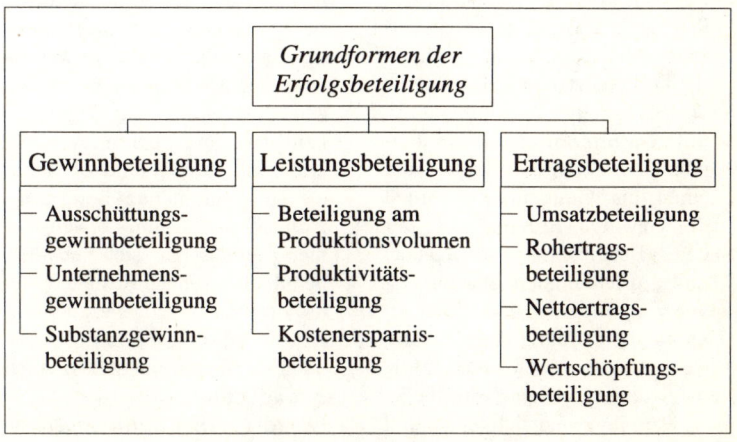

Grundformen der Erfolgsbeteiligung

135

chung bestimmter, für den betrieblichen Erfolg wichtiger Ziele fördern, wie z. B. Produktqualität, Innovation, Kostenbewußtsein. Es sind v. a. die im folgenden beschriebenen Elemente, die zu einer Differenzierung und betrieblichen Ausgestaltung von Erfolgsbeteiligungssystemen führen:

- Bei der *Beteiligungsbasis* (synonym: Bezugsgröße, Bemessungsgrundlage u. ä.) handelt es sich um diejenige Erfolgsgröße, an der die Mitarbeiter materiell partizipieren. Mögliche Erfolgsgrößen in der Wirtschaftspraxis sind: Leistungen (i. S. von Produktionsvolumen, Produktivität, Kostenersparnis) bei → Leistungsbeteiligungen, Erträge (i. S. von Umsatz, Rohertrag, Nettoertrag, Wertschöpfung) bei → Ertragsbeteiligungen, Gewinne (Ausschüttungs-, Unternehmer- oder Substanzgewinn) bei → Gewinnbeteiligungen und spezielle Zielgrößen (z. B. Marktanteil, spezifisches Stellenziel). Entsprechend wird differenziert in verschiedene Grundformen (s. Abbildung).
- Mit dem *Erfolgsanteil* ist im Rahmen einer Erfolgsbeteiligung zum einen die Gesamtquote (Anteil des Gewinns, Ertrages o. a., der den Beteiligten „Arbeitgeber" und „Arbeitnehmer" zusteht) sowie zum anderen die Individualquote (Berechnung des individuellen Anteils am Gewinn, Ertrag o. a.) angesprochen. Verschiedene Verteilungsmöglichkeiten sind gegeben.

- Als *Beteiligungsfeld* gelten die organisatorischen Einheiten, an deren Leistung bzw. Erfolg ein einzelner Mitarbeiter beteiligt ist. Beispielhaft zu nennen sind: Unternehmungsebene, Geschäftsbereichsebene, Individualebene oder auch alle zusammen in einem bestimmten Verhältnis. Das jeweilige Maß an Kooperation, der jeweilige Autonomiegrad, die Interdependenzen der Einheiten untereinander und der individuelle Leistungsbeitrag sollten die Relation bestimmen. Zu beachten ist der jeweilige Motivationseffekt, der durch Teilung der Beteiligungsbasen des variablen Entgelteffekts summarisch zwar gleich bleibt, sich im einzelnen aber reduziert. I. d. R. wird bei den üblichen Systemen auf eine Erfolgsgröße der Unternehmungsebene abgestellt.
- Bei der *Beteiligungsperiode und -frequenz* handelt es sich um ein Element des Erfolgsbeteiligungssystems insbes. für Führungskräfte. Die normalerweise verwendeten einperiodischen Bewertungen sind häufig situations-, arbeitsplatz- und/oder innovationsuntypisch und behindern daher oft eine zutreffende Bewertung. Ähnliches trifft im übrigen auf mehrperiodische, sich überlappende und weniger flexible Systeme zu. Projektbezogene, aperiodische Leistungsbewertungsperioden (Meilensteine) stellen einen Ausweg dar.
- Bei der *Ausschüttungsperiode und -frequenz* geht es darum,

wann die bereits verdienten variablen Entgeltanteile, die z. B. mit der Erfolgsentwicklung bewertet werden können, auszuzahlen sind. Drei sinnvolle Varianten sind zu unterscheiden. Zum ersten handelt es sich um die sofortige Ausschüttung zustehender Anteile. Damit verbunden ist eine direkte Leistungs-/Belohnungsbeziehung, aber auch der höchste Unsicherheitsfaktor bez. der zutreffenden Bewertung. Zum zweiten ist eine periodische Teilausschüttung der Anteile – mit einer Ausschüttung von mit der weitergehenden Erfolgsentwicklung bewerteten Teilbeträgen – über mehrere Jahre hinweg möglich. Zum dritten besteht die Möglichkeit, die Erfolgsbeteiligung mit einer → Kapitalbeteiligung zu verbinden und die zustehenden Erfolgsanteile in Aktien, Aktienoptionen o. ä. sofort zuzuteilen.

Lit.: Gaugler 1975, Guski/Schneider 1983, Becker, F. G. 1990, Berthel 1991, Schultz 1992

Erfolgskontrolle (→ Evaluierung)

Erfolgsprinzip

Das Erfolgsprinzip stellt bei der Verteilung von → Sanktionen auf den letztlich erreichten Erfolg bzw. Mißerfolg von individuellem → Leistungsverhalten ab. Nicht eine gute, engagierte, qualifizierte, moralisch akzeptierte und/oder legale Leistungserbringung ist Maßstab, sondern, ob dies jeweils zum gewünschten → Leistungsergebnis bzw. Erfolg

geführt hat. Das Erfolgsprinzip hat faktisch in vielen Bereichen das postulierte → Leistungsprinzip abgelöst.

Ergonomie

In der Literatur werden die → Arbeitswissenschaften fälschlicherweise mit der Ergonomie gleichgesetzt. Eigentlich handelt es sich bei der Ergonomie jedoch um ein eigenständiges Gebiet der Arbeitswissenschaften. Die Ergonomie schafft die Voraussetzung für eine Anpassung der Arbeit und des Arbeitsplatzes an den Menschen sowie in Maßen auch des Menschen an die Arbeit. Ansatzpunkte zur Analyse und zur Gestaltung sind der Arbeitsplatz (→ Arbeitsplatzgestaltung), die Arbeitsmethode und die Arbeitsumgebung. Untersucht werden dabei psychische, physische und psycho-physische Belastungsursachen.

Lit.: Rohmert 1992

ERG-Theorie von *Alderfer*

In Anlehnung an die → Bedürfnishierarchie von *Maslow* hat *Alderfer* die sog. ERG-Theorie als motivationstheoretischen Erklärungsansatz (→ Humanistische Konzepte der Motivationstheorie) entwickelt. *Alderfer* reduziert die Bedürfnishierarchie von *Maslow* – allerdings willkürlich – auf insgesamt drei grundsätzlich hierarchisch geordnete Bedürfnisklassen:

● *Existenz-Bedürfnisse* umfassen physiologische Bedürfnisse sowie den v. a. materiellen Teil der

Ersatzbedarf

Sicherheitsbedürfnisse (Bezahlung, Schutz vor Krankheit, Versicherung für Alter und Arbeitslosigkeit, Bedürfnis nach Wohnung).

- *Beziehungsbedürfnisse* sind die sozialen Bedürfnisse, die Bedürfnisse nach Anerkennung und ein Teil der Sicherheitsbedürfnisse (Schutz vor anderen).

- *Wachstumsbedürfnisse* gelten als die Bedürfnisse nach Selbstverwirklichung, Leistung, Selbständigkeit, Unabhängigkeit und Selbstvertrauen.

Die ERG-Theorie basiert auf einer Reihe von *Annahmen*, die dem Ansatz von *Maslow* entgegenstehen: Die strenge hierarchische Ordnung besteht zwischen diesen drei Bedürfnisklassen nicht. Es wird nicht postuliert, daß „niedrigere" Bedürfnisse zuerst befriedigt sein müssen, damit „höhere" Bedürfnisse aktiviert werden können. Auch umgekehrte Entwicklungen sind bei Frustrationen möglich. Die Verstärkung des höheren Bedürfnisses bei Befriedigung des niedrigeren wird aber als Regelfall angenommen. Auch die Nichtbefriedigung eines Bedürfnisses durch Mißerlebnisse kann Wachstum bewirken, ebenso wie alle Bedürfnisklassen simultan wirken können. Basierend auf drei *Prinzipien* (Frustrationshypothese, Frustrations-Regressions-Hypothese, Befriedigungs-Progressions-Hypothese) leitet *Alderfer* insgesamt sieben Forschungshypothesen ab. Empirische Überprüfungsversuche deuten zwar darauf hin, daß die ERG-Theorie eine geringfügig größere Erklärungskraft hat als die Bedürfnistheorie von *Maslow*, eine Allgemeingültigkeit der Grundaussagen ließ sich jedoch nicht feststellen. Nach weiteren Studien wurden zudem die Hypothesen modifiziert.

Lit.: Alderfer 1969, 1972, Wunderer/Grunwald 1980, Berthel 1991

Ersatzbedarf (→ Personalbedarf)

Erschwerniszulage (→ Entgeltzulagen)

Ersparnisprämie (→ Prämienlohn)

Erstausbildung

Mit der Erstausbildung ist i. d. R. das erstmalige Erlernen eines → Ausbildungsberufes im Rahmen der → Berufsausbildung gemeint. Sie zählt hier als Teilbereich der betrieblichen → Ausbildung.

Ertragsbeteiligung

Mit Ertragsbeteiligungen als eine Form der → Erfolgsbeteiligung wird versucht zu verdeutlichen, daß eine kostensparende Produktion allein nicht ausreicht, um einen Betrieb zu erhalten. V. a. die Erfolge auf den Absatzmärkten werden honoriert. Differenziert wird je nach Beteiligungsbasis in:

- Bei der *Umsatzbeteiligung* wird die Erreichung i. d. R. vorgegebener Umsatzziele bzw. eine Umsatzsteigerung einer Betriebseinheit als Maßstab für den Erfolg herangezogen. Diese Beteiligungsform ist speziell für Mitarbeiter des Absatzbereiches und/

138

oder für das Management geeignet, soweit sie unmittelbar Einfluß auf den Umsatz ausüben. Mögliche Änderungen der Marktgegebenheiten wie auch Produktverbesserungen erschweren allerdings eine exakte Zurechnung der erfolgswirksamen Aktivitäten. Problematisch ist auch, daß Umsatzdenken ohne Rücksicht auf die Kostenentwicklung gefördert wird.

- Bei der *Rohertragsbeteiligung* geht man vom Umsatz abzüglich Materialeinsatz und außerordentlicher Erträge als Beteiligungsbasis aus. Oft wird eine sog. Lohnkonstante (durchschnittlicher Lohnanteil vergangener Perioden am Rohertrag) verwendet. Steigt nun der Rohertrag überproportional zur Lohnkonstante, so wird der Differenzbetrag als Erfolgsbeteiligung entweder voll (Proportional-Lohnsystem) oder z. T. (→ Scanlon-Plan) an die beteiligten Mitarbeiter ausgezahlt. Als problematisch erweisen sich solche Beteiligungsformen bei Veränderung der Produktionstechnik, beim Übergang von Eigenfertigung auf Fremdbezug und dadurch, daß andere Aufwandsgrößen vernachlässigt werden. Wenn dagegen keine technischen Rationalisierungen anstehen (z. B. in Dienstleistungsbetrieben und vollautomatisierten Betrieben), sind sie anwendbar.
- Bei der *Nettoertragsbeteiligung* dient prinzipiell die Differenz zwischen Ertrag und Aufwand als Beteiligungsbasis. Ein positiver Saldo, ein Nettoertragszuwachs oder eine günstigere Verhältnisziffer führt dann zu einer Erfolgsbeteiligung.
- Mit der *Wertschöpfungsbeteiligung* werden die Mitarbeiter an der Wertschöpfung ihres Betriebes beteiligt. Ihre Bewertung bereitet in der Wirtschaftspraxis oft Probleme, weshalb meistens auf einen vereinfachten Berechnungsmodus zurückgegriffen wird. Eine solche vereinfachte Beteiligungsbasis ist die Differenz zwischen Rohertrag und Fremdleistung. Als Beteiligungsbasis der Arbeitnehmerschaft dient die Wertschöpfung nach Abzug eines i. d. R. festen Anteils (→ Rucker-Plan), der bereits gezahlten Löhne und der gesetzlichen und freiwilligen (der sog. Lohnkonstante) Sozialaufwendungen.

Lit.: Gaugler 1975, Berthel 1991

Erwartung

Erwartungen sind Determinanten für die Entstehung von → Motiven und Motivationen und insofern Elemente des Motivationsprozesses bzw. des → Leistungsdeterminantenkonzeptes. Als kognitive Konstrukte (→ Kognition) drücken sie die subjektive Wahrscheinlichkeit einer Person aus, daß etwas möglich oder nicht möglich ist bzw. eintritt oder nicht eintritt. Im Rahmen des Motivationsprozesses wird in → Anstrengungserwartung und in → Konsequenzerwartung differenziert.

Erwartungs-Valenz-Ansatz von *Vroom*

Der Erwartungs-Valenz-Ansatz von *Vroom* als ein spezifisches → Erwartungs-Valenz-Modell beruht auf der Grundannahme, daß ein Mensch dazu neigt, solche Verhaltensweisen zu zeigen, denen er instrumentellen Charakter für das Erreichen eines von ihm geschätzten Ziels zuschreibt und die er mit hoher Wahrscheinlichkeit glaubt ausführen zu können. Noch ehe ein → Leistungsverhalten begonnen wird, interessiert sich der Mensch für den *Wert* des Endergebnisses. Die Kernstükke des auch VIE-Theorie genannten Erklärungsansatzes von *Vroom* sind daher: → Valenz (V), Instrumentalität (I) und → Erwartung (E).

● Unter Valenz wird von *Vroom* generell eine positive oder negative affektive → Einstellung zu bestimmten Ergebnissen verstanden. Sie bezieht sich dabei auf den subjektiv erwarteten Belohnungswert eines Ergebnisses. Der erfahrene Belohnungswert bestimmt lediglich das nachfolgende Verhalten. Zwei Ausprägungen sind möglich: (1) *Positive Valenz* bedeutet: das Erreichen eines Ergebnisses wird dem Nichterreichen vorgezogen (z. B. Bezahlung, → Karriere, Anerkennung). (2) *Negative Valenz* bedeutet: das Auftreten eines Ergebnisses wird nicht gewünscht (z. B. Schmutz, Lärm, Kritik).

● Daneben differenziert *Vroom* in zwei verschiedene, in einem quasi hierarchischen Verhältnis stehende Valenzarten: Die *Valenz der ersten Ebene* ist definiert als Ausmaß der Bevorzugung von Handlungen durch ein Individuum, um ein Ergebnis der zweiten Valenzebene zu erreichen. Die *Valenz der zweiten Ebene* ist definiert als Handlungsziel in der Bedeutung eines Endzustands motivationalen Strebens. Die Valenz der ersten Ebene, also des → Leistungsergebnisses (z. B.: Arbeitsleistung) wird dabei bestimmt durch die erwartete Wahrscheinlichkeit, daß dieses Leistungsergebnis zu Resultaten (Folgen) der zweiten Ebene (z. B. Beförderung, Gehaltserhöhung, Anerkennung) führen wird, sowie der Valenz, die damit verbunden ist. Die Valenz der ersten Ebene hat damit nur einen instrumentellen Wert und i. d. R. keinen Wert an sich. Der Grad, in dem das Individuum glaubt, daß das Leistungsergebnis (z. B. hohe Umsatzzahlen im eigenen Verantwortungsbereich) zu den gewünschten Folgen/Endzielen (z. B. hohe Bezahlung) führt, bezeichnet *Vroom* als Instrumentalität.

Vrooms Modell weist darauf hin, daß die Handlungen eines Individuums durch verschiedene Kognitionen entscheidend beeinflußt werden: Wird die Bemühung nun wirklich zu einer hohen Arbeitsleistung führen *(Erwartung)*? Wird eine hohe Arbeitsleistung („Ergebnis der ersten Ebene") zu Beförderung oder Lohnerhöhung führen *(Instrumen-*

talität)? Wie wichtig sind eigentlich die Endergebnisse („Ergebnisse der zweiten Ebene") – Beförderung, Lohnerhöhung – für mich *(Valenz)*? Die Stärke einer Handlungstendenz (HT), also zu motivationalem Leistungsverhalten, ist bei *Vroom* letztendlich bestimmt durch die Valenz (den Wert) erwarteter alternativer → Leistungsergebnisse (Ve) sowie einer daraus bezogenen subjektiven Wahrscheinlichkeit bzw. Erwartung (W). Das Ergebnis wird durch die Instrumentalität der Ergebnisse für die Ergebnisfolgen (Ie-F) sowie die Valenz der Folgen (Vf) beeinflußt. Zwischen der Valenz und der Wahrscheinlichkeit besteht dabei eine multiplikative Verknüpfung (HT = Ve x W).

Am Modell von *Vroom* wird einiges *kritisch* bemerkt: ungelöste methodische und inhaltliche Probleme, die die Aussagekraft einschränken; schwer operationalsierbare und überprüfbare Variablen; infinitiver Verlauf der Valenzen verschiedener Ebenen; fehlende Definition der Endziele; Vernachlässigung von Veränderungen der Valenzen und Erwartungen im Zeitablauf; keine Aussagen zu den Variablen, die die Erwartung und die Valenzen des Individuums beeinflußen, unklare empirische Befunde zu Valenz und zur Instrumentalität; die multiplikative Verknüpfung setzt eigentlich die Unabhängigkeit der Variablen voraus, sie sind es jedoch nicht; und das Modell bietet eine „Gelegenheit zum Modellplatonismus". Das Erwartungs-Valenz-Modell von *Vroom* ist

allerdings differenzierter als die vorher dargestellten Ansätze und offen für Modifikationen und Erweiterungen. Ihm kommt dabei ein heuristischer Wert zu.

Lit.: Vroom 1964, Wunderer/Grunwald 1980, Berthel 1991, Staehle 1991

Erwartungs-Valenz-Modelle

Alle Varianten der Erwartungs-Valenz-Modelle (oft synonym: Instrumentalitätstheorien) gehen davon aus, daß die Stärke einer Verhaltenstendenz einer Person von der individuellen Erwartungshöhe (→ Erwartungen) und der → Valenz (Attraktivität) eines Sachverhalts für diese Person und den von ihr erwarteten Konsequenzen abhängig ist. Die Modelle betonen dabei den Zukunftsbezug, das Planungsverhalten von Individuen und deren kognitive Mechanismen. Die jeweiligen Modelle beruhen i. d. R. nicht auf empirischen Studien, sondern auf gedanklichen Überlegungen der jeweiligen Autoren. Man könnte diese Modelle auch als integrierende Motivationsmodelle bezeichnen, da sie andere Komponenten, z. B. → Motive und Motivation, in sich aufnehmen können. Drei herausragende Modelle sind zu nennen: → Erwartungs-Valenz-Ansatz von *Vroom*, → Erwartungs-Valenz-Modell von *Lawler* und die → Erwartungs-Valenz-Theorie von *Porter/Lawler*.

Lit.: Wunderer/Grunwald 1980, Berthel 1991, Staehle 1991

Erwartungs-Valenz-Modell von *Lawler*

Lawler hat die Erwartungs-Valenz-Modelle zum besseren Verständnis von → Motiven und Motivation in Betrieben weiterentwickelt bzw. substanziell angereichert. Es ist eng verwandt mit dem → Erwartungs-Valenz-Ansatz von *Vroom*, aber stärker auf industrielle Betriebe bezogen. Vier *Annahmen* liegen dem Modell zugrunde:

1. Wenn den Menschen verschiedene Ergebnisse offenstehen, ziehen sie bestimmte Ergebnisse vor.
2. Menschen haben Erwartungen über die Wahrscheinlichkeit, mit der ihre Handlungen oder Bemühungen zum erwünschten Verhalten oder zur erwünschten Leistung führen.
3. Menschen haben Vorstellungen über die Wahrscheinlichkeit, mit der ein bestimmtes Ergebnis auf ihr Verhalten folgen wird.
4. In jeder Situation sind die von einem Menschen gewählten Handlungen von seinen aktuellen Erwartungen und Vorzügen bestimmt.

In der Abbildung zum Modell von *Lawler* werden Erwartungen als die Hauptfaktoren, die die Motivationsstärke eines Individuums für bestimmte Handlungsweisen beeinflussen, dargestellt.

Der Erwartungsbegriff wird dabei von *Lawler* aufgespalten: Die *B/A-*

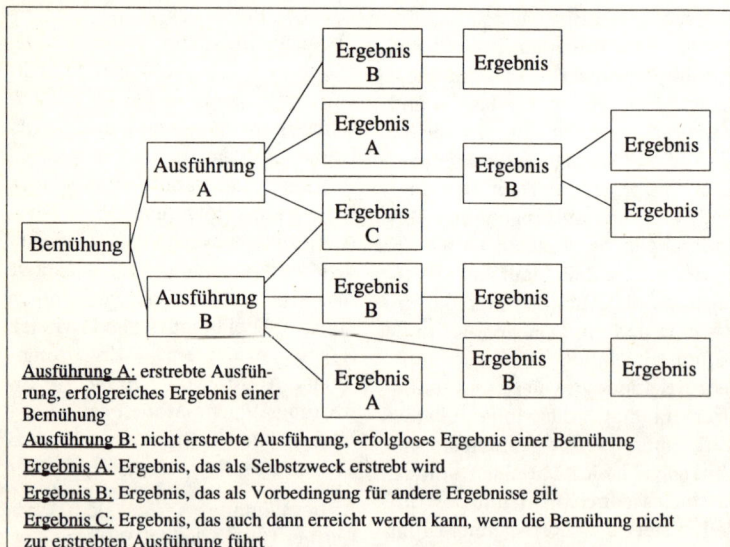

Ausführung A: erstrebte Ausführung, erfolgreiches Ergebnis einer Bemühung

Ausführung B: nicht erstrebte Ausführung, erfolgloses Ergebnis einer Bemühung

Ergebnis A: Ergebnis, das als Selbstzweck erstrebt wird

Ergebnis B: Ergebnis, das als Vorbedingung für andere Ergebnisse gilt

Ergebnis C: Ergebnis, das auch dann erreicht werden kann, wenn die Bemühung nicht zur erstrebten Ausführung führt

Modell der Erwartungsmotivation von Lawler

Erwartung (Bemühung/Ausführung; → Anstrengungserwartung) betrifft die angenommene Wahrscheinlichkeit, daß eine intendierte Handlung vom Individuum in einer gegebenen Situation auch durchgeführt werden kann. Als Beeinflussungsgrößen nennt er Selbsteinschätzung, Erfahrungen, tatsächliche Situationen und Kommunikation mit anderen. Da die B/A-Erwartungen auf der Realität basieren, können Betriebe sie und damit die Motivation ändern. Die *A/E-Erwartung* (Ausführung/Ergebnis, → Konsequenzerwartung) betrifft dann die angenommene Wahrscheinlichkeit, daß das gezeigte Leistungsverhalten auch zum angestrebten Ergebnis als Konsequenz führt. Als Determinanten nennt *Lawler* Erfahrungen in ähnlichen Situationen, Wünschbarkeit der Ergebnisse, Glaube an interne bzw. externe Kontrolle, B/A-Erwartungen, wirkliche Situation und Kommunikation mit anderen Personen. Hierauf können Betriebe gezielt Einfluß ausüben. Beide Erwartungswahrscheinlichkeiten können zwischen O und 1 variieren. Nach *Lawler* ist die Motivation am stärksten, wenn B/A hoch ist bei erfolgreicher Leistung und niedrig bei erfolgloser Leistung, und wenn A/E hoch ist bei positiven Ergebnissen und niedrig bei negativen Ergebnissen.

Auch der motivationstheoretische Erklärungsansatz von *Lawler* ist vielfach kritisiert worden. Die allgemeine Kritik ist in vielen Punkten auch hier zutreffend. *Lawler* hat aber einen wichtigen Gedanken den Erwartungs-Valenz-Modellen hinzugefügt: die sehr fruchtbare Unterscheidung in B/A- und A/E-Erwartungen.

Lit.: Lawler 1973, 1977, Wunderer/Grunwald 1980, Berthel 1991

Erwartungs-Valenz-Theorie von *Porter/Lawler*

Porter und *Lawler* versuchen mit ihrem gemeinsamen Motivationsmodell auf Basis der → Erwartungs-Valenz-Modelle eine Antwort auf die Frage zu geben, wie Anstrengung, Leistung, → Belohnung und Zufriedenheit (→ Arbeitszufriedenheit) zusammenhängen. Es ist Grundlage des → Leistungsdeterminantenkonzepts und wird in der Abbildung auf S. 144 schaubildartig und verbal dargestellt.

Anstrengung steht im Modell für die gezeigte bzw. intendierte Einsatzintensität eines Mitarbeiters zur Aufgabenerfüllung. Sie wird determiniert insbes. von zwei Größen: der Wertigkeit (→ Valenz) der Belohnung sowie der individuell wahrgenommenen Wahrscheinlichkeit, die angestrebte bzw. angebotene Belohnung bei tatsächlicher Anstrengung (→ Erwartung) zu erhalten. Die der Anstrengung folgende *Leistung* ist das Ergebnis bzw. → Leistungsergebnis des individuellen → Leistungsverhaltens. Dieses ist nicht allein durch die Anstrengung bestimmt, sondern auch durch die individuellen → Fähigkeiten und Persönlichkeitszüge sowie die individuelle Rollenwahrnehmung, also die Interpre-

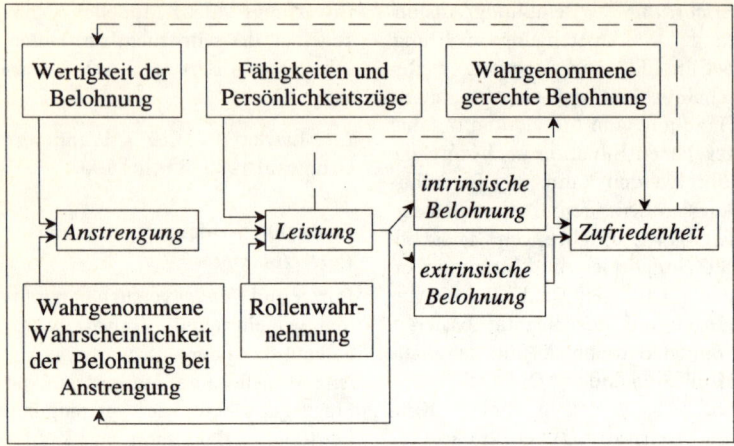

Darstellung der Erwartungs-Valenz-Theorie von Porter/Lawler

tation der Arbeitssituation und -aufgabe des Mitarbeiters. Alle drei Variablen wirken zusammen, z. B.: Eine unzutreffende Rollenwahrnehmung kann trotz Anstrengung und guten Fähigkeiten zu einem unzureichenden Leistungsverhalten führen; intensiver Arbeitseinsatz kann u. U. nicht ausreichend ausgeprägte Fähigkeiten ausgleichen et vice versa. Dem Leistungsergebnis folgen – sofern ein vereinbartes Niveau überschritten ist – *Belohnungen* intrinsischer Art (als Erfolgserlebnis) und/oder extrinsischer Art (als → Entgelt, → Anreize). Das Ausmaß der *Zufriedenheit* ist außer durch die Belohnungen selbst noch zusätzlich durch die individuell empfundene Gerechtigkeit der Belohnung auf Basis eines Vergleichs der wahrgenommenen Leistungs-Belohnungs-Beziehungen zu anderen Mitarbeitern determiniert. Die Zufriedenheit tritt

ein, wenn die realen Belohnungen als angemessen oder gar noch höher empfunden werden. Zufriedenheit hängt im Modell also von der Leistung ab. *Kritisch* ist am Modell von *Porter/Lawler*, wie an allen ähnlichen Ansätzen, die fehlende empirische Fundierung und Bestätigung, die Vereinfachung realer Phänomene durch die Konzentration auf wenige Determinanten, die Verallgemeinerung der Aussagen u. a. m. festzustellen. Diese negative Kritik wird aber bei weitem durch den didaktischen wie heuristischen Wert des Modells für die praktische → Mitarbeiterführung ausgeglichen.

Lit.: Porter/Lawler 1968, Wunderer/Grunwald 1980, Berthel 1991, Staehle 1991

Erziehungsurlaub (→ Bundeserziehungsgeldgesetz)

Euro-Betriebsräte

Euro-Betriebsräte sind derzeit auf freiwilliger Basis installierte → Betriebsräte von Betrieben, die über Niederlassungen in mindestens zwei EU-Mitgliedsstaaten verfügen. Ausgelöst durch den „Vorschlag für eine Richtlinie des Rates über die Einsetzung europäischer Betriebsräte zur Information und Konsultation der → Arbeitnehmer in gemeinschaftsweitoperierenden Unternehmen und Unternehmensgruppen" wird die Diskussion um die europäische → Mitbestimmung verstärkt. Die Richtlinie sieht vor, daß die Arbeitnehmer in Konzernen und Unternehmungsgruppen, die in zumindest zwei EU-Mitgliedsländern tätig sind sowie insgesamt mindestens 1000 Arbeitnehmer, davon mindestens 100 in einem Mitgliedsland, beschäftigen, eine europäische Interessenvertretung, den sog. Euro-Betriebsrat, wählen dürfen. Als *Aufgaben* sind die Entgegennahme von Informationen (*Informationsrecht*) der Konzernleitung über Veränderungen bez. der rechtlichen, finanziellen und organisatorischen Struktur des Konzerns, die ökonomische Situation, die erwartete Geschäftsentwicklung, die personelle Situation und die Investitionsplanung vorgesehen. Beratend tätig werden (*Beratungsrecht*) soll der Euro-Betriebsrat bei allen Maßnahmen der Konzernleitung, die Mitarbeiterbelange und besonders die Interessen der Mitarbeiter in verschiedenen Mitgliedsländern betreffen (z. B. Be-

triebsverlegungen, Betriebszusammenschlüsse, Abbau/Reduzierung von Anlagen, Betriebsschließungen, Einführung neuer Arbeitsmethoden). Echte *Mitbestimmung* ist nicht vorgesehen. Novum ist, daß die Art, die Zusammensetzung und die Zuständigkeiten des Euro-Betriebsrates vertraglich zwischen Unternehmensleitung und Arbeitnehmervertretung vereinbart werden kann. Unabhängig von dem Richtlinienvorschlag bestehen seit etwa Mitte der 80er Jahre bereits Euro-Betriebsräte oder vergleichbare Gremien in europaweit vertretenen Unternehmungen, z. B. bei VW, Bayer AG, Hoechst AG, Kontinental AG, Thomson Consumer Electronics.

Lit.: Deppe 1992

Evaluierung

Evaluierung (synonym: Erfolgskontrolle, Evaluation; in etwa auch: Bildungscontrolling) ist in personalwirtschaftlichen Zusammenhängen ein Begriff, der v. a. im Zusammenhang mit der → Personalentwicklung verwendet wird. Er drückt dabei die Überprüfung und Bewertung von Entwicklungsmaßnahmen hinsichtlich ihres Einsatzes bzw. Inputs (= Input-Evaluierung), ihres Prozesses (= Prozeß-Evaluierung) und ihres Ergebnisses bzw. Outputs (= Output-Evaluierung) bez. ihres Beitrages zur Erreichung pädagogischer wie ökonomischer Ziele aus. Wichtig dabei ist nicht nur, daß die angemessenen Personalentwicklungsmaßnahmen wohl dosiert mit den

Experiment

treffend ausgewählten Mitarbeitern durch qualifizierte Entwickler, Trainer etc. zur Erreichung der spezifischen Lernziele eines organisierten → Lernprozesses führen. Wichtig ist insbes., daß der Transfer zum bzw. die Anwendung im Funktionsfeld gelingt. Die Evaluierung kann i. S. eines Controlling hier bereits früh eingreifen und die Maßnahmen hinsichtlich dieser Zielsetzung steuern helfen. Eine Bewertung des konkreten ökonomischen Nutzens der Personalentwicklung scheitert dagegen an kaum zu überbrückenden Meß- und Bewertungsproblemen.

Lit.: Berthel 1991, Bronner/Schröder 1992

Experiment

Bei einem Experiment handelt es sich um eine bestimmte Untersuchungsanordnung zum Test von Hypothesen innerhalb der quantitativen Sozialforschung. Durch ein Höchstmaß an Kontrolle der sozialen Situation, der wichtigen Einflußvariablen und ihrer Beziehungen während eines Meßvorganges wird eine strenge Form der Prüfung von Hypothesen angestrebt. Die Vorgehensweise basiert auf dem Kausalmodell menschlichen Verhaltens und kann im Rahmen der → Personalforschung sozialtechnologisch-manipulativen Charakter erhalten.

Lit.: Friedrichs 1989

Extrafunktionale Qualifikationen

Extrafunktionale → Qualifikationen sind unter verschiedenen Bezeichnungen bekannt: prozeßunabhängige Qualifikationen, innovatorische Qualifikationen, Schlüsselqualifikationen. Bei fast allen Konzepten haben diese speziellen Qualifikationen keinen unmittelbaren Bezug zu bestimmten Positionen (anders: → Polyvalenzqualifikation), gelten aber dennoch als wichtig für die Bewältigung unvorhergesehener Änderungen und die aktive Auseinandersetzung mit Aufgaben. Sie werden in bestimmten Positionen erlernt, als sog. *Transferqualifikationen* sind sie aber auch auf andere, u. U. höherwertige Positionen übertragbar. Sie stehen für die Besetzung eines breiten Positionsspektrums und bilden zudem die Basis für den Erwerb von speziellen Fachqualifikationen. Von Bedeutung sind sie, weil sie a) die betrieblichen Risiken bei Anpassungs- und Innovationsprozessen verringern, b) dem Problem der schwierigen Anforderungsprognose (→ Arbeitsforschung) und der resultierenden, nicht rechtzeitigen exakten Qualifikationsentwicklung vorbeugen sowie c) eine Basis zum Erwerb von speziellen Fachqualifikationen bilden. Eine betriebsspezifische Definition ist wegen der Raum-Zeit-Abhängigkeit notwendig. Es sind verschiedene Versuche der Aufschlüsselung dieser Qualifikationen gemacht worden, z. B.: Lern-, Kooperations- und Informationsverarbeitungsfähigkeit, Denken in fachübergreifenden Zusammenhängen, analytisches und dispositives Denken.

Lit.: de Grave 1991, Schanz 1993

146

F

Fachkraft für Arbeitssicherheit

Als Fachkraft für Arbeitssicherheit gilt ein Sicherheitsingenieur, Sicherheitstechniker oder Sicherheitsmeister mit entsprechender Ausbildung. Diese Fachkraft hat gem. → Arbeitssicherheitsgesetz v. a. folgende spezielle *Aufgaben*: (1) Beratung des → Arbeitgebers, inbes. in Fragen der Gestaltung der Arbeitsplätze, des Arbeitsablaufs, der Arbeitsumgebung und in sonstigen Fragen der → Ergonomie und des Gesundheitsschutzes, (2) Überprüfung der Betriebsanlagen und der technischen Arbeitsmittel (schon vor der Inbetriebnahme) und Arbeitsverfahren (schon vor ihrer Einführung) auf sicherheitstechnische Aspekte, (3) Untersuchung der Ursachen von Arbeitsunfällen (→ Betriebsunfall), (4) Auswertung der Untersuchungsergebnisse und der Maßnahmen zur Verhütung dieser Arbeitsunfälle, (5) Mitwirkung bei der Schulung der Sicherheitsbeauftragten.

Fachlaufbahn (→ Parallelhierarchie)

Fachvermittlungsdienste

Die → Bundesanstalt für Arbeit hat Fachvermittlungsdienste für besonders qualifizierte Fach- und Führungskräfte eingerichtet (→ Arbeitsvermittlung). Sie befaßt sich dabei v. a. mit Universitäts- und Fachhochschulabsolventen. Fachvermittlungsdienste stehen an vielen Hochschulorten Bewerbern mit abgeschlossener Hoch- bzw. Fachhochschulausbildung und gleichwertiger → Qualifikation sowie den → Arbeitgebern mit ihrem Informations-, Vermittlungs- und Beratungsangebot zur Verfügung. Die Leistung der Dienste umfaßt außerdem die Information und Beratung von Studierenden der Abschlußsemester sowie die Information und Beratung von → Arbeitnehmern in Fragen der beruflichen → Fortbildung und → Umschulung nach dem → Arbeitsförderungsgesetz oder im Rahmen der sog. → Arbeitsbeschaffungsmaßnahmen.

Die Fachvermittlungsdienste sind i. d. R. in drei *Berufsbereiche* gegliedert: Bereich für technisch-naturwissenschaftliche Berufe, Bereich für geistige und sozialwissenschaftliche Berufe sowie Bereich für kaufmännische und Verwaltungsberufe. Verantwortlich für die Dienste eines jeden Berufsbereiches sind sog. akademische Arbeitsberater, die neben ihrer abgeschlossenen Hochschulausbildung einige Jahre Berufserfahrung mitbringen (sollen). Damit die Vermittlungsmöglichkeiten der einzelnen Fachvermittlungsdienste nicht auf den regionalen Raum begrenzt bleiben, stehen alle Fachvermittlungsdienste und die → Zentralstelle für Arbeitsvermittlung (ZAV)

Fachwirt

im Rahmen der computerunterstütz-
ten Arbeitsvermittlung im Datenver-
bund.

Fachwirt

Bei den Fachwirten handelt es sich
um Absolventen einer Fachwirteprü-
fung bei den → Industrie- und Handelskammern bzw. Bankakademien
in den Fachrichtungen Industrie,
Handel, Banken, Versicherung usw.
(z. B. Industriefachwirt, Handels-
fachwirt, Bankfachwirt). Für die Zu-
lassung zur Prüfung ist i. d. R. eine
abgeschlossene → Berufsausbildung bzw. eine vergleichbare → Qualifikation und Berufspraxis erforderlich. Ziel der Fachwirt-Lehrgänge ist
eine → Aufstiegsfortbildung.

Fähigkeiten

Fähigkeiten stellen - neben Wissen,
Verhalten und Wollensmerkmalen -
einen Teil der → Qualifikation von
Personen dar. Unter *geistigen Fähigkeiten* ist dabei die Güte der Kombination von Wissen und von Know-
how in der Wissensanwendung zu
verstehen, z. B. Kombinationsfähig-
keit, Kooperationsfähigkeit. Unter
körperlichen Fähigkeiten ist die Geschicklichkeit zu verstehen, die aus
der Verbindung von körperlichen Eigenschaften (bspw. Kraft) mit dem
Know-how ihres treffenden Einsatzes, v. a. Fertigkeiten, resultiert. Der
Begriff der Fähigkeiten ist zudem
von dem der → Eignung zu differenzieren.

Fähigkeitspotential (→ Qualifikation, → Qualifikationspotential)

Faktorenanalyse

Bei der Faktorenanalyse handelt es
sich um eine aus der psychologischen Forschung entstandene statistische Methode, die der Klassifikation von durch Fragebogen oder Test-
aufgaben erhobenen Daten auf ihre
Dimensionalität, genannt „fakto-
rielle Struktur", dient. Grundgedanke ist, daß vielen Meßergebnissen
gleiche Entstehungsbedingungen zu-
grundeliegen, so daß sie sich zu sog.
„Faktoren" zusammenziehen lassen. Ziel ist v. a. eine Reduktion der
erhobenen Daten auf einige grundlegende Faktoren, deren Benennung
jedoch stets subjektiv bleibt, d. h. im
Ermessen des Forschers liegt. Die
Faktorenanalyse wird bspw. in folgenden personalwirtschaftlichen
Einzelfragen angewendet: zur Bestimmung der zugrundeliegenden
Faktoren innerhalb der → Eignungsprüfung; zur Bestimmung der der →
Leistungsbeurteilung zugrundeliegenden Faktoren (Bei → merkmalsorientierten Einstufungsverfahren
stellt sich bspw. die Frage, ob mehreren abgefragten Merkmalsitems
nicht derselbe Faktor zugrundeliegt.), sowie zur Analyse relevanter
Verhaltensdimensionen der → Mitarbeiterführung.

Lit.: Bortz 1985

Fallstudienmethode

Die Fallstudienmethode („Case-method") kann als ein Instrument der
→ Bildung im Rahmen des → Training-off-the-job in internen wie externen Seminaren eingesetzt wer-

den. Es erfolgt die Simulation eines betrieblichen Problems, welches von den Teilnehmern entweder alleine oder in einer Gruppe zu lösen ist. Mit dieser Methodik wird eine Verbindung von theoretischem Wissen und praktischem Können vermittelt. Dabei sollen wesentliche → Fähigkeiten, wie bspw. das Erkennen von Problemen, Informationsauswahl, konstruktives Denken sowie kreatives Denken, soziale Interaktionen bei arbeitsteiligen Prozessen entwickelt und/oder verbessert werden. Die Fallstudien unterscheiden sich je nach Lernziel in ihrem Umfang und damit im Detaillierungsgrad der Situationsbedingungen, in ihrem Strukturierungsgrad und in den ihnen beigefügten oder auch nicht beigefügten Fragestellungen.

Fehlzeiten

Unter Fehlzeiten sind alle in Tagen gemessenen Abwesenheiten (Ausfallzeiten) eines → Arbeitnehmers vom Betrieb zu verstehen, für die aufgrund tariflicher Regelungen, → einer Betriebsvereinbarung und/oder des Arbeitsvertrages eine An-wesenheitsverpflichtung besteht. Sie sind zu differenzieren (s. auch die Abbildung) in → Absentismus (motivationsbedingte Fehlzeiten), in → Krankenstand (krankheitsbedingte Fehlzeiten) und in sonstige Fehlzeiten (z. T. betrieblich bedingt, wie z. B. → Fortbildung, tarifvertraglich geregelt, z. B. Sonderurlaub, durch gesetzliche Vorschriften bedingt, wie z. B. Wehrübung, u. a.). Abwesenheiten aufgrund von Feiertagen zählen nicht als Fehlzeit. Die vielfach in der Literatur und auch in der Alltagssprache vorzufindende Gleichsetzung der Begriffe „Absentismus" und „Fehlzeiten" ist wenig sinnvoll. Sie verklärt v. a. den Blick für die Ursachenanalyse. Empirisch ist die Grenze zwischen Fehlzeiten und Absentismus allerdings nur sehr unzureichend festzustellen. Es existiert eine große Bandbreite. Diese Grauzone umfaßt all jene Arbeitnehmer, die zwar funktionell oder anatomisch gewisse Befunde aufweisen, die objektiv jedoch nicht unbedingt zum „Krankfeiern" zwingen. Die Unbestimmtheit des Krankheitsbegriffes sowie psychosomatischer Erkrankungen tragen zu dieser brei-

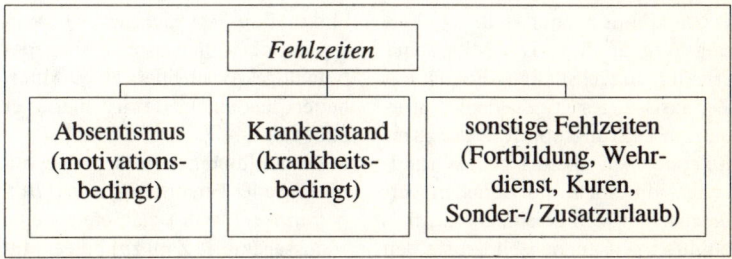

Arten von Fehlzeiten

ten Grauzone bei. Rein begrifflich müßte es sich hier um Absentismus handeln.

Lit.: Nieder 1992

Feiertagslohnzahlungsgesetz (Gesetz zur Regelung der Lohnzahlung an Feiertagen - FeiertLohnG)

Das FeiertLohnG regelt die → Entgelte von Arbeitnehmern an Feiertagen. Demnach muß der → Arbeitgeber für die → Arbeitszeit, die infolge eines gesetzlichen Feiertages ausfällt, dem → Arbeitnehmer das Entgelt zahlen, das dieser ohne den Arbeitsausfall erhalten hätte. Arbeitnehmer, die am letzten Arbeitstag vor oder am ersten Arbeitstag nach Feiertagen unentschuldigt der Arbeit fernbleiben, haben jedoch keinen Anspruch auf Bezahlung für diese Feiertage.

Fertigkeiten (→ Fähigkeiten)

Festlohn mit geplanter Tagesleistung

Der Festlohn mit geplanter Tagesleistung (Measured-Day-Work, MDW) stellt eine für den gewerblichen Bereich eingesetzte Sonderform des → Pensumlohns dar und ist dem → Vertragslohn ähnlich. Die Mitarbeiter erhalten zunächst ein → Entgelt auf Zeitbasis zugesagt. Zusätzlich werden zur Leistungskontrolle der zu erfüllenden Aufgabe sog. echte Grundzeiten mit einem individuellen Verteilzuschlag von beispielsweise 5 % ermittelt. Zusammen bilden sie den 100 %igen MDW-Wert. Dieser stellt

einen Idealwert bei einem störungsfreien Produktionsverlauf dar. Sofern Störungen im Produktionsprozeß auftreten, für die die Mitarbeiter nicht verantwortlich sind, werden sie als Fehlwerte zur Korrektur des Idealwertes verwendet. Dies ist nicht der Fall, wenn die Probleme von den Mitarbeitern zu verantworten sind. Um die Leistung seiner Mitarbeiter kontrollieren und beeinflussen zu können, bedarf der Vorgesetzte ständiger Informationen über die Vorgabezeiten und die tatsächlich benötigten Zeiten. Je rascher ein Feedback-Gespräch zwischen den beiden Personen stattfinden kann, desto wirksamer können die Korrekturen ausfallen. Ein schnelles Eingreifen ist i. d. R. nur mit Computerunterstützung möglich.

Lit.: Maier 1988, Berthel 1991

***Fiedler*s Kontingenzmodell** (→ Kontingenzmodell von *Fiedler*)

Firmentarifvertrag (→ Haustarifvertrag)

Fluktuation

Eine einheitliche Definition von Fluktuation liegt nicht vor. Umstritten ist, ob jegliches oder nur jedes freiwillige Ausscheiden eines Mitarbeiters aus einem Betrieb hierunter fällt.

- Die undifferenzierte Berücksichtigung aller Personalabgänge (*Fluktuation i. w. S.*) hat eine wenig aussagekräfte Zahl zur Folge. Mitarbeiter, die infolge von → Pensionierung, Berufsunfähigkeit, Tod und eigener → Kündigung ausscheiden, werden alle zusammen erfaßt. Dies macht die ursachengerechte → Fluktuationsanalyse insbes. über mehrere Betriebe hinweg unmöglich. Ein Vergleich mit → Fluktuationsquoten vorheriger Perioden und anderen Betrieben wird unsinnig. Die Abgänge durch Pensionierung, Berufsunfähigkeit und Todesfälle sind i. d. R. Ausdruck von Zufällen, der betrieblichen Altersstruktur, → Personalfreisetzung u. a. Sie sind insofern stark zeit- und betriebsbezogen. Der Vergleich zweier heterogen zustandegekommener Ziffern kann insofern keine sinnvolle Interpretation ermöglichen.

- Notwendig ist eine differenzierte Berechnung, wobei sich das Fluktuationsverständnis auf die freiwillige Kündigung seitens der Mitarbeiter (*Fluktuation i. e. S.*) beschränken sollte (→ Fluktuationsquote). Unter *Frühfluktuation* ist hierbei die Kündigung von neu eingestellten Mitarbeitern während der ersten Wochen und Monate ihrer Betriebszugehörigkeit, insbes. während der Probezeit, zu verstehen.

Fluktuation ist prinzipiell nicht negativ zu bewerten, gestattet sie es doch u. U. Kosten zu senken (mittels eines → Einstellungsstops im Rahmen der → Personalfreisetzung), neue Mitarbeiter von außen zur Vermeidung von → Betriebsblindheit einzustellen (externe →

Personalbeschaffung), betrieblichen Mitarbeitern einen Karriereanreiz zu bieten u. ä. Im Rahmen der → Personalbedarfsermittlung ist jedoch eine weitgehend vorhersehrbare, d. h. auch konstante Fluktuation sinnvoll (→ Fluktuationsanalyse).

Lit.: Nieder 1991, Dincher 1992

Fluktuationsanalyse

Die Fluktuationsanalyse wird im Rahmen der → Personalbedarfsermittlung der → Personalforschung eingesetzt, um differenziert zu erkunden, warum Mitarbeiter den Betrieb verlassen. → Fluktuation - ob gewollt oder ungewollt - ist aufgrund der mit ihr verbundenen hohen Friktionen, der mit ihr entstehenden Vakanzen und → Personalbedarfe ein Umstand, der unter ökonomischen Aspekten sehr genau zu erfassen und zu bewerten ist. Dies ist letztlich notwendig, um die vielfältig entstehenden Kosten der Fluktuation zu reduzieren (s. Abbildung): Das Personalmanagement kann über die Analyse der *Fluktuationsursachen* (s. Abbildung auf S. 152) und entsprechender Gegenmaßnahmen Einfluß auf die Zahl der freiwilligen Abgänge nehmen.

Verschiedene *Formen der Fluktuationsanalyse* werden praktiziert:

- Mit der *qualitativen Fluktuationsanalyse* werden die individuellen → Motive (und Motivation) und strukturellen Gründe für den Arbeitsplatzwechsel von Arbeitnehmern erhoben, um daraus gesicherte Maßnahmen für eine geziel-

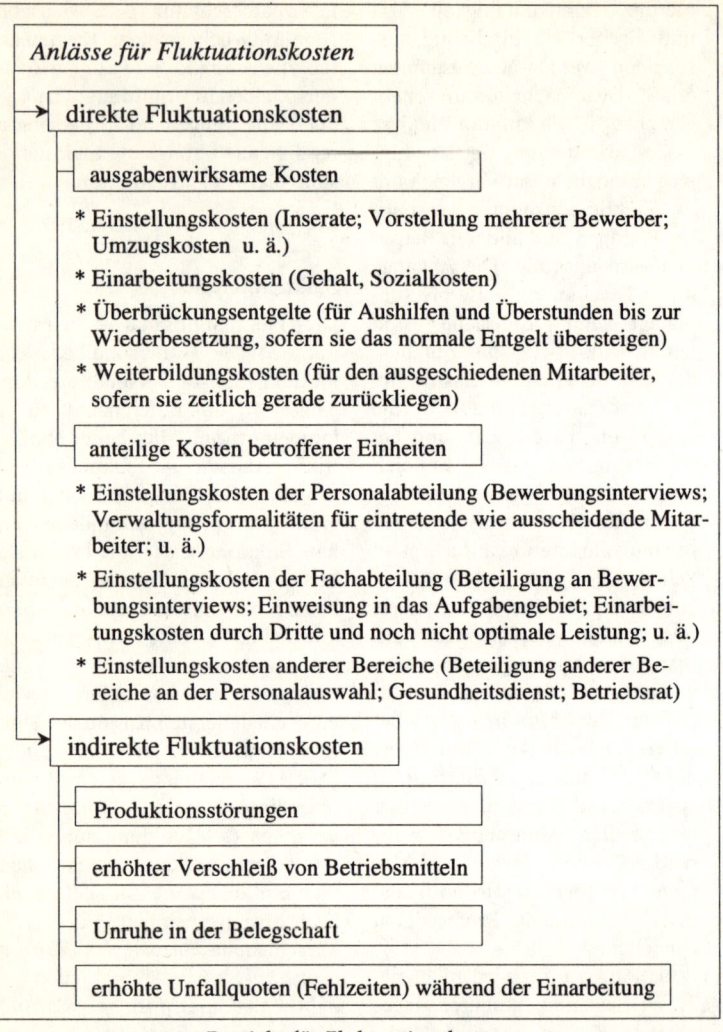

Anlässe für Fluktuationskosten

→ direkte Fluktuationskosten

   ausgabenwirksame Kosten

* Einstellungskosten (Inserate; Vorstellung mehrerer Bewerber; Umzugskosten u. ä.)
* Einarbeitungskosten (Gehalt, Sozialkosten)
* Überbrückungsentgelte (für Aushilfen und Überstunden bis zur Wiederbesetzung, sofern sie das normale Entgelt übersteigen)
* Weiterbildungskosten (für den ausgeschiedenen Mitarbeiter, sofern sie zeitlich gerade zurückliegen)

   anteilige Kosten betroffener Einheiten

* Einstellungskosten der Personalabteilung (Bewerbungsinterviews; Verwaltungsformalitäten für eintretende wie ausscheidende Mitarbeiter; u. ä.)
* Einstellungskosten der Fachabteilung (Beteiligung an Bewerbungsinterviews; Einweisung in das Aufgabengebiet; Einarbeitungskosten durch Dritte und noch nicht optimale Leistung; u. ä.)
* Einstellungskosten anderer Bereiche (Beteiligung anderer Bereiche an der Personalauswahl; Gesundheitsdienst; Betriebsrat)

→ indirekte Fluktuationskosten

   Produktionsstörungen

   erhöhter Verschleiß von Betriebsmitteln

   Unruhe in der Belegschaft

   erhöhte Unfallquoten (Fehlzeiten) während der Einarbeitung

Bereiche für Fluktuationskosten

te Einwirkung auf die Fluktuation zu entwickeln. Umgesetzt wird die Fluktuationsanalyse v. a. mit Hilfe von → Abgangsgesprächen.

• Mit der *quantitativen Fluktuationsanalyse* wird v. a. die Zahl der Abgänge differenziert nach bestimmten Gruppierungen, wie

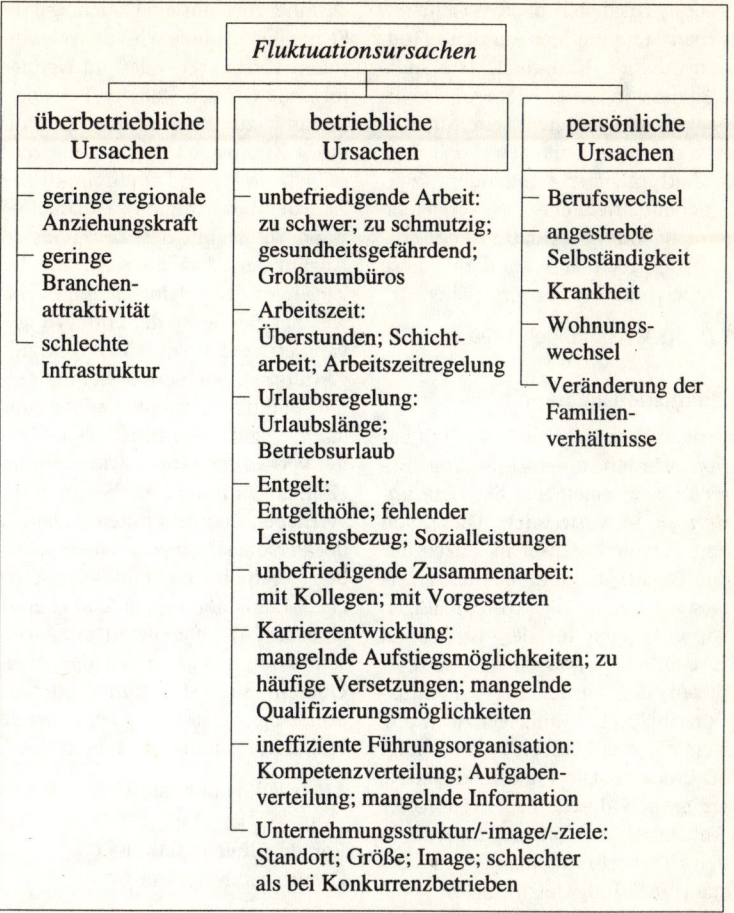

Fluktuationsursachen

z. B.: Gesamtbetrieb, einzelne Betriebsteile, Funktionsbereich, Berufsgruppen, Geschlecht, Vertragsstatus, sowie ein Vergleich mit Vorperioden und mit anderen Betrieben durchgeführt. Eine *Fluktuationsstatistik* gibt dabei Auskunft über durchschnittliche Personalabgänge, die dann in der mittel- bis langfristigen Personalbestandsfeststellung und -bedarfsdeckung berücksichtigt werden können. Sie soll neben einer Gliederung nach bestimmten Kriterien (wie z. B. Organisationseinheit, Qualifikationsgruppe, Funktion) zusätzlich nach verschiedenen Fluktuationsgründen (Tod, Invalidität, Krankheit, → Kündigung von seiten der Arbeitnehmer usw.) aufgeteilt sein. Mit Hilfe dieser Statistik lassen sich über Zeitvergleiche und/oder zwischenbetriebliche Vergleiche nicht nur Fluktuationskennzahlen errechnen, sondern diese auch miteinander vergleichen.

Lit.: RKW-Handbuch 1990

Fluktuationsquote

Je nach Verständnis von → Fluktuation werden unterschiedliche Berechnungsformeln für die *Fluktuationsquote* verwendet. Diese soll den Personalwechsel in Bezug auf den Personalbestand rechnerisch erfassen, um seine kostenmäßigen Auswirkungen für den Betrieb zu verdeutlichen und einen Anlaß zu bieten, den Ursachen (→ Fluktuationsanalyse) entgegenzuwirken. Vereinfachend läßt sie sich wie folgt ausdrücken: Die Fluktuationsquote ergibt sich durch die Division der Anzahl der Personalabgänge durch den durchschnittlichen Personalbestand mal 100. Umstritten ist – neben dem Fluktuationsbegriff - welche Größe im Nenner der Formel verwendet werden soll. Bei der Interpretation wie auch bei der Ermittlung einer Fluktuationsquote ist dies jeweils genau zu berücksichtigen bzw. zu definieren. Weitere Probleme ergeben sich dadurch, daß es sich bei den Personalabgängen um eine Zeitraumgröße, beim Personal-

bestand aber um eine Stichtagsgröße handelt. Abhilfe wird teilweise insofern versucht, als daß im Nenner folgende Größen stehen: „Personalbestand zu Beginn des Zeitraumes + Zugänge im Betrachtungszeitraum" oder „Durchschnittliche Zahl der Beschäftigten = Personalbestand zu Beginn des Zeitraums ./. Anzahl der Abgänge + Anzahl der Zugänge". Es bleibt dahingestellt, welcher Nenner in der Formel angewendet werden soll. Aussagekräftige Informationen erhält man mit einer Fluktuationsquote jedoch nur dann, wenn ein einheitlicher Nenner verwendet wird, sowie wenn im „Zähler" einzelne Mitarbeiterabgänge (neben den genannten Anlässen der Personalabgänge auch verschiedene betriebliche Funktionsbereiche, Mitarbeitergruppen und Hierarchieebenen) differenziert ausgewiesen (am besten in unterschiedlichen Quoten) sind. Insofern sind verschiedene, exakt zu benennende Fluktuationsquoten zu ermitteln.

Lit.: RKW-Handbuch 1990

Forced Choice Methode (→ Zwangswahlverfahren)

Fortbildung

Unter Fortbildung (zumeist synonym: Weiterbildung) wird ein Teilbereich der → Personalentwicklung bzw. der → Bildung verstanden, der sich mit der bewußten, gezielten und geplanten Vermittlung von Kenntnissen und → Fähigkeiten einschließlich Verhaltensweisen zur Erweiterung, Erhaltung und/oder Vertiefung von Kennens- und Könnens-Komponenten der → Qualifikationen von Mitarbeitern beschäftigt. Sie setzt i. d. R. eine → Berufsausbildung und/oder eine berufliche Tätigkeit voraus. Je nach Zielsetzung (Erhaltung der horizontalen oder vertikalen Mobilität) differenziert man in → Anpassungsfortbildung und in → Aufstiegsfortbildung. (Zu den Methoden siehe → Personalentwicklungsmethoden.)

Lit.: Berthel 1991, 1992

Fragebogen zur Arbeitsanalyse

Ein für → Arbeitsplatzanalysen verwendetes verhaltensorientiertes Verfahren ist der von *Frieling/Hoyos* entwickelte Fragebogen zur Arbeitsanalyse (FAA). Er entstand ursprünglich aus einer Übersetzung des → Position Analysis Questionaire (PAQ). Der FAA beschreibt die → Anforderungen eines Arbeitsplatzes in ihren Auswirkungen auf das Verhalten der → Arbeitnehmer. Das Konzept besteht darin, Arbeitsplätze anhand eines quantifizierbaren Fragebogens zu analysieren. Die einzelnen Arbeitsaufgaben werden durch Beobachtungen und Interviews von Beschäftigten, Vorgesetzten und anderen Spezialisten mit Hilfe von etwa 220 Items bestimmt. Kritisch wird am FAA geäußert, daß er umfassende, in sich eigentlich zusammenhängende Arbeitsabläufe zu sehr aufgliedert. Dadurch werden ganzheitliche Bezüge nicht beachtet. Zusätzlich konzentriert er sich in zu starkem Maße auf beobachtbare äußere Verhaltensweisen und verdeckt dadurch die dahinter stehenden → Kognitionen und → Emotionen. Von daher wird angeraten, den FAA mehr zur Beobachtung motorisch-operativer Tätigkeiten als zur Beschreibung und Bewertung geistiger Arbeit einzusetzen. Ein auf dem FAA aufbauendes Verfahren ist das → Arbeitswissenschaftliche Verfahren zur Tätigkeitsanalyse.

Lit.: Frieling/Hoyos 1978, Maier 1988, Oechsler 1994

Frauenförderung

Bei der Frauenförderung handelt es sich um eine politisch, sozial und/oder ökonomisch motivierte Einzel- oder Gruppenförderung von weiblichen → Arbeitnehmern als Ausgleich für vorliegende oder mögliche Benachteiligungen im Zusammenhang der Vereinbarkeit von Familie und Beruf oder zur Erhöhung des Frauenanteils auf einzelnen oder allen Hierarchieebenen des Betriebes. Teilweise besteht neuerdings die Tendenz zur Ablösung der Frauenförderung durch geschlechts- und familienspezifische Familienförderungsmaßnahmen. Die Frauenförderung ist teilweise gesetzlich (Erziehungsurlaub, → Bundeserziehungsgeldgesetz), teilweise tarifvertraglich (→ Arbeitszeitgestaltung) und teilweise betrieblich (z. B. Betriebskindergarten, Arbeitsplatzgarantie während verlängertem Erziehungsurlaub mit Fortbildungsmaßnahmen) geregelt.

Lit.: Krell/Osterloh 1992

Frauenlohngruppen

Frauenlohngruppen (→ Leicht-lohngruppen)

Freie Beurteilung

Die freie Beurteilung ist ein Verfahren der → Personalbeurteilung, welches in zwei verschiedenen Varianten praktiziert wird: (1) Im Rahmen der Beurteilung beschreiben die Beurteiler ihre Eindrücke auf einem formlosen Beurteilungsbogen über die vergangenen, von den zu beurteilenden Mitarbeitern gezeigten Leistungen (→ Leistungsbeurteilung) oder Qualifikationspotentiale (→ Potentialbeurteilung), ohne an eine bestimmte Systematik gebunden zu sein (*völlig unstrukturierte Beurteilung*). (2) Manchmal erfolgen jedoch Vorgaben, Fragen und andere Hilfestellungen, als daß nach bestimmten Leistungsinhalten (z. B. Arbeitsquantität, -qualität, Fachwissen) und/oder besonderen Stärken/Schwächen gefragt wird (*teilstrukturierte Beurteilung*). Wenngleich die Freie Beurteilung wegen ihrer Willkür, der Beurteilerüberforderung und i. d. R. unsystematischen Vorgehensweise zu Recht sehr umstritten ist, hat sie den Vorteil, daß arbeitsplatz- und zeitspezifische Bedingungen prinzipiell leicht berücksichtigt und subjektiv bewertet werden können.

Lit.: Hentze 1980, Domsch/Gerpott 1992

Fremdkonkordanz (→ Interindividuelle Urteilskonkordanz)

Friedenspflicht

Die Friedenspflicht im tarifvertraglichen Sinne bedeutet ein Kampfverbot während der Laufzeit eines → Tarifvertrages. Den → Tarifvertragsparteien ist es untersagt, während dieser Zeit → Arbeitskämpfe für neue Forderungen bez. der durch den Vertrag geltenden Angelegenheiten zu führen. Sie müssen dementsprechend auch auf ihre Mitglieder einwirken. Die Friedenspflicht endet mit dem Ablauf der Geltungsdauer des Tarifvertrages. Schlichtungsabkommen zwischen → Arbeitgebern und → Gewerkschaften erweitern die Friedenspflicht i. d. R. dahingehend, daß sie → Streiks und → Aussperrung vor Abschluß des → Schlichtungsverfahrens ausschließen.

Frühfluktuation (→ Fluktuation)

Frühpensionierung (→ Pensionierung)

Frustrations-Aggressions-Hypothese

Die Frustrations-Aggressions-Hypothese besagt, daß die Frustration einer Person (auch am Arbeitsplatz) in Aggression umgewandelt wird, die sich unmittelbar auf das frustrierende Objekt (Kollege, Vorgesetzte, Maschine o. a.) entlädt. Sabotageakte an Maschinen o. ä. können die Folge sein. In einer weiteren Fassung kann sich auch die Aggression auf andere Objekte (innerhalb wie außerhalb des Betriebes, z. B. Untergebene und Kinder) richten, die dann quasi als Ersatz dienen.

Führung

Der Begriff der Führung wird i. allg. in zwei verschiedenen Zusammenhängen verwendet: Zum einen als Unternehmungsführung, d. h. als Management eines Betriebes (→ Führungskonzeption); zum anderen als → Mitarbeiterführung, d. h. der Einflußnahme auf Mitarbeiter.

Führungseffizienz

Führungseffizienz (oft auch: Führungserfolg) ist allgemeiner Ausdruck dafür, daß die spezifische → Mitarbeiterführung zweckmäßig für die betriebliche Aufgabenstellung ist. Sie zu erklären und zu ermöglichen ist explizites oder implizites Ziel von → Führungstheorien. Zu ihrer Bestimmung werden unterschiedliche ökonomische und soziale bzw. individuelle → Kriterien herangezogen.

Lit.: Neuberger 1990, Berthel 1991

Führungseigenschaften (→ Eigenschaftsansätze der Führung)

Führungsforschung (→ Führungstheorien)

Führungsgespräch (→ Mitarbeitergespräch)

Führungsgrundsätze

Führungsgrundsätze beschreiben (oft synonym: Führungsleitlinien, Führungsrichtlinien, Führungsanweisungen, Verhaltensleitlinien zur Führung) oder normieren relativ dauerhaft die grundsätzlichen Beziehungen zwischen Vorgesetzten und ihren Mitarbeitern. Sie sind Bestandteil einer → Führungskonzeption und Teilmenge von Unternehmungsgrundsätzen, schriftlich niedergelegt und sollen die betriebliche → Mitarbeiterführung vereinheitlichen sowie damit Basis für eine effiziente Führung bieten. Die Führungsgrundsätze können sich dabei auf die strukturelle Führung und damit bspw. auf Kompetenz-, Informations-, Entscheidungsregeln beziehen, aber auch die direkte Führung und das → Menschenbild beeinflussen.

Lit.: Wunderer 1987, 1992, 1993

Führungsinstrumente

Unter Führungsinstrumenten sind diejenigen Mittel und Verfahren zu verstehen, die im Rahmen von → Führungskonzeptionen in Verbindung mit → Führungsstilen zur Verhaltensbeeinflussung von Untergebenen eingesetzt werden. In der Literatur werden allerdings beim Begriff die Grenzen zwischen Führungsinstrument, -konzeption, -modell, -grundsatz und -technik nicht immer deutlich, insbes. was die Einordnung von Führungsinstrumenten in ein Begriffssystem betrifft. Im Hinblick auf den Wirkungsmechanismus der Führungsinstrumente lassen sich zwei Gruppen differenzieren: (1) Sog. *Strukturelle* bzw. organisatorische *Führungsinstrumente* gestalten Aufgaben-, Entscheidungs-, Kontroll- und Informationsprozesse im Rahmen von Führungs-

Führungskonzeption

situationen und wollen dadurch Mitarbeiterverhalten beeinflussen. Hierzu zählen insbes. folgende Instrumente: → Stellenbeschreibung, → Management-by-Techniken und Kommunikationsformen. (2) *Personale Führungsinstrumente* dienen dazu, unmittelbare Wirkungen auf das Mitarbeiterverhalten zu erzielen. Zu den Instrumenten zählen bspw.: → Personalbeurteilung, → Mitarbeitergespräch, → Anreizsysteme (i. w. S.). Der Einsatz von Führungsinstrumenten erfolgt i. d. R. aufgrund von Plausibilitätsüberlegungen, da deterministische Wirkungen bislang nicht nachgewiesen sind und wahrscheinlich auch nicht nachgewiesen werden können. Sie sind dabei nicht per se effektiv oder ineffektiv bzw. effizient oder ineffizient, sondern in ihrer Wirkung von der Situation und der Akzeptanz durch die Mitarbeiter abhängig.

Lit.: Drumm 1992

Führungskonzeption

Führungskonzeptionen (i. d. R. synonym: Managementkonzeption) dienen in der Diskussion i. d. R. als Ersatz für nicht funktionsfähige führungstheoretische Ansätze. Sie sollen einen Teil der Funktion von → Führungstheorien übernehmen. Dazu vereinfachen sie die Führungssituation der Mitarbeiter und/oder Vorgesetzten. I. d. R. wird auf Basis eines bestimmten → Menschenbildes oder bspw. unter Bezug auf eine spezifische Situation ein bestimmter Einsatz von → Führungsinstru-

menten propagiert oder bei einer einfachen Differenzierung der Situation auf eine konkrete Zuordnung von Führungsinstrumenten verzichtet. Als Bestandteile bzw. funktionale *Komponenten* einer Führungskonzeption kann man folgende fassen: Leitideen bzw. → Führungsgrundsätze, Planungssystem, Kontroll- bzw. Steuerungssystem, Organisationssystem, Informations- und Dokumentationssystem, Personalsystem (→ Personalmanagement). Sie dienen gewissermaßen als Führungsinstrumente dazu, sachbezogen wesentliche Gestaltungsparameter eines Betriebes auf Basis theoretischer Erkenntnisse zu strukturieren. Modellhafte Interpretationen und Ausgestaltungen von Führungskonzeptionen werden häufig als → Führungsmodelle bezeichnet.

Lit.: Wild 1974

Führungskraft

Führungskräfte (synonym: Manager) tragen Personal- und Sachverantwortung im Betrieb. Durch ihren hierarchisch relativ hohen Rang haben sie einen erheblichen Einfluß auf die Entscheidungsprozesse des in ihrer Verantwortung stehenden organisatorischen Teilbereiches. Sie sind diejenigen Mitarbeiter eines Betriebes, die an dessen Leitung, d. h. Planung, Ausführung und Kontrolle von Entscheidungen beteiligt sind, letztlich dadurch, daß sie diese Entscheidungen zu verantworten haben und/oder zu realisieren suchen (→ Leitende Angestellte). Differenziert wird häufig in Top-Manager, Middle-Manager und Lower-Manager, wobei die Differenzierungs- und Definitionskriterien unterschiedlich sind und oft im dunkeln bleiben.

Lit.: Welge 1992

Führungskräfteentwicklung

Bei der Führungskräfteentwicklung (synonym: Management Development) handelt es sich um eine Teilmenge der → Personalentwicklung, die sich auf die Qualifizierung von betrieblichen → Führungs- und Nachwuchskräften konzentriert.

Lit.: Berthel 1987, Weber 1987

Führungsleitlinien (→ Führungsgrundsätze)

Führungsmodelle

Führungsmodelle stellen zumeist praxisorientierte Konzepte mit idealtypischem und/oder normativem Charakter dar, die auf bestimmten → Führungstheorien beruhen. Zu differenzieren sind hier solche Modelle, die sich mit der Führung eines Betriebes beschäftigen (Management, Unternehmungsführung), und solche Modelle, die die Führung von Mitarbeitern zum Inhalt haben (→ Mitarbeiterführung). Erstere werden i. d. R. als „→ Management-by-Konzepte" diskutiert; sie gelten vielfach als modellhafte Ausgestaltungen – einzelner Komponenten – von → Führungskonzeptionen. Letztere sind im Zeitablauf aus unterschiedlichen Perspektiven als Soll-Konzepte der betrieblichen Praxis angebo-

ten worden: → Führungsmodell nach *Hersey/ Blanchard*, → Drei-D-Modell von *Reddin*, → Verhaltensgitter von *Blake/Mouton*, → System 1 - 4 von *Likert*, → Kontingenzmodell von *Fiedler*, → normatives Entscheidungsmodell von *Vroom/Yetton* u. a. m.

Lit.: Berthel 1991, Gabele 1992, Staehle 1992, Seidel 1993

Führungsmodell von *Hersey/Blanchard*

Hersey/Blanchard haben auf Basis des → Drei-D-Modells von *Reddin* ein situatives → Führungsmodell (→ Situationstheorien der Führung) entwickelt. Sie differenzieren vier verschiedene → Führungsstile, die sich aus der Kombination der beiden Verhaltensdimensionen „Aufgabenorientierung" und „Personenorientierung" ergeben: autoritärer (S 1), integrierender (S 2), partizipativer (S 3) und delegierender (S 4) Führungsstil. Diese Führungsstile gelten für sie nur in unterschiedlichen Situationen als effektiv. Die Situation operationalisieren sie mit dem „Reifegrad der Mitarbeiter", der in Relation zur jeweiligen Aufgabe steht und aus den Kategorien „Funktionsreife" (v. a. → Fähigkeiten, Kenntnisse) und „Psychologische Reife" (v. a. → Motive und Motivation) ermittelt werden soll. Der Reifegrad wird in vier verschiedene Stadien differenziert:

M 1: „unreife" Mitarbeiter (Motivation, Kenntnisse und Fähigkeiten fehlen weitgehend);

Führungsmodell von Hersey/Blanchard

M 2: Mitarbeiter mit geringer bis mäßiger Reife (Motivation generell vorhanden, aber fehlende Fähigkeiten);

M 3: Mitarbeiter mit mäßiger bis hoher Reife (Fähigkeiten generell vorhanden, aber fehlende Motivation)

M 4: „reife" Mitarbeiter (Motivation, Kenntnisse und Fähigkeiten vorhanden).

Je nach Reifestadium gelten unterschiedliche Führungsstile als effektiv. Die Vorgesetzten haben demnach aufgabenspezifisch den Reifegrad der Mitarbeiter zu ermitteln (und z. T. auch zu entwickeln) und dementsprechend situativ ihren Führungsstil zu wählen. Welche dies sind, wird in der Abbildung durch eine „Glockenkurve" veranschaulicht.

Kritisch anzuführen ist an dem Führungsmodell v. a. folgendes: Reduzierung der Führungssituation auf einen einzigen Faktor („Reifegrad"), fehlende inhaltliche Definition der Effektivität von Führung, Vernachlässigung der tatsächlichen Realisierbarkeit der Führungsstile.

Lit.: Hersey/Blanchard 1977, Neuberger 1990, Berthel 1991, Staehle 1991

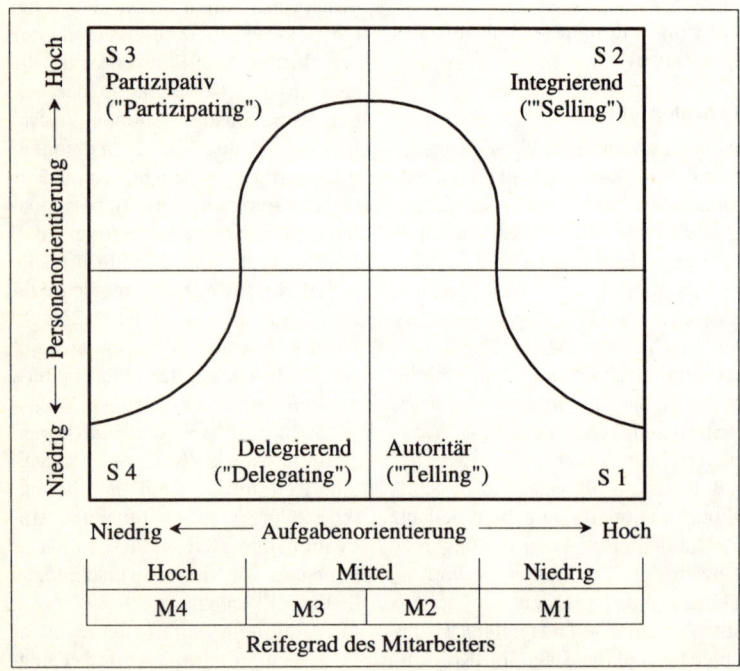

Situatives Führungsmodell von Hersey/Blanchard

Führungspsychologie (→ Betriebspsychologie)

Führungsrichtlinien (→ Führungsgrundsätze)

Führungsstil

Als Führungsstil (zumeist synonym: Führungsverhalten) wird i. d. R. die Art und Weise verstanden, in der → Führungskräfte sich ihren Mitarbeitern gegenüber verhalten, d. h. ihre Führungsfunktion ausüben (→ Mitarbeiterführung). Es handelt sich hierbei um ein zeitlich relativ überdauerndes und in bezug auf verschiedene Situationen konstantes Führungsverhalten der Vorgesetzen gegenüber ihren Untergebenen zur Aktivierung und Steuerung des → Leistungsverhaltens der Mitarbeiter. In der Literatur werden eine Reihe von realtypischen wie auch idealtypischen Führungsstiltypologien differenziert. Die einflußreichsten Typologien werden im folgenden näher dargelegt.

Der sog. *eindimensionale Ansatz* knüpft an die Unterscheidung zwischen „autoritärem" und „demokratischem" Führungsstil (→ *Iowa-Studien*) an. Sie wird teilweise noch auf einem Führungsstilkontinuum abgestuft differenziert: partriarchalisch informierend, beratend, kooperativ, partizipativ. Die auf diesen Unterscheidungen beruhenden Ansätze untersuchen i. d. R. nur den Grad der Entscheidungspartizipation. Diese Dimension wurde von *Tan-*

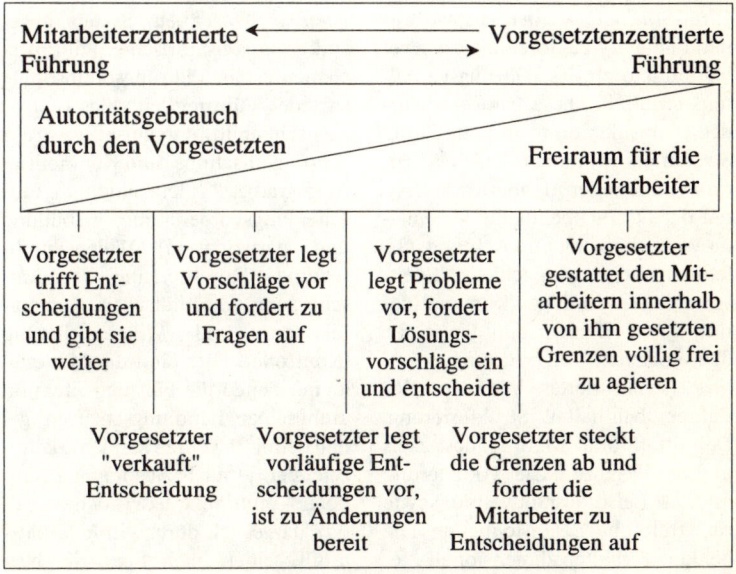

Führungsstile nach Tannenbaum/Schmid

nenbaum/Schmidt anhand eines Kontinuums schematisch dargestellt (s. Abbildung). Je nachdem, welche der Verhaltensmöglichkeiten ein Führer wählt, übt er einen mehr oder weniger autoritären bzw. partizipativen Führungsstil aus. Der *Vorteil* des eindimensionalen Ansatzes ist zweifellos seine Verständlichkeit. Da lediglich eine Dimension des Führungsprozesses betrachtet wird, ist er jedoch zur Beschreibung unzulänglich.
Die sog. *zweidimensionalen Ansätze* orientieren sich an zwei Verhaltensweisen von Vorgesetzten. Dabei wird unterschieden in mehr aufgabenorientierte und in mehr mitarbeiterorientierte Führungsstile. Die Bezeichnungen sind allerdings oft unterschiedlich. In den bekannten → *Ohio-Studien* wurden bspw. anhand einer → Faktorenanalyse zwei Hauptfaktoren des Führungsverhaltens ermittelt. Diese Faktoren wurden „Consideration" und „Initiating Structure" genannt: (1) *Consideration* (mitarbeiterorientiertes Verhalten der Führer) beinhaltet allgemeine Wertschätzung und Achtung, Offenheit und Zugänglichkeit, Bereitschaft zur zweiseitigen Kommunikation sowie Einsatz und Sorge für den einzelnen. (2) *Initiating Structure* (strukturiertes Verhalten der Führer) beinhaltet: Strukturierung, Definition und Klärung des Ziels und der Wege zum Ziel, Aktivierung und → Leistungsmotivation sowie Kontrolle und Beaufsichtigung. Die beiden Verhaltensdimensionen stehen in einer Wechselwirkung zueinander. Eine solche Differenzierung wurde - mit unterschiedlichen Bezeichnungen und z. T. auch mit voneinander abweichenden Thesen über die Zusammenhänge - in verschiedenen, v. a. empirischen Forschungsansätzen und -modellen aufgegriffen (v. a. → *Ohio-Schule,* → *Michigan-Schule,* → Führungsmodell von *Blake/Mouton*). Eine umfassende Beschreibung und Analyse der Führungsprozesse ist mit den zweidimensionalen Ansätzen nicht möglich. Es wird fast ausschließlich das Verhalten der Führer ohne Beachtung des situationalen Kontextes untersucht.
Die Vertreter *vieldimensionaler Ansätze* haben den Grundgedanken von *Tannenbaum/Schmidt* weiterentwickelt. Sie führen, wie z. B. *Bleicher/Meyer,* ein System abgestufter organisatorischer Führungselemente ein: Führungsphilosophie (Art des Führungsleitbildes und → Menschenbild), Organisationsstruktur (Organisations- und Konkretisierungsgrad), Willensbildung (Entscheidungsvorbereitung, -bildung und -partizipation), Willensdurchsetzung (Durchsetzung der Entscheidung, Autoritätsbasis, Kommunikation) und Willenssicherung (Kontrolle). Dies sind die Merkmale, mit denen die Führungssituation unmittelbar handlungsbezogen genau definiert werden kann. Sie kennzeichnen je nach Ausprägung (unipolar – multipolar bzw. hoch – niedrig), dargestellt durch ein Polaritätsprofil, einen mehr partizipativen oder autoritären Führungsstil. Inter-

essant ist der Ansatz, weil die dichotome Sichtweise zugunsten einer differenzierten vieldimensionalen Anschauung aufgegeben wird, und zudem verschiedene Merkmalsausprägungen zugelassen sind. Eine lediglich auf der Willensbildung bzw. auf die Orientierung des Führers beschränkte Charakterisierung des Führungsstils vernachlässigt andere wesentliche Aspekte. In der jüngeren Literatur wird daher die Zahl der (Verhaltens-)Dimensionen erweitert; nur so ist eine hinreichend genaue Beschreibung des Führungsstils möglich: Siehe hierzu die Abbildung zum vieldimensionalen Analyseansatz (S. 163/164).

		1 2 3 4 5 6 7	
Formalisierungsgrad	stark		schwach
Organisationsgrad	stark		schwach
Informationsbeziehung	bilateral		multi-lateral
Häufigkeit der Vorgesetzten-Mitarbeiter-Kontakte	selten		oft
Art der Willensbildung	individuell		kollegial
Verteilung der Entscheidungsaufgaben	zentral		dezentral
Art der Willensdurchsetzung	bilateral		multi-lateral
Verteilung der Implementierungsaufgaben	zentral		dezentral
Aufgabencharakter	generell		speziell
Art der Kontrolle	Fremd-kontrolle		Selbst-kontrolle
Verteilung der Kontrollaufgaben	zentral		dezentral
Handlungsmotive des/r Vorgesetzten	Pflicht; Leistung		Integration
Einstellung des/r Vorgesetzten zu Mitarbeitern	Mißtrauen		Offenheit

	1 2 3 4 5 6 7	
Handlungsmotive des/r Mitarbeiter/in	Sicherheit; Zwang	Selbständigkeit; Einsicht
Einstellung des/r Mitarbeiter/in zu Vorgesetzten	Respekt; Abwehr	Achtung; Vertrauen
Bindung der Mitarbeiter an das Führungssystem	schwach	stark
Mitarbeiterqualifikation	niedrig	hoch
soziales Gruppenklima	gespannt	stark
Grundlage des Kontraktes zwischen Vorgesetzten und Mitarbeiter	Abstand	Gleichstellung

Vieldimensionaler Analyseansatz von Führungssituation und -stil

Es ist der Nachteil des vieldimensionalen Ansatzes, daß die einzelnen Führungselemente lediglich auf Plausibilität und Intuition der Verfasser beruhen. Eine empirische Ermittlung bzw. Bestätigung wäre vorteilhafter. Ohne eine genaue Operationalisierung und theoretische Fundierung der Führungselemente ist dies jedoch nicht möglich. So sind auch die wahrscheinlich bestehenden Beziehungen zwischen den Elementen nicht bekannt. Als Heuristik für die Wahl des Führungsstils und die Analyse der Führungssituation sind die Elemente jedoch sehr hilfreich.

Lit.: Tannenbaum/Schmidt 1958, Bleicher/Meyer 1976, Staehle/Sydow 1987, Neuberger 1990, Steinle 1992a, v. Rosenstiel 1993

Führungsstiltypologien (→ Führungsstil)

Führungssubstitute, Theorie der

Fast sämtliche führungstheoretischen Ansätze gehen von der impliziten Annahme einer *hierarchischen Führung* (→ Mitarbeiterführung) aus, wenn es darum geht, Mitarbeiter zu überzeugen oder zu bestimmten Verhaltensweisen zu bewegen. Die Theorie der Führungssubstitute weist nun darauf hin, daß an Stelle dieser direkten Führung quasi alternativ ein „Führungsersatz" in Form von Strukturelementen bzw. Mechanismen der → Führungskonzeption treten kann (strukturelle Führung). Als *Führungssubstitute* gelten bspw.: → Qualifikation der untergebenen Mitarbeiter, Aufgabencharakter (routinemäßig, invariabel, befriedigend, monoton u. ä.), organisatorische Regelungen bspw. bez. Formalisierung, Spezialisierung, Örtlichkeiten. Diese „ersetzen" und/oder unterstützen Vorgesetztenverhalten. Teilweise wird der Theorie der Führungssubstitute zwar die Eigenschaft abgesprochen, ein führungstheoretischer Ansatz zu sein, soweit die einzelnen als Führungssubstitute wirkenden Faktoren jedoch gezielt zur Unterstützung eingesetzt werden, ergibt sich unstreitig ihre Zugehörigkeit zur → Führungstheorie. Strittig ist jedoch die Auswahl der Elemente, denen der Charakter von Führungssubstituten zugesprochen werden kann. Die hierzu durchgeführten empirischen Studien können lediglich zur Ideenfindung dienen.

Lit.: Kerr/Mathews 1987, Neuberger 1990, Berthel 1991

Führungstheorien

Führungstheorien haben die Beschreibung, Erklärung und Prognose von Bedingungen, Strukturen, Prozessen und Konsequenzen der → Mitarbeiterführung zum Inhalt. Ziel ist es letztlich auch, daß sie Gestaltungsempfehlungen für Führungsprozesse geben können. Bislang fehlen allerdings Führungstheorien, die erklären könnten, wie bspw. Vorgesetzte in bestimmten Situationen ihre Mitarbeiter beeinflussen müßten, um vorher definierte Ziele zu erreichen. Angesichts der Komplexität des Problemfeldes ist auch nicht zu erwarten, daß solche Theorien

oder gar eine allgemeine, integrierende Führungstheorie vorgelegt werden. Vielmehr liegt eine Vielzahl an verschiedenen, teilweise sich ausschließenden und/oder in ihren Kernaussagen veralteten, teilweise aufeinander aufbauenden bzw. weiterentwickelten theoretischen Ansätze vor: → Eigenschaftsansätze der Führung, → Verhaltensansätze der Mitarbeiterführung, → Situationstheorien der Führung, → Ökonomische Theorien der Führung, Theorien der → Führungssubstitute, → Interaktionsansätze der Führung. Mitarbeiterführung ist ein multifaktorielles Geschehen, bei dessen Erforschung man bei jedem der relevanten Faktoren (Führer, Geführte, betriebliche Strukturen und Prozesse, Aufgaben, externes Umfeld etc.) ansetzen kann. Insofern ist die Berücksichtigung einer Vielzahl an Variablen und deren Interaktionen eine conditio sine qua non im Rahmen der Führungsforschung, selbst wenn dies mit zur Verhinderung einer einheitlichen Führungstheorie beiträgt. Hilfsweise bezieht man sich daher oft auf → Führungskonzeptionen und → Führungsmodelle.

Lit.: Reber 1987, 1992, Neuberger 1990, Staehle 1992, Wunderer 1993

Führungsverhalten (→ Führungsstil)

Führung von unten

Führung von unten ist Ausdruck für die gezielte Einflußnahme von Mitarbeitern auf das Denken und Handeln von Vorgesetzten, so daß diese - bewußt oder unbewußt - sich im Sinne der Untergebenen verhalten (anders dagegen die → hierarchische Führung). Auf subtile oder auch deutliche Art können Mitarbeiter ihren Vorgesetzten verdeutlichen, daß Dienst nach Vorschrift, Leistungszurückhaltung, → Fehlzeiten, (innere) → Kündigung bis hin zur Sabotage Druckmittel – im grauen Bereich – sind, um bestimmte Ziele zu erreichen (→ Mikropolitik). Gezielte Informationspolitik kann ähnliches bewirken.

Lit.: Neuberger 1990

Fürsorgepflicht des Arbeitgebers

Die Fürsorgepflicht des → Arbeitgebers gegenüber dem → Arbeitnehmer betrifft die Verpflichtung zur Einhaltung von Arbeitsschutzbestimmungen (→ Arbeitsschutz), zur Einrichtung und Erhaltung hygienischer Einrichtungen, zur angemessenen Rücksichtnahme auf familiäre Ereignisse, auf die Einhaltung des → Gleichbehandlungsgrundsatzes und weitere Verpflichtungen. Sie stellt das Pendant zur → Treuepflicht des Arbeitnehmers dar.

G

Gedinge

Unter Gedinge ist die allgemein übliche Form eines leistungsabhängigen → Entgelts im Untertagebergbau zu verstehen.

Gefahrstoffverordnung (Verordnung über gefährliche Stoffe - GefStoffV)

Die GefStoffV als Teil des → Arbeitsschutzes regelt die zu treffenden Vorkehrungen für die Vermarktung und den Umgang mit giftigen, ätzenden, krebserregenden, entzündlichen und anderen gefährlichen Stoffen. Zweck der Verordnung ist es, den Menschen vor arbeitsbedingten und sonstigen Gesundheitsgefahren sowie die Umwelt vor stoffbedingten Schädigungen zu schützen.

Gehalt (→ Entgelt)

Gehorsamspflicht

Die Gehorsamspflicht des → Arbeitnehmers entspricht dem → Direktionsrecht des → Arbeitgebers. Soweit nämlich ein solches Weisungsrecht besteht, ist der Arbeitnehmer verpflichtet, einer entsprechenden Weisung Folge zu leisten.

Geldakkord (→ Akkordlohn)

Genfer Schema

Auf einer internationalen Konferenz in Genf wurden 1950 Anforderungsarten (→ Anforderungen) zur Verwendung bei analytischen Verfahren der → Arbeitsbewertung vorgeschlagen. Diese heute allgemein als Genfer Schema bezeichnete Taxonomie war vielfach Ausgangspunkt für später entwickelte Vorgehensweisen. Es differenziert dabei in vier Hauptanforderungskategorien und desweiteren – basierend auf einer Unterscheidung in muskelmäßige Ausprägungen oder nicht muskelmäßige Ausprägungen – letztendlich in sechs anzuwendende Anforderungsarten. Siehe hierzu die Abbildung zum Genfer Schema auf S. 168.

Lit.: Bartölke u. a. 1981, REFA 1985, Maier 1988

Gesamtbetriebsrat

Bestehen in einem Betrieb mehrere → Betriebsräte, so ist nach → Betriebsverfassungsgesetz ein Gesamtbetriebsrat einzurichten. Jeder einzelne Betriebsrat entsendet in ihn, wenn ihm Vertreter beider Gruppen (→ Angestellte und → Arbeiter) angehören, zwei seiner Mitglieder (jeweils eines aus jeder Gruppe), wenn ihm Vertreter nur einer Gruppe angehören, eines seiner Mitglieder. (Die Anzahl kann durch → Tarifvertrag und → Betriebsvereinbarung verändert werden.) Ersatzmitglieder und Nachrücker sind im vorhin-

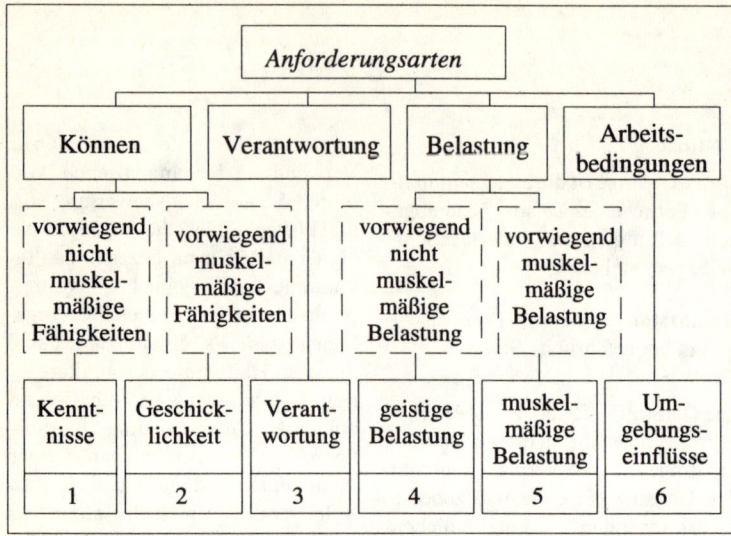

Anforderungsarten			
Können	Verantwortung	Belastung	Arbeits-bedingungen
vorwiegend nicht muskel- mäßige Fähigkeiten	vorwiegend muskel- mäßige Fähigkeiten	vorwiegend nicht muskel- mäßige Belastung	vorwiegend muskel- mäßige Belastung
Kennt- nisse	Geschick- lichkeit	Verant- wortung	geistige Belastung	muskel- mäßige Belastung	Um- gebungs- einflüsse
1	2	3	4	5	6

Anforderungsarten des Genfer Schemas

ein ebenfalls festzulegen. Jedes Mitglied des Gesamtbetriebsrats hat so
viele Stimmen, wie in dem Betrieb,
in dem es gewählt wurde, wahlberechtigte Angehörige seiner Gruppe
in der Wählerliste eingetragen sind.
Die *Zuständigkeit* des Gesamtbe-
triebsrates bezieht sich auf Angelegenheiten, welche die Gesamtunter-
nehmung oder mehrere Betriebe betreffen und die nicht von einzelnen
Betriebsräten innerhalb ihrer Betriebe geregelt werden können. Eine
Überordnung des Gesamtbetriebsra-
tes über die Betriebsräte ist nicht gegeben. Der Gesamtbetriebsrat kann
einen Gesamtbetriebsausschuß ein-
richten.

**Gesamt-Jugend- und Auszubilden-
denvertretung**

Analog zum → Gesamtbetriebsrat
ist nach → Betriebsverfassungsgesetz in einem Betrieb, indem mehrere → Jugend- und Auszubildendenvertretungen bestehen, eine Gesamt-
Jugend- und Auszubildendenvertretung zu bilden. (Eine Konzern-Ju-
gend- und Auszubildendenvertretung kann jedoch nicht errichtet
werden.) In die Gesamt-Jugend-
und Auszubildendenvertretung entsendet jede Jugend- und Auszubildendenvertretung ein Mitglied (Die
Anzahl kann durch → Tarifvertrag
und → Betriebsvereinbarungen verändert werden.). Für dieses Mitglied
ist im vorhinein zudem ein Ersatz-
mitglied zu bestellen sowie die Rei-

henfolge des Nachrückens festzulegen. Die Stimmenzahl eines einzelnen Gesamt-Jugend- und Auszubildendenvertreters hängt von der Anzahl der in der Wählerliste eingetragenen Jugendlichen und Auszubildenden des entsendenden Betriebes bzw. der entsendenden Betriebe ab.

Gesamtquote (→ Erfolgsbeteiligung)

Gesamtschwerbehindertenausschuß

Besteht in Betrieben ein → Gesamtbetriebsrat, so wählen die → Schwerbehindertenvertretungen eine Gesamtschwerbehindertenvertretung nach dem → Betriebsverfassungsgesetz.

Gesamtsprecherausschuß

Bestehen in einem Betrieb mehrere → Sprecherausschüsse, ist nach dem → Sprecherausschußgesetz ein Gesamtsprecherausschuß zu errichten. In ihn entsendet jeder Sprecherausschuß ein Mitglied, wenngleich diese Regelung durch eine Vereinbarung zwischen → Arbeitgeber und Gesamtsprecherausschuß verändert werden kann. Für jedes Mitglied ist mindestens ein Erstatzmitglied sowie die Reihenfolge des Nachrückens festzulegen. Jedes Gesamtsprecherausschußmitglied hat so viele Stimmen, wie in dem Betrieb, in dem es gewählt wurde bzw. von den Betrieben, von denen es entsandt wurde, → Leitende Angestellte in der Wählerliste eingetragen sind. Die *Zuständigkeit* des Ge-

samtsprecherausschusses bezieht sich auf Angelegenheiten, die die Unternehmung oder mehrere Betriebe der Unternehmung betreffen und nicht durch die einzelnen Sprecherausschüsse behandelt werden können. Eine Über- bzw. Unterordnung ist damit jedoch nicht gegeben.

Geschwindigkeitsprämie (→ Prämienlohn)

Gesetzliche Krankenversicherung (→ Krankenversicherung)

Gesetz über Bergmannsprämien (BergPG)

Nach dem BergPG erhalten → Arbeitnehmer des Bergbaus, die unter Tage beschäftigt sind, sog. Bergmannsprämien als → Entgeltzulage. Das Gesetz regelt neben dem betroffenen Personenkreis v. a. die Höhe der Prämie, die Gewährung der Prämien, die steuer- und sozialversicherungsrechtliche Behandlung sowie die Übertragbarkeit der Bergmannsprämien.

Gesetz über die Festsetzung von Mindestarbeitsbedingungen (MinArbBedG)

Grundsätzlich werden Regelungen über → Entgelte und sonstige → Arbeitsbedingungen durch → Tarifverträge festgelegt. Kommt es aber für einen Betrieb nicht zu Tarifverträgen, so kann das MinArbBedG eingreifen. Nach diesem Gesetz können Mindestarbeitsbedingungen festgesetzt werden, wenn → Gewerkschaften oder → Arbeitgeberverbände für den Wirtschaftszweig oder die Beschäftigungsart nicht bestehen oder nur eine Minderheit von → Arbeitgebern und → Arbeitnehmern umfassen, die Festsetzung von Mindestarbeitsbedingungen zur Befriedigung der notwendigen sozialen und wirtschaftlichen Bedürfnisse der Arbeitnehmer erforderlich erscheint und eine Regelung von Entgelten oder sonstigen Arbeitsbedingungen durch → Allgemeinverbindlichkeitserklärung eines Tarifvertrages nicht erfolgt ist. Das Gesetz ist bisher noch nicht angewendet worden.

Gesetz über technische Arbeitsmittel

Das Gesetz über technische Arbeitsmittel gilt für technische Arbeitsmittel, die der Hersteller oder Einführer gewerbsmäßig oder selbständig im Rahmen einer wirtschaftlichen Unternehmung in Verkehr bringt oder herstellt. Dabei sind technische Arbeitsmittel verwendungsfreie Arbeitseinrichtungen, v. a. Werkzeuge, Arbeitsgeräte, Arbeits- und Kraftmaschinen, Hebe- und Fördereinrichtungen sowie Beförderungsmittel. Das Gesetz regelt v. a. den Geltungsbereich, das Inverkehrbringen und Ausstellen von technischen Arbeitsmitteln sowie besondere Vorschriften für medizinisch-technische Geräte.

Gewerbeaufsicht

Der → Arbeitgeber hat für die Einhaltung der Normen des → Arbeits-schutzrechts zu sorgen. Daneben ist zusätzlich eine staatliche Instanz für die Einhaltung der diesbezüglichen Normen in Betrieben zuständig. Die staatliche Aufsicht erfolgt durch die Gewerbeaufsicht (*Gewerbeaufsichtsämter*), die für den gesamten → Arbeitsschutz zuständig ist, bei ihrer Funktion polizeiliche Befugnisse hat und Zwangsmaßnahmen verordnen kann. Neben der Gewerbeaufsicht werden auch noch staatliche Gewerbeärzte überwachend tätig, ebenso wie die technischen Aufsichtsbeamten der → Berufsgenossenschaften als Träger der gesetzlichen → Unfallversicherung. Auch diese können bei Verstößen Ordnungsstrafen gegen den Arbeitgeber und in Ausnahmefällen auch gegen den → Arbeitnehmer verhängen.

Gewerbeordnung (GewO)

Die GewO ist das älteste Gesetz, das sich mit dem → Arbeitsverhältnis beschäftigt. Es enthält Bestimmungen für die gewerblichen → Arbeitnehmer sowie die Norm, durch die das Arbeitsverhältnis in der gewerblichen Wirtschaft dem Prinzip der Vertragsfreiheit unterstellt wurde, allerdings nur insoweit, als sie nicht durch zwingende bundesgesetzliche Bestimmungen aufgehoben oder beschränkt ist. Arbeitsschutzrechtlichen Charakter (→ Arbeitsschutz) tragen die Bestimmungen über Sonn- und Feiertage, über den Lohnschutz, die → Fürsorgepflicht sowie den Betriebsschutz. Die GewO statuiert darüber hinaus das sog. → Direktionsrecht des → Arbeitgebers, welches über sie hinaus allgemein im Arbeitsverhältnis gilt.

Lit.: Friauf 1993

Gewerkschaften

Bei Gewerkschaften handelt es sich um auf Dauer angelegte, freie Arbeitnehmerverbände zur kollektiven Vertretung gemeinsamer Interessen gegenüber → Arbeitgebern und deren Verbänden (→ Arbeitgeberverbände), vor staatlichen Organen und in der Öffentlichkeit. Durch die → Koalitionsfreiheit ist jeder berechtigt, sich an der Gründung einer Gewerkschaft zu beteiligen, dieser Koalition beizutreten oder aus ihr auszusteigen. Primär treten die Gewerkschaften für ihre Mitglieder auf; sie begreifen sich aber in sehr vielen Fällen als Repräsentanten aller → Arbeitnehmer. Bei Gewerkschaften handelt es sich um arbeitskampffähige und -bereite Koalitionen (→ Arbeitskampf). (Dies gilt bis auf die Ausnahme der Beamtengewerkschaften.) Die Gewerkschaften müssen in Deutschland überbetrieblich sein, d. h. über einen einzelnen Betrieb hinausgehen. Dies sind Eigenarten des deutschen Rechts. In anderen Ländern, in den USA und Großbritannien, existieren z. B. Betriebsgewerkschaften. Zudem sind in diesen Ländern z. T. → Tarifverträge erlaubt, die die Mitgliedschaften einer bestimmten Gewerkschaft zur Bedingung des → Arbeitsverhältnisses machen ("Union"). In der BRD bestehen verschiedene Gewerkschaftsverbände, die unterschiedlich organisiert sind:

● Beim *Deutschen Gewerkschaftsbund* (DGB) handelt es sich um die Spitzenorganisation von verschiedenen Einzelgewerkschaften in der Bundesrepublik Deutschland mit Sitz in Düsseldorf. Der DGB ist die größte deutsche Arbeitnehmerorganisation mit 17 Einzelgewerkschaften, darunter die IG Metall, IG Chemie, IG Bergbau usw. Das *Einheitsgewerkschaftsprinzip* (Organisation der Arbeitnehmer unabhängig von deren politischer Richtung; Gegensatz: Richtungsgewerkschaft) und das *Industrieverbandsprinzip* (Organisation nach Industriezweigen unabhängig von der Berufszugehörigkeit) herrschen heute – zumindest eim DGB - vor. Im Rahmen des DGB bestehen allerdings auch *Berufsgewerkschaften*. Bei ihnen handelt es sich um einen Zusammenschluß von Arbeitnehmern eines bestimmten Fachgebietes. Der DGB ist in 3 Ebenen gegliedert, nämlich in Bund, Landesbezirke und Kreise. Deren Organe sind Bundeskongreß, Bundesausschuß, Bundesvorstand, Revisionskommission, Landesbezirkskonferenz, Landesbezirksvorstand, Kreisdelegiertenversammlung und Kreisvorstand.

● Die *Deutsche Angestelltengewerkschaft* (DAG) versteht sich als Interessenvertretung der Angestellten generell; sie ist nach Berufsgruppen regional gegliedert.

Gewinnbeteiligung

- Der *Deutsche Beamtenbund* (DBB) will die rechtlichen, wirtschaftssozialen und beruflichen Interessen seiner Mitglieder fördern. Er ist Dachorganisation von verschiedenen Landesbünden, Bundesbeamtenverbänden und Bundesfachverbänden. Er verteidigt das Berufsbeamtentum.
- Der *Christliche Gewerkschaftsbund Deutschlands* (CGB) versteht sich als eine christlichen Werten verantwortliche Gewerkschaft.

Der Einfluß auf Betriebs- bzw. Unternehmungsebene hängt v. a. vom Organisationsgrad der Gewerkschaften ab.

Lit.: Hirsch-Weber 1992, Perner/Wendeling-Schröder 1992, Wächter 1993

Gewinnbeteiligung

Bei der Gewinnbeteiligung als eine Form der betrieblichen → Erfolgsbeteiligung wird der Gewinn eines Betriebes, wie auch immer definiert, als Beteiligungsbasis verwendet:

- Bei der *Ausschüttungsgewinnbeteiligung* gilt die Höhe der ausgeschütteten Dividenden als Beteiligungsbasis. Sie kommt speziell bei Aktiengesellschaften in Frage. Zwei Formen sind üblich: Beim sog. *Dividendensatzverfahren* wird den beteiligten Mitarbeitern der gleiche Satz, den die Anteilseigner erhalten (oft nach Abzug einer Vordividende), prozentual zur Entgeltsumme zugesprochen. Dieses relativ einfache Verfahren

ist besonders bei lohnintensiven Betrieben wegen der entstehenden finanziellen Belastung problematisch. Beim sog. *Dividendensummenverfahren* erhalten die beteiligten Mitarbeiter einen bestimmten Anteil der Dividendensumme unabhängig von der Entgeltsumme. Ein niedriger → Personalbestand führt daher zu höheren Individualquoten.

- Bei der *Unternehmungsgewinnbeteiligung* gilt üblicherweise der Gewinn der Steuerbilanz als Beteiligungsbasis. Diese Erfolgsgröße wird noch um kalkulatorische Kosten (bspw. Eigenkapitalverzinsung, Unternehmerlohn, Risikoprämie u. ä.) gekürzt.
- Mit der *Substanzgewinnbeteiligung* wird versucht, die Mitarbeiter und die Kapitaleigner in gewisser Hinsicht gleichzustellen. Als Beteiligungsbasis wird der Bilanzgewinn um Veränderungen des Substanzwertes korrigiert. Der Substanzwert ist jedoch sehr schwierig feststellbar, von daher wird er als Beteiligungsbasis kaum praktiziert.

Lit.: Gaugler 1975, Berthel 1991

Gleichbehandlungsgrundsatz

Das Grundgesetz (GG) der Bundesrepublik Deutschland garantiert in Artikel 3 die Gleichheit vor dem Gesetz (Gleichbehandlungsgrundsatz). Danach sind alle Menschen vor dem Gesetz gleich. Niemand darf wegen seines Geschlechts, seiner Abstammung, seiner Rasse, seiner Sprache, seiner Heimat und Herkunft, seines Glaubens, seiner religiösen oder politischen Anschauungen benachteiligt oder bevorzugt werden. Nach herrschender Verfassungsrechtslehre binden die Grundsätze der Verfassung nur den Staat bei der Bestimmung der Rechtsstellung seiner Bürger durch Rechtsnormen und Einzelakte, im Verhältnis der Bürger untereinander entfalten sie ihre Wirkung nicht. Durch die EU-Richtlinie „Richtlinie des Rates zur Verwirklichung des Grundsatzes der Gleichbehandlung von Männern und Frauen hinsichtlich des Zugangs zur Beschäftigung, zur Berufsausbildung und zum beruflichen Aufstieg in bezug auf die Arbeitsbedingungen" soll die im Grundgesetz statuierte Gleichberechtigung von Mann und Frau im gesamten → Arbeitsrecht für den → Arbeitgeber bindend verwirklicht werden. Es handelt sich hier insbes. um eine Einfügung von Paragraphen ins BGB. Dieses verbietet bspw. dem Arbeitgeber, einen → Arbeitnehmer bei einer Vereinbarung oder bei Maßnahmen, die in einem konkreten Bezug zum → Arbeitsverhältnis stehen, wie z. B. Begründung eines Arbeitsverhältnisses, beruflicher Aufstieg, Weisung und → Kündigung, wegen seines Geschlechtes zu benachteiligen (→ Benachteiligung).

Lit.: Pfarr/Bertelsmann 1985

Gleichgestelltenbeurteilung

Die Gleichgestelltenbeurteilung (synonym: Kollegenbeurteilung,

„peer assessment") stellt eine spezifische Variante der → Personalbeurteilung dar. Als Beurteiler fungieren die hierarchisch in etwa gleichgestellten und im gleichen organisatorischen Bereich tätigen Kollegen eines zu beurteilenden Mitarbeiters. Dies geschieht mit Hilfe eines spezifischen → Beurteilungsformulars. Ziel ist es, die Kenntnisse der Kollegen zur Einschätzung der → Leistung und/oder → Qualifikation der Mitarbeiter zu nutzen. Die Beurteilung wird i. d. R. so durchgeführt, daß alle Kollegen von Kollegen gleichzeitig beurteilt werden.

Lit.: Domsch/Gerpott/Jochum 1983, Jochum 1987

Gleichheitstheorie von *Adams*

Bei der Gleichheitstheorie („equity theory") von *Adams* handelt es sich um eine in den 60er Jahren in enger Anbindung an die → Austauschtheorien aufgestellte → Motivationstheorie. Sie basiert auf folgenden Thesen: Mitarbeiter stellen laufend Vergleiche zwischen ihren betrieblichen Leistungen (Inputs) und den dafür erhaltenen → Belohnungen (Outputs) sowie den Inputs ihrer unmittelbaren Kollegen und deren Outputs an. Die → Motive und Motivation sowie letztendlich das Mitarbeiterverhalten hängt nun davon ab, ob sie sich „gerecht" oder „ungerecht" gegenüber diesen Kollegen vom Betrieb behandelt fühlen. Kommt im Rahmen dieses Vergleichs ein Ungerechtigkeitsgefühl auf, so versucht ein Mitarbeiter - gemäß des Ansatzes - einen als gerecht empfundenen Zustand durch Veränderung des Inputs, durch Einwirkung auf die Vergleichsperson oder auf den Betrieb hinsichtlich der Outputs zu erreichen. Zudem besteht die Möglichkeit, eine andere vergleichbare Person zu wählen oder letztendlich auf weitere Vergleiche zu verzichten und zu resignieren. Für den Betrieb bedeutet diese relativ einfache Aussage, daß er stets bemüht sein sollte, eine interne Gerechtigkeit bzw. Gleichheitssituation herbeizuführen.

Lit.: Adams 1963, Wunderer/Grunwald 1980, Wiswede 1991

Gleitender Ruhestand (→ Pensionierung)

Gleitzeitarbeit

Die Gleitzeitarbeit (synonym: gleitende → Arbeitszeit, Gleitarbeitszeit) betrifft eine organisatorische Regelung der → Arbeitszeitflexibilisierung, bei der die → Arbeitnehmer innerhalb einer bestimmten festgelegten Zeitspanne (sog. *Gleitzeitspanne*), z. B. von 7 – 9 Uhr sowie 16 – 19 Uhr, Arbeitsbeginn und Arbeitsende selbst bestimmen können. Dabei sind sie lediglich an eine sog. *Kernzeit* gebunden, in der sie im Betrieb anwesend sein müssen.

Zwei grundsätzliche Modelle lassen sich differenzieren: (1) Bei dem einen Modell ist die Lage der Arbeitszeit variabel. Innerhalb der Gleitzeit ist Beginn und Ende der täglichen Arbeitszeit selbst bestimmbar, aber eine gleiche tägliche (und wöchentliche) Dauer der Arbeitszeit ist Bedingung. Diese Variante wird allerdings selten praktiziert. (2) Beim zweiten Modell ist sowohl die Lage als auch die Dauer der Arbeitszeit variabel. Vom Arbeitnehmer ist beides selbst bestimmbar und zwar innerhalb der Gleitzeitregelungen (frühester Beginn und spätestes Ende der täglichen Arbeitszeit; Grenzen von Arbeitszeitguthaben und -schulden). In einem bestimmten Abrechnungszeitraum ist bei der Gleitzeitarbeit die vorgeschriebene Gesamtarbeitszeit zu erbringen. Am Ende des Abrechnungszeitraumes (z. B. ein Monat) muß entweder die vorgeschriebene Stundenzahl geleistet sein oder Zeitguthaben bzw. Zeitschulden (z. B. max. 10 Stunden) müßten in der Folgezeit ausgeglichen werden. Die Vor- und Nachteile der Gleitzeitarbeit sind der Abbildung zu entnehmen.

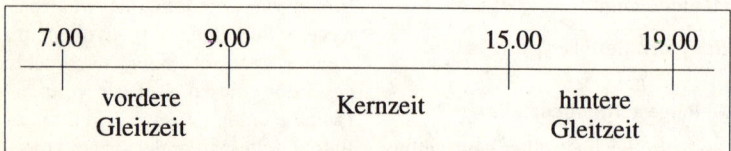

Gleit- und Kernzeiten am Beispiel

| Bewertung der Gleitzeitarbeit | | | |
| aus der Sicht der Arbeitnehmer | | aus der Sicht der Arbeitgeber | |
Vorteile	Nachteile	Vorteile	Nachteile
– teilweise Aufhebung der Fremdbestimmung – Verminderung der Belastungen – bessere Freizeitnutzungsmöglichkeiten	– Verdichtung der Arbeit (durch Wegfall geduldeter Fehlzeiten) – Selbstüberforderung, z. B. durch Ansammlung von Zeitguthaben – das normale Unpünklichkeitsrisiko, z. B. verspätetes Verkehrsmittel, wird übernommen	– Verminderung bezahlter Fehlzeiten – Steigerung der Arbeitsintensität – besseres Betriebsklima	– höhere Anforderungen an Koordination und Flexibilität des Arbeitsablaufes – die Einrichtung des Gleitzeitsystems generell

Vor- und Nachteile der Gleitzeitarbeit

Goldener Fallschirm

Manager mit noch laufendem Vertrag, die aufgrund von fehlender → Qualifikation, Fehlern, Unstimmigkeiten mit Aufsichtsorganen oder Eigentümern, organisatorischen Veränderungen o. a. den Betrieb verlassen sollen, erhalten im Rahmen eines → Aufhebungsvertrages i. d. R. eine → Abfindung zugesagt. Der „goldene Fallschirm" („golden parachute") stellt nun einen Ausdruck für besonders üppige finanzielle Abfindungen dar, damit ihnen eine „sanfte Landung" nach dem zwangsweisen Ausscheiden aus ihrer Position ermöglicht und eine gerichtliche Auseinandersetzung vermieden wird.

Graphologische Gutachten (→ Schriftbildanalyse)

Gratifikation

Gratifikationen sind eine Sondervergütung, die der → Arbeitgeber seinen → Arbeitnehmern zusätzlich zum regulären → Entgelt nicht für Leistungen, sondern meist zu besonderen Anlässen zahlt. Sie sollen zugleich Anlaß zum Verbleiben im Betrieb und Ansporn für weitere

Pflichterfüllung sein. Als *Anlässe* kommen z. B. in Betracht: Weihnachten, → Urlaub, Jahresabschluß, Dienstjubiläum, Geschäftsjubiläum. Gratifikationen werden nicht selten mit Rückzahlungsklauseln verbunden, nach denen der Arbeitnehmer die Gratifikationen zurückzuzahlen hat, wenn bestimmte Ereignisse eintreten, wie z. B. die → Kündigung vor einem bestimmten zukünftigen Zeitpunkt. Diese Klauseln sind nur beschränkt zulässig. Gratifikationen sind bei freiwilliger Zahlung auch dann kein Geschenk, wenn der Arbeitgeber sie so bezeichnet; denn Zahlungen im Rahmen eines → Arbeitsverhältnisses haben grundsätzlich Entgeltcharakter. Der Arbeitgeber bestimmt die Höhe der Gratifikation, doch muß er dem → Gleichbehandlungsgrundsatz folgen. Auf eine freiwillig geleistete Gratifikation durch den Arbeitgeber besteht kein Rechtsanspruch. Eine Verpflichtung des Arbeitgebers zur Zahlung von Gratifikationen kann auf einem → Arbeitsvertrag, einer → Betriebsvereinbarung oder einem → Tarifvertrag beruhen. Sie kann sich dabei auch aus → betrieblicher Übung ergeben.

Gruppenakkord (→ Akkordlohn)

Gruppendruck

Mitglieder einer Gruppe schließen sich häufig bewußt oder unbewußt in ihrer Überzeugung und/oder ihrem Handeln der – vermeintlichen – Mehrheitsmeinung an (→ Gruppennormen). Der empfundene Erwartungsdruck anderer, maßgeblicher Gruppenmitglieder führt vielfach zu einer solchen Entwicklung – auch bei eigener gegenteiliger Ansicht. Abweichende Ansichten und Argumente werden so vielfach offen oder latent unterdrückt, nicht zur Kenntnis genommen oder nicht ernsthaft diskutiert. Arbeitsverhalten (→ Leistungsverhalten) kann verhindert, gezielt gesteuert, aber auch positiv beeinfluß werden.

Lit.: Wiswede 1991, v. Rosenstiel 1992

Gruppendynamik

Der Begriff der Gruppendynamik wird in zweifacher Hinsicht angewendet. Zum einen kann Gruppendynamik als Sammelbegriff für Techniken und Methoden verwendet werden, die bei der Jugend- und Erwachsenenbildung im nichttherapeutischen Bereich zu einer verbesserten Fremd- und Selbstwahrnehmung beitragen sollen (→ Gruppendynamische Trainingsverfahren). Zum anderen geht der Begriff „Gruppendynamik" auf den Begründer der Feldtheorie, *Lewin,* zurück, der damit diejenigen „Kräfte" beschrieb, durch die Veränderungen innerhalb von sozialen Gruppen verursacht werden.

Lit.: Dorsch 1982

Gruppendynamische Trainingsverfahren

Gruppendynamische Trainingsverfahren können als Instrumente der betrieblichen wie außerbetrieblichen → Fortbildung insbes. zur Bewußtmachung von Problembereichen und Verhaltensänderung eingesetzt werden. Verschiedene Varianten werden praktiziert: Einander fremde Personen („stranger groups") werden für längere Zeit (mehrere Tage unter der Spielregel des „Hier und Jetzt") zusammengeführt. Aber auch ganze → Arbeitsgruppen („family groups") können in einer weiteren Variante zur Aufarbeitung von Gruppenkonflikten (→ Konflikte, → Konfliktsteuerung) ein solches Training absolvieren.

Lit.: Dorsch 1982

Gruppenkohäsion

Gruppenkohäsion ist der Ausdruck für den inneren Zusammenhalt einer Gruppe (→ Arbeitsgruppen). Die psychologische Kraft, die sich auf die Mitglieder einer Gruppe auswirkt und sie veranlaßt, in der Gruppe zu bleiben und mit ihr konstruktiv zu arbeiten, wird von verschiedenen Faktoren beeinflußt, v. a.: dem Wert der Interaktion mit anderen Gruppenmitgliedern, dem Wert der Gruppenaktivitäten für die einzelnen, dem Ausmaß, in dem mit Hilfe der Mitgliedschaft weiterreichende Ziele (Prestige, → Entgelt) erreicht werden können, dem Ausmaß, in dem außerhalb der Gruppe attraktiver Nutzen erreichbar ist. Eine durchgehend hohe Attraktivität der Gruppe, d. h. eine geringe Streuung der individuellen Attraktivitätsgrade für die Mitglieder bzw. in der

Gruppe, bedeutet eine hohe Gruppenkohäsion und spricht für ein wahrscheinliches Weiterbestehen einer Gruppe et vice versa. Doch auch bei geringer Kohäsion kann ein Weiterbestehen der Gruppe gewährleistet sein. Dies ist dann der Fall, wenn die Gruppenmitglieder von der Gruppe abhängig sind oder es zumindest so empfinden. Eine hohe Gruppenkohäsion zeigt sich bspw. darin, daß → Absentismus und → Fluktuation gering sind sowie ein Füreinandereinstehen stärker ausgeprägt ist.

Lit.: v. Rosenstiel 1992

Gruppennormen

Unter Gruppennormen (sozialen → Normen) werden inhaltlich definierte, für obligatorisch erklärte, relativ konstante Regeln für Individual- wie Gruppenverhalten (→ Arbeitsgruppen) verstanden, die weitgehend akzeptiert werden sowie als Regulativ für zwischenmenschliches Verhalten fungieren. Sie sind Ausdruck für die von den Gruppenmitgliedern geteilte Erwartung, wie in bestimmten Situationen zu handeln ist. Diese Erwartung stellt sich einerseits als Zwang für eigene Handlungsweisen (→ Gruppendruck), andererseits aber auch als Entlastung in schwierigen Situationen dar. Die Normen werden aus → Werten abgeleitet und zwar insofern, als daß mit der Befolgung bzw. Mißachtung bestimmter Werte positive bzw. negative Sanktionen verbunden werden. Dort, wo Gruppen

Gruppenprämie

über eine relativ lange Zeit bestehen, zeigt sich, daß die Streuung der individuellen Verhaltensweisen generell zurückgeht und gewissermaßen ein standardisiertes Verhalten der Gruppenmitglieder zu beobachten ist. Dies erklärt sich durch die Wirkung der Gruppennormen.

Lit.: Herkner 1986, Wiswede 1991

Gruppenprämie (→ Prämienlohn)

Günstigkeitsprinzip

Das Günstigkeitsprinzip besagt im Rahmen eines → Arbeitsverhältnisses, daß bei Bestehen gesetzlicher Vorschriften, tariflicher Bestimmungen, → Betriebsvereinbarungen und → Arbeitsverträgen i. d. R. die günstigste Regelung für den → Arbeitnehmer anzuwenden ist.

Gütekriterien

Die Gütekriterien der empirischen Sozialforschung sind je nach Fokus unterschiedlich zu formulieren:

- Als Gütekriterien von Tests werden insbes. die → Reliabilität, die → Validität und die → Objektivität verstanden. Daneben werden in der Literatur noch die Normierbarkeit, die Vergleichbarkeit, die Ökonomie und die Nützlichkeit

eines Tests als „Nebengütekriterien" erwähnt. Die Gütekriterien sollen in erster Linie beschreiben und prüfen, inwieweit ein Meßvorgang wahre bzw. inhaltlich und methodisch haltbare Ergebnisse liefert. Die Wurzeln der Gütekriterien liegen in der klassischen Meß- und Testtheorie der Psychologie. Sie werden insbes. in der quantitativen → Personalforschung verwendet.

- Als Gütekriterien eines Beobachters bzw. Beurteilers gelten insbes. die → interindividuelle Urteilskonkordanz sowie die intraindividuelle Urteilskonkordanz. Diese Kriterien decken sich zwar z. T. mit den erstgenannten, betreffen aber mehr das Verhalten von Beobachtern/Beurteilern und sind insofern spezifischer zu definieren. Speziell bei der → Personalbeurteilung und der → Personalauswahl sind sie anzuwenden.

Die Gütekriterien werden in der jüngsten Vergangenheit im Hinblick auf die qualitative Forschung und die betriebliche → Personalforschung kritisiert.

Lit.: Lienert 1969, Atteslander 1991, Mayring 1993

H

Halo-Effekt (→ Beurteilungsfehler)

Halsey-**Lohn**(→ Prämienlohn)

Handelsvertreter

Als Handelsvertreter bezeichnet man eine Person, die gemäß Handelsgesetzbuch als selbständiger Gewerbetreibender ständig damit betraut ist, für einen anderen Betrieb Geschäfte zu vermitteln (Vermittlungsvertreter) oder in dessen Namen abzuschließen (Abschlußvertreter). Der Handelsvertreter ist demnach kein → Arbeitnehmer.

Handwerkerversicherungsgesetz (Gesetz über eine Rentenversicherung der Handwerker – HwVG)

Handwerker sind durch das HwVG eingegliedert in die → Rentenversicherung der → Arbeiter. Damit unterscheiden sich ihre Leistungsansprüche nicht von denen der sonstigen Versicherten. Besonderheiten gelten allerdings für die Dauer der Pflichtversicherung, für die Anrechnung von beitragslosen Zeiten und für die Höhe der zu leistenden Pflichtbeiträge.

Handwerkskammer

Handwerkskammern vertreten die Interessen der Handwerksbetriebe eines Bezirks. Sie bilden das Pendant zur → Industrie- und Handelskammer. Die Spitzenorganisation stellt der → Deutsche Handwerkskammertag dar. Nach dem „Gesetz zur Ordnung des Handwerks" (Handwerksordnung) gehören zu einer Handwerkskammer die selbständigen Handwerker und die Inhaber handwerksähnlicher Betriebe des Handswerkskammerbezirks sowie die Gesellen und → Auszubildenden dieser Gewerbetreibenden. Die Kammern haben u. a. folgende *Aufgaben*: Förderung der Interessen der Handwerker, Führung der Handwerksrolle, Regelung der → Berufsausbildung, Erlaß von Prüfungsordnungen (Gesellen- und Meisterprüfung) und Unterstützung von Fortbildungsmaßnahmen (→ Fortbildung).

Harzburger Modell

Unter dem Harzburger Modell, das insbes. von *Höhn* entwickelt wurde, wird ein geschlossenes → Führungsmodell verstanden. Kerngedanken sind: konsequente Aufgabendelegation (→ Delegation) und Führungsverantwortung seitens der Vorgesetzten, Handlungsverantwortung und Rückmeldepflicht seitens der Mitarbeiter v. a. bei Abweichungen. Die dezentrale Entscheidungsfindung sowie die partielle Selbstbestimmung der Mitarbeiter wird als Vorteil des Harzburger Modells angesehen. Demgegenüber steht allerdings eine Vielzahl von nachteiligen

Hauptfürsorgestelle

Effekten des Modells: enge Verhaltensvorschriften, die v. a. kreative Problemlösungen erschweren, Inflexibilität, Überbewertung formaler Regelungen, Vernachlässigung informaler Aspekte, Ressortdenken, Bürokratismus. Das Führungsmodell ist aufgrund dieser Aspekte umfangreicher Kritik ausgesetzt. In der Theorie wird es durchgängig abgelehnt.

Lit.: Höhn/Böhme 1979, Wunderer/Grunwald 1980, Höhn 1987

Hauptfürsorgestelle

Die Hauptfürsorgestelle hat nach dem → Schwerbehindertengesetz folgende Aufgaben: Erhebung und Verwendung der Ausgleichsabgabe, Beachtung des Kündigungsschutzes, begleitende Hilfe im Arbeits- und Berufsleben, eventuelle zeitweise Entwicklung des Schwerbehindertenschutzes.

Hausarbeitstag

Ein nur z. T. verfassungsgemäßes Vorrecht der erwerbstätigen Frau mit eigenem Hausstand ist das Recht auf einen arbeitsfreien Wochentag im Monat, den sog. Hausarbeitstag (oft synonym: Hausfrauentag) als Sonderform des Urlaubsanspruchs. Begründet wird er als Vorbeugung der Überbelastung der weiblichen → Arbeitnehmer. In der Bundesrepublik Deutschland existiert keine einheitliche rechtliche Regelung. Es gelten lediglich verschiedene Regelungen (Hausarbeitstagsgesetze) der Bundesländer (Bre-

men, Hamburg, Niedersachsen und Nordrhein-Westfalen), die sich insbes. darin unterscheiden, ob dieser Tag bezahlt oder unbezahlt bewilligt werden muß. Die Vorschriften sind jedoch verfassungswidrig, da nur verheirateten Frauen, nicht aber alleinstehenden Frauen und Männern ein Hausarbeitstag zusteht (→ Gleichbehandlungsgrundsatz). Bis zu einer gesetzlichen Neuregelung können jedoch die benachteiligten Arbeitnehmer keine Gleichbehandlung mit den vom Gesetzgeber bevorzugten Frauen fordern.

Hausfrauenschicht

Unter einer sog. Hausfrauenschicht wird eine zusätzliche, dauerhaft oder temporär eingerichtete, zumeist auf vier bis fünf Stunden verkürzte → Schichtarbeit verstanden, die oft auch in den frühen Abendstunden (Hausfrauenspätschicht) liegt. Ihren Namen trägt sie, weil die betroffenen Mitarbeiter i. d. R. Hausfrauen sind, die lediglich einer → Teilzeitarbeit zu bestimmten Zeiten nachgehen (können oder wollen), sowie vielfach keine besonders hoch bewertete → Qualifikation vorweisen. Die Mitarbeiter zählen zur sog. → Randbelegschaft. Bei entsprechendem betrieblichen Bedarf lassen sich relativ kostengünstig die Betriebszeiten verlängern und die Anlagen ausnutzen, ohne die → Stammbelegschaft zu vergrößern.

Hausfrauentag (→ Hausarbeitstag)

Haustarifvertrag

Die → Tarifverträge zwischen → Gewerkschaften und einzelnen Betrieben nennt man Haustarifverträge (synonym: Firmen- bzw. Unternehmungstarifvertrag). Sie beziehen sich auf die gleichen Regelungstatbestände wie normale Tarifverträge.

Hawthorne-Effekt

Der Hawthorne-Effekt ist erstmals im Rahmen der Forschungsansätze in den → Human Relations bei empirischen Studien in den Hawthorne-Werken der Western Electric Company, Chicago, festgestellt worden. Bei den Studien stellte man bei Test- wie Kontrollgruppen gleichartige Leistungssteigerungen fest, so daß die veränderten Arbeitsbedingungen der Testgruppe hierfür nicht verantwortlich gemacht werden konnten. Interviewserien ergaben, daß v. a. die Statusanhebung, die die Mitglieder beider Gruppen durch das Interesse der Forscher und der Geschäftsleitung empfanden, die Leistungssteigerungen verursachte. Diese – nicht beabsichtigte – Wirkung durch die Forscher wird seitdem als Hawthorne-Effekt bezeichnet und ist oft Begleiterscheinung empirischer Studien.

Head Hunting

Beim Head Hunting handelt es sich um eine besondere Form der → Personalbeschaffung durch → Personalberatungen, die insbes. für die Suche nach höherrangigen Managern und Spezialisten im Auftrag eines Betriebes eingesetzt wird. Auftragsbezogen werden durch die Berater mögliche Bewerber direkt – persönlich wie telefonisch – angesprochen und eventuell dem mitarbeitersuchenden Betrieb für dessen → Personalauswahl vorgeschlagen. Es handelt sich hierbei nicht um eine → Arbeitsvermittlung i. e. S.

Heimarbeit

Als Heimarbeit gilt die gewerbliche Arbeit, die der beschäftigte Heimarbeiter in seiner eigenen Wohnung oder einer selbstgewählten Betriebsstätte unmittelbar oder mittelbar, allein oder mit Familienmitgliedern im Auftrag eines gewerbetreibenden Betriebes leistet, wobei er dem Auftraggeber die Verwertung der Arbeitsergebnisse bzw. Produkte überläßt. Wegen der fehlenden persönlichen Abhängigkeit gelten Heimarbeiter nicht als → Arbeitnehmer. Sie sind jedoch in verschiedener Hinsicht wie Arbeitnehmer (arbeitnehmerähnliche Personen) zu behandeln. Das gilt u. a. für die Lohnfortzahlung im Krankheitsfall (→ Lohnfortzahlungsgesetz), den Urlaubsanspruch (→ Bundesurlaubsgesetz), den Jugendarbeitsschutz (→ Jugendarbeitsschutzgesetz) und den Mutterschutz (→ Mutterschutzgesetz). Sie unterliegen einem begrenzten Arbeitsschutz nach dem → Heimarbeitsgesetz.

Lit.: Joppe 1975

Heimarbeitsgesetz (HAG)

Das HAG enthält für die → Heimarbeit geltende Bestimmungen über

181

die Aufsichtsbehörden, den Arbeitszeitschutz und den Gefahrenschutz. Ein weiterer wichtiger Teil betrifft die Entgeltregelung. Fehlt es an → Gewerkschaften oder Vereinigungen von Auftraggebern, so kann ein sog. Heimarbeitsausschuß → Entgelte und sonstige Vertragsinhalte mit bindender Wirkung für alle Beteiligten festsetzen, wenn bspw. die Entgelte unter den tarifvertraglich festgelegten für gleiche oder gleichwertige Betriebsarbeit liegen.

Hersey/Blanchards Führungsmodell (→ Führungsmodell von *Hersey/Blanchard*)

Herzbergs Zwei-Faktoren-Theorie (→ Zwei-Faktoren-Theorie nach *Herzberg*)

Hierarchie

Der Begriff „Hierarchie" wird unterschiedlich aufgefaßt: In einer ersten Sichtweise wird er als prinzipielles Ordnungsschema von Betrieben verstanden. Zweitens ist er Ausdruck für die durch Abteilungs- und Stellenbildung in Betrieben entstehende pyramidenförmige Rangordnung der Mitarbeiter (formale Struktur) mit Über- und Unterordnungsverhältnissen.

Lit.: Laske/Weiskopf 1992

Hierarchie-Effekt (→ Beurteilungsfehler)

Hierarchische Führung

Bei dem Begriff der hierarchischen Führung handelt es sich um die im Rahmen der → Mitarbeiterführung übliche Vorstellung, daß Führungskräfte das Verhalten ihrer Untergebenen zielgerichtet beeinflussen wollen. Im Gegensatz dazu stehen die Konzepte der › lateralen Führung und der → Führung von unten.

Hochschulfristvertragsgesetz (Gesetz über befristete Arbeitsverträge mit wissenschaftlichem Personal an Hochschulen und Forschungseinrichtungen)

Das Hochschulfristvertragsgesetz regelt die Befristung von → Arbeitsverträgen mit wisssenschaftlichem Personal an Hochschulen. Für den Abschluß von entsprechenden Verträgen an Hochschulen und Forschungseinrichtungen verweist es auf das Hochschulrahmengesetz.

Höherqualifizierungsthese (→ Thesen zur Qualifikationsentwicklung)

Human Relations

Human Relations ist ein von *Mayo* und seiner Forschergruppe in die Verhaltenswissenschaften eingeführter Begriff, der mit der Übersetzung „zwischenmenschliche Beziehungen im Betrieb" nur unvollkommen umschrieben werden kann. Er wird verwendet zum einen als Oberbegriff für eine Vielzahl grundlegender sozialpsychologischer Erkenntnisse zur Entstehung, Wirkung und Bedeutung sozialer Prozesse und Strukturen auch zur Beeinflussung des Arbeitsverhaltens der Mitarbeiter im Betrieb sowie zum anderen zur Bezeichnung der an diesen Erkenntnissen orientierten sog. Human-Relations-Schule. Bekannt geworden ist sie v. a. wegen der starken Betonung sozialer → Motive (und Motivationen) von Mitarbeitern sowie des von ihr verursachten wie erforschten sog. → Hawthorne-Effektes.

Lit.: Mayo 1945, Berthel 1991, Kieser 1993

Human Resource Accounting (→ Humanvermögensrechnung)

Human Resource Management

Human Resource Management ist Ausdruck für ein modern angesehenes Verständnis des → Personalmanagements bzw. der betrieblichen Personalarbeit und wird v. a. im englischen und französischen Sprachraum verwendet. Die Betonung des übergreifenden Managements des → Humankapitals im Betrieb sowie strategische Aspekte stehen i. d. R. im Vordergrund.

Lit.: Wächter 1974, Staehle 1988

Human Resource-Portfolio

Das Human Resource-Portfolio (synonym: Personalportfolio) soll als Instrument der strategischen, qualitativen → Personal- bzw. → Karriereplanung dienen, indem es Stärken und Schwächen der betrieblichen Personalstruktur wie auch einzelner Mitarbeiter frühzeitig erkennen hilft. Insbes. das individuelle Entwicklungspotential der Mitarbeiter soll mit Hilfe eines zweidimensionalen Rasters erfaßt werden. Eine der beiden Achsen dient der Bewertung der aktuell gezeigten Leistungen der Mitarbeiter anhand zweier Bewertungsstufen. Die andere Achse gibt die Einschätzung des jeweiligen Entwicklungspotentials ebenfalls anhand zweier Stufenmerkmale wieder. So ergeben sich beispielsweise vier Kategorien von Mitarbeitern (s. die Abbildung).

Die Ergebnisse einer solchen Einstufung sollen – so die Befürworter – helfen, das Mitarbeiterpotential als strategischen Erfolgsfaktor nutzbar zu machen, indem bspw. ausgehend von der betreffenden Positionierung

Entwicklungs-potential derzeitige Leistung	niedrig	hoch
hoch	Fachkraft (workhorse)	Spitzenkraft (star)
niedrig	leistungsschwache „Unkraft" (deadwood)	Nachwuchskraft (problem employee)

Human Resource-Portfolio

Norm-Entwicklungsstrategien abgeleitet werden. Die *Simplizität* des Ansatzes läßt jedoch eine solche Zielerreichung nicht zu. Vielmehr handelt es sich beim Human Resource-Portfolio um idealtypische Vorstellungen, die durch den Einbezug konkreter Qualifikationen und deren heterogener Merkmale schnell ihren praktischen Gestaltungswert verlieren.

Lit.: Jacobs/Thiess/Söhnholz 1987

Humanisierung der Arbeit (HdA)

Die sog. HdA umfaßt alle betrieblichen Strategien und Maßnahmen, die zur Verbesserung der konkreten → Arbeitssituation der Mitarbeiter und der Umsetzung von Humanzielen dienen. V. a. im Rahmen der → Arbeitswissenschaften werden diesbezügliche Forschungen unternommen. Wichtige Ansatzpunkte sind die Verbesserung der physischen, psychischen und sozialen → Arbeitsbedingungen. Es geht dabei nicht um die generelle Reduktion der Arbeitsbelastungen; vielmehr soll ein Belastungsoptimum erreicht werden, das den Menschen weder über- noch unterfordert. Eine möglichst vielseitige Beanspruchung der menschlichen Eigenschaften und Fähigkeiten kann dabei Schnittstellen zwischen humanitären, ökonomischen und technologischen Zielen offenbaren. Die Bundesregierung legte dazu 1974 ein langfristiges Aktions- und Forschungsprogramm zur HdA vor. Mit ihm wurde das Ziel verfolgt, die Arbeitsbedin-

gungen stärker an den Bedürfnissen der arbeitenden Menschen anzupassen. Dies bedeutete im einzelnen:

(1) Erarbeitung von Schutzdaten, Richtwerten und Mindestanforderungen an Maschinen, Anlagen und Arbeitsstätten;

(2) Entwicklung von menschengerechten Arbeitstechnologien;

(3) Erarbeitung von beispielhaften Vorschlägen und Modellen für die Arbeitsorganisation und die Arbeitsplatzgestaltung;

(4) Verbreitung und Anwendung wissenschaftlicher Erkenntnisse und Betriebserfahrungen.

Das sehr umfangreiche HdA-Programm hat eine Vielzahl an Fortschritten im Hinblick auf eine menschengerechte Gestaltung von Arbeitsbedingungen erbracht.

Lit.: Kreikebaum 1992, 1993

Humanistische Konzepte der Motivationstheorie

Zu den humanistischen Konzepten der Motivationstheorie zählen insbes. solche theoretischen Ansätze, welche zum einen auf der humanistischen Psychologie basieren und zum anderen v. a. bestimmte → Motive (und Motivationen) von Menschen als Anlaß zu Verhalten betrachten. Angesprochen sind hierbei v. a. die → Bedürfnishierarchie von *Maslow*, die → ERG-Theorie von *Alderfer* und die → Zwei-Faktoren-Theorie nach *Herzberg*.

Lit.: Wunderer/Grunwald 1980, Berthel 1991

Humankapital

Beim Humankapital („human capital"; ähnlich: Humanressourcen) handelt es sich um einen etwas umstrittenen Begriff, der die menschliche → Qualifikation, speziell der Mitarbeiter eines Betriebes, gesamthaft umfassen soll. Mit ihm wird sprachlich eine Gleichstellung mit anderen wichtigen Ressourcen, wie bspw.: Finanzkapital, Anlagevermögen, vorgenommen, über die allerdings gestritten wird. Im Rahmen der → Humanvermögensrechnung bezieht man sich auf den Begriff.

Humanvermögensrechnung

Die Humanvermögensrechnung (synonym: Human Ressource Accounting) ist aus der Erkenntnis entstanden, daß sich die klassischen betrieblichen Rechnungslegungswerte nicht als Informations-und Entscheidungsgrundlage zur Bewertung des Einsatzes menschlicher Ressourcen (→ Arbeitnehmer) eines Betriebes eignen. Bei der Humanvermögensrechnung geht es um den Versuch, die Mitarbeiter eines Betriebes als „wichtigstes" Kapital zu „bilanzieren". Ein möglicher An- satzpunkt zur Realisation ist die → *Sozialbilanz*, welche versucht, eine gesellschaftsbezogene Rechnungslegung (auch) der menschlichen Ressourcen eines Betriebes durchzuführen, sich jedoch weitgehend auf die Informationsbedürfnisse externer Gruppen beschränkt. Diese Form der Humanvermögensrechnung ist daher zu ergänzen durch eine interne Rechnungslegung. Hierzu wurden verschiedene Verfahren entwickelt (Methode der Leistungsbeiträge, Kostenwertmethode, effizienzgewichtete Personalkosten-Methode). Intern sollen diese Daten v. a. Grundlagen für betriebspolitische Entscheidungen liefern (z. B: Rationalisierungsentscheidungen), extern geht es z. B. um den Wert einer ganzen Unternehmung (z. B. bei Firmenveräußerungen).

Lit.: Marr/Schmidt 1992, Streim 1993

Hybridqualifikation (→ Polyvalenzqualifikation)

Hygienefaktoren (→ Zwei-Faktoren-Theorie nach *Herzberg*)

I

Identifikation mit der Arbeit

Die Identifikation mit der Arbeit (engl.: „job envolvement") ist eine wesentliche Voraussetzung für bestimmte Formen der → Arbeitszufriedenheit. Sie bedeutet, daß ein Mitarbeiter auf positiv bewertete → Arbeitsbedingungen – und speziell auf anspruchsvolle Arbeitsinhalte – mit besonders starker Zufriedenheit reagiert et vice versa. Die Übereinstimmung dessen, was ein Betrieb im Rahmen seines Zielsystems und der einzelne Mitarbeiter selbst anstrebt, ist grundlegende Basis für die Identifikation.

Lit.: Wunderer/Mittmann 1987, Watzka 1989, Conrad 1992

Idiosynkrasiekreditmodell der Mitarbeiterführung

Das Idiosynkrasiekreditmodell von *Hollander* zählt zu den Theorien der → Mitarbeiterführung. Aufbauend auf den sog. → Austauschtheorien untersucht es die Beziehung von Führern und Geführten und zwar speziell die → Wahrnehmung des Führers von den Geführten und deren Einfluß auf die Durchsetzung von Innovationsprozesse. Diese Wahrnehmung wird von zwei Hauptfaktoren bestimmt: der Kompetenz des Führers, die als „Beitrag zur Hauptaufgabe der Gruppe" definiert wird sowie der Konformität des Führers, sprich inwiefern die Person des Führers „Zeichen der Loyalität zur Gruppennorm" zeigt. Je größer die wahrgenommenen Vorteile sind, die die Geführten von der Führungsperson haben, desto eher sind diese bereit, Anweisungen entgegenzunehmen und der Führungsperson Status und Wertschätzung zuzubilligen. Nur wenn wiederum seitens der Geführten der Eindruck entstanden ist, daß sie vom Führer Vorteile zu erwarten haben, sind diese bereit, auch bei Veränderungen bzw. innovativen Prozessen „mitzuziehen". So wird der paradoxe Zustand umschrieben, daß, um Veränderungen zu bewirken, ein Führer sich erst einmal ein sog. „Akzeptanzkapital" erarbeiten muß, welches wiederum durch das Gegenteil von Innovation, nämlich Konformität mit → Gruppennormen, erkauft wird. *Homans* hat diesen Prozeß mit der Feststellung zusammengefaßt, daß Einfluß über andere Personen um den Preis erworben wird, das eigene Selbst von anderen Personen beeinflussen zu lassen. Hierauf lassen sich nun eine Reihe von weiteren Aussagen ableiten, bspw. daß frühe Konformität höhere Toleranz gegen spätere Konformität, sprich Neuerungen, zuläßt etc. Wichtig an diesem → Führungsmodell ist die Auseinandersetzung mit dem dynamischen Aspekt der Führung (Bewirken von Veränderung durch die Entwicklung der Führer-Anhänger-Beziehung) sowie die Betonung der Rolle der Geführten innerhalb des Führungsprozesses. Weiterhin hat das Idiosynkrasiekreditmodell keinen normativen, sondern nur deskriptiven Charakter.

Lit.: Hollander 1987

Implacement-Training (→ Personaleinführung)

In-basket-Methode

Die In-basket-Methode (synonym: Postkorb-Methode) ist ein Verfahren, welches im Rahmen der → Führungskräfteentwicklung und der → Personalauswahl für Nachwuchsmanager eingesetzt wird. Der einzelne Fortbildungsteilnehmer bzw. Kandidat wird - speziell in → Assessment Centern - mit dem Inhalt eines sehr umfangreichen (Post-)Eingangskorbes einer → Führungskraft konfrontiert, den er in einer vorgeschriebenen Zeit zu bearbeiten hat. Man versucht hierdurch das Verhalten in Streßsituationen sowie bei komplexen mehrdimensionalen Problemsituationen zu erfassen.

Lit.: Jeserich 1981

Indexlohn

Beim Indexlohn wird die Höhe des → Entgeltes von Mitarbeitern an die jeweilige Veränderung einer statistischen Meßzahl (Index) gekoppelt. Zwei Grundformen lassen sich differenzieren: Der *Preisindexlohn* bezieht sich auf die Entwicklung des Entgelts an einen Preisindex, speziell an den Index der Lebenshaltungskosten. Der *Produktivitätsindexlohn* ist entweder ausschließlich oder zusätzlich an einen Produktivitätsindex gekoppelt. In der Bundesrepublik wird der gesetzliche Indexlohn i. d. R. als ordnungsinkonform mit der → Tarifautonomie betrachtet und von daher werden tarifliche Indexlöhne kaum vereinbart.

Lit.: Schachtschabel 1975

Indikatoren

Indikatoren werden – als eine Art → Kriterien – im Rahmen der → Eignungsprüfung v. a. bei der → Personalauswahl und der → Personalbeurteilung verwendet. Es handelt sich bei ihnen um entweder direkt oder indirekt erfaßbare Variablen, deren Ausprägungen in angegebener Weise mit einem direkt nicht erfaßbaren Beurteilungsobjekt zusammenhängen. Durch sie sollen Informationen über das zu beurteilende Objekt (z. B. über die Leistung einer bestimmten Person bzw. deren → Eignung) vermittelt werden. Sie beziehen sich auf Vergangenheit und Gegenwart und sollen übergeordnete, allgemeinere Kriterien ("die" Leistung bzw. "die" Eignung) repräsentieren.

Indirekte Führung (→ Mitarbeiterführung)

Individualarbeitsrecht

Beim Individualarbeitsrecht (synonym: Individuelles Arbeitsrecht)

187

Individualisierung

handelt es sich um den Teil des → Arbeitsrechts, der die Beziehungen zwischen → Arbeitgebern und → Arbeitnehmern regelt, womit insbes. die Vertragsbeziehungen angesprochen sind. Diese betreffen den Abschluß, den Bestand und die Beendigung von → Arbeitsverträgen mit den sich daraus für die Vertragsparteien ergebenden Pflichten. Zu differenzieren hiervon ist das → Kollektivarbeitsrecht.

Lit: Hanau 1992

Individualisierung

Individualisierung des → Personalmanagements als Mittel zur Berücksichtigung von Individualität der Mitarbeiter ist in der heutigen betrieblichen Praxis sinnvoll, um den → Motiven (und Motivation) sowie den Ansprüchen der Mitarbeiter zu entsprechen. Sie verändern die betriebliche Personalarbeit bereits heute, indem sie ein differenziertes Personalmanagement erfordern. Die mit einer Individualisierung verbundene → Ungleichbehandlung verschiedenartiger Menschen bei gleicher Leistung widerspricht zwar dem → Gleichbehandlungsgrundsatz, wird aber den motivationstheoretisch relevanten Qualifikations- und Motivunterschieden weitaus eher gerecht. Ein differenziertes Personalmanagement stößt jedoch an Grenzen, da eine Individualisierung der → Mitarbeiterführung bestimmte → Fähigkeiten des Vorgesetzten erfordert. Insofern erscheint vielfach eine Individualisierung nur dann möglich,

wenn sie sich auf eine Differenzierung in Mitarbeitergruppen, z. B. nach Herkunft, Alter, Geschlecht, → Qualifikation etc., beschränkt.

Lit.: Drumm 1989, Kick/Scherm 1993, Schanz 1993

Individualquote (→ Erfolgsbeteiligung)

Industrial Relations (→ Arbeitsbeziehungen)

Industrielle Beziehungen (→ Arbeitsbeziehungen)

Industrie- und Handelskammer

Bei der Industrie- und Handelskammer (IHK) handelt es sich um einen Zusammenschluß von Betrieben mit Zwangsmitgliedschaft im Rahmen des „Gesetzes zur vorläufigen Regelung des Rechts in den Industrie- und Handelskammern". Eine IHK vertritt die Interessen der gewerblichen Wirtschaft eines Bezirkes. Sie bildet das Pendant zu den → Handwerkskammern. Kammerzugehörige sind alle Einzelbetriebe, Handelsgesellschaften und juristische Personen des privaten und öffentlichen Rechts, die im Kammerbezirk eine gewerbliche Niederlassung, Betriebsstätte oder Verkaufsstelle unterhalten, sofern sie zur Gewerbesteuer veranlagt werden. Die wichtigsten *Aufgaben* der Kammern sind: Wahrnehmung des Gesamtinteresses ihrer Mitglieder, Förderung der gewerblichen Wirtschaft sowie Förderung und Durchführung der → Berufsausbildung unter Beachtung

v. a. des → Berufsbildungsgesetzes. Die Spitzenorganisation der Kammern ist der → Deutsche Industrie- und Handelstag.

Informationsrecht

Durch das → Betriebsverfassungsgesetz ist ein → Arbeitgeber im Rahmen des Informationsrechts der → betrieblichen Mitbestimmung verpflichtet, → Arbeitnehmer und → Betriebsrat in bestimmten Fällen zu unterrichten oder auch auf Verlangen Auskunft (inklusive Einsicht in Unterlagen und Teilnahme an Besprechungen) zu geben. Das Informationsrecht bezieht sich auf den Einblick in Entlohnungsunterlagen, die → Personalplanung (→ Personalbedarf, generelle Personalmaßnahmen, → Berufsausbildung), personelle Einzelmaßnahmen (insbes. Einstellung, → Ein- und → Umgruppierung, → Versetzungen) und vorläufige personelle Maßnahmen.

Informatorische Fundierung (→ Personalforschung)

Inhaltstheorien der Motivation

Die Inhaltstheorien der Motivation versuchen die Art der vorhandenen → Motive (und Motivation) sowie die angestrebten Ziele von Personen zu spezifizieren und zu klassifizieren. Angeführt werden i. d. R. die → Bedürfnishierarchie von *Maslow*, die ERG-Theorie von *Alderfer*, die → Zwei-Faktoren-Theorie von *Herzberg* und die → Theorie der Leistungsmotivation von *McClelland*. Im Gegensatz zu → Prozeßtheorien

beachten sie weniger den Verlauf der Verhaltensverursachung durch die einzelnen Variablen und das Verhältnis, indem diese zueinander stehen. Die Bezeichnung „Inhaltstheorien" ist insofern irreführend, als daß neben den Motivinhalten auch prozessuale Elemente thematisiert werden. Im Rahmen dieses Lexikons werden sie v. a. unter die → Humanistischen Konzepte der Motivationstheorie gefaßt.

Lit.: Wunderer/Grunwald 1980, Staehle 1991

Inhaltsvalidität (→ Validität)

Initiativrecht

Ein Initiativrecht im Rahmen der → betrieblichen Mitbestimmung liegt nach → Betriebsverfassungsgesetz dann vor, wenn der → Betriebsrat oder auch der einzelne → Arbeitnehmer bestimmte Maßnahmen verlangen bzw. erzwingen kann. Folgende Maßnahmen sind dabei angesprochen: Entfernung betriebsstörender Arbeitnehmer, → Innerbetriebliche Stellenausschreibung, Unfallverhütungsmaßnahmen (→ Unfallschutz), Modalitäten der Entgeltzahlung (→ Entgelt), Entlohnungsgrundsätze und -methoden, Ausgestaltung von Sozialeinrichtungen, Werkswohnungen, → Betriebsordnung, Grundsätze des → betrieblichen Vorschlagswesens, Einführung und Ausgestaltung von Auswahlrichtlinien bei Betrieben mit mehr als 1000 Arbeitnehmern, kompensatorische Maßnahmen wie →

Innerbetriebliche Stellenausschreibung

Abfindung, Milderung, Ausgleich bei Arbeitsänderungen, die Mitarbeiter besonders belasten.

Innerbetriebliche Stellenausschreibung

Der → Betriebsrat kann nach → Betriebsverfassungsgesetz verlangen (→ Initiativrecht), daß Arbeitsplätze, die besetzt werden sollen, vor ihrer Besetzung innerhalb des Betriebes ausgeschrieben werden. Der → Arbeitgeber muß diesem Antrag, der entweder für alle oder für bestimmte → Stellen gilt, stattgeben. Er ist jedoch nicht verpflichtet, anderweitige Maßnahmen der → Personalbeschaffung auszusetzen und letztendlich einen internen Stellenbewerber einzustellen. Nur wenn gleichqualifizierte interne wie externe Bewerber zur Auswahl stehen, ist dem Betriebsangehörigen der Vorzug zu geben.

Innere Kündigung

Bei der sog. inneren Kündigung handelt es sich um einen informalen (inneren) Rückzug eines demotivierten Mitarbeiters aus dem Arbeitsprozeß, ohne daß formal eine → Kündigung ausgesprochen wird. Sie resultiert aus der Resignation des Mitarbeiters. Der weitere Verbleib in dem Betrieb hängt mit anderen Gründen (z. B. Sicherung des Einkommens, familiäre Standortüberlegungen) zusammen.

Insolvenzsicherung

Die Insolvenzsicherung meint die Aufrechterhaltung der Versorgungs-

leistungen an → Arbeitnehmer im Falle einer Zahlungsunfähigkeit eines Betriebes. Sie wird im → Betriebsrentengesetz geregelt. Der Insolvenzschutz umfaßt alle Gestaltungsformen der → betrieblichen Altersversorgung mit Ausnahme der Pensionskassen und der → Direktversicherungen mit unwiderruflichem Bezugsrecht, soweit dieses nicht abgetreten oder beliehen ist. Als Träger des Insolvenzschutzes dient der → Pensions-Sicherungs-Verein.

Instanz

Bei einer Instanz handelt es sich um eine → Stelle mit Weisungsbefugnis (Linienstelle) in einer betrieblichen → Hierarchie.

Institut für Arbeitsmarkt- und Berufsforschung

Das Institut für Arbeitsmarkt- und Berufsforschung (IAB) ist eine Einrichtung der → Bundesanstalt für Arbeit. Es hat nach → Arbeitsförderungsgesetz Umfang und Art der Beschäftigung sowie Lage und Entwicklung des → Arbeitsmarktes, der Berufe und der beruflichen Bildungsmöglichkeiten im allgemeinen und in den einzelnen Wirtschaftszweigen und Wirtschaftsgebieten zu beobachten, zu untersuchen und für die Durchführung der Aufgaben der Bundesanstalt auszuwerten. Demgemäß gehören die Beobachtung des Wirtschaftsablaufs, soweit der Arbeitsmarkt betroffen ist und die Untersuchung der Bestimmungsgrößen für die konjunkturelle Arbeitsmarktentwicklung zu den Aufgaben des IAB. Weiterhin obliegt ihm die Untersuchung der Zusammenhänge zwischen Wirtschaftswachstum und Beschäftigtenentwicklung, die Mitwirkung an der Verbesserung der Methoden der Arbeitsmarktbeobachtung und Berufsklassifikation sowie Untersuchungen über die bisherige Entwicklung und den Stand des technischen Fortschritts in den einzelnen Wirtschaftsbereichen. Ferner führt das Institut Untersuchungen durch über den Wandel der Berufe in ihren Anforderungen und Tätigkeitsmerkmalen und über die Entwicklung des Nachwuchsbedarfes. Schließlich hat es die Veröffentlichung der wichtigsten Ergebnisse zur Aufgabe. Die Forschungsergebnisse des IAB können als Sekundärinformationen im Rahmen der betrieblichen → Arbeitsmarktforschung analysiert werden.

Intelligenztests

Intelligenztests sind als spezielle Form von → Leistungstests aufzufassen, die v. a. im Rahmen der → Personalauswahl angewendet werden. Ein bekannter deutschsprachiger Einzelintelligenztest ist der Hamburg-Wechsler-Intelligenztest für Erwachsene (HAWIE); ein vielfach verwendeter deutschsprachiger Gruppenintelligenztest der Intelligenz-Struktur-Test nach *Amthauer*. Im Rahmen von Intelligenztests ist es unabdingbar, das theoretische *Konstrukt der Intelligenz* operational zu definieren. Hieran scheitern die meisten Intelligenztests, da jeweils nur spezifische Vorstellungen der Tester - oftmals berufs- und arbeitsplatzunabhängig - zum Tragen kommen. Es gibt aber eine große Bandbreite von Definitionen, die dieses Konstrukt vage umschreiben. Ein weiteres Problem besteht darin, daß nicht hinreichend angegeben werden kann, in welcher Beziehung die Intelligenz zur Erfüllung einer Arbeitsaufgabe steht. Hiervon ist es aber letztlich abhängig, ob Intelligenztests eine Berechtigung bspw. im Rahmen der Bewerberauswahl haben. Prinzipiell ist daher der Einsatz von Intelligenztests als Instrument der Personalauswahl als nicht sehr zweckmäßig zu beurteilen.

Lit.: Brickenkamp 1975

Interaktionsansätze der Mitarbeiterführung

Die Interaktionsansätze der → Mitarbeiterführung stellen eine Entwicklungsrichtung der Situationsansätze (→ Situationstheorien der Führung) im Rahmen der → Führungstheorien bzw. Führungsforschung dar. Man versucht über die Identifikation bestimmter Gruppen von Situationsvariablen, z. B. Persönlichkeit von Führer und Geführten, Gruppenstruktur und deren Beziehungen zueinander sowie spezifische Arbeitssituation, eine Eingrenzung der Variablen vorzunehmen. Die Situationsvariablen werden als dynamisch angesehen, da die betei-

Interessenausgleich

ligten Vorgesetzten, Untergebenen und anderen Personen jeweils andere Variablen beeinflussen als auch durch diese geprägt werden. Die Komplexität der Führungssituation verhindert aber letztlich den Aufbau einer Interaktionstheorie der Führung.

Lit.: Paschen 1987, Berthel 1991

Interessenausgleich

Ein Interessenausgleich stellt nach → Betriebsverfassungsgesetz eine Vereinbarung zwischen → Arbeitgeber und → Betriebsrat dar. Er wird insbes. als flankierende Maßnahme bei → Personalfreisetzungen eingesetzt. Der Arbeitgeber muß bei → Betriebsänderungen mit nachteiligen Folgen für die Belegschaft einen Interessenausgleich mit dem Betriebsrat suchen. Ähnliches gilt für den → Sozialplan. Dieser Interessenausgleich stellt die Regelung der technischen und der organisatorischen Abwicklung einer Betriebsänderung in Form und Durchführung dar. Er verläuft dabei meist wie folgt: rechtzeitige Unterrichtung des Betriebsrates, Beratung mit dem Betriebsrat, Interessenausgleich bzw. → Einigungsstelle. Der Arbeitgeber kann dennoch beliebig handeln, unabhängig davon, ob eine Einigung zustande kommt und was für einen Inhalt sie hat. Dementsprechend eingeschränkt sind die Rechte des Betriebsrates. Versucht der Arbeitgeber allerdings nicht, zum Interessenausgleich zu kommen, muß er einen Nachteilsausgleich leisten. D. h.,

daß Arbeitnehmer, die infolgedessen entlassen werden, beim Arbeitsgericht (→ Arbeitsgerichtsbarkeit) Klage erheben können mit dem Antrag, den Arbeitgeber zur Zahlung von → Abfindungen zu verurteilen. Erleiden Arbeitnehmer infolge dessen andere wirtschaftliche Nachteile, so hat der Arbeitgeber diese Nachteile bis zu einem Zeitraum von zwölf Monaten auszugleichen. Kommt ein Interessenausgleich nicht zustande, können Betriebsrat oder Arbeitgeber den jeweiligen Präsidenten des Landesarbeitsamtes um Vermittlung ersuchen. Wird der Präsident des Landesarbeitsamtes nicht um Vermittlung gebeten oder bleibt der von diesem unternommene Vermittlungsversuch ohne Ergebnis, können Betriebsrat oder Arbeitgeber die Einigungsstelle anrufen.

Interessengruppen des Personalmanagements

Ansprüche an die Ausgestaltung eines betrieblichen → Personalmanagements werden von verschiedenen Interessengruppen direkt und indirekt gestellt. Sie alle haben je nach Situation und Fragestellung unterschiedlichen Einfluß auf die personalwirtschaftlichen Entscheidungen. Siehe hierzu die Abbildung.

Interindividuelle Urteilskonkordanz

Interindividuelle Urteilskonkordanz (synonym: Fremdkonkordanz) als → Gütekriterium für Beobachter/Beurteiler bezeichnet den

Innerbetriebliche Interessengruppen	Außerbetriebliche Interessengruppen
• *Mitarbeiter* (interessiert an Entgelt, sozialer Sicherheit, sozialen Kontakten, Aufstiegsmöglichkeiten, guten Arbeitsbedingungen etc.) • *Führungskräfte* (interessiert an Entgelt, Sozialprestige, Machtpositionen, Aufstiegsmöglichkeiten etc.) • bestimmte *Mitarbeitergruppen* (zur Durchsetzung von Gruppenzielen bspw. im Hinblick auf die Gruppenzusammensetzung und die Stellung im Betrieb)	• *Eigentümer* (interessiert an Rentabilität, Vermögenssicherung und -zuwachs, Einfluß auf die Unternehmensführung) • *Fremdkapitalgeber* (interessiert an hohen Zinserträgen und Kapitalsicherung) • *Kunden* (interessiert an Qualität zu günstigen Preisen, gesicherter Warenversorgung, guter Beratung, guter Service etc.) • *Kommunen* (interessiert an Abgaben, Steuern, Bereitstellung von Arbeitsplätzen) • *Staat* (interessiert an Abgaben, Steuern, Einhaltung gesetzlicher Vorschriften) • *Gewerkschaften* (interessiert an der Durchsetzung gewerkschaftlicher Forderungen und der Tarifverträge) • *Arbeitgeberverbände* (interessiert an der Berücksichtigung der Verbandsinteressen)

Interessengruppen des Personalmanagements

Grad der Übereinstimmung, der sich aus den Urteilen zweier oder mehrerer Beurteiler in bezug auf ein Beurteilungsobjekt (bspw. Urteile im Rahmen der → Personalauswahl und/oder der Personalbeurteilung) ergibt. Die interindividuelle Urteilskonkordanz entspricht somit weitgehend dem testtheoretischen Begriff der → Objektivität. Es dient seiner zweckspezifischen Operationalisie-rung. Sie ist dann in hohem Maße gegeben, wenn die Beurteiler bei einem Objekt (bspw. der Leistung oder der Eignung eines Mitarbeiters) sich über die → Beurteilungskriterien und die Sollausprägung dieser Kriterien einig sind (bzw. durch deren Eindeutigkeit einig sein können) sowie tatsächlich auch die gleichen Kriterien anlegen und den gleichen Urteilsmaßstab haben,

Internationale Arbeitsnorm

d. h., die jeweiligen Merkmalsausprägungen bzw. Skalenstufen mit den gleichen Werten belegen. (Sie ist also nicht gegeben, wenn z. B. ein Beurteiler nach Umsatzzahlen und ein anderer nach Promotionsaktivitäten beurteilt.) Bedeutsam als Anforderung ist die Fremdkonkordanz dann, wenn mehrere Beurteiler über die gleiche Leistung bspw. eines Mitarbeiters zu urteilen haben. Dies ist im üblichen Ablauf von Leistungsbeurteilungen eher selten der Fall (eine Ausnahme stellt bspw. das → Assessment-Center dar). Abzugrenzen davon ist die → Intraindividuelle Urteilskonkordanz.

Lit.: Schuler 1982, Becker, F. G. 1994

Internationale Arbeitsnorm

Bei den Internationalen Arbeitsnormen handelt es sich um Übereinkommen bzw. Empfehlungen der → Internationalen Arbeitsorganisation (IAO). Sie beschäftigen sich mit solchen Inhalten wie Menschenrechten, Sozialpolitik, → Arbeitsbeziehungen, → Arbeitsbedingungen, soziale Sicherheit, Frauenbeschäftigung, Kinderbeschäftigung, ältere Arbeitnehmer u. a. Die Mitgliedsstaaten der IAO müssen – bei entsprechender Ratifizierung der Übereinkommen – die Internationalen Arbeitsnormen in nationales Recht umsetzen.

Internationale Arbeitsorganisation

Die Internationale Arbeitsorganisation (IAO; englisch: *International*

Labour Organization, ILO) stellt eine Institution der UN mit Sitz in Genf dar. Organe sind der Verwaltungsrat, der Generalsekretär, das → Internationale Arbeitsamt und die Internationale Arbeitskonferenz. Die IAO berät und verabschiedet → internationale Arbeitsnormen, die in ihren Mitgliedsländern rechtsverbindlich werden können.

Lit.: Schregle 1992

Internationales Arbeitsamt

Als das ständige Sekretariat der → Internationalen Arbeitsorganisation beschäftigt sich das Internationale Arbeitsamt i. w. mit Verwaltungsaufgaben, der Informationssammlung, der → Personalforschung und der Organisation von Konferenzen. Dazu ist es weltweit durch viele regionale Büros vertreten.

Internationales Personalmanagement

Ein Internationales → Personalmanagement spricht alle Strategien und Maßnahmen zum Einsatz von Mitarbeitern in internationalen Betrieben an, die unter Beachtung sozialer Nebenbedingungen die betriebliche Zielerreichung unterstützen sollen. Sie sollten betriebsweit in allen in- und ausländischen Organisationseinheiten einheitlichen Handlungsmustern folgen sowie gleichzeitig allen rechtlichen, sozialen und kulturellen Bedingungen des jeweiligen Gastlandes Rechnung tragen. Ziel ist eine betriebsweite optimale Anpassung aller Maßnahmen des Personalmanagements.

Lit.: Dülfer 1992, Schöllhammer 1992, Scholz 1993, Coenenberg u. a. 1993

Interpretationsobjektivität (→ Objektivität)

Intraindividuelle Urteilskonkordanz

Die intraindividuelle Urteilskonkordanz (synonym: Selbstkonkordanz) als ein → Gütekriterium für Beobachter/Beurteiler betrifft die Frage, inwieweit sich bspw. ein Beurteiler im Rahmen der Bewertung bei der → Personalauswahl und/oder → Personalbeurteilung maßstabsgetreu verhält, seine Semantik konstant ist bzw. seine Urteile über konstante Sachverhalte schwankungsanfällig sind. Sie spricht damit den Grad der Übereinstimmung an, den zwei oder mehrere Urteile eines Beurteilers über einen Sachverhalt (bspw. eines Leistungs- oder Eignungsindikators) zu verschiedenen Zeitpunkten bei wiederkehrender Beurteilung und/oder verschiedenen Beurteilungsinstrumenten aufweisen würden. Eine hohe intraindividuelle Urteilskonkordanz ist gegeben, wenn der einzelne Beurteiler → Beurteilungskriterien stabil (schwankungsfrei und maßstabsgetreu) verwendet und die jeweiligen Beobachtungen sprachlich konstant bis zum Urteil beschreibt. Ursächlich hängt dieses Verhalten auch von der Qualität der Beurteilungskriterien ab, d. h. inwieweit sie ein solches Verhalten der Beurteiler ermöglichen. In diesem Verständnis sind die beiden Reliabilitätsfaktoren *Zeitkonstanz* (Stabilität des Verhaltens der Beurteilten) und *Methodenkonstanz* (Äquivalenz der Situations- bzw. Anregungsbedingungen) zu erkennen. Abzugrenzen hiervon ist die → interindividuelle Urteilskonkordanz.

Lit.: Schuler 1982, Becker, F. G. 1994

Investivlohn

Der Investivlohn betrifft das tariflich vereinbarte → Entgelt bzw. den Entgeltanteil, der nicht zur freien Verfügung an die → Arbeitnehmer ausgezahlt, sondern zwangsweise für eine bestimmte Zeit, basierend auf entsprechenden → Tarifverträgen oder → Betriebsvereinbarungen, für produktive Zwecke im Betrieb verwendet wird. Der Arbeitnehmer bleibt dabei aber Eigentümer der entsprechenden Entgeltsumme. Von der → Erfolgs- und → Kapitalbeteiligung, die oft auch einen vertraglich vereinbarten zwangsweisen Verbleib der zustehenden Erfolgsanteile für eine Zeitperiode vorsieht, unterscheidet sich der Investivlohn v. a. dadurch, daß er unabhängig von der Ertragslage einbehalten wird. Seine Höhe ist i. d. R. nicht an eine Beteiligungsbasis gekoppelt, sondern lediglich ein prozentualer Teil des Entgelts. Das letztlich vom Arbeitnehmer zur Verfügung gestellte Fremdkapital wird bei erfolgreichen Betrieben verzinst, bei weniger erfolgreichen kann sogar – im Falle eines Konkurses – das Kapital verloren gehen.

Lit.: Oberhauser 1975, Brinkmann 1984, Kötter 1993

Iowa-Studien

Eine verbreitete Typologisierung von Varianten des → Führungsstils bildete die Basis für Experimente, die von *Lewin/Lippitt/White* 1938–40 an der University of Iowa an Kindern durchgeführt wurden (sog. *Iowa-Studies*). Dabei sollte die Wirkung unterschiedlicher Führungsverhaltensweisen von Erwachsenen auf aggressives und feindseliges Verhalten von Kindern untersucht werden, die sich in Gruppen zu Bastelarbeiten trafen. Die Führungsstile wurden unter der Perspektive → „Mitarbeiterführung" unterschieden in:

(1) *Autoritäre Führung* („authoritan leadership"). Bei der autoritären Führung bestimmt der Führende die Regeln für die Handlungs- und Kommunikationsprozesse; in seiner Hand liegen Planung und Kontrolle der Arbeitsorganisation, das Erlassen von Durchführungsbestimmungen. Handlungsvollmacht bezieht er aus seiner Stellung im hierarchischen System.

(2) *Demokratische Führung* („democratic leadership"). Die demokratische Führung ist gekennzeichnet durch → Delegation von Entscheidungsbefugnissen: Die Gruppenmitglieder sind aktiv am Prozeß der Willensbildung beteiligt. Der Führende stellt Informationen bereit, fungiert als Initiator und Aktivator, er greift in Interaktions- und Handlungsprozesse nur ein, soweit er dabei ermutigend, unterstützend und/oder richtungsgebend wirken kann.

(3) *Laissez-faire-Führung* („laissez faire leadership"). Die dritte Variante, die Laissez-faire-Führung, entstand ungeplant, wurde aber trotzdem in die Forschung einbezogen, nachdem einem Erwachsenen die Gruppenführung entglitten war: Der Führende greift in die Handlungsprozesse der Gruppe nicht ein. Er stellt lediglich die sachlichen → Arbeitsbedingungen bereit. Die Gruppe und ihre Mitglieder haben völlige Aktionsfreiheit: Ziele, Entscheidungen, Kontrolle, Interaktionsbeziehungen und Arbeitsorganisation bestimmen sie selbst.

Diese Führungsstil-Varianten wurden auch in vielen späteren Untersuchungen zu diesem Phänomen zugrundegelegt; die *Iowa*-Experimente sind der historische Ausgangspunkt der gesamten empirischen Führungsforschung geworden. Unter Zugrundelegung von Effizienzkriterien sind die Ergebnisse der *Iowa-Studies* und der darauf aufbauenden Folgeuntersuchungen die folgenden:

● Hinsichtlich der Arbeitsproduktivität ist weder die demokratische noch die autoritäre Führung eindeutig überlegen, wenngleich zumeist wenig über die Art der Aufgaben ausgesagt wurde. Jedenfalls zeigten sich bezüglich der Arbeitsquantität keine deutlichen Unterschiede, wenngleich die Kinder unter autoritärer Leitung etwas mehr arbeiteten. Unter demokratischer Führung war jedoch die Motivation zur Arbeit stärker, was vielleicht eine Erklärung für hierbei bessere Qualität (im Hinblick auf Originalität) der Arbeiten ist.

• Dagegen zeigte sich, daß demokratische Führung im allgemeinen zu einer höheren Zufriedenheit der Gruppenmitglieder führte. In autoritär geführten Gruppen waren mehr Feindseligkeit, Aggression und Unzufriedenheit zu beobachten. In den demokratisch geführten Gruppen dagegen wiesen freiwillig gebildete Untergruppen einen stärkeren Zusammenhalt auf, waren größer und überdauerten länger. Gruppenbezogene und freundliche Äußerungen sowie gegenseitiges Lob traten bei diesen Gruppen häufiger auf.

• Unter den Laissez-faire-Bedingungen waren die Gruppen sowohl weniger leistungseffizient (die Kinder arbeiteten weniger und weniger gut) als auch unzufriedener als bei demokratischer Führung. Darüber hinaus waren sie schlechter organisiert und zeigten mehr Anzeichen von Entmutigung, Frustration und Aggression.

Einige Punkte sind zu den *Iowa-Studien kritisch* anzumerken, so v. a., daß die begriffliche Unterscheidung von autoritärer und demokratischer Führung werturteilsbeladen war, daß die Produktivität subjektiv eingeschätzt wurde und daß es sich um eine Laborstudie an Kindern handelte. Eine Übertragung der Ergebnisse auf Wirtschaftsbetriebe ist damit nur sehr bedingt möglich.

Lit.: Wunderer/Grunwald 1980, Berthel 1991, Staehle 1991

J

Jahresarbeitszeit (→ Arbeitszeit)

Job Diagnostic Survey

Der von *Hackman/Oldham* entwickelte Job Diagnostic Survey (JDS) dient als Instrument zur Analyse und Gestaltung von Arbeitsplätzen, speziell der dort auszuführenden Arbeitsaufgaben, im Rahmen der → Arbeitsplatzanalyse. Der JDS stellt einen Fragebogen dar, der vom jeweiligen Stelleninhaber hinsichtlich der in ihm enthaltenen standardisierten Fragen zu verschiedenen Aufgabenmerkmalen (Autonomie, Ganzheitlichkeit, Aufgabenbedeutsamkeit und -vielfalt, Rückmeldung) zu beantworten ist. Es handelt sich dabei um Aufgabenmerkmale, die direkt und indirekt durch ihr psychologisches Erleben die Arbeitsbereitschaft und -zufriedenheit der Mitarbeiter beeinflussen. Dadurch läßt sich, so die Intention, das in den Merkmalen individuell enthaltene Motivationspotential (intrinsischer Anreiz) feststellen (→ Motive und Motivation, → Anreize). Die Autoren gelangten aufgrund empirischer Analysen zu dem Ergebnis, daß die durch die Fragebogen sich ergebenden geringen Werte des Motivationspotentials auf die Notwendigkeit zur Umgestaltung der Arbeit, teilweise auch nur bestimmter Merkmale, hinweisen. Der JDS verspricht nur dann Erfolg, wenn intrinsisch motivierbare Mitarbeiter mit aufgabenadäquaten → Qualifikationen befragt werden und zudem jede einzelne Arbeitsaufgabe (jedes einzelnen Mitarbeiters) erfaßt wird. Dies ist sehr zeit- und kostenintensiv. Zudem ist für eine Arbeitsplatzanalyse die Beschränkung auf die motivationalen Aspekte zu eng.

Lit.: Hackman/Oldham 1975, Kleinbeck 1987, Maier 1988, Ulich 1992

Job Enlargement

Job Enlargement (synonym: Arbeitserweiterung, Aufgabenerweiterung, „horizontal job loading") ist u. a. als eine Maßnahme des → Training-on-the-Job im Rahmen der → Aufgabenstrukturierung zur → Personalentwicklung einsetzbar. Mittels Zusammenfassung verschiedener, auf etwa gleichem Qualifikationsniveau angesiedelter Teilarbeiten an einem Arbeitsplatz werden eintönige Arbeiten mit körperlich und geistig einseitiger Beanspruchung abgebaut. Die Arbeitsvorgänge an einem Arbeitsplatz werden quantitativ erweitert, qualitativ bleiben sie die gleichen. Job Enlargement gehört mit zum Programm der → Humanisierung der Arbeit, weil der Verantwortungsbereich erweitert und die Tätigkeit in einen größeren Arbeitszusammenhang gestellt wird. Neben diesen Humanisierungs- und den damit verbundenen Motivierungsaspekten ergeben sich möglicherweise Qualifizierungseffekte. Die betroffenen Mitarbeiter werden durch höheren Arbeitsanfall mehr als vorher gefordert. Können sie dieser höheren Anforderung dauernd entsprechen, erweitern sie ihre → Qualifikation.

Job Enrichment

Job Enrichment (synonym: Arbeitsbereicherung, Aufgabenbereicherung, „vertical job loading") wird u. a. als eine Maßnahme des → Training-on-the-job zur → Personalentwicklung im Rahmen der → Aufgabenstrukturierung eingesetzt. Durch dieses Instrument werden die Arbeitsvorgänge an einem Arbeitsplatz qualitativ angereichert. Job Enrichment zählt zur → Humanisierung der Arbeit, weil z. B. reine Durchführungsaufgaben mit Planungs- und Kontrollaufgaben an diesem Arbeitsplatz ausgebaut und so verantwortungsvoller werden. Diese erhöhten → Anforderungen sollen zu einer Entwicklung der → Qualifikation in Könnens- wie Wollens-Merkmalen der betroffenen Mitarbeiter führen.

Job Family (→ Positionsfamilie)

Job Rotation

Job Rotation (synonym: Arbeitsplatzringtausch, Arbeitsplatztausch) ist eine Form der Arbeitsorganisation, die hier unter die → Karriereplanung im Rahmen der → Personalentwicklung gefaßt wird. Job Rotation ist gleichbedeutend mit der systematisch gelenkten Übernahme anderer → Stellen auf in etwa gleicher Hierarchieebene unter selbständiger, vollverantwortlicher Funktionsausübung mit jeweils vollgültiger → Versetzung des Mitarbeiters. Im Rahmen der Personalentwicklung wird sie durchgeführt, damit die Mitarbeiter durch neue Aufgabengebiete im Zeitablauf ihren Kenntnisstand und ihre Erfahrungsbasis erweitern, ihre Qualifikation erhöhen und somit ihre Einsatzmöglichkeit flexibilisieren.

Job Sharing

Job Sharing (synonym: Partner-Teilzeit) stellt eine spezifische Variante der → Arbeitszeitflexibilisierung bzw. → Arbeitszeitverkürzung dar. Mit ihm wird das Volumen einer Stelle im Rahmen einer Arbeitsplatzteilung auf zwei („job pairing"), drei („job tripling") oder mehr Personen („job sharing-pool) gleichmäßig oder ungleichmäßig verteilt. Die Job Sharing-Arbeitnehmer legen innerhalb des Arbeitszeitrahmens Dauer und Lage ihrer individuellen Arbeitszeit fest. Hinsichtlich der Arbeitszeitteilung können sich bspw. zwei Mitarbeiter wie folgt einigen: Sie arbeiten abwechselnd jeweils eine Woche, beide arbeiten jeweils einen halben Tag oder einer arbeitet täglich fünf Stunden, der andere drei Stunden. Ihr → Entgelt richtet sich nach den erbrachten Arbeitszeitanteilen.

Jugendarbeitsschutzgesetz

Die Summe der Teilzeitarbeiten entspricht einer vollen tariflichen Arbeitszeit (oder einem entsprechend Mehrfachen).

Lit.: Heymann / Seiwert 1982, Schanz 1993

Jugendarbeitsschutzgesetz (Gesetz zum Schutze der arbeitenden Jugend - JArbSchG)

Das JArbSchG als Teil des → Arbeitsschutzes regelt das Verbot von → Kinderarbeit und den Jugendschutz. So ist die Beschäftigung von Kindern (Personen unter 14 Jahren) verboten; Ausnahmen werden zugelassen. Das Gesetz beinhaltet weiterhin die Beschäftigung Jugendlicher (Personen zwischen 14 und 18 Jahren), das Mindestalter für die Beschäftigung, die Arbeits- und Freizeit, Beschäftigungsverbote und -beschränkungen, die gesundheitliche Betreuung sowie sonstige Pflichten des → Arbeitgebers.

Jugend- und Auszubildendenversammlung

Die Jugend- und Auszubildendenvertretung kann nach → Betriebsverfassungsgesetz vor oder nach jeder → Betriebsversammlung im Einvernehmen mit dem → Betriebsrat eine betriebliche Jugend- und Auszubildendenversammlung einberufen. Im Einvernehmen mit → Betriebsrat und → Arbeitgeber kann diese Versammlung auch zu einem anderen Zeitpunkt durchgeführt werden.

Jugend- und Auszubildendenvertretung

Jugend- und Auszubildendenvertretungen werden nach → Betriebsverfassungsgesetz in Betrieben mit mindestens fünf → Arbeitnehmern, die das 18. Lebensjahr noch nicht vollendet haben (jugendliche Arbeitnehmer) oder die zu ihrer → Berufsausbildung beschäftigt sind und das 25. Lebensjahr noch nicht vollendet haben, gewählt. Wahlberechtigt ist der vorgenannte Personenkreis, wählbar sind alle wahlberechtigten Arbeitnehmer unter 25 Jahren mit Ausnahme von Betriebsratsmitgliedern. Ggf. ist eine → Gesamt-Jugend- und -Auszubildendenvertretung zu wählen. Die Anzahl der Jugend- und Auszubildendenvertreter richtet sich nach der Größe der entsprechenden Arbeitnehmerschaft im Betrieb (s. die Abbildung).

Die geheime, unmittelbare und gemeinsame Wahl der Jugend- und Auszubildendenvertretung findet alle zwei Jahre statt. Die regelmäßige Amtszeit beträgt demnach zwei Jahre. Die Vertretung hat folgende *Aufgaben*: 1. Maßnahmen, die ihrem Klientel dienen, beim → Betriebsrat zu beantragen; 2. Überwachung der zugunsten ihrer Klientel geltenden Gesetze zu Ordnung, Unfallverhütungsvorschriften, → Tarifverträge und → Betriebsvereinbarungen; 3. Entgegennahme von Anregungen der Klientel insbesondere bei Fragen der Berufsausbildung sowie ggf. die Vertretung dieser Anregungen gegenüber dem Betriebsrat.

Anzahl der Jugendlichen und Auszubildenden	Anzahl der Mitglieder der Jugend- und Auszubildendenvertretung	Verteilung
5– 20	1	
21– 50	3	möglichst sollen alle Be-
51– 200	5	schäftigungsarten, Ausbil-
201– 300	7	dungsberufe und Ge-
301– 600	9	schlechter vertreten sein
601–1000	11	
mehr als 1000	13	

Größe der Jugend- und Auszubildendenvertretung

Damit verbunden ist auch eine Informationspflicht für die Klientel. Die Jugend- und Auszubildendenvertretung hat darüber hinaus das Recht, einen Betriebsratsbeschluß auf Antrag für die Dauer von einer Woche auszusetzen, sofern die Entscheidung als eine erhebliche Beeinträchtigung wichtiger Interessen der Jugendlichen und → Auszubildenden angesehen wird. An allen Betriebsratssitzungen kann ein Vertreter teilnehmen. Bei Angelegenheiten, die die Jugendlichen und Auszubildenden betreffen, hat die gesamte Jugend- und Auszubildendenvertretung ein Teilnahmerecht, zumeist sogar ein Stimmrecht. Desweiteren hat sie das Recht, Angelegenheiten, die ihre Klientel betreffen, auf die Tagesordnung der Betriebsratssitzung setzen zu lassen. Bei Besprechungen zwischen Betriebsrat und → Arbeitgeber, die die Angelegenheiten von Jugendlichen und Auszubildenden betreffen, hat der Betriebsrat die Vertretung beizuziehen.

K

Kapitalbeteiligung

Die Kapitalbeteiligung als eine Variante der materiellen → Mitarbeiterbeteiligung betrifft solche fakultativen → Entgelte, bei denen Mitarbeiter über Kapitalanteile mit ihrem jeweiligen, arbeitgebenden Betrieb mit finanzieller Unterstützung des → Arbeitgebers verbunden werden. Sie ist in verschiedenen Formen hinsichtlich der Mittelverwendung über eine Fremd- und eine Eigenkapital(-ähnliche)beteiligung möglich, siehe hierzu die Abbildung. Eine Verbindung zur → Erfolgsbeteiligung besteht oft dadurch, daß die jeweiligen Kapitalbeteiligungen – im Rahmen der Mittelaufbringung – durch vorherige individuelle Erfolgsanteile (eventuell mit einem weiteren Zuschuß der Mitarbeiter) „finanziert" werden. Es gelten unterschiedliche Formen der Beteiligungsgestaltung. Eine Beziehung zur immateriellen Beteiligung besteht im Zusammenhang mit der sog. „betrieblichen Partnerschaft".

Lit.: Schneider 1992, Schanz 1993, Oechsler 1994

KAPOVAZ

Die KAPOVAZ (Kapazitätsorientierte variable Arbeitszeit; ähnlich: Anforderungsorientierte flexible Arbeitszeit bzw. Anoflaz, Abrufvertrag) ist eine der → Pensumarbeit vergleichbare → Arbeitszeitflexibilisierung. Sie sieht vor, daß die pro Zeitperiode (Jahr, Monat) abzuleistende → Arbeitszeit eines → Arbeitnehmers je nach Arbeitsanfall relativ kurzfristig festgelegt werden kann. Wegen dieses vorab nicht konkret festgelegten Arbeitseinsatzes ist KAPOVAZ sehr umstritten. Gem. → Beschäftigungsförderungsgesetz gilt

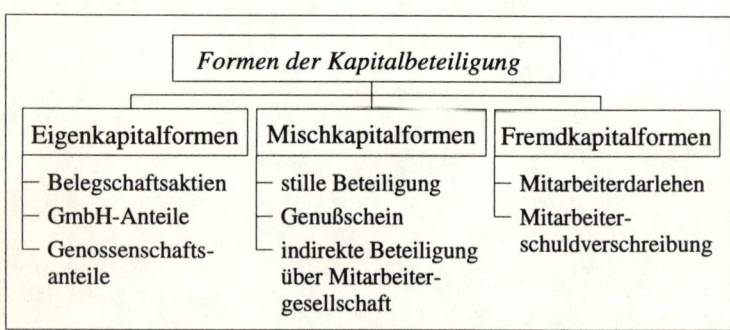

Überblick über Grundformen der Kapitalbeteiligung

bei Nichtvorliegen einer Vereinbarung ein Kontingent von zehn Stunden pro Woche. Die chronologische Gestaltung der → Arbeitszeit, d. h. die Bestimmung (der Abruf) der Anwesenheitszeiten wird durch den Arbeitgeber vorgenommen, wobei allerdings eine Ankündigungsfrist von vier Tagen und eine tägliche Mindesteinsatzdauer von drei Stunden gilt, falls nicht durch einen Tarifvertrag eine andere, eventuell auch ungünstigere Regelung festgelegt wurde.

Karenztage

Mit Karenztagen ist die Nicht-Lohnfortzahlung (→ Lohnfortzahlung,→ Entgeltfortzahlung) an → Arbeitnehmer durch → den Arbeitgeber während der ersten Krankheitstage gemeint. Sie stellen eine gesetzliche oder (tarif-)vertragliche Frist dar, vor deren Ablauf nur eine begrenzte oder gar keine materielle Leistung gewährt wird. So müßte bei einer entsprechenden Vereinbarung ein Arbeitnehmer im Krankheitsfalle bei z. B. zwei Karenztagen zwei Tage auf die Lohnfortzahlung verzichten.

Karriere

Unter Karriere wird jede von einem Mitarbeiter innegehabte Stelle verstanden, deren zeitliche Spanne sich von der ersten bis zur aktuell ausgeübten Stelle in Betrieben erstreckt. Damit ist der auf wirtschaftliche Tätigkeit bezogene Ausschnitt der gesamten beruflichen Tätigkeit im Mitarbeiterleben angesprochen.

Die übliche Einschränkung des Karrierebegriffs auf eine vertikale Bewegungsrichtung, also den Aufstieg in der Hierarchie (= *Beförderung*), erscheint heutzutage wenig zweckmäßig. In der Realität sehen sich die Mitarbeiter nicht nur Aufwärtsbewegungen gegenüber, wenn sie versetzt werden bzw. versetzt werden wollen. Auch horizontale Versetzungen, also auf Stellen in etwa der gleichen Hierarchieebene, zählen prinzipiell zum Karrierebegriff, ebenso wie im übrigen vertikale, abwärts in der betrieblichen Hierarchie gerichtete Versetzungen („downward movement"). Auch Versetzungen in Projektgruppen und → Parallelhierarchien sind einzuschließen. Die individuelle Karriere wird im Rahmen der betrieblichen → Karriereplanung, der → Personalentwicklung und der → Selbstentwicklung betrachtet. Der Begriff der → *Laufbahn*, der oft alternativ verwendet wird, ist zu sehr auf den Öffentlichen Dienst und bestimmte Karrierewege bezogen, als daß er synonym verwendet werden sollte.

Lit.: Berthel/Koch 1985, Tosi/Tosi 1986, Berthel 1991

Karriereanker

Als Karriereanker bezeichnet *Schein* Aspekte der bei sich selbst wahrgenommenen Talente, Werte und → Motive (und Motivation), die karriereorientierte Entscheidungen individuell organisieren und stabilisieren. Sie stellen seiner Ansicht nach ein Schlüsselelement des →

Karrieremuster

Selbstkonzeptes dar. Er differenziert in fünf Karriereanker, die die dominanten Orientierungen der Mitarbeiter repräsentieren sollen (= Karriereorientierungen). Sie drücken dabei aus, was die Mitarbeiter durch → Karrieren anstreben:

- Führungskompetenz (Mitarbeiter suchen und schätzen Gelegenheiten zu führen),
- technisch-funktionelle Kompetenz (Mitarbeiter suchen und schätzen geregelte Verfahren mit deutlichem Zielbezug),
- Sicherheit (Mitarbeiter trachten danach, ihre Karrieresituation zu stabilisieren),
- Kreativität (Mitarbeiter suchen und schätzen die Entwicklung neuartiger Problemlösungen) sowie
- Autonomie und Unabhängigkeit (Mitarbeiter suchen und schätzen selbständige Aufgabenerfüllung).

Diese Differenzierung erlaubt es im Rahmen der → Karriereplanung, individueller auf einzelne Mitarbeiter eingehen zu können.

Lit.: Schein 1978, Berthel/Koch 1985, Schanz 1993

Karrieremuster

Aus der Vielzahl der Bewegungsmöglichkeiten in einem betrieblichen → Karrieresystem wird für spezifisch angestrebte Karriereziele oder für Zwecke der → Personalentwicklung ein Maßnahmenbündel idealtypischer Natur in Form eines Programmes zusammengestellt, welches inhaltlich aufeinander abgestimmte Positionsfolgen enthält. Man bezeichnet diese idealtypisch auf Ziele bezogenen Positionsfolgen als Karrieremuster (oft synonym: Karrierepfade). Sie helfen, den Mitarbeitern ihre prinzipiellen Karrieremöglichkeiten im Betrieb aufzuzeigen, mit ihnen zusammen eine betriebs- wie personenbezogene Einengung vorzunehmen sowie eine gezielte → Karriereplanung mit begleitenden Maßnahmen der Personalentwicklung vorzusehen. Beispiele von Karrieremustern sind folgende: Verkäufer – Einzelhandelskaufmann – Abteilungsleiter – Filialleiter; Nachwuchs-Ingenieur – Projekt-Ingenieur – Leitender Projekt-Ingenieur – Planungsingenieur; Arbeitsvorbereiter – Vorarbeiter – Leiter Prozeßkontrolle/Qualitätskontrolle – Technischer Leiter – Technischer Direktor/Produktionsleiter.

Lit.: Berthel/Koch 1985, Berthel 1991

Karrierepfade (→ Karrieremuster)

Karrierephase

Die individuelle Karriereentwicklung weist zumeist einen prozessualen Charakter auf, der sehr eng mit dem gesamten Lebenszyklus eines Mitarbeiters zusammenhängt. Im allg. werden → Karrieren in drei entsprechende Phasen eingeteilt: frühe Karrierephase (erste Zeit nach Berufseinstieg; Familiengründung – 15–30 J.), mittlere Karrierephase (Beförderungszeit; Mid-Life-Crisis; Kinder verlassen Elternhaus – 35–

50 J.), späte Karrierephase (letzte Beförderungschancen; Ruhestandkrise; Tod von Freunden – 50–60 J.). Die Übergänge zwischen den verschiedenen Karrierephasen stellen dabei keine deutlich markierten Grenzüberschreitungen dar, sondern sind fließend. Die einzelnen Phasen lassen sich lediglich grob durch die Angabe von Altersspannen pro Phase trennen. Die Differenzierung nach Karrierephasen ermöglicht es dem betrieblichen → Personalmanagement im Rahmen der → Karriereplanung spezifischer auf die Erwartungen der einzelnen Mitarbeiter eingehen zu können (→ Individualisierung).

Lit.: Berthel/Koch 1985, Berthel 1992a, Schanz 1993

Karriereplanung

Die betriebliche Karriereplanung (oft synonym: Laufbahn- und Nachfolgeplanung) bedeutet die gedankliche Vorwegnahme möglicher, zukünftig im Betrieb zu besetzender Stellen und der mit ihnen verknüpften → Qualifikationen sowie Entwicklungsprozesse einzelner Mitarbeiter und deren individueller → Karrieren. Die Karriereplanung ist in den Kontext der betrieblichen Planung und des → Karrieresystems sowie als Teilsystem in die → Personalentwicklung eingeordnet. Die gedankliche Antizipation stellt keine vorweggenommene Entscheidung über konkrete Versetzungen dar, diese wird erst im tatsächlich vorliegenden Entscheidungsfall getroffen.

Vereinfachend kann im Rahmen der Karriereplanung auf → Karrierephasen, → Karriereanker, → Potentialbeurteilungen und → Positionsfamilien zurückgegriffen werden.

Lit.: Berthel/Koch 1985, Berthel 1991, 1992a, Weitbrecht 1992

Karrieresystem

Das Karrieresystem bildet die Gesamtheit aller → individueller Karrieren in einem Betrieb ab. Es entsteht, weil sich die Karrieren der einzelnen Mitarbeiter aufeinander beziehen, voneinander abhängen und in ihrer Gesamtheit spezifische Merkmale aufweisen. Eine gedankliche Vorwegnahme der verschiedenen Variablen des Karrieresystems in bestimmten Ausprägungen konstituiert die Rahmenbedingungen einer betrieblichen → Karriereplanung. Die Struktur eines betrieblichen Karrieresystems läßt sich durch sechs verschiedene Merkmale kennzeichnen: Bewegungsraum (betriebliches Stellengefüge), Bewegungsanlässe (besetzungsbedürftige Vakanzen), Bewegungsrichtungen (horizontal, vertikal aufwärts, vertikal abwärts), Bewegungshäufigkeit (Verweildauer der Mitarbeiter auf Positionen), Bewegungsprofile (charakteristische Positionsfolgen bzw. → Karrieremuster) und Aktivitätsniveau (Summe derjenigen Gestaltungsmaßnahmen, mit denen auf die Ausprägung der vorgenannten Merkmale Einfluß genommen wird).

Lit.: Berthel/Koch 1985, Berthel 1991, 1992a

Katalogverfahren (→ Arbeitsbewertung)

Kausalattribution (→ Attribution)

Kennzahlenmethode

Die Kennzahlenmethode wird bei der → Personalbedarfsermittlung angewendet. In ihrem Rahmen wird versucht, zunächst den Arbeits- bzw. Zeitbedarf pro Bezugseinheit (= Kennzahl für Vorgang oder Stükke) zu ermitteln, um darauf aufbauend die geplante Produktmenge mit dieser Kennzahl zu multiplizieren. Die sich ergebende notwendige Arbeitszeitkapazität (quantitativer → Personalbedarf) dividiert durch die verfügbare → Arbeitszeit der → Arbeitnehmer ergibt den zeitlich fixierten Personalbedarf (Stellenanzahl). Zusätzlich sollte noch ein Reservebedarf berücksichtigt werden. Letztlich wird so der Bruttopersonalbedarf festgestellt. Ein Beispiel ist die Inbeziehungsetzung von Umsatz zu Beschäftigten. Die Personalbedarfsermittlung mit Hilfe der Kennzahlenmethode setzt allerdings stabile Beziehungen am jeweiligen Arbeitsplatz voraus, damit stets die gleiche Kennzahl verwendet werden kann.

Lit.: RKW-Handbuch 1990

Kennzeichnungsverfahren der Personalbeurteilung

Kennzeichnungsverfahren sind eine spezielle Form von Verfahren der → Personalbeurteilung. In ihrem Rahmen geben die Beurteiler jeweils an, ob bestimmte vorgegebene → Kriterien bzw. bestimmte Aussagen auf die Beurteilten zutreffen oder nicht. Die Merkmalskriterien sind in ihrer Reihenfolge beliebig gemischt oder nach dem Anschein gleicher Erwünschtheit gruppiert. Die mit diesem Verfahren von den Beurteilern geforderten dichotomen Aussagen anhand von Skalen mit binär meßbaren Merkmalsausprägungen (ja für „Aussage trifft zu", nein für „Aussage trifft nicht zu") erlauben eine direkte Auswertung und eine nachfolgende Skalierung der einzelnen Items, ohne allerdings (zunächst) etwas über die Rangordnung oder gar die Differenz zwischen den Beurteilten hinsichtlich eines Merkmals auszusagen. Man unterscheidet insbes. drei Arten: → Check-List-Verfahren der Personalbeurteilung, → Zwangswahl-Verfahren (→ Mixed Standard Scale) und → Beurteilungsverfahren der kritischen Ereignisse.

Lit.: Maier 1988, Becker, F. G. 1994

Kettenarbeitsvertrag

Ein Kettenarbeitsvertrag stellt die Aneinanderreihung mehrerer befristeter → Arbeitsverträge zwischen denselben Arbeitsvertragsparteien dar. Sofern die jeweilige Befristung nicht auf einem sachlichen Grund beruht, ist sie unwirksam, wenn dadurch der → Kündigungsschutz des → Arbeitnehmers objektiv vereitelt wird. In diesen Fällen gilt das → Arbeitsverhältnis als auf unbestimmte Zeit geschlossen, also unbefristet.

Kinderarbeit

Kinderarbeit im engeren Sinne ist die in Einklang mit gesetzlichen Schutzbestimmungen erfolgende Erwerbstätigkeit von schulpflichtigen Kindern bzw. Jugendlichen. Im weiteren Sinne ist die darüber hinaus erfolgende, d. h. illegale Beschäftigung von Kindern gemeint. Seit dem → Jugendarbeitsschutzgesetz von 1976 gilt ein grundsätzliches Beschäftigungsverbot für Kinder unter 14 Jahren sowie für Jugendliche, soweit diese noch vollzeitschulpflichtig sind.

Klassifizierung der Berufe (KdB)
(→ Beruf)

Kleber-Effekt (→ Beurteilungsfehler)

Knappschaftsversicherung

Die Knappschaftsversicherung ist ein Zweig der → Sozialversicherung in der BRD, welche die Renten- und Krankenversicherung für alle Betriebe des Bergbaus bzw. der dort beschäftigten → Arbeitnehmer darstellt. Alle Arbeitnehmer aus diesen Betrieben sind unabhängig von der Höhe ihres Verdienstes (→ Entgelt) in der Knappschaftsversicherung pflichtversichert.

Koalitionsfreiheit

Die sog. Koalitionsfreiheit wird durch Art. 9 Grundgesetz gewährleistet. → Arbeitgeber und → Arbeitnehmer haben danach das Recht, zur Durchsetzung ihrer Interessen bei der Gestaltung und Förderung der Arbeits- und Wirtschaftsbedingungen Vereinigungen (Koalitionen) zu bilden. Man unterscheidet zwei Formen:

● Die *individuelle Koalitionsfreiheit* bedeutet dabei das Recht des einzelnen Arbeitnehmers oder Arbeitgebers, Koalitionen (wie → Gewerkschaften und → Arbeitgeberverbände) zu gründen, bestehenden Koalitionen beizutreten und in ihnen zu verbleiben. Dieser *positiven* Koalitionsfreiheit steht die *negative* Koalitionsfreiheit gegenüber, die spiegelbildlich das Recht des einzelnen umfaßt, sich nicht zu Koalitionen zusammenschließen zu müssen, bestehenden Koalitionen fernzubleiben sowie aus ihnen auszutreten. So besteht bspw. kein Zwang zur Mitgliedschaft in Gewerkschaften und Arbeitgeberverbänden.

● Die *kollektive Koalitionsfreiheit* gewährleistet den Verbänden den freien Bestand und die freie Betätigung. Hierunter fallen die Tarifauslosungen, die Mitwirkung der Gewerkschaften an den → Tarifautonomien und an den Aufgaben der → Betriebsverfassung sowie der → Arbeitskampf.

Kognition

Kognition ist als ein Sammelbegriff für alle Erkenntnisleistungen (z. B. → Wahrnehmung, Erinnerung, Denken etc.) eines Individuums zu verstehen, die seiner Orientierung in der Umwelt dienen. Sie betrifft Prozesse und Inhalte des bewußten Erkennens in Abhebung zur → Emotion.

Kognitive Beurteilungspsychologie

Die kognitive Beurteilungspsychologie beschäftigt sich mit den prinzipiellen Möglichkeiten, die menschliche Beurteiler im Rahmen des kognitiven Umganges mit Informationen (→ Kognition) haben. Solche Aspekte sind insofern von Bedeutung für → Eignungsprüfungen, als daß sie charakteristisch für die Informationsverarbeitung von Menschen (beruhend auf deren kognitiven Strukturen) und somit auch von Beurteilern sind. Die kognitive Beurteilungspsychologie hat speziell die Prozesse der → Attribution und Stereotypisierung durch die Beurteiler im Beurteilungsprozeß sowie deren Einfluß auf die Beurteilung zum Gegenstand. Demnach ist die → Leistungsbeurteilung in entscheidendem Maße insbes. von den jeweiligen Beobachtungs- und Erinnerungsmöglichkeiten der Beurteiler abhängig. Der komplexe Prozeß der Erfassung, Speicherung, Verarbeitung, Interpretation und Erinnerung von beurteilungsrelevanten Informationen bietet vielfältige Ansatzpunkte, die zu Verzerrungen führen. Die jeweils individuell begrenzte kognitive Komplexität führt bspw. zu folgendem: Unterschätzung der Informationsfaktoren, Bestätigung von Vorurteilen und Vorinformationen, Betrachtung vornehmlich herausragender Merkmale, Verfälschung der Personen- bzw. Situationsabhängig-

keit, Beobachtung nur unter bestimmten, nicht so genau zu rekonstruierenden, unterschiedlichen Bedingungen, individuelle Wahl der Maßstäbe, sprachliche Probleme u. a. m.

Lit.: Ilgen/Feldman 1983, Lueger 1992, Becker, F. G. 1994

Kognitive Dissonanz

Kognitive Dissonanz liegt vor, wenn kognitive Elemente (→ Kognition) einer Person zueinander im Widerspruch stehen. Übersetzt man „kognitive Elemente" mit „Meinungen", so stehen diese in dissonanter Beziehung zueinander, wenn sie gleichzeitig Meinungen einer Person sind und wenn bspw. Element (Meinung) A die Negation von Element (Meinung) B impliziert. Kognitive Dissonanz ist der zentrale Begriff in *Festinger*s → Dissonanztheorie.

Lit.: Wiswede 1991

Kognitivistische Konzepte der Motivation

Kognitivistische Konzepte der → Motivation heben in ihren Erklärungsversuchen insbes. auf kognitive Prozesse (→ Kognition) bei Mitarbeitern ab. Die Berücksichtigung kognitiver Variablen in motivationstheoretischen Erklärungsansätzen (→ Leistungsdeterminantenkonzept) drängt die alleinige Angabe rein emotionaler bzw. energetischer Aspekte (→ Motive und Motivation) in den Hintergrund. Hier wird zwischen → Erwartungs-Valenz-

Theorien und → Theorien der Leistungsmotivation unterschieden.

Lit.: Wunderer/Grunwald 1980, Berthel 1991

Kohäsion (→ Gruppenkohäsion)

Kollegenbeurteilung (→ Gleichgestelltenbeurteilung)

Kollektivarbeitsrecht

Mit dem Kollektivarbeitsrecht (synonym: Kollektives Arbeitsrecht) sind im Gegensatz zum → Individualarbeitsrecht Regelungsbereiche angesprochen, die eine Vielzahl von → Arbeitnehmern mit gleichen oder ähnlichen Interessen sowie außerdem Zusammenschlüsse von Arbeitnehmern (→ Gewerkschaften) und/oder → Arbeitgebern (→ Arbeitgeberverbände) voraussetzen und die Grundsätze über deren Aufgaben und Kompetenzen sowie über die Wirkung der von ihnen getroffenen Vereinbarungen enthalten. Zum Kollektivarbeitsrecht gehören insbes.: das Koalitionsrecht, das Tarifvertragsrecht (→ Tarifvertrag), das → Arbeitskampfrecht, das Betriebsverfassungsrecht (→ Betriebsverfassung), das → Arbeitsverbandsrecht und das Unternehmungsmitbestimmungsrecht (→ unternehmerische Mitbestimmung).

Lit.: Henssler 1992

Kompetenz

Kompetenz ist ein vielfältig definierter Begriff. Er wird i. allg. auf zwei Ebenen verwendet. Zum einen wird

Kompetenz in etwa verstanden als → Qualifikation, → Fähigkeit u. ä. Zum anderen bedeutet er häufig die Befugnis, die Berechtigung etc., die einem Mitarbeiter übertragen wird, um bestimmte Aufgaben erfüllen zu können (Entscheidungs-, Anordnungs-, Richtlinienbefugnis etc.). Bezieht sich der Ausdruck auf die erste Ebene, dann wird häufig noch wie folgt differenziert:

● *Fachkompetenz* (Sachkompetenz) wird zugesprochen, wenn hinreichende Sachkenntnisse und der notwendige Sachverstand in bestimmten Angelegenheiten vorhanden ist. Darüber hinaus wird vielfach auch die Fähigkeit erwartet, ggf. zu einer über- oder nebengeordneten Aufgabe einen kompetenten, sachverständigen Beitrag zu leisten.

● *Methodenkompetenz* wird als Fähigkeit verstanden, für eine gestellte Sachaufgabe selbständig Problemlösungswege zu finden und diese auch einzuschlagen. Hierzu zählen Einzelfähigkeiten, wie kritisches, analytisches und vernetztes Denken, Lernfähigkeit, Reflektionsfähigkeit, alternative Arbeitsweisen u. ä.

● Als *Sozialkompetenz* wird die Fähigkeit verstanden, in einer Gemeinschaft mit anderen Personen zu arbeiten, konstruktiv und aktiv an Entscheidungen mitzuwirken, Verantwortung zu übernehmen, also zwischenmenschliche Interaktionsfähigkeit.

● *Führungskompetenz* meint die Fähigkeit, Mitarbeiter und andere Interaktionspartnern zu überzeugen, sich durchzusetzen, entsprechendes Führungsverhalten zu zeigen und Verantwortung übernehmen zu können.

Komplexer Mensch (→ Menschenbild)

Konditionierung

Unter Konditionierung wird ein → Lernprozeß verstanden, der einen angeborenen Reflex an einen bis dahin neutralen, d. h. nicht reflexauslösenden Reiz koppelt. Dadurch wird der zuvor neutrale Reiz zu einem reflexauslösenden, „bedingten" Reiz. Der Mechanismus der Konditionierung spielt innerhalb des → Behaviorismus eine wichtige Rolle.

Konferenzmethode

Bei der Konferenzmethode handelt es sich um eine aktive Lehrmethode (→ Personalentwicklungsmethoden) aus dem → Training-off-the-job Bereich, die v. a. im Rahmen der → Fortbildung eingesetzt wird. Durch die individuelle Beteiligung an Diskussionen soll speziell die Übung im logischen Denken und die Entwicklung des Verhaltens in Gruppensituationen im Zentrum der Qualifizierung stehen (bspw. Problemlösungskonferenz).

Konflikte

Konflikte sind durch den Widerstreit zwischen verschiedenen → Kognitionen, → Emotionen bzw. Personen gekennzeichnet; dabei existieren drei Arten von Konflikten: intrapersonelle Konflikte, interpersonelle Konflikte sowie Konflikte zwischen Gruppen. Erstere beziehen sich auf innere Spannungen eines Individuums, bspw. im Rahmen der → Dissonanztheorie. Unter interpersonellen Konflikten versteht man hingegen Spannungen zwischen Personen, die sich durch latente oder offensichtliche Gegensätzlichkeiten auszeichnen. Dasselbe gilt entsprechend auf Gruppenebene. Interpersonelle Konflikte sowie Gruppenkonflikte können unterschiedliche Intensitätsgrade und Erscheinungsformen (von leichter Meinungsverschiedenheit bis hin zum Kampf; → Konfliktreaktionen) haben. Konflikte gehören zum Alltag eines Betriebes, sind normal, allgegenwärtig, permanent und entgegen allgemeinem Vorurteil oft nützlich für den Betrieb (→ Konfliktursachen). Sie werden allerdings gewöhnlich negativ assoziiert mit Unannehmlichkeiten und als etwas eingestuft, das möglichst zu vermeiden ist. Ein Konflikt kann aber zwei verschiedene *Wirkungsrichtungen* haben: eine schädliche (*destruktive*) und eine nützliche (*konstruktive*); beide Kategorien können gleichzeitig in unterschiedlicher Intensität auftreten:

- Ein Konflikt wird meist dann konstruktiv sein, wenn alle Konfliktparteien und das Parteienumfeld mit der gefundenen Regelung zufrieden sind. Eine gleichmäßige Zufriedenheit ist eher anzustreben, als wenn einige zufrieden, andere dagegen unzufrieden sind. Nützliche Wirkungen können in der Klärung von Problemen, der Überwindung von Stagnationen und in der Auffindung neuer, potentieller Probleme sowie Problemlösungen liegen. Dies setzt voraus, daß in den Konfliktepisoden (→ Konfliktfelder) die Entscheidungen durch Anhörung unterschiedlicher Ansichten fundiert, neue Ideen diskutiert oder traditionelle Abläufe in Frage gestellt werden. Konstruktiv ist auch die Steigerung der Zufriedenheit (→ Arbeitszufriedenheit) der Mitarbeiter. Konflikte fordern Meinungsäußerungen heraus, ermöglichen teilweise die Durchsetzung eigener Zielvorstellungen und fördern die Persönlichkeitsentfaltung des einzelnen. Sie stimulieren die Lösung von Problemen. Die nützlichen Wirkungen können jedoch nur bei kooperativ ausgetragenen Sachkonflikten entstehen.

● Destruktive Konflikte verhindern dagegen die Reibungslosigkeit der Aufgabenerfüllung. Die Zusammenarbeit wird gestört, verzögert oder gelähmt. Das Betriebsklima und auch die Qualität der Arbeit sinken. Die → Fluktuation steigt. Suboptimale Kompromisse müssen zur Regelung von Konflikten unter Einsatz von Managementpotentialen (Kosten) für die Konflikthandhabung eingesetzt werden.

Um konstruktive Wirkungen zu erreichen, bedarf es einer → *Konfliktsteuerung*. Diese sollte davon ausgehen, daß man Konflikte in einem Betrieb nicht endgültig beseitigen oder lösen kann. Es geht demzufolge nicht um die Unterdrückung, Umgehung oder Verlängerung von Konflikten, sondern darum, die Chance der produktiven Nutzung dieser Spannungen zu ergreifen.

Lit.: Krüger 1980, 1981, Berthel 1991, Staehle 1991, Oechsler 1992a

Konfliktfelder

Die Mitarbeiter und Organisationseinheiten tragen zum Entstehen von Spannungen bei → Konflikten bei, geraten aber auch durch Systemzwänge selbst unter Druck (→ Konfliktursachen). Es bilden sich sog. Konfliktfelder, die alle für ein Konfliktproblem wichtigen Variablen und deren Beziehungen zueinander umfassen. Sie lassen sich nach inhaltlichen und dynamischen Aspekten typisieren. *Inhaltliche Aspekte der Konfliktfelder* betreffen drei verschiedene Dimensionen, die z. T. mit Konfliktursachen korrespondieren:

● Auf der *sachlich-intellektuellen Dimension* finden Sachkonflikte statt. Sie lassen sich unterscheiden in *Zielkonflikte* über die Art der zur Verfügung stehenden Aufgaben und ihrer Bewertung, in *Mittelkonflikte* über die Wege der Zielerfüllung und in *Informationskonflikte* durch den unterschiedlichen Informationsstand bzw. die unterschiedliche Informationsbewertung der Konfliktparteien. Prinzipiell dienen Konflikte auf dieser Ebene der sachlichen Auseinandersetzung über Fragen der Arbeitserfüllung.

- Die *sozio-emotionelle Dimension* bezieht sich auf die zwischenmenschlichen Beziehungen und die → Emotionen der Konfliktparteien während der Ausübung von Sachkonflikten. Durch unterschiedliche Standpunkte können Gefühlserregungen wie Mißtrauen, Abneigung, Haß, aber auch Sympathie entstehen. Damit wird nicht nur der konkrete Sachverhalt zusätzlich verschärft bzw. gemildert; auch zukünftige Interaktionen sind betroffen.

- Die *wertmäßig-kulturelle Dimension* spricht eine ganz andere Ebene an. Das Wertesystem (→ Werte) des Betriebes besteht aus der Summe der Wertvorstellungen von Gruppen, einzelnen Personen sowie der Eigentümer. Diese Werte kommen in den Zielen und Maßnahmen des Betriebes zum Ausdruck. Die Unterschiede in den Wertesystemen, oft zwischen mehreren Mitarbeitern, führen zu Konflikten auf der wertmäßig-kulturellen Dimension.

Die Mehrzahl der Konflikte tragen Bestandteile aller drei Konfliktdimensionen in sich. Zu beachten sind die zwischen den Ebenen bestehenden Wechselwirkungen. Die Dimensionen beeinflussen sich, schaukeln den Konfliktverhalt hoch (z. B. bei

---

Sachlich-intellektuelle Konfliktdimension

- Zielkonflikte
- Mittelkonflikte
- Informationskonflikte

Sozio-emotionale Konfliktdimension

- Zusammenarbeit: kaum möglich; pflichtmäßig
- Vertrauen: extremes Mißtrauen, Mißtrauen
- Zuneigungsgrad: Haß, Antagonismus, neutrale Höflichkeit

Wertmäßig-kulturelle Konfliktdimension

- Wertkonflikte zwischen Individuen
- Wertkonflikte zwischen Gruppe und Individuen
- Wertkonflikte zwischen Gruppen
- Wertkonflikte zwischen Betrieb und Gruppen
- Wertkonflikte zwischen Betrieb und Individuen

Konfliktdimensionen

Antipathie) und lassen einen Ausgleich zu (z. B. bei Sympathie). Auch können Konflikte transformiert werden (Konfliktumleitung), so daß persönliche Reibereien oder sachliche Auseinandersetzungen im Grunde auf die unterschiedlichen Wertesysteme der Konfliktparteien beruhen. Die verschiedenen Konfliktdimensionen sind in der Abbildung auf S. 212 veranschaulicht.

Dynamische Aspekte der Konfliktfelder (s. Abbildung) können anhand eines Phasenschemas erläutert werden. Zuerst bilden sich die Konfliktursachen heraus. Gegensätze sind so bereits latent vorhanden (*Latenzphase*). Wenn diese Gegensätze – richtig oder verzerrt – entdeckt werden, erfolgt die → Wahr-

nehmung (*Wahrnehmungsphase*) oder die Empfindung (*Gefühlsphase*). Wahrnehmung bedeutet das ambivalente Entdecken eines Konfliktfeldes, während die Empfindung eine gefühlsmäßige Position zum Konfliktgegenstand voraussetzt. In der manifesten Konfliktphase (*Manifestationsphase*) entsteht konfliktäres Verhalten (bzw. Reaktion). Ein Individuum hindert bewußt, aber nicht unbedingt vorsätzlich andere Personen an ihrer Zielerreichung. Konfliktnachwirkungen (*Wirkungshorizont*) können je nach Austragung und Zufriedenheit der beteiligten Konfliktparteien zu intensiven Beschäftigungen mit anderen latenten Konflikten (im Bemühen um geordnete Verhältnisse) oder zu schär-

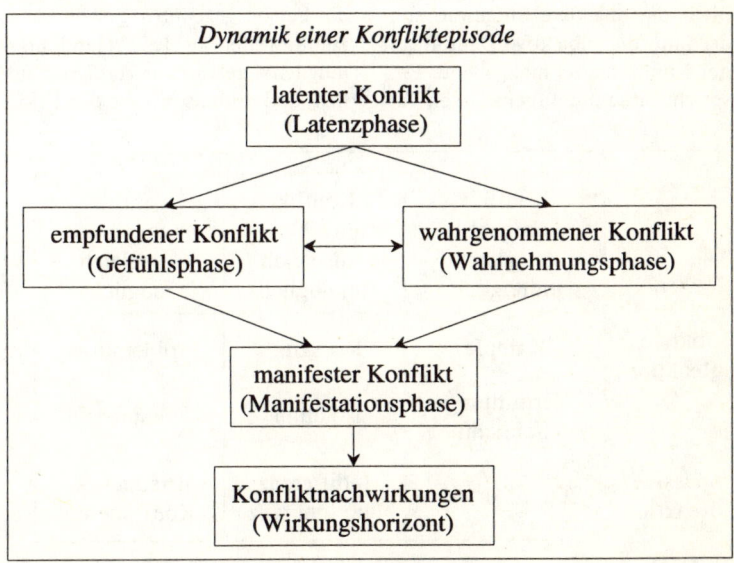

Dynamik einer Konfliktepisode

feren Auseinandersetzungen (bei unausgetragenen, personalisierten Konflikten) führen. Die skizzierten Phasen werden nicht kontinuierlich durchlaufen. Konflikte können in einer Phase verharren, sie überspringen oder alle Phasen fast gleichzeitig durchlaufen. Wechselwirkungen sind möglich.

Lit.: Krüger 1972, Pondy 1967, Rüttinger 1977

Konfliktmanagement (→ Konfliktsteuerung)

Konfliktreaktion

Die Konfliktreaktion kann nach der → Wahrnehmung und/oder der Empfindung eines Konfliktes (→ Konfliktfelder) erfolgen. Dabei ist nicht die objektive Situation, sondern nur die subjektive Deutung einer Konfliktpartei maßgebend. Entspricht diese nicht (genau) den Tatsachen, so sind die aus dem Fehlurteil entstehenden Spannungen sogenannte „Scheinkonflikte". Sie unterscheiden sich in ihren Wirkungen nicht von den „richtigen" Konflikten. Grundsätzlich reagiert eine Person auf zwei verschiedene Arten auf einen Konflikt: rational und/oder emotional (→ Emotion). Das erstere ist eine bewußte Reaktion, in der mit verstandesmäßigen Mitteln ein Konfliktverhalten entsteht. Das letztere ist eine eher unbewußte Reaktion. Beide Verhaltenskategorien sind eng miteinander verbunden. Eine Trennung ist meist nur analytisch möglich. Drei Entscheidungskriterien sind bei der (un-)bewußten Wahl der Reaktionsform durch die Person von Bedeutung: Zum ersten, welcher Konfliktsituation sich die Person gegenüber gestellt sieht, zum zweiten, welche Handlungsmöglichkeiten ihr zur Verfügung stehen, und drittens, wie sie den Erfolg

	Konflikt unumgehbar, Ausgleich unmöglich	Konflikt umgehbar, Ausgleich unmöglich	Konflikt unumgehbar, Ausgleich möglich
aktive Reaktion ↑	Kämpfe	Rückzug	Problemlösen
	Vermittlung und Schlichtung	Isolation	Kompromiß
↓ passive Reaktion	Zufallsurteil	Indifferenz und Ignoranz	friedliches Koexistieren

Konfliktreaktionen bei interpersonellen Konflikten

ihrer Handlungen beurteilt. Zur Systematisierung der Konfliktreaktionen in Gruppen ist das der Abbildung zugrunde liegende nachgegebene Schema prinzipiell geeignet.

Ob ein Konflikt (un-)umgehbar und ein Ausgleich (un-)möglich ist, hängt von der Auffassung der Konfliktparteien ab, ebenso die Intensität ihrer Reaktionen. Die angeführten Reaktionstypen sind lediglich als eine Serie von Momentaufnahmen aus einem dynamischen Prozeß zu verstehen. Nach welchen Gesetzen dieser Verhaltenszyklus abläuft, gehört zu den Kernfragen der heutigen und künftigen Konfliktforschung. Es kann zu gemischten Reaktionsprozessen kommen. Wird z. B. bei einem unumgehbaren Konflikt eine abschließende Regelung zu treffen (Problem lösen) versucht, können sich die Parteien aber nicht über alle Teile des Konfliktobjekts einigen, so werden möglicherweise diese Teile bewußt ausgeklammert. Aus diesem Grunde ist eine allgemein gültige Aussage über den Verlauf eines Konfliktprozesses nicht möglich.

Lit.: Krüger 1973, 1980, Staehle 1991

Konfliktsteuerung

Gegenstand der Konfliktsteuerung (synonym: Konflikthandhabung, -management) ist der → Konflikt hinsichtlich seiner Aufdeckung und produktiven Bewältigung. Die Strategie der Konfliktsteuerung versucht mit möglichst wenig Aufwand (geringer Aufwand an Managementpotential) zum einen entdeckte,

nützlich wirkende Konfliktpotentiale zu nutzen und zum anderen schädlich wirkende in ihren Kosten (destruktive Wirkungen) niedrig zu halten oder zu vermeiden. Konflikthandhabung ist nicht nur die Beendigung von Konflikten, sie umfaßt auch die Aktivitäten zur Regulierung von Konflikten, ohne sie endgültig zu beenden. Möglich ist eine rationale Konfliktsteuerung zur Zufriedenheit der Konfliktparteien und ihrer Umsysteme. Ferner hat das Konfliktmanagement zu prüfen, inwieweit Konflikte als Signalfunktionen für notwendige(n) Wandel, Anpassung und Innovation aufzufassen sind. Dies alles erfordert die Kenntnis der Konflikte, ihrer Ursachen (→ Konfliktursachen), der → Konfliktfelder, der → Konfliktreaktionen und Wirkungen und die Möglichkeiten ihrer Beeinflussung seitens der zuständigen → Personalverantwortlichen. Konflikthandhabung ist von daher als eine zielorientierte, bewußte Gestaltung und Steuerung von → Konfliktfeldern aufzufassen.

Lit.: Krüger 1980, 1981, Staehle 1991, Steinle 1993

Konfliktursachen

Die möglichen Ursachen von → Konflikten sind allein schon durch die Verschiedenartigkeit des Systems „Betrieb" sehr umfangreich und unterschiedlich. I. d. R. lassen sich aber alle speziellen Ursachen auf wenige generelle Ursachenarten zurückführen. Vier *Basisursachen* werden hier differenziert, die z. T. mit inhaltlichen Aspekten der → Konfliktfelder korrespondieren:

- *Spannungsverhältnis zwischen Zielen und Mitteln.* Die einem sozio-technischen System zur Verfügung stehenden Ressourcen reichen zu einer völligen Bedürfnisbefriedigung bzw. Zielerreichung der organisatorischen Teileinheiten und Mitarbeiter nicht aus. Dadurch ergeben sich Anspruchsüberschneidungen bzw. Verteilungskonflikte. Dies wird bspw. bei den Abteilungsauseinandersetzungen um knappe Budgets deutlich.

- *Multipersonalität und Komplexität des Systems „Betrieb".* Die in Betrieben notwendige organisatorische → Arbeitsteilung und Strukturierung führt zu Konfliktursachen. Ursächlich beruhen die Konflikte auf Abhängigkeitsbeziehungen, deren Interaktionen sowie den notwendigen Strukturierungen des Betriebes. Beispiele sind im Zusammenhang mit dem Organisationsaufbau und -ablauf, dem Auseinandergehen formaler und informaler Organisation, der Machtverteilung und der Herrschaftsstruktur zu finden.

- *Umweltverbundenheit des Betriebes.* Durch die Beziehungen des Betriebes zu dem betrieblichen Umsystem können Außenkonflikte entstehen und Innenkonflikte beeinflußt werden. Je nachdem, wie es dem Betrieb gelingt, sich der Abhängigkeit und den Beziehungen zu entziehen, verringert sich der Einfluß. Beispiele sind die Machtkämpfe mit Konkurrenten und die Einflußversuche der Öffentlichkeit.

- *Unvollkommenheit der Information.* Eine weitere Konfliktursache entsteht dadurch, daß Informationen oft mangelhaftet sind (Unvollständigkeit, Unbestimmtheit, Unsicherheit). Die Unvollkommenheit der Information kann dazu führen, daß selbst bei gleichen Zielen Personen in Konflikt zueinander geraten. Sie beurteilen einfach Probleme unterschiedlich.

Diese vier generellen Ursachen und daraus resultierende spezielle Ursachen lassen sich zwar abschwächen, teilweise auch beseitigen, aber nicht vollständig aufheben. Dadurch sind auch die verursachten Konflikte i. S. einer endgültigen Lösung nicht sämtlich überwindbar. Es ist von daher lediglich die Handhabung dieser Konflikte im Rahmen einer → Konfliktsteuerung möglich.

Lit.: Krüger 1980, Staehle 1991

Konkurrenzklausel (→ Wettbewerbsverbot)

Konkursausfallgeld

Gemäß des Gesetzes über Konkursausfallgeld steht → Arbeitnehmern bei Eröffnung eines Konkursverfahrens über das Vermögen ihres → Arbeitgebers für die vorausgehenden letzten drei Monate des → Arbeitsverhältnisses noch Arbeitsentgelt (→

Entgelt) zu. Sie haben einen Anspruch auf Zahlung eines Konkursausfallgeldes in Höhe des rückständigen Nettoentgeltes sowie auf Zahlung der entsprechenden Beiträge zur → Sozialversicherung. Die Ansprüche bestehen dabei gegen die → Bundesanstalt für Arbeit. Finanziert wird das Konkursausfallgeld durch Beiträge der Arbeitgeber. Eine weitergehende Entschädigung erfolgt im Rahmen des Insolvenzschutzes.

Konsequenzerwartung

Die Konsequenzerwartung ist ein Konstrukt, das eine bestimmte Determinante der individuellen Motivation betrifft (→ Leistungsdeterminantenkonzept, → Erwartungs-Valenz-Modell von *Lawler*). Sie steht für die subjektive Wahrscheinlichkeit einer Person, daß die individuelle Zielerreichung (Konsequenz des Verhaltens) von der eigenen Leistung abhängt. Mit ihr wird angenommen, daß individuelle Arbeitsleistungen im Betrieb geeignet sind, individuell angestrebte Ziele (→ Belohnungen) zu erlangen. Ein bspw. auf vertikalen Aufstieg gerichtetes Karriereziel (→ Karriere) eines Mitarbeiters wird sich nur dann auf seine Leistung auswirken, wenn dieser gleichzeitig erwartet, daß als Konsequenz seiner Leistung die Beförderungschancen steigen. Der instrumentelle Charakter der Leistung zur Motivationsbefriedigung wird hierdurch verdeutlicht. Die Konsequenzerwartung setzt das Vorhandensein der → Anstrengungserwartung voraus, mit der sie im übrigen in einen multiplikativen Verhältnis steht. Verschiedene Determinanten nehmen Einfluß auf das Zustandekommen und die Stärke der individuellen Erwartung. Siehe dazu die Abbildung.

Lit.: Wiswede 1980, Berthel 1991

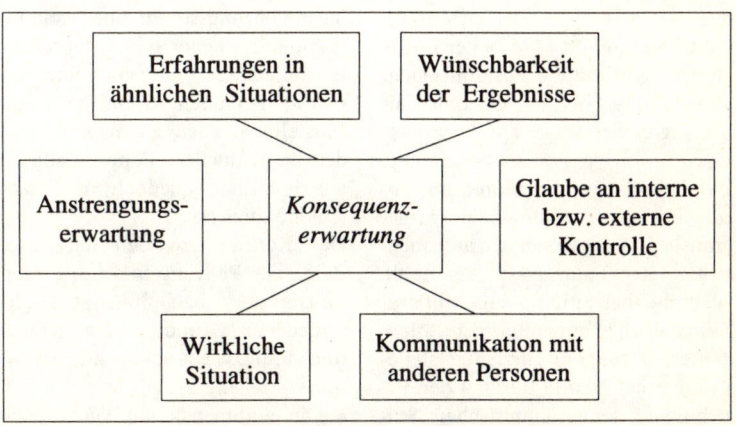

Determinanten der Konsequenzerwartung

Konstruktvalidität

Konstruktvalidität (→ Validität)

Kontingenzansätze der Führung
(→ Situationstheorien der Führung)

Kontingenzmodell von *Fiedler*

Fiedler legte ein Modell zur situativen Mitarbeiterführung, das sog. Kontingenzmodell, vor. Dieser Ansatz einer → Führungstheorie stellte erstmals systematisch auf die situationsbezogene Effizienz des Vorgesetztenverhaltens (→ Führungseffizienz) ab. Dabei unterschied er zunächst drei wesentliche Situationsvariablen mit jeweils zwei möglichen Ausprägungen zur Charakterisierung der Führungssituation: Aufgabenstruktur (strukturiert - unstrukturiert), Führer-Mitarbeiter-Beziehungen (gut - schlecht) und Positionsmacht des Führers (hoch - niedrig). Je nach faktischer Ausprägung und Konstellation dieser drei Situationsmerkmale empfiehlt sich nach *Fiedler* ein → Führungsstil. Eine Situation, in der die Aufgaben strukturiert, die Führer-Mitarbeiter-Beziehungen gut und die Positionsmacht des Führers hoch ist, gilt dabei als günstig et vice versa. Die *Kernthese* des Kontingenzmodells besagt nun, daß bei sehr günstigen und sehr ungünstigen Konstellationen der Situationsbedingungen sich ein aufgabenorientierter Führungsstil empfiehlt, während bei Situationen „mittlerer Günstigkeit" ein mitarbeiterorientierter Führungsstil effizienter ist. Begründet hat *Fiedler* dies mit den Ergebnissen seiner empirischen Studien. In ihnen stellte er den jeweils ausgeübten Führungsstil eines Führers (im übrigen als mehr oder weniger unveränderbares Verhalten) durch den per Fragebogen ermittelten sog. „Least Preferred Co-worker"-Wert (LPC) fest. Je nachdem, ob der „am wenigsten gewünschte Mitarbeiter" rücksichtsvoll und freundlich bzw. stark kontrollbedürftig und ungünstig vom Führer beschrieben wurde, erfolgte eine Zuordnung von hohen bzw. niedrigen LPC-Werten. Dies entspricht einem mitarbeiter- bzw. aufgabenorientierten Führungsstil. Beim Vergleich der Ergebnisse (quantifizierte Leistung) der Führungssituationen mit dem ausgeübten Führungsstil ergab sich in den Studien von *Fiedler* die Vorziehungswürdigkeit eines bestimmten Führungsverhaltens (s. die Abbildung). *Fiedler* spricht sich dabei allerdings nicht für eine situative Wahl des Führungsstils durch die Vorgesetzten aus, sondern für die Wahl der Führungspersonen, die den notwendigen Führungsstil für eine bestimmte Situation beherrschen. Es schien für ihn zunächst einfacher, Situationen als Personen zu ändern. Diese Einstellung, auch zu einer fehlenden individuellen Führungsstilentwicklung, hat er jedoch im Zeitablauf modifiziert.

Das Kontingenzmodell hat lange Zeit die Führungsforschung und -praxis stark beeinflußt. Aus verschiedenen Gründen ist es jedoch fragwürdig, wie v. a. folgende *Kritikpunkte* zeigen:

● Die eindimensionale Dichotomie „Mitarbeiterorientierung – Aufga-

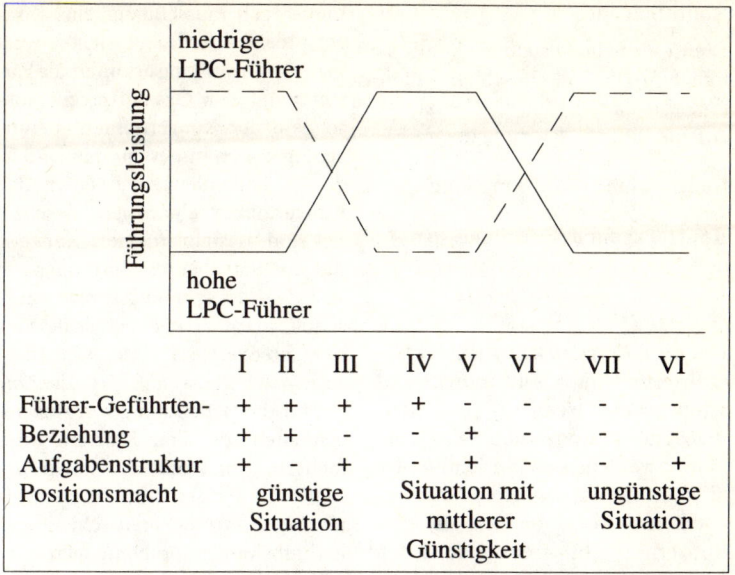

	I	II	III	IV	V	VI	VII	VI
Führer-Geführten-	+	+	+	+	-	-	-	-
Beziehung	+	+	-	-	+	-	-	-
Aufgabenstruktur	+	-	+	-	+	-	-	+
Positionsmacht		günstige Situation			Situation mit mittlerer Günstigkeit			ungünstige Situation

Kontingenzmodell: Variation des Führungsstils in Abhängigkeit von der situationalen Günstigkeit

benorientierung" reduziert zu sehr die Bandbreite an prinzipiell möglichen Führungsstilen. Die Ermittlung des Führungsstils erfolgt zudem auf unzulängliche Weise.

- Die Auswahl der Situationsvariablen ist willkürlich, in der Anzahl bei weitem unzulänglich und läßt nur dichotome Ausprägungen zu. Wesentliche Faktoren (Interaktionen) mit den Mitarbeitern, deren → Motivation, den Kontextfaktoren u. a. m. werden nicht berücksichtigt. Die Einschätzungen als günstig bis ungünstig sind ebenfalls rein willkürlich.

- Die Untersuchungen sind nicht repräsentativ für Betriebe. Allein damit ist das Modell weder informativ noch empirisch bestätigt. Entscheidungstechnische Verwendbarkeit und insgesamt der Status einer Theorie ist somit nicht gegeben.

Allerdings hat *Fiedler* mit seinem Ansatz einen Meilenstein der Führungsforschung gesetzt, der bis heute im herrschenden Paradigma der situativen Führungstheorie weiterwirkt.

Lit.: Fiedler 1967, 1987, Neuberger 1990, Berthel 1991, Staehle 1991

Konti-Schicht

Die Konti-Schicht stellt ein kontinuierlich rollierendes Schichtsystem (→ Schichtarbeit) dar, welches zur → Arbeitszeitflexibilisierung dient.

Kontraktlohn (→ Vertragslohn)

Kontrollspanne (→ Leitungsspanne)

Konzernbetriebsrat

Für einen Konzern kann nach → Betriebsverfassungsgesetz durch Beschlüsse der einzelnen → Gesamtbetriebsräte ein Konzernbetriebsrat errichtet werden. Die Einrichtung ist nicht zwingend; de facto wird sie jedoch stets vorgenommen. In den Konzernbetriebsrat entsendet jeder Gesamtbetriebsrat, wenn ihm Vertreter beider Gruppen (→ Arbeiter und → Angestellte) angehören, zwei seiner Mitglieder, wenn ihm Vertreter nur einer Gruppe angehören, eines seiner Mitglieder. Der Konzernbetriebsrat ist zuständig für die Behandlung von Angelegenheiten, die den Konzern oder mehrere Konzernunternehmungen betreffen und nicht durch die einzelnen Gesamtbetriebsräte innerhalb ihrer Betriebe geregelt werden können. Er ist den einzelnen Gesamtbetriebsräten wie auch den einzelnen → Betriebsräten dabei nicht übergeordnet.

Konzernsprecherausschuß

Befindet sich ein Betrieb mit anderen in einem Konzernverbund, so kann nach → Sprecherausschußgesetz durch Beschlüsse der → Gesamtsprecherausschüsse ein Konzernsprecherausschuß errichtet werden. Die Errichtung erfordert die Zustimmung der Gesamtsprecherausschüsse der Konzernunternehmungen, in denen insgesamt mind. 75 % der → Leitenden Angestellten der Konzernunternehmungen beschäftigt sind. Besteht in einem Konzern nur ein Sprecherausschuß oder ein → Unternehmungssprecherausschuß, so tritt er an die Stelle der Gesamtsprecherausschüsse. Der Konzernsprecherausschuß ist *zuständig* für die Behandlung von Angelegenheiten, die den Konzern oder mehrere Konzernunternehmen betreffen und nicht durch die einzelnen Gesamtsprecherausschüsse innerhalb ihrer Unternehmungen geregelt werden können.

Korrelationsanalyse

Die Korrelationsanalyse ist ein statistisches Verfahren, in der die Wechselbeziehung bzw. der Zusammenhang zwischen zwei oder mehreren variablen Merkmalen untersucht wird. Die Stärke und Richtung der Korrelation steht hierbei in Abhängigkeit zum Grad und der Art ihres gemeinsamen Variierens und wird durch den sog. Korrelationskoeffizienten ausgedrückt. Die Korrelationsanalyse wird auch im Rahmen der → Personalforschung angewendet.

Lit.: Bortz 1985

Kostenersparnisbeteiligung (→ Leistungsbeteiligung)

Krankenstand

Unter Krankenstand wird die Anzahl der Mitarbeiter verstanden, die arbeitsunfähig (→ Arbeitsunfähigkeit) aufgrund von Krankheit im medizinisch-biologischen Sinne sind. Es handelt sich um eine Unterform der → Fehlzeiten. Zwischen → Absentismus und Krankenstand besteht ein Graubereich.

Krankenversicherung

Die *gesetzliche Krankenversicherung* ist ein Zweig der → Sozialversicherung. Ihrem Geltungsbereich unterliegen alle → Arbeiter und → Angestellte bis zu einer Pflichtversicherungsgrenze (sie beträgt im Regelfall 75 % der in der → Rentenversicherung jeweils geltenden → Beitragsbemessungsgrenze). Alle → Arbeitnehmer, die die Grenze überschreiten, können wählen, ob sie sich auch weiterhin dort versichern oder ob sie sich privat versichern wollen. Die *Beiträge* werden von → Arbeitgeber und → Arbeitnehmer je zur Hälfte aufgebracht. Die Höhe des Beitrags wird dabei von der jeweiligen Krankenkasse autonom festgesetzt. *Träger* der gesetzlichen Krankenversicherung sind u. a. die Allgemeinen Ortskrankenkassen, die → Betriebs- und Innungskrankenkassen sowie die Ersatzkassen. Daneben ist noch die freiwillige Versicherung bei diesen Versicherungen sowie die Mitgliedschaft in *privaten Krankenversicherungen* möglich.

Lit.: Harlander u. a. 1985

Kündigung

Die häufigste und von der gesetzlichen Regelung für den → Arbeitgeber normierteste Art der Beendigung eines → Arbeitsverhältnisses im Rahmen der → Personalfreisetzung durch den Arbeitgeber oder des gewollten Verlassens eines Betriebes durch den → Arbeitnehmer ist die Kündigung (oft synonym: Entlassung). Zwei Arten der Kündigung werden nach BGB differenziert:

● Eine *ordentliche Kündigung* bedeutet i. d. R. eine fristgemäße Kündigung. Sie kann durch Arbeitgeber wie Arbeitnehmer ausgesprochen werden. Man differenziert allerdings beim Arbeitgeber in drei verschiedene *Kündigungsgründe*:
– Die *verhaltensbedingte Kündigung* beruht auf vertragswidrigem Verhalten der Arbeitnehmer, bevor die Schwelle der außerordentlichen Kündigung erreicht ist. Der Kündigung vorauszugehen hat i. d. R. eine → Abmahnung des pflichtwidrigen Verhaltens des Arbeitnehmers unter Androhung der rechtlichen Konsequenzen im Wiederholungsfall.
– Die *personenbedingte Kündigung* basiert auf dem Verlust der Eignung zur Erbringung der Arbeitsleistung, wodurch der Arbeitsvertrag nicht mehr erfüllt werden kann.
– Die *betriebsbedingte Kündigung* erfolgt zur Anpassung

des aktuellen → Personalbestandes an den tatsächlichen → Personalbedarf, sofern dies ökonomisch erforderlich ist. Vorab muß geprüft werden, ob nicht eine Weiterbeschäftigung der betroffenen Arbeitnehmer in anderen betrieblichen Bereichen oder die vorübergehende Einführung von → Kurzarbeit möglich ist.

Eine Kündigung durch den Arbeitgeber ist nur dann rechtswirksam, wenn sie nicht sozial ungerechtfertigt ist. Sozial ungerechtfertigt bedeutet, daß sie nicht durch Gründe, die in der Person oder in dem Verhalten des Arbeitnehmers liegen, oder durch dringende betriebliche Erfordernisse, die einer Weiterbeschäftigung des Arbeitnehmers in diesem Betrieb entgegenstehen, bedingt ist. Im Rahmen der betriebsbedingten Kündigung ist der Kreis der betroffenen Arbeitnehmer durch eine → Sozialauswahl zu ermitteln und eine Rangfolge nach sozialen Aspekten zu bilden. Die ordentliche Kündigung ist weiterhin sozial ungerechtfertigt, wenn sie gegen eine Richtlinie nach → Betriebsverfassungsgesetz verstößt, der Arbeitnehmer an einem anderen Arbeitsplatz in demselben Betrieb oder in einem anderen Betriebsteil weiterbeschäftigt werden kann oder der Arbeitgeber bei der Auswahl des Arbeitnehmers soziale Gesichtspunkte nicht oder nicht ausreichend berücksichtigt hat. Dabei

gelten bestimmte → Kündigungsfristen.

- Eine *außerordentliche Kündigung* kann fristlos oder unter Vorgabe einer Auslauffrist durch beide Vertragspartner erfolgen. Sie bedingt eine schwerwiegende Störung bzw. Verletzung der sich aus dem Arbeitsverhältnis ergebenden Arbeitnehmerpflichten. Diese besteht für den jeweiligen Vertragsteil dann, wenn Tatsachen vorliegen, auf Grund derer dem Kündigenden unter Berücksichtigung aller Umstände des Einzelfalles und unter Abwägung der Interessen beider Vertragsteile die Fortsetzung des Arbeitsverhältnisses bis zum Ablauf der Kündigungsfrist oder bis zu der vereinbarten Beendigung des Verhältnisses nicht zugemutet werden kann.

Beispielhaft sind in der Abbildung Kündigungsgründe des Arbeitgebers wiedergegeben:

Der → Betriebsrat ist im Rahmen der → betrieblichen Mitbestimmung vor jeder Kündigung unter Mitteilung der Kündigungsgründe anzuhören. Bedenken und deren Begründung sind vom Betriebsrat zur Wahrung der Rechte fristgemäß (ordentliche Kündigung: eine Woche; außerordentliche Kündigung: 3 Tage) schriftlich zu äußern, da ansonsten die Zustimmung als erteilt gilt. Von den genannten Arten der Kündigung zu differenzieren ist die → innere Kündigung.

Lit.: Wank 1992

Kündigungsgründe	
ordentliche Kündigung	außerordentliche Kündigung
betriebsbedingt: • Betriebsstillegung • Personalabbau *verhaltensbedingt:* • Verstoß gegen Arbeitsanweisungen • fehlende Einordnungsbereitschaft *personenbedingt:* • Unfähigkeit	• Betrug, strafbare Handlungen • beharrliche Arbeitsverweigerung • Untreue • geschäftsschädigendes Verhalten • Intrigen, Drohungen • wiederholtes Trunkensein im Dienst, Zuspätkommen trotz Verwarnungen • mehrmaliges, unentschuldigtes Fehlen trotz Verwarnung

Beispiele von Kündigungsgründen aus betrieblicher Sicht

Kündigungsfrist

Seit Ende 1993 gilt eine einheitliche gesetzliche Kündigungsfrist für → Angestellte und → Arbeiter gem. Kündigungsfristengesetz. Aufgrund eines Urteils des BAG war eine Vereinheitlichung für beide Arbeitnehmergruppen notwendig, die eine Gleichbehandlung vorsieht. Die neue Regelung erweitert nun die bisherigen Fristen für Arbeiter und verkürzt sie gleichzeitig für Angestellte. Die *Grundkündigungsfrist* beträgt nunmehr für alle → Arbeitnehmer bei weniger als zweijähriger Betriebszugehörigkeit vier Wochen zum 15. eines Monats oder zum Monatsende. Eine Ausnahmeregelung von der Vierwochenfrist gilt für Kleinbetriebe mit höchstens 20 Arbeitnehmern (ohne → Auszubildende, inkl. Teilzeitbeschäftigte mit mehr als 10 Stun-

den wöchentlich bzw. 45 Stunden monatlich). Sie können einzelvertraglich eine Grundkündigungsfrist von vier Wochen ohne Enddatum vorsehen. Die Neuregelung läßt allerdings weitergehende eigenständige tarifvertragliche Regelungen (→ Tarifvertrag) unberührt, sofern sie einheitliche Fristen für Arbeiter und Angestellte vorsehen. Die Fristen stehen in der Abbildung auf S. 224.

Kündigungsfristengesetz (Gesetz zur Vereinheitlichung der Kündigungsfristen von Arbeitern und Angestellten – KündFG) (→ Kündigungsfrist)

Kündigungsschutzgesetz (KSchG)

Das KSchG dient der Begrenzung der Kündigungsfreiheit des → Arbeitgebers. Es sichert dem → Arbeitnehmer in seinem Geltungsbereich ei-

Kündigungsfristen	
Grundkündigungsfrist für Arbeitnehmer bis zu zwei Jahren Beschäftigungszeit	vier Wochen zum 15. eines Monats oder zum Monatsende
Frist ab einer Beschäftigungsdauer von zwei Jahren	ein Monat zum Ende des Kalendermonats
Frist ab einer Beschäftigungsdauer von fünf Jahren	zwei Monate zum Ende des Kalendermonats
Frist ab einer Beschäftigungsdauer von acht Jahren	drei Monate zum Ende des Kalendermonats
Frist ab einer Beschäftigungsdauer von zehn Jahren	vier Monate zum Ende des Kalendermonats
Frist ab einer Beschäftigungsdauer von zwölf Jahren	fünf Monate zum Ende des Kalendermonats
Frist ab einer Beschäftigungsdauer von fünfzehn Jahren	sechs Monate zum Ende des Kalendermonats
Frist ab einer Beschäftigungsdauer von zwanzig Jahren	sieben Monate zum Ende des Kalendermonats

Kündigungsfristen nach Kündigungsfristengesetz

nen Bestands- und Vertragsinhaltsschutz seines → Arbeitsverhältnisses zu. Das Gesetz regelt v. a. den allgemeinen Kündigungsschutz, den Kündigungsschutz im Rahmen der → Betriebsverfassung und Personalvertretung sowie den Kündigungsschutz bei → Massenentlassungen. Nach dem KSchG ist eine → Kündigung gegenüber einem Arbeitnehmer, der länger als sechs Monate ohne Unterbrechung in einem Betrieb gearbeitet hat, rechtsunwirksam, wenn sie sozial nicht gerechtfertigt ist. Diesen Mangel kann der Arbeitnehmer mit Hilfe einer → Kündigungsschutzklage geltend machen.

Kündigungsschutzklage

Ist ein → Arbeitnehmer durch eine ordentliche → Kündigung betroffen, so kann er nach dem → Kündigungsschutzgesetz durch eine binnen drei Wochen zu erhebende Klage deren Sozialwidrigkeit feststellen lassen. Die Klage richtet sich dabei auf die Feststellung, daß durch die Kündigung das → Arbeitsverhältnis nicht aufgelöst worden ist. Das gleiche gilt auch für die Klage, mit der ein Arbeitnehmer die Unbegründetheit einer ihm gegenüber erklärten außerordentlichen Kündigung geltend macht.

Kurzarbeit

Bei der Kurzarbeit handelt es sich um eine vorübergehende Verkürzung der tariflichen bzw. betriebsüblichen → Arbeitszeit von → Arbeitnehmern eines Betriebes aufgrund betrieblicher Erfordernisse (bspw. Absatzrückgang) gemäß → Arbeitsförderungsgesetz oder unter den Bedingungen des → Kündigungsschutzgesetzes. Kurzarbeit hat wirtschaftliche Ursachen, wie Arbeitsmangel oder Produktionsstörungen, und zumeist vorübergehenden Charakter, d. h. eine Rückkehr zur Vollbeschäftigung wird angestrebt. Diese Form der zeitlichen → Personalfreisetzung stellt eine kurzfristige Reaktionsmöglichkeit dar, um einen geringeren → Personalbedarf auf die bestehende Arbeitnehmerzahl aufzuteilen. *Ziel* von Kurzarbeit ist die Erhaltung des → Personalbestandes bei gleichzeitiger Kostenreduzierung. Entsprechend der Arbeitszeitreduzierung wird das → Entgelt angepaßt. Diese Anpassung ist allerdings nicht unbedingt notwendig. Bei Vorliegen betrieblicher und persönlicher Bedingungen kommt es zur Auszahlung von → Kurzarbeitergeld an die Arbeitnehmer durch die → Bundesanstalt für Arbeit, teilweise auch von Arbeitgebern im Rahmen von → Tarifverträgen.

Lit.: Engelen-Kefer 1992

Kurzarbeitergeld

Kurzarbeitergeld wird nach → Arbeitsförderungsgesetz → Arbeitnehmern von der → Bundesanstalt für Arbeit bei vorübergehendem Arbeitsausfall in Betrieben gewährt (→ Kurzarbeit), wenn zu erwarten ist, daß (a) die finanzielle Unterstützung den Arbeitnehmern die Arbeitsplätze und dem Betrieb die eingearbeiteten Arbeitnehmer erhält, (b) der Arbeitsausfall auf wirtschaftlichen Ursachen (einschließlich betrieblicher Strukturveränderungen) oder auf einem unabwendbaren Ereignis beruht, (c) der Arbeitsausfall unvermeidbar ist, (d) in einem zusammenhängenden Zeitraum von wenigstens vier Wochen für mindestens ein Drittel der Arbeitnehmer eines Betriebes jeweils mehr als 10 % der → Arbeitszeit ausfällt und (e) der Arbeitsausfall dem Arbeitsamt angezeigt worden ist. Dabei kann i. d. R. das Kurzarbeitergeld nur bis zum Ablauf von sechs Monaten seit dem ersten Tag, für den es ausgezahlt wurde, gewährt werden. Die Höhe des Kurzarbeitergeldes beträgt für Arbeitnehmer, die mindestens ein Kind (im Sinne des Steuerrechts) haben, 68 %, für alle übrigen Arbeitnehmer 63 % des ausgefallenen Netto-Arbeitsentgelts (→ Entgelt).

L

Laboratoriumsmethode

Bei der sog. Laboratoriumsmethode („laboratory training") handelt es sich um ein → gruppendynamisches Trainingsverfahren, in dessen Rahmen Personen anhand ihrer Arbeit in einer unstrukturierten Kleingruppe Erfahrungen über ihre Interaktionen sammeln. Die Laboratoriumsmethode ist eng verbunden mit dem Namen *Lewin*. Er und seine Mitarbeiter haben im Rahmen von Experimenten und Beobachtungen zum Problemlöseverhalten in Gruppen mehr oder weniger per Zufall entdeckt, daß gruppendynamische Prozesse unter bestimmten Umständen sehr intensive Lernvorgänge (→ Lernen, → Lernprozeß) darstellen und Erfahrungen vermitteln können. Aus der Interpretation dieser Ergebnisse sind verschiedene Formen des gruppendynamischen Trainings (→ Sensitivity-Training, Selbsterfahrungsgruppen, → T-Group u. ä.) entstanden. Diese werden als → Personalentwicklungsmethoden eingesetzt.

Langzeiturlaub (→ Sabbatical)

Laterale Führung

Bei lateraler Führung manifestieren sich die Führungsbeziehungen nicht in einer vertikalen Einflußnahme von Vorgesetzten zu Untergebenen wie bei der → hierarchischen Führung. Laterale Führung ist in diesem Sinne als zielorientierte, soziale, interpersonelle Verhaltensbeeinflussung von in etwa Gleichgestellten zu verstehen und zwar insbes. mit Hilfe von Kommunikationsprozessen zur Erfüllung gemeinsamer Aufgaben. Laterale Führungsbeziehungen bestehen bei Kollegen, die der gleichen hierarchischen Stufe angehören und gemeinsame abteilungs-(gruppen)interne oder -externe Aufgaben erfüllen. Im Gegensatz zu hierarchischen Führungsstrukturen werden → Konflikte hier nicht durch Weisungen behoben, sondern durch gegenseitige Abstimmung und Konsens innerhalb des jeweiligen Kollegenkreises.

Lit.: Wunderer 1987a, 1993a, Jochum 1993

Laufbahn

Laufbahn ist ein oft alternativ verwendeter Begriff zur → Karriere, der v. a.→ im Bereich der öffentlichen Verwaltung gebraucht wird. Unter Laufbahn ist in diesem Sinne der weitgehend festliegende, normierte berufliche Werdegang der Bediensteten zu verstehen, bei denen der höchste erreichbare Dienstgrad oftmals bereits bei Eintritt in die Behörde feststeht und eine Kette von Beförderungen beinhaltet. Solche Laufbahnen sind aber außerhalb des öffentlichen Dienstes nicht die

Regel, so daß ein derart restriktiver Karrierebegriff für die betriebliche Praxis prinzipiell abzulehnen ist.

Laufbahnplanung (→ Laufbahn, → Karriereplanung)

Lebensarbeitszeit (→ Arbeitszeit)

Lebenslaufanalyse

Die Lebenslaufanalyse ist ein Instrument der → Personalauswahl. Einen Lebenslauf, als Teil der → Bewerbungsunterlagen, kann man unter drei verschiedenen Aspekten untersuchen:

● Im Rahmen der *Zeitfolgenanalyse* wird geprüft, ob der Lebenslauf vollständig ist und wie häufig die Stelle gewechselt wurde, ob Zeitlücken vorhanden sind u. ä. Bei manchen Tätigkeiten (z. B. Köchen) und bei Nachwuchskräften ist ein häufiger Wechsel vertretbar. Bei der Zeitfolgenanalyse ist besonders das Alter des Bewerbers zu berücksichtigen; es läßt durchaus unterschiedliche Bewertungen von Positions- und Arbeitgeberwechseln zu. So können häufige Wechsel bei einem jüngeren Bewerber auf Orientierungsstreben und Energie hinweisen, wären also positiv zu bewerten. Anders bei einem älteren Bewerber: Ein erst kurz zurückliegender Arbeitsplatzwechsel fällt eher negativ ins Gewicht, da zunehmendes Alter mit zunehmender Konstanz des Arbeitsverlaufsprozesses übereinstimmen sollte.

● Mit der *Entwicklungsanalyse* (Positionsanalyse) wird geprüft, ob der bisherige Berufsweg einen sinnvollen Ablauf (Wechsel und Aufbau der Aufgabenbereiche) aufweist, einen Wechsel des Berufs beinhaltet oder ob auch ein Trend nach oben oder unten (Aufstieg, Abstieg) zu erkennen ist.

● Die *Branchen-/Firmenanalyse* prüft, ob der Bewerber aus einer vor- oder nachgelagerten Branche verwertbares Wissen mitbringt. Ebenso wird analysiert, ob der Bewerber aus einem Groß- oder Kleinbetrieb stammt und diesbezüglich Vor- bzw. Nachteile für die Integration in den eigenen Betrieb abzuleiten sind.

Durch die Lebenslaufanalyse sollen sich Hinweise auf die allgemeine Entwicklungstendenz, das soziale Niveau (sozio-kultureller Hintergrund) und die typische Thematik des Schicksals sowie Anhaltspunkte für das Vorstellungsgespräch ergeben. Problematisch für die Lebenslaufanalyse ist die Tendenz zur Selbstidealisierung bei Bewerbern und die Vergleichbarkeit verschiedener Lebensläufe anhand eines standardisierten Schemas.

Lehrgang

Als Lehrgang bezeichnet man die planmäßige Anordnung von Unterweisungs- oder Unterrichtseinheiten und deren Durchführung, die im Rahmen der → Fortbildung vorgesehen sind.

Lehrling (→ Auszubildende)

Lehr- und Lernmethoden

Lehr- und Lernmethoden (→ Personalentwicklungsmethoden)

Lehrwerkstatt (→ Ausbildungswerkstatt)

Leichtlohngruppen

Einen wichtigen Diskriminierungstatbestand bilden die sog. Leichtlohngruppen. Sie sind definiert durch die Merkmale „ungelernte Arbeitskräfte" und „körperlich leichte Arbeit", zählen zu den unteren Tarifgruppen und sind, wie die betriebliche Praxis zeigt, fast ausschließlich mit Frauen besetzt (früher: Frauenlohngruppen). Eine Arbeit kann dabei sehr schmutzig und laut sein, psychisch sehr ermüdend, hohe → Anforderungen an Augen und manuelle Geschicklichkeit stellen; solange sie von Ungelernten ausgeführt wird und keine Anforderung an die Muskeln stellt, wird sie in vielen Industriezweigen als „Leichtlohntätigkeit" eingestuft. Bei den Leichtlohngruppen erfolgt die Einstufung von Frauen und damit die Vergütungszuteilung durch die Einrichtung einer unteren Tarifgruppe. Psychische Anforderungen, einseitige körperliche Belastungen, Bewegungsarbeit und anderes bleiben in den angewendeten Bewertungsverfahren meist unbeachtet. „Körperlich schwere Arbeit" wird dagegen bei den meisten „Männerarbeiten" nicht nur berücksichtigt, sondern auch noch höher bewertet, obwohl im Zeitablauf durch technische Hilfsmittel die Berechtigung für diese Arbeitsanforderungsart immer mehr verschwindet.

Damit verbunden ist eine Geringschätzung der für frauentypische Tätigkeiten erforderlichen → Qualifikationen wie Einfühlungsvermögen, Geduld, Geschicklichkeit. Sie gelten faktisch als quasi – natürliche → Fähigkeiten von Frauen, die den Betrieben kostenlos zur Verwertung überlassen sind. Dagegen werden die von Männern im Sozialisationsprozeß (→ Sozialisation) erworbenen bzw. verstärkten Qualifikationen wie Körperkraft, technisches Verständnis, Selbstbewußtsein und anderes stärker berücksichtigt und vergütet. Bei Leichtlohngruppen handelt es sich also um eine Form der indirekten → Benachteiligung.

Lit.: Jochmann-Döll 1990

Leiharbeit (→ Personalleasing)

Leistung

In vielen Zusammenhängen, in allen betriebswirtschaftlichen Spezialdisziplinen, in den für die Betriebswirtschaftslehre relevanten Nachbardisziplinen und in der Wirtschaftspraxis wird die Bedeutung der „Leistung" immer wieder durch die Verwendung dieses Terminus deutlich. Die häufige Verwendung steht dabei im umgekehrten Verhältnis zur inhaltlichen Durchdringung dessen, was jeweils unter Leistung verstanden wird, und sie ist zudem sehr heterogen. Die unterschiedliche Verwendung des Terminus „Leistung" in der betriebswirtschaftlichen Fachliteratur ist unbefriedigend. Unbefriedigend v. a. deshalb, weil die Diskussion um „Leistung" durch die fehlende Präzision und Eindeutigkeit dieses Fachbegriffs erschwert wird. Es gibt zwar zahlreiche Definitionen, die, jede für sich, bestrebt sind, den Inhalt des Leistungsbegriffs herauszustellen. Wie bei vielen anderen quasi-selbstverständlichen Begriffen erscheint es aber den meisten Autoren nicht mehr notwendig, das jeweilig vertretene Leistungsverständnis begrifflich zu klären. Bei näherer Analyse der unterschiedlichen Leistungsverständnisse fällt auf, daß häufig unterschiedliche Ebenen der Leistung angesprochen werden. Unterschiede in der Auseinandersetzung um „die" Leistung bestehen dadurch häufig nicht durch kontroverse Ansichten der Autoren hinsichtlich des Gesamtobjekts Leistung oder einzelner gleicher Teilobjekte der Leistung. Sie sind vielmehr durch eine Bevorzugung bzw. die unterschiedliche Orientierung der Aussagen auf jeweils andere Ebenen begründet. Leistung ist kein monolithisches Erkenntnisobjekt. Sie läßt sich in viele verschiedene Teilerkenntnisobjekte aufgliedern, welche jedes für sich eine andere Leistungsdimension ansprechen. Zusammen konstituieren sie in unterschiedlichen Ausprägungen das jeweilige Leistungsverständnis. V. a. folgende Facetten des Leistungsbegriffs sind zu nennen: (1) Leistung als theoretisches Konstrukt, (2) Bestandteile der Leistung, (3) relative vs. absolute Leistung, (4) individuelle vs. kollektive Leistung, (5) aufwands-, ertrags- vs. wettbewerbsbezogene Leistung, (6) statische vs.

dynamische Leistung, (7) Leistung vs. Erfolg, (8) Aktions- vs. Präsentationsleistung, (9) Leistung als Norm und (10) Leistung und Moral. In einem möglichen Begriffssystem wäre der Terminus „Leistung" der Oberbegriff. Er ließe sich differenzieren in → „Leistungsverhalten" und → „Leistungsergebnis", die – jeweils als Unterbegriffe – Teilaspekte einer Leistung widerspiegeln. Beide speziellen Begriffe lassen sich dabei sowohl als absolute als auch als relative Begriffe auffassen. Im erstgenannten Sinne bezeichnet „Leistung" damit einerseits die Tätigkeit, die jemand ausübt, unabhängig davon, ob sie erfolgreich ist bzw. sein wird oder effizient durchgeführt wird bzw. wurde, andererseits, was das Individuum bei seiner auf ein Ziel gerichteten Tätigkeit als Ergebnis hervorbringt, ebenfalls unabhängig davon, wie dieses Ergebnis bewertet wird. Der Terminus „Leistung" wäre in diesem Zusammenhang allerdings zu vermeiden. Die Güte des jeweiligen Leistungsverhaltens bzw. -ergebnisses ließe sich dann auf einem ein- oder auch mehrdimensionalen Kontinuum darstellen. Im zweiten Sinne wird nur – ex post feststellbares – effizientes Verhalten als Leistungsverhalten bzw. nur ein als Erfolg bewertetes Ergebnis als Leistungsergebnis bezeichnet. Damit ein solches Begriffssystem treffend zwischen den angesprochenen Elementen differenzieren kann, sind jeweils die spezielleren Termini anzugeben. Problematisch an ihm ist jedoch der immer wieder verwendete Terminus „Lei-

Leistungsbedingungen

stung". Mit ihm wird eigentlich immer wieder Unterschiedliches ausgedrückt. Möchte man jedoch die Terminologie nicht erheblich ändern, scheint das hier skizzierte Begriffssystem eine zweckdienliche Alternative zu sein.

Lit.: Becker, F. G. 1994

Leistungsbedingungen

Bei den Leistungsbedingungen handelt es sich im Grunde um einen alternativen Terminus zu den → Arbeitsbedingungen, der v. a. im Zusammenhang zur → Leistungsbeurteilung verwendet werden sollte. In der Diskussion zur Leistungsbeurteilung werden allerdings die jeweils in der relevanten Periode geltenden Leistungsbedingungen zumeist vernachlässigt. Dabei determinieren die jeweils aktuell gegebenen Bedingungen in entscheidenem Maße nicht nur die → Leistungsergebnisse, sondern auch das zweckmäßige → Leistungsverhalten. Nur vor dem Hintergrund dieser Leistungsbedingungen läßt sich die Güte der → Leistung beurteilen. Sie sind von daher systematisch einzubeziehen, indem sie explizit bei der Zieldefinition dokumentiert sowie bei der Bewertung situativ und periodenspezifisch berücksichtigt werden. Günstige bzw. ungünstige Ausprägungen, der Grad der Beeinflußbarkeit durch die zu beurteilenden Mitarbeiter, die Vorher- bzw. Nichtvorhersehbarkeit der Entwicklungen regulieren dann die Bewertung.

Lit.: Becker, F. G. 1994

230

Leistungsbereitschaft

Die individuelle Leistungsbereitschaft (synonym: Einsatzbereitschaft) stellt – als eine Komponente des → Leistungsdeterminantenkonzepts – das Wollen eines Mitarbeiters dar, seine sonstige → Qualifikation in Form spezifischen → Leistungsverhaltens zur Erfüllung der Arbeitsplatzaufgaben einzusetzen. Sie kann graduell unterschiedlich ausgeprägt sein und wird v. a. durch die Motivstruktur (→ Motive und Motivation) und → Erwartungen beeinflußt.

Lit.: Berthel 1991, Schanz 1993

Leistungsbeteiligung

Leistungsbeteiligungen als eine Form der → Erfolgsbeteiligung bzw. des fakultativen → Entgelts im Rahmen eines betrieblichen → Entgeltsystems knüpfen direkt am ermittelten Arbeitsergebnis an. Je nach angenommener → Leistung, d. h. Erreichen bzw. Überschreiten einer Sollgröße, erhalten die Mitarbeiter gestaffelte Erfolgsanteile zugesprochen. Differenzieren lassen sich aufgrund verschiedener Beteiligungsbasen folgende Formen:

● Im Rahmen einer *Beteiligung am Produktionsvolumen* wird eine Zahlung gewährt, wenn ein geplantes Produktionssoll in einer bestimmten Periode erfüllt oder übererfüllt wird. Durch Verrechnungspreise wird versucht, die Vergleichbarkeit zu erreichen. Die Beteiligungsbasis ist transparent und v. a. dann sinnvoll, wenn die Kostenhöhe und die Qualität durch die Mitarbeiter kaum beeinflußbar ist, die Ertragslage gerade durch die Kapazitätsauslastung determiniert wird sowie ein Absatzproblem nicht besteht.

- Bei der *Produktivitätsbeteiligung* wird als Beteiligungsbasis das Verhältnis Kosten zu Leistung (z. B. Produktionszeit, Materialeinsatz) gewählt. Eine Beteiligung wird dann gewährt, wenn eine positive Veränderung bzw. ein Erreichen von Produktionsmeßziffern vorliegt. Das System soll v. a. zu erhöhtem Kostenbewußtsein führen. Aus Gründen der Übersichtlichkeit werden allerdings nicht alle Kostenfaktoren berücksichtigt.

- Im Rahmen einer *Kostenersparnisbeteiligung* werden die Mitarbeiter an einer Kostensenkung je Leistungseinheit (z. B. gegenüber Durchschnittskosten vergangener Perioden) beteiligt. Mit der Beteiligungsbasis soll den Mitarbeitern Kostenbewußtsein vermittelt werden. Problematisch ist allerdings die Festlegung der zu berücksichtigenden Kostenarten und das Einbeziehen von Preisen. Diese Form ist sinnvollerweise auf diejenigen Betriebsbereiche zu begrenzen, in denen individuelle Verbesserungsleistungen bzw. ihre Kostenauswirkung meßbar sind und auch den Verursachern zugerechnet werden können.

Lit.: Gaugler 1975, Berthel 1991, Schultz 1992

Leistungsbeurteilung

Die Leistungsbeurteilung ist als eine spezifische Form der → Personalbeurteilung mit besonderer Ausrichtung zu verstehen. Sie stellt einen institutionalisierten Prozeß zur planmäßigen und formalisierten Gewinnung, Verarbeitung und Auswertung von Informationen über die in einer bestimmten Periode erbrachte Leistung (im Gegensatz zur Potentialbeurteilung) eines Mitarbeiters durch dazu beauftragte Mitarbeiter bez. vereinbarter Leistungskriterien dar. In einer weiten *Begriffsfassung* zählt zur Leistungsbeurteilung: (1) die Festlegung der Ziele und/oder Standards, (2) die Bestimmung der Leistungskriterien, (3) die Beobachtung des → Leistungsverhaltens, (4) die Feststellung des → Leistungsergebnisses, (5) die Bewertung, d. h. (5a) der Vergleich Soll- zu Ist-Leistung (ziel-/ergebnisbezogen, verhaltensbezogen, situationsbezogen) mit nachfolgender (5b) Leistungseinstufung, (5c) -untersuchung und (5d) -auswertung, wie auch (6) das Beurteilungsgespräch. Die *Grundidee* besteht darin, ein tatsächlich beobacht- und beschreibbares Ist-Leistungsergebnis mit einem Soll-Leistungsergebnis zu vergleichen. Der Übereinstimmungsgrad von Ist- und Soll-Ergebnis wird dabei als Indikator für die → Leistung bzw. den Erfolg von Mitarbeitern gewertet. Sind Soll- oder Ist-Ergebnisse nicht bestimm- oder erfaßbar, so basiert die Leistungsbeurteilung auf der Hypothese, daß Leistungsergebnisse durch Leistungsverhalten zustande kommen. Ist dieses tatsächlich beobachtbar und auch als Soll-Verhalten beschreibbar, so gründet die Leistungsbeurteilung auf dem Vergleich von Soll- und Ist-Verhalten. Die zu erwartenden wie geltenden → Leistungsbedingungen sind zusätzlich zu berücksichtigen. I. d. R. sollen verschiedene *Funktionen* (→ Personalbeurteilung) mit einer Leistungsbeurteilung erfüllt werden. Die *Verfahren* der Leistungsbeurteilung lassen sich unterschiedlich klassifizieren, je nachdem welches Gruppierungsmerkmal verwendet wird:

- nach dem Strukturierungsgrad in freie und gebundene Verfahren,
- nach dem Objekt in eigenschafts-, verhaltens-, tätigkeits-/aufgaben- und zielorientierte Verfahren,
- nach den Beurteilern in Untergebenen-, Vorgesetzten-, Gleichge-

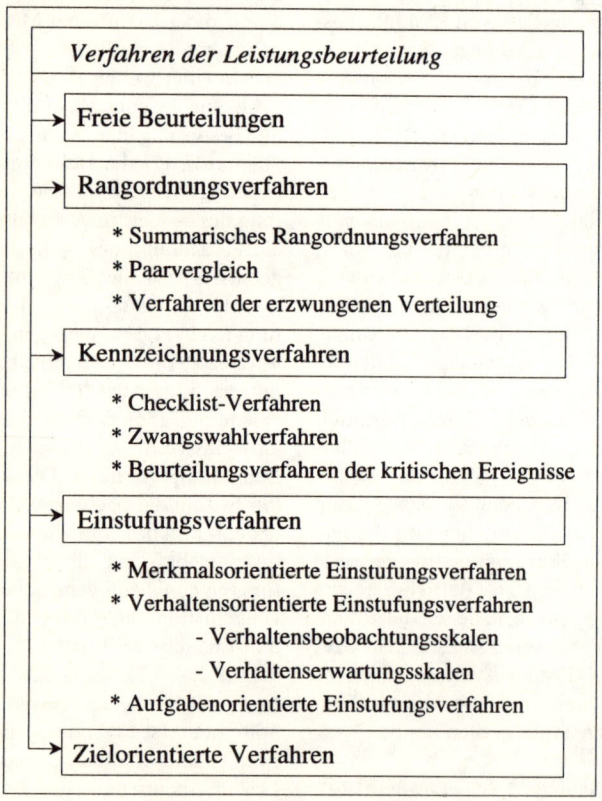

Leistungsbeurteilungsverfahren

stellten-, Selbst- und Teambeurteilungsverfahren,

- nach der Genauigkeit der Methode in summarische und analytische Verfahren,
- nach ihrem Ursprung in sozialpsychologische, psychometrische und betriebswirtschaftlich pragmatische Verfahren sowie
- nach ihrem Vorgehen bei der Bewertung in → freie Beurteilungen, → Rangordnungs-, → Kennzeichnungs-, → Einstufungsverfahren und → zielorientierte Verfahren (s. hierzu die Abbildung).

Lit.: Brandstätter 1970, Maier 1988, Schuler 1991, Domsch/Gerpott 1992, Liebel/Oechsler 1992, Becker, F. G. 1994

Leistungsdeterminantenkonzept

Eine bewußte, zweckmäßige Gestaltung aller Leistungsdeterminanten eines Betriebes (oder – anders ausgedrückt – des betrieblichen → Anreizsystems) ist möglich, wenn neben den Kenntnissen über die Umwelt die motivationalen Grundlagen des Verhaltens von Mitarbeitern in Betrieben näher untersucht werden und bekannt sind. Hierzu ist es sinnvoll, sich mit den einzelnen relevanten Determinanten der Leistungserbringung auseinanderzusetzen. V. a. auf Basis von → Erwartungs-Valenz-Ansätzen und des Konzepts von *Berthel* wird nachfolgend auf die in der Abbildung auf S. 234 angegebenen wesentlichen Determinanten im Rahmen eines prozessualen Modells eingegangen:

Die Einsatz-und → *Leistungsbereitschaft* von Mitarbeitern und damit deren Motivation wird v. a. von zwei Konstrukten beeinflußt: (1) Beim ersten Konstrukt handelt es sich um die *Motivstruktur*, die die individuellen → *Motive* und → *Einstellungen* eines Mitarbeiters zu bestimmten Zeitpunkten beinhaltet. (2) Im Rahmen des zweiten Konstrukts sind drei Determinanten im Zusammenhang zu berücksichtigen: → *Valenzen* + → *Normen*, → *Anstrengungserwartung* und → *Konsequenzerwartung*. Erst wenn die drei Determinanten positiv ausgeprägt und die Motive durch → Anreize angesprochen sind, kann eine individuelle Bereitschaft zum Leistungseinsatz erwartet werden. Das → *Leistungsverhalten* in Art, Intensität und Güte wird zusätzlich von der → *Eignung* der Mitarbeiter für eine bestimmte Tätigkeit, den geltenden → *Arbeitsbedingungen* sowie der → *Arbeitskenntnis* von bestimmten Aufgaben determiniert. Die Komponenten wirken zudem über die individuelle → Wahrnehmung auf die Erwartungen ein, indem sie im Rahmen von → Lernprozessen deren Ausprägung beeinflussen (z. B. erhöht eine empfundene Eignung die Anstrengungserwartung). Individuelles Ergebnis eines Leistungsverhaltens ist die → *Belohnung* immaterieller oder materieller Art. Je nachdem, wie diese Belohnung im *Vergleich* zum eigenen → *Anspruchsniveau* oder zu den Belohnungen anderer Personen wahrgenommen sowie das erreichte Leistungsverhal-

Leistungsergebnis

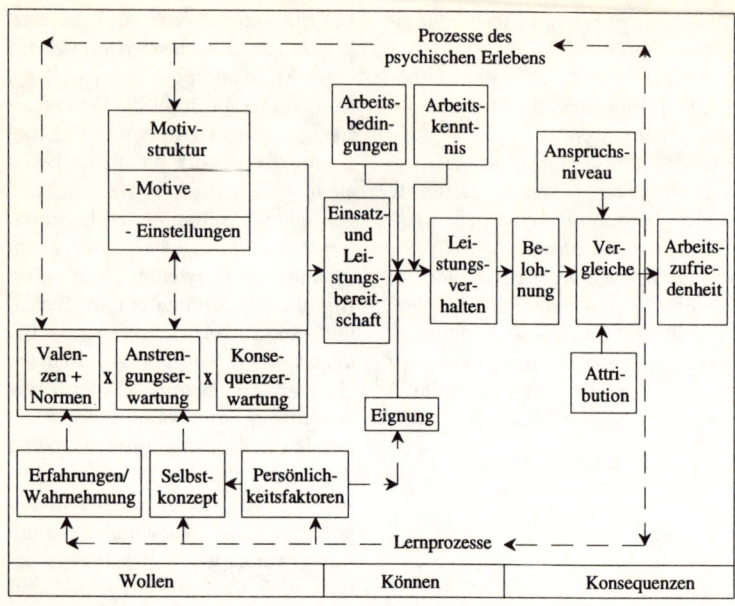

Leistungsdeterminantenkonzept

ten einer internen oder externen → *Attribution* unterzogen wird, entsteht danach → *Arbeitszufriedenheit*. Vielfältige tatsächliche und/oder antizipative Rückkopplungen nehmen weiteren Einfluß auf Erfahrungen, → Selbstkonzept sowie letztendlich auf die Leistungsbereitschaft und auf das Verhalten.

Lit.: Berthel 1991

Leistungsergebnis

An Arbeitsplätzen sind bestimmte Leistungsergebnisse (vorab als Leistungsziele definiert) zu erbringen. Sie drücken – i. d. R. quantitativ – zunächst den gewünschten Anteil an der Erbringung der betrieblichen

Gesamtleistung sowie danach die tatsächlich erreichten Beiträge aus. Sie werden determiniert durch das → Leistungsverhalten der Mitarbeiter sowie die geltenden → Leistungsbedingungen.

Leistungslohn

Als Leistungslohn (→ Entgelt) können verschiedene Entgeltformen bezeichnet werden: → Akkordlohn, → Prämienlohn, → Investivlohn und z. T. die → Erfolgsbeteiligung.

Leistungsmotivation

Ganz allgemein kann unter Leistungsmotivation ein spezifisches Element der Motivation (→ Motive und Motivation) am Arbeitsplatz verstanden werden, eine besondere, über dem erwarteten Durchschnitt liegende Leistung zu erbringen. Leistungsmotivation ist in vielen Quellen allerdings ein spezifischer Begriff der → Theorie der Leistungsmotivation. Er drückt den Grad aus, in dem eine Person sich hohe Ziele setzt, sie zu erreichen sucht und auf solche Bemühungen mit Erfolgs- oder Mißerfolgsgefühlen reagiert.

Leistungsprinzip

Das Leistungsprinzip ist maßgebliches Ordnungsprinzip in Gesellschaften, die sich als Leistungsgesellschaften verstehen. Dies trifft auch auf die Mikroleistungsgesellschaft „Betrieb" zu. Eine allgemein anerkannte Definition des Leistungsprinzips liegt nicht vor. Einverständnis besteht jedoch weitgehend über folgendes: Grundvoraussetzung und Inhalt eines Leistungsprinzips ist die Chancengleichheit der betroffenen Personen. Im idealtypischen Modell werden zudem → Sanktionen nach dem Grad der Erfüllung der funktionalen Erfordernisse bzw. der Erwartungen an die jeweils eingenommene Position (→ Rolle) bewertet und verteilt bzw. nicht verteilt. Das Leistungsprinzip betrifft insofern den Aspekt der Verteilungsproblematik, indem es etwas darüber aussagt, wie Sanktionen verteilt werden sollen. Mit dem Leistungsprinzip wird die individuelle, selbst erbrachte → Leistung zum Zuteilungskriterium für materielle und immaterielle Sanktionen. Damit ist

eine ausgesprochen individualistische Weise der Sanktionsverteilung vorgesehen. Das Gelten des Leistungsprinzips impliziert idealiter, daß „Leisten" mehr Wert zukommt als anderen Kriterien. Das Leistungsprinzip ist einerseits wegen dieser strengen Dominanz umstritten und andererseits durch die herrschende Praxis in Betrieben erodiert. Dort zählt mehr ein → Erfolgsprinzip (Leistung = Erfolg) oder ein anderes Verteilungskriterium (z. B. → Senioritätsprinzip, Vitamin B, Sympathie). Im Rahmen der betrieblichen Personalarbeit wird es v. a. im Zusammenhang der → Entgeltfindung, der → Karriereplanung und der → Leistungsbeurteilung angeführt.

Lit.: Becker, F. G. 1994

Leistungstests

Leistungstests sind eine spezifische Form → psychologischer Tests zur Analyse der → „Leistung". Sie werden v. a. im Rahmen der → Personalauswahl eingesetzt. Ausgangspunkt ist die Überlegung, daß die Positionsinhaber bei der Erfüllung ihrer spezifischen Arbeitsplatzaufgaben auch Ansprüchen an Konzentration, Intelligenz, Aufmerksamkeit u. ä. genügen müssen. So wird z. B. bei Konzentrations-Leistungs-Tests die maximale Leistungsfähigkeit eines Individuums in bestimmten Situationen (Zeitdruck, Streß u. ä.) zu erfassen versucht. Zu einzelnen Leistungstests gehören bspw. der → Pauli-Test, der → Durchstreiche-Test sowie die → Intelligenztests.

Leistungsverhalten

Ihr Einsatz als zusätzliches Personalauswahlinstrument ist nur dann sinnvoll, wenn tatsächlich die zur Erfüllung des Arbeitsplatzes notwendigen → Qualifikationen ermittelt werden. Dies setzt die arbeitsplatzspezifische Auswahl oder Modifikation einer Vielzahl von Testverfahren voraus sowie die kompetente Betreuung und Auswertung durch Psychologen.

Leistungsverhalten

Leistungsverhalten (oft synonym: Arbeitsverhalten) ist Ausdruck für die Tätigkeiten (= Handlungen) und Nicht-Tätigkeiten eines Mitarbeiters zur Erfüllung der Arbeitsplatzaufgaben. Es ist in vielen Fällen der Beobachtung prinzipiell zugänglich und läßt sich sowohl qualitativ wie auch quantitativ beschreiben. Das Leistungsverhalten wird durch die Leistungsfähigkeit und -motivation (→ Qualifikation; → Arbeitsmotivation; → Leistungsvoraussetzung) der Mitarbeiter im Zusammenspiel mit den → Arbeitsbedingungen determiniert. Es ist dabei eine Komponente des → Leistungsdeterminantenkonzepts wie ein Systemelement der → Leistungsbeurteilung.

Leistungsvoraussetzung

Als individuelle Leistungsvoraussetzungen gelten Verhaltensdeterminanten wie → Fähigkeiten, Fertigkeiten, Kenntnisse, → Motive (und Motivation) sowie → Erwartungen (→ Qualifikation). Es handelt sich hierbei um einzelne, von Positionsinha-

bern zu erwartende Voraussetzungen zur Arbeitserfüllung. Bei der Ermittlung der → Anforderungen eines Arbeitsplatzes können und müssen neben sachbezogenen Erfordernissen auch individuelle Leistungsvoraussetzungen berücksichtigt werden. Die Belastung und Beanspruchung des Mitarbeiters durch Aufgabenerfüllung am Arbeitsplatz resultiert aus dem Ausmaß der Inanspruchnahme dieser Voraussetzungen. Insofern müssen Aussagen über die Arbeitssituation mit solchen über die Leistungsvoraussetzungen verknüpft sein. Im Rahmen der → Leistungsbeurteilung können sie ebenfalls berücksichtigt werden.

Lit.: Berthel 1991, Becker, F. G. 1994

Leistungszulage (→ Entgeltzulagen)

Leitende Angestellte

Als Leitende Angestellte sind → Arbeitnehmer anzusehen, die kraft ihrer arbeitsvertraglichen Funktion eigenverantwortlich maßgeblichen Einfluß auf die wirtschaftliche, technische oder organisatorische Führung des Betriebes ausüben. Arbeitsrechtlich werden sie so abgegrenzt, daß sie Vorgesetzte in leitender Stellung von mind. 20 Arbeitnehmern sind oder daß sie zur selbständigen Einstellung und → Kündigung von im Betrieb beschäftigten Arbeitnehmern berechtigt sind, Generalvollmacht und Prokura haben und diese im Verhältnis zum → Arbeitgeber nicht unbedeutend ist, und daß sie regelmäßig sonstige Aufgaben wahrnehmen, die für den Bestand und die Entwicklung des Betriebs von Bedeutung sind sowie deren Erfüllung besondere Erfahrungen und Kenntnisse (→ Qualifikation) voraussetzt. Leitende Angestellte können einen Sprecherausschuß (→ Sprecherausschußgesetz) unter bestimmten Voraussetzungen (z. B. mehr als zehn Leitende Angestellte) bilden. Eine Versammlung der Leitenden Angestellten, ähnlich der → Betriebsversammlung, findet einmal jährlich statt.

Leittextmethode

Die Leittextmethode ist eine insbes. im Rahmen der beruflichen → Erstausbildung angewendete Lehrmethodik (→ Personalentwicklungsmethoden). Mit ihr soll versucht werden, den Lernenden anzuleiten, möglichst selbständig zu lernen. Hierzu wird eine Arbeitsmappe erstellt, welche sämtliche Arbeiten an einem bestimmten Projekt anleitet. Sie ist der sog. Leittext. Das gesamte zu bearbeitende Projekt bzw. der → Lernprozeß wird dabei in einzelne Lernstufen untergliedert. Die im Rahmen der Leittextmethode zu bearbeitenden Materialien bestehen aus einem Deckblatt, aus Leitfragen und aus einer Kenntnischeckliste. Die Vorteile liegen darin, daß das Tempo dem individuellen Lernvermögen angepaßt wird, Informationen aktiv und selbständig erarbeitet werden, Verantwortung übertragen wird und die Methode kostengünstig ist.

Lit.: Berthel 1991

Leitungsbefugnis

Bei der Leitungsbefugnis handelt es sich um das formale Recht eines Mitarbeiters, andere Mitarbeiter zur und bei der Arbeit anzuleiten bzw. Weisungen zu erteilen. Sie ergibt sich einerseits aus dem → Direktionsrecht des → Arbeitgebers und andererseits aus dessen → Delegation an Inhaber von → Instanzen.

Leitungsspanne

Bei der Leitungsspanne (synonym: Kontrollspanne, „span of control") handelt es sich um die Anzahl der → Stellen, die einer → Instanz unmittelbar unterstellt sind. Die Leitungsspanne ist dabei umgekehrt proportional zur Zahl der Hierarchieebenen (d. h.: je weniger Ebenen, desto größer i. d. R. die Leitungsspanne et vice versa). Das Problem der optimalen Leitungsspanne war lange Zeit Forschungsgegenstand der Organisationsforschung. Ziel war die Ermittlung einer spezifisch anwendbaren Empfehlung. Diese Forschungsbemühungen führten jedoch nicht zum Ziel. Die „optimale Leitungsspanne" ist von verschiedenen Determinanten abhängig, unter anderem der → Qualifikation der Vorgesetzten, der Qualifikation der Untergebenen, der Neuartigkeit, Komplexität und Veränderlichkeit der Aufgaben. I. d. R. ist mit steigender Leitungsspanne auch ein steigender Koordinationsaufwand verbunden.

Lernen

Lernen bezeichnet einen geistigen oder geistig-körperlichen Entfaltungsprozeß, der den Erwerb neuer bzw. die Modifikation bereits vorhandener → Fähigkeiten, Fertigkeiten und Verhaltensweisen (→ Qualifikation) zum Inhalt hat. Annahmen hinsichtlich dieses Prozesses werden von den sog. → Lerntheorien getroffen.

Lernfeld

Die Organisationseinheiten und interne wie externe → Arbeitsbedingungen, in denen bzw. durch die gelernt werden kann und zum → Lernen angeregt wird bzw. → Qualifikationen sich verändern können, sind als Lernfelder eines Betriebes zu verstehen. Der → Lernort stellt dabei lediglich einen von mehreren Stimuli dar. Die Beeinflussung durch Sozialisationsprozesse (→ Sozialisation) geht dabei nicht allein vom Betrieb aus, sondern auch von den Personen (Vorgesetzte, Kollegen, Promotoren als personale Subsysteme), die in ihm beschäftigt sind und Autorität haben, sowie von den Signalen, die von formalen wie informalen → Arbeitsbedingungen eines Arbeitsbereiches ausgehen (→ Karrieresystem, organisatorische Regeln, → Organisationskultur als funktionale Subsysteme).

Lerninhalt

Lerninhalte betreffen die spezifischen Kenntnisse, → Fähigkeiten, Verhaltensweisen (→ Qualifikation), die durch die Anwendung einer → Personalentwicklungsmethode Mitarbeitern vermittelt werden

sollen. Sie sind im Rahmen der Entwicklungsbedarfsanalyse zu erheben. *Kritische Lerninhalte* beziehen sich auf Qualifikationsanforderungen (→ Anforderungen), die von besonderer Bedeutung für ein strategisches, individuelles, gruppenbezogenes und organisationales Verhalten im Betrieb sind. Auf sie ist im Rahmen der → Personalentwicklung besonderer Wert zu legen.

Lernort

Unter Lernort ist in einem weiteren Sinne jeder Ort zu verstehen, an dem sich → Lernprozesse in einem → Lernfeld vollziehen. Dies kann ein Schulungsort (→ Training-off-the-Job), aber auch ein Arbeitsplatz (→ Training-on-the-Job) sein, an dem gezielt → Qualifikationen vermittelt oder verbessert werden sollen. Lediglich in einer engeren Fassung versteht man unter einem Lernort eine Stätte geplanten und organisierten Lernens. Im Rahmen der → Personalentwicklung ist eine gezielte Auswahl der Lernorte vorzunehmen. Differenziert wird manchmal auch wie folgt:

- *Primäre Lernorte* sind ausschließlich zum Lernen eingerichtet, z. B. Lehrwerkstätten. *Sekundäre Lernorte* dienen vorrangig anderen Aufgaben, v. a. der Erbringung von Arbeitsleistungen am Arbeitsplatz. Dabei vollzieht sich jedoch auch gewolltes oder ungewolltes Lernen.
- Ein *integraler Lernort* bedarf keiner Ergänzung durch andere

Lernorte, z. B. die → Ausbildungs-werkstatt. Im Gegensatz dazu bietet ein *komplementärer Lernort* nur ergänzende Qualifizierungs-möglichkeiten, z. B. der betriebliche Ausbildungsort im Rahmen einer → Berufsausbildung.

• *Betriebliche Lernorte* sind innerhalb des eigenen Betriebes vorzufinden, während *außerbetriebliche Lernorte* Schulen, Fortbildungsinstitute, überbetriebliche Ausbildungswerkstatt u. a. darstellen.

Lernprozeß

Lernprozesse können sich sowohl innerhalb der allgemein skizzierten → Lernfelder am → Lernort (→ Training-on-the-Job) als auch in anderen Maßnahmen der → Bildung (→ Training-off-the-Job, → Training-near-the-Job) vollziehen. Insbes. durch Training-on-the-Job-Maßnahmen werden Mitarbeiter mittels der Wirkungen der Arbeitsprozesse zu nachhaltigen Veränderungen bzw. zum → Lernen angeregt. Diese relativ autonomen Veränderungen mit nachhaltiger Wirkung können durch systematisch gestaltete Bedingungsformen und Karriereverläufe (→ Karriere) in ihrer Entwicklungsrichtung durch den Betrieb strukturiert werden. Im Rahmen des Training-off-the-Job sind die Lernprozesse i. d. R. nicht mit so nachhaltigen Wirkungen verbunden. Allerdings bieten sie den Vorteil, in einer abseits vom Arbeitsplatz ruhigen Atmosphäre prinzipiell mehr Zeit und Muße für die → Lerninhalte zu ha-

ben. Dies kann die notwendige innere Offenheit zum Lernen erst ermöglichen.

Lernstatt

Beim Konzept der Lernstatt handelt es sich wegen der systematisch erzielbaren Qualifizierungseffekte um ein prozeßorientiertes Instrument der → Personalentwicklung. Es wurde Anfang der 70er Jahre mit dem Ziel entwickelt, ausländischen Mitarbeitern eine bessere sprachliche Verständigung und eine betriebliche Integration zu ermöglichen. In Kleingruppen brachten deutsche Kollegen ihnen die deutsche Fach- und Umgangssprache bei. Der damit verbundene Erfahrungsaustausch der Mitarbeiter untereinander führte zu der Erkenntnis, daß im Rahmen der Lernstatt auch betriebliche Probleme diskutiert wurden und auch die → Qualifikation der deutschen Mitarbeiter verbessert werden konnte. Der Terminus „Lernstatt" wurde zum einen von dem des → Lernens und zum anderen von dem der Werkstatt abgeleitet. Damit soll er programmatisch anzeigen, daß es in den Lernstattgruppen um ein gemeinsames Lernen geht. Die Lernstatt stellt also eine prozeß- und/oder ergebnisorientierte, temporäre Gruppenarbeit dar. Die Gruppengröße beträgt circa 5 - 10 freiwillige Mitglieder. Diese treffen sich regelmäßig etwa alle zwei Wochen während der → Arbeitszeit, um ein bestimmtes selbstgestelltes oder vorgegebenes Thema aus dem eigenen Arbeitsbereich zu bearbeiten bzw. zu diskutieren. Diese Probleme sollen letztlich mit Hilfe von Vorschlägen aus der Lernstattgruppe gehandhabt werden. Nach Bearbeitung des Problems löst sich die Gruppe wieder auf. Jeder Lernstattgruppe gehört ein Moderator an. Dies ist zumeist ein Facharbeiter mit einer dieser Aufgabe entsprechenden Zusatzfortbildung. In einem Betrieb, in dem mehrere Lernstattgruppen - eventuell sogar in einem Lernstattzentrum - tätig sind, treffen sich die Moderatoren regelmäßig zum Erfahrungsaustausch in Moderatorenrunden. Zudem kann ein Beraterkreis aus hierarchisch höher angesiedelten Personen (Werkleiter, Personalleiter, Ausbildungsleiter; Betriebsratsvorsitzender u. a.) geschaffen werden, der fallweise Hilfestellungen (Vermittlung von Fachleuten, Weitergabe der Problemlösungen u. ä.) geben kann. Dem Lernstatt-Konzept ähnlich sind → Qualitätszirkel und → Werkstattzirkel.

Lit.: Berthel 1991, Zink 1992a

Lerntheorie

Lerntheorien treffen Annahmen über den Prozeß des menschlichen → Lernens. Dabei lassen sich zwei Grundrichtungen unterscheiden:
● Der Gegenstand *kognitivistischer Lerntheorien* (→ Kognition) ist die Erklärung höherer geistiger Prozesse, die nicht durch ein Reiz-Reaktions-Schema (→ Reiz-Reaktions-Theorie) zu erklären sind. Sie gehen davon aus, daß Menschen Hypothesen über Ursache-Wirkungszusammenhänge

(hier: Zusammenhang Verhalten und Verstärker) bilden. Erweist sich eine Hypothese als richtig, folgt dem Verhalten ein Verstärker, ist die Hypothese falsch, bleibt dieser aus; so findet - nach diesem Verständnis - Lernen statt.
● Die *behavioristische Lerntheorie* (→ Behaviorismus), die insbes. auf *Skinner* zurückgeht, orientiert sich an den Grundbegriffen Reiz und Verhalten. Von Interesse sind Reize, die als Folgewirkung eines Verhaltens auftreten und die Häufigkeit desselben steigern (Verstärkerreiz), senken (Strafreiz) oder nicht beeinflussen (neutraler Reiz). Kernprinzip dieser Lerntheorie ist das Lustprinzip: Belohntes Verhalten tritt in Folge der Verstärkung häufiger auf, bestraftes Verhalten tritt seltener auf etc., auch wenn die Reize nicht mehr dem Verhalten folgen. Dies wird als Lernen bezeichnet.

Lit.: Wiswede 1991, Steiner 1992

Lichtbildanalyse

Die Lichtbildanalyse ist ein Instrument zur informatorischen Fundierung der → Personalauswahl. Ein Lichtbild wird zwar immer noch bei allen Bewerbungen erwartet, jedoch ist der Aussagewert nur für Positionen von Bedeutung, die sehr starke Außenwirkung haben (z. B. Verkäufer, Repräsentant). Der vermittelte Eindruck kann täuschen. Vom Format und Ausdruck (Pose, Kleidung) des Fotos eines Bewerbers wird oftmals auf Lebensniveau und -einstellung geschlossen. Grundsätzlich jedoch wird ein Lichtbild nur vage Anhaltspunkte liefern können. Alle Versuche physiognomischer Deutung auf Intelligenz, auf Leistungsfähigkeit oder Charakter des Bewerbers haben sich als fragwürdig erwiesen. Manchmal läßt allerdings die Art des Bildes (farbig, schwarz/weiß; Automatenfoto, Sorgfalt u. ä.) Rückschlüsse zu, falls sich eine Beziehung zu den Anforderungen zeigt.

Likerts System 1 – 4
(→ System 1 – 4 von *Likert*)

Lohn (→ Entgelt)

Lohnausgleich

Beim sog. Lohnausgleich handelt es sich um eine betriebliche Maßnahme, v. a. im Falle einer Arbeitszeitverkürzung (→ Arbeitszeit, → Arbeitszeitflexibilisierung), aber auch im Falle der Versetzung auf einen niedriger bewerteten Arbeitsplatz, den betroffenen Arbeitnehmern für den damit verbundenen Rückgang der Höhe des → Entgelts keinen Lohnausgleich, einen teilweisen Lohnausgleich (Teil-Lohnausgleich) oder einen vollen Lohnausgleich zu gewähren. Der Lohnausgleich wird als → Entgeltzulage gewährt.

Lohndrift

Als Lohndrift bezeichnet man die Differenz zwischen dem Tariflohn (→ Entgelt) und den Real-Effektiv-Löhnen. Sie zeigt insofern die, u. U. regionale Arbeitsmarktsituation an.

Die Lohndrift ist tendenziell umso größer, je stärker die betriebliche Nachfrage nach bestimmten Arbeitskräften des dafür vorhandenen → Arbeitsmarktes.

Lohnfindung (→ Entgeltfindung)

Lohnfortzahlung im Krankheitsfall (→ Lohnfortzahlungsgesetz)

Lohnfortzahlungsgesetz (Gesetz über die Fortzahlung des Arbeitsentgeltes im Krankheitsfalle - LohnfortzG)

Das LohnfortzG regelt die Fortzahlung des → Entgelts für → Arbeiter im Krankheitsfall. Der Grundsatz der Lohnfortzahlung besagt: Wird ein Arbeiter nach Beginn der Beschäftigung durch → Arbeitsunfähigkeit infolge Krankheit an seiner Arbeitsleistung gehindert, ohne daß ihn ein Verschulden trifft, so verliert er dadurch nicht den Anspruch auf Entgelt für die Zeit der Arbeitsunfähigkeit bis zur Dauer von sechs Wochen. Nach dem → Berufsbildungsgesetz gilt entsprechendes auch für → Auszubildende. Die Regelungen des LohnfortzG betreffen v. a. die Höhe des fortzuzahlenden Entgelts, Anzeige- und Nachweispflichten sowie den Ausgleich der Arbeitgeberaufwendungen. Die Lohnfortzahlungspflicht kann weder durch Vertrag ausgeschlossen, noch beschränkt werden. In verschiedenen → Tarifverträgen ist die gesetzlich geltende 6-Wochen-Frist verlängert worden.

Lit.: Gaul 1992

Lohngerechtigkeit

Lohngerechtigkeit (→ Entgeltgerechtigkeit)

Lohngruppenverfahren (→ Arbeitsbewertung)

Lohnnebenkosten (→ Personalkosten)

Lohnpfändung

Bei der Lohnpfändung handelt es sich um ein Recht zur Pfändung eines Teils des → Entgeltes. Im Rahmen eines gerichtlichen Mahnverfahrens kann letztendlich ein Vollstreckungsbescheid vorliegen, welcher dem Gläubiger das Recht einräumt, dem → Arbeitgeber des Schuldners einen Pfändungsbeschluß über den pfändbaren Teil des → Arbeitsentgeltes zuzustellen. Der Teil des Entgeltes wird dann solange für den Gläubiger einbehalten, bis die Schuld beglichen ist. Die *Lohnpfändungsbeschränkung* der Zivilprozeßordnung gewährleistet, daß auch dem überschuldeten → Arbeitnehmer ein gewisser Teil seines Arbeitseinkommens zur Bestreitung des Lebensunterhaltes verbleibt. Je nach Familienstand sind vom Monatseinkommen unterschiedliche Beträge unpfändbar.

Lohnsteuer

Bei der Lohnsteuer handelt es sich um eine besondere Erhebungsart der → Einkommenssteuer, die speziell das Einkommen (→ Entgelt) aus unselbständiger Arbeit besteuert. Die Lohnsteuer hat den Charakter einer Quellensteuer, da die jewei-

ligen inländischen → Arbeitgeber für die Abführung verantwortlich sind. Sie wird anhand von Lohnsteuertabellen ermittelt, die für insgesamt sechs verschiedene Lohnsteuerklassen in Abhängigkeit von der jeweiligen Lohn- bzw. Gehaltshöhe die Steuerbeträge ausweisen. Die jeweilige Einordnung der Steuerpflichtigen in die vorhandenen Steuerklassen orientiert sich am Familienstand. Die verwendeten Steuertabellen berücksichtigen automatisch bereits Freibeträge und Pauschalen.

Lohnstückkosten

Bei Lohnstückkosten handelt es sich um die angefallenen direkten → Personalkosten umgerechnet auf ein fertiggestelltes Produkt.

Lohnzusatzkosten (→ Personalkosten)

Lohn- und Gehaltsabrechnung

Zu den Aufgaben der Lohn- und Gehaltsabrechnung (= Entgeltabrechnung) im Rahmen einer Lohn- und Gehaltsbuchhaltung gehört die Erfüllung der arbeitsvertraglichen und -rechtlichen Ansprüche der Mitarbeiter bez. der Entgeltzahlung sowie die Ausführung der gesetzlichen Abzugs-, Abführungs- und Nachweispflichten. Das zur Auszahlung kommende → Entgelt setzt sich aus Grundlohn, sonstigen Lohnbestandteilen (z. B. → Prämienlohn, → Provisionen, → Entgeltzulagen; → Entgeltsystem) und Entgeltabzügen (→ Sozialversicherung, Lohnsteuer, →

Lohnpfändungen, mitarbeiterspezifische Sonderberechnungen etc.) zusammen. Jeder Lohn- und Gehaltsempfänger erhält einen Nachweis, aus dem Höhe und Zusammensetzung des Entgelts ersichtlich sind. Für die Lohn- und Gehaltsabrechnung gelten Aufzeichnungspflichten von fünf bzw. sieben Jahren.

Lohn- und Gehaltsbuchhaltung (→ Lohn- und Gehaltsabrechnung)

Lohn- und Gehaltstarifvertrag (→ Tarifvertrag)

Lorbeereffekt (→ Beurteilungsfehler)

Lückenanalyse

Die Lückenanalyse betrifft die Feststellung von Qualifikations- bzw. Eignungslücken (→ Qualifikation, → Eignung) von Mitarbeitern und/oder Bewerbern im Rahmen der Ermittlung des Personalentwicklungsbedarfs bzw. der → Personalauswahl. Das → Qualifikationsprofil wird mit dem aktuellen bzw. vorgesehenen → Anforderungsprofil eines Arbeitsplatzes verglichen. Die sich ergebenden Differenzen hinsichtlich der noch fehlenden Qualifikationsmerkmale eines Mitarbeiters bzw. Bewerbers werden als Deckungslücke bezeichnet, die letztlich im Rahmen der → Personalentwicklung zu schließen ist bzw. zur Ablehnung eines Bewerbers führt. Die traditionelle Lückenanalyse wird als zu statisch und vergangenheitsorientiert kritisiert. Sie ist, so die Kritiker, wenig geeignet, zukunftsorientierte Qualifikationen im Rahmen problemlösungsorientierter Personalentwicklung zu vermitteln sowie Mitarbeiter mit Zukunftsqualifikationen einzustellen.

Lit.: Flohr/Niederfeichtner 1982, Berthel 1991

Lüscher-Farb-Test

Der *Lüscher*-Farb-Test ist ein → projektiver Test, welcher auffällige Persönlichkeitsstrukturen aufdecken sowie auf psychische und physische Störungen hinweisen soll. Dem Probanden werden dazu Farbtafeln präsentiert, aus denen er die sympathischste, die zweitsympathischste etc. heraussuchen soll; aufgrund der gewählten Reihenfolge werden dann Rückschlüsse gezogen. Der *Lüscher*-Farb-Test wird im betrieblichen Kontext innerhalb der → Eignungsprüfung eingesetzt. Wegen seines zweifelhaften Grundkonzeptes wird er nicht nur von Psychologen stark kritisiert. Sein betrieblicher Einsatz sollte vermieden werden.

Lit.: Brickenkamp 1975

M

Management-by-Konzepte

Bei den Management-by-Konzepten handelt es sich um mehr oder weniger umfassende Empfehlungen zur Gestaltung von → Führungskonzeptionen. Nachfolgend werden einige Konzepte skizziert. Zunächst handelt es sich um solche Vorschläge, die lediglich *Teilaspekte eines Führungssystems* ansprechen:

- *Management-by-Decision-Rules* betrifft die Vorgabe von Entscheidungsregeln mit der → Delegation von Aufgaben, um die mit der Durchführung der delegierten Aufgaben verbundenen Entscheidungen sachlich, zeitlich wie personell zu reglementieren. Bei Routineentscheidungen läßt sich dieses → Führungsinstrument einsetzen.

- *Management-by-Exception (MbE)* besagt, daß – im Rahmen einer → Arbeitsteilung – die Vorgesetzten sich v. a. mit Führungsaufgaben beschäftigen sollen, während die nachgeordneten Mitarbeiter die Aufgabenerfüllung und die damit verbundenen Entscheidungen übernehmen. In diese Prozesse greifen die Vorgesetzten nur in Ausnahmesituationen ein. Diese sind gegeben, wenn die vorgegebenen Entscheidungsspielräume überschritten werden (können) und/oder andere unerwartete Ent-

wicklungen sich ergeben. Die formale Regelung der Interaktionsbeziehungen zwischen Vorgesetzten und Mitarbeitern ist also auf Ausnahmesituationen beschränkt.

- *Management-by-Results (MbR)* enthält eine reine Ergebnisorientierung. Die Ziele werden ebenso vorgegeben, wie eine Fremdkontrolle durch Vorgesetzte durchgeführt wird. Lediglich die Ergebnisse zählen.

- *Management-by-Participation* fordert eine stärkere Einbeziehung der Mitarbeiter in den Zielbildungsprozeß.

- Im Rahmen des *Management-by-Delegation* wird verstärkt eine Delegation von Aufgaben an untergeordnete Mitarbeiter vorgesehen (→ Harzburger Modell).

- Beim *Management-by-Motivation* wird neben der Einbeziehung in den Zielbildungsprozeß zudem noch die Gewährung eines weitgehend eigenen Autonomiebereiches sowie eine verstärkte Selbstkontrolle vorgesehen.

Eine das *gesamte Führungssystem* umspannende Führungskonzeption ist das *Management-by-Objectives (MbO)*. Es sieht sowohl sachliche als auch verhaltensorientierte Komponenten vor. Der *grundlegende Gedanke* ist, widerspruchsfreie, operationale Zielsetzungen aus den betrieblichen Zielen in einem Kaskadenverfahren für alle Ebenen abzuleiten und durch deren Erfüllung letztendlich die übergeordneten betrieblichen Ziele zu erreichen. Empfohlen wird dabei zumeist eine partizipative Vorgehensweise (Zielvereinbarung statt lediglich Zielvorgabe) in einem sog. Gegenstromverfahren. Dem dann eigenverantwortlich handelndem Mitarbeiter obliegen die zur Realisierung der Ziele erforderlichen Maßnahmen. Soll/Ist-Abweichungen am Ende einer Periode sollen einerseits auf der Mitarbeiterseite Defizite verdeutlichen und sind andererseits der Ausgangspunkt für eine Anpassung und Neuformulierung der Ziele. An einer solchen Vorgehensweise sind jedoch v. a. zwei grundsätzliche *Mängel* erkennbar. Zum einen geht man davon aus, daß für alle Ebenen Ziele systematisch und kongruent abgeleitet werden können. Die Grenzen einer Operationalisierbarkeit und der enorme Aufwand der Zielvereinbarung, der Feststellung von Soll/Ist-Abweichungen und einer fundierten Abweichungsanalyse bleiben unberücksichtigt. Zum anderen kann es nicht in allen Situationen sinnvoll sein, Ziele als Steuerungsinstrumente zu verwenden. Gut strukturierbare Aufgabenstellungen werden durch die Formulierung von Zielen u. U. schlechter ausgeführt als bei der Verwendung von klaren Anweisungen und der Vorgabe von gewünschten Abläufen. Ebenso ist von unterschiedlichen Motivstrukturen (→ Motive und Motivation) bei den Mitarbeitern auszugehen, so daß Ziele nicht grundsätzlich die anvisierte

motivierende Wirkung haben müssen.

Lit.: Wunderer/Grunwald 1980, Fuchs-Wegner 1987

Management Development (→ Führungskräfteentwicklung)

Manager (→ Führungskraft)

Managerial Grid (→ Verhaltensgitter von *Blake/Mouton*)

Manteltarifvertrag (→ Tarifvertrag)

Markow-Modelle

Markow-Modelle sind quantitative Methoden, die im Rahmen der → Personalbedarfsermittlung – speziell der → Personalbestandsvorhersage – als Prognosemodelle angewendet werden. Da diesen Modellen kein Personalbestand zugrundeliegt, werden keine Bedarfsprognosen, sondern Bestandsprognosen angestellt. Die Ermittlung des → Personalbedarfs ergibt sich erst in einem weiteren Schritt unter Verwendung des prognostizierten Bestandes und weiterer personal- und produktionspolitischer Zielsetzungen. In den Markow-Modellen wird dabei von der grundlegenden Vorstellung ausgegangen, daß der Zustand eines Systems im Zeitpunkt T_1 vom Zustand in T_0 abhängt. Bei der Anwendung sind dabei folgende *Voraussetzungen* zu berücksichtigen: 1. Die Folge der einzelnen Zustände muß lückenlos sein. 2. Mittels Daten aus der Vergangenheit (aus mehreren Perioden; möglichst gewichtet, um Zufallsschwankungen zu kompensieren) sind Übergangswahrscheinlichkeiten zu ermitteln. 3. Die Zustände müssen „stabil" sein (sowohl extern – → Arbeitsmarkt – als auch intern - Organisationsstruktur, Beförderungsgrundsätze). 4. Klassifizierung des Personalbestandes im Hinblick auf unterscheidbare und in sich homogene Gruppen. Aus den Voraussetzungen folgt, daß die Personalbestandsdaten in T_{n+1} von denen in T_n verschieden und abhängig sind. Die Anwendung dieses Modells ist nur dann sinnvoll, wenn es sich bei den zu untersuchenden Betrieben um auf stabilen Märkten agierende Akteure handelt. Insofern werden privatwirtschaftlich und im Wettbewerb stehende Betriebe dieses Modell wenig benutzen, da wesentliche exogene Daten (Bedingung der statistischen Abhängigkeit des Zustandes T_{n+1} vom Zustand T_n ist nicht erfüllt) nicht zur Anwendung gelangen.

Lit.: Steffen 1976

Maslows Bedürfnishierarchie (→ Bedürfnishierarchie von *Maslow*)

Massenentlassung

Die Massenentlassung stellt die „härteste" Möglichkeit der → Personalfreisetzung dar. Man versteht darunter nach → Kündigungsschutzgesetz (KSchG) die → Kündigung einer bestimmten Anzahl von → Arbeitnehmern innerhalb von 30 Tagen. In Kleinbetrieben (zwischen 20 und 60 Arbeitnehmern) ist dies bereits der Fall, wenn mehr als 5 Mitarbeitern ge-

kündigt wird. Bei Betrieben zwischen 60 und 500 Beschäftigten müssen 10 % oder mehr als 25 Arbeitnehmer bzw. in Betrieben ab 500 Arbeitnehmern mehr als 30 Arbeitnehmer betroffen sein. Die Massenentlassung unterliegt einigen gesetzlichen Normen gerade zur → betrieblichen Mitbestimmung. Sie gehört zunächst zu den Vorgängen, die gemäß → Betriebsverfassungsgesetz mit dem → Wirtschaftsausschuß und mit dem → Betriebsrat ausführlich zu beraten sind. Darüber hinaus besteht bei jeder einzelnen personellen Maßnahme innerhalb der Massenentlassung ein Mitbestimmungsrecht des Betriebsrates. Finden Massenentlassungen als Folge von → Betriebsänderungen statt, so ist ein → Interessenausgleich abzuschließen. Jede Massenentlassung ist nach KSchG durch den → Arbeitgeber beim → Arbeitsamt mit der Stellungnahme des Betriebsrates schriftlich anzuzeigen. In dieser Anzeige ist die Zahl der zu entlassenden Arbeitnehmer anzugeben. Diese anzeigepflichtigen Entlassungen werden prinzipiell erst mit Ablauf eines Monats nach Eingang der Anzeige und nur mit Zustimmung des Landesarbeitsamtes wirksam. Die Massenentlassungen haben dann innerhalb eines Monats nach Ablauf der Sperrfrist zu erfolgen.

McGregors Theorie X und Theorie Y (→ Menschenbild)

Measured-Day-Work-Lohn (→ Festlohn mit geplanter Tagesleistung)

Mehrarbeit

Unter Mehrarbeit ist die → Arbeitszeit zu verstehen, die über die regelmäßige Arbeitszeit hinaus auf Anordnung des Betriebes geleistet wird. Aufgrund der derzeit geltenden → Arbeitszeitordnung (AZO) dürfen an 30 Tagen im Jahr die Mitarbeiter über die regelmäßige Arbeitszeit hinaus mit Mehrarbeit bis zu zwei Stunden täglich beschäftigt werden. Die AZO gestattet auch, daß die regelmäßige Arbeitszeit durch die Tarifordnung auf bis zu 10 Stunden täglich verlängert werden darf. Auch ist eine über 10 Stunden täglich hinausgehende Arbeitszeit unter bestimmten Bedingungen möglich. Die Maßnahme der Mehrarbeit ist nur für eine kurzfristige Deckung des → Personalbedarfes geeignet. Vor ihrer Durchführung ist zu prüfen, ob eine entsprechende Mehrarbeitsbereitschaft bei den betroffenen → Arbeitnehmern vorhanden ist und die erforderlichen physischen und psychischen Voraussetzungen gegeben sind, um eine Gefährdung der Gesundheit der Mitarbeiter auszuschließen.

Mehrebenenanalyse

Bei der Mehrebenenanalyse handelt es sich um eine gedankliche Heuristik, u. a. mit dem Ziel, → Anforderungen bei → Führungskräften aufgrund der Analyse unterschiedlicher betrieblicher Ebenen abzuleiten. Betrachtet werden z. B. die Ebenen Individuum, Gruppe (→ Arbeitsgruppe oder Organisationseinheit) und Betrieb. Von jeder dieser Ebenen gehen unterschiedliche Anforderungen an die Qualifikation der Arbeitsplatzinhaber aus. Insofern kann die konsequente Anwendung der Mehrebenenanalyse im Rahmen der Personalentwicklungsbedarfsanalyse wie der → Anforderungsanalyse hilfreich sein.

Lit.: Steinle 1982, Fritsch 1985, Berthel 1991

Mehrfachqualifikation (→ Polyvalenzqualifikation)

Meister

Beim Meister handelt es sich um einen Titel im Handwerk. Er darf nur von denjenigen Mitarbeitern geführt werden, die für dieses Handwerk eine Meisterprüfung abgelegt haben. Die Meisterprüfung ist im Rahmen eines dreistufigen Bildungsprozesses abzulegen (→ Auszubildender, Geselle, Meister).

Menschenbild

Menschenbilder sind vereinfachte und standardisierte Muster von menschlichen Verhaltensweisen. Sie dienen hauptsächlich der Komplexitätsreduktion. Dabei reduzieren sie die Vielfalt der vorkommenden Menschentypen auf wenige Grundformen und erlauben so die schnelle Feststellung, auf welche Grundform eine gegebene Person zuordbar ist. Gerade im Bereich der → Mitarbeiterführung geht es vornehmlich um unbewußte wie bewußte Bilder über die Untergebenen. Die Verwendung von Menschenbildern durch den Vorgesetzten wirkt sich dabei direkt auf dessen Führungsverhalten (→ Führungsstil) aus. Auch wissenschaftliche Aussagen werden vom Menschenbild der Autoren beeinflußt. Insgesamt liegt eine Vielzahl von unterschiedlichen Klassifikationen von Menschenbildern vor. In der betriebswirtschaftlichen Diskussion sind es insbes. zwei Autoren, deren Modelle diskutiert werden: *McGregor* und *Schein*.

- Die sog. Theorien X und Y von *McGregor* klassifizieren gröber. Lediglich zwei Menschenbilder werden als Gegensatzpaar vorgestellt. Die Theorie X stellt dabei das Ergebnis seiner Analyse der traditionellen Managementliteratur dar, während Theorie Y als Idealtyp gelten soll. Die stark simplifizierte Beschreibung ist auf große Resonanz gestoßen. Zu den Annahmen siehe die Abbildung S. 248:

Theorie X	*Theorie Y*
Menschen haben eine angeborene Abscheu vor der Arbeit und versuchen, diese so weit als möglich zu vermeiden.	Menschen haben keine angeborene Abneigung gegen Arbeit. Sie kann im Gegenteil eine wichtige Quelle der Zufriedenheit sein.
Von daher müssen die meisten Menschen gesteuert, kontrolliert und mit Androhungen von Strafen dazu „gezwungen" werden, einen produktiven Beitrag zur Erreichung betrieblicher Ziele zu leisten.	Wenn Menschen sich mit den betrieblichen Zielen identifizieren, sind externe Kontrollen unnötig. Sie werden Selbstkontrolle und Eigeninitiative entwickeln.
Menschen möchten zudem gerne geführt werden, Verantwortung vermeiden. Sie haben wenig Ehrgeiz und wünschen sich v. a. Sicherheit.	Die wichtigsten menschlichen Anreize zur Arbeit sind die Befriedigung von Ich-Motiven und das Streben nach Selbstverwirklichung.
	Die Menschen suchen bei entsprechender Anleitung eigene Verantwortung. Einfallsreichtum und Kreativität sind weit verbreitet, werden in Betrieben jedoch kaum aktiviert.

Annahmen der Theorie X und Y nach McGregor

● *Schein* führt eine andere Differenzierung der Menschenbilder mit ihren jeweiligen organisatorischen Konsequenzen, s. dazu die Abbildung S. 249–250.

Lit.: McGregor 1960, Schein 1974, Neuberger 1990, Staehle 1991, Kappler 1992

Menschenbild	*Organisatorische Konsequenzen*
1. *rational-economic man* Ist in erster Linie durch monetäre Anreize motiviert; ist passiv und wird von der Organisation manipuliert, motiviert und kontrolliert; sein Handeln ist rational; Annahmen der Theorie X.	Klassische Managementfunktionen: Planen, Organisieren, Motivieren, Kontrollieren; Betrieb und dessen Effizienz stehen im Mittelpunkt; Organisation hat die Aufgabe, irrationales Verhalten zu neutralisieren und zu kontrollieren.
2. *social man* Ist in erster Linie durch soziale Bedürfnisse motiviert; als Folge der Sinnentleerung der Arbeit wird in sozialen Beziehungen am Arbeitsplatz Ersatzbefriedigung gesucht; wird stärker durch soziale Normen seiner Arbeitsgruppe als durch Anreize und Kontrollen des Vorgesetzten gelenkt; Annahmen der Human-Relations-Bewegung.	Aufbau und Förderung von Gruppen; soziale Anerkennung der Mitarbeiter durch Manager und Gruppe; die Bedürfnisse nach Anerkennung, Zugehörigkeitsgefühl und Identität müssen befriedigt werden; Gruppenanreizsysteme treten an die Stelle von individuellen Anreizsystemen.
3. *self-actualizing man* Mensch strebt nach Autonomie und bevorzugt Selbst-Motivation und -Kontrolle; es gibt keinen zwangsläufigen Konflikt zwischen Selbstverwirklichung und betrieblicher Zielerreichung; Annahmen der Theorie Y.	Manager sind Unterstützer und Förderer (nicht Motivierer und Kontrolleure); Delegation von Entscheidungen; Übergang von Amts-Autorität zu Fach-Autorität; Übergang von extrinsischer zu intrinsischer Motivation; Mitbestimmung am Arbeitsplatz.

Menschenbild	Organisatorische Konsequenzen
4. *complex man* Ist äußerst wandlungsfähig; die Dringlichkeit der Bedürfnisse unterliegt Wandel; der Mensch ist lernfähig, erwirbt neue Motive; in unterschiedlichen Systemen werden unterschiedliche Motive bedeutsam; Annahmen der Situationstheorie.	Manager sind Diagnostiker von Situationen; sie müssen Unterschiede erkennen und Verhalten situationsgemäß variieren können; es gibt keine generell richtige Organisation.

Menschenbilder und organisatorische Konsequenzen nach Schein

Mentorenschaft

Unter Mentorenschaft (synonym: Mentoring) ist die Betreuung eines Mitarbeiters durch einen hierarisch höhergestellten Mitarbeiter, der nicht unbedingt direkter Vorgesetzter sein muß, zu verstehen. Die Rolle des Mentors als selbstgewählte Identifikationsfigur (Vorbild) oder als Berater und Förderer ist nicht eindeutig fixiert. Als Mentorenfunktionen sind zu nennen: Coach, Trainer, positives Rollenmodell, Talentförderer, „Türöffner", Beschützer, Sponsor u. ä. Mit der Mentorenschaft ist als Nachteil die Gefahr des Aufbaus einer sog. „Kronprinzenmentalität" beim Betreuten verbunden. Im Rahmen der → Personaleinführung und der → Karriereplanung kann es Aufgabe des Mentors sein, den neuen Mitarbeiter zu beobachten, zusätzliche und unabhängige Beurteilungen des jeweiligen → Qualifikationspotentials durchzuführen, bei eventuellen Problemen zwischen Vorgesetzten und den neu-

en Mitarbeitern zu vermitteln sowie den neuen Mitarbeitern als mehr oder weniger neutraler Ansprechpartner zur Verfügung zu stehen. Ähnliche Konzepte sind → Coaching und → Counselling.

Lit.: Kram 1985

Mentoring (→ Mentorenschaft)

Merkmalsorientiertes Einstufungsverfahren

In der überwiegenden Anzahl von Betrieben haben sich sog. merkmalsorientierte (bzw. analytische) → Einstufungsverfahren der → Personalbeurteilung – genauer der → Leistungsbeurteilung – durchgesetzt. Sie sehen eine jährliche Beurteilung mit einem vorgegebenen Kriterienkatalog (durchschnittlich 12 - 15 Kriterienmerkmale) und vorgegebener Stufenzahl (durchschnittlich 7) vor. Bei diesen Verfahren sind in den → Beurteilungsformularen je Kriterium nach dem Ausprägungsgrad geordnete, verbal oder numerisch bezeichnete Skalenstufen zur Bewertung vorgegeben. Die verschiedenen Ausprägungsgrade sollen die Kriterien bzw. die Güte der → Leistungen individuell ausdrücken. Die damit verbundenen Vorstellungen sind mehr oder weniger präzisiert. Die durch die Beurteiler wahrgenommene Ausprägung der Kriterien bei den zu beurteilenden Mitarbeitern ist mit den zu den verschiedenen Beurteilungsmerkmalen vorgegebenen Kriterien- bzw. Skalenausprägungen zu vergleichen, die treffendste Ausprägung ist zu wählen. Die Kriterienausprägungen werden bei der letztendlichen Bewertung im Endeffekt oft numerisch erfaßt, ihrer angenommenen Bedeutung gemäß gewichtet und zu einem Leistungswert (aus dem sich eine eventu-

elle Leistungszulage ergibt) zusammengefaßt. Normalerweise werden *Standardkriterienkataloge* über verschiedene Funktionsbereiche und -ebenen hinweg verwendet. Eine Differenzierung findet selten statt. Zusätzliche Merkmale sind bei Führungskräften üblich. Bei den Kriterien handelt es sich um solche, denen ein Leistungsbezug unterstellt wird, wie z. B. Arbeitsquantität, Arbeitsqualität, Kreativität, Führungsverhalten. Siehe beispielhaft die Abbildung:

Die Auswahl der Kriterien basiert zumeist auf Usancen sowie Plausibilitätsüberlegungen und nicht auf empirischen Studien arbeitsplatzspezifischer Leistungsinhalte. Die Erfahrung zeigt dabei, daß vielfältige eigenschaftsorientierte Kriterien (z. B. In-

Beurteilungs- merkmale	Gewichtung	Beurteilungsstufen				
		1	2	3	4	5
Arbeitsquantität						
Arbeitsqualität						
Zuverlässigkeit						
Initiative, Zivilcourage						
Flexibilität						
Kreativität						
Anpassungsfähigkeit						
Sozialverhalten (gegenüber Kollegen und Vorgesetzten)						
Führungsverhalten						

Beurteilungsformular merkmalsorientierter Einstufungsverfahren (Beispiel)

itiative, Zuverlässigkeit, Flexibilität) als Standardmerkmale ausgewählt werden. Diese Kriterien sind für die Leistungsbeurteilung ungeeignet. Die übliche Verwendung offener oder versteckter eigenschaftsorientierter Kriterien steht dabei in keinem bekannten Zusammenhang zur Leistung. Die Eigenschaftsmerkmale sind oft unkritisch von anderen Systemen übernommen oder sollen gewollte Akzente mit der Beurteilung setzen (z. B. Formung der Mitarbeiter bezüglich „Anpassungsfähigkeit" statt „Zivilcourage"). Auf ihr basierende Beurteilungen übersehen zudem die Bedeutung der Arbeitssituation. Bei Routinetätigkeiten werden bspw. „Kreativität" und „Initiative" kaum zugelassen. Zudem wird die Vorgesetzten/Mitarbeiter-Beziehung bei der fruchtlosen Diskussion um (versteckte) Eigenschaften nicht verbessert, sondern unnötig belastet. Dies bedeutet, daß die in deutschen Betrieben üblicherweise verfolgten Funktionen der Personalbeurteilung allenfalls zufällig erfüllt werden können.

Lit.: Neuberger 1980, Becker, F. G. 1994

Meta-Qualifikation

Meta-Qualifikationen sind solche Merkmale von → Qualifikationen, die insbes. eine spezielle Bedeutung für das Entwicklungspotential eines Mitarbeiters besitzen: bspw. Lernbereitschaft und -fähigkeit, Mobilitätsbereitschaft und -fähigkeit. Sie bedeuten damit „Qualifikation zur Qualifizierung".

Methode der kritischen Ereignisse (→ Critical-Incident-Technique)

Methods Time Measurement (MTM) (→ Zeitstudien)

Michigan-Studien

Mit den sog. *Michigan-Studien* am Survey Research Center der University of Michigan (*Katz, Kahn, Maccoby*) wurde in etwa das gleiche Ziel verfolgt wie mit den → *Ohio-Studien*: Das Erkennen von Verhaltensweisen, die erfolgreiche von weniger erfolgreichen Führungskräften unterscheiden. Die ermittelten Varianten des → *Führungsstils* lassen sich auf einem eindimensionalen Kontinuum mit den zwei Polen (Michigan-Stilkontinuum) zuordnen: (1) *„Mitarbeiterorientierung"* („employee orientation"; Betonung der zwischenmenschlichen Beziehungen bei der Aufgabenerfüllung, Mitarbeiter als Subjekt) und (2) *„Aufgabenorientierung"*, („production orientation"; Betonung der technischen Leistungsaspekte der Aufgabe, Mitarbeiter als Mittel). Später übernahmen die *Michigan*-Forscher allerdings die Auffassung der *Ohio-Schule* und betrachteten die Mitarbeiter- und Aufgabenorientierung als voneinander unabhängige Dimensionen. Die *Ergebnisse* der empirischen *Michigan-Studien* lassen sich etwa wie folgt zusammenfassen: Unter Hierarchieaspekten ist Aufgabenorientierung zur Förderung des Innovationsverhaltens und der Abteilungskoordination insbes. auf den oberen Managementebenen erforderlich, auf den mittleren Führungsebenen gilt die Kombination von aufgaben- und personenbezogenem Verhalten als wichtig, auf den unteren hierarchischen Ebenen gewinnt mitarbeiterorientiertes Führungsverhalten durch die dort notwendige „differenzierte Führungsrolle" an Bedeutung (in hochstrukturierten Situationen wird strukturiertes Führungsverhalten als Schikane empfunden).

Lit.: Wunderer/Grunwald 1980, Berthel 1991

Mikropolitik

Jeder Entscheidungsprozeß in Betrieben ist mit mikropolitischen Aktivitäten der Beteiligten, d. h. mit rein interessengeleiteten Aktivitäten der Mitarbeiter für sich selbst oder andere, durchwoben: Betriebe sind durchwirkt von Politik. Ihre Entscheidungsprozesse sind politische Prozesse, ihre Akteure Mikropolitiker. Nicht, daß alle Mitarbeiter zu jeder Zeit betriebliche Entscheidungen, immer durch eigene Interessen geleitet, im wesentlichen Umfang mikropolitisch determinieren. Je stärker bspw. Machtmotiv und Dominanzstreben der Mitarbeiter verschiedener Hierarchieebenen ausgeprägt sind, desto eher wird dies der Fall sein. Mikropolitik ist dabei nicht durchweg negativ zu sehen. Vom individuellen Standpunkt aus ergeben sich direkte und indirek-

te Bedürfnisbefriedigungsmöglichkeiten. Von der betrieblichen Perspektive aus werden dadurch Entscheidungsprozesse initiiert und inganggehalten, Kommunikationsstrukturen jenseits der formalen Organisation geschaffen, Mitarbeiter besser geführt u. a. m. Es wäre unrealistisch, davon auszugehen, daß die Mitarbeiter „lediglich" aufgabenbezogenes Verhalten zeigen und betriebliche Ziele verfolgen. Fast jeder ist zu Teilen auch Politiker im Eigeninteresse, in der Verfolgung individueller, aber auch gruppenbezogener Zielsetzungen.

Lit.: Küpper/Ortmann 1986, Neuberger 1990

Minutenfaktor (→ Akkordlohn)

Mitarbeiter

Der Begriff des Mitarbeiters ist nicht eindeutig definiert. Verschiedene Verständnisse sind vorzufinden. Im Rahmen dieses Lexikons wird der Mitarbeiterbegriff mit dem Begriff des → Arbeitnehmers quasi gleichgesetzt. Insofern sind alle Arbeitnehmer eines Betriebes „Mitarbeiter". In der betrieblichen Praxis findet man den Mitarbeiterbegriff häufig dann vor, wenn von Untergebenen (eines Vorgesetzten) gesprochen wird. Die Tatsache, daß heutzutage in der Literatur wie in der Praxis oft von Mitarbeitern gesprochen wird, sollte allerdings nicht darüber hinweg täuschen, daß sich an den Abhängigkeitsverhältnissen in Betrieben nichts wesentliches geändert hat. Es ist oft nur die Wertschätzung des Personals gestiegen.

Mitarbeiterbefragung

Die Mitarbeiterbefragung (synonym: Betriebsumfrage, Betriebsklimaanalyse, betriebliche Meinungsumfrage, betriebliche Einstellungsforschung) ist eine Methode der → Personalforschung. Mit ihr werden ausgewählte Mitarbeiter oder Mitarbeitergruppen systematisch und planmäßig befragt. Unter einer Mitarbeiterbefragung ist damit ein Instrument der partizipativen Führung (→ Führungsstil) zu verstehen. Sie wird im Auftrag der Geschäftsleitung in Zusammenarbeit mit dem Be triebsrat, mit Hilfe von (teil-)standardisierten Fragebögen anonym und auf freiwilliger Basis bei allen Mitarbeitern (oder einer bestimmten Zielgruppe bzw. einer repräsentativen Stichprobe) durchgeführt. Ziel ist es zunächst, Informationen über die → Motive (und Motivation), → Einstellungen, Kenntnisse und → Erwartungen der Mitarbeiter, bezogen auf bestimmte Bereiche der betrieblichen → Arbeitsbedingungen, unter Berücksichtigung methodischer und rechtlicher Rahmenbedingungen, zu erhalten, um letztendlich Hinweise auf betriebliche Stärken und Schwächen zu erlangen, die zu konkreten Veränderungsprozessen von Arbeitsbedingungen führen sollen. Die Mitarbeiterbefragung kann auch eingesetzt werden, um eine Informationsbasis für personelle Entscheidungen zu bieten, um als Ent-

scheidungssystem oder auch als Evaluierungsinstrument zu dienen oder um die betriebliche Kommunikation zu verbessern.

Lit.: Domsch/Schneble 1992

Mitarbeiterbeteiligung

Von Mitarbeiterbeteiligung spricht man v. a., wenn die Mitarbeiter an bestimmten Ergebnissen des sie beschäftigenden Betriebes finanziell beteiligt werden (→ Erfolgsbeteiligung) und/oder ihnen günstige Möglichkeiten zum Erwerb von Kapital am Arbeitgeber-Betrieb geboten werden (→ Kapitalbeteiligung). In einem weiteren Sinne zählt zur Mitarbeiterbeteiligung auch eine immaterielle Komponente, nämlich die → Partizipation im Rahmen der Rechte der Kapitaleigner. Siehe zum Überblick die beiden Abbildungen S. 255/256.

Lit.: Schanz 1993, Becker, F. G. 1993, Weber 1993a

Mitarbeiterbeurteilung (→ Personalbeurteilung)

Mitarbeiterentsendung

Unter Mitarbeiterentsendung wird der befristete Auslandseinsatz eines Mitarbeiters im Rahmen eines → Internationalen Personalmanagements verstanden.

Mitarbeiterführung

Mitarbeiterführung (oft synonym: → Führung) hat die Tätigkeiten zum Inhalt, die das Verhalten der Mitarbeiter steuern sollen. Ihr Verständnis

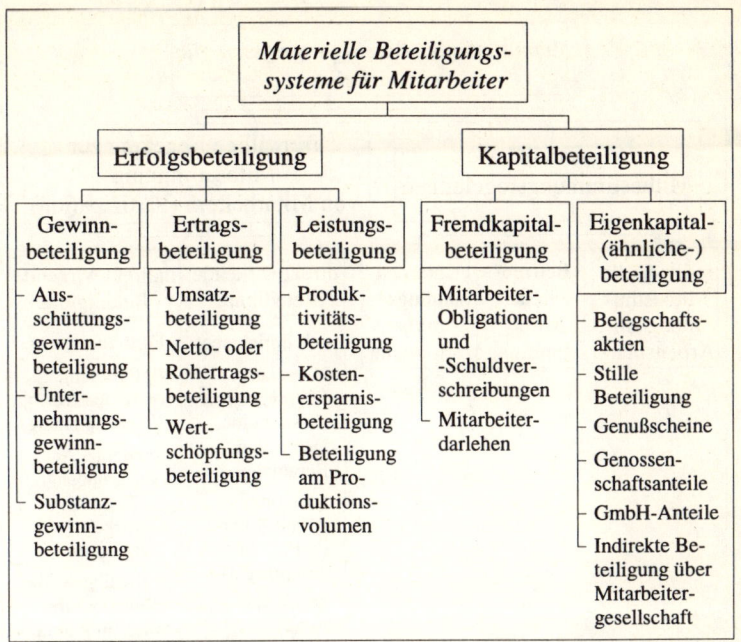

Überblick über Formen der materiellen Mitarbeiterbeteiligung

ist in der Literatur kontrovers diskutiert. Ein gemeinsamer Nenner der Begriffsbestimmungen läßt sich wie folgt formulieren: Mitarbeiterführung ist ein irgendwie gearteter Versuch der Einflußnahme oder Einwirkung auf das Verhalten anderer Personen in Betrieben. I. allg. wird von der → hierarchischen Führung ausgegangen, d. h. der Einflußnahme eines Vorgesetzten auf einen Untergebenen. (Daneben findet aber auch → laterale Führung und → Führung von unten statt.) Die Funktion der Mitarbeiterführung in diesem Sinne kann dabei zum einen durch unmittelbaren Kontakt zwischen Vorge-

setzten und untergebenen Mitarbeitern und zum anderen durch eine nur mittelbar wirkende Gestaltung der Bedingungen erfüllt werden. Die direkte bzw. → *interaktionelle Mitarbeiterführung* steht als Vorgesetztenfunktion bei der situativen Gestaltung der zwischenmenschlichen Beziehungen zur personen- und aufgabengerechten Kooperation im betrieblichen Kombinationsprozeß im Mittelpunkt. Im Rahmen der → Individualisierung des → Personalmanagements ist basierend auf den → Motiven (und Motivation) sowie den ökonomischen Notwendigkeiten das → Leistungsverhalten

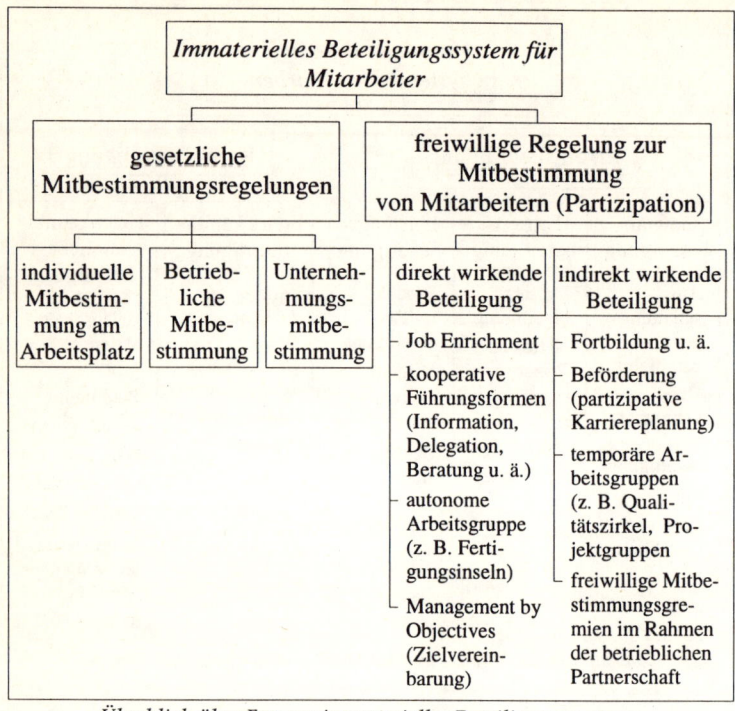

Überblick über Formen immaterieller Beteiligungssysteme

der Mitarbeiter inhaltlich und intensitätsmäßig zu beeinflussen. Die indirekte bzw. → *strukturelle Mitarbeiterführung* dient auf einer anderen Ebene der mittelbaren Verhaltensbeeinflussung. Dies geschieht durch die Gestaltung der → Führungskonzeption und die Formulierung wie Implementierung von betrieblichen Strategien, die alle mit zielgerichteten inhaltlichen, prozessualen und strukturellen Regelungen speziell in der Führungs- und Arbeitsorganisation sowie des Personalmanagements Stimuli zum Leistungsverhalten bieten. Die strukturelle Führung liegt damit weniger in der Verantwortung des einzelnen Vorgesetzten als vielmehr in der Verantwortung des Top-Managements. Mit der interaktionellen und der strukturellen Mitarbeiterführung sind zwei Seiten einer Medaille zu verstehen. Die strukturelle Dimension ersetzt, beeinflußt und substituiert (→ Führungssubstitute) dabei teilweise die interaktionelle Führung et vice versa. Letztere hat zudem Spielraum zur Modifikation der strukturellen Führung. Eine Einschränkung lediglich auf die direkte Vorgesetztenfunktion der interaktionellen Mitarbeiterführung wird vielfach vorgenommen, ist aber zum Verständnis wie zur Gestaltung der Führungsbeziehungen zu einengend.

Lit.: Berthel 1991, Wunderer 1993

Mitarbeitergespräch

Das Mitarbeitergespräch (synonym: Personalgespräch) ist ein Instrument der betrieblichen → Personalforschung. Es betrifft die Vorgesetzten-Mitarbeiter-Interaktionen v. a. im Rahmen der → Mitarbeiterführung. Verschiedene Formen des Mitarbeitergesprächs dienen neben der Kommunikation zwischen Vorgesetzten und Mitarbeitern auch als Informationsgrundlage für → Personalbeurteilungen und Maßnahmen der → Personalentwicklung sowie teilweise für spezifische Zwecke (s. die Abbildung).

● Das *Führungsgespräch* ist Teil der kooperativen Führung (→ Führungsstil) und wird regelmäßig zur Diskussion der Zusammenarbeit sowie zur Bilanzziehung zwischen Vorgesetzten und Mitarbeiter durchgeführt. Es kann dabei gleichzeitig der Anerkennung und der Kritik dienen (→ Anreize, → Motive und Motivation, → Belohnung).

● Das *Beurteilungsgespräch* ist Bestandteil der Personalbeurteilung. Es dient dem Leistungsfeedback und läßt sich in prinzipiell zwei Varianten durchführen: In der traditionellen Variante wird den Mitarbeitern das Ergebnis der Beurteilung eröffnet. In einer angemesseneren Variante erfolgt ein Gespräch zur Beurteilung, in dem Selbsteinschätzungen der Mitarbeiter mit den Ansichten der Beurteiler konfrontiert werden, bevor eine (u. U. gemeinsame) Festlegung des Ergebnisses erfolgt. Nach → Betriebsverfassungsgesetz kann ein → Arbeitnehmer verlangen, daß ihm unter fakultativer Hinzuziehung eines

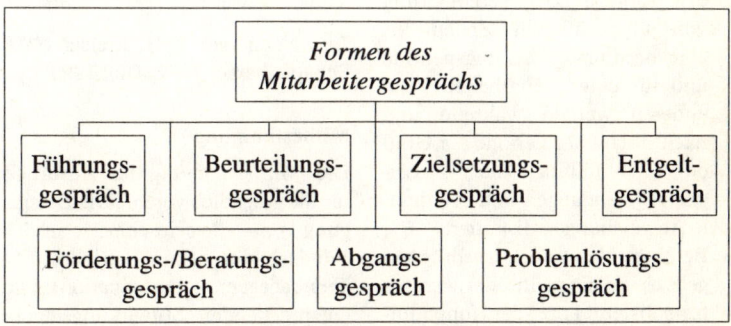

Formen von Mitarbeitergesprächen

Mitgliedes des → Betriebsrates die Beurteilung seiner Leistungen sowie die Möglichkeiten seiner beruflichen Entwicklungen erörtert werden.

- Ein *Beratungs- und Förderungsgespräch* kann auf Initiative des Mitarbeiters wie des Vorgesetzten durchgeführt werden. In ersterem Falle geht es um den Rat des Vorgesetzten für ein Mitarbeiterproblem. Im zweiten Falle steht die Förderung der → Qualifikation und der beruflichen → Karriere des Mitarbeiters im Vordergrund. Selbsteinschätzungen des Mitarbeiters werden mit Vorgesetztenmeinungen hinsichtlich → Leistungsmotivation, Leistungsfähigkeit und → Qualifikationspotential zur Förderung des Mitarbeiters konfrontiert. Man kann auch von einer partizipativen oder mitarbeiterorientierten → Karriereplanung sprechen.
- Das *Zielsetzungsgespräch* ist Bestandteil des Management-by-Objectives (→ Management-by-Konzepte) und besteht zum einen aus der Vorgabe oder Vereinbarung von überprüfbaren Zielen für eine bestimmte Leistungsperiode und für einen Mitarbeiter. Zum anderen werden während und nach Ablauf der Periode der Grad der Zielerfüllung, die → Leistungsbedingungen und eventuelle Abweichungen diskutiert.
- Bei *Problemlösungsgesprächen* geht es um die mehr oder weniger formalisierte Form der Kommunikation zwischen Vorgesetzten und Mitarbeitern zur Identifizierung und Handhabung eines betrieblichen Problems beim Arbeitsvollzug oder bei Interaktionsbeziehungen.
- *Abgangsgespräche* (synonym: Austrittsinterview) können nach oder unmittelbar vor Ausscheiden eines Mitarbeiters (→ Fluktuation, → Versetzung) aus einem Arbeitsbereich oder des Betriebes durch gesondert beauftragte, auch externe Personen mittels Fragebogen durchgeführt werden. Ziel ist es, eventuell negativ wirkende Faktoren der → Arbeitssituation zu identifizieren.
- Das *Entgeltgespräch* betrifft zum einen die Mitteilung des Vorgesetzten an den Mitarbeiter über eine eventuelle außertarifliche Gehaltserhöhung (→ Entgelt) sowie deren Begründung. Zum anderen kann es auch das vom Mitarbeiter angeregte Gespräch über eine angestrebte Entgelterhöhung betreffen.

Je nach Gesprächsform und -inhalt empfehlen sich unterschiedliche Vorgehensweisen.

Lit.: Neuberger 1981, Breisig 1990, Schaufelberger 1992, Düll 1993

Mitbestimmung

Die Mitbestimmung ist Ausdruck für die gesetzlich vereinbarte Beteiligung von → Arbeitnehmern an der Willensbildung eines Betriebes (anders dagegen: → Partizipation). Die entsprechenden Mitwirkungsrechte sind im wesentlichen im → Betriebsverfassungsgesetz von 1952 und 1972, dem → Mitbestimmungsgesetz von 1976 und in einzelnen → Tarifverträgen geregelt. Bei einzelnen Branchen, bspw. dem Bergbau sowie der Eisen- und Stahlindustrie, gelten die gesonderten Bestimmungen des → Montan-Mitbestimmungsgesetzes von 1951. Differenziert wird in → betriebliche Mitbestimmung und → unternehmerische Mitbestimmung. Nach dem Ende des Zweiten Weltkrieges wurde die Mitbestimmung im Betrieb durch den starken politischen Einfluß der → Gewerkschaften, durch die Offenheit der Regierungsparteien für Arbeitnehmerinteressen, durch den zu erwartenden mäßigenden Einfluß auf die Entstehung von → Arbeitslosigkeit und politische Unruhen sowie durch die Zustimmung der Besatzungsmächte eingeführt.

Lit.: Oechsler 1993

Mitbestimmungsergänzungsgesetz
(Gesetz zur Ergänzung des Gesetzes über die Mitbestimmung der Arbeitnehmer in den Aufsichtsräten und Vorständen der Unternehmen des Bergbaues und der Eisen und Stahl erzeugenden Industrie - MitbestErgG)

Das MitbestErgG regelt in Ergänzung des → Montan-Mitbestimmungsgesetzes die → unternehmerische Mitbestimmung der → Arbeitnehmer in Unternehmungen des Bergbaus und der Eisen und Stahl erzeugenden Industrie. Es findet speziell Anwendung für Konzernober-

gesellschaften des Bergbaus und der Eisen und Stahl erzeugenden Industrie und ergänzt damit das → Montan-Mitbestimmungsgesetz. Dabei gelten die gleichen Regelungen bez. der Besetzung des Aufsichtsrates wie beim Montan-Mitbestimmungsgesetz. Der Arbeitsdirektor kann hier allerdings auch gegen die Stimmen der Arbeitnehmervertreter gewählt werden. Durch die Änderung des Produktionszweckes sind bei fast allen bisher montanmitbestimmten Konzernobergesellschaften der Eisen-und Stahlindustrie in den letzten Jahren die gesetzlichen Anwendungsvoraussetzungen der Montanmitbestimmung entfallen. Zu diesem Zweck wurde das MitbestErgG geschaffen. Wenn die Voraussetzungen weggefallen sind, richtet sich die Mitbestimmung nach dem MitbestErgG, sofern die unter das Montan-Mitbestimmungsgesetz fallenden Konzernunternehmungen und abhängigen Unternehmungen mindestens ein Fünftel der Umsätze sämtlicher Konzernunternehmungen und abhängigen Unternehmungen erzielen oder wenn sie i. d. R. mehr als 2000 Arbeitnehmer beschäftigen.

Mitbestimmungsgesetz (Gesetz über die Mitbestimmung der Arbeitnehmer - MitbestG)

Das MitbestG von 1976 regelt die → unternehmerische Mitbestimmung der → Arbeitnehmer in Betrieben für alle Kapitalgesellschaften mit mehr als 2000 Arbeitnehmern, soweit sie nicht in den Geltungsbereich des → Montan-Mitbestimmungsgesetzes fallen. Bei Konzernen unterliegt das herrschende Unternehmen dem Mitbestimmungsgesetz, wenn der Konzern insgesamt mehr als 2000 Arbeitnehmer beschäftigt. Die Zusammensetzung des Aufsichtsrates bestimmt das Gesetz je nach Größe des Unternehmens. Der Arbeitnehmerseite gehören mind. ein → Arbeiter, ein → Angestellter und ein → Leitender Angestellter an. Eine mögliche Pattsituation zwischen der Anteilseigner- und Arbeitnehmerbank wird dadurch aufgelöst, daß nach verfahrensmäßigen Vorkehrungen dem Aufsichtsratvorsitzenden eine Zweitstimme eingeräumt wird. Schließlich muß dem Vorstand als gleichberechtigtes Mitglied ein → Arbeitsdirektor angehören.

Mixed Standard Scale

Die Mixed Standard Scale ist ein dem → Zwangswahlverfahren vergleichbares Instrument der → Kennzeichnungsverfahren im Rahmen der → Personalbeurteilung, insbes. der → Leistungsbeurteilung. Es enthält eine Reihe von Leistungsdimensionen, die jeweils durch Verhaltensaussagen je Dimension demonstriert werden. Das Beurteilungsverfahren besteht letztendlich aus einem Set von konzeptionell vergleichbaren Aussagen (gewöhnlich drei), die innerhalb einer Dimension (durch Arbeitsplatzexperten geschätzte) hohe, mittlere bzw. niedrige Leistungswerte beschreiben. Im → Beurteilungsformular werden sie zufällig angeordnet, die jeweils angesprochene Dimension wird dabei nicht offensichtlich. Die Beurteiler sind nun aufgefordert, zu jeder Aussage zu bemerken, ob sie die → Leistung der zu beurteilenden Mitarbeiter genau beschreibt (0), ob diese Leistung die Aussagen übertrifft (+) oder unterschreitet (-). Je nachdem, wie viele „+" oder „-" gegeben werden, sind Leistungsstufen zwischen 1 (alle Aussagen sind mit einem „-" angegeben) und 7 (alle Aussagen sind mit einem „+" angegeben) vorgegeben. Das Verfahren ist allerdings aus verschiedenen Gründen für die Leistungsbeurteilung unzweckmäßig.

Lit.: Bernardin/Beatty 1984, Bekker, F. G. 1994

Mobbing

Beim Mobbing handelt es sich um einen aus dem englischen Sprachraum stammenden Begriff, der den Psychoterror von → Arbeitnehmern und → Arbeitgebern gegenüber Kollegen und Mitarbeitern am Arbeitsplatz umfaßt. Das Schikanieren von Mitarbeitern kann sowohl auf Fahrlässigkeit als auch auf Vorsatz beruhen.

Modell-Lernen

Unter Modell-Lernen (synonym: Beobachtungslernen) wird ein → Lernprozeß verstanden, im Zuge dessen eine Person das Verhalten einer anderen Person (und damit auch ein Mitarbeiter) sowie dessen Konsequenzen beobachtet und schließlich – eventuell modifiziert – imitiert (bspw. Kinder, die Verhaltensweisen ihrer Eltern oder Mitarbeiter, die Führungsverhalten ihrer Vorgesetzten übernehmen). Dabei handelt es sich entweder um die Übernahme von für die lernende Person völlig neuer Reaktionen, die Unterdrückung oder Enthemmung vorher gelernten sozialabweichenden Verhaltens oder das Auslösen bereits gelernter, aber nicht gezeigter Reaktionen. So lernt ein Mitarbeiter bspw. durch einen Kollegen, seine Arbeit anders zu strukturieren (Übernahme neuen Verhaltens), sich seinem Vorgesetzten gegenüber frech (Enthemmung) bzw. bes. devot (Unterdrückung vorher gelernten, abweichenden Verhaltens) zu verhalten, oder bemüht sich, auf einem Gebiet zu glänzen, während sein Kollege gerade auf einem anderen Gebiet sehr erfolgreich ist (Auslösen bereits gelernter, vorher nicht gezeigter Reaktionen.) Von daher kann das Modell-Lernen im → Lernfeld (→ Training-on-the-job) und bei der → Karriereplanung als Möglichkeit der → Personalentwicklung eingesetzt werden.

Lit.: Bandura 1979, Wiswede 1991

Montan-Mitbestimmungsgesetz
(Gesetz über die Mitbestimmung der Arbeitnehmer in den Aufsichtsräten und Vorständen der Unternehmen des Bergbaues und der Eisen und Stahl erzeugenden Industrie - MontanMitbestG)

Das MontanMitbestG regelt die → unternehmerische Mitbestimmung der → Arbeitnehmer in Unternehmen des Bergbaus und der Eisen und Stahl erzeugenden Industrie in der Rechtsform der Kapitalgesellschaft mit mehr als 1000 Beschäftigten. Der jeweilige Aufsichtsrat dieser Gesellschaften setzt sich paritätisch aus Arbeitnehmervertretern und Anteilseignervertretern sowie einem weiteren zusätzlichen neutralen Mitglied zusammen. Die Möglichkeit einer Pattsituation wird dadurch ausgeschaltet, daß außerdem noch ein neutrales Mitglied, welches das Vertrauen sowohl der Arbeitgeber- als auch der Arbeitnehmerseite hat, dem Aufsichtsrat angehört. Schließlich muß dem Vorstand ein → Arbeitsdirektor als gleichberechtigtes Mitglied angehören. Zur Sicherung des Status quo der Montanmitbestimmung trägt das → Mitbestimmungsergänzungsgesetz bei.

Motivationspsychologie
Die Motivationspsychologie als Teil der personalpsychologischen Forschungen im Rahmen der → Betriebspsychologie versucht, Antworten auf die Fragen nach dem „Warum" des Verhaltens und Erlebens von Menschen zu finden. Dabei konzentriert sie sich speziell auf die Erklärung von Richtung, Qualität und Intensität von Verhalten. Allerdings beschränkt sie sich nicht auf Erklärungen, sondern setzt ihre Erkenntnisse auch zur Verhaltenssteuerung ein. Innerhalb der Motivationspsychologie existieren mehrere theoreti-

sche Ansätze (→ Motivationstheorie) zur Erklärung von Motivation, die man grob in zwei Gruppen unterteilen kann: solche kognitivistischer (bspw. → Erwartungs-Valenz-Ansätze) und solche humanistischer Prägung (bspw. → Zwei-Faktoren-Theorie von *Herzberg*).

Motivationstheorie

Eine einzige, allgemein akzeptierte Motivationstheorie, mit der erklärt wird, wie menschliches Verhalten in Betrieben in Antrieb und Richtung bestimmt („motiviert"; → Motive und Motivation) wird, gibt es nicht. Nach vielerlei Forschungsbemühungen in den 50er bis 70er Jahren kann der gegenwärtige Stand dadurch beschrieben werden, daß es heute mehrere, zum einen in den Ansatzpunkten (bzw. Akzenten), zum anderen im Sprachgebrauch (Terminologie) unterschiedliche Versuche gibt, eine Theorie der Motivation zu entwickeln. Es erscheint aber nach Studium der einzelnen theoretischen Ansätze nicht sinnvoll und zutreffend, diese als „Motivationstheorie" zu bezeichnen. Es handelt sich lediglich um verschiedene Versuche, Motivation zu erklären, also um motivationstheoretische Erklärungsansätze. Sie basieren auf unterschiedlichen Annahmen. Manche von diesen Ansätzen sind trotz ihrer Popularität nur als zeitlich überholt zu bezeichnen (z. B. → Bedürfnishierarchie von *Maslow*, → Zwei-Faktoren-Theorie von *Herzberg*, → ERG-Modell von *Alderfer*), andere haben einen höheren Aussagewert (z. B. → Erwartungs-Valenz-Modelle, → Theorien der Leistungsmotivation). Es gibt verschiedene Versuche, die vorliegenden Ansätze zu klassifizieren. Weit verbreitet ist eine Trennung in → Inhaltstheorien und → Prozeßtheorien. Diese Klassifizierung wird hier nicht verwendet, v. a. weil sie nicht berücksichtigt, daß auch bei den Inhaltstheorien Prozeßabläufe sowie bei verschiedenen Prozeßtheorien auch verschiedene Motivinhalte beschrieben werden und sie es nicht ermöglicht, die Theorien der Leistungsmotivation einheitlich zuzuordnen. Deshalb wird hier eine andere Unterteilung verschiedener motivationstheoretischer Ansätze vorgenommen, nämlich in → humanistische Konzepte der Motivationstheorien (mit den Ansätzen von *Maslow*, *Alderfer* und *Herzberg*) und in → kognitivistische Konzepte der Motivationstheorien (mit den Erwartungs-Valenz-Modellen und den Theorien der Leistungsmotivation).

Lit.: Wunderer/Grunwald 1980, Berthel 1991

Motivatoren (→ Zwei-Faktoren-Theorie nach *Herzberg*)

Motive und Motivation

Motive sind Verhaltensbereitschaften, unter denen zeitlich relativ überdauernde, psychische Dispositionen von Personen verstanden werden. Sie legen fest, was Personen wollen oder wünschen, wie auf ei-

	isoliertes Element	Zusammenhang mehrerer Elemente
durch bestimmte Stimuli in der Situation aktivierte Verhaltensbereitschaft	aktiviertes Motiv	Motivation
der direkten Beobachtung nicht zugängliche Verhaltensbereitschaft	Motiv	Motivstruktur

Zusammenhang von Motiv und Motivation

nem inhaltlich bestimmten Gebiet der Person-Umwelt-Bezug aussehen muß, um befriedigend für eine Person zu sein. Sie führen dazu, daß Menschen auf situativ wahrgenommene Merkmale (→ Anreize) in spezifischer Weise reagieren. Diese Anreize fungieren gleichzeitig als → Belohnung, wenn sie der Befriedigung von Motiven tatsächlich dienen. Ein einzelnes Motiv ist Teil einer individuell und zeitspezifisch durchaus variablen *Motivstruktur*. Es gilt als *aktiviertes Motiv*, wenn es durch Anreize (wahrgenommene attraktive Umweltbedingungen bzw. Stimuli) angesprochen wird. Sind zudem die → Erwartungen positiv ausgeprägt, entsteht *Motivation*. Siehe zum Zusammenhang die Abbildung (in Anlehnung an *v. Rosenstiel*).

Motive und Motivationen sind Gedankenmodelle (= theoretische Konstrukte), die innerhalb eines bestimmten Phänomens, z. B. eines den betrieblichen Zielen entsprechenden Verhaltens, zur Erklärung

dienen. Der Zugang zu Motivation und zu Motiven ist schwierig, denn einer Beobachtung sind sie kaum zugänglich. Meist können nur über die Analyse der Anreize und des reaktiven Verhaltens von Personen Rückschlüsse auf deren Motivation und deren Motive gezogen werden. Weitere Schwierigkeiten sind: Einzelne Handlungen können durch verschiedene Motive hervorgerufen sein!; Motive können verdeckt vorhanden sein!; Verschiedene Motive können gleiches oder ähnliches Verhalten hervorrufen!; Ähnliche Motive können in recht unterschiedlichem Verhalten zum Ausdruck kommen!; Individuelle wie kulturelle Unterschiede können Ausdrucksformen von Motiven beeinflussen!; m. a. W.: Trotz objektiv gleicher Umweltsituation zeigen sich oft erhebliche Unterschiede im Verhalten von Personen. Motive (und Motivation) lassen sich mehrfach differenzieren, bspw.:
● nach der *Entwicklungsgeschichte*. (1) Bei *primären Motiven* handelt es sich um solche Beweggrün-

de menschlichen Verhaltens, die von Geburt an oder aufgrund eines Reifungsprozesses das Verhalten bestimmen. Sie können im Rahmen des Sozialisationsprozesses (→ Sozialisation) allerdings spezifisch ausgeprägt werden, z. B.: Hunger als ursprüngliches primäres Motiv sowie Hunger auf Austern, Kaviar u. a. als überformtes primäres Motiv. (2) Bei *sekundären Motiven* sind solche Beweggründe des menschlichen Verhaltens angesprochen, die aufgrund eines Lernprozesses erworben werden. Beispiele: Einkommensmotiv, Karrieremotiv.

- nach der *Quelle*. (1) Als *intrinsisch motiviert* (oder verstärkt) wird Verhalten angesehen, wenn Handlungen oder Handlungsergebnisse um ihrer selbst Willen angestrebt werden; sie bieten auch Befriedigung aus sich selbst heraus. Die Person hat Standards verinnerlicht, die sie in die Lage versetzen, sich selbst für Erfolge zu belohnen. V. a. folgende intrinsische Motivarten sind im betrieblichen Kontext von Bedeutung: Leistungsmotiv, Machtmotiv, Kontaktmotiv, Motiv nach Tätigkeit sowie Motiv nach Sinngebung und Selbstverwirklichung. (2) Als *extrinsisch motiviert* wird ein Verhalten angesehen, wenn äußere Belohnungen angestrebt werden und das → Leistungsverhalten instrumentellen Charakter zur angestrebten Belohnung hat. Extrinsische Motive werden in solche mit materiellen und solche mit immateriellen Befriedigungsmöglichkeiten unterschieden. Extrinsische Motivarten *materieller Art* betreffen das Streben nach finanziell erfaßbaren Belohnungen, wie das Motiv nach Einkommen, das Streben nach Zusatzleistungen und bestimmten Konsumleistungen. Extrinsische Motive *immaterieller Art* sind Verhaltensbereitschaften, mit denen finanziell nicht direkt meßbare Ziele angestrebt werden, wie z. B. Sicherheitsstreben, Karrierestreben, Prestigestreben und Kontaktstreben.

Lit.: v. Rosenstiel 1973, 1975, Heckhausen 1980, Becker, F. G. 1991, Wiswede 1991

Motivpyramide (→ Bedürfnishierarchie von *Maslow*)

Multimoment-Verfahren (→ Zeitstudien)

Multiple Führung

Die Multiple Führung stellt eine Methode zur → Fortbildung von Gruppen im Rahmen eines → Training-on-the-Job dar. Dazu wird aus den Teilnehmern der Fortbildung ein Parallelvorstand zum „echten" Vorstand gebildet. Er arbeitet dann quasi in einer Assistentenfunktion an aktuellen Managementfragestellungen. Aus der Auseinandersetzung mit realen Problemen in realen Entscheidungssituationen sollen einzelne Merkmale der → Qualifikation (z. B. Teamarbeit, Kenntnisse über Details und Interdependenzen) erweitert werden. Allerdings sind damit eventuell Probleme verbunden: der → Lernprozeß findet nicht planmäßig exakt gesteuert, sondern mehr oder weniger zufällig statt, die Brisanz der Informationen kann ein tatsächliches Mitwirken verhindern, die Methode bedingt einen kleinen Teilnehmerkreis.

Lit.: Berthel 1991

Mutterschutz

Mutterschutz meint den Schutz der im → Arbeitsverhältnis stehenden schwangeren Frau und ihrem Kind vor Gefahren, Überforderung und Gesundheitsgefährdung am Arbeitsplatz. Der Mutterschutz ist gesetzlich geregelt im → Mutterschutzgesetz.

Mutterschutzgesetz (Gesetz zum Schutze der erwerbstätigen Mutter - MuSchG)

Das MuSchG als Teil des → Arbeitsschutzes dient dem arbeitsrechtlichen Schutz von erwerbstätigen Frauen vor, während und nach der Zeit einer Entbindung. Es gewährt einen Gesundheitsschutz durch die Verhinderung übermäßiger, körperlicher Anstrengungen (bspw. durch individuelle Beschäftigungsverbote), die Freistellung von der Arbeit in den letzten sechs Wochen vor der Entbindung bis zum Ablauf von acht bzw. zwölf Wochen nach der Geburt (generelles Beschäftigungsverbot) sowie die Gewährung von Stillzeiten. Damit dadurch kein Ein-

kommensverlust (→ Entgelt) entsteht, besteht ein besonderer Entgeltschutz: Während der Schutzfristen vor und nach der Entbindung erhalten Frauen, die der gesetzlichen → Krankenversicherung unterliegen, *Mutterschaftsgeld* („Mutterschaftslohn") von der Krankenkasse, welches pro Kalendertag höchstens 25 DM beträgt. Frauen, die nicht Mitglied der gesetzlichen Krankenversicherung sind, erhalten das Mutterschaftsgeld nur bis zur Höchstgrenze von 400 DM. Ergänzend besteht für die Zeiten der Schutzfristen ein Anspruch gegen den → Arbeitgeber auf Zuschuß zum Mutterschaftsgeld in Höhe des Unterschiedsbetrages zwischen 25 DM und dem um die gesetzlichen Abzüge verminderten, durchschnittlichen, kalendertäglichen Arbeitsentgelt. Frauen, die nach MuSchG nicht das Mutterschaftsgeld beziehen können, ist vom Arbeitgeber mindestens der Durchschnittsverdienst der letzten 13 Wochen oder der letzten drei Monate, in dem die Schwangerschaft eingetreten ist, weiter zu gewähren, wenn sie teilweise oder ganz mit der Arbeit aussetzen. Schließlich regelt das Mutterschutzgesetz auch den Kündigungsschutz. So besteht während der Schwangerschaft und bis zum Ablauf von vier Monaten nach der Entbindung ein umfassender Kündigungsschutz. Dieser gilt auch dann, wenn anschließend → Erziehungsurlaub genommen wird. Er verbietet dem Arbeitgeber nicht nur eine ordentliche, sondern auch eine außerordentliche → Kündigung aus wichtigem Grund, wenn ihm zur Zeit der Kündigung die Schwangerschaft oder Entbindung bekannt war oder innerhalb von zwei Wochen nach Zugang der Kündigung mitgeteilt wird.

Mutterschutzlohn (→ Mutterschutzgesetz)

Nachfolgeplanung (→ Karriereplanung)

Nachtarbeit

Unter Nachtarbeit ist i. d. R. eine Arbeitstätigkeit eines → Arbeitnehmers, die in nicht unerheblichem
Umfang während der Zeit von
22.00 bis 5.00 Uhr zu erbringen ist,
zu verstehen. Nicht nur aufgrund
des vom Bundesverfassungsgericht
erklärten Verbots der Nachtarbeit
für Arbeiterinnen sollen künftig für
Frauen und Männer einheitliche
Schutzvorschriften bei Nachtarbeit
gelten (→ Arbeitszeitgesetz). So
darf vermutlich die tägliche → Arbeitszeit dieser Beschäftigten acht
Stunden im Rahmen enger Durchschnittsgrenzen nicht überschritten
werden. Bei ärztlich festgestellten
gesundheitlichen Schäden muß
dem Arbeitnehmer ein für ihn geeigneter Tagesarbeitsplatz angeboten
werden. Das Recht auf Zusatzurlaub (→ Urlaub) oder Entgeltzu-
schlag (→ Entgeltzulagen) soll festgeschrieben werden.

Near-by-the-Job-Training (→ Training-near-the-Job)

Nettoertragsbeteiligung (→ Ertragsbeteiligung)

Nettopersonalbedarf (→ Personalbedarfsplanung)

Neutralitäts-Anordnung (Anord-
nung des Verwaltungsrates der
Bundesanstalt für Arbeit über die
Gewährung von Leistungen der
Bundesanstalt für Arbeit bei Ar-
beitskämpfen – NeutralitätsA)

Jeder → Streik hat auch Auswirkungen auf Bereiche, die nicht in den →
Arbeitskampf eingebunden sind
(z. B.: Ausfall von Lieferungen).
Die NeutralitätsA regelt die Gewährung von Leistungen der → Bundesanstalt für Arbeit für → Arbeitnehmer, die zwar nicht selbst an einem
Arbeitskampf beteiligt sind, jedoch
durch die Auswirkungen dieses Arbeitskampfes arbeitslos geworden
sind oder kurzarbeiten (→ Kurzarbeit). Die Frage einer Leistungs-
pflicht der Bundesanstalt für Arbeit
stellt sich, soweit der Lohnanspruch des Arbeitnehmers in Fällen
streikbedingten Arbeitsausfalls ent-
fällt.

Nikolaus-Effekt (→ Beurteilungsfehler)

Normalleistung

Als Normalleistung wird bei → RE-
FA(-Verband) ein Leistungsniveau
bezeichnet, bei dem dem Beobachter das Erscheinungsbild der Bewegungsausführung eines Mitarbeiters hinsichtlich der Einzelbewegungen, der Bewegungsfolge und
ihrer Koordinierung bei der Erfül-

Normalverteilung

lung einer bestimmten Aufgabe besonders harmonisch, natürlich und ausgeglichen erscheint. Sie betrifft die „normale" Arbeitsleistung eines „normal" bzw. durchschnittlich qualifizierten → Arbeitnehmers in einer bestimmten Zeit. Sie kann erfahrungsgemäß von jedem in erforderlichem Maße geeigneten, geübten und voll eingearbeiteten Arbeiter auf Dauer und im Mittel der Schichtzeit erbracht werden, sofern er die für persönliche Bedürfnisse und ggf. auch für Erholung vorgegebene Zeit einhält und die freie Entfaltung seiner → Fähigkeiten nicht behindert wird. Die auf diese Weise beschriebene Normalleistung basiert nicht auf einem eindeutigen Maßstab, sie ergibt sich vielmehr aus der – subjektiven – Beurteilung des Bewegungsablaufes bei der Ausführung einer Arbeitsaufgabe.

Normalverteilung

Beobachtet man Merkmale von größeren Populationen, die v. a. natürlichen Gegebenheiten entsprechen (z. B. Verteilung der Körpergröße), so häufen sich die Meßwerte im Bereich des Mittelwertes. Ihr Vorkommen nimmt dagegen mit Entfernung vom Mittelwert symmetrisch ab. Dieses Phänomen wird Normalverteilung (synonym: *Gauß*-Kurve, *Gauß*sche-Verteilung oder normale Häufigkeitsverteilung) genannt. Sie ist eine Verteilung, die unimodal (eingipflig) und symmetrisch ist und einen annähernd glockenförmigen Verlauf aufweist. Für Normalvertei-

lungen gilt, daß in dem Meßbereich, der zwischen dem Mittelwert +/– einer Standardabweichung liegt, ca. $2/3$ aller Fälle (Messungen) liegen; in dem Bereich Mittelwert +/– zwei Standardabweichungen liegen ca. 95 % aller Fälle (s. Abbildung).

Besonders problematisch ist die oft verlangte Normalverteilung von Beurteilungsergebnissen im Rahmen einer → Leistungsbeurteilung, d. h. eine gewünschte Verteilung der Beurteilungen in einer Gruppe. Dieses „Problem" tritt bei allen Verfahren auf, bei denen faktisch eine Rangordnung erfolgt, z. B. im Rahmen des Verfahrens der erzwungenen Verteilung (→ Rangordnungsverfahren der Personalbeurteilung), aber auch bei anderen Verfahren, speziell dem → merkmalsorientierten Einstufungsverfahren. Den Verfahren liegt die Erwartung einer Normalverteilung der Leistungen und der Urteile zugrunde. Jede Abweichung von dieser als Norm gesetzten Normalverteilung durch Beurteiler gilt als Urteilsfehler, den es - meist a priori - zu korrigieren gilt. So häufig die Normalverteilung auch gefordert wird, so selten wird in der Literatur versucht, dies argumentativ zu begründen. Die Normalverteilung ist für die Beurteilung der menschlichen Leistungen in Betrieben rational nicht zu begründen. Vor der Anwendung (auch als Norm) ist zu warnen, und zwar v. a. aus folgenden Gründen: (1) Aufgrund der meist geringen Anzahl der zu beurteilenden Mitarbeiter in einer Arbeitsgruppe - zudem

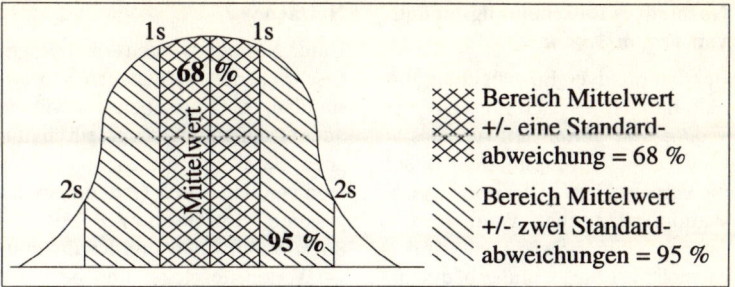

Graphische Darstellung der Normalverteilung

noch mit unterschiedlichen Qualifikationen und Aufgaben, also den Leistungsbedingungen – trifft das Gesetz für massenstatistische Verteilungen in der betrieblichen Praxis keineswegs zu. (2) Daneben sind keine nach dem Zufallsprinzip ausgewählte Beurteilungsmassen (= Arbeitsgruppen) gegeben. Dies liegt u. a. daran, daß man i. d. R. Bestqualifizierte auszuwählen versucht, was automatisch zu einer schiefen Verteilung – bei einer erfolgreichen Personalauswahl – führt. (3) Faktisch hat die Bildung einer Rangordnung zur Folge, daß die Beurteilten etwa zur Hälfte als über bzw. als unterdurchschnittlich eingestuft werden. Eine solche Vorgehensweise hat zumindest potentiell zwei problematische Nachwirkungen. Zunächst werden auch Mitarbeiter, die ihre Position tatsächlich zufriedenstellend ausfüllen, „negativ" (weil unterdurchschnittlich) bewertet, weil die vergleichbaren Kollegen „besser" sind. Auch – um den zweiten Aspekt anzuführen – besondere motivationa-

le und qualifikationsverbessernde Anstrengungen der Mitarbeiter führen nicht zu einer verbesserten Einstufung in der Rangordnung, wenn die Bezugsgruppe – insbes. die in der Rangordnung weiter vorne eingestuften Kollegen – sich ebenfalls verbessert haben. Die jeweilige Leistung wird dann rein unter einer Wettbewerbsperspektive beurteilt, die die individuelle Veränderung an sich nicht mehr direkt zur Kenntnis nimmt. Die Maßgabe der Systembetreiber, entsprechend der Gruppenvorgaben die Beurteilungsergebnisse zu verteilen, ist als systematische Verfälschung der Leistungsbeurteilungen anzusehen. Die Forderung nach Anlegung einer Normalverteilung ist daher unter Leistungsbeurteilungsgesichtspunkten sachlich völlig unverständlich. Auch Korrekturverfahren zum Ausbügeln der „subjektiven Fehler" und zur Wiederherstellung einer Normalverteilung beheben diese Mängel nicht.

Lit.: Becker, F. G. 1994

Normatives Entscheidungsmodell von *Vroom/Yetton*

Beim normativen Entscheidungsmodell handelt es sich um ein von *Vroom* und *Yetton* entwickeltes situatives → Führungsmodell. Es soll die Vorgesetzten bei der jeweiligen situationsspezifischen Wahl ihres → Führungsstils unterstützen, indem es sieben Entscheidungsbedingungen, sieben Entscheidungsregeln und fünf verschiedene Führungsstile in Verbindung bringt. Für insgesamt 13 als relevant angenommene Problemtypen soll mit Hilfe eines Entscheidungsbaumes die individuelle Entscheidung erleichtert werden. Wegen seiner Simplizität, der normativen Bevorzugung partizipativer Führungsstile, der eingeschränkten Effizienzkriterien, der schwierigen Modellhandhabung u. ä. wird das Modell i. d. R. sehr kritisiert.

Lit.: Vroom/Yetton 1973, Jago 1987, Berthel 1991

Normen

Unter Normen werden – i. d. R. ungeschriebene – Verhaltensregeln verstanden, die zwischen Individuen oder Gruppen in allen gesellschaftlichen Bereichen bestehen. In Normen verdichtet sich letztendlich der gesamte Sozialisationsprozeß (→ Sozialisation). Sie sind letztlich aus → Werten abgeleitet und beziehen sich auf konkretere Verhaltensweisen. Die Bedeutung von Normen ist nicht nur für die Motivation am Arbeitsplatz von Bedeutung. → Gruppennormen fordern dabei Unterwerfung. Sie haben große Auswirkungen auf das → Leistungsverhalten der Mitarbeiter, in einer vom Betrieb oft unbeeinflußbaren Form. Von daher sind Normen ein Faktor im → Leistungsdeterminantenkonzept.

Lit.: Wiswede 1991

Nutzungsprämie (→ Prämienlohn)

O

Objektivität

Objektivität ist neben der → Reliabilität und der → Validität eines der sog. → Gütekriterien für Tests im Rahmen empirischer Sozialforschung. Dem testtheoretischen Begriff der Objektivität (vergleichbar: → interindividuelle Urteilskonkordanz) wird auch im Zusammenhang mit der → Personalforschung, v. a. zur informatorischen Fundierung der → Personalauswahl und der → Personalbeurteilung sowie zur Evaluierung, Bedeutung zugesprochen. Sie umfaßt drei Varianten:

- Die *Durchführungsobjektivität* betrifft den Grad der Unabhängigkeit der Beurteilungsergebnisse bez. zufälliger und systematischer Variationen im Verhalten der Beurteiler während des Beurteilungszeitraums im Rahmen der Personalauswahl, Personalbeurteilung o. ä., die letztendlich zur Beeinflussung der Beurteilten führen können (z. B. Bevorzugung oder Benachteiligung der Mitarbeiter bei der Aufgabenerfüllung, Provokation von Reaktionen).

- Die *Auswertungsobjektivität* bezieht sich insbes. auf die numerische und/oder kategoriale Auswertung der Objektinformationen (z. B. Beurteiltenverhalten/-ergebnisse) nach vorgegebenen Regeln. Die Beurteiler haben dann einen großen Spielraum bei

der Einordnung, wenn keine fixierten Beziehungen zwischen bestimmten Informationen und Beurteilungsziffern bekannt sind. Je mehr dies der Fall ist, desto weniger wird dieser Objektivitätsaspekt angenommen.

- Die *Interpretationsobjektivität* schließlich spricht den Grad der Unabhängigkeit bei der Interpretation der Objekte (bspw. Leistungsergebnisse/-verhalten) bzw. deren → Kriterien von den Beurteilern und/oder andere mit der Beurteilung befaßten Personen an. Sie ist prinzipiell dann gegeben, wenn alle Beurteiler zu den gleichen Schlußfolgerungen bzw. Beurteilungen gelangen.

Lit.: Lienert 1969, Becker, F. G. 1994

Offenbarungspflicht eines Stellenbewerbers

Stellenbewerber müssen die ihnen zulässigerweise gestellten Fragen des eventuell zukünftigen → Arbeitgebers im Rahmen der → Personalauswahl wahrheitsgemäß und vollständig beantworten. Darüber hinaus kann sich für sie die Verpflichtung ergeben, von sich aus, also auch ungefragt, den Arbeitgeber über gewisse, in ihrer Person liegende Besonderheiten zu unterrichten. Zwar sind die Bewerber grundsätzlich nicht angehalten, den Arbeitgeber unaufgefordert über solche Umstände in Kenntnis zu setzen, die diesen möglicherweise vom Abschluß eines → Arbeitsvertrages abhalten könnten. Eine Offenbarungspflicht trifft die Bewerber jedoch dann, wenn es sich um Aspekte handelt, mit deren Vorliegen ein Arbeitgeber erkennbar nicht rechnet und auch nicht zu rechnen braucht, die aber für seine Entscheidung über Einstellung oder Ablehnung eines Bewerbers wesentlich sind. Beispielhaft zu nennen: Sekretärinnen, die an einer Sehnenscheidentzündung leiden; Bewerber, die aufgrund eines → Wettbewerbsverbotes, welches sie mit ihrem früheren Arbeitgeber vereinbart hatten, an der Aufnahme der in Aussicht genommenen Tätigkeit gehindert sind.

Öffnungsklauseln

Öffnungsklauseln sind Bestandteile von → Tarifverträgen. Sie werden ausdrücklich vereinbart, wenn die im Tarifvertrag geregelten Probleme durch → Betriebsvereinbarungen von Betrieben und → Betriebsräten in bestimmten Grenzen anderweitig und betriebsspezifisch gelöst werden dürfen. Dies betrifft bspw. die Regelung der Länge der Wochen bzw. Monatsarbeitszeit (→ Arbeitzeit) im Rahmen eines Verbands- bzw. Flächentarifvertrages oder die Erlaubnis, auf betrieblicher Ebene diese Regelungen näher zu spezifizieren (z. B. unterschiedliche Arbeitszeitdauern für verschiedene Mitarbeitergruppen).

Off-the-Job-Training (→ Training-off-the-Job)

Ohio-Studien

In den *Ohio-Studien* an der Ohio State University wurde von *Hemphill*, *Stogdill* und *Fleishman* v. a. versucht, Führungsverhalten (→ Führungsstil) von Vorgesetzten zu identifizieren und zu beschreiben. Dies geschah in eindeutiger Abkehr von den bis dahin dominierenden → Eigenschaftsansätzen der Führung. Im Rahmen empirischer Studien wurden vornehmlich Fragebögen für die Vorgesetzten, die Geführten und andere Personen bez. des entsprechenden Vorgesetztenverhaltens eingesetzt. Der „Leader Behavior Description Questionnaire" (LBDQ) wurde benutzt, um unterstellte Mitarbeiter und andere Personen über das sie betreffende Führungsverhalten zu befragen. Der „Leadership Opinion Questionnaire" (LOQ) diente dazu, Vorgesetzte über ihr eigenes Führungsverhalten zu befragen. Die in den Fragebögen enthaltenen Fragen waren z. T. deckungsgleich, oft jedoch nicht die Antworten der verschiedenen Befragten. Mit Hilfe einer → Faktorenanalyse gelang es den Forschern, solche genannten Verhaltensweisen zu isolieren, mit denen sie Unterschiede im Führungsverhalten beschreiben konnten. Zwei Faktoren stellten sich als diejenigen mit dem größten Erklärungswert heraus:

● *„Consideration"* (Beziehungsorientierung) umfaßt dabei solche Verhaltensweisen von Vorgesetzten, die auf gegenseitiges Vertrauen und Achtung, auf einer gewissen Wärme und Nähe der Beziehungen zwischen Vorgesetzten und der geführten Gruppe basieren, die mehr → Partizipation zulassen und die Förderung zweiseitiger Kommunikation betonen.

- Unter *„Initiating Structure"* (Aufgabenorientierung) sind Verhaltensweisen zusammengefaßt, mit denen Vorgesetzte sowohl die Aktivitäten der Gruppe wie auch die Beziehungen zu ihr definieren und organisieren. Z. B. werden → Rollen festgelegt, Aufgabeninhalte, Durchführungsverfahren und zu erreichende Ziele geplant und bestimmt sowie die Leistungserbringung kontrolliert.

Die Vertreter der *Ohio-Schule* betonen die Unabhängigkeit der beiden skizzierten Dimensionen (im Gegensatz dazu die → *Michigan-Studien* zu Beginn ihrer Forschungen). Diese Annahme bedeutet, daß Vorgesetzte sowohl hohe Beziehungsorientierung als auch hohe Aufgabenorientierung im Führungsverhalten realisieren können und nicht ein „Mehr" an „Consideration" durch ein „Weniger" an „initiating Structure" „erkaufen" müssen et vice versa. Graphisch führt diese Auffassung zur Darstellung beider Verhaltensweisen in einem Koordinatensystem anstatt auf einem eindimensionalen Kontinuum (s. Abbildung).

Die *Ohio-Studien* haben weiterhin die Auswirkungen der beiden Verhaltensweisen auf die Effizienz untersucht: (1) *„Initiating Structure"* als vornehmlich aufgabenorientiertes Führungsverhalten kann über die Zieldefinition und klareren Ziel-/Mittelbeziehungen zu höheren Gruppenleistungen führen; in unklaren oder bedrohlich erscheinenden Situationen läßt sich durch Erfüllung bestimmter individueller Ziele auch die Zufriedenheit von Gruppenmitgliedern erhöhen. Allerdings

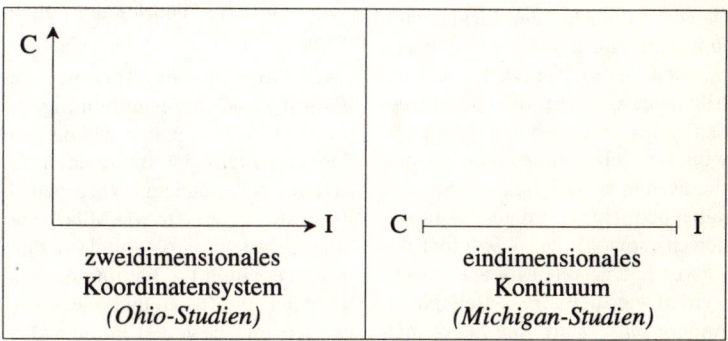

zweidimensionales
Koordinatensystem
(Ohio-Studien)

eindimensionales
Kontinuum
(Michigan-Studien)

Beziehungen zwischen „Consideration" und „Initiating Structure"
bei Ohio- und Michigan-Studien

werden Kosten (durch → Fehlzeiten, → Fluktuation, geringe Arbeitsqualität etc.) verursacht, wenn nicht gleichzeitig in starkem Maße eine Beziehungsorientierung hinzukommt, die den Gruppenzusammenhalt wiederherstellen kann. (2) *„Consideration"* als vornehmlich personenbezogenes Führungsverhalten wirkt sich auf die Zufriedenheit der Mitarbeiter positiv aus, während zur Arbeitsproduktivität eine eindeutige Beziehung nicht nachgewiesen werden konnte. Es steigert die Beliebtheit des Vorgesetzten und fördert den Zusammenhalt einer Gruppe.

Allerdings gibt es auch *Kritik:* Ob „Initiating Structure" und „Consideration" tatsächlich unabhängige Verhaltensdimensionen sind, ist letztlich nicht eindeutig geklärt. Befragungen von Vorgesetzten ergaben eine größere Unabhängigkeit, Befragungen von Untergebenen dagegen eine größere Abhängigkeit der Dimensionen. Man kann daraus schlußfolgern, daß Vorgesetzte ihr eigenes Verhalten der Idealvorstellung von Führung ähnlicher wahrnehmen, als dies entweder real zutrifft oder aber von den Untergebenen wahrgenommen wird. Dies verwundert nicht weiter, wenn die methodischen Schwächen der Studien näher betrachtet werden: So kann einerseits sowohl die → Validität der verwendeten Skalen infrage gestellt werden wie auch ihre → Reliabilität. Andererseits sind die einzelnen Meßinstrumente – und somit die Ergebnisse verschiedener Untersuchungen – nur schwer miteinander vergleichbar, dies jedenfalls umso mehr, je stärker die verwendeten Instrumente und ihre Kriteriumsmaße voneinander differieren. Die unzureichende Konsistenz der Ergebnisse aufgrund methodischer Unterschiede verstärken die Bedenken gegen die Generalisierbarkeit einzelner und zusammengefaßter Ergebnisse. Die Hauptgründe für die Inkonsistenz der Befunde liegen darin, daß wichtige intervenierende Situationsvariablen (z. B. Aufgaben und Zeitdruck; intrinsische Motivation; hierarchische Stellung) nicht beachtet wurden. Trotz aller Kritik kann festgehalten werden, daß es sich bei „Consideration" und „initiating Structure" um fundamentale Führungsverhaltensweisen handelt, denn auch eine Vielzahl nachfolgender Untersuchungen bestätigen tendenziell diese Zweidimensionalität.

Lit.: Wunderer/Grunwald 1980, Berthel 1991

Ökonomische Theorien der Führung

Die ökonomischen Theorien der Führung (→ Mitarbeiterführung) gehen von der Annahme des rationalen Verhaltens der Betroffenen aus (Homo oeconomicus). Dies bedeutet, daß Vorgesetzte wie Mitarbeiter ihre Leistungsbeiträge und ihr Führungsverhalten (→ Führungsstil) im Hinblick auf Kosten und Nutzen bewerten und bewerten können. Insbes. zwei theoretische Ansätze sind in diesem Zusammenhang anzuführen: → Transaktionskostentheorie der Führung und → Principal-Agent-Theorie. Der unmittelbare Nutzen der ökonomischen Ansätze der Führungstheorie ist insbes. für die Führungspraxis noch schwer erkennbar, wenngleich sie erste ernstzunehmende Bestandteile einer noch zu entwickelnden Führungsökonomik darstellen können.

Lit.: Wunderer 1993a

On-the-Job-Training (→ Training-on-the-Job)

Organisation der Personalarbeit (→ Personalorganisation)

Organisationsentwicklung

Organisationsentwicklung (OE) steht als Sammelbegriff für eine geplante, systematische, zielorientierte Veränderung der organisatorischen Strukturen und Prozesse sowie des Verhaltens der Mitarbeiter eines Betriebes mit Hilfe des koordinierten Einsatzes sozialwissenschaftlicher Methoden auf Basis eines gemeinsamen → Lernprozesses aller Beteiligten. Insofern ist OE als langfristiger Lern- und Entwicklungsprozeß zu verstehen, der eine mehr evolutionäre Veränderung von betrieblichen Ziel-, Entscheidungs- und Machtstrukturen nach sich zieht. Ziel ist die Steigerung der Leistungsfähigkeit des Betriebes sowie eine → Humanisierung der Arbeit bei einer sich wandelnden Umwelt. In der Literatur und in der Praxis sind unterschiedliche Ansätze zur OE vorzufinden: Der *strukturel-*

le Ansatz konzentriert sich insbes. auf eine Veränderung von Organisationsstrukturen und deren Auswirkungen auf das Mitarbeiterverhalten. Der *personelle Ansatz* setzt dagegen direkt beim Mitarbeiter an und versucht durch Lernprozesse deren Verhalten zu ändern (→ Personalentwicklung).

Lit.: Staehle 1992, Thom 1992

Organisationskultur

Organisationskultur (i. allg. synonym: Unternehmungskultur) wird als ein von den Organisationsmitgliedern bzw. Mitarbeitern eines Betriebes geteiltes System von → Werten, → Normen, Annahmen, Artefakten verstanden, welches es erlaubt, Verhalten zu erklären, zu koordinieren und z. T. auch zu steuern. Das Verständnis ist z. T. jedoch sehr unterschiedlich. Weitgehend gemeinsame Begriffsmerkmale sind die folgenden:

- Organisation im institutionellen Sinne gilt als Oberbegriff für alle Institutionen wie Betriebe, Unternehmungen, Verwaltungen etc.
- Kultur wird als das Gesamt der von Organisationsmitgliedern v. a. in der Vergangenheit geschaffenen bzw. weitergegebenen sowie damit zeit- und gruppenspezifischen Inhalten (Normen) verstanden.
- Diese Normen werden weitgehend akzeptiert und gemeinsam bzw. von – fast – allen geteilt.
- Sie bilden darüber hinaus ein relativ stimmiges System (ohne eine

antagonistische Subkultur auszuschließen).

- Die Inhalte und Formen der Kultur sind spezifisch und einmalig. Sie unterscheiden sich von Betrieb zu Betrieb, Zeitepoche zu Zeitepoche und befinden sich ständig im – langsamen – Wandel (durch Neuinterpretationen, Weiterentwicklungen, Umformulierungen).
- Die Organisationskultur ist zugleich Ergebnis wie Mittel der sozialen Interaktionen innerhalb des Betriebes.
- Sie erfaßt den ganzen Interaktionsprozeß und kann zur Bewältigung wichtiger Probleme (funktionalistisch) herangezogen werden.
- Sie manifestiert sich dabei in gemeinsamen Sprachregelungen, Symbolen, Mythen, Ritualen, Zeremonien, Praktiken u. ä., welche ihrerseits wieder die Kultur beeinflussen.

Zwei prinzipielle theoretische Zugänge werden unterschieden: (1) Organisationen sind Kulturen sowie (2) Organisationen haben eine Kultur (als interne oder externe Variable). Die zielgerichtete Gestaltung einer Organisationskultur wird aber – nicht nur unter ethischen Aspekten – kritisch betrachtet. I. allg. werden die Möglichkeiten des konkreten Eingreifens (Gestaltung wie Veränderung) als sehr gering eingeschätzt. Dennoch findet sich eine Anzahl von Versuchen, diesen „Erfolgsfaktor" gezielt zu beeinflussen.

Lit.: Weber/Mayrhofer 1988, Bleicher 1992

Organisationspsychologie (→ Betriebspsychologie)

Outplacement

Outplacement betrifft im Rahmen der betrieblichen → Personalfreisetzung die Beratung und Unterstützung von – v. a. mittels → Kündigung seitens des → Arbeitgebers und → Aufhebungsverträgen – aus dem Betrieb ausscheidenden → Arbeitnehmern bei der Suche nach einem neuen Arbeitsplatz. Mit Hilfe einer Reihe von Methoden und Instrumenten wird den Betroffenen der Umgang mit ihrer sozialen Umwelt und ihrem Betrieb sowie die Verarbeitung und Bewältigung des Ausscheidens erleichtert. Der Einsatz eines Outplacements ist insbes. dann angebracht, wenn der Betrieb den unmittelbaren Entschluß zur Trennung bzw. Kündigung getroffen hat. Das Outplacement kann dabei bereits mit der Übermittlung der entsprechenden Nachricht beginnen. Die Beratung im engeren Sinne, d. h. was genau zu tun ist, stellt das Kernstück des Outplacement-Programms dar. *Zielsetzungen* sind v. a.: Verringerung der mit der Trennung verbundenen materiellen und immateriellen Kosten für Arbeitgeber wie Arbeitnehmer, positive Wirkungen auf die verbleibenden Mitarbeiter und Förderung von Aufhebungsverträgen. Zum Outplacement können bspw. zählen: (a) bezahlte Freizeiten (bis zum Ablauf der regulären → Kündigungsfrist), um den Mitarbeitern die intensive Suche nach einem neuen Arbeitsplatz direkt im Anschluß zu ermöglichen, (b) Aushandeln der Abfindungsbedingungen (→ Abfindung), (c) Hilfe bei der Suche nach neuen

→ Arbeitsverhältnissen, (d) psychologische Hilfestellung, (e) Hilfestellung bei eventuell notwendigen Umzügen.

Lit.: Mayrhofer 1989, 1992

P

Paarvergleich (→ Rangordnungsverfahren der Personalbeurteilung)

PAISY

Das Personalabrechnungs- und Informationssystem „PAISY" gilt im
deutschsprachigen Raum als für ein →
Personalinformationssystem bekannteste und am meisten verbreitete Standardsoftware. PAISY besteht
aus den drei Komponenten Daten-
bank, Abrechnungssystem, Informationssystem. Die Integration dieser
Teilsysteme bietet die Möglichkeit einer zentralen Erfassung und Auswertung wichtiger Daten und die Verwendung hinsichtlich sehr unterschiedlicher Zwecke. Das Datenbanksystem
stellt mit seinen Informationen zu
Personalstamm-, Arbeitsplatzdaten
u. a. m. die Basis dar. Das Abrechnungssystem bietet alle Funktionen
einer traditionellen Finanz- und
Lohnbuchhaltung, bspw. die gesamte Entgeltfindung und -zuweisung.
Das Informationssystem schließlich
soll darüber hinaus Informationen
für weitergehende Aufgaben, z. B.
Personalbedarfsplanung, Fehlzeitenstatistik, Stellenbesetzungsplanung
u. ä. bereitstellen. Empirische Untersuchungen zeigen jedoch, daß in der
betrieblichen Praxis eine Verwendung von PAISY überwiegend im
Hinblick auf reine Administrations-
und Abrechnungsaufgaben erfolgt.

Lit.: Wimmer 1985

Parallelhierarchie

Mit der Parallelhierarchie (synonym: Fachlaufbahn, duale Hierarchie) werden neben der üblichen
Karrierehierarchie (→ Karriere) mit
deren mengenmäßig geringen Auf-
stiegsmöglichkeiten Fachlaufbahnen zur Befriedigung der → Motive
(und Motivationen) bspw. von
F & E-Mitarbeitern oder Vertriebs-
mitarbeitern angeboten. Parallelhierarchien bestehen neben der traditionellen Leitungshierarchie (mit
Managementlaufbahn) und haben
i. d. R. einen sehr hohen Anteil an
fachlichen Aufgaben sowie einen geringen Umfang an administrativen
Tätigkeiten. Oberziel einer Fachlaufbahn ist die Förderung, Erhaltung
und Belohnung besonderer fachlicher Leistungen. Sie soll für Spezialisten ohne Personalverantwortung
ein transparentes System von zusätzlichen fachlichen Aufstiegsmöglich-
keiten schaffen, ohne daß dies mit einem Zuwachs an Managementauf-
gaben einhergeht. Sie kann somit
die → Fluktuation demotivierter
Spezialisten eindämmen, die Bleibemotivation dieser Spezialisten ohne
Managementambitionen sowie die
Rekrutierung qualifizierter Nach-
wuchskräfte (→ Personalbeschaffung) verbessern. Die eine Abbildung zeigt alternative Karrierewege
und die betroffenen Managementebenen an.

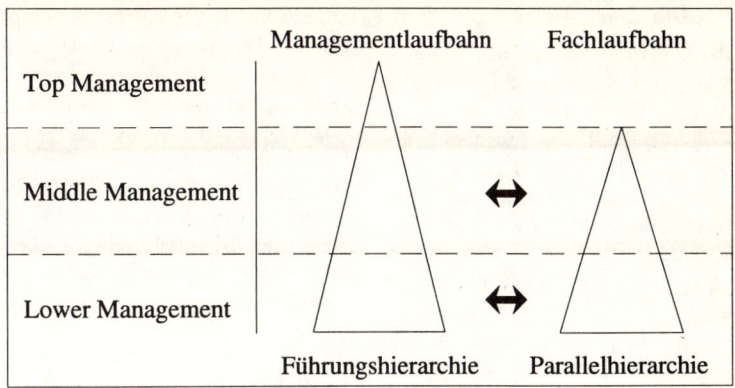

Alternative Karrierewege

Die andere Abbildung differenziert die Fachlaufbahn schaubildlich in zwei verschiedene Formen (→ Karrieremuster): Die *relative Fachlaufbahn* ist titelmäßig weniger strukturiert als die *absolute Fachlaufbahn*; allenfalls entgeltbezogen sind Unterschiede zu erwarten. Die jeweilige Leitungsebene ist zur Verdeutlichung zusätzlich angegeben. Neben diesen Fachlaufbahnen kommen auch noch ein Projektgruppeneinsatz im Rahmen der → Personalentwicklung als alternative Karriereform in Frage.

Lit.: Pössenecker 1986, Domsch 1993

Rang-stufe	Leitungs-stufe	relative Fachlauf-bahn	absolute Fachlauf-bahn
1	Direktor	Wissenschaftlicher Berater	höherer fachwissen-schaftlicher Berater
2	Bereichsleiter		fachwissenschaft-licher Berater
3	Abteilungsleiter	Wissen-schaftlicher Experte	Wissenschaftlicher Experte
4	Gruppenleiter		Fachwissenschaftler
5	Sachbearbeiter		wissenschaftlicher Assistent

Beispiele für relative und absolute Fachlaufbahnen

Partizipation

Partizipation

Partizipation betrifft das Teilnehmen von Mitarbeitern am Planungs-, Entscheidungs- und Kontrollprozeß ihres Aufgabenfeldes bzw. ihres Betriebes. Der Partizipationsgrad drückt dabei graduelle Unterschiede in der Beteiligung aus und zeigt sich im → Führungsstil des Vorgesetzten. Auch im Rahmen der → Mitarbeiterbeteiligung kommt sie, in einem etwas anderen Verständnis, zum Ausdruck.

Patenkonzept

Das sog. Patenkonzept ist eine Methode im Rahmen der → Personaleinführung. Es sieht die Betreuung eines neu eingestellten Mitarbeiters durch einen hierarchisch etwa gleichgestellten Kollegen vor. Die dabei vom Paten zu erfüllenden Aufgaben können sehr vielfältig sein, bspw.: Einführung des neuen Mitarbeiters in die → Arbeitsgruppe, Bekanntmachung mit wichtigen Kontaktpersonen, Übernahme der fachlichen Einarbeitung, Vertrautmachung mit geschriebenen wie ungeschriebenen Gesetzen des Betriebes, Beratung bei fachlichen und persönlichen Problemen, zur Verfügungstellung als Bezugsperson, Anerkennung von guten Leistungen, Kritik bei schlechten Leistungen, Anleitung zum selbständigen Handeln u. a. m. Je nach Ausgestaltung dieser Aufgabe muß der Pate überdurchschnittliche menschliche → Qualifikationen sowie fachliche und pädagogische → Fähigkeiten

aufweisen. Regelmäßige Schulungen (→ Personalentwicklung) sind hierzu notwendig. Neben den positiven Aspekten, die durch eine Betreuung von gleichgestellten Kollegen festzuhalten sind, ist auch die Gefahr der Überforderung des Paten sowie eine Abkoppelung vom Vorgesetzten als Nachteil nicht zu übersehen. Über die Sinnhaftigkeit des Patenkonzeptes wird daher gestritten.

Pauli-Test

Der Pauli-Test ist ein Testverfahren aus der Gruppe der → Leistungstests, der der Erfassung allgemeinen → Leistungsverhaltens in einer Testsituation dient. Die Versuchsperson muß hierbei fortlaufend und schnellstmöglich einstellige Zahlen addieren und nach festgelegten Anweisungen notieren. Aus den Testwerten werden sog. „Arbeitskurven" abgeleitet, die Aufschluß über den Leistungsverlauf geben sollen. Der Pauli-Test ist im Rahmen der → Eignungsdiagnostik unter spezifischen Bedingungen einsetzbar.

Lit.: Brickenkamp 1975

Pauschallohn

Im Rahmen eines Pauschallohnes wird zwischen → Arbeitgeber und → Arbeitnehmer eine Vereinbarung getroffen, die beinhaltet, daß kurzfristige Entgeltschwankungen dadurch ausgeglichen werden, daß auf Basis der gesamten → Arbeitsleistung innerhalb einer längeren, meist mehrmonatigen Zeitperiode ein festes →

Entgelt gezahlt wird (periodenkonstantes Entgelt). Dies ist für → Zeit-, → Akkord- und → Prämienlöhne möglich.

Lit.: Reisch 1992

Pauschalversteuerung

Bei der Pauschalversteuerung handelt es sich um die Zahlung einer pauschalen Lohnsteuer für geringfügig beschäftigte → Arbeitnehmer nach → Einkommenssteuergesetz. Die jeweiligen Verdienstgrenzen werden an die Bezugsgröße der → Sozialversicherung gekoppelt.

Pausen

Pausen sind als Unterbrechungen der Arbeit zu verstehen. Sie sollen v. a. der Erholung und Nahrungsaufnahme dienen und werden i. d. R. nicht vergütet. Zu unterscheiden sind *Ruhepausen* (aufgrund der → Arbeitszeitordnung – AZO) und *Kurzpausen*. Das entstehende → Arbeitszeitgesetz sieht folgendes vor: Den Mitarbeitern ist bei einer → Arbeitszeit von mehr als 6 Stunden mindestens eine halbstündige *Ruhepause* sowie bei einer Arbeitszeit von mehr als 9 Stunden mindestens eine dreiviertel Stunde Ruhepause zu gewähren, in denen eine Beschäftigung im Betrieb nicht gestattet ist. Bei Arbeiten, die einen ununterbrochenen Fortgang erfordern, wie bspw. im Wechselschichtbetrieb (→ Schichtarbeit), sind die beschäftigten Mitarbeiter hiervon ausgenommen. Ihnen müssen jedoch *Kurzpausen* von angemessener Dauer

(oft ca. 5 Minuten/Stunde) gewährt werden. (Die AZO differenziert derzeit noch zwischen Mitarbeitern und Mitarbeiterinnen.) Tarifvertragliche bzw. betriebliche Regelungen sehen näheres, u. U. auch für die Arbeitnehmer günstigere und bezahlte Zeiten vor. Von Pausen zu differenzieren sind arbeitsfreie Zeiten bzw. die sog. → Ruhezeiten.

Peer Assessment (→ Gleichgestelltenbeurteilung)

Pensionierung

Pensionierung bedeutet das endgültige Ausscheiden eines → Arbeitnehmers aus dem → Arbeitsverhältnis und dem Arbeitsleben. Zu unterscheiden ist zwischen den *„Altersrentnern"* (Ausscheiden nach Erreichen der „normalen" tariflichen Altersgrenze) und *„Vorruhestands-* bzw. *Tarif-Rentnern"* (Ausscheiden nach einer auf → Tarifvertrag oder → Betriebsvereinbarung basierenden, vorgezogenen Altersgrenze). Im letzten Falle gilt diese vorgezogene Pensionierung als eine Maßnahme der → Personalfreisetzung. Verschiedene *Formen* der Pensionierung sind zu differenzieren:

● Bei *einstufigen Pensionierungsformen* (abrupte Form des Übergangs) scheidet der Arbeitnehmer von einem auf den anderen Tag in einem Schritt aus. Es gelten entweder starre oder flexible Pensionierungszeitpunkte. Besonders die letztgenannten Modelle sind bei der Freisetzungsproblematik durch die Verkür-

Pensionierung

zung der Lebensarbeitszeit interessant. Als Möglichkeiten einer solchen Frühpensionierung werden diskutiert:

– Durch die *flexible Altersgrenze* gem. → Reichsversicherungsordnung, → Angestelltenversicherungsgesetz, → Reichsknappschaftsgesetz können Erwerbstätige (Männer mit vollendetem 63., Frauen mit vollendetem 60. Lebensjahr) vorgezogenes Altersruhegeld beziehen.

– Eine bereits ältere Form des vorzeitigen Ruhestandes stellt die sog. *59er Regelung* dar. Danach können → Arbeitslose mit vollendetem 60. Lebensjahr ein vorgezogenes Altersruhegeld beziehen. Im Hinblick auf die gesetzlichen Regelungen werden Arbeitnehmer mit 59 Jahren gekündigt. Durch Sozialpläne erhalten sie Ausgleichszahlungen (i. d. R. die Differenz zwischen → Arbeitslosengeld und dem zuletzt erhaltenen Nettogehalt) bis zum Bezug des Altersruhegeldes nach einem Jahr Arbeitslosigkeit. Diese Regelung hat aufgrund der Einführung einer Erstattungspflicht für Arbeitslosengeld sowie der gesetzlichen Kranken- und Rentenversicherungsbeiträge durch den → Arbeitgeber an Attraktivität verloren.

– Das bis zum 31.12.88 befristete → Vorruhestandsgesetz sah vor, daß die → Bundesanstalt für Arbeit einem Arbeitgeber,

welcher aufgrund von Tarif-, Betriebs oder Einzelvereinbarungen den Arbeitnehmern die Möglichkeit bot, ab 58 Jahren ein *betriebliches Vorruhestandsgeld* (Tarifrente) zu beziehen, Zuschüsse zu seinen Aufwendungen wurden gem. Vorruhestandsgesetz gezahlt. Voraussetzungen waren v. a.: Zahlung des Vorruhestandsgeldes mindestens in Höhe von 65 % des letzten Bruttoarbeitsentgeltes bis zum Erreichen der Altersgrenze und der Anspruchsvoraussetzungen für eine gesetzliche Rente durch den Arbeitgeber; Einstellung eines Arbeitslosen oder Weiterbeschäftigung eines Jugendlichen, für den nach Abschluß der → Berufsausbildung kein Arbeitsplatz vorhanden ist; Einstellung eines → Auszubildenden. Der Freistellungseffekt für den Gesamtbetrieb war begrenzt.

● Bei *stufenweisen Pensionierungen* (gleitender Übergang in den Ruhestand) erfolgt das Wechseln in die nachberufliche Lebensphase über einen längeren Zeitraum und zwar durch eine allmähliche Verringerung a) der → Arbeitszeit (Teilvorruhestand, → Teilzeitarbeit) über einen bestimmten Zeitraum und/oder b) durch andere → Arbeitsbedingungen, z. B. mit geringeren Belastungen. Hierunter sind alle Arten der Pensionierung zusammenzufassen, bei denen der Übertritt aus der Berufstätigkeit in den Ruhestand als Prozeß über einen längeren Zeitraum stufenweise stattfindet. Die Regelungen sind meist auf tarifvertraglicher Ebene, teilweise auch in Betriebsvereinbarungen getroffen. Als praktizierte Beispiele gelten: a) Verkürzung der Jahresarbeitszeit (→ Arbeitszeitflexibilisierung), Verkürzung der Tages- und Wochenarbeitszeit (Teilzeitarbeit) und → Job sharing. Stufenweise Pensionierungen sind in der Bundesrepublik nicht weit verbreitet; sie werden aber aus verschiedenen Gründen an Bedeutung gewinnen: (1) Früh einsetzende – auch einstufige – Pensionierungen bewirken i. d. R. mehr Beschäftigungsmöglichkeiten für Arbeitsuchende und infolge partieller Personalüberdeckung auch für zu versetzende Arbeitnehmer. (2) Ein sich abzeichnender Beschäftigungsengpaß am → Arbeitsmarkt in den 90er Jahren, verstärkt durch vorgezogene, einstufige Pensionierungsmodelle, kann z. T. durch einen gleitenden Ruhestand ausgeglichen werden. (3) Die Betriebserfahrung der älteren Mitarbeiter wird nicht abrupt abgebaut, sondern über einen längeren Zeitraum voll genutzt. (4) Eine stufenweise Pensionierung als „sanfte" Form des Übergangs vermindert die sozialen negativen Begleiterscheinungen der Pensionierung für Arbeitnehmer; sie berücksichtigt die gesundheitliche Entwicklung älterer Mitarbeiter und bereitet allmählich auf den Ruhestand vor. (5) Die finanziellen Belastungen des Betriebes durch vorzeitige Pensionierungen können vermindert werden. Möglicherweise steigen die → Personalkosten; verminderte → Fehlzeiten und die Erhaltung von Erfahrungspotential gleichen das aus.

Vorzeitiges Ausscheiden aus dem Erwerbsleben durch die Inanspruchnahme der verschiedenen Pensionierungsformen kann mit nachhaltigen *Folgewirkungen* für die betroffenen Personen verbunden sein. Verschärft treten die Folgen auf, wenn die Mitarbeiter ungern aus dem Arbeitsleben ausscheiden und sich gedrängt fühlen. Die sozialen Kosten sind bei den einstufigen Pensionierungsmodellen höher.

Lit.: Becker/Meurer 1988, Berthel 1991, Stitzel 1992

Pensionskasse (→ Betriebliche Altersversorgung)

Pensionsrückstellungen

Bei den Pensionsrückstellungen handelt es sich um Rückstellungen für ungewisse Verbindlichkeiten, welche nach HGB im jeweiligen Jahresabschluß aufgrund zukünftig wahrscheinlich an die derzeitigen Mitarbeiter zu zahlenden Pensionen oder ähnlichen Verpflichtungen (→ Betriebliche Altersversorgung) gebildet werden müssen. Sie sind notwendig, um zukünftige Auszahlungen der abzurechnenden Periode verursachungsgerecht als Personalaufwand (→ Personalkosten) zuzurechnen. Für nach dem 1.1.87 gemachte Pensionszusagen besteht eine Passivierungspflicht, für vorherige Pensionszusagen lediglich ein Wahlrecht. Die jeweilige Höhe der Pensionsrückstellungen ist nach finanz- und versicherungsmathematischen Verfahren zu berechnen. In der Steuerbilanz darf nach → Einkommensteuergesetz maximal der Teilwert, der sich durch Ansatz eines Diskontierungszinsfußes von 6 % auf die jeweilige Pensionsverpflichtung ergibt, angesetzt werden.

Pensions-Sicherungs-Verein VVaG

Der Pensions-Sicherungs-Verein VVaG (PSV) ist zur Insolvenzsicherung der → betrieblichen Altersversorgung eingerichtet worden. Dabei handelt es sich um einen Versicherungsverein auf Gegenseitigkeit mit Sitz in Köln. Er wird von den Spitzenverbänden der deutschen Wirtschaft getragen. Die Mitgliedschaft im PSV entsteht kraft Gesetz. Er untersteht dem Bundesaufsichtsamt für das Versicherungswesen. Die notwendigen Finanzmittel werden durch Beiträge der Betriebe erbracht, die Leistungen der betrieblichen Altersversorgung direkt oder in einer anderen Form zugesagt haben.

Pensionsverpflichtung/-zusage (→ Betriebliche Altersversorgung)

Pensumarbeit

Pensumarbeit betrifft ein durch einen individuellen → Arbeitsvertrag vereinbartes Kontingent von → Arbeitszeit, welches in einer längeren, bestimmten Periode (Referenzzeitraum), bspw. innerhalb eines Jahres, zu leisten ist. Es weist i. d. R. ein geringeres Volumen auf als die tarifvertragliche bzw. betriebsübliche Arbeitszeit in dieser Periode. Die chronologische Verteilung der Anwesenheit wird situationsbezogen festgelegt.

Pensumlohn

Beim Pensumlohn handelt es sich um einen Oberbegriff für Sonderformen des → Zeitlohns mit vereinbarter Leistung (→ Entgelt). In vielen Fertigungsorganisationen verursacht die Mechanisierung und Automatisierung der Produktionsanlagen und -prozesse, daß der Einfluß der Mitarbeiter auf das Produktionsergebnis sinkt. Der Anteil unbeeinflußbarer Prozeßzeiten steigt. Leistungsabhängige Entgeltformen verlieren so ihre Bedeutung, weil ihre Voraussetzungen „Möglichkeit der individuellen Leistungsvariation" und „Proportionalität zwischen Leistung und Entgelt" dort nicht mehr zutreffen. Die entstehende Lücke kann nur unvollständig vom herkömmlichen Zeitlohn gefüllt werden, da dieser für viele keinen Anreiz zur Mehrleistung darstellt. Deshalb sind neue Entgeltformen entwickelt worden, die in ihrem Ansatz nicht mehr von einer erbrachten Leistung ausgehen, sondern auf einer erwarteten Leistung bzw. einem erwarteten Pensum basieren. Zum

Pensumlohn zählen: → Vertragslohn, → Festlohn mit geplanter Tagesleistung und → Programmlohn. Das Entgelt wird bei den verschiedenen Formen des Pensumlohns in der Erwartung gezahlt, daß die vorgeplante, normale Leistung auch gezeigt wird. Der Pensumlohn setzt dabei voraus, daß Vorgesetzte und Mitarbeiter über die erwartete Leistung sprechen und Planzeiten festlegen. Dieses Vorbereitungsgespräch zusammen mit den ebenfalls gemeinsam durchzuführenden Soll-Ist-Vergleichen sowie ein anschließendes Abweichungs-/Korrektur-/Bestätigungs-/Feedback-Gespräch stellt hohe Anforderungen an die Vorgesetzten. *Nachteile* und *Vorteile* des Pensumlohnes für Betrieb wie Arbeitnehmer sind in der Abbildung zusammengefaßt.

Lit.: Harlander u. a. 1985, Maier 1988, Berthel 1991

Personalabbau (→ Personalfreisetzung)

Personalabteilung

Bei der Personalabteilung handelt es sich um die formale, für die Erfüllung der Personalaufgaben zuständige Organisationseinheit (→ Personalorganisation) eines Betriebes. Sie unterstützt die einzelnen → Personalverantwortlichen außerhalb der Abteilung bei der Vorbereitung und Durchführung ihrer einzelnen Aufgaben der → Mitarbeiterführung. Zusätzlich wirkt sie an der strategischen Ausrichtung der betrieblichen Personalarbeit mit. Insgesamt hat sie eine Servicefunktion für die Mitarbeiter wie für die einzelnen

Bewertung des Pensumlohns aus der			
Sicht des Betriebes		*Sicht des Mitarbeiters*	
Vorteile	Nachteile	Vorteile	Nachteile
* einfache Abrechnung * positivere Einstellung der Mitarbeiter zu betriebsbedingten Umsetzungen	* Notwendigkeit einer zusätzlichen Fremdkontrolle neben der Selbstkontrolle * zusätzliche Qualifizierungen der Vorgesetzten	* gesichertes, festes Entgelt * geringere Belastung beim Einsatz für betriebliche Ziele	* keine enge Beziehung zwischen Leistung und dem Entgelt * Kontrolle durch den Vorgesetzten

Vor- und Nachteile des Pensumlohns

Personalakquisition

Vorgesetzten. Oft synonym wird das Stichwort „Personalverwaltung" verwendet, wenngleich hiermit oft nur verwalterische Tätigkeiten verstanden werden.

Lit.: Potthoff 1992, Scherm 1992

Personalakquisition (→ Personalbeschaffung)

Personalakte

Die Personalakte soll ein möglichst lückenloses und treffendes Bild über die → Qualifikation des Mitarbeiters sowie Auskunft über Inhalt und Verlauf seines → Arbeitsverhältnisses geben (Prinzip der Vollständigkeit). Geheim- und Schattenakten sind unzulässig. Es besteht keine rechtliche Verpflichtung für den → Arbeitgeber zur Aktenführung von Personalunterlagen, doch ist es vorteilhaft, alle Unterlagen, die mit dem Arbeitsverhältnis eines Mitarbeiters verbunden sind, an einer Stelle zu sammeln. Dadurch wird der Überblick leichter und personelle Entscheidungen können daran ausgerichtet werden. Der Inhalt kann dabei sachlich und zeitlich gegliedert sein. Meist geschieht beides nacheinander, d. h., innerhalb einer *sachlichen Gliederung* erfolgt eine chronologische Abheftung. Die sachliche Gliederung kann differenzieren in: Vertragsunterlagen (→ Arbeitsvertrag, Einstellungsbogen, Bezüge), Beurteilung (→ Leistungs-, Förderungsbeurteilung), → Aus- und → Fortbildung (Lehrgänge, Abschlüsse) und allgemeiner Schriftverkehr (Bescheinigungen, Abmahnungen, Briefe). Die *zeitliche Gliederung* meint die chronologische Ablage, entweder insgesamt oder in den Rubriken. Die Personalakte ist mit einer erforderlichen Gewissenhaftigkeit und einem notwendigen Verantwortungsbewußtsein zu führen. Das bedeutet insbes., daß man sachlich gerechtfertigte Angaben in die Personalakte eingeben sollte. Nachteilige Angaben, wie bspw. Verwarnung, Geldbußen oder sonstige Hinweise, die ein Fehlverhalten des → Arbeitnehmers festhalten, sollten nach angemessener Zeit überprüft und aus der Akte entfernt werden, wenn sich der Arbeitnehmer in der Zwischenzeit bewährt hat. Die mit der Führung der Personalakten Beauftragten (i. d. R. in der → Personalabteilung) unterliegen grundsätzlich der Geheimhaltungspflicht. Ein Einsichtsrecht in die Personalakte haben die Arbeitnehmer selbst und die → Leitenden Angestellten, soweit es sich um Akten der ihnen unterstellten Arbeitnehmer handelt. Akteneinsicht bedeutet in dem Zusammenhang Lesen und Kenntnisnahme, nicht jedoch das Überlassen der Akte. Die Einsicht wird zweckmäßigerweise auf vorherigen Antrag im Beisein eines Beauftragten des Arbeitgebers gewährt. Der Mitarbeiter kann zur Einsichtnahme ein Mitglied des → Betriebsrates hinzuziehen.

Lit.: Födisch 1992

Personalaufwand (→ Personalkosten)

Personalauswahl

Im Rahmen der Personalauswahl werden die Bewerber für vakante Positionen hinsichtlich der Übereinstimmung ihrer → Qualifikationen mit den vom Arbeitsplatz ausgehenden → Qualifikationsanforderungen bzw. ihrer Eignung für die vakante Stelle bewertet. Ausgangspunkt ist zunächst die Ermittlung der aktuellen und vermutlich zukünftigen → Anforderungen, die von einer guten bis ausreichenden Erfüllung der Arbeitsaufgaben ausgehen. Die so ermittelten Anforderungen müssen durch die Qualifikation der geeigneten Bewerber erfüllt werden. Über- wie auch Unterqualifikationen sind zu vermeiden. Es wird versucht, die jeweilige Qualifikation der Bewerber durch verschiedene Verfahren zu erfassen. Dazu gehören die in der Abbildung genannten Instrumente. Zu den *rechtlichen Rahmenbedingungen* der Personalauswahl zäh-

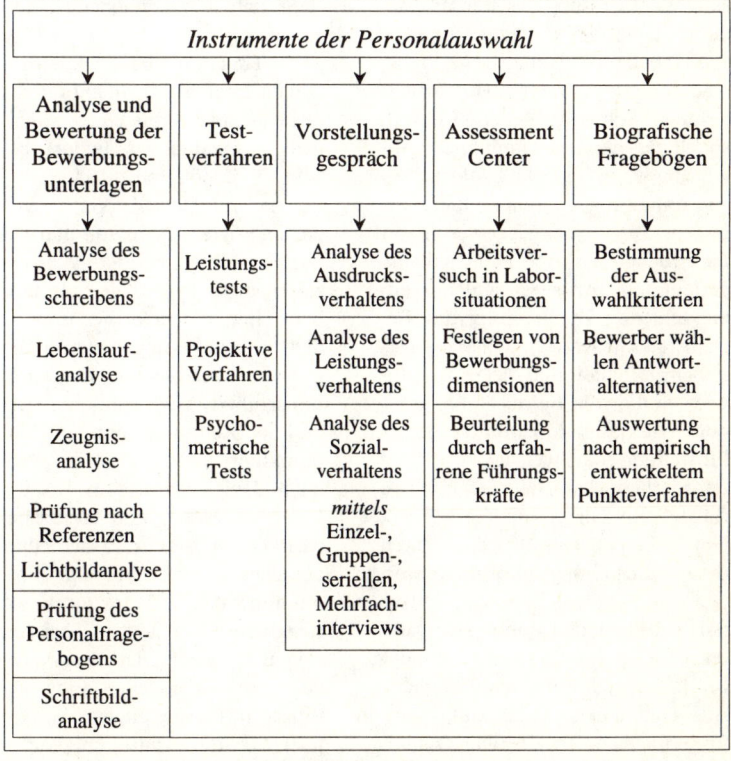

Instrumente der Personalauswahl				
Analyse und Bewertung der Bewerbungsunterlagen	Testverfahren	Vorstellungsgespräch	Assessment Center	Biografische Fragebögen
Analyse des Bewerbungsschreibens	Leistungstests	Analyse des Ausdrucksverhaltens	Arbeitsversuch in Laborsituationen	Bestimmung der Auswahlkriterien
Lebenslaufanalyse	Projektive Verfahren	Analyse des Leistungsverhaltens	Festlegen von Bewerbungsdimensionen	Bewerber wählen Antwortalternativen
Zeugnisanalyse	Psychometrische Tests	Analyse des Sozialverhaltens	Beurteilung durch erfahrene Führungskräfte	Auswertung nach empirisch entwickeltem Punkteverfahren
Prüfung nach Referenzen		*mittels* Einzel-, Gruppen-, seriellen, Mehrfachinterviews		
Lichtbildanalyse				
Prüfung des Personalfragebogens				
Schriftbildanalyse				

Instrumente der Personalauswahl

len die folgenden: In Betrieben, in denen ein → *Betriebsrat* besteht, muß der Arbeitgeber nach → Betriebsverfassungsgesetz den Betriebsrat rechtzeitig vor der Einstellung eines Bewerbers unterrichten, auf Verlangen die Unterlagen aller Bewerber vorlegen sowie die Zustimmung des Betriebsrates einholen. Der Betriebsrat kann die Zustimmung unter folgenden Umständen verweigern: Verstoß gegen eine rechtliche Vorschrift, Verstoß gegen eine Auswahlrichtlinie, Befürchtung einer Störung des Betriebsfriedens, Unterlaufen einer innerbetrieblichen Stellenausschreibung, Nachteile für beschäftigte Arbeitnehmer. Schweigt der Betriebsrat, so gilt dies als Zustimmung. Die Ablehnung muß innerhalb einer Woche unter Angabe von Gründen erfolgen. Der Arbeitgeber hat dann die Möglichkeit, sich beim Arbeitsgericht (→ Arbeitsgerichtsbarkeit) die fehlende Zustimmung des Betriebsrates ersetzen zu lassen. Das Arbeitsgericht muß dabei prüfen, inwieweit die vom Betriebsrat angegebenen Tatbestände zutreffen. Ist die Einstellung nachweislich dringend erforderlich, kann eine vorläufige Einstellung vorgenommen werden. Der Bewerber muß über die Risiken dieser Einstellung informiert werden. Die Möglichkeiten einer Personalauswahl sind begrenzt. Selbst unter theoretisch optimalen Bedingungen lassen sich nur unvollkommene Aussagen über die Qualifikationsanforderungen wie auch über Qualifikationen der Bewerber treffen. Die

Ursachen sind in den Unzulänglichkeiten der verwendeten Verfahren wie auch in subjektiven Einflüssen der betroffenen → Personalverantwortlichen zu suchen.

Lit.: Berthel 1991, Finzer/Mungenast 1992

Personalbedarf

Der Personalbedarf betrifft die betrieblicherseits benötigte Arbeitskapazität, die im Rahmen der → Personalbedarfsermittlung zu erfassen ist. Er läßt sich in verschiedene Arten differenzieren:

- nach *Facetten* bzw. Dimensionen in qualitativer, quantitativer, örtlicher und zeitlicher Personalbedarf: Qualitativer Bedarf betrifft die benötigten → Qualifikationen und quantitativer Bedarf die benötigte Anzahl an Mitarbeitern bzw. die benötigte Arbeitszeitkapazität (→ Arbeitszeit). Örtlicher Bedarf drückt die Notwendigkeit einer Aufgabenerfüllung in einer bestimmten Organisationseinheit aus, zeitlicher Bedarf den Zeitpunkt und den Zeitraum hiervon.
- nach dem *Ursprung* in Ersatz-, Reserve-, Mehr- und Zusatzbedarf. Dabei ist der Ersatzbedarf abhängig von: Absatz- und Produktionsplan, Organisationsstruktur und -ablauf, → Tarifvertrag u. a., sowie der Reservebedarf von: → Fehlzeiten, Einarbeitungszeit, Freistellungen.
- nach *Inhalt* in Brutto- und Nettopersonalbedarf.

Personalbedarfsermittlung

Im Rahmen der Personalbedarfsermittlung wird der aktuelle → Personalbedarf (*Personalbedarfsanalyse*), v. a. aber der zukünftige Personalbedarf (*Personalbedarfsprognose*) erfaßt. Sie ist von daher Teilaufgabe der → Personalforschung; wird oft allerdings auch als Teilsystem der → Personalplanung aufgefaßt. Die Ermittlung des zeitpunkt- bzw. zeitraumspezifischen Personalbedarfs vollzieht sich in verschiedenen, z. T. durchaus parallel durchzuführenden Schritten:

- Der *Bruttopersonalbedarf* ergibt sich abgeleitet aus den geplanten, zu erfüllenden betrieblichen Aufgaben, ergänzt um den durch → Fehlzeiten sich ergebenden Mehrbedarf, differenziert in die vier Facetten des → Personalbedarfs.

- Der *Personalbestand* zum Planungszeitpunkt betrifft die Fortschreibung des gegenwärtigen Personalbestands in seinen Facetten innerhalb des Planungshorizonts; bei der Prognose zunächst anhand faktisch feststehender Zu- und Abgänge (z. B. anstehende → Pensionierungen, bereits ausgesprochene → Kündigungen, bereits abgeschlossene neue → Arbeitsverträge, zugesagte Übernahmen aus der → Berufsausbildung, zu erwartende Abschlüsse aus Maßnahmen der → Fortbildung, Rückkehrer vom Wehr- und Zivildienst sowie vom → Erziehungsurlaub etc.) sowie nachfolgend anhand von Prognosen basierend

auf mitarbeitergruppenspezifischen Fehlzeiten- und → Fluktuationsquoten.

- Der zeitpunktbezogene Vergleich der beiden – mehrdimensionalen – Ergebnisse der Bruttopersonalbedarfs- und Personalbestandsermittlung ergibt den *Nettopersonalbedarf*. Dieser kann – je nach Facette – zugleich positiv wie negativ ausgeprägt sein. Positiver Nettopersonalbedarf bedeutet eine Personalüberdeckung (Personalüberhang) und hat Freisetzungsbedarf (→ Personalfreisetzung) zur Folge. Negativer Nettopersonalbedarf steht für eine Personalunterdeckung und bedeutet Personalbeschaffungsbedarf (→ Personalbeschaffung). I. d. R. werden die Bedarfskennziffern quantitativ bezogen auf besetzte Stellen ausgedrückt; eine Spezifizierung auf die Örtlichkeit (Organisationseinheit) und die Qualität (→ Qualifikation der angesprochenen Mitarbeiter) je nach Zeitpunkt ist aber treffender.

Der *Ablauf* der Personalbedarfsermittlung ist schematisch in der Abbildung auf S. 290 veranschaulicht.

Die *qualitative Personalbedarfsermittlung* beschäftigt sich mit der Ermittlung derjenigen Qualifikationsmerkmale, über die die Mitarbeiter in der Zukunft bis zu einem festen Zeitpunkt verfügen müssen. Ihr Gegenstand ist v. a. die Ableitung von → Anforderungen aus zukünftigen Aufgabenstellungen an die → Qualifikation sowie letztendlich der Vergleich zu den Qualifikationen der

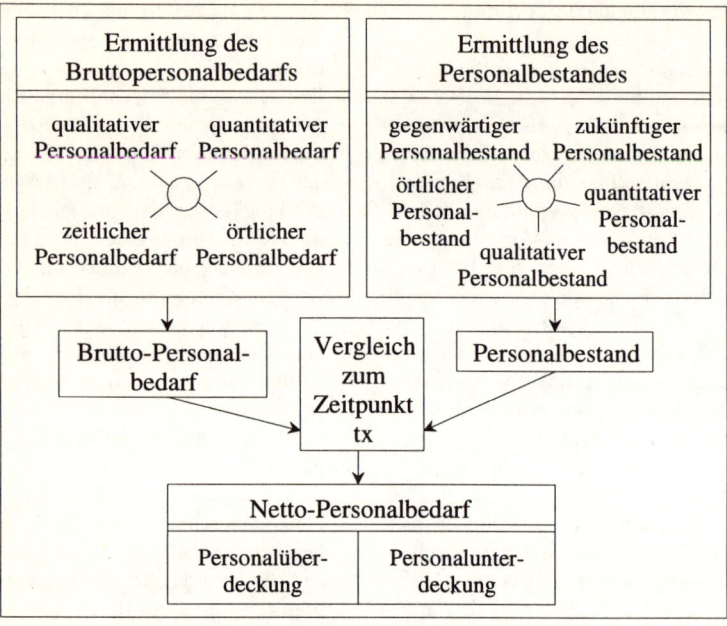

Schematischer Ablauf der Personalbedarfsermittlung

beschäftigten Mitarbeiter. Die *quantitative Personalbedarfsermittlung* bezieht sich auf die Anzahl der benötigten Mitarbeiter, die *zeitliche Personalbedarfsermittlung* auf die zweckmäßigen Zeitpunkte und die benötigten Zeitperioden des Personalbedarfs sowie die *örtliche Personalbedarfsermittlung* auf die sinnvollen Einsatzorte der Mitarbeiter –alle jeweils im Vergleich zum korrespondierenden Personalbedarf in quantitativer, qualitativer, zeitlicher oder örtlicher Sicht. Bei den *Determinanten des Personalbedarfs* handelt es sich um solche Faktoren, die den Personalbedarf hauptsächlich be-

einflussen. Zu nennen sind beispielhaft: Konjunktur bzw. geplante Ausbringung/Absatzmenge, Arbeitsdauer, Fluktuation, Absentismus, Betriebsorganisation (als Faktoren, die die Quantität beeinflussen), Produktionsverfahren, Qualifikations- und Anforderungsprofile, Personalentwicklung (als Determinanten der Qualität), → Altersstruktur und Fehlzeiten (als Faktoren, die die Zeit beeinflussen), innerbetriebliche Standortpläne (als Faktoren, die den Ort beeinflussen).

Lit.: Drumm 1987, Berthel 1991, Kossbiel 1992, RKW-Handbuch 1990

Personalberatung

Bei der Personalberatung handelt es sich um eine Dienstleistung, die von externen Beratern im Auftrag des Betriebes erbracht wird und der Optimierung betrieblicher Entscheidungsprozesse im Bereich des → Personalmanagements dient. Bei der Beratungstätigkeit kann es sich um Ausführungs-, Beratungs- oder Mischaufgaben handeln. Problematisch ist, daß der Begriff der Personalberatung und die damit verbundene Dienstleistung sehr uneinheitlich gebraucht wird. I. d. R. wird der Terminus im engeren Sinne verwendet: Sie ist dann als eine Spezialberatung anzusehen, die Serviceleistungen im Bereich der externen → Personalbeschaffung und → Personalauswahl umfaßt (bspw. → Arbeitsplatzanalyse, Erstellung eines → Anforderungsprofils, Kandidatensuche über → Stellenanzeigen oder Direktansprache (→ Head Hunting), Auswahl durch Auswertung der → Bewerbungsunterlagen oder Interviews etc.). Zum anderen kann Personalberatung im weiteren Sinne als Unternehmensberatung mit Schwerpunkt auf personellen Fragestellungen verstanden werden, wenn alle funktionalen und organisatorischen Aufgaben des betrieblichen Personalmanagements als Beratungsleistung erbracht werden (so z. B. → Organisationsentwicklung, → Personalentwicklung etc.).

Lit.: Gaugler/Weber 1988, Gaugler 1992

Personalbeschaffung

Im Rahmen der Personalbeschaffung (synonym: Personalakquisition, Rekrutierung) wird betrieblicherseits versucht, potentielle und qualifizierte Bewerber zu einer Bewerbung für im Betrieb vakante Positionen zu bewegen. Die Aufgabe – zumindest im engeren Sinne – ist dann beendet, wenn Bewerbungsunterlagen der zuständigen Stelle für die → Personalauswahl zugehen. In einem weiteren Sinne wird unter Personalbeschaffung auch die Personalauswahl verstanden. Dieser Sichtweise wird hier nicht gefolgt. Üblicherweise wird in die interne (innerbetriebliche) Personalbeschaffung und die externe (außerbetriebliche) Personalbeschaffung differenziert.

Die Personalbeschaffungsmethoden lassen sich entsprechend differenzieren (s. Abbildung S. 292).

● *Interne Beschaffungspotentiale* sind theoretisch in der Gesamtheit der bereits im Betrieb beschäftigten Mitarbeiter zu sehen und insofern Objekt einer internen Beschaffungsstrategie. Vakante Stellen werden dabei innerbetrieblich auf anderen Positionen beschäftigten Mitarbeitern allgemein oder individuell angeboten. Dieses Angebot, nicht jedoch die letztendliche Besetzung, kann durch einen → Betriebsrat erzwungen werden (→ Innerbetriebliche Stellenausschreibung). Weitere Instrumente der internen Personalbeschaffung sind neben

291

Personalbeschaffungswege		
Interne Beschaffungsstrategie	*Externe Beschaffungsstrategie*	
Änderung bestehender Arbeitsverhältnisse mittels Versetzung und Aufgabenveränderung	Abschluß von Arbeitnehmer-überlassungs-verträgen = Personalleasing	Abschluß neuer Arbeits-verträge
Instrumente: Innerbetriebliche Stellenausschreibung; Direktansprache; Karrieregespräche/-planung; Personalentwicklung; Stellenclearing		*Instrumente*: Nutzung der Arbeitsvermittlung; Anwerbung mittels Inserat; Direktansprache; Personalberatung; Personalmarketing; Nutzung von Stellensuchanzeigen; College Recruitment

Personalbeschaffungswege bzw. -strategie

der innerbetrieblichen Stellenausschreibung noch das → Stellenclearing (Deckung des kurzfristigen Bedarfs) sowie bei langfristigem Personalbedarf eine systematische → Karriereplanung und → Fortbildung im Rahmen der → Personalentwicklung. Zumindest bei hierarchisch mittleren wie höheren → Instanzen ergeben sich hierdurch Aufstiegschancen und die damit verbundenen → Anreize im Rahmen der → Karriereplanung. Zu differenzieren ist hier zwischen offenen und latenten Potentialen. Die Mitarbeiter des *offenen Beschaffungspotentials* sind im Betrieb i. d. R. hinreichend bekannt. Hierzu zählen z. B.: → Arbeitnehmer, die in absehbarer Zeit eine → Berufsausbildung beenden; Arbeitnehmer, die durch Rationalisierungsmaßnahmen, Veränderungen im Produktionsprogramm o. ä. freigesetzt wurden bzw. werden (→ Personalfreisetzung), dem Betrieb aber noch zur Verfügung stehen; Arbeitnehmer, die von sich aus oder in Absprache mit dem Betrieb bereits einen Wunsch nach einem Stellenwechsel geäußert haben. Der darüber hinaus verbleibende Mitarbeiterkreis stellt dann das *latente Beschaffungspotential* dar, sofern es sich um solche Arbeitnehmer handelt, die über eine hinreichende → Qualifikation verfügen, andere Positionen im Betrieb zu übernehmen, aber dies bislang noch nicht geäußert haben.

- *Externe Beschaffungspotentiale* stellen die Arbeitnehmer auf dem außerbetrieblichen → Arbeitsmarkt dar. Die externe Personalbeschaffung bzw. Beschaffungsstrategie betrifft demnach die Neueinstellung von Mitarbeitern. Sie ist sinnvoll, wenn in Aufgabenbereichen eine hohe → Fluktuation vorliegt, wenn Stellen intern nicht besetzt werden können, wenn zur Vermeidung von → Betriebsblindheit verstärkt neue Ideen gesucht werden sowie wenn es sich um Einstiegspositionen bzw. Positionen auf unteren hierarchischen Ebenen handelt. Beschaffungswege sind z. B. die Nutzung der → Arbeitsvermittlung, die Anwerbung mittels Inserat, die Analyse von Stellensuchanzeigen, die Direktansprache, → College Recruitment, die Nutzung einer → Personalberatung (→ Head Hunting) u. ä. Ein → Personalmarketing hilft, den Betrieb v. a. am externen Arbeitsmarkt als attraktiven Arbeitgeber darzustellen. Zur kurzzeitigen außerbetrieblichen Personalbe-

schaffung zählt auch die Nutzung des → Personalleasings.

Lit.: Berthel 1991, Bisani 1992

Personalbeschaffungsplanung

Bei der Personalbeschaffungsplanung handelt es sich um die systematische und gedankliche Vorwegnahme zukünftiger Entscheidungen im Rahmen der → Personalbeschaffung.

Personalbestand

Der Personalbestand ist ein Begriff im Rahmen der → Personalbedarfsermittlung. Er gibt entweder die aktuelle (oder die jeweils zu einem bestimmten Zeitpunkt erwartete) Quantität, Qualität und Örtlichkeit der in einem Betrieb beschäftigten Mitarbeiter an.

Personalbestandsstatistik

Aus der Personalbestandsstatistik (→ Personalstatistik) läßt sich unmittelbar der aktuelle → Personalbestand pro Bereich und Gruppe ablesen, sofern sie regelmäßig aktualisiert wird. Eine Personalbestandsstatistik muß spätestens dann angefertigt werden, wenn Maßnahmen zur Verringerung des Personalbestandes unausweichlich werden (→ Sozialauswahl). Sie wird von der Fachabteilung in Zusammenarbeit mit den Führungskräften (auch anderer betroffener Bereiche) erarbeitet. Inhalte können sein: Art der Vertragsverhältnisse, Beruf, Geschlecht, Alter, Dienstzeit, Entlohnungsform usw.

Lit.: RKW Handbuch 1990

Personalbeurteilung

Allgemein ist unter Personalbeurteilung als Teil der → Eignungsprüfung ein institutionalisierter Prozeß zu verstehen, in dem planmäßig und formalisiert Informationen über die Leistungen (→ Leistungsbeurteilung) und/oder die Potentiale (→ Potentialbeurteilung) von Mitarbeitern durch dazu beauftragte Mitarbeiter hinsichtlich arbeitsplatzbezogener, entweder vergangenheits- oder gegenwarts- und zukunftsorientierter Kriterien gewonnen, verarbeitet und ausgewertet werden. Sie bezieht sich auf unterschiedliche Objekte (Leistungsergebnis-, Leistungsverhalten- und/oder Potentialkriterien) und läßt sich durch verschiedene Mitarbeiter durchführen. Nach dem letztgenannten Untergliederungskriterium ist die Personalbeurteilung zu differenzieren in eine → Untergebenenbeurteilung (Beurteilung durch Vorgesetzte), eine → Gleichgestelltenbeurteilung (Beurteilung durch Kollegen gleicher Hierachiestufen), eine → Vorgesetztenbeurteilung (Beurteilung durch Untergebene) und eine →

Funktionen der Personalbeurteilung		
Personalpolitische Funktion	*Führungspolitische Funktion*	*Latente Funktion*
– Funktion der organisationsweiten Leistungsinventur (Diagnose individueller wie organisatorischer Leistungsfähigkeit) – Allokations und Funktionalitätsfunktion (Fundierung von Personalentscheidungen) – Evaluierungsfunktion (personalpolitischer Maßnahmen) – Produktivitätsfunktion (Entscheidungsgrundlage für Entgeltdifferenzierungen)	– Leistungsstimulierungs-und Befriedigungsfunktion (aus Vorgesetzten-Mitarbeiter-Verhältnis) – Orientierungsfunktion (Beratung, Förderung, Selbstanalyse) – Koordinierungsfunktion (der jeweiligen Stellenbezogenen Leistungserwartungen/-ziele; Feedback; Kontrolle)	– Disziplinierungsinstrument – Förderung des Vorgesetzten/Mitarbeiter-Dialogs – Steuerungsinstrument für die Beurteiler

Mögliche Funktionen einer Personalbeurteilung

Selbstbeurteilung (Beurteilung durch die Mitarbeiter selbst). Je nach Objekt und Personengruppen sind andere Beurteilungsverfahren zweckmäßig. Die Personalbeurteilung wird zur Verfolgung unterschiedlicher Funktionen eingesetzt. Die möglichen *manifesten*, d. h. offiziell verfolgten personal- und führungspolitischen *Funktionen* wie auch die *latenten*, d. h. tatsächlich, aber nicht offiziell verfolgen *Funktionen* einer Personalbeurteilung sind in der Abbildung skizziert.

Lit.: Domsch/Gerpott 1992, Becker, F. G. 1994

Personalbudget

Ein Personalbudget umfaßt die verfügbaren Mittel für das Personal eines Betriebes bzw. seiner einzelnen Organisationseinheiten. Es stellt einen auf konkrete Leistungsziele abgestellten operativen Plan dar, der die Obergrenze des Personalaufwands (→ Personalkosten) einer organisatorischen Einheit i. d. R. für eine einjährige Periode, festlegt. Es läßt sich als DM-Budget, als Budget mit Planstellen oder - dies ist oft angemessen - als Kombination dieser beiden Möglichkeiten ausdrücken. Das Personalbudget erfüllt dabei Steuerungs- und Koordinations-, Motivations- und Kontrollfunktionen im Rahmen der → Personalkostenplanung.

Personalcontrolling

Mit Personalcontrolling werden innerbetriebliche Planungs- und Kontrollsysteme sowie -prozesse für das betriebliche → Personalmanagement bezeichnet, mit deren Hilfe die Umsetzung von Zielen in Plandaten und konkreten Maßnahmen erfolgt und - oft nur quantitativ (→ Personalkennziffern, → Personalkosten) - überwacht wird. Sie ist deshalb für die Steuerung der betrieblichen Personalarbeit von Bedeutung. Der Begriff des Personalcontrolling wird in der Literatur allerdings keineswegs einheitlich gesehen. Auffällig sind häufig die nur schwachen Abgrenzungen des Personalcontrollings von der → Personalplanung, dem → strategisch-orientierten Personalmanagement, von dem Personalmanagement überhaupt und der → Evaluierung der Personalarbeit. Wird im Personalcontrolling eine personell gesondert zu besetzende Teilfunktion des Personalmanagements verstanden, so ergibt sich ein Konfliktfeld zwischen den Aufgabenträgern. Aus motivationalen Erwägungen ist es sinnvoller, Personalcontrolling als eine Aktivität zu verstehen, die bei allen personalwirtschaftlichen Teilfunktionen von den jeweiligen Aufgabenträgern (→ Personalverantwortliche) zu erfüllen ist.

Lit.: Wunderer 1989, Drumm 1992a, Remer 1992a, Hentze/Kammel 1993, Scherm 1992, Scholz 1993

Personaldatenbank (→ Personalinformationssystem)

Personaleinführung

Gegenstand der Personaleinführung (synonym: Induktionsprogramme, Implacement-Training) ist die systematische Unterweisung am Arbeitsplatz, deren Notwendigkeit sich aus der Diskrepanz von → Anforderungen und tätigkeitsbezogenen Kenntnissen einerseits sowie der neuen Umgebung andererseits ergibt, sowie die gezielte Bekanntmachung mit wichtigen Interaktionspartnern und betrieblichen Besonderheiten. Hinzu kommt ein Beitrag zum persönlichen Wohlbefinden am Arbeitsplatz. Die *Ziele* der Personaleinführung sind damit: Verhinderung und Abbau von Frustrationserscheinungen der neuen Mitarbeiter, Vermeidung einer personellen Fehlinvestition (→ Fluktuation), schnellere Entfaltung des Leistungspotentials sowie Verringerung von Orientierungsproblemen. Als *Einführungsmaßnahmen* kommen in Betracht: generelle Informationen über den Betrieb, Betriebsbesichtigung, Einführungsvorträge, Tätigkeitserläuterung, Vorstellung des Mitarbeiters beim Vorgesetzten, bei Kollegen und bei Kunden, Bekanntgabe von Sicherheits- und Unfallverhütungsvorschriften, Merkblätter, Einführungbroschüre, → Patenkonzept, → Mentoring etc. Zum Teil ist ein Betrieb zur Personaleinführung auch rechtlich verpflichtet. Das → Betriebsverfassungsgesetz verpflichtet den → Arbeitgeber zur Information der → Arbeitnehmer über deren Aufgaben und Verantwortung, die diese in ihrer Tätigkeit und ihrer Einordnung in den Arbeitsablauf haben sowie über die Unfall- und Gesundheitsgefahren und die Maßnahmen

und Einrichtungen zur Abwendung dieser Gefahren.

Lit.: Kieser/Nagel 1986, Huber 1992, Kieser 1993

Personaleinsatz

Als Personaleinsatz bezeichnet man das Ergebnis der konkreten und zeitspezifisch genauen Zuordnung von Arbeitsaufgaben zu beschäftigten Mitarbeitern. Ziel ist es, eine möglichst hohe Deckung zwischen → Anforderungs- und → Qualifikationsprofil sowie des kurzfristigen → Personalbedarfs in einer Organisationseinheit im Rahmen der → Personaleinsatzplanung zu erreichen. Z. T. wird allerdings auch eine weitere Sicht vertreten.

Lit.: Kossbiel 1992a

Personaleinsatz als Assistent (→ Einsatz als Assistent und/oder Stellvertreter)

Personaleinsatzplanung

Für die Personaleinsatzplanung als Teilsystem der übergeordneten → Personalplanung bestehen verschiedene Aufgaben: Zum einen ist kurzfristig der → Personalbedarf einzelner Organisationseinheiten möglichst genau durch verschiedene Maßnahmen (z. B. Einsatz von Springern, Verschiebung von → Urlauben, Nutzung der → KAPO-VAZ) zu decken. Sinnvollerweise greifen Betriebe mit schwankender Nachfrage zunehmend auf das Instrument der → Randbelegschaft, d. h. der geplanten personellen Einsatz- und Abbaureserve, zurück. Dies hat zur Folge, daß neben → Springern, Mitarbeitern zur besonderen Verwendung u. ä., solche Arbeitsplätze geschaffen werden, die nicht auf Dauer eingerichtet werden und zudem einen hohen flexiblen Einsatz der → Arbeitnehmer erlauben. Zum anderen wird – z. T. mit komplizierten Verfahren (z. B. → Personnel Assignment-Modelle, → Ungarn-Methode) versucht, eine optimale Deckung von → Qualifikations- und → Anforderungsprofilen zu erreichen.

Lit.: Kossbiel 1992a

Personaleinstellung (→ Personalauswahl)

Personalentwicklung

Unter Personalentwicklung können diejenigen betrieblichen Maßnahmen verstanden werden, mit denen → Qualifikationen von Mitarbeitern v. a. in ihren Kennens- und Könnens-Komponenten erfaßt und bewertet sowie diese durch die Organisation von → Lernprozessen mit Hilfe kognitiver, motivationaler und situationgestaltender Verhaltensbeeinflussung aktiv und systematisch verändert werden (→ Qualifizierung). Die betrieblichen und individuellen *Ziele*, die mit der Personalentwicklung verbunden sein können, sind in der Abbildung auf S. 298 überblicksartig zusammengestellt. Die in der Abbildung optisch vorgenommene Gleichstellung von betrieblichen und individuellen Zielen suggeriert eine faktisch nicht bestehende Gleichwertigkeit. Die betrieblichen Ziele geben den Ausschlag für die Entscheidung eines Betriebes, spezifische Personalentwicklung durchzuführen. Die individuellen Ziele haben hier aus dieser Perspektive nur mittelbaren Charakter. Sie tragen aber dazu bei, positiv bzw. – bei Nichtbeachtung – negativ die Motivation zur Personalentwicklung zu beeinflussen.

Als *Teilbereiche* der Personalentwicklung lassen sich differenzieren: → Bildung (Aus- und Fortbildung), → Karriereplanung und → Aufgabenstrukturierung (Abb.). Diese Maßnahmen stellen dabei gleichzeitig auch immaterielle → Anreize und Belohnungen dar.

Auf Basis der Ergebnisse der → Personalforschung wird der *Personalentwicklungsbedarf* als qualitative Unterdeckung zum aktuellen oder zu einem zukünftigen Zeitpunkt ermittelt (Abb.). Dessen systematische Deckung wird im Rahmen der *Personalentwicklungsplanung* in seinen wesentlichen Inhalten (Mitarbeiter, Qualifikationsmerkmale, Zeitraum → Personalentwicklungsmethoden u. ä.) vorgesehen. Schließlich erfolgt die *Durchführung* der geplanten Entwicklungsmaßnahmen. Während und nach der Personalentwicklungsermittlung, -planung und -durchführung erfolgen unterschiedliche *Evaluierungs*maßnahmen (Bildungs-, Personalentwicklungscontrolling). Sie beziehen sich dabei auf Input-Infor-

Ziele der Personalentwicklung	
aus der Sicht des Betriebes	*aus der Sicht des Mitarbeiters*
• Sicherung eines notwendigen qualitativen wie quantitativen Personalbestands • Entwicklung von Nachwuchskräften und Spezialisten • Unabhängigkeit von externen Arbeitsmärkten • Erhaltung und Verbesserung der Wettbewerbsfähigkeit • Erhaltung und Verbesserung der Mitarbeiterqualifikation (z. B. Führungs-, Sozialverhalten; Kommunikationsfähigkeiten) • Anpassung der Mitarbeiterqualifikationen an Erfordernisse von Technologien und Marktverhältnissen • Erhöhung der Arbeitszufriedenheit	• Aktivierung des Qualifikationspotentials • Verbesserung der Chancen zur Selbstverwirklichung am Arbeitsplatz • Schaffung von Voraussetzungen zur weiteren Karriere • Minderung der Risiken des Arbeitsplatzverlustes und der Entgeltminderung • Erhöhung individueller Mobilität (regional, fachlich, hierarchisch) • Erhaltung und Verbesserung der Qualifikation • Erhöhung des Entgelts • Erhöhung des Prestiges • Befriedigung immaterieller Motive

Überblick über Ziele der Personalentwicklung

mationen über bspw. den qualitativen → Personalbedarf und das Angebot externer Seminaranbieter, auf Output-Informationen über die tatsächlich erzielten Effekte sowie auf Prozeß-Informationen über den ad-

Teilbereiche der Personalentwicklung			
Bildung		Aufgaben-strukturierung	Karriere-planung
Ausbildung	Fortbildung		
– Berufsausbildung – Traineeausbildung – Anlernausbildung	– Anpassungsfortbildung – Aufstiegsfortbildung	– Job Enlargement – Job Enrichment – (Teil-)Autonomie, Arbeitsgruppen	- Job Rotation – Projektgruppensatz – Leitungshierarchie – Parallelhierarchie

Teilbereiche der Personalentwicklung

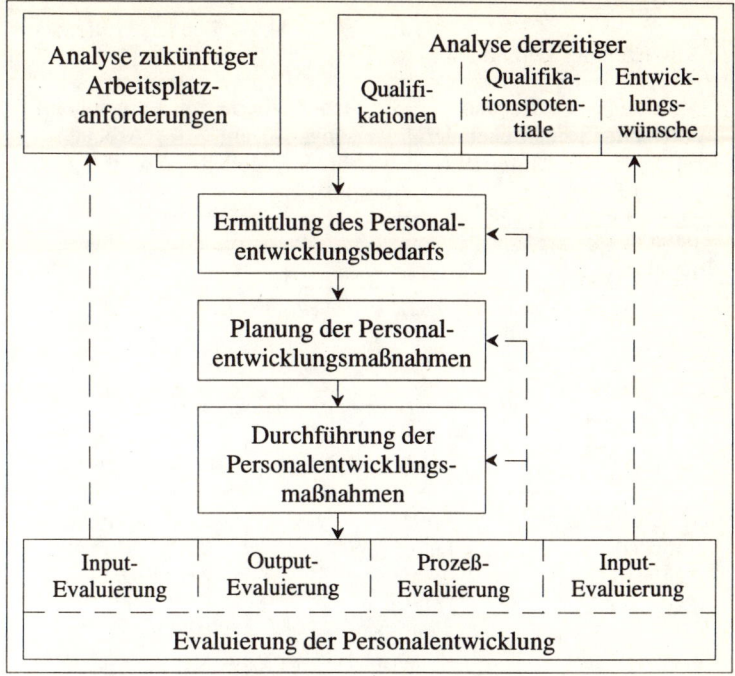

Ablauf der Personalentwicklung

äquaten bzw. angestrebten Verlauf der einzelnen Phasen der Personalentwicklung. Korrekturmaßnahmen sind dann z. T. möglich.

Lit.: Berthel 1991, Thom 1992, Beker, M. 1993

Personalentwicklungsmethoden

Im Rahmen der betrieblichen → Bildung, z. T. auch in anderen Teilsystemen der → Personalentwicklung, werden verschiedene Personalentwicklungs- bzw. Lehr- und Lernmethoden v. a. zur Vermittlung von Kenntnissen und Fertigkeiten (→ Qualifikation) eingesetzt. Diese Methoden lassen sich einerseits nach der jeweiligen Aktivität des Lehrenden bzw. Lernenden differenzieren (aktive und passive Lehrmethode; s. Abbildung auf S. 300). Inhaltlich lassen sich andererseits die einzeln im Lexikon erläuterten Methoden der Personalentwicklung in drei verschiedene Gruppen klassifizieren (s. Abbildung auf S. 300 unten).

Lit.: Berthel 1991, Mentzel 1992

Personalentwicklungsplanung

Aktivitäten des Lehrenden			Aktivitäten des Lernenden	
Vortrag, Vorlesung	fragend-entwickelnder Unterricht	Unter-weisung, Lehr-gespräch	Lernen am Modell	Lernen beim Arbeiten ("on-the-job")
passive Methoden ←				→ aktive Methoden

Beispiele für aktive und passive Lehr- und Lernmethoden

Methoden der Personalentwicklung		
Training-on-the-job	Training-off-the-job	Training-near-the-job
– Unterweisung am Arbeitsplatz – Leittextmethode – Einsatz als Assistent, Nachfolger, Stellvertreter – Multiple Führung – Modellernen	– Vortrag – Lehrgespräch, -konferenz – Fallstudie – Planspiel – Rollenspiel – programmierte Unterweisung – gruppendynamisches Training	– Qualitätszirkel (Büro-, Werkstattzirkel) – Lernstatt – Coaching – Mentorenschaft

Übersicht über Personalentwicklungsmethoden

Personalentwicklungsplanung (→ Personalentwicklung)

Personalforschung

Bei der Personalforschung handelt es sich um eine wissenschaftlich gestützte Informationsgewinnung im Bereich des → Personalmanagements, v. a. über Personen (Mitarbeiter und Bewerber), → Arbeitssituationen, → Arbeitsmärkte und → Personalbedarf durch bzw. unter Anleitung betrieblicher Stellen. Entsprechend der genannten Objekte bzw. Inhalte läßt sich die Personalforschung wie folgt differenzieren: → Arbeitsmarktforschung, → Arbeitsforschung, → Qualifikations- und Eignungsforschung sowie → Personalbedarfsermittlung (s. die Abbil-

	Personalforschung		
Arbeitsmarkt-forschung	**Arbeits-forschung**	**Qualifikations- und Eignungs-forschung**	**Personal-bedarfs-ermittlung**
Objekte: betriebliche und gesamtgesellschaftliche (Teil-) Arbeitsmärkte	*Objekte:* Arbeitsplätze, Arbeitssituation, Arbeitsgruppen, Anforderungen	*Objekte:* aktuelle wie potentielle Qualifikationen bzw. Leistungen der Mitarbeiter und Bewerber	*Objekte:* Bruttopersonalbedarf in Quantität, Zeit und Örtlichkeit; Personalbestand; Nettopersonalbedarf
Instrumente: Statistiken, statistische Analysen; Primär- und Sekundäranalysen; Mitarbeiterbefragungen	*Instrumente:* Arbeitsplatzanalyse, Rollen- und Bedingungsanalyse, Anforderungsbewertung; Anforderungsanalyse	*Instrumente:* Leistungsbeurteilung, Potentialbeurteilung; Instrumente der Personalauswahl	*Instrumente:* Kennziffern, Arbeitsstudien, Zeitstudien, betriebliche Pläne

Inhalte der Personalforschung

dung). Die dabei gewonnenen Informationen bilden die Grundlage für nachfolgende personalwirtschaftliche Entscheidungen.

Lit.: Martin 1988, 1992a, Weber 1992, Becker/Martin 1993

Personalfragebogen

Der Personalfragebogen ist ein Instrument der → Qualifikations- und Eignungsforschung im Rahmen der → Personalauswahl. Er wird den Bewerbern zwecks einer übersichtlichen und vergleichbaren Darstellung ihrer Daten mit der Bitte um ge-

wissenhafte Ausfüllung zugesendet. Personalfragebogen können sich auf das Erheben harter Fakten, also primär formaler Kriterien beschränken oder sie können weitergehende Daten erheben, die das Verhalten von Bewerbern in der Vergangenheit sowie, so zumindest die Annahme, deren Verhalten in der Zukunft widerspiegeln. Personalfragebogen bedürfen nach → Betriebsverfassungsgesetz der Zustimmung des → Betriebsrates. Kommt eine Einigung über ihren Inhalt nicht zustande, so entscheidet die → Einigungsstelle.

Personalfreisetzung

Personalfreisetzung

Der *Begriff* der Personalfreisetzung
(in etwa synonym: Personalfreistel-
lung, Personalanpassung) umfaßt
die Verminderung einer mittels →
Personalbedarfsermittlung festgestellten Personalüberdeckung (=
Überhang, Überkapazität, Überbe-
schäftigung, positiver → Personalbedarf) unter Berücksichtigung der
hiermit verbundenen sozialen wie betrieblichen Konsequenzen. Er beinhaltet alle Reduzierungen der nicht
benötigten Personalkapazität, die
sich wiederum in *Quantität* (Überdeckung in einer bestimmten Höhe),
Qualität (Überdeckung in bestimmten → Qualifikationen), *Zeit* (Überdeckung in einem bestimmten Zeitraum) und/oder *Örtlichkeit* (Überdeckung in bestimmten Betriebsteilen) ausdrücken läßt. Personalfreisetzung ist dadurch nicht mit dem Abbau der Beschäftigtenzahl (= Personalabbau), etwa durch → Kündigungen, unmittelbar gleichzusetzen.
Überkapazitäten können zum einen
auch rein örtlich, rein zeitpunktbezo-
gen oder durch Überqualifikationen
bestehen sowie zum anderen auch
durch Maßnahmen reduziert werden, die die beschäftigten Mitarbeiter weiterhin im Betrieb beläßt.
Analysen zu den *Ursachen* einer
eventuell notwendigen Kapazitäts-
verminderung sind unabdingbar, um
mögliche Ansatzpunkte zur zukünftigen Vermeidung bzw. zur Durchführung von Freisetzungen zu erkennen, Ausmaß und Zeitdauer der Personalüberdeckung zu erfassen und

Wirkungen von Maßnahmen antizi-
pieren zu können. Die Ursachen können vorübergehender oder andau-
ernder Art, geplant oder ungeplant
und betriebsinterner wie -externer
Art sein sowie die Gesamtbelegschaft, einzelne → Arbeitnehmer
(Gruppen) mit bestimmten Qualifikationen und in bestimmten Bereichen treffen. Als Ursachen einer aktuellen und/oder zukünftigen Personalüberdeckung sind neben Mana-
gementfehlern (Fehlinvestitionen
u. ä.) zu nennen: (1) *weitgehend vor-
hersehbare Ursachen*: unzutreffende oder unzureichende → Personal-
planungen, Reorganisation, Rationalisierungen, Betriebsstilllegungen
und -verlagerungen, Produktionsver-
lagerungen oder -umstellungen, Be-
triebsauflösungen, Fusionen, periodische Personalbedarfsschwan-
kungen; (2) *relativ unvorhersehba-
re Ursachen*: Bedürfnis- und Be-
darfsänderungen, konjunkturelle
Absatzverluste und Produktions-
rückgänge, strukturell bedingte
Schrumpfungsprozesse in Gesamt-
wirtschaft, Branche und/oder Betrieben, personenbedingte Faktoren
(z. B. mangelnde Eignung).
Personalfreisetzungsmaßnahmen
können nach ihrer konkreten Form
unterschieden werden zunächst in
unternehmungs- und personalpolitische, in qualitative und in quantitative Maßnahmen. Die quantitativen
Maßnahmen lassen sich wiederum
in örtliche, zeitliche und quantitative Maßnahmen i. e. S. differenzieren. Diese Begriffe sind nicht direkt
mit quantitativen, qualitativen, örtli-

Maßnahmen der Personalfreisetzung		
Unternehmungs- und personalpolitische Maßnahmen	*Qualitative Anpassungs- maßnahmen*	*Quantitative Anpassungs- maßnahmen*
* *Unternehmungspolitische Maßnahmen*, wie z. B.: – zusätzliche Marketingaktivitäten – staatliche Beschäftigungsgarantien – Verschiebung von Rationalisierungen – Hereinnahme und Rücknahme von Fremdaufträgen – Kostensenkungen im Betrieb – Vorziehen von Reparatur- und Erneuerungsarbeiten * *Personalpolitische Maßnahmen*, wie: – Förderung regionaler Mobilität – Förderung von Mehrfachqualifikationen – Gestaltung der Alters und Qualifikationsstruktur – Aufbau einer Randbelegschaft	* *Umschulung* * *Fortbildung* – Anpassungsfortbildung – Aufstiegsfortbildung * *Aufgabenstrukturierung*	* *Örtliche Anpassungsmaßnahmen* – Versetzung – Umsetzung – Änderungskündigung * *Zeitliche Anpassungsmaßnahmen* – Urlaubsgestaltung – Abbau von Mehrarbeit, Überstunden, Sonderschichten – Arbeitszeitveränderungen – Kurzarbeit * *Quantitative Anpassungsmaßnahmen* i. e. S. – Einstellungsstop – Aufhebungsverträge – vorzeitige Pensionierung – Beendigung von Personalleasing – Nichtverlängerung befristeter Arbeitsverhältnisse – Kündigungen – Massenentlassungen

Betriebliche Maßnahmemöglichkeiten zur Personalfreisetzung

chen bzw. zeitlichen Personalüberdeckungen verbunden. Sie stellen nur Ansatzpunkte zur Reduzierung der Freisetzungsbedarfe (eine Kombination der vier Komponenten) dar. In der Abbildung sind Personalfreisetzungsmaßnahmen differenziert.

Durch verschiedene Maßnahmen läßt sich antizipativ, z. T. auch reaktiv, der Freistellungsbedarf reduzieren: Die Geschäftsleitung kann durch verschiedene *unternehmenspolitische Maßnahmen* versuchen, die Erfolgslage zu verbessern und eine vorliegende bzw. antizipierte Personalüberdeckung zu verringern, indem indirekt der Bruttopersonalbedarf erhöht wird. *Personalpolitische Maßnahmen* im Vorfeld möglicher Freisetzungsmaßnahmen dienen dazu, notwendige Freisetzungen so vorzustrukturieren, daß die Nachteile für Betrieb und Arbeitnehmer möglichst gering ausfallen bzw. Freisetzungen vermieden werden.

Qualitative Anpassungsmaßnahmen betreffen den Bereich der → Personalentwicklung. Die Maßnahmen tragen dazu bei, einen qualitativen Mehrbedarf in einem Bereich durch die Qualifizierung von in anderen Bereichen freizustellenden Mitarbeitern zu beseitigen sowie die Einsatzflexibilität der Mitarbeiter und deren Versetzungspotential zu verbessern. Es besteht die Möglichkeit, die Personalentwicklungsaktivitäten bei vorübergehenden Beschäftigungsüberschüssen in die unproduktiven Zeiten zu legen.

Faßt man die Personalfreisetzung als Reduzierung der personellen Überkapazität des Gesamtbetriebes wie auch einzelner Betriebsteile auf, so kann man die damit verbundenen *quantitativen Anpassungsmaßnahmen* differenzieren in örtliche Maßnahmen, zeitliche Maßnahmen und quantitative Maßnahmen im engeren Sinne. Die örtlichen und die zeitlichen Anpassungen verringern die personelle Überkapazität ohne, die quantitativen Anpassungen im engeren Sinne dagegen überwiegend durch eine Reduzierung der Beschäftigtenzahl.

- *Örtliche Anpassungsmaßnahmen* dienen einem (quantitativen) Kapazitätsausgleich innerhalb eines Betriebes. Die Maßnahmen empfehlen sich generell dann, wenn eine Überdeckung in einem Bereich durch eine Unterdeckung (Ersatzbedarf) in einem anderem Bereich kompensiert werden kann (z. B.: Teil-/Betriebsstillegung; technische Umstellungsprozesse in Teilbereichen).

- Mit *zeitlichen Anpassungsmaßnahmen* wird eine Verringerung der quantitativen Überkapazität ohne einen Abbau der Beschäftigtenzahl angestrebt. Maßnahmenkategorien sind: Urlaubsgestaltung, Abbau von → Mehrarbeit, Überstunden, Sonderschichten, → Arbeitszeitverkürzung, → Kurzarbeit.

- *Quantitative Anpassungsmaßnahmen i. e. S.* haben die Verringerung der Überkapazität mit der Reduzierung der Beschäftigtenzahl zum Ziel. Mögliche Maßnahmen sind in der Abbildung wiedergegeben. Daneben können noch negative Anreize (z. B. Abbau freiwilliger Sozialleistungen und Vergünstigungen) geboten werden, um ein freiwilliges Ausscheiden zu fördern. Wegen der mangelnden Steuerbarkeit dieser Maßnahme als Freisetzungsinstrument kann sie jedoch nicht gezielt eingesetzt werden.

Personalfreisetzungsmaßnahmen können weiter nach dem Zeitpunkt ihres Einsatzes klassifiziert werden:

- *Reaktive Personalfreisetzungsmaßnahmen* setzen erst bei oder nach Entstehen einer Personalüberdeckung an. Sie erfordern weniger planerischen Aufwand, können aber bestimmte Härten für Arbeitnehmer weniger ausgleichen.

- *Antizipative Personalfreisetzungsmaßnahmen* versuchen, das Entstehen von Personalüberdeckungen zu vermeiden und zwar durch die Beeinflussung planbarer Freisetzungsursachen sowie die vorzeitige Verwendung sog. weicher Maßnahmen (z. B. Einstellungsstop mit der Nutzung der natürlichen Fluktuation). Sie bedingen eine kurz- bis mittelfristige Personalplanung. In diesem Sinne beschäftigt sich eine *Personalfreisetzungsplanung* (→ Personalplanung) mit der gedanklichen Erfassung und Beseitigung von quantitativen, qualitativen, örtlich wie zeitlich bedingten Personalüberkapazitäten. Mit ihr wird der Einsatz von Instrumenten geplant, der eine personelle Überdeckung vermindert oder

nicht entstehen läßt. Die Freistellungsplanung ist von der Absicht her eine Planung zur Vermeidung von Personalfreisetzungen.

Lit.: Becker/Meurer 1988, Berthel 1991, Wagner 1992, v. Eckardstein 1993

Personalfreisetzungsplanung (→ Personalfreisetzung)

Personalführung (→ Mitarbeiterführung)

Personalgespräch (→ Mitarbeitergespräch)

Personalinformationssystem

Die Erfüllung der Personalfunktion als Teil des Managementsystems wird entscheidend durch den Umfang und die Güte der verfügbaren Personalinformationen bestimmt. Erfahrungen mit der → Personalforschung in Betrieben zeigen, daß ein Personalinformationssystem (PIS) als Teil eines Managementinformationssystems notwendig erscheint, um zum einen die vielfältigen Informationen zielgerecht zusammenzuführen und zum anderen, um fundiert personalpolitische Entscheidungen treffen zu können. Die Definition und damit auch die Gestaltung eines Personalinformationssystems ist in Wissenschaft und Praxis umstritten. Als PIS werden manuelle, i. d. R. jedoch computergestützte Verfahren zur geordneten Erfassung, Speicherung, Verarbeitung und Bereitstellung aller relevanten Informationen über den → Arbeitsmarkt, die Arbeitsplätze bzw. -situationen, die Mitarbeiter(-qualifikationen) und → Personalbedarfe verstanden, um bestimmten zugangsberechtigten Führungskräften, Personalsachbearbeitern, Arbeitnehmervertretungen aller betrieblicher Ebenen und Funktionen mit Informationen zu versorgen, die sie zur angemessenen Ausübung ihrer Führungs- und Verwaltungsaufgaben unter Berücksichtigung relevanter Rechtsnormen sowie betrieblicher wie individueller Ziele des Betriebes benötigen. Sie haben Instrumentalcharakter und sind insofern Hilfsmittel zur Unterstützung des betrieblichen → Personalmanagements. Eingesetzt werden sie insbes. bei der → Personalbedarfsermittlung, dem → Personaleinsatz, der → Personalbeschaffung, der → Personalfreisetzung, der → Personalentwicklung, der → Entgeltfindung und der → Personalverwaltung. Ein *computergestütztes PIS* besteht üblicherweise aus drei Komponenten: (1) In der *Personaldatenbank* sind quantitativ und qualitativ differenzierte Aussagen (z. B. → Qualifikationen, Arbeitszeitdaten, Entgeltabrechnungs- und Verwaltungsdaten) über den Personalbestand eines Betriebes enthalten. (2) Entsprechend beinhaltet die *Stellendatenbank* quantitativ und qualitativ differenzierte Informationen (v. a. → Anforderungen, Arbeitszeiterfordernisse) über die Arbeitsplätze und Tätigkeitsbereiche. (3) Die *Methoden- und Modellbank* dient dazu, mit Hilfe statistischer Methoden und Planungsansätze sowie unter Verwen-

dung des Managementinformationssystems (z. B. Strategiedaten) eine problemspezifische Transformation der gespeicherten Daten je nach Verwendungszweck (Personalbedarfsprognose, Personalentwicklung) vorzunehmen. Hierzu bedient man sich z. B. Abrechnungs-, Auswertungs-, Prognose- und Darstellungsprogrammen. Je nach Fragestellung können zusätzlich externe Datenbanken (externes Arbeitskräfteangebot, Veränderungen von → Berufsbildern) sowie andere intere Datenbanken (z. B. gesamtbetriebliche Rahmendaten, Unternehmungsplan) beim Einsatz eines PIS Verwendung finden. Neben ökonomischen Zwecküberlegungen (Nutzen der Informationen/Kosten des Aufbaus und der Pflege) sind ethische Probleme und Vorschriften zum Datenschutz (→ Bundesdatenschutzgesetz) entscheidende Kriterien für den Umfang der eingesetzten Komponenten. (Siehe auch → PAISY.)

Lit.: Drumm 1992a, Wagner/Sauer 1992, Domsch/Schneble 1993, Scholz 1993

Personalkennziffern

Als Personalkennziffern (bzw. Personalkennzahlen) werden solche Zahlen bezeichnet, die Informationen über personalwirtschaftliche Sachverhalte zumeist als Verhältniszahl, aber auch als absolute Ziffer in komprimierter Form darstellen (sollen). Sie stützen sich zum großen Teil auf Daten des Rechnungswesens bzw. des → Personalinformationssystems. Mit ihnen soll die Analyse der betrieblichen Personalarbeit bez. der Identifikation von Problemen wie auch die Steuerung und Kontrolle des Betriebes erleichtert werden. Vielfältige Kennzahlen existieren zu → Personalkosten, zur Arbeitsproduktivität, zur Unfallhäufigkeit, zur → Fluktuationsquote, zur Quote der → Fehlzeiten u. a.

Lit.: v. Eckardstein 1982, Töpfer 1992

Personalkosten

Personalkosten werden in der Literatur sehr unterschiedlich verstanden. Im engeren Sinne der Betriebswirtschaftslehre stellen sie den sachzielbezogenen bewerteten Güterverzehr in einer Periode dar, der für die Bereitstellung, den Einsatz und die Steuerung der Mitarbeiter eines Be-

triebes anfällt. Vom *Personalaufwand* sind sie zum einen durch den Sachzielbezug und zum anderen durch die Einbeziehung des kalkulatorischen Unternehmerlohns abzugrenzen. Die Abgrenzung fällt in praxi oft jedoch schwer, insbes. wenn es um die Feststellung der Sachzielbezogenheit des Einsatzes von Ressourcen geht. Von daher wird häufig eine Abgrenzung zwischen Personalkosten und -aufwand nicht vorgenommen. Die Personalkosten werden i. d. R. in tätigkeitsbezogene Entgeltkomponenten einerseits (*direkte Personalkosten*; synonym: Personalnebenkosten, Lohnzusatzkosten, Lohnnebenkosten) und Personalzusatzkosten andererseits (*indirekte Personalkosten*) differenziert (s. die Abbildung S. 307 ff).

Lit.: Hemmer 1992, Scholz 1993

Personalkosten	
direkte Personalkosten (Entgelte)	– Lohn, tariflich (Grundlohn, Leistungszulagen); – Lohn, außertariflich (freiwillige und übertarifliche Leistungszulagen, Prämien); – Gehalt, Tarifangestellte (Grundgehalt, Zulagen, übertarifliche Gehälter, Prämien, Provisionen); – Gehalt, außertarifliche Angestellte (Monatsbezüge, Gehalt, Provisionen; Jahresbezüge wie z. B. Gratifikationen, Tantiemen, Erfolgsbeteiligungen, sonstige Vergütungen); – sonstige Entgelte (Mehrarbeits-, Spätarbeits-, Nachtarbeits-, Sonn- und Feiertagszuschläge; Erschwernis- und Umweltzulagen)

Personalkosten

indirekte Personalkosten (Personalzusatzkosten)	gesetzliche und tarifliche	– Renten-, Arbeitslosen-, Kranken- und Pflegeversicherung, Berufsgenossenschaft; – Urlaubsgeld, zusätzliche Urlaubsvergütung; – Ausfallzeiten wie z. B. gesetzliche Feiertage, Fortzahlung im Krankheitsfalle, bei Kuren und beim Mutterschutz; – Schwerbehinderte (Betreuung, Sonderurlaub, Ausgleichsabgabe); – Werksärztlicher Dienst (Personalkosten, Sachkosten, Ausfallzeiten); – Arbeitssicherheit (Personalkosten, Sachkosten, Ausfallzeiten, Sicherheitsbeauftragte); – Betriebsverfassung und Mitbestimmung (Personalkosten Betriebs- und Aufsichtsrat, Sachkosten; – Betriebsversammlung, Wahlen, Vertrauensleute); – Kosten der vermögenswirksamen Leistungen; – sonstige Kosten wie z. B. 13. Monatsgehalt, Ausgleichszahlungen für ältere Mitarbeiter, Abfindungen auf Grund von Rationalisierungsabkommen, Zahlungen in Sterbefällen;
	freiwillige	– Küchen und Kantinen (Kosten abzüglich Erlöse): Personalkosten, Sachkosten, Zuschüsse; – Wohnungshilfen (abzüglich Einnahmen): Werkswohnungen, Wohnheime, Beschaffung, Mietzuschüsse, Baudarlehen; – Fahrt- und Transportkosten: Fahrgeldzuschüsse , Zubringerbus, Familienheimfahrten, Trennungsentschädigung, Umzugskosten; – soziale Fürsorge: Werksfürsorge, Familienhilfe, Kindergarten, Beihilfen, Erholungskuren; Betriebskrankenkasse: Personal- und Sachkosten; Arbeitskleidung; – Altersversorgung: Renten, Pensionen, Zuschüsse zur befreienden Lebensversicherung, Weihnachtszuwendungen für Rentner, Beiträge zur Pensionssicherung (Insolvenzversicherung);

indirekte Personalkosten (Personalzusatzkosten)		– sonstige Leistungen: Weihnachtsgratifikation, Belegschaftsaktien, Verbesserungsvorschläge, Förderung der Freizeitgestaltung, Einkaufsvergünstigungen, Jubiläumsgeschenke, Sonderurlaub, Geschenke für persönliche Anlässe;
		– Personalzusatzkosten aufgrund von Aus- und Fortbildung, wie z. B. Auszubildende, Weiterbildung, Umschulung, Führungskräfteschulung, Stipendien (jeweils Kosten für Ausbilder, Ausfallzeitkosten, Sachkosten, Reisekosten, Ausbildungsmittel, Seminargebühren);
		– Freiwillige Personalzusatzkosten
		  * Ausbildung (Ausbilder, Lehrwerkstatt u. a.)
		  * Fortbildung (Fehlzeiten der Mitarbeiter, Seminarkosten u. ä.)
		  * Wohnungshilfen

Personalkostenüberblick

Personalkostenplanung

Die Personalkostenplanung als Teilsystem der → Personalplanung hat insofern eine wesentliche Bedeutung, als daß die → Personalkosten i. d. R. einen großen Anteil an den gesamten Kosten eines Betriebes haben und von daher von der Preisgestaltung bis hin zur Finanzplanung Auswirkungen vorliegen. Im Rahmen der Personalkostenplanung findet nun v. a. die kostenmäßige Erfassung aller geplanten personalbezogenen Entscheidungen statt und zwar bezogen auf eine Kostenarten-, Kostenstellen- und Kostenträgerrechnung. Sie ermöglicht damit die Überwachung und Kontrolle (→ Personalcontrolling) der Pläne sowie eine Analyse von Kostenentwicklungen und deren Handhabung.

Lit.: RKW-Handbuch 1990, Schoenfeld 1992, Scholz 1993

Personalleasing

Personalleasing (synonym: Arbeitnehmerüberlassung, Leiharbeit, Zeitarbeit, Personalleihe) stellt eine spezielle Methode der temporären → Personalbeschaffung dar. Aufgrund von Arbeitnehmerüberlassungsverträgen werden sog. Leih- bzw. Zeitarbeitnehmer zeitweise im Betrieb beschäftigt. Im Rahmen eines Leiharbeitsverhältnisses wird ein → Arbeitnehmer auf Weisung seines → Arbeitgebers bei einem anderen Betrieb entsprechend dessen Weisungen tätig. Das alte → Arbeitsverhältnis bleibt dabei bestehen. Ein neues wird nicht gegründet. Ein Arbeitnehmer ist allerdings nach BGB nur dann zur Leistung von Leiharbeit grundsätzlich verpflichtet, wenn er ausdrücklich einer solchen Tätigkeit zugestimmt hat. Die Leiharbeit ist folgendermaßen zu differenzieren: (1) Bei einer *echten Leiharbeit* wird ein Arbeitnehmer überwiegend von seinem eigentlichen Arbeitgeber beschäftigt und nur gelegentlich, bspw. bei Arbeitsmangel oder Freundschaftsdiensten, bei einem anderen Betrieb mit seinem Einverständnis tätig. (2) Bei der *unechten Leiharbeit* handelt es sich um eine gewerbsmäßige Überlassung beim anderen Betrieb von einem sog. Verleiher. Diese Form des Personalleasings ist durch das Arbeitnehmerüberlassungsgesetz geregelt. Es kommen hierbei Rechtsbeziehungen zwischen insgesamt drei Parteien zustande: Zwischen dem Leiharbeitnehmer, dem Verleiher und dem Entleiher. Der Verleiher ist ein selbständiger Betrieb, der vorübergehend Arbeitnehmer verleiht, deren → Arbeitsverträge zu ihm weiter fortbestehen. Dieser Personalleasingbetrieb schließt mit dem Zeitarbeitnehmer einen Dienstvertrag ab, zahlt diesem den Nettolohn (→ Entgelt) und führt Steuern und Sozialabgaben ab. Der Verleiher hat dabei das volle → Direktionsrecht über den Leiharbeitnehmer. Er schließt mit dem sog. Entleiher einen Arbeitnehmerüberlassungsvertrag ab. Entleiher ist der das Personalleasing in Anspruch nehmende Betrieb. Er bedingt sich gegenüber dem Verleiher i. d. R. das Recht aus, den geliehenen Mitarbeitern für die Zeit der Beschäftigung für seinen Betrieb Weisungen zu erteilen. Der entleihende Betrieb zahlt die vereinbarte Gebühr und gibt dem Zeitarbeitnehmer lediglich Arbeitsanweisungen am Arbeitsplatz. Arbeitgeber, die im Rahmen der Arbeitnehmerüberlassung Dritten Arbeitnehmer gewerbsmäßig zur Arbeitsleistung überlassen wollen, ohne damit → Arbeitsvermittlung nach → Arbeitsförderungsgesetz zu betreiben, bedürfen der Erlaubnis der → Bundesanstalt für Arbeit. Der Tatbestand der Arbeitsvermittlung wird vermutet, wenn der Überlassende nicht die üblichen Arbeitgeberpflichten oder das Arbeitgeberrisiko übernimmt oder die Dauer der Überlassung im Einzelfall sechs Monate übersteigt. (Keiner Erlaubnis bedürfen Arbeitgeber mit weniger als 20 Beschäftigten, die zur Vermeidung von → Kurzarbeit oder → Kündigungen an Arbeitgeber desselben Wirtschaftszweiges im selben oder unmittelbar angrenzenden Handwerkskammerbezirk einen Arbeitnehmer bis zur Dauer von drei Monaten überlassen und dies beim zuständigen Landesarbeitsamt anzeigen.)

Lit.: Becker, F. 1992

Personalleihe (→ Personalleasing)

Personalleiter

Die Bezeichnung „Personalleiter" ist die abgekürzte Version für die Funktion des Leiters des Personalbereichs. Er hat die personellen Belange des Betriebes verantwortlich zu vertreten, ist entweder einem Personalvorstand direkt unterstellt oder oberste Personalinstanz im Betrieb.

Personalmanagement

Die Vertreter des Begriffs „Personalmanagement" legen besonders viel Wert auf ein Verständnis der Personalfunktion als Teil des übergreifenden Managementsystems und -prozesses. Diese sind in allen Phasen und in allen Elementen von personellen Aspekten durchwoben. Insofern sind die → Personalverantwortlichen angehalten, im Rahmen des Managements – quasi zwangsläufig – auch Personalentscheidungen zu treffen. Diese Integration der Personalfunktion in den obersten Managementbereich und in die Verantwortung der Vorgesetzten intendiert, daß die Formulierung der betrieblichen Strategien, die Gestaltung der Organisationsstruktur, die Bestimmung von personeller Verantwortung u. a. m. durch Personalmanager auf der obersten Ebene mitbestimmt werden sowie Personalaufgaben nicht mehr (allein) eine Angelegenheit der → Personalabteilung sind. Mit dieser Interpretation wird die Bedeutung personalbezogener Fragestellungen verdeutlicht. Nicht allein institutionelle und instrumentelle Fragen stehen im Vordergrund, sondern auch und ganz besonders die Führungsverantwortung (→ Mitarbeiterführung) jedes Mitarbeiters. Dabei wird eine deutliche Einbeziehung verhaltenswissenschaftlicher Aussagen vorgenommen. Noch zu Anfang der 80er Jahre wurde der

Funktionsbereich „Personal" als ein betriebliches Aufgabengebiet neben anderen, wie z. B. Beschaffung, Produktion, Absatz – und denen noch häufig nachgeordnet – behandelt. Seitdem hat sich in der Literatur – und etwas schwächer in der Praxis – eine Neuorientierung der Personalarbeit hin zu einer integrativen, proaktiven und strategischen Auffassung der Personalfunktion ergeben. Die Personalarbeit reduziert sich nicht allein auf die Anwendung operativer Personalinstrumente (→ Personalplanung, → Personalauswahl, → Personalentwicklung u. a.) durch spezialisierte Mitarbeiter der Personalabteilung. Die → Delegation bzw. Abschiebung von immer mehr und immer schwieriger zu lösenden Personalfragen (z. B. → Assessment-Center, → Karriereplanung) an die Fachabteilung „Personal" hat mit zu einem relativ unkoordinierten Wachstum und in Folge auch zu einer Vernachlässigung strategischer Aufgaben geführt.

Personalwirtschaftliche Entscheidungen werden durch verschiedene außerbetriebliche *Umfelder* beeinflußt:

● Bezüglich des *ökonomischen Umfelds* wirken volkswirtschaftliche und insbes. arbeitsmarktbezogene Rahmendaten und Faktoren auf die betriebliche Personalarbeit ein. Ökonomische Rahmendaten setzen Bedingungen für das Tätigsein des Betriebes.

● Mit dem *sozio-kulturellen Umfeld* sind diejenigen gesellschaftlichen Faktoren gemeint, die die individuellen → Einstellungen und Verhaltensweisen der → Arbeitnehmer beeinflussen. Von daher ist bspw. die individuelle und soziale → Leistungsbereitschaft, die Einstellung zur Autorität, die Mobilität der Mitarbeiter etc. von verschiedenen sozio-kulturellen Faktoren beeinflußt.

- Das *technologische Umfeld* wird v. a. durch die Produktions- und Informationstechnologie bestimmt. Der fortwährende technische Fortschritt und insbes. die Automatisierung bedeuten für alle Betriebe und ihre Mitarbeiter tiefgreifende Wandlungen, die letztendlich auch die Personalarbeit in den Betrieben betreffen. Die Verwendung verschiedener neuartiger Maschinen führt zu einer Substitution der menschlichen Arbeit durch Sachkapital. Sie führt allerdings auch zu veränderten → Arbeitsbedingungen der beschäftigten Mitarbeiter. Die Folgen liegen hier zum einen in unterschiedlichen Formen der → Personalfreisetzung und zum anderen in der Personalentwicklung.

- Mit dem *ökologischen Umfeld* sind diejenigen Umweltbedingungen angesprochen (z. B. Infrastruktur, geographische und klimatische Bedingungen), die das Verhalten der Arbeitnehmer ebenfalls beeinflussen. Hier ist einerseits ein mittlerweile gesteigertes Interesse an einer unbelasteten Umwelt, auch Arbeitsumwelt, zu nennen, andererseits wird auch allein wegen der Schaffung und Si-

cherung von Arbeitsplätzen der Umweltschutz kritisch betrachtet.

- Das *rechtlich-politische Umfeld* wird letztlich durch die gesamten für einen Betrieb bedeutenden Regelungen bestimmt. Für die betriebliche Personalarbeit sind hier eine Vielzahl verschiedener Bestimmungen relevant: z. B. die geltende Sozial- und Rechtsordnung, die von gesellschaftlich bedeutenden Gruppen, wie Staat, Parteien, → Gewerkschaften und → Arbeitgeberverbänden mitgestaltet wird. Außerdem ist der rechtliche Rahmen, also die Spielregeln für die Ausgestaltung der Beziehungen zwischen Arbeitnehmerschaft und Arbeitgeber (→ Arbeitsbeziehungen) durch den Gesetzgeber festgelegt. Der rechtliche Rahmen läßt sich kurz gefaßt bestimmen durch das kollektive Vertragsrecht (z. B. → Tarifverträge), das individuelle Vertragsrecht (z. B. → Arbeitsverträge), die Mitbestimmungsgesetze (z. B. → Betriebsverfassungsgesetz, → Mitbestimmungsgesetz), die Schutzgesetze (z. B. → Mutterschutzgesetz, → Schwerbehindertengesetz) und die Sozialgesetzgebung (→ Krankenversicherung, → Unfall- und → Rentenversicherung).

Lit.: Berthel 1991, Wächter 1992b, Wright u. a. 1992, Scholz 1993

Personalmarketing

Der Begriff des Personalmarketing sowie seine Ziele, Objekte und Methodik werden in der Literatur sehr unterschiedlich verwendet. Die Bandbreite reicht von der Betrachtung des Personalmarketings als eine einzelne Funktion des → Personalmanagements (insbes. im Rahmen der externen → Personalbeschaffung) bis hin zu der Auffassung, daß es ein personalpolitisches Konzept darstellt, welches fast alle personalwirtschaftlichen Teilfunktionen in sich vereint. Dieser letzten Sichtweise wird hier nicht gefolgt. Personalmarketing stellt die Erschließung insbes. des externen → Arbeitsmarktes durch den Auf- und Ausbau eines positiven Images auf den beschaffungsrelevanten Arbeitsmarktsegmenten eines Betriebes dar. Das Ziel des externen Personalmarketings ist die mittel- bis langfristige Erschließung von Personalpotentialen auf dem externen Arbeitsmarkt. Letztendlich geht es darum, daß bei vakanten Stellen eine Vielzahl von qualifizierten Bewerbern sich zu einer Bewerbung entschließt. Dies kann z. B. geschehen durch den koordinierten Einsatz bestimmter Kommunikationsmittel (→ Personalwerbung). Personalmarketing richtet sich aber auch auf den internen Arbeitsmarkt aus, wenn es bspw. eine erhöhte Bleibemotivation der bereits im Betrieb beschäftigten Mitarbeiter zum Ziel hat. Hier ist die gesamte Palette betrieblicher → Anreize bzw. deren Gestaltung angesprochen. Personalmarketing ist dabei nicht nur in Zeiten eines Personalbedarfs durchzuführen, sondern zu jeder Zeit, um sich langfristig ein gutes Image auf dem Arbeitsmarkt zu schaffen.

Lit.: Wunderer 1991, Bartscher/ Fritsch 1992a, Drumm 1992a

Personalnebenkosten (→ Personalkosten)

Personalökonomie

Die Personalökonomie – verstanden als mikroökonomisch ausgerichtete → Personalwirtschaftslehre – stellt das Beschäftigungsverhältnis zwischen → Arbeitnehmer und → Arbeitgeber als Tausch unter Marktbedingungen dar. Sie versucht Beschäftigungsentscheidungen vor dem Hintergrund von Unsicherheit auf Produkt- und Absatzmärkten sowie der Wirkung institutioneller Rahmenbedingungen (rechtliche, tarifvertragliche und andere normenstiftende Regelungen; alternative Arbeitsmarktsituationen) zu analysieren und zu erklären. Grundannahme ist die Funktionalität und Instrumentalität der Arbeit für den Arbeitgeber und die Arbeitnehmer. Einige unterschiedliche ökonomische Interpretationsmuster zählen dabei zum (möglichen) Inhalt einer solchermaßen ökonomisch verstandenen Personalwirtschaftslehre: (1) Die Nachfrage nach Arbeitnehmern ist als Nachfrage aus der Produktnachfrage abzuleiten. Diesbezüglich sind Nachfrageschwankungen und -bestimmte Beschäftigungsniveaus zu erklären. (2) Das Personal gilt als Investitionsgut. Insbes. den Investitionen in die → Qualifikationen kommt ein Ertragswert zu, womit sich die Humankapitaltheorie (→ Humankapital, → Arbeitsmarkttheorien) beschäftigt. (3) Der → Arbeitsvertrag stellt ein nichtjustitiables Dauerschuldverhältnis dar, da Einsatzbereitschaft und Leistungsmotivation/-verhalten, Karrieren u. ä. nicht vertraglich geregelt und erzwungen werden können. Kooperationsbereitschaft ist erforderlich, und diese ist von Seiten des Betriebes zu fördern (Aufbau eines Organisationskapitals). (4) → Arbeitsverhältnisse stellen Aushandlungsprozesse dar, die unter Berücksichtigung von Arbeitnehmerschutzrechten mikroökonomisch untersucht werden. (5) Die Einbettung der (betrieblichen) → Arbeitsbeziehungen in staatlichen und tarifvertraglichen Regulierungen führt zu unterschiedlichen, zumeist reduzierten Verfügungsrechten der Arbeitgeber. Die Wirkungen sind im Hinblick auf ihre negativen wie positiven Folgen – auch langfristig – zu untersuchen. *Ziel* ist es, betriebliche Personalprobleme und -politiken aufzudecken, Zusammenhänge zu erklären, die Nützlichkeit und Einsatzfähigkeit personalwirtschaftlicher Instrumente sowie tarifvertraglicher und staatlicher Regelungen zu analysieren sowie dies alles empirisch zu untersuchen und zu belegen. Instrumentenentwicklung ist nicht Ziel einer so verstandenen Personalökonomie. Theorie- und Methodenpluralismus ihrer Vertreter schwanken, je nachdem, ob monistisch und traditionell mikroökonomisch oder umfassender unter Einbeziehung vielfältiger, besonders neuerer mikroökonomischer Ansätze vorgegangen wird. Personalökonomie bewährt sich in diesem Verständnis v. a. als Sprachsystem, als systematische Reduktion der Komplexität und modellorientierte Analysemethode. Sie macht logische Implikationen deutlich, die vielleicht anderweitig übersehen wurden, und strebt empirisch gehaltvolle und überprüfbare Aussagen an. Trotz des Eingeständnisses – der begrenzten Wiedergabe der Realität durch die Personalökonomie, kann sie – allein durch ihre Perspektive – einen zusätzlichen heuristischen, didaktischen und konstruktiven Beitrag zum Verständnis und zur Umsetzung betrieblicher Personalarbeit leisten. Eine ausschließliche Ausrichtung i. S. der Personalökonomie würde aber (die Gefahr der) Einäugigkeit zur Folge haben. Dies belegt allein schon das zugrundeliegende → Menschenbild: Der Mensch gilt als eine (begrenzt) rational handelnde Person, die letztlich im Betrieb als Mittel eingesetzt wird.

Lit.: Sadowski 1991, Backes-Gellner 1993

Personalorganisation

Die Personalorganisation umfaßt zum einen den Gestaltungsbereich der *Aufbauorganisation* im Personalbereich eines Betriebes sowie zum anderen die besonderen Probleme der organisatorischen Gestaltung des funktionalen Ablaufs von Arbeitsprozessen sowohl an einzelnen Arbeitsplätzen als auch im gesamten Betrieb, also die *Ablauforganisation*. In einem engeren Sinne ist mit der Personalorganisation die Gestaltung des Personalbereichs im Rahmen der Aufbauorganisation gemeint. Hierunter ist die funktionale Gliederung des Personalbereichs sowie seine hierarchische Einordnung in die gesamte Organisationsstruktur des Betriebes zu verstehen. Die Organisation (bzw. Struktur) der Personalarbeit im Betrieb umfaßt zwei Hauptkomponenten: Die Fachabteilung(en) für personalwirtschaftliche Probleme und die Vorgesetzten im Betrieb. In der betrieblichen Praxis dominieren für die Strukturierung der in den Personalabteilungen zentralisierten Aufgaben zum ersten die Gliederung nach *Teilfunktionen* (z. B. → Personalentwicklung, → Arbeitsbeziehungen usw.) sowie zum zweiten das sog. *Referentensystem* mit der Zuständigkeit eines → Personalreferenten für eine abgegrenzte Personengruppe sowie zum dritten eine Kombination beider Konzepte, bei denen i. d. R. die zentralisierten Personalaufgaben in Stellen oder Abteilungen mit Stabscharakter zusammengefaßt werden. Die Diskussion über *Zentralisation* bzw. *Dezentralisation* im Personalbereich zielt v. a. auf den Umfang der Kompetenzzuordnung zwischen Fachabteilung und direkten Vorgesetzten ab. Diskutiert wird auch der Vorschlag, die Personalabteilung als Gewinnzentrum bzw. „Profit-Center" zu verselbständigen. Für Teile der Personalaufgaben, z. B. die an ein Bildungszentrum übertragenen Weiterbildungsaufgaben des Betriebes, haben sich derartige Lösungen bewährt.

Lit.: Kossbiel/Sprengler 1992, Akkermann 1994

Personalplanung

Personalplanung bedeutet die systematische und gedankliche Vorwegnahme zukünftiger personeller Entscheidungen bez. von Zielen und Maßnahmen im Rahmen des → Personalmanagements auf Basis personalpolitischer Grundsatzentscheidungen (→ Personalpolitik). Ihre *Hauptaufgabe* ist es, Ziele und Maßnahmen festzulegen, damit zur richtigen Zeit am richtigen Ort die richtigen Mitarbeiter in der erforderlichen Anzahl - unter Berücksichtigung individueller Erwartungen und betrieblicher Erfordernisse – beschäftigt sind. Als spezielle *Aufgaben der Personalplanung* sind v. a. folgende festzuhalten (s. die Abbildung auf Seite 316): (1) Informatorische Fundierung im Rahmen der betrieblichen → Personalforschung, (2) Entwicklung von → Personalstrategien, (3) Planung der Personaldeckung vom internen und externen Arbeitsmarkt (Personalbeschaffungs- und -auswahlplanung), (4) Planung des Abbaus der Personalkapazität ohne oder mit Reduzierung der Gesamtbelegschaft (Personalfreisetzungsplanung; → Personalfreisetzung), (5) Planung eines rationellen Einsatzes des vorhandenen Personals (→ Personaleinsatzplanung), (6) Planung der Entwicklung und Förderung des Mitarbeiterpotentials (→ Personalentwicklungsplanung), (7) Planung der Kostenentwicklung im Personalbereich (→ Personalkostenplanung). In diesem umfassenden Sinne deckt die Personalplanung den gesamten Gegenstandsbereich eines Personalmanagements ab. Sie ist im betrieblichen Gesamtplanungssystem einbezogen, zumeist als derivative, teilweise aber auch als originäre Planung. Die im Rahmen der *derivativen Personalplanung* zu bearbeitenden Fragestellungen stellen eine Folgeplanung dar, deren wesentliche Determinanten v. a. außerhalb des Personalbereiches liegen. Als gegeben angenommene strategische Planungen, basierend z. B. auf Teilplanungen des Absatz- und Produktionsbereiches, werden in konkrete Perso-

nalplanungsgrößen transformiert. Die Entwicklung bestimmter Personalstrategien ist mehr eine ausführende Tätigkeit. Im Rahmen der *originären Personalplanung* wird die funktionale Einbeziehung des Personalmanagements in die Gesamtpolitik des Betriebes betont. Eigenständige Zielsetzungen (z. B. ausgeglichene Personalstruktur, Sozialinnovationen) und personalwirtschaftliche, externe wie interne Einflußfaktoren sowie Möglichkeiten und Risiken des Personalsystems beeinflussen dann die Strategieformulierung. Eine weitere Differenzierung wird nach qualitativen bzw. quantitativen Aspekten vorgenommen:

- Die *qualitative Personalplanung* beschäftigt sich insbes. mit vorausschauenden Analysen und Planungen der vorhandenen wie

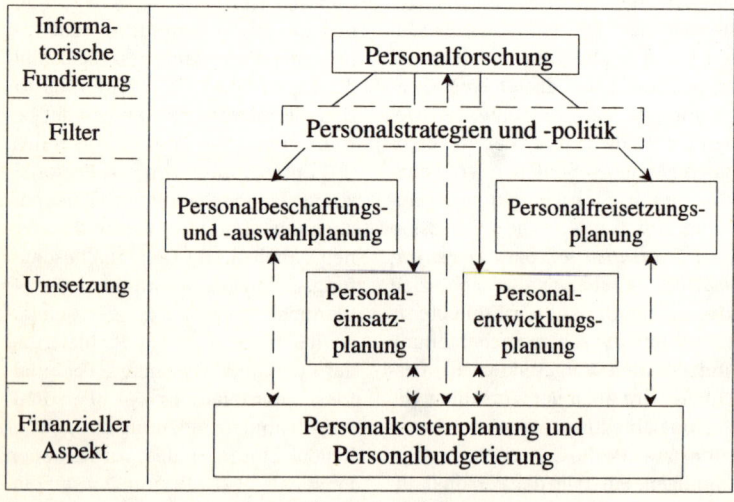

System der Personalplanung

notwendigen → Qualifikationen der Mitarbeiter sowie mit der Qualifizierung und der → Personalbeschaffung.

- Mit der *quantitativen Personalplanung* werden in erster Linie solche Zahlen erarbeitet und bereitgestellt, die aufgrund bestimmter Planungsschemata zusammengestellt und ermittelt werden. Die wesentlichsten Fragen im Rahmen der quantitativen Personalplanung sind: Wieviele Mitarbeiter nach Zahl und Art (Qualifikation) benötigt der Betrieb heute bzw. zu bestimmten späteren Zeitpunkten, um seine Aufgaben erfüllen zu können? Wieviele Mitarbeiter welcher Qualifikation sind wann ersatzweise oder zusätzlich – und auf welche Weise – zu beschaffen? Wieviele Mitarbeiter welcher Qualifikation sind wann – und auf welche Weise – freizusetzen?

Das → Betriebsverfassungsgesetz räumt dem → Betriebsrat im Rahmen der → betrieblichen Mitbestimmung → Informations-, → Beratungs und Vorschlagsrechte bei der Personalplanung ein, sofern ein Betrieb Personalplanung durchführt. In diesem Fall ist der Betriebsrat rechtzeitig und umfassend über die Planung zu unterrichten und hat bei der Beratung über Art und Umfang der erforderlichen Maßnahmen sowie bez. der Möglichkeiten zur Vermeidung von Härten Mitwirkungsrechte. Auch wenn ein Betrieb kein hochentwickeltes Planungssystem hat und im personellen Bereich nur

in Teilaspekten plant, tritt das Informations- und Beratungsrecht des Betriebsrates hierfür in Kraft. Über die Art und Weise, wie der Betrieb seinen entsprechenden Pflichten in der Wirtschaftspraxis nachkommen sollte, gibt es keine eindeutigen Regelungen. Grundsätzlich sollten Information und Beratung in der Weise durchgeführt werden, daß der Betriebsrat die Möglichkeit hat, die Interessen der von der Personalplanung wahrscheinlich betroffenen → Arbeitnehmer noch rechtzeitig zur Geltung bringen zu können. Der Betriebsrat kann darüber hinaus dem → Arbeitgeber Vorschläge für die Einführung einer Personalplanung und ihre Durchführung machen. Er kann sie jedoch nicht erzwingen. Eine weitere Möglichkeit der Einwirkung auf die Personalplanung ist die Bildung eines → Personalplanungsausschusses.

Lit.: RKW-Handbuch 1990, Berthel 1991, Drumm 1992, 1992a, Mag 1992

Personalplanungsausschuß

Der Personalplanungsauschuß dient der Einwirkung des → Betriebsrates auf die → Personalplanung im Betrieb. Im → Betriebsverfassungsgesetz ist die Bildung gemeinsamer Ausschüsse von Vertretern von Betriebsrat und → Arbeitgeber vorgesehen, wenn auch nicht verbindlich vorgeschrieben. Diesen Ausschüssen können von den Beteiligten Entscheidungsbefugnisse eingeräumt werden, allerdings ist das Recht auf

Personalpolitik

den Abschluß von → Betriebsvereinbarungen ausgeschlossen.

Personalpolitik

Der Begriff der Personalpolitik wird in der Literatur nicht eindeutig verwendet. Präzisiert werden kann er – analog zum englischen Sprachgebrauch – wie folgt: Personalpolitik als *„policy"* steht für die grundlegenden Entscheidungen im Personalbereich und ihre Einbettung in die Unternehmungsführung bzw. -politik. Die langfristig wirkenden Grundsatzentscheidungen, die das praktische Handeln weitgehend bestimmen sollen, werden getroffen. Personalpolitik als *„politics"* betont dagegen das Entstehen der Grundsatzentscheidungen im Personalbereich und die verfügbaren Machtpotentiale und -strategien. Üblicherweise wird zumeist die erstbeschriebene Interpretation in der Literatur verwendet, wenn gleich letztendlich beide eine wichtige Bedeutung haben. Die letztgenannte Interpretation bezieht bspw. auch indirekte Personalentscheidungen außerhalb des Personalbereiches mit ein, wenn als Folge einer Betriebsverlagerung automatisch → Personalbeschaffung, → Personalfreisetzungen u. a. notwendig werden. Auch der Begriff der Personalpolitik als „policy" ist mit unterschiedlichen Begriffsinhalten belegt. In einer sehr weiten Fassung umfaßt er alle Entscheidungen des betrieblichen → Personalmanagements und wird dadurch mit diesem quasi gleichgesetzt. Zweckmäßiger erscheint es allerdings, diese Objektbereiche voneinander abzugrenzen und den Begriff der Personalpolitik enger zu verstehen. Personalpolitische Grundsatzentscheidungen bestimmen und umschreiben demnach in allgemeiner Form die generelle Zielrichtung und prinzipielle Verhaltensnormen der menschlichen Arbeit und des → Personalmanagements im Betrieb. Die Personalpolitik ist dabei eingebettet in die gesamte Geschäftsspolitik und darf den anderen Teilpolitiken nicht widersprechen. Sie bezieht sich auf die gesamte Personalarbeit und/oder auf einzelne Teilfunktionen. Personalpolitische Entscheidungen lassen sich durch folgende Merkmale kennzeichnen: (1) Zielorientierung, (2) zielorientierte und richtungsweisende und prinzipiell langfristige Bestimmung sämtlicher betroffener und nachgeordneter Personalentscheidungen, (3) bezogen auf schlecht-strukturierte Entscheidungssituationen, (4) bezogen auf Entscheidungsprobleme, bei denen die Interessengruppen des Personalmanagements unterschiedliche Wertvorstellungen haben, (5) hohes Maß an Irreversibilität der Entscheidungen und (6) keine zeitstabile Inhalte, sondern sind mittel- bis langfristig Änderungen unterworfen und haben somit Prozeßcharakter.

Lit.: Macharzina 1992, Wächter 1992a

Personalportfolio (→ Human-Resource-Portfolio)

Personalrat

Der Personalrat stellt im öffentlichen Dienst gewissermaßen das Pendant zum → Betriebsrat zur Vertretung der dort beschäftigten → Arbeitnehmer (→ Arbeiter und → Angestellte) gem. Bundespersonalvertretungsgesetz dar.

Personalreferent

Ein Personalreferent übernimmt im Rahmen der → Personalorganisation die weitgehende Betreuung von Mitarbeitergruppen in personalwirtschaftlicher Hinsicht und ist Ansprechpartner für alle Fragen des → Personalmanagements. Damit soll den Problemen einer funktionalen Untergliederung der Personalabteilung, v. a. Spezialisierung und Bürokratisierung, entgegen gewirkt werden. Eine komplette Betreuung durch nur einen Referenten ist jedoch mit sehr unterschiedlichen Aufgaben verbunden, so daß in der Praxis einzelne Referenten für bestimmte Mitarbeitergruppen und Fachgebiete eingesetzt werden. In Großunternehmen betreut z. B. häufig ein Personalreferent die Gruppe der mittleren und oberen → Führungskräfte.

Lit.: Metz 1987, Ackermann 1992

Personalstatistik

Personalstatistik ist zum einen eine Methode, personalbezogene Phänomene in Zahlen abzubilden. Zum anderen ist sie auch das Ergebnis des Prozesses zur Erfassung und Aufbereitung des im → Personalmanagement anfallenden Zahlenmaterials. Dabei erhobene und dokumentierte Werte werden z. T. als → Personalkennziffern bezeichnet bzw. verwendet. Wichtiges *Ziel* der Personalstatistik ist es, eine fundierte Grundlage für die Gestaltung der Personalarbeit (Basis für die verschiedenen Bereiche der → Personalplanung) zu schaffen. Als *Formen* sind v. a. zu differenzieren: Personalstrukturstatistik (→ Personalstruktur), Personalbewegungsstatistik, Personalbestandsstatistik, Arbeitszeitstatistik (→ Arbeitszeit), Entgeltstatistik (→ Entgelt), Fehlzeitenstatistik (→ Fehlzeiten), Fluktuationsstatistik u. ä.

Lit.: RKW-Handbuch 1990

Personalstrategie

Personalstrategien sind als beabsichtigte Grundmuster von Entscheidungen hinsichtlich des Entscheidungsfeldes des → Personalmanagments zu verstehen und insofern typische Funktionsbereichsstrategien eines Betriebes. Sie lassen sich weiter in funktionale Substrategien differenzieren, z. B. Personalentwicklungsstrategien und Personalbeschaffungsstrategien. Von daher sind Personalstrategien Teil der Gesamtarchitektur des betrieblichen Strategiesystems sowie des → strategischorientierten Personalmanagements. Hin und wieder wird in der Literatur hierunter auch verstanden, daß unbeabsichtigte Grundmuster von Entscheidungen, also nicht näher reflektierte Handlungshintergründe unter einer Personalstrategie zu verstehen sind. Entsprechend wurde auf Basis einer empirischen Studie differenziert in vier Muster: Personalentwickler, Personalverwalter, Personalforscher und Personalbeurteiler, sowie die Zusammenhänge zur Gesamtstrategie thematisiert.

Lit.: Ackermann 1985

Personalstruktur

Die Personalstruktur (synonym: Organisationale Demographie, Personalkonfiguration) enthält Aussagen über die Zusammensetzung der → Belegschaft nach bestimmten Merkmalen, wie: → Arbeiter und → Angestellte; gelernte, angelernte und ungelernte Arbeiter; weibliche und männliche Arbeitskräfte; Aufteilung in Berufskategorien; Alter; Familienstand; Dauer der Betriebszugehörigkeit. Um Personalstrukturen aussagefähig zu machen, werden i. d. R. Verhältniszahlen, z. B. Prozentzahl der Manager, der Produktionsarbeiter, des Forschungs- und Entwicklungspersonals, der Frauen etc. gebildet (→ Personalkennziffern, → Personalstatistik).

Lit.: Nienhüser 1991

Personalüberdeckung (→ Personalbedarfsermittlung, → Personalfreisetzung)

Personalunterdeckung (→ Personalbedarfsermittlung)

Personalverantwortliche

Als betriebliche Personalverantwortliche gelten die gesamte Lei-

tungsspitze eines Betriebes (Geschäftsführung, Vorstand), insbes. der Personalvorstand (→ Arbeitsdirektor), der Leiter der → Personalabteilung, die Mitarbeiter der Personalabteilung, alle direkten Vorgesetzten, → Ausbilder und → Ausbildungsbeauftragte, der → Sicherheitsbeauftragte sowie auch der → Betriebsrat. Verantwortung tragen in Teilbereichen aber auch externe Stellen, wie bspw. → Berufsgenossenschaften, Kammern (→ Industrie- und Handwerkskammer), → Tarifpartner und Gesetzgeber. Personalarbeit ist nicht allein eine Angelegenheit der → Personalabteilung. Dies wird auch durch die Reintegration vormals formal ausgegliederter einzelner Personalfunktionen in die Linie deutlich, die auch unter dem Stichwort „Professionalisierung der Personalarbeit" diskutiert wird.

Lit.: Wächter 1987, 1992a

Personalvertretungsgesetz (→ Bundespersonalvertretungsgesetz)

Personalverwaltung (→ Personalabteilung)

Personalwerbung

Als Personalwerbung wird der koordinierte Einsatz bestimmter Kommunikationsmittel im Rahmen der → Personalbeschaffung verstanden, um Bewerbungen geeigneter Bewerber für eine Stelle zu initiieren. Sie kann sich sowohl im Rahmen der externen wie auch der internen → Personalbeschaffung abspielen. Die

Personalwerbung ist eingebettet im → Personalmarketing bzw. oft ein synonymer Begriff hierfür.

Lit.: Arnold 1992

Personalwesen

Der Ausdruck „Personalwesen" ist ein eher veralteter Ausdruck für die Tatbestände, die heutzutage als → Personalmanagement, Personalwirtschaft, → Personalwirtschaftslehre o. ä. bezeichnet werden.

Lit.: Wächter 1992b

Personalwirtschaft(slehre)

Mit der Verwendung der Begriffe „Personalwirtschaft" bzw. „Personalwirtschaftslehre" wird stärker der ökonomische Charakter der betrieblichen Personalarbeit in Praxis und Wissenschaft zum Ausdruck gebracht. Die Begriffsverwendung impliziert zum einen, daß das „Personal" bzw. die Belegschaft und die Mitarbeiter wie jeder andere betriebliche Bereich dem ökonomischen Kalkül unterworfen ist und insofern die mit ihm verbundenen Investitionen sich wirtschaftlich auszahlen müssen. Zum anderen wird durch die Termini allein eine deutlichere Verbindung zur Betriebswirtschaftslehre dokumentiert; dies zeigt auch die sprachliche Verwandtschaft bspw. zur Absatz- und Finanzwirtschaft. Die „Personalwirtschaft" wird in diesem Verständnis v. a. als ein mit anderen Ressourcen (Finanzen, Anlagen) vergleichbares Objekt angesehen, wodurch bei vielen

Autoren der Glaube an die rationale Entscheidbarkeit aller damit verbundenen Probleme groß ist. Dabei verbleibt oft wenig Platz für eine verhaltenswissenschaftliche Orientierung. Wenn verhaltenswissenschaftliche Aussagen herangezogen werden, so wird zum einen ein sehr hoher Anspruch an die wissenschaftliche Güte dieser Aussagen gestellt sowie zum anderen ein rein instrumenteller Anspruch vertreten. Ein solches Verständnis der Personalwirtschaft(-slehre) trägt zu einer starken Inbeziehungsetzung ökonomischer und personeller Tatbestände bei und ist insofern fruchtbar zur Weiterentwicklung des Faches.

Lit.: Wächter 1992, Drumm 1992a

Personalzusatzkosten (→ Personalkosten)

Persönlichkeitstests

Persönlichkeitstests stellen eine spezifische Form von → psychologischen Tests dar. Sie werden in Betrieben v. a. im Rahmen der → Personalauswahl eingesetzt. Mit ihnen versucht man, einzelne Teilaspekte der Persönlichkeit oder die Persönlichkeit als Ganzes, auf jeden Fall aber relativ stabile, den Zeitablauf überdauernde Verhaltensmerkmale der Bewerber zu erfassen und auch zu vergleichen. Persönlichkeitstests können in zwei verschiedenen Formen durchgeführt werden: als → psychometrische Tests und als → projektive Tests. Der Einsatz der einzelnen Testverfahren ist zunächst aus rechtlicher Sicht problematisch, da durch solche Tests, insbes. aber durch projektive Tests, Persönlichkeitsrechte der Bewerber verletzt werden. Ihr Einsatz ist daher nur mit deren ausdrücklicher Zustimmung möglich und darüber hinaus nur durch einen kompetenten Psychologen – wenn überhaupt – sinnvoll. Problematisch ist der Einsatz von Persönlichkeitstests aber auch dadurch, daß die erfaßte „Persönlichkeit" kaum in einer bekannten Beziehung zur vakanten Position steht und insofern keine anforderungsbezogene Auswahlentscheidung getroffen werden kann.

Lit.: Brickenkamp 1975

Personnel Assignment-Modelle

Personnel Assignment-Modelle stellen Verfahren der Zuordnung von Mitarbeitern mit einem bestimmten → Qualifikationsprofil auf Stellen mit einem bestimmten → Anforderungsprofil dar. Mit Hilfe der linearen Programmierung soll das Zuordnungsproblem im Rahmen der → Personaleinsatzplanung gelöst werden. Als eines der treffendsten Verfahren gilt die → Ungarn-Methode.

Peter-Prinzip

Beim sog. Peter-Prinzip handelt es sich um eine von *Peter* und *Hill* ironisch gemachte Aussage, daß in einem Betrieb ein Mitarbeiter so lange in der → Hierarchie aufsteigt, bis sich zeigt, daß er seine persönliche Stufe der Inkompetenz erreicht hat, so daß im Betrieb schließlich jede

Position von einem Unfähigen besetzt wird.

Pflegeversicherung

Die Pflegeversicherung soll als fünfte Säule der → Sozialversicherung die soziale Absicherung von Pflegebedürftigen durch das → Pflegeversicherungsgesetz verbessern. Dabei sind die Beiträge zur Pflegeversicherung prinzipiell je zur Hälfte von → Arbeitgeber und → Arbeitnehmer aufzubringen. Aus wirtschaftlichen Gründen ist ein Ausgleich bei den Arbeitgeberanteilen notwendig. Dazu streichen die Länder im Zusammenhang mit der 1. Stufe der Pflegeversicherung (häusliche Pflege) einen Feiertag, der stets auf einen Werktag fällt, durch entsprechende Entscheidungen der Landtage. Die Bundesregierung wird ermächtigt, durch Rechtsverordnung mit Zustimmung des Bundesrates das Inkrafttreten der 2. Stufe (stationäre Pflege) zu bestimmen. Voraussetzung ist, daß durch ein Gutachten des „Sachverständigenrates zur Begutachtung der gesamtwirtschaftlichen Entwicklung" die Frage geklärt wird, ob eine weitere Kompensation durch Abschaffung eines 2. Feiertages notwendig und diese ggf. im erforderlichen Umfang erbracht ist. Soweit in einem Bundesland die Kompensation durch Abschaffung von einem oder ggf. zwei Feiertagen nicht erbracht ist, übernehmen die Arbeitnehmer zunächst den gesamten Beitragsanteil zur Pflegeversicherung. Das Entgeltfortzahlungsgesetz (→ Entgeltfortzahlung) wird in dem die Pflegeversicherung betreffenden Teil entsprechend geändert. Für Beamte, Richter und Soldaten sind gesonderte Regelungen vorgesehen.

Pflegeversicherungsgesetz

Nach dem Pflegeversicherungsgesetz von 1994 folgt die → Pflegeversicherung weitgehend dem Recht der Krankenkassen, d. h. daß die bei den gesetzlichen Krankenkassen Versicherten in die gesetzlichen Pflegekassen einbezogen werden. Wer über eine Privatversicherung versichert ist, muß bei einem privaten Versicherungsunternehmen eine Pflegeversicherung abschließen, deren Leistungen denen der gesetzlichen Kassen entsprechen. Die Beiträge zur Versicherung sollen 1995 1 % und ab 1996 1,7 % betragen. Beitragspflichtig ist das Bruttoarbeitsentgelt (→ Entgelt) bis zur jeweils geltenden → Beitragsbemessungsgrenze, wobei die Arbeitgeber die Hälfte der Beiträge bezahlen. Als leistungsberechtigt und damit pflegebedürftig gelten Personen, die wegen einer Krankheit oder einer Behinderung für die gewöhnlichen und regelmäßig wiederkehrenden Verrichtungen im Ablauf des täglichen Lebens auf Dauer in erheblichem Maße der Hilfe bedürfen. Ab April 1995 sollen zunächst nur Leistungen bei häuslicher Pflege gewährt werden. Dabei richtet sich die Höhe der Leistungen nach dem Grad der Pflegebürftigkeit. Ab Juli 1996 sollen dann auch Leistungen für die pflegebedingten Aufwendungen der stationären Betreuung gewährt werden.

Planspiel

Unter Planspielen sind Simulationen von betrieblichen Entscheidungsvorgängen auf Basis angenommener Prozesse auf Wettbewerbsmärkten zu verstehen. Sie werden im Rahmen der → Fortbildung als Instrument des → Training-off-the-job eingesetzt. Die Teilnehmer an einem Planspiel übernehmen jeweils die Rolle der verschiedenen Mitglieder der Geschäftsführung sich in Konkurrenz befindender fiktiver Betriebe. Mit Hilfe vorgegebener Daten sind Entscheidungen für mehrere Perioden in wichtigen Bereichen des Betriebes zu treffen (z. B. Produktion, Absatz, Finanzierung). Diese Methode soll es ermöglichen, Sachkenntnisse zu vermitteln, Arbeitstechniken zu schulen, Sozial- und Führungsverhalten zu üben sowie spezielle Verhaltensstrategien zu praktizieren. Sie lebt von ihrer Wirklichkeitsnähe sowie davon, daß sie auf die dynamischen Prozesse aufbaut und so die Teilnehmer zwingt, die möglichen Reaktionen ihrer Konkurrenten in ihr eigenes Verhalten mit einzubeziehen. Computergestützte Planspiele haben dabei den Vorteil einer relativ schnellen Rückmeldung der Auswirkung jeweils getroffener Entscheidungen sowie das Simulieren mehrerer Entscheidungsperioden in relativ kurzer Zeit. Die nicht computergestützten Planspiele sind dagegen oft transparenter. Nachteile sind, daß Spiele generell einen relativ hohen Abstraktionsgrad haben müssen und daher Einzelfragen nicht intensiv behandelt werden können. Auch zeigen die Planspiele nicht, daß in realen Situationen oftmals die Originalität einer Entscheidung besonders wichtig ist.

Polarisierungsthese (→ Thesen zur Qualifikationsentwicklung)

Polyvalenzlohn

Mit Hilfe des Polyvalenzlohnes (synonym: qualifikationsorientierte Enlohnung, Potentiallohn; „multiskill-based pay system", „Knowledgebased pay system") werden Mitarbeiter für die von ihnen angebotenen betriebsrelevanten → Qualifikationen bezahlt (gleiches → Entgelt für gleiche Befähigung!). Der Polyvalenzlohn bedeutet damit eine Abkehr von herkömmlichen Entlohnungsgrundsätzen (→ Entgeltfindung). In den traditionellen und weithin akzeptierten anforderungsorientierten → Entgeltsystemen werden die Mitarbeiter für die Arbeiten, die sie zu erfüllen haben, bezahlt. Wenn sich die Aufgaben bzw. die Arbeitswerte (→ Arbeitsbewertung) dieser Aufgaben verändern, so verändern sich grundsätzlich auch die → Anforderungen und die zu zahlenden Entgelte. Dies ist beim Polyvalenzlohn nicht so. Die Entlohnung basiert letztlich auf der Anzahl der Tätigkeiten, die ein → Arbeitnehmer potentiell im Betrieb übernehmen könnte. Dabei ist die Entlohnung prinzipiell unabhängig

davon, ob diese Arbeitnehmer diese Tätigkeiten auch tatsächlich regelmäßig ausführen. Den Mitarbeitern soll hierdurch ein Anreiz geboten werden, die Polyvalenz ihrer Qualifikation (→ Polyvalenzqualifikation) permanent zu verbessern, um durch ihre erweiterte Flexibilität besser innerhalb eines Betriebes eingesetzt werden zu können. Problematisch ist in diesem Zusammenhang die Festlegung, welche Qualifikationen bei der Bestimmung des Entgeltes berücksichtigt werden. Prinzipiell gilt es, daß nur organisationsrelevante Qualifikationen erfaßt und bezahlt werden (entgeltwirksame Qualifikationskomponenten). Dazu sind zunächst die im Betrieb zu erfüllenden aktuellen und zukünftigen Aufgaben zu identifizieren. Nachfolgend werden die Qualifikationen festgestellt, die zur problemgerechten Aufgabenerfüllung erwünscht sind. Dann erfolgt eine Qualifikationsdiagnose der Mitarbeiter. Unterscheiden sich die bisherigen Anforderungen von den vorhandenen Qualifikationen, ergeben sich in den Entgeltsätzen aber qualitative bzw. potentielle Lohnleerkosten. Eine weite, d. h. nicht nur auf den aktuellen Arbeitsplatz bezogene Definition ist angeraten, um sowohl karrierefördernde als auch variabel einsetzbare Qualifikationen zu fördern und um neben formalen Qualifikationen (z. B. Qualifizierung mit Abschluß, Fortbildungslehrgänge) v. a. inhaltliche (z. B. Erfahrung, → Lernen am Arbeitsplatz) einbeziehen zu können. Horizontal gilt dies für Arbeiten im gleichen Produktionsprozeß (z. B. → Job Enlargement), vertikal für die Anreicherung der Aufgabeninhalte (z. B. → Job Enrichment) und die Vorbereitung für Aufgaben höherer Hierarchieebenen.

Lit.: Luthans/Fox 1989, v. Eckardstein 1991

Polyvalenzqualifikation

Eine Polyvalenzqualifikation (synonym: Mehrfachqualifikation; Hybridqualifikation) eines Mitarbeiters liegt vor, wenn dieser Qualifikationsmerkmale aufweist, die ihn für mehr als eine Stelle geeignet erscheinen lassen. Hierunter können Kombinationen von → Qualifikationen aus unterschiedlichen Fachgebieten (z. B. Metall-/Elektro- und Datenverarbeitungsbereich, kaufmännisches und technisches Knowhow) verstanden werden, die normalerweise auf unterschiedlichen Bildungswegen vermittelt werden. Im Unterschied zu der → extrafunktionalen Qualifikation sind hier auch funktionsspezifische Merkmale mit enthalten. Eine solche Polyvalenzqualifikation vergrößert das Flexibilitätspotential beim → Personaleinsatz, bei der Veränderung von → Anforderungen, bei Stellvertretungen, bei der → Karriereplanung u. ä. Neben den verschiedenen Vorteilen von Mehrfachqualifikationen bestehen allerdings auch einige potentielle Nachteile: Das Problem der Entgeltberechnung liegt insbes. bei einer anforderungs-

gerechten → Entgeltfindung vor. Nicht alle Qualifikationen eines Mitarbeiters können hierdurch „entgolten" werden (außer: → Polyvalenzlohn). Die jeweils nicht eingesetzten Qualifikationsmerkmale eines Mitarbeiters können veralten bzw. einschlafen.

Porter/Lawlers Erwartungs-Valenz-Theorie (→ Erwartungs-Valenz-Theorie von *Porter/Lawler*)

Position Analysis Questionnaire

Der Position Analysis Questionnaire (PAQ) stellt ein konzeptionell ausgereiftes und empirisch oft überprüftes Verfahren der psychologisch-orientierten → Arbeitsplatzanalyse zur Erhebung und Beschreibung des beim Aufgabenvollzug beobachteten Verhaltens dar. Der PAQ kombiniert dabei Beobachtung und Befragung, indem der jeweilige Arbeitsplatzinhaber und die mit ihm in Interaktion stehenden Personen (bspw. Vorgesetzte und Untergebene) anhand eines standardisierten Interviews befragt und durch Experten gemäß Beobachtungen eingestuft werden. Der PAQ besteht aus insgesamt 182 Stellenelementen, die in verschiedene Hauptabschnitte eingeteilt werden: Informationseingabe (z. B. Wahrnehmung von Informationsquellen), mentale Prozesse (z. B. Entscheidungen und Informationsverarbeitung), Leistungsverhalten (Aktivitäten), Interaktionsbeziehungen, Stellenkontext (Umwelteinflüsse) und sonstige Stellencharakteristika (z. B. Bezahlungsmodus). Jedes einzelne Element wird von den Befragten nach Zutreffen, Häufigkeit, Wichtigkeit und Zeitverbrauch anhand von Skalen eingestuft. Die entstehenden Dimensionen sollen Strukturelemente menschlichen Leistungsverhaltens reflektieren. Mit Hilfe einer → Faktorenanalyse lassen sich die untersuchten Positionen zu Gruppen zusammenfassen, die sich am ähnlichsten sind. Eine zusätzlich durchgeführte hierarchische → Clusteranalyse deckt die Über- und Unterordnungsbeziehungen der (ähnlichen) Positionen auf. Der → Fragebogen zur Arbeitsanalyse baut auf dem PAQ auf.

Lit.: McCormick u. a. 1972, McCormick/Ilgen 1981

Positionsfamilie

Unter einer Positionsfamilie („job family") ist ein Bündel ähnlicher Stellen zu verstehen. Diese sind sich in den → Anforderungen an die → Qualifikationen der Stelleninhaber ähnlich und unterscheiden sich zugleich signifikant von anderen Positionsgruppen. Positionsfamilien machen den Zusammenhang, die Unterschiedlichkeit und Ähnlichkeit verschiedener Stellen transparent und zeigen möglicherweise Schlüsselanforderungen auf, die Stellen einer „Familie" gemeinsam haben. Die Positionsfamilien können v. a. mit Methoden der mathematisch-statistischen Datenanalyse (z. B. → Faktorenanalyse, → Clusteranalyse) ermittelt werden. Ihr Vorhandensein erleichtert v. a. die → Personalentwicklung und die → Personalauswahl.

Lit.: Pearlman 1980

Postkorb (→ In-baskct-Mcthode)

Potentialbeurteilung

Die Potentialbeurteilung (oft synonym: Qualifikationsprognose, Entwicklungs-, Eignungs-, Karrierebeurteilung) ist eine spezielle Form der → Personalbeurteilung. Sie stellt im Gegensatz zur → Leistungsbeurteilung den Zukunftsaspekt der → Qualifikation in den Vordergrund; ihr Objekt ist das → Qualifikationspotential. Von der inhaltlich ähnlichen → Personalauswahl wird sie zumeist abgegrenzt, weil ihr genaue Informationen über den Beurteilenden zur Verfügung stehen (können). Unter der Potentialbeurteilung ist letztendlich der planmäßige Versuch zu verstehen, für einzelne Mitarbeiter durch die Erfassung a) der einzelnen realisierten und b) der aktuell vorhandenen, aber noch nicht realisierten Qualifikationsmerkmale sowie c) deren jeweilige Entwicklungschancen systematisch und regelmäßig die Frage zu beantworten, inwieweit sie – unter Berücksichtigung von bestimmten Qualifizierungsmaßnahmen – in der Lage sein werden, prognostizierten (Arbeits-) → Anforderungen in der Zukunft zu genügen. Im Ergebnis handelt es sich bei der Potentialbeurteilung um eine Prognose über relative Eignungsaussagen (→ Eignung), d. h. prognostizierte Anforderungen bestimmter Aufgaben werden auf prognostizierte Qualifikationen von Mitarbeitern bezogen. Eine *sequentielle Potentialbeurteilung* bezieht sich dabei auf die nächste hierarchische Stufe. Eine *absolute Potentialbeurteilung* erfaßt alle Einsatzmöglichkeiten für mehrere Jahre. Sie ergibt dann ein prognostisches Bewegungsprofil für die Mitarbeiter, mit einer bestimmten qualifikationsgemäßen Aufeinanderfolge der Positionen. Als Verfahren werden in der betrieblichen Praxis v. a. eingesetzt: → diagnoseorientierte Verfahren, → biographische Verfahren, → Assessment-Center, → psychologische Tests.

Lit.: Becker, F. G. 1991,1992

Potentiallohn (→ Polyvalenzlohn)

Prädiktoren

Prädiktoren sind solche Variablen, die für die Vorhersage von → Kriterien bzw. deren Ausprägung eingesetzt werden. In den Fällen, in denen eine unmittelbare Feststellung eines Kriteriums zum aktuellen Zeitpunkt nicht oder nur sehr schwierig möglich ist, bedient man sich solcher Maße, die die zukünftige Entwicklung, so die Annahme, bereits vorzeitig anzeigen. Typische Prädiktorenvariablen sind → psychologische Tests, mit denen Interessen, Leistungen, Begabung etc. (bspw. im Rahmen der → Potentialbeurteilung oder zu Zwecken der → Personalauswahl) vorhergesagt bzw. erkannt

werden sollen. Besteht zwischen dem Test und dem Kriterium eine hohe Korrelation (→ Korrelationsanalyse), so gilt der Test als valide (→ Validität).

Prämienlohn

Der Prämienlohn besteht i. d. R. aus zwei Teilen: dem Grundlohn und der Prämie. Prämien sind Zusatzlöhne zum Grundlohn, die für bestimmte Leistungen, i. d. R. zusätzlich zum → Zeitlohn (Prämienzeitlohn) oder → Akkordlohn (Prämienstücklohn), gezahlt werden. Prämienlohnsysteme werden so gehandhabt, daß unter exakt definierten Voraussetzungen Prämien an einzelne Mitarbeiter oder Mitarbeitergruppen ausgezahlt werden. Die Prämien werden dabei zielbezogen vom Betrieb eingesetzt, um bestimmte Aspekte der Arbeitserfüllung besonders zu fördern. Es sind nahezu beliebig viele Prämienarten möglich. Die Prämie kann sowohl als *Einzelprämie* (Grundlage ist die individuelle Leistung eines Arbeitnehmers) als auch als *Gruppenprämie* (Grundlage ist die durch eine Personengesamtheit, z. B. eine → Arbeitsgruppe oder Abteilung, erbrachte Gesamtleistung) gewährt werden. Sie kann linear, progressiv oder degressiv steigen, je nachdem, welches Bewertungsschema dem Prämienlohn zugrundeliegt. Als wichtigste *Prämienarten* werden verwendet:

- *Mengenprämien* (Die Prämie steht im Zusammenhang zur bearbeiteten oder gefertigten Menge),

- *Qualitätsprämien* (Die Prämienzahlung ist an das Erreichen bestimmter Qualitätsmerkmale gebunden),
- *Nutzungsprämien* (Die Prämie bezieht sich auf die Nutzung bzw. Laufzeit von Betriebsmitteln oder Aggregaten),
- *Ersparnisprämien* (Die Prämie richtet sich nach der Menge eingesparten Materials oder gesparter Hilfs- und Betriebsstoffe),
- *Terminprämien* (Diese Prämien werden gezahlt, wenn das gewünschte Arbeitsergebnis vor einem bestimmten Termin erreicht wird),
- *Sorgfaltsprämien* (Diese Prämienart wird für besonders sorgfältig ausgeführte Arbeiten gewährt).

Verschiedene „klassische" Prämienlohnsysteme werden diskutiert:

- Beim *Prämienlohn auf Zeitbasis* wird - ähnlich wie beim Akkordlohn - von einer Vorgabezeit ausgegangen, die mit Hilfe von Zeiterfassungsmethoden (→ Zeitstudien) wie Methods-Time-Measurement (MTM) und Work-Factor-Verfahren ermittelt wird. Insbes. zwei Formen des Prämienlohns auf Zeitbasis werden in der Literatur diskutiert: Prämienlohn

nach *Halsey* und Prämienlohn nach *Rowan* (In der deutschsprachigen Praxis haben sich diese Systeme allerdings nicht durchsetzen können.):

(1) Der *Prämienlohn nach Halsey* geht von der Annahme aus, daß zu ungenaue Vorgabezeiten für Mitarbeiter bzw. einzelne Arbeitstätigkeiten zu unsicheren Entgeltentwicklungen führen. Dieses Risiko soll dadurch verringert werden, daß zum jeweiligen Grundlohn ein Teil der Zeitersparnis als Prämie gezahlt wird. Ausgehend von der Annahme, daß bei Normalleistung beim Akkord- wie beim reinen Zeitlohn das gleiche Entgelt gezahlt wird, errechnet sich die Prämie für eine Mehrleistung anhand des Verhältnisses der erzielten Zeitersparnis zur tatsächlich aufgewendeten Zeit. Die Entgeltkurve des *Halsey*-Systems zeigt nach Erreichen der erwarteten Normalleistung eine konstant steigende Entwicklung auf. Der Prämienlohn eines bestimmten Zeitraumes ergibt sich wie hier in der ersten Formel generell gezeigt:

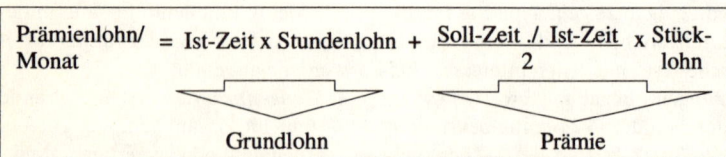

Prämienlohnberechnung nach Halsey

Lei-stungs-ergebnis in Stück	Lei-stungs-ver-änderung in % zur Normal-leistung	Prämie = 50 % des er-sparten Entgelts in DM	Gesamt-entgelt in DM	Durch-schnitt-licher Stunden-lohn in DM (bei 37,5 Std./Wo)	Verände-rung des durch-schnittl. Stunden-lohns in %	Lohn-stückko-sten je Stück über Normal-leistung in DM
10	–	–	3750,–	25,–	–	–
11	10	187,50	3937,50	26,25	5	187,50
12	20	375,–	4125,–	27,50	10	187,50
15	50	937,50	4687,50	31,25	25	187,50
20	100	1875,–	5625,–	37,50	50	187,50

Beispielhafte Prämienlohnberechnung nach Halsey

Die über der erwarteten Normal-leistung liegende Mehrleistung wird auf Mitarbeiter und Betrieb aufgeteilt, wobei im Berechnungs-beispiel von einer 50 %igen Auftei-lung (i. d. R. zwischen 1/3 und 2/3 der Einsparung) ausgegangen wur-de. Die Abbildung zeigt die Ent-geltberechnung beispielhaft.

(2) Beim *Prämienlohn nach Ro-wan* werden die Vorstellun-gen des Prämienlohns von *Halsey* aufgegriffen und da-durch erweitert, daß den Mitar-beitern gerade in der unmittel-baren Nähe zur Normalleis-tung für eine höhere Leistung die höchste Steigerung an Prä-mien geboten wird. Dies be-deutet bei der Lohnkurve nach Erreichen der Normal-leistung zunächst eine stark progressive Steigerung der Prä-mienhöhe, die dann entlang der Höhe des Leistungsgrads langsam in eine degressive Stei-gerung übergeht. Der Prämien-lohn nach *Rowan* ergibt sich nach der Formel, die hier wie-dergegeben ist.

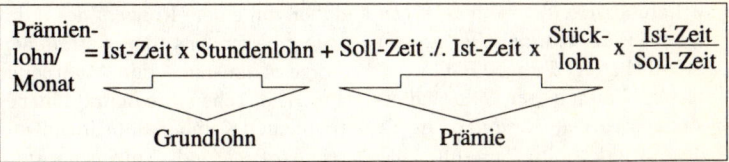

Prämienlohnberechnung nach Rowan

Lei-stungs-ergebnis in Stück	Lei-stungs-ver-änderung in % zur Normal-leistung	Prämie in DM	Gesamt-entgelt in DM	Durch-schnitt-licher Stunden-lohn in DM (bei 37,5 Std./Wo)	Verände-rung des durch-schnittl. Stunden-lohns in %	Lohn-stückko-sten je Stück über Normal-leistung in DM
10	–	–	3750,–	25,–	–	–
11	10	342,–	4092,–	27,28	9,1	342,–
12	20	627,–	4377,–	29,18	16,7	313,50
15	50	1249,50	4999,50	33,33	33,3	249,90
20	100	1875,–	5625,–	37,50	50,0	187,50

Beispielhafte Prämienlohnberechnung nach Rowan

Die vergütete Zeitersparnis wird dabei mit der relativen Zeitersparnis multipliziert. Dies führt zu einem degressiven Verlauf der Prämienlohnkurve, wie beispielhaft die zweite Abbildung zeigt.

- Beim *Prämienlohnsystem nach Bedaùx* wird zur Prämienberechnung eine eigene Maßeinheit für die Leistung eingeführt. Ein „B" bezeichnet die Arbeitsmenge, die ein geeigneter und geübter Mitarbeiter pro Minute bei normaler Arbeitsgeschwindigkeit (unter Berücksichtigung von Verteil- und Erholungszeiten) bewältigen kann. Eine Normalleistung pro Stunde beträgt dann 60 B. Bei Unterschreiten dieser Normalleistung wird beim *Bedaùx*-Entgelt der Mindestlohn gezahlt, bei Überschreiten eine der Mehrlei-

stung entsprechende Prämie. Zumeist wird eine Höchstleistung von 80 B als erstrebenswert angesehen, weil darüber hinaus betriebliche und individuelle Nachteile wahrscheinlich sind.

Lit.: Harlander u. a. 1985, Winnes 1992

Primacy-Effekt (→ Beurteilungsfehler)

Principal-Agent-Theorie

Die Principal-Agent-Theorie ist ein Ansatz aus den → ökonomischen Theorien der Führung. Sie geht von daher von einem Konzept des rationalen Verhaltens der betroffenen Vorgesetzten und der Mitarbeiter aus. Beide sehen ihre Beiträge im betrieblichen Kombinationsprozeß unter Kosten- und Nutzenaspekten. Die Principal-Agent-Theorie konzentriert sich im Rahmen des Führungsprozesses dabei auf die Gestaltung der Auftragsbeziehung zwischen Vorgesetzten und Mitarbeitern, ihre arbeitsvertragliche Ausgestaltung sowie ihre Möglichkeiten und Grenzen zur Einflußnahme. Im Rahmen dieser Theorie wird die Zusammenarbeit zwischen einem Auftraggeber (Principal) und einem Auftragnehmer (Agent) im Rahmen einer vertikalen → Arbeitsteilung, z. B. zwischen Aufsichtsrat und Vorstand bzw. Vorgesetzten und Untergebenen, geprüft, wie durch insbes. institutionelle Regeln die Interessen der Auftraggeber gesichert werden können. Ein untergebener Mitarbeiter wird dabei als relativ selbständiger „Agent" aufgefaßt, der qualifiziert sein muß, die jeweiligen Führungsaufgaben zu übernehmen und zielgerecht zu erfüllen. Die durch die institutionellen Regelungen anfallenden „agency-costs" (bspw. zur Vereinbarung, zur Kontrolle, Sanktionskosten) werden dabei in die Kalkulation einbezogen. Zudem wird im Rahmen des Principal-Agent-Ansatzes diskutiert, inwieweit die institutionellen Regeln dazu beitragen können, die Kooperation zwischen Principal und Agent effizienter zu gestalten. Die entstehenden Kommunikations- und Kontrollsysteme sollen das Delegationsrisiko reduzieren. Der unmittelbare Nutzen der Principal-Agent-Theorie ist insbes. für die Führungspraxis noch kaum erkennbar, wenngleich sie durch ihre Logik – und ihre impliziten verhaltenswissenschaftlichen Thesen – sehr deutlich auf wesentliche Probleme der Mitarbeiterführung hinweist.

Lit.: Laux/Liermann 1987, Elschen 1988, Wunderer 1993a

Prinzip der Reihung

Nach dem Prinzip der Reihung erfolgt eine stufenlose Rangordnung in Abhängigkeit von der Schwierigkeit, die bspw. bei der → Arbeitsbewertung ermittelt wurde (v. a. Rangfolge- und Rangreihenverfahren).

Prinzip der Stufung

Mit dem Prinzip der Stufung wird eine exakte schwierigkeitsspezifische Einordnung bpsw. von Arbeitsplätzen im Rahmen der → Arbeitsbewertung vorgenommen (v. a. Lohngruppenverfahren, Stufenwertzahlverfahren).

Probearbeitsverhältnis

Das Probearbeitsverhältnis stellt ein zumeist zeitbestimmtes → Arbeitsverhältnis mit spezifischen Vereinbarungen zur → Probezeit dar. Man differenziert zwei Arten: Das „echte" Probearbeitsverhältnis endet automatisch mit Fristablauf (Probearbeitszeit z. B. 1.4.-30.6.), während die zweite Art ein unbefristetes Arbeitsverhältnis mit vorgeschalteter → Probezeit darstellt (Einstellung bspw. zum 1.4. mit vorangehender dreimonatiger Probefrist). Bei letzterem muß gekündigt werden, wenn das Arbeitsverhältnis enden soll. Während der Probezeit gilt die kürzeste gesetzliche → Kündigungsfrist. Die Dauer und Kündigungsmöglichkeiten bedürfen der besonderen Vereinbarung im Rahmen der geltenden gesetzlichen und kollektivvertraglichen Bestimmungen.

Probezeit

Als Probezeit wird die arbeits- oder ausbildungsvertraglich vereinbarte, zeitlich begrenzte Phase der Erprobung der → Eignung eines → Arbeitnehmers oder → Auszubildenden verstanden, innerhalb derer das Vertragsverhältnis von beiden Parteien unter erleichterten Bedingungen gekündigt werden kann. Die → Probezeit soll beiden Vertragsparteien die Möglichkeit geben, sich ein Bild darüber zu machen, ob entweder die Stelle dem Arbeitnehmer zusagt oder dieser dem → Arbeitgeber geeignet erscheint. Die Art der Probezeit ist je nach → Probearbeitsverhältnis unterschiedlich. Eine Probezeit ist für Berufsausbildungsverträge vorgeschrieben. Nur dort ist sie auch gesetzlich geregelt. Sie beträgt mindestens einen Monat und höchstens drei Monate. Die meisten → Tarifverträge enthalten Regelungen über die maximale Dauer der Probezeit. I. d. R. werden drei Monate nicht überschritten. Nach der Rechtssprechung stellen sechs Monate die Höchstgrenze dar.

Problemlösungsgespräch (→ Mitarbeitergespräch)

Produktivitätsbeteiligung (→ Leistungsbeteiligung)

Prognosevalidität (→ Validität)

Programmierte Unterweisung

Bei der programmierten Unterweisung handelt es sich um eine aktive Lern- und Lehrmethode (→ Personalentwicklungsmethode) im Rahmen der → Bildung, mit der systematisch versucht wird, Faktenwissen zu vermitteln. Ihr Einsatz ist zumeist mit dem Einsatz bestimmter Hilfsmittel, z. B. Lehrbücher, audiovisuelle Techniken, gekoppelt. Der gesamte Lernstoff wird in kleine, aufeinander aufbauende Lerneinheiten gegliedert. Diese werden im → Lernprozeß in der gleichen Schrittfolge absolviert: Information-Frage-Antwort-Kontrolle. Die Schnelligkeit des Prozesses, die Kontrolle, die eventuelle Wiederholung ist selbstgesteuert. Vorteilhaft ist der kostengünstige, wiederverwertbare, jederzeit vornehmbare und zeitlich variierbare Einsatz der programmierten Unterweisung insbes. für die Vermittlung von Faktenwissen, von Arbeitsplatzaufgaben und -methoden (→ Personaleinführung) sowie neuen Instrumenten bzw. Produkten. Dem stehen als eventuelle Nachteile die Problematik der Strukturierung des u. U. umfangreichen Stoffes in ein Programm, die Kostspieligkeit der Programmentwicklung, die Schnellebigkeit des Lernstoffes sowie die möglicherweise geringe Zahl an Lernenden gegenüber.

Lit.: Berthel 1991

Programmlohn

Der Programmlohn stellt eine Sonderform des → Pensumlohns insbes.

für bestimmte Arbeitsgruppen dar. Es handelt sich quasi um einen → Zeitlohn nach vereinbarter Leistung bzw. bei Erfüllung einer fest umrissenen Arbeitsaufgabe („Programm"). Bspw. wird einer Gruppe von Mitarbeitern für einen bestimmten Abrechnungszeitraum, z. B. eine Woche, eine genau bestimmte Aufgabe mit einer (arbeitsanalytisch ermittelten) Soll-Zeit vorgegeben. Das gleichzeitig vereinbarte → Entgelt wird bei Einhaltung des Programms hinsichtlich Qualität und Quantität zu 100 % ausgezahlt. Eine Mehrleistung gegenüber dem Programm ist nicht erwünscht und wird auch nicht vergütet. Sollte das Programm nicht erfüllt werden, ohne daß die Mitarbeiter dies zu verantworten haben, so wird die Soll-Zeit (nachträglich) reduziert. Wird das Programm aus von den Mitarbeitern zu vertretenden Gründen nicht erfüllt, erfolgt eine Lohnminderung nach gemeinsamer Besprechung zwischen Betriebsleitung, Mitarbeitern und → Betriebsrat. Entwickelt wurde der Programmlohn für die Einzelfertigung. Anwendbar ist er auch für Kleinserien und Montagearbeiten in sog. Fertigungssegmenten wie bspw. Fertigungsinseln. Voraussetzung ist in jedem Falle eine sehr genaue Planung und Organisation des Fertigungsprogramms mit Einflußpotential für die Mitarbeiter.

Lit.: Harlander u. a. 1985, Maier 1988

Projektive Tests

Projektive Tests (synonym: Projektive Verfahren, Persönlichkeits-Entfaltungs-Verfahren) sind eine Variante von → Persönlichkeitstests im Rahmen → psychologischer Tests; Beispiele: → Rorschach-Test, → Thematic-Apperception-Test, → Baum-Test, → Szondi-Test, → Lüscher-Farb-Test. Sie zielen auf die Erfassung von Persönlichkeitsstrukturen und -dynamiken ab. Dadurch soll v. a. im Rahmen der → Personalauswahl versucht werden, geeignete Bewerber herauszufinden. Im Gegensatz zu den sog. → psychometrischen Tests sind projektive Tests nicht auf vorher festgelegte Merkmale einer Person gerichtet, sondern lassen ein weites Reaktions und Interpretationsspektrum zu. Die Versuchspersonen sollen anhand von Deutungen oder Gestaltungen von Reizen angeregt werden, ihre Ideen, Phantasien, Wünsche etc. auf den Reiz zu projizieren. Diese Projektion ist dann Gegenstand der Interpretation durch den durchführenden Psychologen. Die Auswertung beruht auf heterogenen, meist qualitativen Deutekonzeptionen. Da projektive Verfahren insbes. zur Erfassung tieferliegender psychischer Strukturen bei Fragestellungen der klinischen Psycholgie konstruiert wurden, ist deren Einsatz im betrieblichen Umfeld bedenklich und sollte – wenn überhaupt – nur von speziell geschulten Psychologen durchgeführt werden. Die Problematik dieser Tests liegt neben rechtlichen

Erwägungen insbes. darin, daß sie die Probanden zwingen, in ihre Intimsphäre Einblick zu geben und daß sie ursprünglich als diagnostische Hilfsmittel für therapeutische Maßnahmen kranker Menschen dienten. Beides hat bspw. mit Personalauswahl wenig zu tun. Mitarbeiter werden im Rahmen der Umsetzung der → Karriereplanung entweder nur oder neben ihrer normalen Arbeitstätigkeit teilweise in Projekten mit spezifischen Aufgabenstellungen zeitweise eingesetzt. Ziel ist es dabei u. a., die damit verbundenen → Anforderungen (z. B. Zeitmanagement, Kooperationsvermögen) kennenzulernen sowie dementsprechende → Qualifikationen zu erlernen.

Lit.: Brickenkamp 1975

Projektgruppeneinsatz

Der Projektgruppeneinsatz stellt eine → Personalentwicklungsmethode zur Vermittlung von → Qualifikationen im Rahmen eines → Training-on-the-Job dar.

Prokura

Bei der Prokura handelt es sich um die Vertretungsmacht eines Mitarbeiters für einen Betrieb. Sie kann nur vom Inhaber des Handelsgeschäfts oder seinem gesetzlichen Vertreter und nur mittels ausdrücklicher Erklärung erteilt werden.

Promotoren

Promotoren sind solche Personen, die einen Entscheidungsprozeß eigeninitiativ und aktiv voranbringen. Die Literatur unterscheidet in Macht- und Fachpromotoren. Die *Machtpromotoren* verfügen über hierarchisch begründetes Belohnungs- und Bestrafungspotential, während die *Fachpromotoren* durch objektspezifisches Fachwissen und Informationspotential gekennzeichnet sind. Die Übernahme beider Rollen durch eine Person ist üblich.

Lit.: Witte 1973

Provision

Die Provision stellt einen Anspruch gemäß HGB bzw. das → Entgelt für bestimmte betriebliche Leistungen dar, z. B.: für die Vermittlung von Geschäften (*Handelsvertreterprovision*), für die Lagerung (*Lagerprovision*) oder Übernahme von Waren zum Verkauf (*Kommission*) bzw. zum Transport (*Speditionsprovision*) sowie für Finanzdienstleistungen. Mit Hilfe von Provisionen werden auch → Arbeitnehmer prozentual am Wert bestimmter Geschäfte beteiligt. Hierbei handelt es sich zumeist um von ihnen abgeschlossene oder vermittelte, gelegentlich aber auch aller in einem bestimmten Gebiet zustandegekommener Geschäfte. Die Entgeltform der Provision ist bspw. für Handlungsreisende und Versicherungsagenten typisch. Die → Arbeitnehmer erhalten eine festgelegte oder gleitende prozentuale Beteiligung entsprechend der festgelegten Bezugsbasis und können dadurch Teile ihres Verdienstes durch

Fleiß und Geschick mehr oder weniger beeinflussen. Provisionssysteme stellen dabei eine rein leistungsbezogene Entgeltform dar, die allerdings zumeist mit einem Festgehalt (Fixum) kombiniert wird. Die *technische Ausgestaltung* der Provisionssysteme ist mit unterschiedlichen Freiheitsgraden möglich. Dies betrifft insbesondere die Bemessungsgrundlagen sowie die Provisionssätze:

● Als *Bezugsbasis* kann bzw. können der Bruttoumsatz, der Nettoumsatz, die Deckungsbeiträge oder Gewinnbeiträge nach verschiedenen Verrechnungsschemata herangezogen (absolut oder gewichtet nach Bedeutung eines Artikels, Kunden, Gebietes etc.) werden. Als Grundlage der Provisionsberechnung im Vertrieb gilt vornehmlich der Umsatz oder der Deckungsbeitrag. Die Heranziehung des Deckungsbeitrages als Bezugsgrundlage hat u. a. zur Folge, daß auch Kostenfaktoren in der Vergütungsbasis berücksichtigt werden.

● Die Festlegung der *Provisionssätze* stellt den zweiten Bestimmungsfaktor der variablen Vergütung dar. Am Beispiel des Umsatzes als Bemessungsgrundlage lassen sich folgende Formen unterscheiden: (1) Beim *konstanten* Provisionssatz gilt für alle Umsätze ein einheitlicher Provisionssatz, unabhängig von der gesamten Umsatzhöhe. (2) Mit einem *degressiven* Provisionssatz sinken die Sätze mit steigenden Um-

sätzen. Dies betrifft nicht den Gesamtwert der Umsätze, sondern lediglich den Umsatz, der eine bestimmte Höhe übersteigt. (3) Beim *progressiven* Provisionssatz steigen dagegen die Provisionssätze mit steigenden Umsätzen. Die Provisionssätze können allerdings auch nach Artikelgruppen, Auftragsgrößen oder Kundengruppen differenziert werden. (4) Daneben wird noch die *konditionsgebundene* Provision verwendet. Diese Vergütungsregelung sieht vor, daß der Provisionssatz, ausgehend von einem Basispreis, sinkt, je mehr Rabatt die Verkäufer den Kunden einräumen und umgekehrt. Die prozentuale Beteiligung kann bei allen Formen über alle Produkte fix sein, aber auch nach Produkten und Kunden variieren; sie kann mit dem ersten Verkauf einsetzen, aber auch erst nach Erreichen einer Minimalvorgabe.

Lit.: Coester 1991, Kotler/Bliemel 1992

Prozeßtheorien (→ Motivationstheorie)

Psychologische Tests

Unter psychologischen Tests versteht man allgemein solche diagnostischen Verfahren, bei denen Verhaltensweisen bzw. Persönlichkeitsmerkmale von Personen unter standardisierten Bedingungen erfaßt werden. Die Standardisierung bezieht sich dabei auf Inhalt und Form der Instrumente, Datenauswertung, Interpretation u. ä. Psychologische Tests werden im betrieblichen Umfeld zumeist im Rahmen der → Personalauswahl eingesetzt, und zwar dort, wo fast ständig größere Bewerberzahlen anfallen. Wichtigste Voraussetzung für einen sinnvollen Einsatz dieser Tests aus personalwirtschaftlicher Sicht ist, daß diejenigen Verhaltensmerkmale ermittelt werden, die für eine spätere erfolgreiche Ausübung der Tätigkeit an einem bestimmten Arbeitsplatz (ggf. auf mehreren Positionen) wichtig sind. Hierfür objektive, valide und reliable → Kriterien und v. a. → Prädikatoren zu finden, gehört zu den schwierigsten und oft nicht gelösten Problemen im Rahmen der Personalauswahl. Psychologische Tests werden unterschiedlich klassifiziert, wobei hinsichtlich der *Klassifikation* Uneinigkeit besteht. So können Testverfahren aufgrund formaler Klassifikationsaspekte als auch nach inhaltlichen Gesichtspunkten unterteilt werden. Zweckmäßig für das → Personalmanagement erscheint eine Klassifikation, die primär inhaltliche und sekundär formale Aspekte betont und wie folgt einordnet: →

Leistungstests sowie die beiden Formen der → Persönlichkeitstests: → psychometrische Tests und → projektive Tests.

Lit.: Brickenkamp 1975

Psychometrische Tests

Psychometrische (Persönlichkeits-)Tests zählen als eine Form der → Persönlichkeitstests zu den → psychologischen Tests, die in manchen Betrieben v. a. zur → Personalauswahl eingesetzt werden. Sie versuchen mit Hilfe von → Personalfragebogen jeweils bestimmte Teilaspekte der Persönlichkeit der Bewerber zu erfassen. Ihr Ziel ist somit nicht die Abbildung der gesamten Persönlichkeit wie bei den → Projektiven Verfahren, sondern sie konzentrieren sich auf die typische Performanz oder Selbsteinschätzung einer Person bzw. eines Probanden – und dies in quantifizierbarer Form; die zu analysierenden Verhaltensmerkmale sind vorher festgelegt. Der Einsatz Psychometrischer Tests als Personalauswahlinstrument ist, wie der aller Persönlichkeitstests, sehr kritisch zu betrachten.

Lit.: Brickenkamp 1975

Q

Qualifikation

Unter Qualifikation ist ein individuelles → Arbeitsvermögen zu verstehen, welches einem Mitarbeiter zu einem bestimmten Zeitpunkt die Auseinandersetzung mit einer Arbeitsaufgabe ermöglicht. Die Qualifikationsfacetten lassen sich analytisch bspw. durch die Merkmale Kenntnisse (= Kennen), → Fähigkeiten und Eigenschaften (= Können), → Motive und Motivation sowie → Einstellungen (= Wollen), die zusammen in Verhalten münden, ausdrücken. Neben dem realisierten Arbeitsvermögen (gegebene → Leistungsvoraussetzungen) wird das potentielle Arbeitsvermögen (realisierbare Leistungsvoraussetzungen) unterschieden (→ Qualifikationspotential). Differenzieren kann man auch in → extrafunktionale Qualifikationen und in arbeitsplatzspezifische (funktionale) Qualifikationen sowie in faktische wie formale Qualifikationen: Unter *formalen Qualifikationen* werden solche verstanden, die durch ein Zeugnis, ein Testat o. ä. einem Arbeitnehmer zugesprochen wurden. Sie können dabei immer nur einen Ausschnitt aus der tatsächlich vorliegenden Qualifikation der Personen wiedergeben. Die *faktische Qualifikation* entspricht dem tatsächlich aktuell vorhandenen Kennen, Können und Wollen (→ Polyvalenzqualifika-

tion). Die Qualifikation ist im Rahmen der → Qualifikations- und Eignungsforschung zu erheben und von der → Eignung zu differenzieren.

Lit.: Fricke 1975, Berthel 1991, Sauermann 1981

Qualifikationsanalyse (→ Eignungsprüfung)

Qualifikationsanforderungen (→ Anforderungen)

Qualifikations- und Eignungsforschung

Die Qualifikations-und Eignungsforschung stellt ein Teilgebiet der betrieblichen → Personalforschung dar. Sie dient der Erhebung, Beschreibung und Beurteilung der → Qualifikationen bzw. der →Eignungen von Mitarbeitern wie Bewerbern. Zur Informationsgewinnung werden die verschiedenen Formen der personalen → Eignungsprüfung und speziell der Eignungsbeurteilung eingesetzt. Die verschiedenen Instrumente der → Personalbeurteilung und der → Personalauswahl sind dabei v. a. auf einzelne Personen ausgerichtet. Darüber hinaus kann die Qualifikations- und Eignungsforschung sich aber auch mit den Objekten → „Arbeitsgruppe" und → „Belegschaft" auseinandersetzen. Ziele sind dann bspw. die Ermittlung von → Gruppenkohäsion, → Einstellungen, → Betriebsklima und → Arbeitszufriedenheiten.

Qualifikationsorientierte Entlohnung (→ Polyvalenzlohn)

Qualifikationspotential

Das Qualifikationspotential (oft synonym: latente oder potentielle → Qualifikationen, Leistungs-, Eignungs-, Fähigkeitspotential) betrifft das potentielle → Arbeitsvermögen einer Person im Sinne von realisierbaren individuellen → Leistungsvoraussetzungen. Es steht für jene Qualifikationsmerkmale, die auf Basis der jeweils aktuell gegebenen → Qualifikation im Zeitablauf in ihrer Ausprägung beibehalten werden oder sich verändern können. Eine mögliche Differenzierung ist in der Abbildung wiedergegeben.

Das *aktuelle Qualifikationspotential* setzt sich aus zwei Komponenten zusammen: Zum einen existiert das aktuell eingesetzte Qualifikationspotential. Dieses bezieht sich auf all die Qualifikationsmerkmale,

die Mitarbeiter in ihrer aktuellen Position realisieren (realisiertes Arbeitsvermögen). Das aktuell-latente Qualifikationspotential steht zum anderen für vorhandene Qualifikationsmerkmale, die aktivierbar sind, aktuell in der Position aber nicht eingesetzt werden (latentes, sofort realisierbares Arbeitsvermögen). Das *latente zukünftige bzw. potentielle Qualifikationspotential* bezieht sich darüber hinaus auf die Qualifikationsmerkmale, die von einer Person nicht aktuell realisierbar sind, aber von denen man annimmt, daß sie im Zeitablauf nach entsprechender → Selbst- und/oder → Personalentwicklung aktualisiert werden können (latentes, später realisierbares Arbeitsvermögen). In manchen Publikationen wird nur das latente Arbeitsvermögen als Qualifikationspotential bezeichnet.

Lit.: Becker, F. G. 1991, 1992

Qualifikationsprofil

Beim Qualifikationsprofil handelt es sich um die optische Darstellung

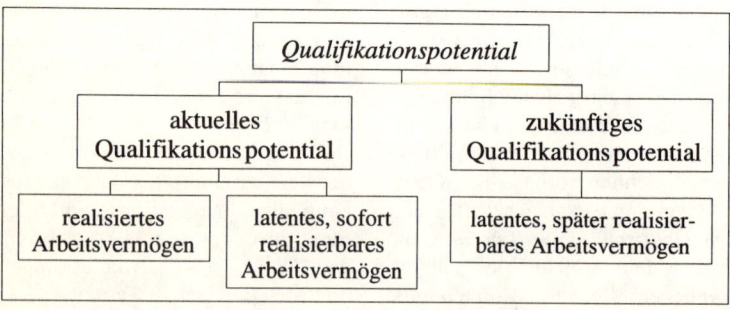

Differenzierung des Qualifikationspotentials

der → Qualifikation eines Mitarbeiters. Dazu werden zunächst Qualifikationsmerkmale differenziert, entsprechend ihrer individuellen Ausprägung auf einer Skala bewertet sowie die entsprechenden Markierungen miteinander graphisch verbunden (s. die Abbildung).

Im Idealfall sollte das Qualifikationsprofil des Mitarbeiters genau mit dem entsprechenden → Anforderungsprofil eines Arbeitsplatzes überein stimmen. So sehr diese Vorgehensweise zunächst didaktisch hilfreich und faktisch wünschenswert ist, so sehr ist sie allerdings auch irreführend (→ Lückenanalyse). Problematisch bei der Ermittlung des Qualifikationsprofils sind die Differenzierung und Benennung der Merkmale, die Auswahl der Skala und deren Differenzierung als auch die Bezeichnung (rein numerisch, rein verbal, ge-mischt) sowie letztlich die Bewertung (→ Qualifikations-/Eignungsforschung).

Qualifikationsprognose (→ Potentialbeurteilung)

Qualifizierung

Unter Qualifizierung wird die selbst- oder fremdinitiierte Beibehaltung bzw. Veränderung der vorhandenen → Qualifikation verstanden. Sie läßt sich differenzieren zum einen in die Qualifizierung im Sinne entweder einer *Qualifikationsstabilisierung* (Erhaltung der Qualifikation) oder einer *Höherqualifizierung* (Erwerb von Qualifikation) und zum anderen in *Dequalifizierung* (Rücknahme der Qualifikationsausprägung). Die Qualifizierung erfolgt im Rahmen der → Personalentwicklung und der → Selbstentwicklung.

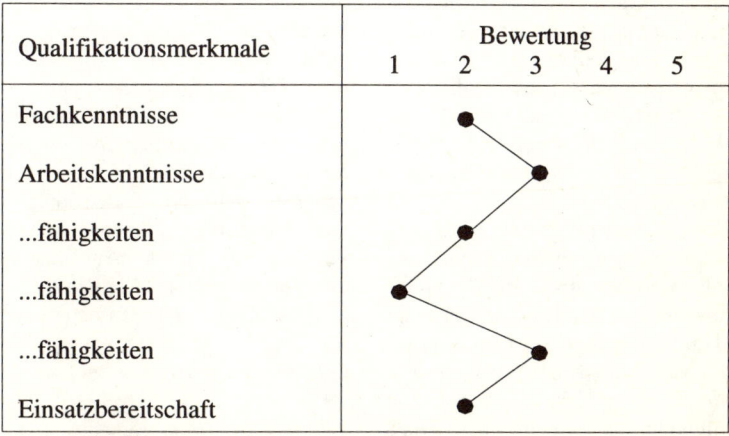

Fiktives Beispiel eines Qualifikationsprofils (Ausschnitt)

Qualifizierungsthese

Qualifizierungsthese (→ Qualifizierung, → Thesen zur Qualifikationsentwicklung)

Qualitätsprämie (→ Prämienlohn)

Qualitätszirkel

Qualitätszirkel (synonym: „quality circle", Qualitätskreise, Qualitätsgruppe; Varianten: → Werkstattzirkel, Bürozirkel) stellen eine Form der Kleingruppenarbeit im Betrieb dar. Das *Ziel* ist die Suche nach Verbesserungsmöglichkeiten der Arbeit der beteiligten Gruppenmitglieder bez. der Verbesserung der Produktqualität, der Effizienzsteigerung der Arbeitsverfahren, der Erleichterung der Aufgabenerfüllung u. a. In einem umfassenden Begriffsverständnis sollen neben Arbeitsverbesserungen auch Beiträge zur → Humanisierung der Arbeit geleistet werden. Das ursprünglich auf die Qualitätssicherung der Produkte gerichtete Konzept ist auf alle Probleme des Arbeitsbereichs angewendet worden, so daß nun neben Produkt- und Verfahrensqualität auch auf „Sozialqualität" abgezielt wird. Eine einheitliche Definition hat sich bislang nicht herausgebildet, wenngleich über viele Merkmale weitgehend Einigkeit besteht. Die nachfolgend beschriebene *Definition* wird dabei in der Praxis oft pragmatischer ausgelegt: Bei Qualitätszirkeln handelt es sich um eine (1) auf Dauer angelegte (2) Kleingruppe (ca. 3–10 Personen), in der (3) Mitarbeiter einer hierarchischen Ebene, mit einer (4) gemeinsamen Erfahrungsgrundlage in (5) regelmäßigen

Abständen (ca. alle 14 Tage) (6) auf freiwilliger Basis zusammenkommen, um (7) Themen des eigenen Arbeitsbereichs zu analysieren und (8) unter Anleitung eines geschulten Moderators (9) mit Hilfe von Problemlösungs- und Kreativitätstechniken (10) Ursachen zu erkennen sowie Handhabungsvorschläge zu erarbeiten und zu präsentieren, (11) die Vorschläge selbständig oder im Instanzenweg umzusetzen und (12) eine Ergebniskontrolle vorzunehmen. (13) Die Gruppe ist dabei idealerweise Bestandteil eines übergeordneten *Qualitätszirkel-Systems*. Dieses System besteht aus einem organisationsweit verantwortlichen *Steuerungskomitee* (Mitglieder der Geschäftsleitung, Betriebsratsmitglied, Koordinator) als oberstes Entscheidungsgremium, einem *Koordinator* (nachgeordnete Führungskraft) der betrieblichen Qualitätszirkelarbeit zur organisatorischen Abwicklung und der Schulung der Teilnehmer, eventuell *Experten* zur einzelfallspezifischen Ergänzung, *Moderatoren* (Vorgesetzte oder Gruppenmitglieder) zum → Coaching der einzelnen Zirkelarbeit und den *Qualitätszirkelmitgliedern*. Qualitätszirkel können auch als Instrument der → Personalentwicklung zur Qualifizierung eingesetzt werden. Im Rahmen eines → Training-near-the-job können sie gezielt dazu beitragen, den beteiligten Mitarbeitern fachliche wie soziale Qualifikationen zu vermitteln.

Lit.: Deppe 1991, Bungard 1992, Zink 1992a

R

Rahmentarifvertrag (→ Tarifvertrag)

Randbelegschaft

Zur Randbelegschaft zählen im Gegensatz zur → Stammbelegschaft jene Mitarbeiter, die sich i. d. R. durch niedrigeren Status, geringes Qualifikationsniveau (→ Qualifikation), niedrigere → Entgelte, leichte Verfügbarkeit auf dem → Arbeitsmarkt und hohes Beschäftigungsrisiko im Betrieb kennzeichnen lassen. Hierzu zählen i. d. R. Teilzeit-, Saison- und Aushilfsarbeitskräfte (oft Hausfrauen, Studenten, Rentner). Die Randbelegschaft läßt sich insbes. bei saisonalen, täglichen und/oder konjunkturellen Schwankungen des → Personalbedarfs flexibel einsetzen. Sie dient von daher als Puffer zum Ausgleich von Beschäftigungsschwankungen im Rahmen der → Personalfreisetzung.

Rangfolgethese (→ Bedürfnishierarchie von *Maslow*)

Rangfolgeverfahren (→ Arbeitsbewertung)

Rangordnungsverfahren der Personalbeurteilung

Mit Hilfe von Rangordnungsverfahren der → Personalbeurteilung werden v. a. im Rahmen der → Leistungsbeurteilung die Beurteilten bzw. ihre → Leistungen entweder analytisch hinsichtlich bestimmter → Kriterien oder summarisch anhand eines Gesamtkriteriums in eine auf- bzw. absteigende Rangfolge eingegliedert. Dadurch ergibt sich die relative Stellung jedes Beurteilten hinsichtlich der jeweiligen Leistung (bzw. als Äquivalent angenommener Bezugsgrößen) auf einer Ordinalskala. I. allg. werden drei Arten dieses Verfahrens diskutiert:

• Die *Aufstellung einer summarischen Rangordnung* („method of rank order") zählt zu den ältesten und einfachsten Verfahren. Verschiedene Varianten liegen vor: (1) Die zu beurteilenden Personen oder deren Leistungen (bzw. deren als leistungsrelevant eingeschätzte Eigenschaften) werden in ihrer Gesamtheit bewertet sowie in Folge auf einer Ordinalskala gereiht. (2) In einer anderen Vorgehensweise sind zunächst die jeweils leistungsbesten und -schlechtesten Mitarbeiter zu erfassen. Von den verbliebenen Mitarbeitern wird dann der Zweitbeste und der Zweitschlechteste ausgewählt. Diese Vorgehensweise ist solange fortzusetzen, bis alle Mitarbeiter in eine Rangfolge gebracht sind. Die Beurteilungsaufgabe nimmt in ihrem Schwierigkeitsgrad zu, je näher die Beurteiler der Skalenmitte kommen. Dort sind Unterscheidungen oft kaum noch möglich. Doppelbesetzungen von Rangplätzen sind bei manchen Varianten des Verfahrens erlaubt und werden gerade in der Mitte der Rangreihe oft verwendet. (3) Bei der Aufstellung einer analytischen Rangordnung definiert der Systembetreiber für die erwartete Leistung jeweils verschiedene Beurteilungskriterien, für die dann mit der jeweiligen Bewertung durch die Beurteiler eigene Rangreihen aufzustellen sind bzw. Rangplatzzuteilungen erfolgen. Durch die Addition der verschiedenen (eventuell nach der Kriterienbedeutung gewichteten) Rangplätze auf den verschiedenen Kriteriendimensionen ergibt sich schließlich die endgültige Rangreihe der Beurteilten. Kombinationen der drei Varianten sind möglich.

- Beim *Paarvergleich* („paired comparison") vergleichen die Beurteiler jede Person ihrer Beurteilungsgruppe mit allen anderen Personen der gleichen Arbeitsgruppe entweder summarisch oder analytisch anhand verschiedener Leistungsfaktoren. Es sind jeweils Urteile zu fällen, welche der beiden Personen bzw. der gezeigten Leistungen „besser" ist. Der Beurteilte mit der besten Merkmalseinstufung bzw. den besten Leistungen bezüglich eines Faktors erhält einen Punkt. Nachfolgend wird festgestellt, wie oft jeder Beurteilte bzw. das Kriterium

im Paarvergleich als „besser" eingestuft wurde. Die mit jeder Bevorzugung zugeordneten Punkte werden zu ordinalen Nutzenzahlen addiert. Aus den jeweiligen Ergebnissen ergibt sich in Folge wieder eine einzige Rangreihe. Im Grunde handelt es sich also beim Paarvergleich um ein einfaches Rangordnungsverfahren, welches nur mittels einer anderen Vorgehensmethodik durchgeführt wird. Insgesamt sind konsistente Urteile zu erwarten bzw. die Konsistenz der Antworten ist wegen der vielen zu beantwortenden Fragen besser zu überprüfen. Auch von daher sind die Anforderungen an die Beurteiler hoch. Mit der Größe der Gruppe wächst jedoch das Anwendungsproblem dieses Verfahrens. Bei wachsender Gruppenstärke nimmt die Zahl der durchzuführenden Paarvergleiche - und damit des erforderlichen Zeitaufwands der Beurteiler – progressiv zu.

- Im Rahmen des *Verfahrens der erzwungenen Verteilung* erfolgt eine erzwungene Gruppenzuordnung bzw. Verteilung der zu beurteilenden Personen in vorgegebene Leistungsstufen. Eine Zielsetzung dieses Verfahrens ist es, systematische → Beurteilungsfehler wie Tendenz zur Milde, zur Härte und zur Mitte in ihrem Ausmaß, insbes. bei größeren Beurteilungsgruppen, einzuschränken. Die zunächst verteilungsfrei erfolgten Beurteilungen sollen in

Rangordnungen ausgedrückt werden. Den Beurteilten sind Leistungsgruppen vorgegeben, die bspw. vorschreiben, jeweils 10 % aller Beurteilten als sehr gut bzw. sehr schlecht, jeweils 20 % als gut bzw. schlecht sowie 40 % als weder gut noch schlecht einzustufen. Den jeweiligen, durchaus unterschiedlichen Stufenvorgaben liegt i. d. R. eine angenommene → Normalverteilung der Leistungen zugrunde. Man geht davon aus, daß prinzipiell in jeder Arbeitsgruppe ein bestimmter Prozentsatz der Mitarbeiter gute, mittlere oder schlechte Leistungen erbringt. Die Anzahl der Leistungsstufen ist unterschiedlich, somit auch die von den Systembetreibern intendierte Differenzierungsmöglichkeit. Von den Beurteilern wird eine Diskriminierung der zu beurteilenden Personen anhand der vorgegebenen Leistungskategorien verlangt. In den Gruppen selbst erfolgt keine weitere Rangdifferenzierung. Im Grunde handelt es sich bei diesem Verfahren um nichts anderes als ein Rangordnungsverfahren mit erlaubten Platzverteilungen. Im Mittelbereich steht eine Vielzahl von Personen hinsichtlich ihrer Leistungen undifferenziert nebeneinander. Nur die Extremgruppen ragen heraus. Das ursprünglich eigenständige Verfahren wurde im Zeitablauf auch mit anderen kombiniert, bspw. mit den → merkmalsorientierten Einstufungsverfahren. Die Rangordnungsverfah-

ren eignen sich i. d. R. nicht zur Personalbeurteilung.

Lit.: Becker, F. G. 1994

Rangreihenverfahren (→ Arbeitsbewertung)

Rational Man (→ Menschenbild)

Realistische Rekrutierung

Die realistische Rekrutierung betont die Darstellung der positiven und auch negativen Aspekte einer vakanten Stelle im Rahmen der → Personalauswahl bzw. des → Vorstellungsgesprächs. Sie wird dabei als das beste Mittel gegen das Auftreten zu hoher Erwartungen seitens der Bewerber bzw. Mitarbeiter angesehen. Die realistische Darstellung eines Arbeitsplatzes und der gesamten Arbeitssituation verbessert die Selbstselektion der Bewerber, sie hat einen sog. „Schutzimpfungseffekt" (Entwicklung innerer Widerstandskräfte gegen unabänderliche negative Begleiterscheinungen der Arbeit), sie fordert eine stärkere anfängliche Bindung an den Betrieb und senkt dadurch die frühe → Fluktuation.

Lit.: Berthel 1991

Recency-Effekt (→ Beurteilungsfehler)

***Reddins* 3-D-Modell** (→ Drei-D-Modell von *Reddin*)

REFA-Verband

Der gemeinnützige „REFA-Verband für Arbeitsstudien und Betriebsorganisation e. V." mit Sitz in Darmstadt, kurz REFA-Verband, geht zurück auf den ehemaligen Reichsausschuß für Arbeitszeitermittlung (gegründet 1924 in Berlin). In seinen Organen sind → Arbeitgeber und → Gewerkschafter vertreten. Ein eigenes arbeitswissenschaftliches Institut führt Studien im arbeits- und personalwirtschaftlichen Bereich durch und ist für die Ausbildung von v. a. Arbeitsstudienleuten und Fachleuten für die wissenschaftliche Betriebsführung (REFA-Lehrer) zuständig. Die wesentlichsten *Aufgaben* des Verbandes sind: (1) Erarbeitung, Anwendung und Verbreitung von Richtlinien und Verfahren auf dem Gebiet des → Arbeitsstudiums, der Betriebsorganisation und verwandter Gebiete, (2) Durchführung von Lehrgängen und (3) Publikation von Lehrbüchern und Zeitschriften.

REFA-Normalleistung (→ Normalleistung)

REFA-Zeitstudien (→ Zeitstudien)

Referentensystem (→ Personalreferent)

Referenzen

Referenzen sind Instrumente der → Personalauswahl. Referenzen von Privatpersonen und ehemaligen Vorgesetzten werden zur Bestätigung bestimmter Charakteristika und Entwicklungen der → Qualifikation einer Person für eine vakante Position herangezogen. Dabei hängt ihre Zu-

verlässigkeit oftmals von der Besonderheit und Bekanntheit der angegebenen Referenzperson mit dem Bewerber ab. Nicht selten sind allerdings Gefälligkeitsgutachten und „Weglobon". Referenzen sind bez. des Wahrheitsgehalts nicht unproblematisch. Zumeist können sie auch über das Fachkönnen keine Auskunft geben.

Reichsversicherungsordnung (RVO)

Die 1912 in Kraft getretene RVO stellte eine Zusammenfassung der Gesetze über die → Kranken-, → Unfall-, Alters- und Invaliditätsversicherung dar. Seit ihrem Inkrafttreten ist sie allerdings vielfach geändert worden, wobei bestimmte Teile neu geregelt und andere z. T. in das → Sozialgesetzbuch überführt wurden.

Reiz-Reaktions-Theorien

Die Reiz-Reaktions-Theorien sind die dem → Behaviorismus zugrundeliegenden Theorien. Sie erklären Verhalten anhand der → S-R-Modelle, wonach der Organismus auf einen Umweltreiz mit einem bestimmten Antwortverhalten reagiert. Reiz-Reaktions-Theorien haben zum Ziel, Gesetzmäßigkeiten zwischen Reizen und Reaktionen herauszuarbeiten.

Relevanz

Die Relevanz drückt als testtheoretisches → Gütekriterium im Rahmen der empirischen Sozialforschung wie auch der → Personalforschung aus, welche Bedeutung ein erfaßtes Kriterium für die Beschreibung des jeweils zugrundeliegenden Konstruktes hat. Der Begriff der Relevanz wird bspw. im Zusammenhang mit der → Leistungsbeurteilung gebraucht, wo analysiert werden soll, welche Bedeutung ein bestimmtes Leistungskriterium für das Konstrukt „Leistung" hat. Die Leistungskriterien an sich und ihre erwartete Ausprägung stellen zwar eine Annahme über das Verhältnis Kriterium/Konstrukt dar, inwieweit diese Annahme aber zutrifft, muß geprüft werden. So gesehen kann man Relevanz als eine Art höhergeordnete → Validität auffassen, die es zu analysieren gilt.

Reliabilität

Reliabilität (synonym: Zuverlässigkeit, Genauigkeit) ist eines der → Gütekriterien für Tests innerhalb der empirischen Sozialforschung. Sie beschreibt die formale Stabilität und Genauigkeit des Meßvorgangs und zwar unabhängig davon, ob die Messung auch inhaltlich das mißt, was sie messen soll (dies ist eine Frage der → Validität). Der Grad der Reliabilität wird durch einen Reliabilitätskoeffizienten ausgedrückt. Besitzt ein Meßvorgang (wie bspw. ein → psychologischer Test) eine hohe Reliabilität, dann sind die durch den Meßvorgang erzielten Ergebnisse, so die Logik, in hohem Maße reproduzierbar. Reliabilität kann auf drei Arten operationalisiert werden; diese drei verschiedenen methodischen Zugänge stellen gleichzeitig die verschiedenen Aspekte der Reliabilität dar:

- Die *Paralleltest-Reliabilität*: Einer Stichprobe von Probanden werden zwei vergleichbare Tests (Paralleltests) vorgelegt. Korrelieren (→ Korrelationsanalyse) deren Ergebnisse hoch, liegt eine hohe Paralleltest-Reliabilität vor.
- Die *Retest-Reliabilität*: Ein und derselbe Test wird einer Stichprobe von Probanden in einem bestimmten Zeitabstand zweimal vorgelegt. Die Höhe der Korrelation gibt wiederum Aufschluß über die Höhe der Retest-Reliabilität.
- Die *innere Konsistenz* des Tests: Diese läßt sich entweder nach der Testhalbierungsmethode (ein Test wird einer Stichprobe einmal vorgelegt, geteilt, die Hälften dann korreliert) oder der Methode der Konsistenzanalyse ermitteln.

Je nach Operationalisierung erhält man i. d. R. unterschiedliche Reliabilitätskoeffizienten, da jede Methode spezifische Meßfehlerarten und -anteile berücksichtigt.

Lit.: Lienert 1969, Atteslander 1991, Mayring 1993

Rentenversicherung

Die gesetzliche Rentenversicherung ist ein Zweig der → Sozialversicherung. Sie leistet laufende Geldzahlungen bei Berufs- und Erwerbsunfähigkeit des Versicherten, gewährt Altersruhegeld bei Erreichen der Altersgrenze und zahlt beim Tode des

Versicherten Hinterbliebenenrente. Geregelt ist die Rentenversicherung für → Arbeiter in der → Reichsversicherungsordnung (RVO). Versicherungspflichtig sind danach alle Arbeiter und die zur Ausbildung (→ Berufsausbildung) für einen Arbeiterberuf Beschäftigten. Träger der Rentenversicherung für Arbeiter sind die Landesversicherungsanstalten. Die Rentenversicherung der → Angestellten beruht auf dem → Angestelltenversicherungsgesetz. Versicherungspflichtig sind grundsätzlich alle Angestellten und die zur → Berufsausbildung eines Angestellten Beschäftigten. Träger der Angestelltenversicherung ist die Bundesversicherungsanstalt für Angestellte mit Sitz in Berlin. Die Beiträge werden von → Arbeitgeber und → Arbeitnehmer je zur Hälfte aufgebracht (Der Pflichtbeitrag in Prozent des Bruttoentgelts bis zur → Beitragsbemessungsgrenze wird durch die Reichsversicherungsordnung bzw. das Angestelltenversicherungsgesetz festgelegt.). Alle Arbeiter und Angestellten, die die Beitragsbemessungsgrenze der gesetzlichen Rentenversicherung überschreiten, können wählen, ob sie sich weiterhin dort versichern oder ob sie private Vorsorge treffen wollen.

Lit.: Harlander u. a. 1985

Repatriierung

Repatriierung stellt den Ausdruck für die persönliche und berufliche Wiedereingliederung von ins Ausland entsendeten Mitarbeitern und deren Familienangehörigen (Auslandseinsatz) im Rahmen eines → internationalen Personalmanagements dar.

Lit.: Schöllhammer 1992

RHIA-Verfahren (Verfahren zur Ermittlung von Regulationshindernissen in der Arbeitstätigkeit)

Das von *Leitner u. a.* entwickelte RHIA-Verfahren dient im Rahmen der → Arbeitsplatzanalyse der Ermittlung der psychischen Belastungen, denen ein → Arbeitnehmer bei der Durchführung seiner Arbeitsaufgabe ausgesetzt ist. Mit Hilfe des Verfahrens soll genau erkundet werden, wie und wodurch die Arbeitstätigkeit (die Regulation) behindert wird. Liegen Behinderungen am Arbeitsplatz vor, so ist für den Arbeitnehmer also ein zusätzlicher Aufwand erforderlich, um das Aufgabenziel noch erreichen zu können. Dieser zusätzliche Handlungsaufwand hat eine entsprechend größere aufgabenbezogene psychische Belastung zur Folge. Diese ist i. d. R. personenunabhängig identisch. Allerdings können die Beanspruchung, das Erleben der zusätzlichen Belastungen und somit auch der Streß von Person zu Person unterschiedlich hoch sein.

Lit.: Leitner u. a. 1987, Bestel/Hurtz/Voigt 1991, Ulich 1992

Richterrecht

Der Komplex des → Arbeitsrechts ist weitgehend Richterrecht, weil es in vielen Fällen der Klärung durch die Rechtsprechung bedarf. Die Ursache liegt darin, daß große Bereiche des Arbeitsrechts gesetzlich nicht geregelt sind (z. B. → Arbeitskampfrecht, Arbeitnehmerhaftung) bzw. das Arbeitsrecht vielfach unbestimmte Normen („Generalklauseln") enthält, die erst von der Rechtsprechung ausgefüllt werden müssen (z. B. → Fürsorgepflicht). Hieraus erklärt sich die große Bedeutung der Rechtsprechung im Bereich des Arbeitsrechts, insbes. des Bundesarbeitsgerichts (→ Arbeitsgerichtsbarkeit). Die Urteile der Landesarbeitsgerichte und des Bundesarbeitsgerichts haben darüber hinaus vielfach normative Geltung für vergleichbare Arbeitsstreitigkeiten.

Risiko-Wahl-Modell von *Atkinson*

Atkinson hat im Anschluß an *McClelland* und dessen → Theorie leistungsmotivierten Verhaltens ein Modell der Leistungsmotivation (das sog. Risiko-Wahl-Modell) entwickelt, das neben personenseitigen Faktoren auch situative Momente für die Verhaltensdetermination stärker berücksichtigt und in der Tradition von → Erwartungs-Valenz-Modellen steht. Seine Ausgangslage kann man durch die Frage kennzeichnen: Wie kommt es vom → Motiv zur Motivation? Unter Motiv versteht *Atkinson* dabei eine individuelle Disposition, die sich biographisch gebildet hat. Das Motiv verbindet sich mit den situativen Faktoren, dadurch kommt es zur Aktuali-

sierung bzw. zur Motivation. Als Determinanten des Leistungsmotivs gelten: (1) der intrinsische Wert von Leistung (Wertschätzung, soziale Bedeutung und Mitbestimmung bei der Arbeit), (2) Leistung als Mittel der sozialen Anerkennung (durch Mitarbeiter und Vorgesetzte) und (3) Leistung als Mittel, um andere Belohnungen zu erlangen (z. B. Aufstieg, → Entgelt, Einfluß). Aus seinen Forschungen zog *Atkinson* v. a. folgende Schlüsse:

● Das Leistungsmotiv hat zwei Tendenzen (*Personenvariable*), zum einen Erfolg aufzusuchen (Hoffnung auf Erfolg) und zum anderen Mißerfolg zu vermeiden (Furcht vor Mißerfolg). Die beiden Tendenzen treffen häufig so aufeinander, daß leistungsbezogenes Verhalten mehr von einer der beiden Tendenzen getragen wird und es daher sog. *erfolgsmotivierte* und sog. *mißerfolgsvermeidende Personen* gibt. Das *Erfolgs- und Mißerfolgsmotiv* (Personenvariable) entsteht durch: (1) vergangene Erfahrungen über Erfolg bei ähnlichen Aufgaben, (2) bestimmte angenommene Probleme in der aktuellen Arbeitssituation und (3) dem Selbstvertrauen.

● Zusätzlich haben für *Atkinson* noch zwei *Situationsvariable* Bedeutung für die Verhaltensdeterminierung. Es sind dies die *Erfolgs- und Mißerfolgserwartungen* als subjektive Wahrscheinlichkeiten der Individuen, daß Erfolg bzw. Mißerfolg eintritt, sowie die Anreize (Wertschätzungen) von Erfolg und Mißerfolg. Die Erfolgs- und Mißerfolgserwartungen werden bestimmt durch: (1) den Schwierigkeitsgrad einer erfolgreichen Leistung, (2) das Vorhandensein eines Gütemaßstabes zur Erfolgsbewertung, (3) die individuelle Erwartung, daß Erfolg auf der eigenen Anstrengung beruht, und (4) die vorab erwartete, mögliche Rückmeldung über eine erfolgreiche Aufgabenerfüllung.

Leistungsmotivation und leistungsmotiviertes Verhalten wird danach von *Atkinson* erklärt als Ergebnis aus: (1) der Stärke des Leistungsmotivs, d. h. Erfolg anzustreben (= ME) und Mißerfolg zu vermeiden (= MM), (2) der Erwartung bei einer bestimmten Handlung Erfolg (= EE) bzw. Mißerfolg (= EM) zu haben (Erfolgs- und Mißerfolgserwartung) und (3) dem Wert des Erfolgsanreizes bei gegebenem Ziel, d. h. positive Valenz von Erfolg (= VE) und Mißerfolg (= VM). Diese Faktoren sind multiplikativ miteinander verknüpft. *Atkinson* drückt dies wie folgt mathematisch aus: Tendenz zur Leistungsmotivation = (ME x EE x VE) – (MM x EM x VM). Als *zentrale Aussage* von *Atkinson* gilt dabei,

- daß *erfolgsmotivierte Personen* – sie haben eine positive Motivdifferenz (ME > MM) – stärker durch Aufgaben mit einem mittleren Schwierigkeitsgrad von etwa 0,5 (entspricht dem Anspruchsniveau) angereizt werden können. Für sie besteht sowohl eine Herausforderung und eine reelle Er-

folgschance (50:50) als auch die Möglichkeit, den möglichen Erfolg den eigenen Anstrengungen zuzuschreiben.

- *Mißerfolgsvermeidende Personen*, mit einer negativen Motivdifferenz (ME < MM), sind dagegen im allgemeinen entweder durch Aufgaben mit besonders niedrigem Schwierigkeitsgrad (gegen 0) oder durch besonders schwierige (gegen 1) Aufgaben zu aktivieren. Sie neigen dazu, auf die Extrembereiche auszuweichen, weil sie bei leichten Aufgaben eine hohe Erfolgswahrscheinlichkeit vermuten bzw. bei sehr schwierigen Aufgaben ein Versagen nicht der eigenen Unfähigkeit anzulasten brauchen.

Eine Erhöhung des Anspruchniveaus (Gütemaßstab) bei Erfolgserlebnissen bzw. eine Senkung bei Mißerfolgserlebnissen kann nur von Erfolgsmotivierten erwartet werden. Bei Mißerfolgsvermeidern kommt es zu atypischen Reaktionen auf Erfolgs- und Mißerfolgserlebnisse: Bei Mißerfolgserlebnissen und nachfolgender Veränderung von Erwartungen wird von Personen mit hohem MM das eigene Anspruchsniveau oft heraufgesetzt, so ist dann ein Versagen besser auf rationale Weise zu erklären. Bei Erfolgserlebnissen reagieren Personen mit niedriger MM so, daß sie ihr Anspruchsniveau konstant halten oder senken. Als *praktische Anweisung* des Ansatzes gilt: Erfolgsmotivierte sollten Aufgaben mit mittlerem Schwierigkeitsgrad erhalten. Diese Individuen sind auch ohne extrinsische Anreize zu motivieren. Bei den Mißerfolgsmotivierten oder wenig Leistungsmotivierten gelten dagegen extrinsische Anreize als besonders wirksam. Die Umsetzung solcher Ideen würde allerdings in der Praxis eine trennscharfe Aufteilung der Mitarbeiter, der jeweiligen Schwierigkeitsgrade der Aufgaben sowie der jeweiligen Zuordnung erfordern. Auch das Risiko-Wahl-Modell ist nicht von *Kritik* verschont geblieben. Wesentliche Kritikpunkte sind v. a. folgende: (1) unscharfe Definition der Parameter des Modells, die Unklarheit bezüglich Operationalisierung und Messung dieser Variablen und die (pseudo-)mathematische Struktur des Modells; (2) das Modell ist nur bei komplexen Aufgabeninhalten wegen deren Eindeutigkeit bezüglich der Aufgabenschwierigkeit anzuwenden; (3) zu stark durch individualpsychologische Züge gekennzeichnet, soziale Komponenten, insbesondere Vergleichsprozesse, aber auch das Anspruchsniveau sind zu wenig berücksichtigt worden, und (4) das Modell enthält zwei an objektive Situationsmerkmale gekoppelte Erlebnisgrößen, nämlich Erfolgserwartungen und die antizipierten Affekte. Die Affekte sind jedoch völlig durch die erste Variable bestimmt, so daß kognitive Prozesse lediglich über die Beeinflussung der subjektiven Erfolgswahrscheinlichkeit wirksam werden können. Die Unterscheidung in Erfolgs- und Mißerfolgsorientierte sowie die Einführung kognitiver Prozesse in den Er-

klärungsansatz haben jedoch die weitere Forschung positiv beeinflußt.

Lit.: Atkinson 1957, 1964, 1974, Wunderer/Grunwald 1980, Berthel 1991, Staehle 1991

Rohertragsbeteiligung (→ Ertragsbeteiligung)

Rolle

Rollen sind relativ konsistente, i. d. R. aber interpretationsbedürftige und -fähige Bündel von (normativen) → Erwartungen, die an Arbeitsplätze und deren Inhaber (von außen oder durch die Inhaber selbst) gerichtet sind. Solche Erwartungen werden als zusammengehörig empfunden und entstammen v. a. kognitiven Prozessen (→ Kognition) der Stelleninhaber oder deren Umwelt. Eine Ähnlichkeit zu *sozialen* → *Normen* besteht. Im Unterschied zu diesen richten sie sich jedoch auf ganz bestimmte Stellen. Betriebliche Rollen sind verhältnismäßig strukturierter und formalisierter, eher hierarchischer gegliedert sowie spezialisierter und abgegrenzter als andere Rollen. Sie sind um so eher verhaltenswirksam, je transparenter, einsichtiger und eindeutiger sie formuliert (wahrgenommen) werden, je eher sich der Mitarbeiter mit ihr identifizieren kann und mit dem verbleibenden Freiraum zufrieden ist sowie je stärker die Einhaltung mit positiven und/oder negativen Sanktionen abgesichert ist. Es ist durchaus möglich, daß die Erwartungen an die Rolle kein klares Bild vermitteln, unterschiedliche Vorstellungen vorherrschen bzw. sie unklar wahrgenommen werden. In diesen Fällen besteht *Rollenambiguität*. Sie ist manchmal intendiert, um durch sie Freiräume (Rollenselbstgestaltung) und innovativen Druck zu ermöglichen. Hier kann man auch von einem *Rollenkonflikt* sprechen. Er kann sich als Intrarollenkonflikt durch verschiedenartige Erwartungen an einen Stelleninhaber zeigen (z. B. ungestörtes Mitarbeitergespräch vs. dringender Anruf eines Vorstands) sowie auch als Interrollenkonflikt eines Mitarbeiters (z. B. Stelleninhaber vs. Familienvater, Meister vs. Betriebsrat). *Rollendruck* entsteht durch die den Mitarbeiter stark belastenden Komponenten der sozialen Rolle; der einzelne Mitarbeiter empfindet Streß.

Lit.: Wiswede 1991, 1992

Rollenanalyse (→ Arbeitsplatzanalyse)

Rollenspiel

Rollenspiele werden im Rahmen der → Personalentwicklung bzw. der → Fortbildung (z. B. → Mitarbeitergespräche, Konferenzführung, Konfliktbereinigung) sowie zur Untersuchung von Gruppeneffekten bei der Bewältigung von Arbeitsaufgaben als → Personalentwicklungsmethode eingesetzt. Sie dienen dabei sowohl der Analyse von Gruppenstrukturen und -verhalten wie auch der → Qualifizierung. Beim Rollenspiel übernehmen die einzelnen Spieler der Gruppen meist aufeinander bezogene, teilweise eng, teilweise weit definierte Rollen im Rahmen einer Simulation realer Situationen und Prozesse. Die Zielsetzung ist entweder auf eine Person bezogen (individuenzentriert), die ihre → Qualifikation zeigen und/oder entwickeln soll, eine bestimmte Rolle auszufüllen bzw. zu gestalten, oder aber auf eine Gruppe bezogen (gruppenzentriert), die in ihrer Zusammensetzung ein rollendifferenziertes Verhalten zur Erreichung bestimmter Ergebnisse zeigen bzw. erlernen soll. Das Rollenspiel wird zudem bei der → Personalauswahl (z. B. im → Assessment-Center) im Rahmen von → Tests zur Analyse der Fähigkeit der Rollenübernahme (z. B. Rollenflexibilität, -empathie) eingesetzt.

Rollierendes Arbeitszeitsystem (→ Arbeitszeitflexibilisierung)

Rorschach-Test

Der *Rorschach*-Test (synonym: Tintenklecks-Test) zählt zu den → projektiven Tests und wird v. a. bei der → Personalauswahl eingesetzt. Der Versuchsperson werden insgesamt zehn Bildtafeln (deren Bilder Tintenklecksen ähneln) in festgelegter Reihenfolge präsentiert, die diese deuten soll. Anhand dieser individuellen Deutungen sollen dann Rückschlüsse auf die Persönlichkeitsstruktur und -dynamik der betreffenden Person gezogen werden. Die wissenschaftliche Absicherung des Tests ist auch innerhalb der Psychologie sehr umstritten und er darf –

wenn überhaupt – nur von speziell geschulten Psychologen durchgeführt werden. Sehr fraglich ist zudem der kaum nachvollziehbare Zusammenhang zwischen den Interpretationen und der jeweilig zu besetzenden Stelle.

Lit.: Brickenkamp 1975

Rosenkranz-Formel

Bei der *Rosenkranz*-Formel handelt es sich um eine im Rahmen der quantitativen → Personalbedarfsermittlung eingesetzten Formel zur Analyse des Zeitbedarfs bzw. → Personalbedarfs im Büro- und Verwaltungsbereich. Sie dient überwiegend dazu, die Angemessenheit des aktuellen → Personalbestandes zu überprüfen.

Lit.: Scholz 1993

Rowan-Lohn (→ Prämienlohn)

Rucker-Plan

Beim *Rucker*-Plan handelt es sich um ein US-amerikanisches Beispiel der → Erfolgsbeteiligung als Wertschöpfungsbeteiligung (→ Ertrags-

beteiligung). Ähnlich wie beim → *Scanlon*-Plan wird ein gleichbleibendes Verhältnis zwischen Lohn- und Gehaltssummen und der Bezugsgröße Wertschöpfung, dem sog. Produktionswert, gebildet. Verringert sich dieses Verhältnis gegenüber dem ursprünglich festgelegten, so wird die Differenz an die → Arbeitnehmer ausgeschüttet.

Rufbereitschaft

Im Rahmen der Rufbereitschaft ist der → Arbeitnehmer verpflichtet, sich an einem selbstbestimmten, aber dem → Arbeitgeber anzugebenden Ort auf Abruf zur Arbeit bereitzuhalten. Sie zählt nicht zur → Arbeitszeit und ist auf die → Ruhezeit anrechenbar.

Ruhezeiten

Die derzeitige → Arbeitszeitordnung sieht vor, daß → Arbeitnehmern nach Beendigung der täglichen → Arbeitszeit eine ununterbrochene Ruhezeit von mindestens 11 Stunden zusteht. Darüber hinaus sieht die → Gewerbeordnung weitere Regelungen vor.

S

Sabbatical

Sabbatical (synonym: Langzeiturlaub) ist eine besondere Form von → Urlaub. Dieses ursprünglich aus den USA stammende Modell sieht eine längere Periode der Nichterwerbstätigkeit eines → Arbeitnehmers bei Aufrechterhaltung des → Arbeitsvertrages vor. Verschiedene Gestaltungsmerkmale des Sabbaticals sind zu bestimmen: ohne, teilweiser oder voller Entgeltausgleich (→ Lohnausgleich), Länge des Urlaubs, Verwendungszweck (freie Verfügung, → Fortbildung), Wartezeiten, nachdem ein Mitarbeiter das Anrecht zum Sabbatical erwirbt, u. a. m.

Sanktion

Sanktion ist ein v. a. soziologisch geprägter Begriff, der – mehr beschreibend – sowohl → Belohnungen z. B. für die Konformität mit sozialen Normen (positive Sanktionen) als auch Bestrafungen für Nonkonformität (negative Sanktionen) umfaßt.

Scanlon-Plan

Der Scanlon-Plan stellt eine v. a. in den USA bekannte Form der → Erfolgsbeteiligung als Variante der Rohertragsbeteiligung (→ Ertragsbeteiligung) dar. Seine Erfolgs- bzw. Beteiligungsgröße basiert auf dem um Preisschwankungen bereinigten Gesamtumsatz und setzt diesen in Beziehung zur Lohn- und Gehalts-

summe. Wird die vorab festgelegte Lohnkonstante vom Umsatz-/Entgeltverhältnis unterschritten, wird der Differenzbetrag v. a. (bei Abzug einer Rücklage für spätere negative Abweichungen) an die beteiligten Mitarbeiter ausgeschüttet. Ähnlich geht der → Rucker-Plan vor.

Lit.: Reber 1969

Schichtarbeit

Schichtarbeit bedeutet zunächst aus der Sicht des Betriebes, daß der Tag i. d. R. in mehrere Arbeitsschichten aufgeteilt ist, in denen jeweils andere Belegschaften tätig sind. Differenziert wird wie folgt:

- Unter *Einschichtarbeit* versteht man eine feste tägliche Soll-Arbeitszeit von z. B. acht Stunden, die zu einer bestimmten Zeit positioniert ist.
- Im Rahmen der *Mehrschichtarbeit* werden, je nach Dauer einer Schicht, zwei bis vier Schichten (z. B. Früh-, Mittel-, Spät- und Nachtschicht) so hintereinander gereiht, daß die Betriebszeit i. d. R. über 16 oder 24 Stunden fortgeführt werden kann.
- Im Rahmen von *Wechselschichtsystemen* rotieren die jeweiligen Schichtbelegschaften über zwei oder drei Schichten hinweg (z. B. zunächst Frühschicht, dann Mittelschicht usw.) und variieren dabei hinsichtlich der Zahl der

Schichtbelegschaften, dem Wechselrhythmus, den Freischichten und der Schichtdauer. Bei kontinuierlicher Arbeitsweise kann es danach für den einzelnen → Arbeitnehmer zu einem Wechsel der wöchentlichen Freizeit führen sowie auch Sonn- und Feiertagsarbeit umfassen.

- → Nachtarbeit heißt die Arbeit während der *Nachtschicht* (zwischen 22.00 und 6.00 Uhr), die ebenfalls im Wechsel mit anderen Schichten, aber auch regelmäßig geleistet werden kann.
- Unter *Sonderschichten* sind die Schichten zu verstehen, die über die regelmäßigen, betrieblich vereinbarten Schichten hinausgehen.

Die Schichtarbeit ist in vielen Bereichen unserer Gesellschaft unumgänglich, z. B. bei der Polizei und in Krankenhäusern. Auch in vielen Industriebetrieben erweist sie sich zur effizienten Nutzung der Anlagen als unumgänglich. Insbes. mit Wechselschichtsystemen, aber auch mit Nachtarbeit sind allerdings einige *Nachteile* insbes. für Arbeitnehmer verbunden: Störung des biologischen Rhythmus, Gesundheitsbeeinträchtigungen, Freizeitnachteile und Störung der sozialen Beziehungen. Ein Abbau dieser Belastung ist in langfristiger Sicht auch im Interesse eines Betriebes. Entlastungen im Rahmen der Schichtarbeit lassen sich bspw. durch eine geringere Anzahl von Wochenarbeitstagen, durch den Verzicht auf Wechselschichten, durch zusätzliche Freizeit, durch den Verzicht von Nacht-

schichten sowie durch kürzere Wochenarbeitszeit u. ä. erreichen.

Lit.: Gebert 1981, Scholz 1993

Schlechtwettergeld

Beim Schlechtwettergeld handelt es sich um einen finanziellen Ausgleich des Staates für die Baubranche bzw. deren Mitarbeiter bei witterungsbedingtem Ausfall von → Arbeitszeit. *Ziel* ist es, Saisonarbeit in dieser Branche weitgehend zu verhindern, den Baufachleuten eine ganzjährige Anstellung zu ermöglichen sowie dadurch letztlich auch den Staatshaushalt und die Arbeitsverwaltung (Arbeitslosenzahl) zu entlasten. Die Höhe des Schlechtwettergeldes beträgt analog zum → Arbeitslosengeld 60 % bzw. für Arbeitnehmer mit Kind 67 % des Nettostundenlohnes der ausgefallenen Arbeitszeit. Die Zahlung des Schlechtwettergeldes wird vermutlich Ende März 1995 auslaufen. Bis dahin wird es wahrscheinlich nur noch in der Zeit vom 1.11. - 31.2. gezahlt. Für die erste Stunde an einem Ausfalltag besteht - nach der derzeitigen Absicht - kein Anspruch mehr.

Schlichtungsverfahren

Schlichtungsverfahren können dann einsetzen, wenn bei → Tarifverhandlungen zwischen → Arbeitgeberverbänden und → Gewerkschaften um kollektive Regelungen die Verhandlungen erfolglos bleiben. Andere Möglichkeiten wären die Beibehaltung des bisherigen Zustandes oder der → Arbeitskampf. Die

Schlüsselqualifikation

Schlichtung zielt dabei auf die Erhaltung des Arbeitsfriedens ab, indem sie zum Abschluß eines → Tarifvertrages beiträgt. Zwei Verfahren werden unterschieden:

- Das *vereinbarte Schlichtungsverfahren* kann entweder auf Antrag einer oder beider → Tarifvertragsparteien eingeleitet werden oder von selbst in Gang kommen. Die Parteien sind durch die Schlichtungsvereinbarungen verpflichtet, sich auf das Verfahren einzulassen und die Mitglieder der Schlichtungsstelle zu bestellen. Die Schlichtungsstellen sind mit einem oder mehreren Beisitzern, die den streitenden Parteien angehören, und mit einem unparteiischen Vorsitzenden besetzt. Der Einigungsvorschlag der Schlichtungsstelle ist dann ein unverbindlicher Vorschlag an die Parteien, wobei die Annahme in deren Belieben liegt.

- Die *staatliche Schlichtung* setzt dann ein, wenn die vereinbarte Schlichtung gescheitert ist. Die Streitigkeit kann dann mit Zustimmung beider Parteien einem Schiedsausschuß unterbreitet werden. Dieser wird von der Landesarbeitsbehörde gebildet, die die Beisitzer aus Vorschlagslisten der Arbeitgeberverbände und Gewerkschaften auswählt. Der unparteiische Vorsitzende muß für beide Parteien „annehmbar" sein und im konkreten Fall von ihnen gebilligt werden. Der Schiedsspruch ist nur verbindlich, wenn beide Parteien ihn annehmen. Damit besteht also weder ein Zwang zur Schlichtung noch die Möglichkeit, den Schiedsspruch gegen den Willen der Parteien für verbindlich zu erklären.

Schlüsselqualifikation (→ Extrafunktionale Qualifikation)

Schriftbildanalyse

Im Rahmen der informatorischen Fundierung der → Personalauswahl wird nach wie vor von einigen → Arbeitgebern eine Schriftbildanalyse (synonym: graphologisches Gutachten) herangezogen. Schriftproben (→ Bewerbungsunterlagen) der Bewerber werden dabei von „Experten" hinsichtlich einer Gesamtbeurteilung der Persönlichkeit der Bewerber – teilweise auch positionsbezogen – analysiert. Speziell die → Einstellung zur Arbeit und psychische → Leistungsvoraussetzungen (Dynamik, Durchsetzungsvermögen, Belastbarkeit, Kontaktvermögen u. ä.) werden bewertet. Wissenschaftliche Aussagekraft kommt der Graphologie - zumindest außerhalb des medizinisch-psychischen Bereiches - allerdings nicht zu. Von daher sind die Gutachten als Instrument der Personalauswahl ungeeignet. Ein graphologisches Gutachten ist nur mit ausdrücklicher Zustimmung eines Bewerbers rechtlich zulässig. Das Nachkommen der Aufforderung, einen handschriftlichen Lebenslauf einzureichen, reicht als Zustimmung nicht aus.

Lit.: Becker, M. 1993

Schulzeugnis (→ Zeugnisanalyse)

Schuster-Report

Der *Schuster*-Report gibt die Ergebnisse einer großzahligen empirischen Studie in den 1000 größten US-Industriebetrieben und den größten Nicht-Industriebetrieben (46,1 % Rücklaufquote) wieder. Gefragt war nach der Verbreitung von sechs nach *Peters/Waterman* für die Mitarbeiterorientierung typischen personellen Praktiken (→ Assessment-Center, flexible → Entgeltsysteme, Produktivitäts- bzw. → Erfolgsbeteiligung, → Leistungsbeurteilung, flexible Arbeitszeitgestaltung, → Organisationsentwicklung). Die im Zentrum stehende Hypothese war: Je mehr solche Personalaufgaben in befragten Betrieben eingesetzt werden, desto mitarbeiterorientierter ist die Organisationsphilosophie und desto erfolgreicher (operationalisiert an der Eigenkapitalrentabilität) ist der Betrieb. *Schuster* konnte, wenn auch auf einem niedrigen Signifikanzniveau, einen statistischen Zusammenhang nachweisen, ohne allerdings Kausalitäten eindeutig zu ermitteln. Die durchschnittliche Eigenkapitalrentabilität war um 11 % in den Betrieben höher, die verstärkt die Personalpraktiken anwendeten gegenüber den Betrieben, die sie nicht anwendeten. Als Resümee schlägt er die Durchführung von betrieblichen Studien zum Betriebsklima (→ Mitarbeiterbefragung), die Bearbeitung der Schwachstellen, die → Belohnung von Personalpraktiken, die Information und → Partizi-pation über bzw. an neuen Personalpraktiken u. ä. vor.

Lit.: Schuster 1987

Schwerbehindertengesetz (Gesetz zur Sicherung der Eingliederung Schwerbehinderter in Arbeit, Beruf und Gesellschaft – SchwbG)

Das SchwbG stellt eine besondere Sicherung für die Eingliederung Schwerbehinderter in den Arbeitsprozeß dar und enthält spezielle Regelungen für deren Schutz. Es regelt v. a. den geschützten Personenkreis, die Beschäftigungspflicht der → Arbeitgeber und den Kündigungsschutz. Als schwerbehindert gilt, wer unter einer den körperlichen, geistigen oder seelischen Zustand betreffenden Funktionsbeeinträchtigung leidet, bei welcher der Grad der durch sie verminderten Erwerbsfähigkeit mindestens 50 % beträgt. Arbeitgeber, die über wenigstens 16 Arbeitsplätze verfügen, haben auf mindestens 6 % der Arbeitsplätze Schwerbehinderte zu beschäftigen. Bei Nichterfüllung dieser Pflicht muß der Arbeitgeber für jeden unbesetzten Pflichtplatz monatlich eine Ausgleichsabgabe entrichten. Neben einem Anspruch auf Zusatzurlaub (→ Urlaub) von fünf Tagen im Jahr und der Einrichtung einer → Schwerbehindertenvertretung haben Schwerbehinderte einen besonderen Kündigungsschutz. Dieser besteht v. a. darin, daß die → Kündigung eines Behinderten durch den Arbeitgeber der vorherigen Zustimmung der → Hauptfürsorgestelle bedarf. Dies gilt auch für eine außerordentliche Kündigung. Die Kontrolle, ob die Hauptfürsorgestelle dann zu Recht die Zustimmung zur Kündigung erteilt oder nicht erteilt, erfolgt im verwaltungsgerichtlichen Verfahren.

Schwerbehindertenvertretung

In Betrieben, in denen mind. fünf Schwerbehinderte nicht nur vorübergehend beschäftigt sind, werden gemäß → Schwerbehindertengesetz ein Vertrauensmann oder eine Vertrauensfrau und wenigstens ein Stellvertreter gewählt. Wahlberechtigt sind alle in dem Betrieb beschäftigten Schwerbehinderten. Wählbar sind alle in dem Betrieb nicht nur vorübergehend Beschäftigten, die am Wahltage das 18. Lebensjahr vollendet haben und dem Betrieb seit sechs Monaten angehören. Die regelmäßigen Wahlen finden alle vier Jahre statt. Zu den *Hauptaufgaben* der Schwerbehindertenvertretung gehört die Förderung der Eingliederung Schwerbehinderter in den Betrieb sowie die Vertretung der Interessen der Schwerbehinderten. Sie hat das Recht der Teilnahme an allen Sitzungen des → Betriebsrates und kann beantragen, Angelegenheiten, die einzelne Schwerbehinderte oder die Schwerbehindertenvertretung als Gruppe besonders betreffen, auf die Tagesordnung der nächsten Sitzung zu setzen. Der Vertrauensmann bzw. die Vertrauensfrau besitzen gegenüber dem → Arbeitgeber die gleiche Rechtsstellung wie ein Mitglied des Betriebsrats. Die Schwerbehindertenvertretung übt aber nicht die Mitwirkungs- und Mitbestimmungsrechte für die Schwerbehinderten aus, sondern auch für sie ist deren Repräsentant allein der Betriebsrat.

Scientific Management

Beim Scientific Management (oft synonym: Wissenschaftliche Betriebsführung, Taylorismus) handelt es sich um die mit dem Namen von *Taylor* verbundene, Anfang des 20. Jahrhunderts propagierte Form der Führung von Industriebetrieben. Erstmals wurde versucht, naturwissenschaftliche Methoden auf die Untersuchung und Beeinflussung menschlicher Arbeitsleistungen anzuwenden. Damit wurde das Scientific Management zum Ursprung der → Arbeitswissenschaften und des → REFA-Verbandes (durch Anreiz- und Bewegungsstudien). Im Kern wurde die Verbesserung der objektiven → Arbeitsbedingungen sowie die Entwicklung spezieller → Eignungen angestrebt, um v. a. die betrieblichen Ergebnisse effizienter zu erreichen. Als → Menschenbild lag der rational-ökonomische Mensch zugrunde. Dies sowie der zu enge Bezug zu rein sachlichen Einzeltätigkeiten werden sehr stark kritisiert.

Lit.: Berthel 1991, Staehle 1991

Segmentierungsthese (→ Thesen zur Qualifikationsentwicklung)

Selbstbeurteilung

Die Selbstbeurteilung stellt eine Form der → Personalbeurteilung dar. Die Mitarbeiter sind bei der Beurteilung ihrer → Leistung oder ihres Potentials zugleich Objekt der Beurteilung wie auch Beurteiler. Man versucht durch die Einbeziehung der betroffenen Mitarbeiter Entwicklungsprozesse zu fördern, die Akzeptanz der letztendlichen Urteile zu erhöhen sowie ein besseres Verständnis der Leistungserbringung bzw. der → Qualifikation zu fördern.

Lit.: Bernardin/Beatty 1984, Domsch/Gerpott 1991, Donat 1991

Selbstentwicklung

Unter Selbstentwicklung ist die individuelle, bewußte Steuerung des eigenen Karrierewegs (→ Karriere) durch Individuen mittels selbstinitiierter, zielorientierter → Qualifizierung in und außerhalb von Betrieben zu verstehen. Sie liegt damit erst einmal in der eigenen Verantwortung der einzelnen Mitarbeiter. Die Selbstentwicklung bezieht sich in ihrem Umfang auf alle individuellen Qualifikationsmerkmale (→ Qualifikation), vom Wissenserwerb über die Erweiterung der → Fähigkeiten bis hin zum → Lernen neuer Verhaltensweisen sowie der graduellen Veränderung von Persönlichkeitsmerkmalen. Individuelles *Ziel* der Selbstentwicklung muß dabei nicht unbedingt eine bessere Aufgabenerfüllung auf einer spezifischen Position sein. Es kann sich auch bspw. auf eine höhere Zufriedenheit mit der eigenen Qualifikation sowie auf die Erweiterung der gesamten Quali-

fikation für nachfolgend angestrebte vertikale oder horizontale Karrierepositionen beziehen. Selbstentwicklung orientiert sich vom Verständnis her primär nicht an den Erfordernissen eines Betriebes. Sie ist mehr auf den individuellen Karriereweg, die Qualifikation und die Eigeninteressen der Mitarbeiter bezogen. Trotz dieses persönlichen Bezuges ist die Selbstentwicklung auch im Interesse eines Betriebes und sollte durch ihn mit gefördert werden. Die betriebliche → Personalentwicklung ist im Vergleich zur Selbstentwicklung mehr zweckbezogen, d. h. auf bestimmte betriebliche Aufgaben und Karrierepositionen hin orientiert. Auch die Selbstentwicklung kann sich zwar hierauf beziehen. Sie geht aber darüber hinaus, indem auch andere Betriebe prinzipiell von den Mitarbeitern in ihre Überlegungen einbezogen werden und indem auch nicht nur unmittelbar (oder zukünftig zu erwartende) aufgabenrelevante Qualifikationsmerkmale angestrebt werden. Im Rahmen der Selbstentwicklung können die Mitarbeiter allerdings betriebliche Personalentwicklungssysteme nutzen.

Lit.: Becker, F. G. 1992a, Pichler 1992

Selbstkonkordanz (→ Intraindividuelle Urteilskonkordanz)

Selbstkonzept

Beim Selbstkonzept handelt es sich um ein psychologisches Konstrukt,

Self actualizing-man

dem im Rahmen des → Leistungsdeterminantenkonzeptes eine Rolle
zukommt. Mit ihm werden die →
Kognitionen und → Emotionen, die
man sich selbst und v. a. seiner →
Qualifikation gegenüber hat, ausgedrückt. Das Selbstkonzept entsteht
im Zeitablauf v. a. durch Erfahrungen, indem sich zeitweise die individuelle Wahrnehmung auf eigene →
Motive, → Werte, → Fähigkeiten
und Verhaltensweisen richtet. Es
übt insbes. Einfluß auf die → Anstrengungserwartung aus, v. a. wenn
es stetig ist.

Lit.: Berthel 1991

Self actualizing-man (→ Menschenbild)

Seminare

Unter Seminaren versteht man ganz
allgemein Veranstaltungen, an denen eine Anzahl von Personen teilnehmen kann und in denen Themen
verschiedenster Art bearbeitet werden. So kann bspw. die Zielsetzung
eines Seminars reine Wissensver-
mittlung sein, ein anderes Seminar
hingegen soll der Persönlichkeitsfin-
dung dienen. Im Rahmen des betrieblichen → Personalmanagements werden Seminare meist zur ›
Personalentwicklung im Rahmen
der → Fortbildung eingesetzt.

Senioritätsprinzip

Das Senioritätsprinzip ist eine Hand-
lungsmaxime sowohl bei der Festlegung des → Entgelts als auch bei Entscheidungen über individuelle →
Karrieren. Die ältesten Mitarbeiter

bzw. die mit der längsten Betriebszugehörigkeit werden demnach besser
bezahlt und eher befördert als die anderen Mitarbeiter. Das Senioritätsprinzip ist ein wesentlicher Bestandteil *tarifvertraglicher Regelungen*.
Vergütet werden hier insbes. Lebensalter und die Dauer der Beschäfti-
gungszugehörigkeit. Sie sind häufig
ein bedeutendes Kriterium zur Abgrenzung von Tarifgruppen, der Staf-
felung in diesen Gruppen sowie zur
Einstufung der → Arbeitnehmer. Es
gibt eine Anzahl von Gründen, die
zu einer besonderen entgeltlichen
Berücksichtigung dieser Kriterien
führen: Sie dienen als Quasi-Ersatz
für das Fehlen formaler → Qualifikationen. Spezielle betriebs- und
marktbezogene Kenntnisse aufgrund langjähriger Betriebszugehörigkeit und Berufstätigkeit sind
durchaus nützlich für den Betrieb,
so daß eine Vergütung dieser Qualifi-
kationsangebote verständlich und
zweckmäßig ist. Auch im Rahmen
der → Karriereplanung wird häufig
auf das Senioritätsprinzip als Ent-
scheidungskriterium zurückgegriffen. Dadurch erhalten die älteren
Kollegen bzw. die mit längerer Betriebszugehörigkeit eine Aufstiegs-
position und nicht die Kollegen mit
der besten → Eignung (sofern dies
im Einzelfall nicht übereinstimmt).
Neben diesen sachlich zutreffenden
Argumenten sind aber auch die be-
nachteiligenden Tatbestände zu berücksichtigen. Mit dem Senioritätsprinzip verbunden sind die üblichen
kontinuierlichen Berufsverläufe der
männlichen Erwerbstätigen. Deren

Lebensarbeitszeit wird bspw. nicht durch Geburten- und Erziehungszeiten so verkürzt wie die der weiblichen Erwerbstätigen. Letztere unterbrechen ihre Berufstätigkeit. Natur und Gesellschaft erwirken insofern entgeltliche und karrierewirksame → Benachteiligungen für Frauen. Ähnliche Benachteiligungen betreffen auch die Gewährung anderer tariflicher Ansprüche bezüglich Urlaubslänge, → Kündigungsfrist, → Sozialpläne u. a. Auch bei diesen Regelungen kommt der Dauer der Betriebszugehörigkeit eine große Bedeutung zu.

Sensitivity Training

Das Sensitivity Training ist ein gruppendynamisches Trainingsverfahren, bei dem sich Personen, z. B. Mitarbeiter eines Betriebes, für mehrere Tage außerhalb ihrer gewohnten Umgebung treffen mit der Auflage, Informationen über alles auszutauschen, was während der gemeinsam verbrachten Zeit geschieht. Das Training wird von einem Moderator geleitet, der sich aber im Hintergrund hält. Charakteristisch für ein Sensitivity Training ist die unstrukturierte Situation sowie die Konzentration auf Prozesse, die während dieser Gruppensituation ablaufen. Ziel des Trainings ist es, die allgemeine Kommunikationsfähigkeit zu erhöhen, indem die soziale Sensibilität (das Gespür für soziale Situationen) sowie die Flexibilität der Reaktion auf solche Situationen gesteigert werden soll. So lernen Teilnehmer eines solchen Trainings bspw., die

Konsequenzen des eigenen Verhaltens besser wahrzunehmen, mehr Einsicht in ihre psychische Eigendynamik zu erhalten, bereitwilliger kooperatives Verhalten zu zeigen, besser zuzuhören, die Gefühle und → Motive (und Motivationen) anderer besser zu verstehen, ihre Wahrnehmungsfähigkeit gegenüber gruppendynamischen Gruppenkonstellationen zu schärfen sowie flexibler zu reagieren. Da durch das Sensitivity Training starke Belastungen für zwischenmenschliche Beziehungen auftreten können, empfiehlt es sich, nur einander unbekannte Personen teilnehmen zu lassen. Das Sensitivity Training wird insbes. im Rahmen der → Organisationsentwicklung eingesetzt. Ähnliche Konzepte sind die → Laboratoriumsmethode und die sog. → T-Groups.

Lit.: Staehle 1991, v. Rosenstiel 1992

Sicherheitsausschuß (→ Sicherheitsbeauftragte)

Sicherheitsbeauftragte

Sicherheitsbeauftragte sind nach → Reichsversicherungsordnung in Betrieben mit mehr als 20 Mitarbeitern unter Mitwirkung des → Betriebsrates zu bestellen. Sie wirken neben ihrer eigenen beruflichen Tätigkeit im → Arbeitsschutz ehrenamtlich und beratend mit. Ihre Aufgabe liegt darin, auf die ordnungsgemäße Benutzung vorgeschriebener Schutzeinrichtungen und auf Unfallgefahren zu achten bzw. aufmerksam zu machen. Sind in einem Betrieb mehr

Situationstheorien der Führung

als drei Sicherheitbeauftragte bestellt, so bilden diese einen Sicherheitsausschuß.

Situationstheorien der Führung

Die Situationstheorien der Führung (synonym: Kontingenzansätze) machen die erfolgreiche → Mitarbeiterführung vom Zusammenwirken verschiedener Situationsvariablen mit bestimmten → Führungsstilen abhängig. Mit der Entwicklung des → Kontingenzmodells von *Fiedler* erlangten die Situationsansätze breite Akzeptanz und stellen bis heute das dominierende Forschungsparadigma der → Führungstheorie dar. Dieses besagt, daß es ein einziges, in allen möglichen Situationen erfolgreiches Führungsverhalten nicht gibt. Führungserfolg stellt vielmehr ein sehr stark situationsspezifisches Konstrukt dar. Die Art und Zahl der Situationsfaktoren, die insbes. in der empirischen Führungsforschung verwendet wurden und werden, differieren sehr stark. Die Abbildung versucht eine sinnvolle Kategorisierung der Determinanten vorzunehmen.

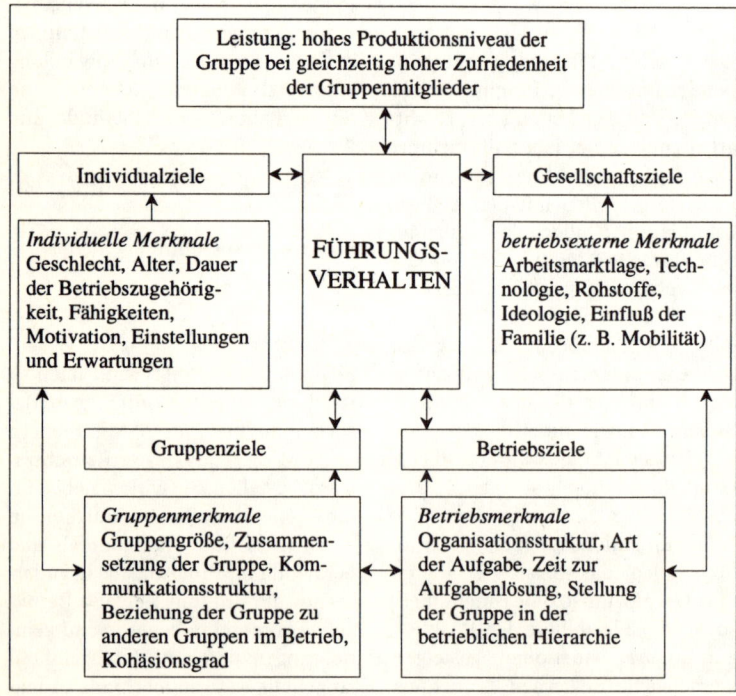

Determinanten der Gruppenleistung

Die Situationsansätze lassen sich mit *Schreyögg* i. w. in drei *Ansatzweisen* klassifizieren:

(1) Der *Moderator-Ansatz* betrachtet die Situation als intervenierende Variable, so daß bei einer gegebenen Führungssituation es einen spezifischen Führungsstil, der den höchsten Führungserfolg bewirkt, gibt. Die → Führungsmodelle, die diesem Ansatz zugeordnet werden können, sind bspw. das Kontingenzmodell von *Fiedler* und das → Führungsmodell von *Hersey/Blanchard*.

(2) Der *situationsanalytische Ansatz* richtet sein Hauptaugenmerk auf die Systematik der Situationserkundung. Führungsverhalten und ausgewählte Situationsfaktoren gelten als unabhängige Variable, die Führungserfolg als abhängige Variable ursächlich erklären sollen. Ziel ist es i. d. R., die Vorgesetzten anzuleiten, die jeweilige Führungssituation so zu gestalten, daß sich mit einem der zur Verfügung stehenden Führungsstile der höchstmögliche Erfolg erzielen läßt. Als Beispiel dieses Ansatzes gilt das → Normative Entscheidungsmodell von *Vroom/Yetton*.

(3) Der *instrumentalistische Ansatz* begreift den Führungsstil selbst als Situationselement. Dieser Ansatzweise kann die → Weg-Ziel-Theorie der Führung zugerechnet werden.

Die Situationstheorien der Führung werden insgesamt v. a. hinsichtlich folgender Aspekte *kritisiert*: (1) Vielfach wird nach wie vor nach Bestlösungen gesucht. Ziel ist zwar nicht mehr ein generell optimaler Führungsstil, aber die Suche nach situationsspezifisch angemessenen Führungsstilen. Dabei wird übersehen, daß auch in ganz bestimmten Situationen Spielräume für die Vorgesetzten verbleiben. (2) Die Ansätze sind zumeist zu statisch angelegt und vernachlässigen dadurch die Dynamik von zwischenmenschlichen Prozessen. (3) Zumeist bleibt die Forschung zu sehr auf die Mikrowelt des Betriebes beschränkt, ohne den Zusammenhang zur Makrowelt zu beachten. Dies ist allerdings verständlich, weil dadurch die Führungsbeziehungen u. U. noch undurchschaubarer werden. (4) Die Berücksichtigung nur weniger Situationsfaktoren vernachlässigt die reale Welt und kann von daher allenfalls heuristischen Wert, kaum jedoch praktische Relevanz haben. (5) Die Berücksichtigung einer Vielzahl relevanter Situationsfaktoren macht eine Kategorisierung und Gewichtung notwendig, die allerdings beim heutigen Forschungsstand allenfalls willkürlich, vor dem Hintergrund weniger aussagekräftiger empirischer Ergebnisse vorgenommen werden kann.

Lit.: Wunderer/Grunwald 1980, Schreyögg 1987, Neuberger 1990, Berthel 1991

Situatives Führungsmodell von
Hersey/Blanchard (→ Führungsmodell von *Hersey/Blanchard*)

Slack

Unter *organizational slack* ist eine
Überschußkapazität zu verstehen,
welche durch organisatorische Entscheidungen und Gestaltungsmaßnahmen entsteht. Der Überschuß besteht v. a. darin, daß zum einen die
organisatorische Struktur in ihren
Möglichkeiten über das hinaus
geht, was zur Verwirklichung der
derzeitigen Ziele und Strategien notwendig ist, sowie daß zum anderen
die Mitarbeiter infolge der organisatorischen Regelungen → Anreize erhalten, die über ihre Minimalanfor-
derung hinausgehen. Analog dazu
kann unter *personellem Slack* die
stille Reserve verstanden werden,
die durch die Beschäftigung von
überqualifizierten Personen durch
einen quantitativen Personalüberhang (Mehrfachbesetzungen) und
durch hochmotivierte, z. T. hochbe-
zahlte Mitarbeiter entsteht. Personeller Slack ist im übrigen eine Voraussetzung, um → Personalentwicklung und auch → Partizipation zu ermöglichen. Klarheit über die Wirkung von Slack bringt die grundlegende Differenzierung in notwendigen und nicht notwendigen Slack.
Ersterer beinhaltet wichtige Potentiale, während letzterer Ineffizien-
zen darstellt.

Social man (→ Menschenbild)

Sockelarbeitslosigkeit (→ Arbeitslosigkeit)

Solvenzschutz

Im Falle eines Konkurses eines →
Arbeitgebers erhalten die → Arbeitnehmer nach der Konkursordnung
und → Arbeitsförderungsgesetz für
den Zeitraum von maximal 12 Monaten nach der Konkurseröffnung
ihren rückständigen Lohn, bevor
die anderen Gläubiger Befriedigung
verlangen können. Ist der Arbeitgeber dagegen völlig zahlungsunfä-
hig, so besteht ein Anspruch der Arbeitnehmer auf → Konkursausfallgeld.

S-O-R-Modell

Das S-O-R-Modell steht für Stimu-
lus-Organismus-Response-Modell.
Es handelt sich um eine Weiterentwicklung der → S-R-Modelle im
Rahmen des sog. Neobehavioris-
mus. Menschliches Verhalten wird
als Reaktion auf externe Stimuli verstanden, die im Organismus einer
Person verarbeitet werden. Ein Organismus stellt dabei die Gesamtheit der individuellen intervenierenden Variablen dar. Bei diesen handelt es sich um zwischen Stimuli
und Reaktionen vermittelnde, aktive Prozesse (→ Emotionen, → Motive und Motivation, → Einstellung)
und kognitive Prozesse (→ Wahrnehmung, Entscheidung, → Lernen), die jedoch der unmittelbaren
Beobachtung nicht zugänglich sind
und auch nicht im Mittelpunkt des
Forschungsinteresses stehen. Sie
können nur durch gedanklichen
Rückschluß von spezifischen Ausprägungen des beobachtbaren Ver-

haltens angenommen werden. Bei den intervenierenden Variablen handelt es sich insofern um hypothetische Konstrukte.

Lit.: Herkner 1986

Sonntagsarbeit

Im Rahmen des vorgesehenen → Arbeitszeitgesetzes soll im Prinzip am Verbot von Sonntagsarbeit festgehalten werden. Allerdings sind einige Ausnahmen vorgesehen. Ein Sonntag im Monat soll dabei allerdings arbeitsfrei sein. Zudem sind Ersatzfreitage vorgesehen.

Sozialauswahl

Die Sozialauswahl betrifft die Wirksamkeit von → Kündigungen gemäß → Kündigungsschutzgesetz. Ist danach einem → Arbeitnehmer aus dringenden betrieblichen Erfordernissen gekündigt worden, so ist die Kündigung trotzdem sozial ungerechtfertigt, wenn der → Arbeitgeber bei der Auswahl des Arbeitnehmers soziale Gesichtspunkte nicht oder nicht ausreichend berücksichtigt hat. Das gilt nicht, wenn betriebstechnische, wirtschaftliche oder sonstige berechtigte betriebliche Erfordernisse die Weiterbeschäftigung eines Arbeitnehmers oder mehrerer bestimmter Arbeitnehmer bedingen und damit der Auswahl nach sozialen Gesichtspunkten entgegenstehen.

Sozialbilanz

Die Sozialbilanz gilt als Instrument gesellschaftsbezogener Rechnungslegung eines Betriebes (→ Humanvermögensrechnung), die auch Wirkungen des betrieblichen ökonomischen Handelns auf interne wie externe soziale und gesellschaftliche Aspekte erfassen soll. Die Informationsgewinnung und -verarbeitung bezieht sich insofern neben personalbezogenen Fragen auch auf die Umweltbeziehungen, z. B. Umweltbelastungen, Arbeitsplatzerhaltung, technologische Innovationen. Die Sozialbilanz setzt sich dabei i. allg. aus drei *Bestandteilen* zusammen: (1) Eine *Wertschöpfungsrechnung* soll ausweisen, aufgrund welcher Faktoren der Wertzuwachs durch den betrieblichen Kombinationsprozeß entsteht und wie er verteilt wird. (2) Die *Sozialrechnung* dokumentiert in quantitativer bzw. monetärer Form die gesellschaftsbezogenen Aktivitäten eines Betriebes (z. B. Betriebskindergarten, Infrastrukturbeiträge). (3) Mit Hilfe eines *Sozialberichts* wird die Wertschöpfungs- und die Sozialrechnung erläutert. Sozialbilanzen sind vielfältiger *Kritik* ausgesetzt: Sie geht von der Aussage aus, daß sie vornehmlich aus Public Relations-Gründen gestaltet werden, über die Kritik, daß zu vereinfachend betrieblicher Aufwand mit gesellschaftlichem Ertrag gleichgesetzt wird, bis hin zum Zweifel, daß die vielen qualitativen Sachverhalte überhaupt angemessen quantifizierbar seien.

Lit.: v. Wysocki 1992

Sozialgesetzbuch (SGB)

Das SGB entstand aus der Notwendigkeit heraus, das nicht mehr überschaubare Sozialrecht (über 800 Gesetze und Verordnungen) zusammenzufassen. Mit dem Sozialrecht sollen vielfältige sozialpolitische Aufgaben mit Hilfe des Instrumentariums des öffentlichen Rechts erfüllt werden. Das Sozialgesetzbuch umfaßt die Kodifikation des Rechts der sozialen Sicherung, der sozialen Entschädigung und der sozialen Förderung. Vorgesehen sind die Teile: Allgemeiner Teil (Buch I), Ausbildungsförderung (Buch II), Arbeitsförderung (Buch III), Gemeinsame Vorschriften für die Sozialversicherung (Buch IV), Gesetzliche → Krankenversicherung (Buch V), Gesetzliche → Rentenversicherung (Buch VI), Gesetzliche Unfallversicherung (Buch VII), Soziale Entschädigung bei Gesundheitsschäden (Buch VIII), Minderung des Familienaufwands (Buch IX), Zuschuß für eine angemessene Wohnung (Buch X), Kinder- und Jugendhilfe (Buch XI), Sozialhilfe (Buch XII) und Verwaltungsverfahren (Buch XIII). Beschlossen sind die Bücher I, IV, V, VI und X.

Lit.: Henke 1992

Sozialisation

In Betrieben vollzieht sich Sozialisation in einem → Lernprozeß, in dem Mitarbeiter durch aktiven und passiven Umgang mit Vorgesetzten, Kollegen und Geschäftspartnern relevante → Normen und → Werte internalisieren: Verinnerlichung der Fachsprache und des Fachdenkens; Anpassung an betriebliche und gruppenspezifische, formale und informale Verhaltensvorschriften; → Motive und Motivation; Entwicklung der für nützlich gehaltenen Qualifikationsmerkmale (→ Qualifikation); Anpassung an die betrieblichen → Arbeitsbedingungen u. ä. Mit der Zuweisung einer Position an einen Mitarbeiter wird ein bestimmtes Rollenverhalten erwartet. Die betrieblichen Ziele bestehen zwar entweder darin, daß der Mitarbeiter die ihm übertragenen → Rollen erlernt und beherrscht, oder der neue Mitarbeiter (Vorgesetzte) Veränderungen in der Gruppenkultur initiiert. Sozialisation darf aber nicht so aufgefaßt werden, als würden Mitarbeiter in soziale Standardmuster eingepaßt: Individuen mit unterschiedlichen Eigenschaften sind unterschiedlichen Rollenerwartungen unterworfen; das führt zu unterschiedlichen Reaktionen und Lernprozessen. Die Sozialisation ist kein ausschließlich einseitiger Lernprozeß; auch von den einzelnen Mitarbeitern gehen Veränderungssignale auf die Arbeitskollegen aus. Die Sozialisation ist zudem kein kontinuierlich verlaufender, reibungsloser Anpassungsprozeß. Sie wird durch intra- und interindividuelle → Konflikte unterbrochen, die durch die Übernahme neuer Rollen (Positionen) entstehen können. Sozialisation ist aufgrund der angeführten Aspekte zwar nur ein begrenzt einsetzbares personalwirtschaftliches

Mittel, ihre Bedeutung gegenüber einer organisierten → Fortbildung wird aber verstärkt empfunden.

Lit.: Kasper 1992, Wiswede 1992

Sozialleistungen

Sozialleistungen sind ein Begriff für mannigfaltige, vornehmlich materielle → Anreize wie → Belohnungen der Mitarbeiter durch den arbeitgebenden Betrieb, aber auch für indirekte → Personalkosten. Sie sind teilweise gesetzlich, teilweise tarifvertraglich und teilweise betrieblich geregelt:

- Bei den *gesetzlichen Sozialleistungen* handelt es sich um solche Leistungen, die allen Betrieben im Rahmen der staatlichen Sozialpolitik als Zwangsleistungen auferlegt werden. Beispiele: Arbeitgeberanteile zur → Rentenversicherung, Arbeitgeberanteile zur → Krankenversicherung, Arbeitgeberanteile zur → Arbeitslosenversicherung, Arbeitgeberbeiträge zu → Berufsgenossenschaften (→ Unfallversicherung), Ausgleichsabgabe nach dem → Schwerbehindertengesetz, Leistungen aufgrund des → Mutterschutzgesetzes u. a.

- *Tarifliche Sozialleistungen* betreffen ganz bestimmte Wirtschaftszweige und sind das Ergebnis von Vereinbarungen zwischen → Arbeitgeberverbänden und → Gewerkschaften. Für den einzelnen Betrieb stellen die ein-

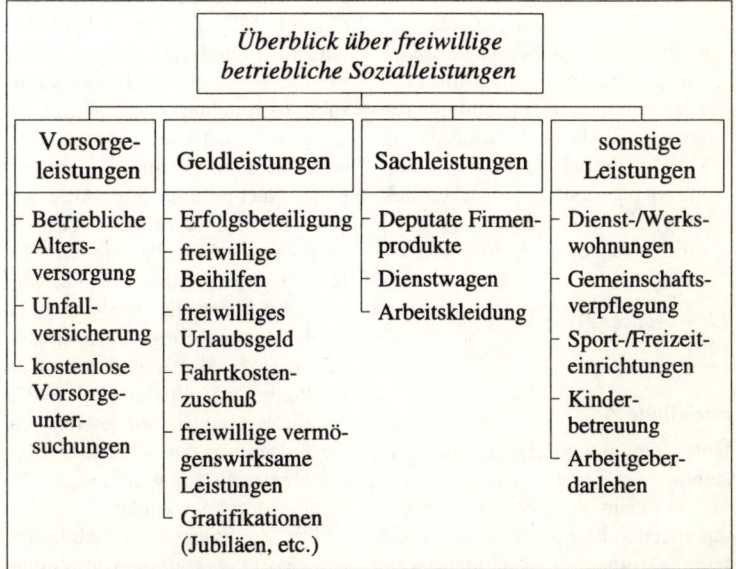

Überblick über freiwillige betriebliche Sozialleistungen

Vorsorge-leistungen	Geldleistungen	Sachleistungen	sonstige Leistungen
- Betriebliche Altersversorgung - Unfallversicherung - kostenlose Vorsorgeuntersuchungen	- Erfolgsbeteiligung - freiwillige Beihilfen - freiwilliges Urlaubsgeld - Fahrtkostenzuschuß - freiwillige vermögenswirksame Leistungen - Gratifikationen (Jubiläen, etc.)	- Deputate Firmenprodukte - Dienstwagen - Arbeitskleidung	- Dienst-/Werkswohnungen - Gemeinschaftsverpflegung - Sport-/Freizeiteinrichtungen - Kinderbetreuung - Arbeitgeberdarlehen

Überblick über freiwillige betriebliche, z. T. auch tarifliche Sozialleistungen

zelnen Sozialleistungen jedoch von außen auferlegte Zwangsleistungen dar. Beispiele: Urlaubsgeld, Erschwerniszuschläge, Wegegelder, Sonderurlaub für langjährige Betriebszugehörigkeit, Sonderurlaub für persönliche Angelegenheiten (z. B. Hochzeit, Sterbefälle, Geburt) usw.

● *Betriebliche Sozialleistungen* werden vom Einzelbetrieb gewährt und gelten i. d. R. als zusätzliche bzw. freiwillige Leistungen. Vertragspartner ist i. d. R. der → Betriebsrat (Grundlage ist eine → Betriebsvereinbarung) oder ein einzelner Mitarbeiter (Grundlage ist ein Einzelvertrag). Die betrieblichen Sozialleistungen dienen dabei als Ergänzung zu den Leistungen der öffentlichen Sozialpolitik und sollen nicht in Konkurrenz zu diesen stehen. Begrenzungsfaktoren sind zum einen das Subsidiaritätsprinzip und zum anderen die wirtschaftliche Leistungsfähigkeit des Betriebes. Die Abbildung auf S. 365 gibt einen Überblick über solche, z. T. allerdings auch tarifvertraglich geregelte Sozialleistungen.

Lit.: Grawert/Wagner 1988, Nick 1992

Soziallohn

Unter einem sog. Soziallohn versteht man alle materiellen → Entgelte, die einem → Arbeitnehmer v. a. aus sozialen bzw. sozial interpretierbaren Motiven zugestanden werden. Es handelt sich einerseits um die gesetzlichen und tariflichen sowie andererseits um die freiwilligen → Sozialleistungen. Allenfalls im letzten Fall ist der Begriff einigermaßen zweckmäßig.

Sozialpartnerschaft

Sozialpartnerschaft bezeichnet v. a. bei → Tarifverhandlungen die Beziehung von → Gewerkschaften und → Arbeitgeberverbänden zueinander. Beide sollen durch den Abschluß von → Tarifverträgen eine sinnvolle Ordnung des Arbeitslebens schaffen. Die „sozialen Gegenspieler" werden dabei zu Sozialpartnern.

Lit.: Tuchtfeldt 1992

Sozialplan

Die Einigung über den Ausgleich oder die Milderung wirtschaftlicher Nachteile durch den → Arbeitgeber, für die von einer → Betriebsänderung betroffenen → Arbeitnehmer wird nach → Betriebsverfassungsgesetz Sozialplan genannt. Als wesentliche Nachteile gelten: Arbeitserschwernis, Minderung des Arbeitsentgelts (→ Entgelt), längere Anfahrtswege, erhöhte Kosten für Fahrten zur Arbeitsstelle oder für doppelte Haushaltsführung, → Kündigungen. Der Sozialplan wird insbes. als flankierende Maßnahme bei → Personalfreisetzungen eingesetzt, um die Folgen von Betriebsänderungen sozial erträglich zu gestalten. Als *Inhalte* des Sozialplanes gelten i. allg.: Zahlung von → Abfindungen, Vorrang von → Umschulungen, → Versetzung vor Kündigung,

Mietrecht in Werkswohnungen, Regelung der → betrieblichen Altersversorgung, Qualifizierungsmaßnahmen (→ Personalentwicklung), Umzugsbeihilfen u. a. m. *Ziel* des Sozialplanes ist es, einen Ausgleich für den Verlust des Arbeitsplatzes zu schaffen bzw. eine Überleitungs- und Versorgungsfunktion zu erfüllen. Die Sozialpläne haben dabei der Härte des Einzelfalles Rechnung zu tragen sowie letztendlich auch sozial und wirtschaftlich vertretbar zu sein. Der Sozialplan gehört zum Bereich der → *betrieblichen Mitbestimmung.* Arbeitgeber und → Betriebsrat haben in den Verhandlungen unterschiedliche Zielsetzungen: Dem Arbeitgeber liegt insbes. am Zustandekommen des → Interessenausgleiches, damit die Betriebsänderung in ordentlichen Bahnen verläuft. Der Betriebsrat dagegen möchte für die Arbeitnehmer einen akzeptablen Sozialplan aushandeln. Können sich Betriebsrat und Arbeitgeber nicht einigen, wird die → Einigungsstelle angerufen. Wird auch dort keine Einigung zwischen der wirtschaftlichen Lage des Betriebes sowie den sozialen Belangen der Arbeitnehmer erzielt, legt die Einigungsstelle einen bindenden Plan vor. Sozialplan und *Interessenausgleich* können in den Verhandlungen gekoppelt sein.

Lit.: Sorg 1992

Sozialprinzip

In manchen betrieblichen Entscheidungen kommt das Sozialprinzip zum Tragen, bspw. bei der → Entgeltfindung und der → Erfolgsbeteiligung. Soziale Tatbestände, wie das Alter der zu beteiligenden Mitarbeiter, die Beschäftigungsdauer, der Familienstand, die Zahl der Kinder u. a., werden dadurch mit einem gesonderten Punkt im → Entgeltsystem besonders berücksichtigt. Dieses Punkte- bzw. Schlüsselsystem macht es zudem notwendig, die ausgewählten sozialen Merkmale zueinander zu gewichten sowie auch die Ausprägung der einzelnen Merkmale durch weitere Bewertungsregeln zu gewichten (z. B. überproportionale Steigerung der Punktezahlen mit zunehmender Beschäftigungsdauer). Das Sozialprinzip wird äußerst selten alleine, sondern zusätzlich zu anderen Prinzipien (Gleichheitsprinzip, → Leistungsprinzip, → Senioritätsprinzip) angewendet.

Sozialrecht (→ Sozialgesetzbuch)

Sozialversicherung

Die Sozialversicherung als öffentlich-rechtliche Zwangsversicherung besteht in der Bundesrepublik Deutschland aus der → Kranken-, → Pflege-, → Renten-, → Arbeitslosen-, → Unfall-, → Konkursausfallversicherung und der Altershilfe für Landwirte. Gemeinsam ist allen diesen Zweigen der Sozialversicherung, daß sie den sozialabhängigen → Arbeitnehmer und dessen Familie vor der Vernichtung der wirtschaftlichen Existenz durch Schicksalsschläge schützen sollen. Die Träger sind dabei Körperschaften des

Sozialversicherung

öffentlichen Rechts. Die *Beiträge* zur Sozialversicherung tragen i. d. R. Arbeitnehmer und → Arbeitgeber je zur Hälfte (außer Unfallversicherung und Konkursausfallversicherung). Der 50-%ige Arbeitnehmeranteil wird dabei vom Arbeitgeber einbehalten und an die zuständigen Versicherungsträger abgeführt. Die → Beitragsbemessungsgrenze und die Bezugsgrößen in der Sozialversicherung werden jährlich an die Entwicklung der → Entgelte angepaßt. Die Abbildung gibt eine Übersicht über die wesentlichen Arten und Inhalte von Sozialversicherungen.

Lit.: Lampert 1992

Sozialversicherungen			
Art	*Träger*	*Beiträge*	*Leistungen*
Gesetzliche Krankenversicherung	Orts- (AOK), Innungs-, Landwirtschaftliche Krankenkassen, Ersatzkassen, Betriebskrankenkassen	Arbeitnehmer und Arbeitgeber je 50 %	Krankheitsverhütung; Leistungen zur Heilung von Krankheiten; Mutterschaftshilfe und Mutterschaftsgeld; sonstige Hilfen in Fragen der Empfängnisregelung; Leistungen bei Schwerbedürftigkeit; Hilfen in Form von Krankengeld nach Ablauf der Lohnfortzahlung bei Krankheit, Unfall, Mutterschaft
Gesetzliche Rentenversicherung	Bundesversicherungsanstalt für Angestellte, Landesversicherungsanstalten (für Arbeiter), Knappschaft, Bundesbahnversicherungsanstalt, Seekasse	Arbeitnehmer und Arbeitgeber je 50 %	Rehabilitationsleistungen, Berufsunfähigkeitsrenten, Erwerbsunfähigkeitsrenten, Altersruhegeld, Hinterbliebenenrenten bei Berufs- und Erwerbsunfähigkeit bzw. Erreichung der Altersgrenze

Gesetzliche Unfallversicherung	Berufsgenossenschaften, Gemeindeunfallversicherungen, Feuerwehrunfallversicherungen	Arbeitgeber zu 100 %	Leistungen zur Wiederherstellung der Erwerbsfähigkeit (Rehabilitation), Leistungen im Rahmen der Berufshilfe (berufliche Anpassung, Fort- und Ausbildung, Umschulung), Entschädigungsleistungen, Leistungen an Hinterbliebene bei Arbeitsunfall und/oder Berufsunfähigkeit
Arbeitslosenversicherung	Bundesanstalt für Arbeit	Arbeitnehmer und Arbeitgeber je 50 %	Arbeitslosengeld, Arbeitslosenhilfe im Falle der Arbeitslosigkeit, Kurzarbeitergeld, Schlechtwettergeld
Pflegeversicherung	Krankenkassen	Arbeitnehmer und Arbeitgeber je 50 %	Pflegegeld und Pflegesachleistungen bei häuslicher und stationärer Pflege (in Abhängigkeit vom Grad der Pflegebedürftigkeit)
Konkursausfallversicherung	Bundesanstalt für Arbeit	Arbeitgeber zu 100 %	Konkursausfallgeld auf das noch nicht gezahlte Entgelt (bei Konkurs des Arbeitgebers)
Altershilfe für die Landwirtschaft	landwirtschaftliche Alterskassen		Hinterbliebenenrente, Altersrente, Erwerbsunfähigkeitsrente bei Berufs- und Erwerbsunfähigkeit

Arten und Inhalte von Sozialversicherungen

Soziogramm

Bei einem Soziogramm handelt es sich um eine graphische Aufzeichnung soziometrischer Daten (→ Soziometrie) einer Gruppe (→ Mitarbeitergruppe). Jedes Mitglied der Gruppe wird durch einen Kreis oder Punkt repräsentiert. Die Beziehungen bzw. die Empfindungen, die jedes Gruppenmitglied nun zu anderen Mitgliedern der Gruppe hat, werden in Form von Pfeilen eingetragen, deren Richtung das von dem jeweiligen Gruppenmitglied gewählte Objekt bzw. Mitglied anzeigt. Anhand von Soziogrammen lassen sich Gruppenstrukturen bspw. hinsichtlich des gezeigten Kommunikationsverhaltens, der Machtverhältnisse u. ä. analysieren.

Lit.: Dorsch 1982

Soziometrie

Unter Soziometrie versteht man eine auf *Moreno* zurückgehende sozialpsychologische Forschungs- und Diagnosemethode, mit der die zwischen Mitgliedern einer Gruppe bestehenden sozio-emotionalen Beziehungen analysiert, erfaßt und graphisch (→ Soziogramm) oder in Tabellenform (Präferenzmatrix) dargestellt werden können. Die Soziometrie läßt sich im betrieblichen Umfeld vorrangig im Bereich der Organisationsdiagnose einsetzen.

Lit.: Mayer 1978

Sparkassenmodell

Das sog. Sparkassenmodell ist Ausdruck für gleichmäßige Entgeltzahlungen trotz ungleicher individueller Wochenarbeitszeit im Rahmen einer → Arbeitszeitflexibilisierung. Die vereinbarte → Arbeitszeit muß im Zeitablauf allerdings erreicht werden.

Spitzenorganisation

Spitzenorganisationen im Sinne des → Tarifvertragsgesetzes sind diejenigen Zusammenschlüsse von → Gewerkschaften oder von → Arbeitgeberverbänden, die für die Vertretung der Arbeitnehmer- oder der Arbeitgeberinteressen im Arbeitsleben des Bundesgebietes wesentliche Bedeutung haben.

Sprecherausschuß (→ Sprecherausschußgesetz)

Sprecherausschußgesetz (Gesetz über Sprecherausschüsse der leitenden Angestellten - SprAuG)

Das SprAuG regelt die Bildung von Sprecherausschüssen der → Leitenden Angestellten im Rahmen der → betrieblichen Mitbestimmung. Der *Sprecherausschuß* ist die repräsentative Vertretung der Leitenden Angestellten eines Betriebes und nach dem Muster der → Betriebsverfassung gegliedert. Er arbeitet mit dem → Arbeitgeber vertrauensvoll unter Beachtung der geltenden → Tarifverträge zum Wohl der Leitenden Angestellten und des Betriebes zusammen. In Betrieben mit i. d. R. mehr als zehn Leitenden Angestellten werden Sprecherausschüsse gewählt, wenn sich die Mehrheit der Leitenden Angestellten dafür entschieden hat. Die regelmäßigen Wahlen finden zeitgleich mit den Betriebsratswahlen (→ Betriebsrat) statt. Das Gesetz enthält kein Mitbestimmungsrecht, sondern nur einige Mitwirkungsrechte. So ist der Sprecher-

Anzahl der Leitenden Angestell- ten im Betrieb	Anzahl der Mitglieder des Sprecherausschusses
0– 9	0
10– 20	1
21–100	3
101–300	5
über 300	7

Größe des Sprecherausschusses

ausschuß vor jeder → Kündigung eines Leitenden Angestellten zu hören. Weiter gilt, daß Arbeitgeber und Sprecherausschuß Richtlinien über den Abschluß, den Inhalt oder die Beendigung von → Arbeitsverhältnissen der Leitenden Angestellten aufstellen und vereinbaren können, daß der Inhalt dieser Richtlinien für die Arbeitsverhältnisse unmittelbar und zwingend gültig ist. Ggf. werden → Gesamt-, → Unternehmens- und/oder → Konzernsprecherausschüsse eingerichtet. Die Anzahl der Leitenden Angestellten im Sprecherausschuß ist abhängig von ihrer Anzahl im Betrieb (s. Abbildung).

Springer

Als Springer werden solche → Arbeitnehmer bezeichnet, die systematisch an wechselnden Arbeitsplätzen eingesetzt werden. Dieser Einsatz an unterschiedlichen Arbeitsplätzen gilt dabei nicht als Versetzung. Das Vorhandensein an Springern erleichtert es, kurzfristige Ausfälle von Arbeitnehmern (→ Fehlzeiten) durch andere Arbeitskräfte zu ersetzen (→ Personaleinsatzplanung).

S-R-Modell

Das S-R-Modell bzw. Stimulus-Response-Modell ist das den → Reiz-Reaktions-Theorien zugrundeliegende Schema, welches auch als Grundmodell einer behavioristischen Verhaltenserklärung (→ Behaviorismus) von Individuen dient. Es besagt, daß ein Organismus (Er wird als „black box" bezeichnet, d. h. der Erkenntnis nicht zugänglich.) auf einen bestimmten Umweltreiz (Stimulus/„S") reagiert, indem er ein bestimmtes Antwortverhalten (Response/„R") zeigt. Von Interesse und Gegenstand der → Reiz-Reaktions-Theorien ist hierbei, welche Vorgänge auf der Reizseite welche Vorgänge auf der Antwortseite hervorrufen. Eine Weiterentwicklung stellt das → S-O-R-Modell dar.

Lit.: Herkner 1986

St. Galler Führungsmodell

Das St. Galler Führungsmodell (synonym: St. Galler Management-Modell) stellt ein praxisorientiertes Modell dar, welches im Rahmen eines mehrdimensionalen Ansatzes für

Stammbelegschaft

die Unternehmungsführung (→ Führung) einen Bezugsrahmen für die Handhabung von Problemen im Systemzusammenhang anbietet.

Lit.: Ulrich/Krieg 1987

Stammbelegschaft

Zur Stammbelegschaft werden jene Mitarbeiter gezählt, die sich im Gegensatz zur → Randbelegschaft durch einen relativ hohen innerbetrieblichen Status, relativ hohe → Entgelte und ein geringes Beschäftigungsrisiko kennzeichnen lassen. Sie gilt als ein Garant für Stabilität und qualitativ hochwertige Arbeit.

Status

Der Status bezeichnet den wahrgenommenen Stellenwert oder Rang einer Person bzw. eines Mitarbeiters innerhalb einer Gemeinschaft bzw. eines Betriebes.

Stelle

Bei einer Stelle handelt es sich um die kleinste organisatorische Aktionseinheit in einem Betrieb. Stellen werden so gebildet, daß Mitarbeiter die zugeordneten Aufgabenstellungen im Rahmen eines normalen Arbeitstages erledigen können. Die Festlegung erfolgt meist personenunabhängig, so daß sie nicht im Fall eines Personalwechsels verändert werden müssen. Die wesentlichen Inhalte und Aufgaben einer Stelle sind in einer → Stellenbeschreibung geregelt und zu einem → Stellenplan zusammengefaßt. Stellen, die

Weisungsbefugnis haben, werden als → Instanz bezeichnet.

Stellenanzeige

Die Stellenanzeige (synonym: Stelleninserat, Personalinserat u. ä.) ist ein Instrument der externen → Personalbeschaffung. Je nach zu besetzender Stelle und gesuchter Mitarbeiterqualifikation (→ Qualifikation) werden in regionalen oder überregionalen, allgemeinen bzw. berufsspezifischen Zeitschriften und Zeitungen Anzeigen aufgegeben, die über die Stelle informieren und Interessierte zu einer Bewerbung aufrufen.

Stellenbeschreibung

Die Stellenbeschreibung ist ein unentbehrliches Instrument der → Personalplanung. Im Rahmen der → Personalbedarfsermittlung sind gültige Stellenbeschreibungen Grundlage und Voraussetzung für die Ermittlung der qualitativen → Anforderungsprofile der (Plan-)Stellen und damit auch für die Ermittlung des qualitativen → Personalbedarfes. Im Rahmen der → Personaleinsatzplanung ist die Gegenüberstellung der Anforderungsprofile der Stellen und der → Qualifikationsprofile der Stelleninhaber Basis für die bestmögliche Stellenbesetzung. Darüber hinaus liefern Stellenbeschreibungen Unterlagen für die Auswahl und die Einarbeitung neuer Arbeitnehmer (→ Personaleinführung), für die → Personalentwicklung, für die arbeitsplatzbezo-

Stellenbeschreibung	Organisationseinheit:
Stellenbezeichnung:	**Tarifgruppe:**
Stellenbezeichnung des direkten Vorgesetzten:	
Stelleninhaber vertritt:	**Stelleninhaber wird vertreten durch:**
Vollmachten, Kompetenzen:	
Ziel der Stelle:	
Aufgabenstellung: 1. 2. 3. ...	
Anforderungen (eventuell):	

Wesentliche Inhalte einer Stellenbeschreibung

gene → Leistungsbeurteilung sowie für die anforderungsgerechte Entlohnung (→ Entgelt). Eine Stellenbeschreibung zeigt dabei die wesentlichen Merkmale einer Stelle auf. Sie nimmt Bezug auf: Stellenbezeichnung, Unterstellungs-/Überstellungsverhältnisse, Ziele der Stelle, Hauptaufgaben, Befugnisse/Vollmachten, Stellvertretungsrechte, Beziehung zu anderen Stellen. Siehe dazu das generelle Beispiel in der Abbildung.

Lit.: Reiss 1992, Krüger 1987, RKW-Handbuch 1990

Stellenbesetzungsplan

Der Stellenbesetzungsplan baut auf dem → Stellenplan auf. Er fügt diesem für die besetzten Planstellen die Namen der entsprechenden Mitarbeiter, die → Stellen innehaben, sowie ggf. Vollmachten, Alter, Eintrittsjahr u. ä., hinzu.

Lit.: RKW-Handbuch 1990

Stellenclearing

Stellenclearing wird im Rahmen der internen → Personalbeschaffung insbes. zur Ordnung des kurzfristigen → Personalbedarfs durchgeführt. Es erfolgt ein Informationsaustausch zwischen von Vakanzen betroffenen Abteilungsleitern (als Vorgesetzte der Arbeitsplatzinhaber) und Mitarbeitern der → Personalabteilung, um offene → Stellen und deren → Anforderungen sowie gleichzeitig interne Deckungsmöglichkeiten durch zur Verfügung stehende, entsprechend qualifizierte Mitarbeiter abzustimmen.

Lit.: Berthel 1991

Stellenplan

In einem Stellenplan sind alle → Stellen eines Betriebes aufgeführt, unabhängig davon, ob sie besetzt sind oder nicht. Der Stellenplan hat somit Soll-Charakter, ein Personenbezug ist nicht gegeben; anders dagegen der → Stellenbesetzungsplan. Ein Stellenplan baut auf vorliegenden → Stellenbeschreibungen auf. Er enthält Angaben über die Anzahl und die Bezeichnung der vorhandenen Planstellen, den von diesen ausgehenden Qualifikationsanforderungen (→ Anforderungen) und die vorgesehenen Entgeltgruppen für die potentiellen Stelleninhaber. Ein Stellenplan kann sowohl in der Form eines Organigramms als auch in Tabellenform dargestellt werden. Er kann sich auf einen organisatorischen Bereich wie auch auf den gesamten Betrieb beziehen.

Lit.: RKW-Handbuch 1990

Stellenplanmethode

Bei der Stellenplanmethode wird der künftige → Personalbedarf direkt aus den in die Zukunft fortgeschriebenen → Stellenplänen und → Stellenbeschreibungen ermittelt. Sofern man im Zusammenhang mit der → Personalbedarfsermitt-

lung den künftigen Stellenplan aufstellt, wird der Bruttopersonalbedarf auf Basis der Gesamtplanung ermittelt. Wird neben diesem künftigen Stellenplan noch der vermutlich künftige → Stellenbesetzungsplan eingesetzt, so kann der Nettopersonalbedarf bestimmt werden. Die Stellenplanmethode wird v. a. dort angewendet, wo die Besetzung von Stellen fix, d. h. kurzfristig unabhängig von der Arbeitsmenge, ist. Dies trifft z. B. im Dienstleistungs- und Verwaltungsbereich zu. Voraussetzung für den Einsatz der Stellenplanmethode ist die regelmäßige Aufstellung, Überprüfung und Fortentwicklung genauer Stellenpläne und Stellenbeschreibungen für den gesamten Betrieb bzw. Bereich.

Lit.: RKW-Handbuch 1990

Stellensuchanzeige

Bei der Stellensuchanzeige handelt es sich um ein Zeitungsinserat arbeitsplatzsuchender Personen. Sie werben darin mit ihrer → Qualifikation und bieten diese prinzipiell interessierten Betrieben an. Im Rahmen der → Personalbeschaffung kann ein gezieltes Suchen und Lesen dieser Anzeigen als ein kostengünstiges, wenngleich zumeist wenig zielgenaues Beschaffungsinstrument eingesetzt werden.

Stimulus-Response-Modelle (→ S-R-Modell)

Strategisch-orientiertes Personalmanagement

Beim strategisch-orientierten Personalmanagement handelt es sich um die explizite Einbeziehung personalwirtschaftlicher Probleme wie auch Möglichkeiten in die strategische Führung eines Betriebes als flankierende personale Steuerungs- und Unterstützungssysteme. Wie Erfahrungen aus der Wirtschaftspraxis zeigen, reichen für eine erfolgreiche strategische Führung rein sachbezogene Instrumente nicht aus. Es mangelt an ausgereiften → Führungskonzeptionen und vielfach auch an → Qualifikationen der Beteiligten. Flankierende Systeme sind für den Führungsprozeß nötig, um diesen Mängeln ausreichend begegnen zu können. Von strategisch-orientiertem Personalmanagement wird hier nur gesprochen, wenn es im Rahmen der strategischen Führung bewußt und systematisch als Variable einbezogen wird. Es erfaßt problemorientiert prinzipiell mittel- bis langfristige betriebsinterne Fragestellungen. Das Personalmanagement im Rahmen einer strategischen Führung eines Betriebes sollte als „strategisch-orientiert" bezeichnet werden, ausgehend von folgenden Überlegungen:

- Unter *strategischem Personalmanagement* wird meist eine auf die Zukunft bezogene, oft nur derivative Beobachtung, Analyse und Planung des qualitativen → Personalbedarfs v. a. im Rahmen einer strategischen bzw. langfristigen → Personalplanung verstanden.

- Das *strategieorientierte bzw. -gerechte Personalmanagement* bezieht nur derivative Qualifizierungsmaßnahmen zur Unterstützung der Implementierung bereits formulierter Strategien ein. Es beschränkt sich somit nur auf eine Teilphase der strategischen Führung.

- Die Bezeichnung *strategisch-orientiert* geht über „strategieorientiert" in mehrerer Hinsicht hinaus. Sie ist angebracht, wenn das Personalmanagement tatsächlich als integraler Bestandteil in die Unternehmenspolitik eingebettet ist. Im Rahmen eines Personalmanagements wird ein für eine strategische Führung aktiv und passiv fähiges Mitarbeiterpotential bewußt erfaßt, qualifiziert und eingesetzt. Die Formulierung „strategisch-orientiert" bedeutet zugleich: So wie strategische Überlegungen im Hinblick auf operative Umsetzungen zu erfolgen haben, sind operative Maßnahmen des Personalmanagements – eigentlich selbstverständlich – auch unter strategischen Aspekten zu planen und durchzuführen.

Die Möglichkeiten des Personalmanagements im Rahmen einer strategischen Führung ergeben sich daraus, daß Handlungsspielräume bei der Formulierung und Implementierung von Strategien zum einen von der Qualität der Personalarbeit selbst und zum anderen von Mitarbeitern und deren vorhandenem sowie genutztem Qualifikationspotential abhängen. Qualifikationen können Restriktion und Ausgangspunkt für spezifische Strategieformulierungen und/oder -implementierungen sein. Hier liegt u. a. ein *originärer Aspekt* des Personalbereiches verborgen. Im Rahmen der Strategieformulierung wird dabei auf die begrenzt vorhandene bzw. besonders (als Erfolgspotential) zur Verfügung stehende Qualifikation aufgebaut (Strategy follows qualification). Es gilt (a) zu klären, inwieweit das Personalmanagement Initiativ- und Unterstützungsbeiträge zur Strategieformulierung und -implementierung leisten kann, (b) zu analysieren, welche Chancen und Probleme das Humanpotential und die Personalarbeit strategisch bieten bzw. erwarten können sowie (c) festzustellen, welche personellen Erfolgsfaktoren kritischer als andere sind und wie sie sich entwickeln können (Personal als Potential- und /oder Engpaßfaktor). Träger sind General-Manager wie Personalleiter und zwar auf unterschiedlichen hierarchischen Ebenen.

Dem Personalmanagement kommen im strategischen Kontext vier grundsätzliche *Funktionen* zu: (1) Vor Einführung einer strategischen Führungskonzeption sind die Mitarbeiter mit den Besonderheiten einer strategischen Führung, mit den Zielen, mit den Aufgabenstellungen (z. B. Früherkennung) und mit den Instrumenten (z. B. Analysetechniken) vertraut zu machen. Das Personalmanagement ist Bestandteil einer Einführungsstrategie (= *Einführungsfunktion*). (2) Während der Praktizierung der strategischen Führung bedarf es zumindest auf den höheren Managementebenen einer Fähigkeit und Bereitschaft zu undogmatischem Denken und zur grundsätzlichen Infragestellung bestimmter, verfolgter strategischer Orientierungen und Strategien. Unabhängig von diesen Vorgaben sollten die Mitarbeiter durch das Personalmanagement für die strategische Führungsphilosophie sensibilisiert und ihnen die Qualifikationen zu strategischem Denken und Verhalten vermittelt werden (= *Sensibilisierungsfunktion*). (3) Strategieformulierungen erfordern unterschiedliche strategische Orientierungen der Geschäftsbereiche und damit prinzipiell unterschiedliche Qualifikationsprofile der Führungskräfte. Das Personalmanagement soll durch gezielte Maßnahmen die strategische Richtung einer Organisationseinheit und die zu formulierenden Strategien durch Maßnahmen mitbeeinflussen (= *Initiativfunktion*). (4) Ähnliches trifft für die Strategieimplementierung zu, wenn auch andere Qualifikationsinhalte und Aufgabenstellungen maßgebend sind. Qualifikationen und Qualifizierungen sollen die Implementierung sichern helfen (= *Sicherungsfunktion*).

Als die wesentlichsten Gestaltungsvariablen des Personalmanagements zur Förderung einer strategischen Führung werden in der Litera-

sehen.

tur die → Personalauswahl, der → Personaleinsatz, die → Personalentwicklung sowie die → Anreiz- und Leistungsbewertungssysteme angesehen. Die genannten Teilsysteme des Personalmanagements determinieren in besonderem Maße die Anwendungsqualität einer strategischen Führung durch die Beeinflussung und Nutzung der personellen Qualifikationskomponenten „Kennen" und „Können" (durch Personalauswahl, -einsatz und -entwicklung) sowie „Wollen" (durch Anreizsysteme und Leistungsbewertungen).

Lit.: Becker, F. G. 1988, Berthel 1991, Ackermann 1991, Drumm 1992a, Elšik 1992, Weber/Klein 1992, Scholz 1993

Strategisches Personalmanagement (→ Strategisch-orientiertes Personalmanagement)

Streik

Der Streik ist ein Arbeitskampfmittel (→ Arbeitskampf) der → Arbeitnehmer, um in der Gruppe Verbesserungen ihrer → Arbeitsbedingungen (z. B. mehr → Entgelt, kürzere → Arbeitszeit) erreichen oder Verschlechterungen abwehren zu können. Eine größere Anzahl von Arbeitnehmern stellt hierzu gemeinschaftlich und planmäßig die Arbeit ein. Der Streik stellt das Pendant zur → Aussperrung durch die → Arbeitgeber dar. Zu den *Arten* siehe die Abbildung.

Generalstreik	sämtliche Arbeitnehmer eines Staates sind zum Streik aufgerufen
Sympathiestreik	Arbeitnehmer anderer Branchen und/oder Tarifzonen werden zum Streik aus Sympathie für eigene Ziele aufgerufen
Flächenstreik	Arbeitnehmer einer Tarifzone einer Branche werden zum Streik aufgerufen
Schwerpunktstreik	bestreikt werden bestimmte ausgewählte Betriebe einer Tarifzone
Warnstreik	befristeter und i. d. R. regional begrenzter Streik zur Demonstration der Streikbereitschaft, z. B. vor einem Flächenstreik
Wilder Streik	wird nicht durch die Gewerkschaft organisiert, sondern durch einzelne Arbeitnehmer spontan (i. d. R. unrechtmäßig) durchgeführt
Politischer Streik	wird zur Durchsetzung politischer Ziele gegen Staatsorgane durchgeführt (unrechtmäßig)

Streikarten

Der *Ablauf* eines gewerkschaftlich organisierten Streiks kann dabei wie folgt aussehen: Beschluß der → Gewerkschaft zur Einleitung eines Streiks und zur Durchführung der dazu vorgeschriebenen Urabstimmung, Durchführung der Urabstimmung, Genehmigung des Streikbeschlusses, den die wahlberechtigten Gewerkschaftsmitglieder mit der satzungsmäßigen Mehrheit gebilligt haben, Streikaufruf der Gewerkschaft und die tatsächliche Arbeitsniederlegung. Die *Rechtmäßigkeit* eines Streiks unterliegt folgenden Bedingungen: (1) Ein Streik darf nur von einer Tarifpartei geführt werden. (Der *wilde Streik* ist nur unter bestimmten Bedingungen rechtmäßig.) (2) Es muß ein tariflich regelbares Ziel (Entgelt, → Arbeitszeit u. ä.) verfolgt werden. *Politische Streiks* sind nicht zulässig. (3) Ein Streik darf nicht während des Geltens der → Friedenspflicht stattfinden und nicht gegen Schlichtungsregeln oder andere Rechtsnormen verstoßen. (4) Ein Streik muß das letzte Mittel der Konfliktlösung sein. Vorab sind alle anderweitigen Möglichkeiten auszuschöpfen. (5) Der Streik und das Streikziel müssen dem Gebot der Verhältnismäßigkeit entsprechen.

Während eines rechtmäßigen Streiks besteht das → Arbeitsverhältnis weiter. Der streikende Arbeitnehmer ist allerdings von der Arbeitspflicht und der Arbeitgeber von der Entgeltzahlungspflicht befreit. Ein nicht streikender Mitarbeiter ist allerdings zur Arbeitsleistung verpflichtet, nicht jedoch für solche Arbeiten, die vorher von den streikenden Kollegen erledigt wurden. Die streikenden Mitarbeiter, die gewerkschaftlich organisiert sind, erhalten von ihrer Gewerkschaft eine finanzielle Streikunterstützung.

Lit.: Beuthien 1992

Strukturelle Führung (→ Mitarbeiterführung)

Stückakkord (→ Akkordlohn)

Stücklohn (→ Akkordlohn)

Stufenausbildung

Von einer Stufenausbildung ist dann die Rede, wenn eine → Ausbildungsordnung sachlich und zeitlich besonders geordnete, aufeinander aufbauende Stufen der → Berufsausbildung festlegt, wie dies v. a. bei den neuen Metall- und Elektroberufen der Fall ist. Nach den einzelnen Stufen soll sowohl ein Ausbildungsabschluß, der zu einer Berufstätigkeit befähigt, als auch die Fortsetzung der Berufsausbildung in weiteren Stufen möglich sein. In einer ersten Stufe *beruflicher Grundausbildung* sollen – als breite Basis für die weiterführende berufliche Fachbildung und als Vorbereitung auf eine vielseitige berufliche Tätigkeit – Grundfertigkeiten und Grundkenntnisse vermittelt sowie Verhaltensweisen geweckt werden, die einem möglichst großen Bereich von Tätigkeiten gemeinsam sind. In einer darauf aufbauenden Stufe *allgemeiner beruflicher Fachbildung* wird die

Berufsausbildung für möglichst mehrere Fachrichtungen gemeinsam fortgeführt. Dabei ist besonders das fachliche Verständnis zu vertiefen und die Fähigkeit des → Auszubildenden zu fördern, sich schnell in neue Aufgaben und Tätigkeiten einzuarbeiten. In einer weiteren Stufe der *besonderen beruflichen Fachbildung* sollen die zur Ausübung einer qualifizierten Berufstätigkeit erforderlichen praktischen und theoretischen Kenntnisse und Fertigkeiten vermittelt werden.

Stufenwertzahlverfahren (→ Arbeitsbewertung)

Subjektive Arbeitsanalyse

Die Subjektive Arbeitsanalyse (SAA) ist ein von *Udris/Alioth* entwickeltes, dem → Job Diagnostic Survey ähnliches Verfahren der → Arbeitsplatzanalyse, welches versucht, die subjektiven Ansichten der Stelleninhaber mit zu berücksichtigen. Im Rahmen dieses Verfahrens wird ein Fragebogen mit 50 Items eingesetzt, die jeweils vom Stelleninhaber auf einer fünfpunktigen Skala zu beantworten sind. Insgesamt werden mit der SAA sechs Bereiche angesprochen, die die Analyse unterschiedlicher Arbeitstätigkeiten ermöglichen: Handlungsspielraum (Autonomie, Variabilität), Transparenz (Aufgaben-Sozialtransparenz), Verantwortung (für eine gemeinsame Aufgabe, für Ereignisse), → Qualifikation (Anforderung, Einsatz, Chancen), soziale Struktur (Unterstützung der Kolle-

gen, Kooperation, Respektierung durch den Vorgesetzten) und Arbeitsbelastung (Arbeitsvolumen, Schwierigkeiten).

Lit.: Udris/Alioth 1980, Ulich 1992

Substanzgewinnbeteiligung (→ Gewinnbeteiligung)

Survey-feedback-Methode

Unter einer Survey-feedback-Methode ist – als eine Form der → Mitarbeiterbefragung – die Durchführung von Einstellungsumfragen (→ Einstellung) bei Mitarbeitern eines Betriebes bzw. einer Gruppe mit einer anschließenden Rückkopplung der Ergebnisse an die Beteiligten sowie deren Verarbeitung in speziellen Gruppen bzw. Workshops zu verstehen. In den gemeinsamen Arbeitssitzungen werden die Ergebnisse mit den Mitarbeitern diskutiert und zusammen Alternativen und Maßnahmen für Änderungen erarbeitet. Sie nehmen insofern als Betroffene den Veränderungsprozeß selber in die Hand. Die Survey-feedback-Methode wird insbes. zur → Organisationsentwicklung eingesetzt und geht auf *Lewin* zurück.

Lit.: Mayer 1978

Symbolische Führung

Die sog. symbolische Führung weist darauf hin, daß → Mitarbeiterführung auch durch Symbole und Symbolisierung wirken kann. Es kommt nicht allein darauf an, was im Führungsprozeß geschieht, sondern auch darauf, *wer* dies *wie* tut. Im Sinne der symbolischen Führung macht es z. B. einen sehr großen Unterschied, ob eine betriebliche Entscheidung mit einem Routineschreiben den Mitarbeitern eines Bereiches mitgeteilt wird, oder ob die wortwörtlich gleiche Entscheidung von den Vorgesetzten direkt den Mitarbeitern im gesamten oder einzeln mitgeteilt wird. Diese mehr oder weniger nicht-bewußten Anteile einer Entscheidung bzw. deren Bekanntgabe beeinflussen mit die Wirkung der Führung. Bewußt oder unbewußt werden daher häufig Symbole, Zeremonien und Rituale eingesetzt, um Führungsziele umzusetzen bzw. auf eine höhere Akzeptanzstufe zu bringen.

Lit.: Neuberger 1990

Sympathiefehler (→ Beurteilungsfehler)

System 1 – 4 von *Likert*

In Anlehnung an das eindimensionale Führungskontinuum der → *Michigan-Studien* entwickelte *Likert* sein „Führungssystem 1 - 4". Er wollte durch Zusammenfassung der Ausprägungen von 43 (später 51) Merkmalen eine geschlossene Darstellung des Führungsverhaltens (→ Führungsstil) vorlegen. Diese Merk-

male sind in 7 (später 8) Kategorien zusammengefaßt: Motivation, Kommunikation, Interaktion, Entscheidungsbildung, Zielsetzung und Befehlserteilung, Kontrolle, Leistung, zugrundegelegte Führungsprozesse. Je nach Beantwortung von verschiedenen skalierten Fragen zu den Merkmalen wird das Führungsverhalten in das System 1 - 4 eingruppiert. Je niedriger der ermittelte Punktwert ist, desto autoritärer, d. h. auf dem Kontinuum zum System 1 tendierend, wird das Führungsverhalten eingeschätzt et vice versa. Siehe auch die Abbildung.

In System 4 manifestiert sich die partizipative Führung. Ihr attestiert *Likert*, daß sie durch sich effizient verhaltende Führer bewirkt wird, die v. a. die Grundsätze „Herstellung von Beziehungen zu persönlicher Hilfestellung", „Treffen und Überwachen von Entscheidungen durch die Gruppen" und „Setzung hoher Leistungsziele" umsetzen. Verbunden hiermit ist allerdings auch eine gewisse normative Bevorzugung dieses Führungssystems. Die recht vagen Ausführungen von *Likert* sind durch die Notwendigkeit der jeweiligen situativen Anpassung begründet.

Lit.: Likert 1975, Berthel 1991

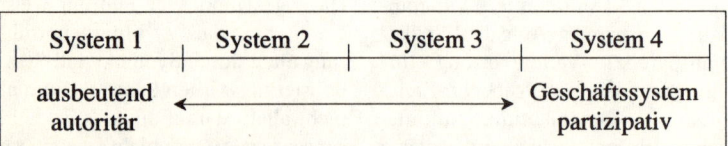

Führungsverhalten im Führungssystem 1–4 von Likert

Szondi-Test

Der Szondi-Test zählt zu den sog. →
projektiven Tests, die der Analyse
von Persönlichkeitsstrukturen dienen sollen. Er besteht aus sechs Se-
rien von je acht Portraitfotografien,
die dem Probanden in festgelegter
Ordnung mit der Instruktion vorgelegt werden, aus jeder Serie zwei
sympathische und zwei unsympathi-
sche Bilder auszuwählen. In einem
zweiten Durchgang wird dann der
Proband aufgefordert, aus den restli-
chen vier Bildern pro Serie wiederum die zwei unsympathischsten auszuwählen; die verbleibenden zwei
Bilder werden als „relativ sympathische Wahlhandlungen" eingestuft.
Durch die während des Tests stattfindende Wahlhandlung sollen sich ge-
netisch bedingte Triebe (Sexual-
trieb, Paroxysmaltrieb, Ich-Trieb,
Kontakttrieb) manifestieren, die anhand sog. „Triebfaktoren" gemessen
werden können. Diese sollen je
nach Stärke der Vererbung und Er-
scheinungsform die „Schicksals-
möglichkeiten" des analysierten Individuums, wie charakterliche Eigenschaften, Berufswahl, geistige Interessen, bis hin zu Krankheit und
Tod determinieren. Sowohl das Konzept als auch der Test selber sind kritisch zu betrachten. Neben grundsätzlichen Bedenken Persönlichkeitstests betreffend empfiehlt es
sich daher nicht, den Szondi-Test
zur Eignungsdiagnostik (→ Eignungsprüfung) einzusetzen, wie
dies gelegentlich geschieht.

Lit.: Brickenkamp 1975

T

Tantieme

Als Tantieme bezeichnet man das variable → Entgelt, das einen → Arbeitnehmer am Geschäftsgewinn eines Betriebes beteiligt. Die Tantieme wird i. d. R. als zusätzliche Vergütung im Rahmen eines → Entgeltsystems gezahlt, um v. a. → Führungskräfte an der wirtschaftlichen Entwicklung des Betriebes zu interessieren. Für Vorstandsmitglieder und Aufsichtsratsmitglieder in Aktiengesellschaften bestehen gesetzliche Bestimmungen hinsichtlich der Tantiemezahlung.

Lit.: Reber 1975

Tarifangestellte

Tarifangestellte sind → Angestellte (→ Arbeitnehmer), die unter den persönlichen Geltungsbereich des → Tarifvertrages fallen. Der Gegenbegriff stellt den der AT-Angestellten (außertariflich bezahlte Mitarbeiter höherer Hierarchiestufen) dar.

Tarifautonomie

Die Tarifautonomie beinhaltet als Teil der → Koalitionsfreiheit das Recht der Tarifvertragsparteien, → Arbeitsbedingungen (insbes. → Entgelte) ohne staatliche oder anderweitige Einflußnahme in → Tarifverträgen autonom zu regeln. Voraussetzung ist ein Gleichgewicht der Kräfte zwischen den Parteien.

Tarifgebundenheit

Die Rechtsnormen des → Tarifvertrages, die den Inhalt, den Abschluß oder die Beendigung von → Arbeitsverhältnissen ordnen, gelten nach → Tarifvertragsgesetz unmittelbar und zwingend zwischen den beiderseits tarifgebundenen → Tarifvertragsparteien, die unter den Geltungsbereich des Tarifvertrages fallen. Die Tarifgebundenheit bleibt dabei solange bestehen, bis der Tarifvertrag endet.

Tarifregister

Beim Bundesminister für Arbeit und Sozialordnung wird ein sog. Tarifregister geführt, in das der Abschluß, die Änderung und die Aufhebung von → Tarifverträgen sowie der Beginn und die Beendigung der → Allgemeinverbindlichkeitserklärung eingetragen werden. Die → Tarifvertragsparteien sind dabei nach → Tarifvertragsgesetz verpflichtet, dem Bundesminister innerhalb eines Monats nach Abschluß kostenfrei den neuabgeschlossenen Tarifvertrag zu übersenden bzw. das Außerkrafttreten eines jeden Tarifvertrages mitzuteilen. Dies betrifft auch die obersten Arbeitsbehörden der Länder, auf deren Bereich sich der Tarifvertrag erstreckt.

Tarifverhandlungen

Im Rahmen von Tarifverhandlungen werden auf Basis der → Tarifautonomie und des → Tarifvertragsrechts zwischen zuständigen → Tarifvertragsparteien → Tarifverträge formuliert und abgeschlossen.

Lit.: Kleinhenz 1992

Tarifvertrag

Unter Tarifverträgen sind schriftliche Verträge zwischen → Arbeitgeberverbänden bzw. einzelnen → Arbeitgebern einerseits und → Gewerkschaften andererseits zu verstehen. Ein Tarifvertrag regelt auf Basis der → Tarifautonomie und des → Tarifvertragsrechts die Rechte und Pflichten der → Tarifvertragsparteien und enthält Rechtsnormen, die den Inhalt, den Abschluß und die Beendigung von → Arbeitsverhältnissen sowie betriebliche und betriebsverfassungsrechtliche Fragen (→ Betriebsverfassungsgesetz) betreffen können. Sie haben die Festlegung von Mindestarbeitsbedingungen auf überbetrieblicher Ebene zum Inhalt. Die Regelungen gelten zwingend und unmittelbar für alle → Arbeitnehmer, die in einem Betrieb beschäftigt sind, der einem vertragsabschließenden Arbeitgeberverband angehört, und die ihrerseits Mitglied der vertragsabschließenden Gewerkschaft sind. Für gewerkschaftlich nicht organisierte Arbeitnehmer gelten Tarifverträge nur, wenn deren → Arbeitsvertrag eine Klausel enthält, nach der geltende Tarifbestimmungen zugleich auch Bestandteil des → Arbeitsvertrages sind. Die sog. → Allgemeinverbindlichkeitserklärung stellt eine andere Möglichkeit dar, den Tarifvertrag auf nicht organisierte Arbeitnehmer auszudehnen.

Tarifverträgen kommen verschiedene *Funktionen* zu: Sie haben eine Schutzfunktion (Regelung der Mindestarbeitsbedingungen), eine Ordnungsfunktion (Typisierung von Arbeitsverträgen; Kostenkalkulation) und eine Friedensfunktion (Verhinderung von Arbeitskämpfen).

Folgende *Formen* von Tarifverträgen werden differenziert: (1) *Mantel-* oder *Rahmentarifverträge* legen die allgemeinen, im Tarifbereich geltenden → Arbeitsbedingungen fest, z. B. → Arbeitszeit, Urlaubsdauer, spezielle → Kündigungsfristen. (2) Die Lohn- und Gehaltshöhe und somit deren Anpassungen werden in *Entgelttarifverträgen* vereinbart. (3) Auch zu anderen Inhalten sind Tarifverträge möglich, z. B.: Vermögensbildungstarifvertrag, Vorruhestandstarifvertrag und Rationalisierungsschutzabkommen. Wird dabei ein Tarifvertrag zwischen einer oder mehreren Gewerkschaften sowie einem oder mehreren Arbeitgeberverbänden abgeschlossen, spricht man von einem *Verbands- bzw. Flächentarifvertrag.* Ist dagegen statt eines Arbeitgeberverbands ein einzelner Arbeitgeber Vertragspartner der Arbeitnehmerseite, liegt ein *Haus*bzw. *Firmentarifvertrag* vor.

Der Abschluß eines Tarifvertrages hat auf die Tarifvertragsparteien *obligatorische* Wirkung und auf die Mitglieder der Tarifvertragsparteien *normative* Wirkung: (1) Die Vertragsparteien sind nach Tarifvertragsabschluß zur Einhaltung der → Friedenspflicht, der Durchführungspflicht und der Einwirkungspflicht angehalten. Sie dürfen daher zu den Vertragsinhalten keine Kampfmaßnahmen (→ Arbeitskampf) einleiten und/oder unterstützen, sondern sind verpflichtet, bei deren Umsetzung in die Praxis, auch gegenüber widerspenstigen Mitgliedern, mitzuwirken. (2) Für die Mitglieder der Tarifvertragsparteien gelten die Vereinbarungen über → Entgelte, → Entgeltzulagen, → Arbeitszeit usw. Sie sind unmittelbar an diese Inhaltsnormen gebunden (→ Tarifgebundenheit). Darüber hinaus ist zumeist nach einem Arbeitskampf auch eine Wiedereinstellungsklausel im Tarifvertrag vereinbart. Diese gilt als sog. Abschlußnorm.

Lit.: Hromadka 1992

Tarifvertragsgesetz (TVG)

Das TVG enthält Vorschriften über den möglichen Inhalt, die Form und die Parteien des → Tarifvertrages, die → Tarifgebundenheit und die Wirkungen des Tarifvertrages. Es ordnet die Anmeldung und Eintragung von Tarifverträgen in das beim Bundesminister für Arbeit und Sozialordnung geführte → Tarifregister und regelt Voraussetzungen und Verfahren der → Allgemeinverbindlichkeitserklärung von Tarifverträgen.

Tarifvertragsparteien

Tarifvertragsparteien sind einerseits → Gewerkschaften sowie andererseits einzelne → Arbeitgeber und Vereinigungen von Arbeitgebern (→ Arbeitgeberverbände). Sie können in eigenem Namen → Tarifverträge abschließen, wenn sie eine entsprechende Form einhalten. → Spitzenorganisationen können im Namen der ihnen angeschlossenen Verbände bzw. Betriebe Tarifverträge abschließen, wenn sie eine entsprechende Vollmacht haben. Sie können nach → Tarifvertragsgesetz selbst Parteien eines Tarifvertrages sein, wenn der Abschluß von Tarifverträgen zu ihren satzungsgemäßen Aufgaben gehört.

Tarifvertragsrecht

Das Tarifvertragsrecht (→ Tarifvertragsgesetz) konstituiert Normen für die Verhandlungen von → Gewerkschaften und → Arbeitgebern oder die sie vertretenden Verbände über die Ausgestaltung von → Arbeitsverhältnissen sowie die Verbindlichkeit der Ergebnisse von Verhandlungen.

Tätigkeitsanalyse in den Tag

Die Tätigkeitsanalyse in den Tag (TAI) ist ein Verfahren der → Arbeitsplatzanalyse und wurde von *Frieling u. a.* entwickelt. Es ist ein äußerst umfangreiches Verfahren, welches über 2000 Items umfaßt. Mit ihm sollen zum einen die Auswirkungen des Einsatzes von Technik und Technologien erkannt sowie zum anderen Gestaltungsspielräume bei technischen Veränderungen diagnostiziert werden. Um diese

Ziele zu erreichen, ist das Verfahren mehrfach gegliedert. Zum ersten geht es um organisatorisch-technische Bedingungen der Tätigkeit, zum zweiten um die Informationsaufnahme und Verarbeitung, zum dritten um die Handlungsvorbereitung und -ausführung und zum vierten um die Dynamik der Tätigkeit. Je nach dem Umfang der Fragestellung kann auf einzelne Teile des Verfahrens zurückgegriffen werden. Dennoch ist der Einsatz des TAI recht aufwendig. Dies hat auch zu einer Modifizierung des Verfahrens geführt, das unter dem Namen P-TAI bekannt ist.

Lit.: Frieling u. a. 1984

Tätigkeitsbewertungssystem

Beim Tätigkeitsbewertungssystem (TBS) handelt es sich um ein Instrument der → Arbeitsplatzanalyse von *Baars, Hacker* und *Richter*. Es ist sehr stark auf die Analyse und Bewertung sog. objektiver Tätigkeitsmerkmale sowie notwendiger kognitiver Prozesse (→ Kognition) ausgerichtet. Emotionale Prozesse (→ Emotion) sind weitgehend ausgeblendet. Die Auswahl der Tätigkeitsmerkmale ist durch den jeweils angenommenen Beitrag zur Erhaltung und Erweiterung von kognitiven wie sozialen → Fähigkeiten sowie → Einstellungen beeinflußt. Das TBS bedarf zur Umsetzung einer Ergänzung durch andere Arbeitsplatzanalysen wie bspw. dem → Fragebogen zur Arbeitsanalyse.

Lit.: Baars u. a. 1981, Hacker u. a. 1983, Maier 1988, Ulich 1992

Tavistock-Ansatz

Wissenschaftler des Londoner Tavistock-Institute of Human Relations stellten Ende der 40er Jahre in Fallstudien fest, daß es sehr enge Zusammenhänge zwischen Veränderungen in der Technologie eines Betriebes und Veränderungen in den sozialen Beziehungen der dort arbeitenden Menschen gibt. Sie entwickelten daraufhin eine Theorie der soziotechnischen Systeme (dem sog. Tavistock-Ansatz), die u. a. zum Inhalt hat, daß eine Veränderung von Technologien zwingend auch eine Veränderung von Sozialstrukturen zur Folge habe. Insofern müßten auch bei den entsprechenden Managementmaßnahmen beide gemeinsam geändert werden, um Veränderungen zu bewirken.

Taylorismus (→ Scientific Management)

Teilautonome Arbeitsgruppe (→ Arbeitsgruppe)

Teilzeitarbeit

Werden → Arbeitnehmer mit einer geringeren als der tariflich bzw. betrieblich vorgesehenen Regelstundenzahl beschäftigt, so liegt eine Teilzeitarbeit (synonym: Teilzeitbeschäftigung) vor. Es handelt sich hierbei um eine Form der → Arbeitszeitflexibilisierung. Auch Teilzeitbeschäftigte haben Anspruch auf → Urlaub, → Lohnfortzahlung im Krankheitsfall, → Arbeitsschutz etc. Freiwillige → Sozialleistungen, z. B. Weihnachtsgeld, kann der → Arbeitgeber entsprechend der anteiligen → Arbeitszeit abstufen. Insgesamt ist er jedoch zur Gleichbehandlung (→ Gleichbehandlungsgrundsatz) aller Arbeitnehmer im Betrieb verpflichtet.

Tendenz-Betriebe

Als Tendenz-Betriebe gelten solche Betriebe, die unmittelbar oder überwiegend politischen, konfessionellen, karitativen, erzieherischen, wissenschaftlichen oder künstlerischen Bestimmungen oder Zwecken der Berichterstattung oder Meinungsäußerung dienen. Auf solche Tendenz-Betriebe finden die Vorschriften des → Betriebsverfassungsgesetzes für die → betriebliche Mitbestimmung keine Anwendung, soweit die Eigenart des Unternehmens oder Betriebes dem entgegensteht. Von der → unternehmerischen Mitbestimmung sind sie ausgenommen.

Tendenz zur Milde, zur Mitte, zur Strenge (→ Beurteilungsfehler)

T-Group

T-Groups (Training-Groups, T-Gruppen) sind in Zusammenhang mit dem sog. → Sensitivity Training stehende interaktions- bzw. prozeßorientierte Interventionsverfahren. Die Teilnehmer einer T-Group finden sich ohne vorgegebenes Thema in einer kleinen Gruppe zusammen und thematisieren → Wahrnehmungen und Gefühle (→ Emotion), die die Teilnehmer als Reaktion auf die anderen Teilnehmer und die Situation empfinden. Der Gruppenleiter hat lediglich die Funktion eines Moderators, muß aber psychologisch ausgebildet sein, um mit eventuellen emotionalen „Entladungen" umgehen zu können. *Ziel* einer solchen T-Group, die zum „klassischen" Repertoire der Interventionstechniken zur → Organisationsentwicklung gehört, ist die Sensibilisierung der Organisationsmitglieder. Diese sollen einander besser verstehen und tolerieren, sich selber erfahren und dadurch ihr Verhalten anderen gegenüber modifizieren lernen. Insofern ist die T-Group auch ein Instrument der → Personalentwicklung.

Thematic-apperception-Test

Der Thematic-apperception-Test (TAT) (deutsch: Thematischer Apperzaptionstest) ist ein → projektiver Test, der v. a. zur → Personalauswahl eingesetzt wird. Den Bewerbern werden mehrdeutige Bilder von Alltagssituationen vorgegeben, zu denen sie jeweils spannende Geschichten erzählen sollen. Diese Geschichten werden dann von den Testleitern inhaltlich ausgewertet. Der TAT dient u. a. dazu, die → Leistungsmotivation zu messen. Ein entsprechender Test für den deutschen Sprachraum wurde von *Heckhausen* entwickelt. Ursprünglich wurde der TAT entwickelt, um psychisch Kranken, die nicht in der Lage sind, ihr Leiden zu artikulieren, helfen zu können. Ausgangspunkt ist dabei die als Abwehrmechanismus der Psyche bezeichnete Projektion. Dies hat zur Folge, daß unangenehme Gefühle und Regungen vom Bewußtsein unterdrückt werden und unter Umständen Personen oder Sachen als „objektive" Eigenschaften zugeschrieben werden. Bspw. kann die Aggression gegenüber einer anderen Person dadurch unterdrückt werden, daß diese selbst als aggressiv wahrgenommen wird. Der TAT ist jedoch auch unter Psychologen sehr umstritten.

Lit.: Brickenkamp 1975

Theorie der Führungssubstitution

Im Rahmen der Theorie der Führungssubstitution geht es um die Frage, welchen Einflußanteil die direkte → Mitarbeiterführung gegenüber der strukturellen Führung besitzt. Je stärker die Variablen der strukturellen Führung ausgebildet sind, desto geringer wird die Möglichkeit und Notwendigkeit angesehen, über die direkte Mitarbeiterführung Einfluß auf die Mitarbeiter nehmen zu können. Es wird angenommen, daß unter bestimmten Bedingungen institutionelle Regelungen (= Führungssubstitute) erfolgversprechender sind als die direkte Einflußnahme der Vorgesetzten. Ein simples Entweder-Oder-Denkmuster wäre verfehlt; sinnvoller ist es, die direkte und die strukturelle Führungsdimension als zwei Seiten einer Medaille anzusehen.

Lit.: Kerr/Mathews 1987

Theorie der Leistungsmotivation

Bei dem unter der Bezeichnung „Theorie der Leistungsmotivation" bekannt gewordenen Erklärungsansatz handelt es sich im Grunde um etwa vier entwicklungsgeschichtlich aufeinander aufbauende, sich ergänzende Konzepte, die insbes. mit den Namen *McClelland* (→ Theorie leistungsmotivierten Verhaltens), *Atkinson* (→ Risiko-Wahl-Modell), *Weiner* (→ Attributionstheoretisches Modell zur Leistungsmotivation) und *Heckhausen* verbunden sind. Der Terminus → „Leistungsmotivation" ist im Rahmen motivationspsychologischer Fragestellungen immer daraufhin zu prüfen, ob er begrifflich i. S. der Schule *McClelland* oder eher allgemein verwendet wird.

Lit.: Heckhausen 1980, Wunderer/ Grunwald 1980

Theorie leistungsmotivierten Verhaltens von *McClelland*

Der motivationstheoretische Erklärungsansatz von *McClelland* und seinen Mitarbeitern (*Atkinson, Feather, Clark, Lowell*) begründet die → Theorie der Leistungsmotivation. Sie ist auch als „Theorie der gelernten Bedürfnisse" bekanntgeworden. Für *McClelland* werden → Motive (und Motivation) im Rahmen von Sozialisationsprozessen (→ Sozialisation), v. a. während der frühkindlichen Entwicklung in Familie und Schule, aber auch im Arbeitsleben, erlernt. Sie sind demnach auch kulturspezifisch. Aus der sehr umfas-

Theorie leistungsmotivierten Verhaltens von McClelland

senden Bedürfnisliste *Murrays* filterte *McClelland* insgesamt drei Bedürfnisse als personenbezogene Determinanten leistungsorientierten Verhaltens heraus, die erlernte *Schlüsselbedürfnisse* darstellen sollen: das Leistungsmotiv, das Zugehörigkeitsmotiv, das Machtmotiv. Von diesen Motiven gilt wiederum das Hauptinteresse dem Leistungsmotiv. Das *Leistungsmotiv* wird von ihm aufgefaßt als eine für eine Person latente, relativ stabile Verhaltensdisposition, nach Leistung und Erfolg in allen Lebenssituationen (und damit auch im Betrieb) zu streben sowie als eine Fähigkeit, für eine erbrachte Leistung Stolz erleben zu können. Angestrebtes Ziel des Leistungsmotivs ist dabei, Erfolg in der Auseinandersetzung mit einem Güte-Maßstab (als persönliches, im Sozialisationsprozeß gelerntes Anspruchsniveau) zu suchen. Erfolg wird von der Person prinzipiell positiv bewertet, weil dieser aufgrund kultureller Normen belohnend wirkt. Die Stärke des Leistungsmotivs ist bei Individuen aufgrund unterschiedlicher Sozialisationsprozesse verschieden. Als Resultat des Lernprozesses entwickeln Individuen bestimmte Motivstrukturen, die ihr Verhalten wie auch ihre Arbeitsleistung beeinflussen. Die Leistungsmotivation gilt als Beispiel für die intrinsische Motivation (Leistung um ihrer selbst willen, nicht Leistung, die für soziale oder materielle Belohnungen gezeigt wird).

Wesentliche *Kritikpunkte* an den Arbeiten von *McClelland* sind: (1) Es wird nicht deutlich zwischen Motiv als erworbener Disposition und Motivation als einer situativ angeregten motivationalen Tendenz getrennt. Damit bleibt dieser Anreiz ganz auf die personenseitigen Determinanten leistungsorientierten Verhaltens (die Motive) bezogen. (2) Die Leistungsmotivation wird erst dann in Gang gesetzt, wenn sie durch bestimmte Anreize stimuliert wird, die der Person Anlaß dazu geben, anzunehmen, daß sich durch ein bestimmtes Verhalten das Gefühl der Leistung bewirken läßt. (3) Die Annahme, daß es ein einheitliches Leistungsmotiv gibt, hat sich als falsch herausgestellt. (4) Es ist zweifelhaft, ob *McClellands* Leistungsmotiv „als individuelle situationsübergreifende Konstante" angesehen werden kann, insbes. vom lerntheoretischen Standpunkt aus. (5) Möglicherweise ist die Annahme, daß die jeweiligen Leistungsmotive der Individuen eine für die Betriebe nicht beeinflußbare Größe sind, zu streng – damit werden vielleicht die Sozialisationsmöglichkeiten am Arbeitsplatz unterschätzt. *McClelland* legte aber auf der anderen Seite ein erstes geschlossenes Modell leistungsmotivierten Verhaltens vor und wirkte damit sehr fruchtbar und anregend für nachfolgende Forschungstätigkeiten. Zudem thematisiert er mit dem Leistungsmotiv ein in der westlichen Gesellschaft sehr wesentliches Motiv sowie den Sozialisationsprozeß als eine wesentliche Determinante der Motiventwicklung.

Lit.: McClelland 1966, Heckhausen 1980, Wunderer/Grunwald 1980, Berthel 1991, Staehle 1991

Theorie X und Y von *McGregor*
(→ Menschenbild)

Thesen zur Qualifikationsentwicklung

Insbes. in der empirischen Literatur zur Entwicklung der → Qualifikationen der → Arbeitnehmer im industriellen Produktionsbereich werden verschiedene Thesen diskutiert:

- Teilweise wird eine Tendenz zur Höherqualifizierung (*Höherqualifizierungsthese*) der → Arbeiter postuliert. Die zunehmende Automatisierung führt verstärkt zu einer Aufhebung der Unterschiede zwischen dispositiven und ausführenden Tätigkeiten mit der Folge, daß die Arbeiter vermehrt Überwachungsfunktionen mit steigenden Qualifikationsansprüchen zu erfüllen haben.
- Teilweise wird dagegen das Gegenteil konstatiert, nämlich die zunehmende Abnahme an Qualifikationen (*Dequalifizierungsthese*). Die Automationsauswirkungen stellen immer geringer werdende → Anforderungen an die Arbeiter, wodurch dann infolge Dequalifizierungsprozesse bewirkt werden.
- Die Zusammenführung der beiden Ansichten kommt in der These der Polarisierung von Qualifikationsanforderungen (*Polarisierungsthese*) von *Kern/Schumann* zum Ausdruck. Sie besagt, daß Rationalisierungen in der industriellen Produktion bei der Mehrheit der Arbeiter durch die starke Zunahme repetitiver Tätigkeiten zu Dequalifizierung und nur bei einer Minderheit durch eine verhältnismäßig geringe Zunahme höherwertiger Steuerungs- und Wartungstätigkeiten zu Höherqualifizierung führt.
- Die Polarisierungsthese wird teilweise durch die *Segmentierungsthese* revidiert. Diese meint die dauerhafte Isolierung, Stigmatisierung und Abkopplung der sog. „Jedermannsarbeiter", der Arbeiter in Krisensektoren und der Dauerarbeitslosen. Gerade diese Arbeitnehmerkreise unterliegen einer Dequalifizierung, während die anderen zumindest ihre Qualifikation beibehalten.

Lit.: Kern/Schumann 1977, 1985

Trainee-Programm (-Ausbildung)

Trainee-Programme sind spezielle betriebliche Einarbeitungsprogramme (→ Personaleinführung) im Rahmen der → Ausbildung von Trainees (→ Personalentwicklung). Verschiedene betriebliche *Funktionen* sind hiermit verbunden: Erstens sollen sie eine Ausbildungs- und Förderungsfunktion, zweitens eine Beschaffungs- und Versorgungsfunktion sowohl hinsichtlich des externen und des internen → Arbeitsmarktes sowie drittens Image- und Anreizfunktionen erfüllen. Insbes. Hochschulabsolventen sollen systematisch mit dem gesamtbetrieblichen Geschehen, der Organisationsstruktur und konkreten Arbeitsanforderungen vertraut gemacht werden. Die Trainees durchlaufen dabei systematisch mehrere Ausbildungsstationen (→ Lernorte), in denen sie z. T. auch praktisch mitarbeiten (→ Training-on-the-job). Zusätzlich sind häufig Maßnahmen der → Fortbildung vorgesehen. Die Trainee-Programme können für einzelne Tätigkeitsbereiche in einem Betrieb (bspw. Marketing-Trainee) spezifisch ausgestaltet sein, sie können allerdings auch allgemein gehalten sein, wobei erst im Zeitablauf eine Spezifizierung der Traineeausbildung stattfindet. Mit Hilfe des Trainee-Programms sollen nachfolgende *Ziele* erreicht werden: (1) kurzfristige Ziele, wie Kennenlernen der funktionsbezogenen Zusammenhänge, Kennenlernen von Arbeitstechniken der betrieblichen Praxis, Kennenlernen der Organisationsstruktur, Kennenlernen der Firmen-Philosophie und der Mitarbeiter, sowie (2) mittel- bis langfristige Ziele, wie Verbesserung der Verwendungsbreite im Sinne der fachlichen und persönlichen Flexibilität der Mitarbeiter, Erkennung von Fach- und Führungspotentialen sowie die Schaffung breiter Personalressourcen.

Training (→ Personalentwicklung)

Training-near-the-job

Unter Training-near-the-job sind Maßnahmen der → Personalent-

wicklung zu verstehen, die in enger räumlicher, zeitlicher und inhaltlicher Nähe zum Arbeitsplatz stattfinden. Man geht bei ihrem Einsatz davon aus, daß der Lerneffekt dann besonders groß ist, wenn man in der örtlichen wie zeitlichen Nähe seines Arbeitsplatzes im Rahmen des Erfahrungslernens Qualifizierungseffekte erzielen will. Als Instrumente gelten v. a. → Qualitätszirkel, → Lernstatt, → Coaching, → Mentorenschaft.

Training-off-the-job

Beim Training-off-the-job handelt es sich um eine bestimmte Form der → Personalentwicklung. Qualifiziert wird hierbei losgelöst von der eigentlichen Arbeitsaufgabe außerhalb des Arbeitsplatzes. Als Instrumente eingesetzt werden bspw. Vorträge, Konferenzen u. a. m. (→ Personalentwicklungsmethoden).

Lit.: Berthel 1991

Training-on-the-job

Beim Training-on-the-job handelt es sich um eine spezifische Form der → Personalentwicklung. Die Qualifizierung soll bei der Erfüllung der Arbeitsaufgaben selbst erfolgen (Lernen am Arbeitsplatz), wie dies bspw. durch → Job Enlargement, → Job Enrichment, → Job Rotation, → Projektgruppeneinsatz, → Einsatz als Assistent/Stellvertreter u. ä. vor sich gehen kann.

Lit.: Berthel 1991

Transaktionskostenansatz der Führung

Die Transaktionskostentheorie der Führung zählt zu den → ökonomischen Theorien der Führung. Sie geht bei der → Mitarbeiterführung von einem Konzept rationalen Verhaltens der betroffenen Vorgesetzten und Mitarbeiter aus. Diese bewerten ihre Beiträge im betrieblichen Kombinationsprozeß im Lichte von Kosten und Nutzen. Im Rahmen der Mitarbeiterführung wird bspw. nach den Kosten verschiedener Führungsverhaltensweisen (→ Führungsstil), die im Führungsprozeß bei der Interaktion bzw. Zusammenarbeit zwischen Mitarbeitern und Vorgesetzten entstehen, gefragt. Es handelt sich dabei um die Kosten für Information und Kommunikation (Interaktions-, Entwicklungs-, Einführungs-, Verhandlungs- und Abstimmungskosten), Überwachung (Kontrollkosten) und Änderungen (Anpassungskosten) im Führungsprozeß. Die Gegenüberstellung gestattet es bspw., generelle Regelungen, wie die Schaffung spezifischer organisatorischer Regelungen (z. B. → Führungsgrundsätze, → Leistungsbeurteilungen), der individuellen Aushandlung und Gestaltung von Führungsbeziehungen zu vergleichen. Der erste Ansatz verursacht höhere Entwicklungs-, Einführungs- und Kontrollkosten, der letzte dagegen höhere Abstimmungskosten. Zudem ist die Einführung spezieller organisatorischer Regelungen mit einer größeren Transparenz, einer höheren Verbindlichkeit, einer damit verbundenen leichteren Sanktionsmöglichkeit sowie der prinzipiell eher möglichen Gleichbehandlung – und all des damit verbundenen Nutzens – verbunden. Die Konzentration auf flexible Führungsbeziehungen hat dagegen eine verbesserte Individualisierung, eine situative Ausgestaltung und Flexibilisierung zum Nutzen. Die ökonomische *Basisthese* lautet, daß stets die Vorgehensweise gewählt wird, die die niedrigsten Transaktionskosten aufweist. Institutionelle Regelungen im Führungssystem und im Führungsprozeß (strukturelle Mitarbeiterführung) können zur Senkung von Transaktionskosten beitragen, da sie den Vereinbarungsaufwand entweder reduzieren oder zumindest substituieren. Mehr als erste theoretische Ansätze zur Transaktionskostentheorie der Führung liegen jedoch derzeit noch nicht vor.

Lit.: Picot 1993, Wunderer 1993a

Treuepflicht des Arbeitnehmers

Mit der Treuepflicht des → Arbeitnehmers ist dessen Verpflichtung gegenüber dem → Arbeitgeber angesprochen, Weisungen zu folgen (→ Direktionsrecht), keine Kollegen für andere Betriebe abzuwerben (→ Abwerbungsverbot), rufschädigende Äußerungen zu unterlassen, Betriebsgeheimnisse zu wahren (Verschwiegenheitspflicht), den Wettbewerb zum Arbeitgeber zu unterlassen (→ Wettbewerbsverbot), dessen Interessen stets zu wahren sowie Schaden vom Betrieb so weit als möglich abzuwenden (Gebot der Schadensabwendung). Die Treuepflicht ergibt sich als sog. Nebenpflicht aus dem dem → Arbeitsverhältnis zugrundeliegenden → Arbeitsvertrag sowie dem geltenden → Arbeitsrecht. Das Pendant stellt die → Fürsorgepflicht des Arbeitgebers dar.

Truckverbot

Das sog. Truckverbot der → Gewerbeordnung verbietet die Entlohnung (→ Entgelt) von → Arbeitnehmern in Produkten des → Arbeitgebers und schreibt die Auszahlung von Geld vor. Demnach ist es unzulässig, wenn z. B. ein Kühlschrankproduzent seinen Arbeitnehmern einen Kühlschrank gegen Ratenzahlung verkauft und die Raten vom → Entgelt abzieht.

U

Übereinstimmungsvalidität (→ Validität)

Überstunden

Als Überstunde gilt nach der → Arbeitszeitordnung die → Arbeitszeit, die über die betriebliche, regelmäßige Arbeitszeit, der zumeist die tarifvertraglich vereinbarte Wochenstundenzahl zugrundeliegt, hinausgeht. Durch → Tarifvertrag kann die Arbeitszeit bis zu 10 Stunden täglich verlängert werden. (Damit sind von den → Tarifvertragsparteien die Grenzen des → Arbeitszeitschutzes versetzt worden.) Zu beachten bleibt das in Entstehung befindliche → Arbeitszeitgesetz. Aufgrund tariflicher Abmachungen ist für Überstunden zumeist ein Überstundenzuschlag zu leisten, der i. allg. zwischen 20–50 % des regelmäßigen → Entgelts liegt. Der Abbau von Überstunden gilt als Instrument der → Personalfreisetzung.

Umgruppierung

Bei einer Umgruppierung handelt es sich um die Veränderung einer arbeitsvertraglich festgelegten Tarifgruppe bzw. Entgelthöhe eines Mitarbeiters im Rahmen der Veränderung eines Arbeitsplatzes (Reduzierung der → Anforderungen) oder der → Umsetzung bzw. hierarchieabwärts vorgenommenen → Versetzung mittels Änderungskündigung

(→ Kündigung). Sie ist mitbestimmungspflichtig (→ betriebliche Mitbestimmung).

Umsatzbeteiligung (→ Ertragsbeteiligung)

Umschulung

Die Umschulung bezeichnet nach dem → Berufsbildungsgesetz berufliche Bildungsmaßnahmen, die das Ziel haben, den Übergang eines → Arbeitnehmers in eine andere geeignete berufliche Tätigkeit zu ermöglichen, insbes. um die berufliche Beweglichkeit zu sichern oder zu verbessern. Hierzu gehören bspw. solche Bildungsmaßnahmen, durch die der Betrieb Mitarbeiter mit geschwächter oder nachlassender Leistungsfähigkeit auf Tätigkeiten vorbereitet, die ihrer aktuellen → Eignung besser entsprechen. Die Umschulung baut dabei auf einer → Berufsausbildung und/oder vorangegangenen Erwerbsphase auf, welche aus arbeitsmarktbezogenen und /oder persönlichen Gründen nicht fortgesetzt werden kann. Sie erfolgt systematisch entweder in Vollzeit- oder in Teilzeitform durch betriebliche, überbetriebliche oder öffentlich-rechtliche Träger. Das Verständnis von Umschulungen ist dabei in der betrieblichen Praxis sehr unterschiedlich. Maßnahmen, die zu einem anerkannten Berufsabschluß führen, werden ebenso häufig als Umschulungen bezeichnet wie Bildungsmaßnahmen, die nur wenige Monate dauern und die keinen Abschluß bedürfen. Umschulungen sind auch geeignete Reaktionen bzw. qualitative Anpassungsmaßnahmen auf technische Umstellungen (→ Personalfreisetzung) und damit Schutz (Vermeidung oder Beendigung) vor Arbeitslosigkeit (durch rechtzeitigen Berufswechsel, durch die Korrektur der Berufswahl und/oder das Nachholen einer Erstausbildung).

Lit.: Becker, M. 1992

Umsetzung

Unter einer Umsetzung ist i. d. R. eine Maßnahme der → Personalfreisetzung zu verstehen. Bei Freisetzungen in einzelnen Organisationsbereichen, z. B. infolge von Mechanisierungs- und Automatisierungsprozessen, ist zu prüfen, ob die davon betroffenen → Arbeitnehmer in anderen Bereichen mit personeller Unterdeckung eingesetzt werden können. Ist dies direkt oder indirekt mittels → Personalentwicklung möglich, kann eine Umsetzung des freigestellten Mitarbeiters erfolgen. Die Umsetzung ist zumeist mit einigen Nachteilen für die Betroffenen verbunden (z. B. Umstellung des gewohnten Arbeits- und Lebensrhytmus, Aufgabe sozialer Kontakte, Entgelteinbußen). Diese Nachteile werden i. d. R. zumindest materiell teilweise aufgefangen, z. B. durch → Entgeltzulagen und Wegstreckenentschädigung.

Unfallschutz

Zum Unfallschutz gehört die Beachtung aller Vorschriften, die der Erhaltung der Gesundheit der → Arbeitnehmer dienen. Dazu zählen v. a. die Unfallverhütungsvorschriften der → Reichsversicherungsordnung. Aber auch die ständige Zusammenarbeit mit den staatlichen Gewerbeaufsichtsämtern (→ Gewerbeaufsicht), den staatlichen Gewerbeärzten, den Sicherheitsbeauftragten und den Sicherheitsingenieuren im Betrieb, v. a. aber auch mit den Trägern der gesetzlichen → Unfallversicherung, den → Berufsgenossenschaften, gehört dazu.

Unfallversicherung

Die gesetzliche Unfallversicherung ist ein Zweig der → Sozialversicherung. Träger sind die → Berufsgenossenschaften, aufgegliedert nach Industriezweigen. Die Mittel zur Durchführung ihrer Aufgaben erhalten sie durch Beiträge der → Arbeitgeber. Der Kreis der Versicherten umfaßt alle Berufstätigen. Die gesetzliche Unfallversicherung und damit die Berufsgenossenschaften haben folgende *Aufgaben*: Arbeitsunfälle zu verhüten (Unfallverhütung), Entschädigungen von Verletzten, ihrer Angehörigen und ihrer Hinterbliebenen nach Eintreten eines Unfalles (Wiederherstellung der Erwerbsfähigkeit des Verletzten, durch → Arbeits- und → Berufsförderung sowie durch Erleichterung der Verletzungsfolgen, durch Leistungen in Geld an den Verletzten, seine Angehörigen bzw. Hinterbliebenen). Die Berufsgenossenschaften haben dazu zahlreiche *Unfallverhütungsvorschriften* erlassen. Sie sind als das wichtigste Regelwerk der Unfallverhütung anzusehen und gelten als autonomes Satzungsrecht. D. h. die in den jeweiligen Berufsgenossenschaften zusammengeschlossenen Betriebe und ihre → Arbeitnehmer sind verpflichtet, die von der Berufsgenossenschaft erlassenen Unfallverhütungsvorschriften einzuhalten.

Ungarn-Methode

Die Ungarn-Methode ist ein mathematischer Algorithmus zur Lösung von Problemen bei der Zuordnung von Mitarbeitern zu Arbeitsaufgaben im Rahmen der → Personaleinsatzplanung. Ihr Einsatz in der betrieblichen Praxis leidet jedoch z. T. unter realitätsfernen Annahmen im Modell sowie an sehr komplizierten, z. T. ungeeigneten Verfahrensschritten zur Erfassung der Mitarbeitereignung.

Lit.: Daegling/Hermsen 1973

Ungleichbehandlung

Unter einer Ungleichbehandlung wird eine i. d. R. empirisch feststellbare, unterschiedliche Behandlung einer bestimmten Gruppe (z. B. erwerbstätige Frauen) im Vergleich zu einer anderen Gruppe (z. B. erwerbstätige Männer) durch betriebliche, personalbezogene Entscheidungen und Maßnahmen verstanden. Ungleichbehandlung betrifft dabei nur die Feststellung eines Tatbestandes von Unterschieden, ohne gleichzeitig bereits eine Aussage über dessen Rechtmäßigkeit zu treffen. Beispiele: Von mehreren, in etwa gleichqualifizierten Bewerbern wird bspw. ein Mann anstelle einer Frau für eine Einstellung oder eine Beförderung ausgewählt. Gleitzeitregeln (→ Gleitzeitarbeit) gelten nur für den Angestelltenbereich, nicht jedoch für den Arbeiterbereich. Erwerbstätige Frauen verdienen durchschnittlich weniger als ihre männlichen Kollegen, aber auch: Arbeitnehmerinnen wird aufgrund spezieller Qualifikationslücken (→ Qualifikation) ein besonderes Förderprogramm angeboten (positive Ungleichbehandlung). Es erscheint wenig sinnvoll, diese genannten, letztlich nie zu vermeidenden Ungleichbehandlungen bereits – ungeprüft – als → Benachteiligungen zu bezeichnen. Genauere Informationen u. a. über die Anzahl, das Alter, die Position, die → Qualifikation der Betroffenen sowie die Beweggründe für diese Entscheidung sind notwendig, um den Tatbestand qualitativ würdigen zu können.

Lit.: Pfarr/Bertelsmann 1985

Untergebenenbeurteilung

Die Untergebenenbeurteilung ist die typische Form der → Personalbeurteilung. Vorgesetzte beurteilen die ihnen direkt unterstellten Mitarbeiter bez. deren → Leistungen bzw. → Qualifikationspotentiale.

Unternehmerische Mitbestimmung

Die unternehmerische Mitbestimmung (synonym: Unternehmungsmitbestimmung) der → Arbeitnehmer vollzieht sich v. a. über Arbeitnehmervertreter im Aufsichtsrat von Unternehmungen, z. T. auch über das Organ → „Arbeitsdirektor". Durch die Mitwirkung im Aufsichtsorgan werden die Arbeitnehmervertreter insbes. über wirtschaftliche Probleme und Entscheidungen größerer Tragweite informiert; sie sind darüber hinaus an wesentlichen Entscheidungen formal und/oder informal als Akteure beteiligt. In der Bundesrepublik Deutschland gelten verschiedene Regelungen, die sich nach Unternehmungsgröße, Gesellschaftsform und Branche unterscheiden: → Betriebsverfassungsgesetz, → Mitbestimmungsgesetz und → Montanmitbestimmungsgesetz.

Unternehmungsgewinnbeteiligung (→ Gewinnbeteiligung)

Unternehmungskultur (→ Organisationskultur)

Unternehmungsplanung und Personalplanung

Im Rahmen des Gesamtplanungssystems eines Betriebes ist die → Personalplanung mit all ihren Teilbereichen integraler Bestandteil des Gesamtsystems der Unternehmungsplanung. Die wechselseitige Beeinflussung der einzelnen betrieblichen Planungsbereiche und deren Zusammenhänge wird in der Abbildung veranschaulicht.

Lit.: Drumm 1992

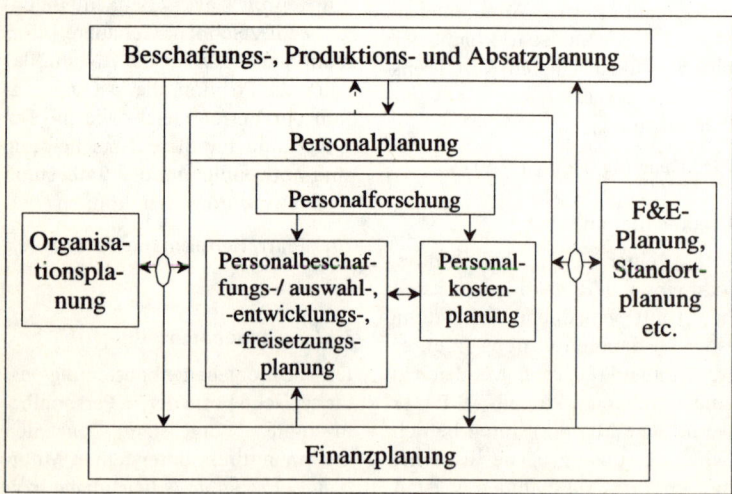

Personalplanung im betrieblichen Planungssystem

Unternehmungssprecherausschuß

Ein Unternehmungssprecherausschuß der → Leitenden Angestellten kann nach → Sprecherausschußgesetz ın Unternehmungen mit mehreren Betrieben gewählt werden, wenn i. d. R. mindestens zehn leitende Angestellte beschäftigt sind und die Mehrheit der leitenden Angestellten dies verlangt. Für den Unternehmenssprecherausschuß gelten die gleichen Vorschriften über Rechte und Pflichten und die Rechtsstellung wie für die → Sprecherausschüsse.

Unternehmungstarifvertrag (→ Tarifvertrag)

Unternehmungsverfassung

Der Begriff der Unternehmungsverfassung wird in der Literatur uneinheitlich verwendet. I. d. R. werden aber darunter solche unternehmungsspezifischen Regelungen verstanden, welche die Gründung einer Unternehmung, ihr Außenverhältnis, die Verteilung des erzielten Erfolges (v. a. Gewinne), die Grundrechte der Koalitionsmitglieder und der Organe (z. B. Aufsichtsrat, Beirat, Vorstand, Geschäftsführung) der Unternehmung betreffen. Letzteres bezieht sich auf Bezeichnung, Zustandekommen, Zusammenwirken, Zuständigkeiten, Verantwortung und Befugnis der einzelnen Organe bzw. Personen. Eine in sich geschlossene kodifizierte Unternehmungsverfassung existiert nicht. Unternehmensspezifische Regelungen

haben zunächst v. a. den gesetzlichen Bestimmungen der → unternehmerischen Mitbestimmung, der → betrieblichen Mitbestimmung sowie des Handels- und Gesellschaftsrechts, ferner den unternehmungsverfassungsrechtlichen Tatbeständen aus → Tarifverträgen und → Betriebsvereinbarungen zu genügen. Weitergehende, nicht jedoch einschränkende Regelungen sind möglich. In aller Regel wird v. a. die unternehmerische Mitbestimmung als Objekt der Unternehmungsverfassung diskutiert.

Lit.: Berthel 1991

Unterstützungskassen (→ Betriebliche Altersversorgung)

Unterweisung am Arbeitsplatz

Die Unterweisung am Arbeitsplatz stellt eine spezifische Maßnahme des → Training-on-the-job im Rahmen der → Bildung dar. Im Rahmen einer gelenkten Vermittlung von Erfahrungen durch eine vom Vorgesetzten kontrollierbare Vorbereitung und Durchführung genau bestimmter Aufgaben kann sie zur Verbesserung von → Qualifikationen eingesetzt werden. Dies ist speziell dann möglich, wenn der Qualifizierungsbedarf erhoben, Bildungspläne erarbeitet sowie → Stellenbeschreibungen vorhanden sind. Eine bewährte Methode der Unterweisung am Arbeitsplatz ist die → Vier-Stufen-Methode. Als Vorteile der Unterweisung am Arbeitsplatz werden genannt: praxisnahe Aufgabenlösungen, flexible Anpassung an die Lerninhalte, Lernzeiten und andere Situationselemente, geringe Kosten. Dem stehen u. a. folgende Nachteile gegenüber: oft geringe Bereitschaft zur Qualifizierung seitens des Vorgesetzten, oft mangelnder Einsatz seitens des zu Qualifizierenden, Zusatzbelastung für Vorgesetzte wie Mitarbeiter.

Lit.: Berthel 1991

Urlaub

Urlaub stellt die dem → Arbeitnehmer unter Befreiung von der → Dienstleistungspflicht gewährte Erholungszeit bei → Entgeltfortzahlung durch den → Arbeitgeber dar. Jeder Arbeitnehmer hat nach → Bundesurlaubsgesetz in jedem Kalenderjahr Anspruch auf bezahlten *Erholungsurlaub*. Darüber hinaus sind in nahezu allen Manteltarifverträgen (→ Tarifvertrag) ausführliche Bestimmungen enthalten über die Urlaubsgewährung, die Urlaubsdauer und die Urlaubsvergütung. Die Gewährung von Urlaub ist Bestandteil der → Fürsorgepflicht des Arbeitgebers. Den *Urlaubszeitpunkt* bestimmt der Arbeitgeber durch sein → Direktionsrecht unter Abwägung betrieblicher und individueller Interessen. Werden allerdings → Betriebsferien durchgeführt, so treten die Belange einzelner Arbeitnehmer nach anderweitigen Urlaubsterminen zurück. Begrenzte Rechte im Rahmen der → betrieblichen Mitbestimmung kommen dem → Betriebsrat zu. So kann er z. B. Mitbestimmungsrechte

bei der Aufstellung allgemeiner Urlaubsgrundsätze und des generellen Urlaubsplans geltend machen. Anspruch auf Urlaub wird erstmalig nach einer Wartezeit von sechs Monaten erworben. Der Urlaub muß vom Arbeitnehmer auch tatsächlich zur Erholung genutzt werden, d. h. er darf während des Urlaubs keiner Erwerbstätigkeit nachgehen, die dem Zweck des Urlaubs widerspricht. Eine Abgeltung des Urlaubs darf nicht vorgenommen werden, es sei denn, es bestehen bei Beendigung des Arbeitsverhältnisses noch Urlaubsansprüche. Der Urlaub muß grundsätzlich im laufenden Kalenderjahr gewährt und genommen werden. Eine Übertragung auf das nächste Kalenderjahr ist nur ausnahmsweise möglich und muß dann in den ersten drei Monaten genommen werden. Bei Erkrankungen während des Urlaubs werden die durch ärztliches Zeugnis nachgewiesenen Tage der Arbeitsunfähigkeit nicht auf den Jahresurlaub angerechnet. Der *Jahresurlaub* hat nach dem Bundesurlaubsgesetz für Arbeitnehmer mindestens 18 Werktage zu betragen. Allerdings finden sich in Tarifverträgen, → Betriebsvereinbarungen und auch Einzelverträgen heute ganz allgemeine Bestimmungen, nach denen den Arbeitnehmern (oder ganz bestimmten Arbeitnehmergruppen) ein darüber hinausgehender Urlaub gewährt wird. Jugendliche erhalten einen gesetzlichen Urlaub von wenigsten 25 Werktagen (nach Lebensalter gestaffelt bis zu 30 Werktagen). Die während des Urlaubs zu zahlende *Urlaubsvergütung* bemißt sich i. d. R. nach dem durchschnittlichen → Entgelt des Arbeitnehmers in den letzten 13 Wochen (drei Monate) vor Beginn des Urlaubs (in der Praxis wird oftmals zwischen Arbeitgeber und Betriebsrat ein früherer Berechnungszeitraum vereinbart). Von der Urlaubsvergütung zu unterscheiden ist das *Urlaubsgeld*, welches von manchen Betrieben neben der Urlaubsvergütung als zusätzliche Leistung in Verbindung mit dem Urlaub gewährt wird (in der Praxis ist dies entweder ein einheitlicher Pauschalbetrag oder ein bestimmter Satz pro Urlaubstag oder auch ein bestimmter Prozentsatz des Arbeitsentgelts). Weitere Formen von Urlaub sind der Sonderurlaub, der → Bildungsurlaub, der Erziehungsurlaub (→ Bundeserziehungsgeldgesetz) und der Zusaturlaub für Schwerbehinderte (→ Schwerbehindertengesetz).

Ursachenzuschreibung (→ Attribution)

V

Valenz

Die Valenz (oder der angenommene Nutzen, Wert, Attraktivitätsgrad der Zielerreichung bzw. des Verhaltens) gibt die individuelle affektive, positive oder auch negative → Einstellung eines Individuums - und insofern auch eines Mitarbeiters - zu angestrebten Ergebnissen an. Sie stellt eine wichtige Determinante im → Leistungsdeterminantenkonzept dar. Die Valenz entsteht hauptsächlich durch einen kognitiven Prozeß (→ Kognition), der allerdings durch die Verhaltensbereitschaften sowie die Motivstärke (→ Motiv und Motivation) mitgeprägt werden kann. Sie kann sich durch den erlebten Wert von → Belohnungen verändern. Biswilen wird die Valenz differenzierter dargestellt (→ Erwartungs-Valenz-Ansatz von *Vroom*).

Validität

Die Validität stellt ein → Gütekriterium und ein Maß für Tests im Rahmen der empirischen Sozialforschung dar, welches Aufschluß darüber geben soll, inwieweit ein Beurteilungsverfahren bzw. ein -kriterium erfaßt, was es erfassen soll. Eine hohe Validität liegt vor, wenn die Beurteilungsergebnisse das theoretisch definierte Merkmal tatsächlich repräsentieren. Sie ist daher unabdingbare Voraussetzung für die Angemessenheit der Schlußfolgerungen und gilt für viele als conditio sine qua non auch jeglicher Beurteilung im Betrieb (→ Personalauswahl, → Personalbeurteilung). Sie ist prinzipiell abhängig von verschiedenen Determinanten, v. a. von dem Zweck der Beurteilung. Validität sollte immer zweckbezogen getestet bzw. ausgedrückt werden. Es ist bspw. unzulässig, ein Beurteilungsinstrument als invalide zu charakterisieren, wenn nicht gleichzeitig der jeweilige Zweck der Beurteilungen angegeben wird. Ein Subkriterium mag z. B. valide sein, aber meist immer nur für einen Zweck, für ein übergeordnetes Kriterium. Man spricht in diesem Zusammenhang von übergeordneter Validität. Differenziert wird in mehrere *Aspekte* der Validität:

● Die *Inhaltsvalidität* bezieht sich darauf, inwieweit bspw. eine in die Beurteilung eingehende Beobachtung repräsentativ für das Leistungsverhalten bzw. für die Gesamtleistung eines zu Beurteilenden ist. Mit ihr ist damit der Aspekt angesprochen, für die der Inhalt einer Beurteilung selbst das bestmögliche Kriterium darstellt (z. B. die Aufgabe eines Rechentests für das Persönlichkeitsmerkmal „Rechenfähigkeit"). Angesprochen wird das Problem, ob sichere Schlußfolgerungen aus den erhobenen Werten gezogen werden können. Inhaltsvalidität ist gewährleistet, wenn die Beurteilung eine repräsentative Stichprobe der zu beurteilenden Leistung darstellt.

- *Konstruktvalidität* bezeichnet den Grad an Übereinstimmung der durch eine Beurteilung erfaßten Kriterien mit dem theoretischen Konstrukt des zu beurteilenden Objekts. Durch sie wird der Grad der Gültigkeit, mit dem man von einem beobachtbaren Merkmal auf ein Konstrukt schließen kann, ausgedrückt. Ihr kommt dann eine besondere Bedeutung zu, wenn Eigenschaften erfaßt werden und Prognosen erfolgen sollen. Eine Beurteilung, die die individuelle Leistung erfassen soll, hätte dann eine hinreichende Konstruktvalidität, wenn nachgewiesen wurde, daß die mit der Beurteilung erfaßten Merkmale in genügender Übereinstimmung mit dem theoretischen Konstrukt „Leistung" stehen.

- Die *Prognosevalidität* (synonym: prognostische Validität, Vorhersagevalidität) hat mit der Frage zu tun, inwieweit sich die erschlossenen Merkmale auf zukünftiges Verhalten in ähnlichen oder ganz anderen Situationen auswirken (z. B. im Rahmen einer → Potentialbeurteilung). Sie ist der Maßstab für die Möglichkeit, von einem aktuellen Beurteilungsergebnis ausgehend ein zukünftiges Ereignis vorauszusagen. Sie unterstellt keinerlei ursächliche, sondern zeitliche Kontinuität der Zusammenhänge. Man könnte hier bspw. das Vorgesetztenurteil mit einem zeitlich späteren Urteil des gleichen oder eines anderen Vorgesetzten – unter Verwendung des gleichen oder eines anderen Beurteilungsinstruments – vergleichen, um auf die Prognosevalidität des ersten Urteils zu schließen.

- Bei der *Übereinstimmungsvalidität* wird von einem Indikator auf die Ausprägung der Zielvariablen (des Beurteilungskriteriums bzw. -objekts) zum Beurteilungszeitpunkt geschlossen. Durch sie wird die Übereinstimmung eines Maßes der Leistung mit einem anderen Maß ausgedrückt, dessen Validität bereits überprüft worden ist und von dem man annimmt, daß es mit dem Sachverhalt (bzw. der Leistung) in einem sehr engen Zusammenhang steht.

Lit.: Lienert 1969, Atteslander 1991, Mayring 1993

VERA (Verfahren zur Ermittlung von Regulationsanforderungen in der Arbeitstätigkeit)

VERA gilt als ein Beispiel personenunabhängigen Vorgehens im Rahmen der → Arbeitsplatzanalyse. Es wurde von *Volpert u. a.* entwickelt. Bei VERA handelt es sich um ein Beobachtungsinterview, mit dem untersucht wird, in welchem Ausmaß die jeweilige Arbeitstätigkeit nicht alleine die Ausführung einzelner Verrichtungen, sondern zudem antizi-

Verbandstarifvertrag

patives Denken und Planen des Arbeitsplatzinhabers erfordert.

Lit.: Volpert u. a. 1983, Bestel/Hurtz/Voigt 1990, Ulich 1992

Verbandstarifvertrag (→ Tarifvertrag)

Verfahren der kritischen Ereignisse (→ Critical-Incident-Technique)

Verfahren der Selbstaufschreibung (→ Zeitstudien)

Vergütung (→ Entgelt)

Verhaltensansätze der Führung

Nachdem sich die Meinung durchsetzte, daß die → Eigenschaftsansätze der Führung völlig unzureichend zur Erklärung der → Mitarbeiterführung sind, wandten sich viele Forscher Verhaltensaspekten zu. Im Mittelpunkt standen Fragen wie: „Wie kann Führungsverhalten beschrieben werden?" und „Wie verhalten sich erfolgreiche Führer?". Die diesbezüglich wichtigsten Forschungsrichtungen werden als → *Iowa-Studies*, → *Michigan-Studies* und → *Ohio-Studies* bezeichnet.

Verhaltensbeobachtungsskala

Die Verhaltensbeobachtungsskalen (VBS) („behavioral observation scales" bzw. BOS) sind v. a. durch *Latham/Wexley* zur → Leistungsbeurteilung (→ Verhaltensorientierte Einstufungsverfahren) entwickelt worden. Bei dieser Verfahrensart werden mit Hilfe der → Methode der kritischen Ereignisse durch Arbeitsplatzexperten (Beurteiler wie

Beurteilte) leistungsdifferenzierende Verhaltensaussagen generiert. Die VBS unterscheiden sich wie folgt von den → Verhaltenserwartungsskalen: Sie basieren auf tatsächlich beobachteten Verhaltensweisen und fordern von den Beurteilern nicht, von ihren allgemeinen Eindrücken auf vorgegebene Verhaltensitems zu schließen. Mit dem Verhaltensbeobachtungsansatz werden Informationen über das tatsächlich erwünschte Verhalten am Arbeitsplatz generiert sowie den Beurteilern beobachtbare Verhaltensaussagen präsentiert. Auf einer 5-Punkte-Likert-Skala (0 - 4 bzw. sehr oft, oft, gelegentlich, selten, nie) müssen sie für jedes im → Beurteilungsformular angegebene Verhaltensitem bewerten, inwieweit dieses Verhalten von „fast nie" bis „fast immer" gezeigt bzw. beobachtet wurde. Die summierten Skalenwerte gelten als numerisches Äquivalent für die von den Mitarbeitern in einer arbeitsplatzspezifischen Leistungsdimension gezeigte → Leistung. Gesamtleistungsziffern für Mitarbeiter werden durch die Addition dieser Skalenwerte berechnet.

Lit.: Latham/Wexley 1981, Domsch/Gerpott 1985, Becker, F. G. 1994

Verhaltenserwartungsskala

Die Verhaltenserwartungsskala (VES) ist eine besondere Form einer → Leistungsbeurteilung (→ Verhaltensorientierte Einstufungsverfahren). Sie ist unter der Bezeichnung „Behavioral Anchored Rating Scales – BARS" von *Smith/Kendall* entwickelt und im Zeitablauf v. a. als „Behavioral Expectation Scale – BES" bezeichnet worden. Bei den Verhaltenserwartungsskalen handelt es sich um ein empirisch unter Beteiligung von zukünftigen Beurteilern entwickeltes, auf spezifische Arbeitsplatztypen bezogenes Beurteilungsinstrument, welches sich durch verhaltensorientierte Beschreibungen (Verhaltensitems) im Beurteilungsformular auszeichnet. *Smith/Kendall* hatten die Idee, daß verschiedene Leistungslevel in Beurteilungsskalen durch Verhaltensbeispiele der Positionsinhaber „verankert" werden könnten. Das Beurteilungsformular der Verhaltenserwartungsskalen besteht schließlich aus einem Set verschiedener Beurteilungsskalen. Sie beruhen auf der stufenweisen Entwicklung und Definition von Arbeitsbereichen (Leistungsdimensionen) sowie kriterienspezifischen Einstufungsskalen, die als Beurteilungskriterien dienen sollen. Abgezielt wird auf eine Standardisierung des Beurteilungsprozesses zur Verbesserung der Vergleichbarkeit verschiedener Beurteilungen (durch die Formulierung gemeinsamer Bezugssysteme, → Kriterien, Verhaltensaussagen, Leistungsdimensionen), die Reduzierung von → Beurteilungsfehlern sowie auf eine Verbesserung von → Beurteilungsgesprächen mit Hilfe verhaltensspezifischer → Feedbacks für die Beurteilten. Durch die Partizipation einer Vielzahl von Arbeitsplatzexperten und späteren Anwendern

erwartet man die Entwicklung stark positionsbezogener Skalen. Sie sollen es den Beurteilern zudem erlauben, Verhalten - und nicht diffuse Eigenschaften oder Zielerreichungen - zu bewerten.

Lit.: Smith/Kendall 1963, Campbell u. a. 1973, Bernardin/Beatty 1984, Domsch/Gerpott 1985, Becker, F. G. 1994

Verhaltensgitter von *Blake/Mouton*

In Anlehnung an die Ergebnisse der *Ohio-Studien* zum Führungsverhalten (→ Führungsstil) entwickelten *Blake/Mouton* das sog. Verhaltensgitter („Managerial Grid"), eine zweidimensionale Darstellung von möglichen Kombinationen zweier Verhaltensdimensionen (s. die Abbildung auf S. 404).

Blake/Mouton sprechen von „Concern for People" (Personenorientierung) und „Concern for Production" (Aufgabenorientierung). Beide Verhaltensdimensionen werden durch eine neunstufige Skala in ihren Ausprägungen ausgedrückt. Die Kombination ergibt 81 Felder. Die vier Eckfelder und das Mittelfeld des Gitters werden näher untersucht. Auf eine genauere Aufgliederung in einzelne Verhaltenskategorien, die je nach Ausprägung aufgaben- oder/und personenbetont wirken, und deren mögliche Verträglichkeit gehen die Autoren jedoch nicht näher ein. Als normative Komponente des Führungsmodells wird ein 9.9-Stil als universell effizient

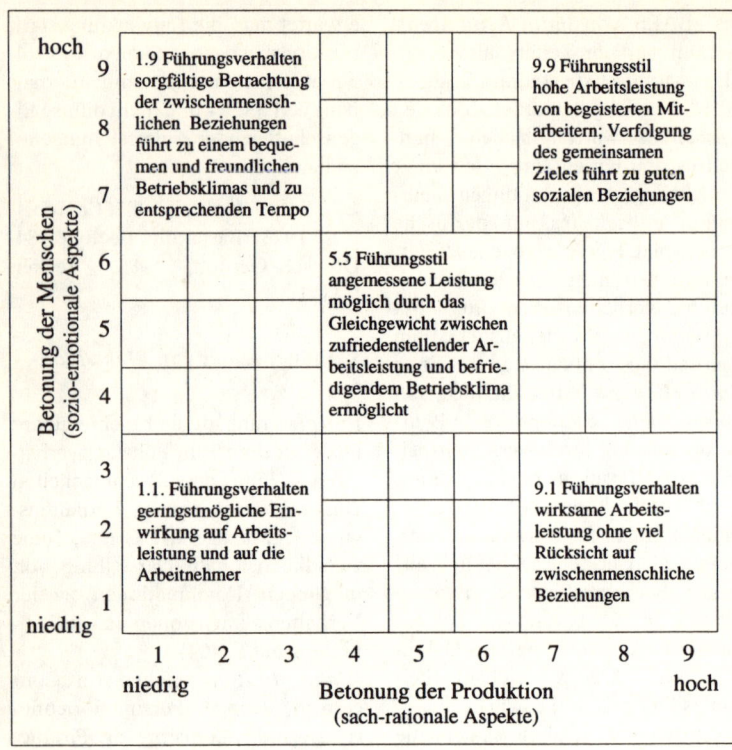

Das Verhaltensgitter von Blake/Mouton

empfohlen und mit den Ergebnissen der → *Ohio-Studien* begründet. In jüngeren Publikationen modifizieren *Blake/Mouton* ihr Modell. Die beiden Verhaltensdimensionen werden nun nicht mehr als unabhängig, sondern als interdependent angesehen. Eine hohe Personenorientierung ist in Verbindung mit einer hohen Aufgabenorientierung (9.9) anders einzuschätzen als mit einer niedrigen Aufgabenorientierung (9.1). Die Kombination der Füh-

rungsverhaltensweisen ist insofern nicht differenzierter zu betrachten. Neben den *Kritik*punkten, die zu den *Ohio-Studien* diskutiert werden, wird in der Literatur auf weitere Schwächen eingegangen: Es handelt sich bei dem Verhaltensgitter um ein relativ grobes, vereinfachendes Konzept. Von 81 möglichen Führungsstilen werden lediglich wenige behandelt. Es ist zweifelhaft, ob jeder Vorgesetzte qualifiziert ist, zur gleichen Zeit hoch aufgabenorientiert und personenorientiert zu führen. Auch dürften den Varianten 1.1 und 1.9 kaum größere Praxisrelevanz zukommen, da von den Vorgesetzten i. d. R. die Erfüllung von Sachzielen erwartet wird. Es werden monokausale Zusammenhänge zwischen Führungsverhalten und Effizienz angenommen; situative Einflußfaktoren bleiben insofern vernachlässigt. Der propagierte 9.9-Stil wird nicht ausreichend belegt. Dieses Führungsmodell (wie viele andere auch) geht zudem bei der Auswahl der relevanten Situationen wenig theoriegeleitet vor und betrachtet auch nur einen Ausschnitt eines Betriebes. Zu kritisieren ist auch der quasi normative Charakter sowie das Vorliegen kaum geklärter Effizienzkriterien.

Lit.: Blake/Mouton/Lux 1987, Berthel 1991, Staehle 1991

Verhaltensorientierte Einstufungsverfahren

Verhaltensorientierte Einstufungsverfahren der → Leistungsbeurteilung stellen solche Einstufungsskalen dar, welche auf empirisch-systematisch ermittelten, stellentypischen Verhaltensbeschreibungen basieren. Speziell in Nordamerika finden solche Verfahren die größte Akzeptanz. Ziel der Verfahren ist es – neben der Gewinnung der Verhaltensaussagen für jeden Stellentyp – unterscheidbare Leistungsdimensionen für die Arbeitsplätze zu identifizieren. Eine Position wird dazu in ihre einzelnen Aufgabenbereiche

(Dimensionen) zerlegt. Diese Dimensionen stellen die Beurteilungskriterien dar. Jede Dimension erhält eine separate Skala. Diese Skalen enthalten Skalenwerte in Form von aufgabenbezogenen Verhaltensbeschreibungen je Stufe. Die Stufen werden durch Kurzbeschreibungen stellentypischen Verhaltens (und ihrer Güte) definiert. Die Verfahren bestehen schließlich aus einem Set verschiedener Beurteilungsskalen. Ein Beurteiler muß jede Dimension lesen und sich jeweils für eine bestimmte Verhaltensbeschreibung entscheiden. Verschiedene Verfahrensvarianten liegen vor, v. a.: → Verhaltenserwartungsskalen, → Verhaltensbeobachtungsskalen und → Verhaltenssummenskalen. Die Entwicklung des → Beurteilungsformulars erfolgt in Zusammenarbeit mit zukünftigen Beurteilern. Eine Entgeltdifferenzierung (→ Entgelt) orientiert sich an den jeweiligen Einstufungen, steht aber nicht im Mittelpunkt dieses Verfahrens. Nicht für jeden Arbeitsplatz ist das Arbeitsverhalten jedoch bestimmbar. Dies wird durch den Grad der *Äquifinalität eines Arbeitsplatzes* beschränkt. Er drückt die Eigenschaft einer Aufgabe aus, nur einen einzigen Lösungsweg oder mehrere etwa gleich effiziente Lösungswege zu besitzen. Hat eine Aufgabe keine Äquifinalität, dann gibt es nur ein bestes Arbeitsverhalten und nur dann sind solche Verfahren durchführbar. Voraussetzung ist weiterhin, daß mehrere tatsächlich gleichartige Positionen zu bewerten sind. Von daher ist

Verhaltenssteuerung

der Einsatz verhaltensorientierter Beurteilungsverfahren in der Wirtschaftspraxis bereits vom Prinzip her begrenzt.

Lit.: Domsch/Gerpott 1985, Becker, F. G. 1994

Verhaltenssteuerung

Die Verhaltenssteuerung stellt einen wesentlichen Aufgabenbereich von Vorgesetzten und des → Personalmanagements allgemein dar. Sie beinhaltet die Handhabung der Teilsysteme eines Personalmanagements sowie die direkte → Mitarbeiterführung jeweils durch die unmittelbaren Vorgesetzten.

Lit.: Berthel 1991, Becker, F. G. 1994

Verhaltenssummenskalen

Borman sieht insbes. bei den → Verhaltenserwartungsskalen (= "Behavioral Summary Scales – BSS") die zu spezifische Formulierung der Verhaltensanker und die dadurch notwendige zusätzliche Bewertung als Kritikpunkt an. Er glaubt, durch die Formulierung allgemeiner bzw. abstrakter Verhaltensanker dieses Problem zu verringern und stellt infolge die Verhaltenssummenskalen (VSS) als → verhaltensorientiertes Einstufungsverfahren der → Leistungsbeurteilung vor. Um allgemeine Verhaltensaussagen zu entwickeln, sollen die sehr spezifischen Ereignisse (für die verschiedenen Leistungslevel je Kategorie) auf ihre grundsätzlichen Aspekte hin untersucht werden. Eine große Bandbreite von Arbeitsverhalten umfassende Aussagen je Leistungsgrad sind dann zu schreiben, um repräsentativ die bestimmten Skalenwerte wiederzugeben. Die Verwendung verschiedener Ereignisse, um diesen „breiten" Anker zu formulieren, hat einen zusätzlichen Vorteil darin, daß eine größere Anzahl an Ereignissen verwendet wird, anstatt jeweils nur eines. Das Vorgehen bei der Entwicklung des Beurteilungsformulars ist dann der Entwicklung der oben dargestellten Verhaltenserwartungsskalen ähnlich, bis einschließlich der Sammlung der Verhaltensaussagen, der Erarbeitung der Leistungskategorien sowie der Zuordnung der beiden. Dann werden für jede Leistungskategorie alle zugehörigen Beispiele entsprechend der Retranslationsphase in vier Level gruppiert: sehr hoch (7 – 9), hoch (5 –6,99), niedrig (2,5 – 4,99) und sehr niedrig (1 – 2,49). Anschließend sind drei verhaltensorientierte Aussagen zu formulieren, die den Inhalt der Beispiele je Level pro Kategorie wiedergeben. Diese Aussagen sind relativ allgemein gehalten und beinhalten eine größere Anzahl von möglichem Leistungsverhalten.

Lit.: Borman 1986

Verhaltensverankerte Beurteilungsskalen (→ Verhaltenserwartungsskala)

Vermögensbeteiligung (→ Kapitalbeteiligung)

Vermögensbildungsgesetz, 5.
(Fünftes Gesetz zur Förderung der Vermögensbildung der Arbeitnehmer – 5. VermbG)

Das 5. VermbG fördert die → Vermögensbildung der → Arbeitnehmer. Dies erfolgt durch eine → Arbeitnehmer-Sparzulage für vermögenswirksame Leistungen bis zur Höhe von DM 936, welche vom → Arbeitgeber für den Arbeitnehmer angelegt werden. Diese Sparzulage betrug bis 1993 10 % der zum Bausparen und 20 % der für Vermögensbeteiligungen verwendeten vermögenswirksamen Leistungen. Seit 1994 beträgt sie generell 10 %. Das gilt auch für die bereits bestehenden Verträge. Die Auszahlung bzw. Überweisung der Sparzulage erfolgt erst nach Ablauf der Sparfrist. Mögliche Anlageformen sind v. a. Bausparverträge, Aktien, Gewinnschuldverschreibungen und Genußscheine des arbeitgebenden Betriebes sowie Beteiligungen als stiller Gesellschafter am arbeitgebenden Unternehmen.

Lit.: Besters 1992

Versetzung

Bei einer Versetzung handelt es sich um die von einem → Arbeitgeber vorgenommene Zuweisung einer anderen → Stelle für einen → Arbeitnehmer. Sie kann einvernehmlich, aber auch einseitig mittels einer → Änderungskündigung vorgenommen, horizontal und vertikal abwärts wie aufwärts ausgesprochen werden.

Vertragsfreiheit

Bei Abschluß von → Arbeitsverträgen besteht grundsätzlich Vertragsfreiheit von → Arbeitnehmer und → Arbeitgeber, die durch Art. 2 Grundgesetz als eine Form der freien Entfaltung der Persönlichkeit und für → Arbeitsverhältnisse auch noch durch Art. 12 Grundgesetz (Berufsfreiheit) verfassungsrechtlich gewährleistet ist. Zur Vertragsfreiheit gehört insbes. die Abschlußfreiheit. Dagegen werden die Inhaltsfreiheit und die Beendigungsfreiheit für die Arbeitsvertragsparteien im Unterschied zur Abschlußfreiheit durch zwingendes Gesetzesrecht und kollektive Regelungen (→ Tarifvertrag) in hohem Maße eingeschränkt. So können die Vertragsparteien zwar weitgehend frei Art und Umfang der geschuldeten Arbeitsleistung festlegen. → Entgelt, Arbeitsdauer, → Kündigungsfristen sind aber häufig durch tarifvertragliche Regelungen nach unten begrenzt. Auch können z. B. die Arbeitsrechtsnormen durch vertragliche Vereinbarungen nicht abgewählt werden, da sie regelmäßig zwingendes Recht sind.

Vertragslohn

Der Vertragslohn (manchmal synonym: Kontraktlohn) stellt eine Sonderform des → Pensumlohns dar. In seinem Rahmen findet zwischen dem Vorgesetzten und dem einzelnen Mitarbeiter ein Vertragsgespräch statt. Inhalt ist einerseits die Verpflichtung des Mitarbeiters, für einen spezifischen Zeitraum von bspw. drei Monaten eine bestimmte → Leistung zu erbringen, sowie andererseits die Verpflichtung des Betriebes, für diesen Zeitraum ein festes → Entgelt zu zahlen. Dazu sind intensive Vorarbeiten zur Ermittlung und Pflege der Soll-Zeit erforderlich sowie eine regelmäßige Erfassung der Zeit zum Überprüfen der Vertragsleistung. Ergibt sich eine Unter- oder Überschreitung der vereinbarten Leistung, so werden die jeweiligen Gründe in einem Gespräch zu ergründen versucht. Ist es möglich, die Mehrleistungen dauerhaft zu erbringen, so wird sowohl die → Normalleistung als auch das Entgelt für den Folgezeitraum erhöht. Im Falle einer Minderleistung erhält der Mitarbeiter im nächsten Vertragszeitraum eine Bewährungsmöglichkeit. Zeigt der betreffende Mitarbeiter während dieser Zeit keine erhöhte Arbeitsleistung, wird - bei Aufrechterhaltung des → Arbeitsverhältnisses - auch das angebotene Entgelt entsprechend gekürzt. Der Mitarbeiter erhält dadurch einen über längere Perioden gesicherten Verdienst und quasi eine Garantie für noch zu liefernde Leistungen. Desweiteren ergeben sich eine höhere Planungssicherheit durch die zeitliche Festschreibung von Leistungsmengen und eine größere zeitliche Stabilität der Kosten.

Lit.: Harlander u. a. 1985

Vier-Stufen-Methode

Bei der Vier-Stufen-Methode handelt es sich um die bekannteste Methode der → Unterweisung am Arbeitsplatz. Im Rahmen des → Training-on-the-job der → Personalentwicklung erfolgt eine Vermittlung von Qualifikationen in verschiedenen Stufen (s. die Abbildung).

Lit.: Schanz 1979, REFA 1985

Vollzeitarbeitsplätze

Im Rahmen von Vollzeitarbeitsplätzen arbeiten die Arbeitsplatzinhaber entsprechend der vereinbarten tariflichen bzw. betriebsüblichen gesamten → Arbeitszeit. Ihr Pendant stellt die → Teilzeitarbeit dar.

Vorgesetztenbeurteilung

Bei der Vorgesetztenbeurteilung handelt es sich um ein Instrument der → Personalbeurteilung, mit dem Mitarbeiter ihre unmittelbaren Vorgesetzten insbes. bezüglich ihres Führungsverhaltens, aber z. T. auch bez. anderer Qualifikations- bzw. Leistungsmerkmale i. d. R. anhand vorgegebener → Kriterien beurteilen. Je nachdem, ob diese Informationen nur an die Vorgesetzten selbst oder die → Personalabteilung weitergegeben werden bzw. die Angaben anonym sind oder nicht, erhalten die Vorgesetzten Rückkopplungsinformationen über ihr von den Mitarbeitern wahrgenommenes Verhalten und/oder die Personalabteilungen Informationen über die → Qualifikationen der Vorgesetzten.

Lit.: Reinecke 1983, Bernardin/Beatty 1984, Ebner/Krell 1991

Vorhersagevalidität (→ Validität)

Vier-Stufen-Methode

1. Stufe: Vorbereitung
- Vorbereitung des Unterweisenden
- Vorbereitung des Unterweisungsvorgangs
- Vorbereitung des Mitarbeiters

2. Stufe: Vorführen und Erklären durch den Unterweisenden
- Vorführen und Erklären in geraffter Form
- Zweite Vorführung: Detailliertes Vormachen, Erklären und Begründen
- Dritte Vorführung: Vormachen und Kernpunkte wiederholen

3. Stufe: Ausführen (Nachmachen) durch den Mitarbeiter
- Erster Ausführungsversuch: Nachmachen durch den Mitarbeiter, ohne zu sprechen
- Zweite Ausführung: Wiederholen mit detaillierter Erklärung und Begründung durch den Mitarbeiter
- Dritte Ausführung: Nachmachen und Kernpunkte wiederholen lassen

4. Stufe: Abschluß und Übung
- Mitarbeiter selbständig üben lassen
- Erfahrene Mitarbeiter für Rückfragen benennen
- Übungsfortschritte beobachten und kontrollieren

Überblick über die Vier-Stufen-Methode

Vorlesungsmethode

Bei der Vorlesungsmethode (Vortrag) handelt es sich um eine passive Lehrmethode (→ Personalentwicklungsmethode) im Rahmen der → Bildung, in der systematisch spezielle und/oder zusammenhängende Wissensgebiete vermittelt werden. Der Referent hält über einen bestimmten Lehrinhalt eine Rede im Vorlesungsstil, d. h. ohne ein Gespräch mit den Teilnehmern zu su-chen. Der methodenbedingt einseitige Informationsprozeß sowie das passive Verhalten der Beteiligten verursacht das Problem einer frühzeitigen Ermüdung, eines aufkommenden Desinteresses sowie eines fehlenden Feedbacks.

Vorruhestand

Vorruhestand (synonym: vorzeitige → Pensionierung, Frühpensionierung) meint die Verkürzung der ge-

409

setzlichen Lebensarbeitszeit (→ Arbeitszeit). → Arbeitnehmer scheiden vor Erreichen der rentenversicherungsrechtlichen Altersgrenze entweder ganz oder nur mit einem Teil ihrer Arbeitskraft aus dem Betrieb aus und treten in den Ruhestand. Der Vorruhestand wird durch das → Altersteilzeitgesetz, durch → Tarifverträge und/oder durch → Betriebsvereinbarungen geregelt. Insbes. im letzteren Fall stellt er ein Instrument der → Personalfreisetzung dar.

Vorruhestandsgesetz

An die Stelle des bis 1988 befristeten Vorruhestandsgesetzes ist das → Altersteilzeitgesetz getreten.

Vorruhestandsmodelle (→ Pensionierung)

Vorschlagsrecht

Das Vorschlagsrecht des → Betriebsverfassungsgesetzes im Rahmen der → betrieblichen Mitbestimmung betrifft v. a. das Recht des → Betriebsrates, einen Vorschlag zur Einführung einer → Personalplanung zu unterbreiten. Darüber hinaus kommt den → Gewerkschaften teilweise im Rahmen der → unternehmerischen Mitbestimmung ein Vorschlagsrecht für bestimmte Arbeitnehmervertreter im Aufsichtsrat von Unternehmungen zu.

Vorstellungsgespräch

Das Vorstellungsgespräch (synonym: u. a. Einstellungsgespräch, Bewerberinterview u. ä.) ist zumeist ein Baustein eines mehrstufigen Prozesses der → Personalauswahl, an dessen Beginn i. d. R. die Analyse von → Bewerbungsunterlagen steht. Hier schließt sich normalerweise ein Gespräch mit den in die engere Wahl genommenen Bewerbern an. Das Einstellungsinterview ist das verbreitetste Instrument der Personalauswahl. Zwei prinzipielle *Ziele* sind mit dem Interview verbunden: Zum einen handelt es sich um die - weitere - Eignungsfeststellung der einzelnen Bewerber für die zu besetzenden Stellen. Zum anderen sollen Informationen bez. der Stelle und des Betriebes an die Bewerber vermittelt werden, die sie letztlich für die Annahme eines eventuellen Arbeitsplatzangebotes motivieren (→ Realistische Rekrutierung). Es werden Fragen zur Berufserfahrung, zur → Berufsausbildung, zu einzelnen Aspekten des Lebenslaufes und gelegentlich auch im Hinblick auf persönliche Bereiche der Bewerber gestellt. Die Antworten der Bewerber wie auch die aus dem Gesprächsverlauf sich ergebenden Eindrücke auf die Interviewer werden letztendlich in einem Urteil (häufig in intuitiver Kombination und Gewichtung) zusammengefaßt. Verschiedene *Formen* des Vorstellungsgesprächs kommen in Frage (s. die Abbildung).

- Nach den Freiheitsgraden für die Interviewer kann zunächst zwischen völlig *strukturierten* (standardisierten) und völlig *unstrukturierten* (unstandardisierten bzw. freien) sowie *halb-* bzw. *teil-*

Beteiligte Personen		Freiheitsgrad		
		strukturiertes Interview	halbstruktur. Interview	unstruktur. Interviews
Einzel-gespräch	Informations-gespräch			
	Streß-interview			
	Tiefen-interview			
	situatives Interview			
Mehrfach-interview	serielles Interview			
	Jury-interview			
	Gruppen-interview			

Formen von Vorstellungsgesprächen

strukturierten Interviews differenziert werden.

• Nach der Anzahl der beteiligten Personen kann differenziert werden in das *Einzelgespräch* (ein einzelner Interviewer und ein einzelner Bewerber) und in das *Mehrfachgespräch* (mehrere Interviewer sind beteiligt). Beim Einzelgespräch handelt es sich i. allg. um ein *Informationsgespräch* zur Gewinnung zusätzlicher Daten und Eindrücke über die Eignung. Als Sonderformen existieren insbes. bei den Einzelgesprächen noch *Streßinterviews* (Bewerber werden gezielt unter Druck gesetzt, um ihre Belastungsfähigkeit zu te-

sten), *Tiefeninterview* (unbewußte Einstellungen, Werte, Motive der Bewerber sollen aufgedeckt werden) und *situative Interviews* (Fragen an die Bewerber, wie sie sich in bestimmten Situationen verhalten würden). Insbes. die Aussagekraft von Streß- und Tiefeninterviews ist bei betrieblichen Einstellungsinterviews sehr zweifelhaft. Beim Mehrfachinterview ist in folgende Unterformen zu differenzieren. *Juryinterview* (mehrere Interviewer befragen einen Bewerber gleichzeitig), *serielles Interview* (mehrere Interviewer interviewen hintereinander einen Bewerber) und *Gruppeninter-*

411

view (ein oder mehrere Interviewer interviewen mehrere Bewerber gleichzeitig).

Zweckmäßig durchgeführte Einstellungsgespräche erfordern eine sorgfältige Vorbereitung. Als wichtige Punkte sind zu nennen: Auswertung der Bewerbungsunterlagen, Vorbereitung des Ablaufs und der Fragen des Gespräches auf der Basis der Anforderungen der vakanten Stelle, i. d. R. schriftliche Einladungen, ggf. mit der Bitte, fehlende Unterlagen oder noch einen zuzusendenden Personalfragebogen zu beantworten bzw. der Bitte um Terminbestätigung, Informationen von anderen Gesprächsteilnehmern im Betrieb, Schaffung von ungestörten Gesprächsgelegenheiten und angenehmen äußeren Bedingungen, Vorbereitung der Unterlagen und von Schreibmaterial, eventuell Sicherstellung der Bewirtung.

Die Abbildung gibt einen beispielhaften Überblick über Phasen, Aufgaben und Ziele eines Vorstellungsgesprächs aus betrieblicher Sicht.

Die prognostische Validität des Einstellungsgesprächs wird, folgt man empirischen Studien, als nicht besonders hoch eingeschätzt. Die Ergebnisse von empirischen Studien sind aber insofern relativierend, als daß sie sich lediglich auf die real untersuchten Gespräche beziehen und nicht idealisierte Formen zum Mittelpunkt ihrer Untersuchung gemacht haben. Da mit dem Vorstellungsgespräch aber auch mehrere Ziele verknüpft sind, ist ein Gespräch selbst dann empirischer Bestandteil des Personalauswahlprozesses, wenn eine prognostische Validität zu Wünschen übrig läßt. Zudem gibt es eine Reihe von Möglichkeiten, Interviews methodisch zu verbessern. Im folgenden sind einige dieser Möglichkeiten der methodischen *Verbesserung* skizziert:

- strikte anforderungsbezogene Gestaltung des Interviews,
- Beschränkung auf das Registrieren von Aspekten, Anforderungen, Merkmalen, die durch andere Maßnahmen nicht zuverlässiger gesammelt werden können (bspw. durch Arbeitszeugnisse, Tests),
- Interviewdurchführung in strukturierter und (teil-)standardisierter Form,
- Verwendung geprüfter und verankerter (v. a. verhaltensorientierter) Skalen während des Gesprächs,
- bei geringerer Standardisierung Einsatz zusätzlicher Beurteiler, vorzugsweise im Rahmen weiterer unabhängig geführter Gespräche; allerdings läßt sich dies auch bei (teil-)standardisierten Interviews über eine gemeinsame oder getrennte Gesprächsführung bewerkstelligen,
- weiterhin können Gruppengespräche ergänzende Beiträge zur Eignungsprognose bieten,
- strikte Trennung von Informationssammlung und Entscheidung der Personalauswahl,
- eine standardisierte Durchführung der Gewichtungs- und Entscheidungsprozesse sowie

Phasen		Aufgaben	Ziele
Vorbereitungsphase		Analyse der Bewerbungsunterlagen; Einsichtnahme von Stellenbeschreibung und Anforderungsprofil; Notieren offener Fragen; Vorbereitung des Ablaufs	Vorbereitung auf spezifischen Bewerber und zu besetzende Stelle
Gesprächsphase	1	Begrüßung, Vorstellung, persönliche Gesprächseröffnung, Erläuterung des Ablaufs	Versuch, ein unverkrampftes Verhältnis zu schaffen
	2	Information über den Betrieb, Bereich und vakante Stelle	Werbung für Betrieb und Stelle; Verdeutlichung der Anforderungen
	3	Besprechung der schulischen und/oder beruflichen Entwicklung des Bewerbers	Kenntnisse gewinnen über Tätigkeitsgebiete des Bewerbers, Interessen und Qualifikationen
	4	Besprechung der persönlichen und/oder familiären Situation des Bewerbers	Kenntnisse und Eindrücke über den Menschen sowie dessen äußere Zwänge und Möglichkeiten; Eindruck darüber gewinnen, daß Bewerber in Betrieb wie Arbeitsgruppe paßt

Vorstellungskosten

Phasen	Aufgaben		Ziele
	5	Besprechung der Vertragsinhalte (eventuell)	Werbung für die Stelle
	6	Gesprächsabschluß, Information über zeitlichen Fortgang	Reduzierung von Unsicherheit
Nachbereitungs-phase		Niederschrift der Eindrücke; Einordnen der Ergebnisse	Nutzung von Kurz-zeitge-dächtnisses, neuen Informationen und Eindrücke

Phasen, Aufgaben und Ziele eines Vorstellungsgesprächs

• die Vorbereitung der Interviewer durch ein sorgfältig konzipiertes und durchgeführtes Interviewertraining sind weitere Ansatzpunkte zur Verbesserung der prognostischen Validität.

Lit.: Schuler 1989, Watzka 1990, Scholz 1993

Vorstellungskosten

Bei → Vorstellungsgesprächen entstehen manchmal für die Bewerber nicht unerhebliche Aufwendungen. Prinzipiell besteht keine Erstattungspflicht seitens des Betriebes. Wenn der Betrieb jedoch einen Bewerber zu einem Vorstellungsgespräch auffordert und nicht gleichzeitig die Erstattung der Kosten ausschließt, ist er zur Übernahme der dem Bewerber entstehenden Aufwendungen verpflichtet. Üblich sind dabei die Übernahme von Reisekosten (PKW – Kilometergeld; Bahn 2. Klasse), je nach Anreiselänge auch Übernachtungskosten sowie je nach Dauer des Termins auch Verpflegungskosten.

Vortrag (→ Vorlesungsmethode)

Vrooms Erwartungs-Valenz-Modell(→ Erwartungs-Valenz-Ansatz von *Vroom*)

Vroom/Yettons Normatives Entscheidungsmodell (→ Normatives Entscheidungsmodell von *Vroom/Yetton*)

W

Wahlordnung 1972 (Erste Verordnung zur Durchführung des Betriebsverfassungsgesetzes – WahlO)

Für die regelmäßig stattfindenden Wahlen zum → Betriebsrat gilt neben den Ausführungen des → Betriebsverfassungsgesetzes ergänzend die WahlO 1972. Das Gesetz enthält u. a. Vorschriften über Wahlvorstand, Wählerliste, Vorschlagslisten, Stimmabgabe, Wahlvorgang sowie Verfahren bei der Stimmauszählung.

Wahrnehmung

Wahrnehmungen spielen als individueller Filter-, Selektions- und/oder Strukturierungsprozeß im Rahmen der kognitiven Aufnahme, Verarbeitung und Bewertung von Informationen wie Sinneserkenntnissen (→ Kognition) eines Individuums eine entscheidende Rolle. Sie tragen dadurch mit zur individuellen Hypothesenbildung über die Außenwelt des Individuums bei und beeinflussen insofern das Verhalten dieser Person auch am Arbeitsplatz. Es ist dabei weniger die objektive Realität, die verhaltensbeeinflussend wirkt, sondern die Wahrnehmung dieser Realität durch das Individuum. Wahrnehmungen beeinflussen insofern das → Leistungsverhalten. Sie sind gleichzeitig u. a. beeinflußt durch die aktuellen Interessen, die aktualisierten → Motive (und Moti-

vation), die Motivstruktur, die Erfahrungen, die → Werte und → Einstellungen, die Kenntnisse, die Auffälligkeit und Qualität der Wahrnehmungsreize u. a. m.

Lit.: Staehle 1991, Koch 1992

Wechselschicht (→ Schichtarbeit)

Wegeunfall

Wegeunfälle sind Unfälle von Beschäftigten, die sich auf dem direkten Weg von und zur Arbeit ereignen. Versichert durch die → Unfallversicherung der → Berufsgenossenschaft sind aber auch Umwege, die bspw. nötig werden, um Kinder während der Arbeitszeit unterzubringen, bei Fahrgemeinschaften, bei Umleitungen und weil ein Arbeitsplatz über den längeren Weg schneller erreicht werden kann.

Wegezeiten

Unter Wegezeiten sind diejenigen Zeiten zu verstehen, die vom → Arbeitnehmer von der Wohnung zur Arbeitsstelle und zurück benötigt werden. Sie stellen grundsätzlich keine → Arbeitszeiten im Sinne der → Arbeitszeitordnung dar. Sie gelten nur ausnahmsweise als Arbeitszeiten, nämlich dann, wenn eine Arbeitsstätte vorübergehend außerhalb des Betriebes liegt und der Arbeitnehmer direkt von der Wohnung aus dorthin fährt.

Weg-Ziel-Theorie der Führung

Weg-Ziel-Theorie der Führung

Die Weg-Ziel-Theorie der Führung ist von *Neuberger*, aufbauend auf dem theoretischen Ansatz von *Evans/House*, vorgestellt worden. Untersuchungsgegenstand ist einerseits die Akzeptanz von Führungsautorität und -verhalten durch die Geführten sowie andererseits die motivationale Funktion des Führers. Damit sollen Aussagen gewonnen werden, an welchen Stellen und in welcher Weise der Vorgesetzte im Rahmen der → Mitarbeiterführung eingreifen soll. Es besteht ein enger Bezug zu der → Erwartungs-Valenz-Theorie, da bei der Erklärung von Führung von den Verhaltensplänen der Geführten ausgegangen wird. Auch die Weg-Ziel-Theorie der Führung knüpft an der Entscheidung einzelner Personen an, um die Motivation zur Entscheidung und zum Handeln zu erklären. Grundlage solcher Überlegungen stellt häufig ein rationales Nutzenkonzept dar, innerhalb dessen u. a. mögliche Alternativen, Umweltzustände, Wahrscheinlichkeitsverteilungen, Bewertungsregeln, Ergebnisse genau spezifiziert werden müssen. Damit werden zugleich praktische Anwendungsmöglichkeiten eingeschränkt.

Lit.: Neuberger 1978

Weiners Attributionstheoretisches Modell (→ Attributionstheoretisches Modell von *Weiner*)

Weiterbildung (→ Fortbildung)

Werkstattzirkel

Ein Werkstattzirkel ist eine Abwandlung des → Qualitätszirkel-Konzepts, hat jedoch nur Geltung für den Produktionsbereich und für Mitarbeiter, die unmittelbar von der jeweiligen Problemstellung betroffen sind. Mitarbeiter aus verschiedenen Hierarchiebenen sollen fixierte Probleme und Projekte in wenigen Sitzungen, in vorgegebenen Sitzungsabläufen und mit bestimmten Arbeitsmethoden bearbeiten. Daneben liegen die Ziele in einer Verbesserung der Kommunikation und Information sowie der Qualitätsverbesserung, weniger dagegen in langfristiger, systematischer → Personalentwicklung.

Werte

Werte nehmen als Ausgangspunkt für etwas Wünschenswertes eine zentrale Stellung beim Menschen ein. Sie sind hierarchisch geordnet, relativ stabil und zahlenmäßig zumeist beschränkt. Sie sind nicht angeboren, sondern werden im Sozialisationsprozeß (→ Sozialisation) vermittelt und zeigen dadurch Gemeinsamkeiten zwischen Individuen und Gesellschaft auf. Sie drücken sich im Motivationsprozeß als → Valenz für bestimmte Zielereignisse aus. In den letzten Jahrzehnten wurde umfassend nachgewiesen, daß ein *Wertewandel* der Menschen (und damit der Mitarbeiter) in der westlichen Gesellschaft die Einstellung, die → Motive und Motivation sowie die Erwartungen an die Be-

rufsarbeit entscheidend verändert hat. Es herrscht mehr oder weniger Einigkeit darüber, daß bei einer Vielzahl von Personen eine Verschiebung weg von Pflicht- und Akzeptanzwerten hin zu persönlichkeitsorientierten, kommunikativen (Selbstentfaltungs-)Werten stattgefunden hat, wenn auch im Detail größere Unterschiede bei den Interpretationen bestehen. Dieser Wertewandel verändert die Mitarbeiter und somit auch deren → Erwartungen an Betriebe und die Arbeit. Das → Personalmanagement muß seinen Beitrag leisten, um diesen Erwartungen gerecht zu werden.
Lit.: Wiswede 1991, Strümpel/Scholz-Ligma 1992

Wertschöpfungsbeteiligung (→ Ertragsbeteiligung)

Wettbewerbsverbot

Beim Wettbewerbsverbot (synonym: Konkurrenzklausel) handelt es sich um eine Vereinbarung zwischen → Arbeitgeber und → Arbeitnehmer, durch die der Arbeitnehmer für eine bestimmte Zeit nach Beendigung des → Arbeitsverhältnisses in seiner Freiheit bez. der Ausübung von Arbeitstätigkeiten beschränkt wird. Der Arbeitnehmer darf demnach – innerhalb der vertraglich gesetzten Grenzen – nicht für einen Konkurrenten des vorherigen Arbeitgebers tätig werden. Die Vereinbarung ist aber nur dann gültig, wenn die Beschränkung nach Zeit (max. zwei Jahre), Ort und Gegenstand nicht die Grenzen überschreitet, durch welche eine unbillige Erschwerung des Fortkommens ausgeschlossen wird. Ein finanzieller Ausgleich ist unabdingbar.

Widerspruchsrecht

Das → Betriebsverfassungsgesetz gibt dem → Betriebsrat im Rahmen der → betrieblichen Mitbestimmung das Recht, gegen bestimmte Maßnahmen, die ein → Arbeitgeber selbsttätig durchführen kann, Einspruch (Veto) einzulegen. Hierdurch wird die Wirksamkeit der Maßnahme aufgehoben bzw. ergeben sich bestimmte Rechtsfolgen. Der Betriebsrat kann bspw. einer → Kündigung widersprechen, wenn der Arbeitgeber bei der Auswahl der zu kündigenden Arbeitnehmer soziale Gesichtspunkte nicht oder nicht ausreichend berücksichtigt hat. Widerspricht der Betriebsrat innerhalb bestimmter Fristen nicht, so gilt dies als Zustimmung. Weitere Widerspruchsrechte gelten bei der Durchführung betrieblicher Bildungsmaßnahmen.

Wirtschaftsausschuß

Die Mitwirkung des → Betriebsrates in wirtschaftlichen Angelegenheiten im Rahmen der → betrieblichen Mitbestimmung vollzieht sich zunächst über den Wirtschaftsausschuß. Der Wirtschaftsausschuß besteht aus mindestens drei und höchstens sieben Mitgliedern, darunter mindestens ein Betriebsratsmitglied. Die Mitglieder werden vom Betriebsrat bestimmt. Die Aufgabe des Wirtschaftsausschusses besteht darin, *wirtschaftliche Angelegenheiten* mit dem → Arbeitgeber zu beraten und den Betriebsrat zu unterrichten. Zu den wirtschaftlichen Angelegenheiten gehören v. a. die wirtschaftliche und finanzielle Lage des Betriebes, die Produktions- und Absatzlage, das Produktions- und Investitionsprogramm, die Einschränkung, Stillegung oder Verlegung von Betrieben oder Betriebsteilen sowie die Änderung des Betriebszwecks oder der Betriebsorganisation. Der Wirtschaftsausschuß soll monatlich zusammentreten. Der Arbeitgeber hat dem Ausschuß unter Beteiligung des Betriebsrates den Jahresabschluß zu erläutern und muß bei Betrieben mit mehr als 1000 Beschäftigten mindestens einmal im Jahr die → Arbeitnehmer – nach Abstimmung mit Wirtschaftsausschuß und Betriebsrat - schriftlich über die wirtschaftliche Lage und betriebliche Entwicklung unterrichten.

Wissenschaftliche Betriebsführung (→ Scientific Management)

Wochenarbeitszeit (→ Arbeitszeit)

Work Factor-Verfahren (→ Zeitstudien)

X/Y

X-Theorie(→ Menschenbild)   **Y-Theorie**(→ Menschenbild)

Z

Zeitakkord (→ Akkordlohn)

Zeitarbeit (→ Personalleasing)

Zeitlohn

Der Zeitlohn (oft synonym: Gehalt) stellt ein pauschales → Entgelt für die in einem bestimmten Zeitraum (i. d. R. monatlich) ausgeführten Aktivitäten, unabhängig von den erzielten Ergebnissen, dar. Er ergibt sich im Normalfall aus dem geltenden Entgelttarifvertrag (→ Tarifvertrag). Daneben sind übertarifliche → Entgeltzulagen vielfach notwendig, um qualifizierte Mitarbeiter im Wettbewerb an sich zu binden. Für den *Betrieb* gelten folgende Vorteile des Zeitlohns: einfache Abrechnung und eventuell hohe Arbeitsqualität zumindest dort, wo nicht unmittelbar ergebniswirksame Tätigkeiten (z. B. Service) zu erfüllen sind; sowie folgende Nachteile: die Gefahr der Minderleistung, kein Anreiz zur Mehrleistung und die Notwendigkeit der Fremdkontrolle. Für die *Mitarbeiter* ergeben sich bspw. Vorteile wie: festes, gesichertes Entgelt und die leichte Nachprüfbarkeit der Abrechnung, sowie Nachteile wie z. B.: kein steigendes Entgelt mit

Mehrleistung. Da der Zeitlohn verschiedene Schwächen insbesondere durch den fehlenden Zusammenhang zwischen Leistung und Entgelt hat sowie der → Akkordlohn vielfach nicht mehr anzuwenden ist, sind in der Vergangenheit Sonderformen des Zeitlohns entwickelt worden, z. B.: zusätzliche Leistungszulagen und → Pensumlöhne.

Lit.: Reisch 1992

Zeitstudie

Mit Hilfe von Zeitstudien werden Soll-Zeiten (Zeitermittlung) für bestimmte Ablaufabschnitte (Teile des Arbeitsablaufs bei Aufgabenerfüllung) ermittelt. Sie werden zur → Personalbedarfsermittlung (speziell: Ermittlung des quantitativen Bruttopersonalbedarfs), zur → Arbeitsplatzanalyse und zur → Entgeltfindung eingesetzt. Infolge des relativ großen Aufwandes für Zeitstudien (Messen von Ist-Zeiten, statistische Auswertung) werden diese vorrangig angewendet bei kurzzyklischen Ablaufabschnitten sowie dort, wo Schwankungen im Zeitverbrauch relativ klein sind. Der Hauptverwendungszweck von Zeitstudien liegt

Zeitstudien		
Verfahren der direkten Zeitmessung	Stichprobenverfahren	Elementarzeit-verfahren
* REFA-Zeitstudien * Verfahren der Selbstaufschrei-bung	* Multimoment-Häu-figkeitszählverfahren (MMH) * Multimoment-Zeit-meßverfahren (MMZ)	* Methods Time Measurement (MTM) * Work Factor Ver-fahren (WF)

Überblick über Zeitermittlungsverfahren

deshalb nach wie vor im Fertigungs-bereich bei sehr häufig wiederkeh-renden Ablaufelementen. Die Grundformen von Zeitstudien (hier synonym mit Zeitaufnahme) lassen sich wie folgt differenzieren (s. auch die Abbildung).

Die *Verfahren der direkten Zeitmes-sung* werden hier wie folgt differen-ziert:

● Das REFA-Zeitschema (→ REFA-Verband) stellt eine im Rahmen der *REFA-Zeitstudien* anzuwen-dende Heuristik zur Ermittlung der → Bezugsleistung als Soll-Zeit dar. Ausgegangen wird von ei-ner Zeitaufnahme mittels Messen und Auswerten von Ist-Zeiten. Diese werden bspw. von den Ar-beitsvorbereitern mit einer will-kürlichen Einschätzung eines sog. Leistungsgrades (je nach Aus-prägung der → Arbeitsbedingun-gen) multipliziert. Das Produkt stellt die Soll-Zeit dar (= 100 % Bezugsleistung), die dann als Vor-gabezeit berücksichtigt wird. Sie-he die Abbildung auf S. 421 zur Gliederung der Soll-(Vorgabe-)-Zeit „Auftragszeit".

Die Vorgabezeiten zur Erfüllung der jeweiligen Arbeitsaufgabe set-zen sich aus sog. Grundzeiten, Verteilzeiten und Erholungszei-ten zusammen. Die *Grundzeit* be-steht dabei aus zwei Unterformen für die plangemäße Ausführung bestimmter Arbeitstätigkeiten: Tä-tigkeitszeit und Wartezeit. Bei den beeinflußbaren Tätigkeitszei-ten handelt es sich um die Verrich-tungszeiten, bei den unbeeinfluß-baren um die Überwachung von Arbeitsvorgängen. Die *Erho-lungszeit* stellt einen prozentua-len Zuschlag zur Grundzeit dar und dient den notwendigen Kurz-pausen (→ Pausen) zwischen den Tätigkeiten. Die *Verteilzeit* wird differenziert in eine sachliche Komponente (für zusätzliche Tä-tigkeiten und Störungen) und in eine persönliche Komponente (Spielraum in Verantwortung des Mitarbeiters). Je nach konkreter Fragestellung der Zeitstudie ist die Differenzierung getrennt für Rüst- und Ausführungszeiten vor-zunehmen. Gegen Zeitstudien be-steht oft Widerstand, der sich spe-

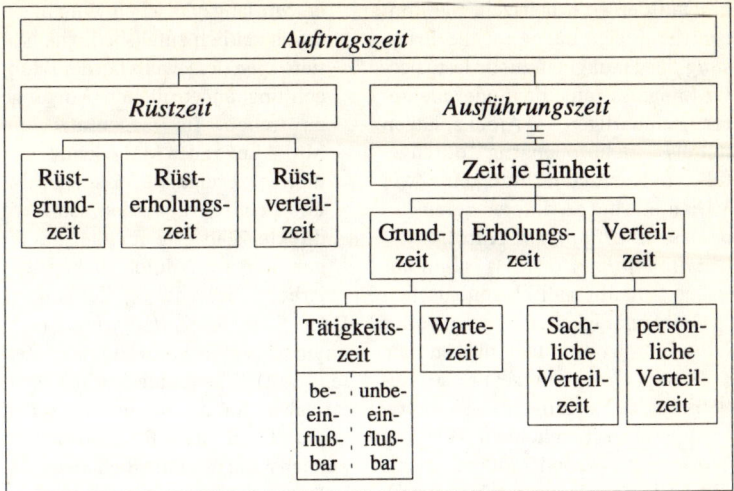

Gliederung des REFA-Zeitschemas

ziell auf den zur Anwendung kommenden Leistungsgrad (Verhältnis von beeinflußbarer Ist- zur beeinflußbaren Bezugs-Mengenleistung in Prozent – nach REFA) bezieht. Infolge dieser Voraussetzungen und Probleme im Zusammenhang mit der Zeitstudie haben sich eine Reihe weiterer Verfahren der Erhebungstechnik etabliert, die der Ermittlung des Erhebungsinhaltes „Zeit" dienen.

• Im Rahmen des *Verfahrens der Selbstaufschreibung* sollen die Mitarbeiter mit Hilfe von Formularen während oder nach Erledigung ihrer Arbeitstätigkeit Aufzeichnungen über die Art der jeweiligen Einzeltätigkeit, die Zeitpunkte und die dafür benötigte Zeit anfertigen. Vorab bedarf es einer genauen Festlegung des Untersuchungsziels, einer ausreichenden Information und → Qualifizierung der betroffenen Mitarbeiter, der sorgfältigen Festlegung der zu erfassenden Daten sowie der Erarbeitung leicht auszufüllender Formulare durch die zuständige betriebliche Stelle. Die Ergebnisse werden dann zur Festlegung der Soll-Zeit interpretiert. Das Verfahren wird u. a. im Verwaltungsbereich durchgeführt, ist relativ kostengünstig und verursacht relativ geringe Störungen, allerdings mit dem Risiko, daß die erhobenen Daten wenig objektiv und genau erhoben werden.

Zeitstudien nach dem *Stichprobenverfahren* (synonym: *Multimoment-Verfahren*) beschränken sich auf stichprobenartige Datenerhebungen der → Arbeitszeit. Sie konzentrieren sich dabei auf die Erfassung der Häufigkeit zuvor festgelegter Ereignisse an einem oder mehreren gleichartigen → Arbeitsplätzen mittels stichprobenartig durchgeführter Kurzbeobachtungen. Zwei Varianten sind zu differenzieren:

● Das *Multimoment-Häufigkeitszählverfahren* (MMH) ist ein auf den mathematisch-statistischen Gesetzmäßigkeiten beruhendes Verfahren, mit dem prozentuale Häufigkeiten unregelmäßig auftretender Vorgänge mit einer Irrtumswahrscheinlichkeit von 5 % ermittelt werden, indem durch eine Vielzahl von zufällig verteilten Kurzbeobachtungen das Auftreten vorher definierter Ereignisse (z. B. Stillstand von Maschinen) festgehalten und ihre prozentualen Anteile ermittelt werden. Indem die absolute Häufigkeit eines jeden Ereignisses auf die Gesamtzahl der Beobachtungen (Notierungen) bezogen wird, erhält man für jedes Ereignis eine relative (prozentuale) Häufigkeit als Ergebnis der MMH-Studie. Das aus der Stichprobe gewonnene Ergebnis läßt einen Schluß auf die wahre Beschaffenheit des gesamten Vorganges (Grundgesamtheit) zu, indem mit Hilfe der mathematischen Statistik der Fehler des Ergebnisses in gesetzte zulässige (bekannte) Grenzen zurückgedrängt wird.

● Das *Multimoment-Zeitmeßverfahren* (MMZ) sieht vor, verbindliche Aussagen über die Zeitdau-

er von langzyklischen Vorgängen durch zeitlich zufallsbedingte Notierungen der jeweils bei der Beobachtung angetroffenen Vorgänge zu treffen. Im Gegensatz zum MMH liefert das MMZ keine definierten Ereignisse, die gezählt und relativiert werden, sondern direkte Zeitwerte für die jeweiligen Vorgänge durch diskontinuierliche Messung sog. Zeitlängen.

Dem *Elementarzeitverfahren* (synonym: Systeme vorbestimmter Zeiten, SvZ) liegen Kataloge mit Zeitvorgaben für normierte Tätigkeiten zugrunde. In ihrem Rahmen werden zunächst die zu untersuchenden Tätigkeiten in kleinste Einzelbewegungen zerlegt. Danach erfolgt die Bestimmung der die Bewegungszeit jeder Einzelbewegung beeinflussenden Größen (bspw. Bewegungslänge, Zielgenauigkeit). Nach einer verfahrenseigenen Codierung der jeweiligen Einzelbewegung sowie der zugehörigen Einflußgrößen werden aus Tabellen die entsprechenden Zeitwerte entnommen. In diesen Tabellen sind konstante Zeitwerte bei Normalleistung enthalten. Die Addition der eventuell situativ modifizierten Einzelbewegungszeiten sowie notwendiger Erholungs- und Verteilzeiten ergibt dann die Gesamtvorgabezeit (Soll-Zeit), die zur Ermittlung des quantitativen Personalbedarfs benötigt wird. Der Vorteil ist v. a. darin zu sehen, daß bereits vor Produktionsbeginn das Festlegen von Arbeitszeiten und von Arbeitsmethoden möglich wird. Zwei Formen werden üblicherweise diskutiert:

- Mit Hilfe des *Methods Time Measurement* (MTM) werden industrielle Arbeitstätigkeiten in neun Grundbewegungen (Hinlangen, Reichen; Mitnehmen, Bewegen, Bringen; Drehen; Kurbelbewegung; Greifen; Drücken; Positionieren; Loslassen; Trennen, Lösen) sowie verschiedenen Augen-, Körper-, Bein- und Fußbewegungen (ggf. weiter differenziert) zergliedert und diesen (Standard-)Zeiten zugeordnet. Die Zeiten sind in realen Arbeitssituationen ausführlich filmisch ermittelt worden. Im Rahmen des MTM werden dann die Zeitwerte aus der entsprechenden Tabelle - ohne eigentliche, direkte Zeitmessung - entnommen, wobei die einzelnen Bewegungsarten nach zeitlichen und situativen Bedingungen ausgewählt werden können. Dies betrifft bspw. die Grundbewegung „Hinlangen, Reichen". Ihre Normalzeitwerte differieren je nach Länge der Bewegung (5, 10, 20 cm usw.) sowie nach Bewegungsart (Objekt liegt immer genau an der gleichen Stelle bzw. liegt zumeist innerhalb eines bestimmten Raumes; Objekt muß mit der ganzen Hand gefaßt bzw. kann nur mit zwei Fingern erfaßt werden). Das MTM ist außerordentlich zeitaufwendig und finanziell zumeist nur bei der Massen- und Großserienfertigung vertretbar. Um dennoch die Grundgedanken des Verfahrens weiterzuverwenden, sind in der Vergangenheit sog. Standarddaten (Zu-sammenfassung relativ kleiner Zeitbausteine zu größeren Bausteinen) ermittelt worden. Sie sollen den wirtschaftlichen Einsatz auch in anderen Bereichen sicherstellen.

- Das *Work Factor-Verfahren* (WF-Verfahren) ist ähnlich wie das MTM konzipiert, nämlich auf mehrere gleichzeitig stattfindende Aktivitäten einzugehen sowie dadurch eine Verknüpfung von unterschiedlichen Bewegungszeiten simultan einbezogener Körperteile vorzunehmen. Dadurch werden unterschiedliche Einflußgrößen verstärkt berücksichtigt, allerdings unter Verzicht einer exakten Bewegungsdifferenzierung.

Lit.: REFA 1985, RKW-Handbuch 1990, Scholz 1993

Zentralstelle für Arbeitsvermittlung

Die Zentralstelle für Arbeitsvermittlung (ZVA) gehört zur → Bundesanstalt für Arbeit. Ihre Aufgabe besteht v. a. in der Beratung und Vermittlung von Führungskräften aller Fachrichtungen für das oberste und obere Management, von Fach- und Führungskräften für das Hotel- und Gaststättengewerbe sowie von Angehörigen künstlerischer Berufe. Die Zentralstelle für Arbeitsvermittlung verfügt außerdem über eine Auslandsabteilung, in der in- und ausländische Arbeitskräfte in die Bundesrepublik und ins Ausland vermittelt werden.

Zeugnis (→ Arbeitszeugnis)

Zeugnisanalyse

Die Zeugnisanalyse stellt ein Instrument der → Personalauswahl dar. Sie ist infolge der unterschiedlichen Zeugnisarten zu differenzieren.

● Bei Bewerbern um Ausbildungsplätze sind *Schulzeugnisse* oft die einzigen Leistungsnachweise. Schulzeugnisse geben Auskunft über die Allgemeinbildung, einzelne Kenntnisse und → Fähigkeiten, wobei Noten auf die Anpassungsfähigkeit des Bewerbers hinweisen. Allerdings ist ihre Aussagefähigkeit wegen der relativen Ferne zu betrieblichen → Arbeitsbedingungen und wegen des großen zeitlichen Abstands bei älteren Bewerbern deutlich beschränkt. Ihre Bedeutung nimmt im Verlauf des Berufslebens sehr schnell ab. Die Aussagefähigkeit von einzelnen Zeugnisnoten ist in jedem Fall fraglich, weil sie zahlreichen Zufälligkeiten unterliegt. Das Problem liegt v. a. darin, daß die Notenmaßstäbe von Lehrer zu Lehrer verschieden gesetzt werden, so daß ein Notenvergleich praktisch unmöglich ist. Allenfalls können Zeugnisse Aufschluß geben über Interessengebiete und Fleiß.

● *Arbeitszeugnisse* informieren über die Arbeit des Bewerbers in anderen Betrieben. Die Auswertung von qualitativen → Arbeitszeugnissen ist häufig sehr schwierig, weil die Zeugnisse zwar einerseits wahr, andererseits aber wohlwollend für den Mitarbeiter ausgestellt sein müssen. Daher muß häufig aus Lücken, aus einseitigen Schwerpunkten und aus typischen Formulierungen geschlossen werden. In der Praxis haben sich „indirekte" Zeugnisaussagen gebildet, die für den Bewerber ungünstige Vorkommnisse sprachlich positiv ausweisen. Da jedoch selten klar ist, wer die Zeugnisse geschrieben hat und ob auf solche „Verschlüsselungen" bewußt zurückgegriffen wurde, ist eine solche Analyse sinnlos. Lediglich die angeführten Arbeitstätigkeiten sowie deren Dauer lassen rudimentäre Deutungen zu.

Zielorientierte Verfahren der Leistungsbeurteilung

Die zielorientierte Beurteilung ist eine Verfahrensart der → Personalbeurteilung, speziell der → Leistungsbeurteilung. Sie geht in erster Linie von den erwarteten Leistungsergebnissen bzw. den gestellten Zielen sowie den diesbezüglich erreichten Ergebnissen eines Verantwortungsbereiches aus. Die Leistungsbeurteilung ist in diesem Sinne gleich Zielerreichungskontrolle im Planungs- bzw. Führungssystem. Im Rahmen der bei der zielorientierten Unternehmungsführung normalerweise angeführten Konzeption eines Management by Objectives (MbO) (→ Management-by-Konzepte) wird die Leistungsbeurteilung allerdings i. d. R. vernachlässigt. Beurteilungsobjekte sind v. a.

der Zielerreichungsgrad eines Geschäftsbereiches, der Abteilung oder auch der einzelnen Mitarbeiter, eventuelle Verhaltensziele sowie die Ursachen möglicher Zielabweichungen. Die Zieldefinition dient insofern als Basis für die Leistungsbeurteilung, wobei die jeweiligen Leistungsziele vorab hinsichtlich ihrer Kriterien und Standards festzulegen sind. Die Beurteilung erfolgt durch einen Soll-Ist-Vergleich am Ende der Beurteilungsperiode. Solche Verfahren sind i. d. R. nur für Führungspositionen anwendbar. Der *Vorteil* von zielorientierten Leistungsbeurteilungen liegt v. a. in der vom administrativen Standpunkt aus einfachen Berechnung von variablen → Entgelten. Diese sind an den jeweiligen Zielerreichungsgrad gekoppelt. Problematisch ist jedoch, daß keine anderen Determinanten als die individuelle Leistung berücksichtigt werden (z. B. tatsächlicher Schwierigkeitsgrad der Zielerreichung). Diese lassen sich nur mit zusätzlichen subjektiven Beurteilungen erfassen. Teilweise wird im Rahmen der zielorientierten Beurteilung eine zusätzliche sog. *Weganalyse* ergänzend vorgeschlagen, um für die Zielabweichungsanalyse genaue Ursacheninformationen zu erhalten. Hiermit soll der Weg der Zielabweichung bzw. das Leistungsverhalten sowie teilweise auch das Wirken externer Leistungsbedingungen erfaßt werden, um beides bei den Leistungsurteilen berücksichtigen zu können. Nur mit der damit verbundenen Be-

rücksichtigung geltender Leistungsbedingungen läßt sich angemessen die individuelle Leistung bewerten.

Lit.: Müller 1974, Becker, F. G. 1994

Zielsetzungsgespräch (→ Mitarbeitergespräch)

Zulagen (→ Entgeltzulagen)

Zumutbarkeits-Anordnung (Anordnung des Verwaltungsrates der Bundesanstalt für Arbeit über die Beurteilung der Zumutbarkeit einer Beschäftigung – ZumutbarkeitsAO)

Das → Arbeitsförderungsgesetz (AFG) macht die Zahlung von → Arbeitslosengeld und → Arbeitslosenhilfe von der Bereitschaft des Arbeitslosen abhängig, eine ihm nachgewiesene „zumutbare" Arbeit zu übernehmen. Die ZumutbarkeitsAO konkretisiert entsprechend die Zumutbarkeit einer Arbeit im Sinne des AFG. Sie zieht deshalb absolute Untergrenzen, bei deren Verletzung eine Arbeit stets unzumutbar ist (z. B. Nichteinhaltung von → Tarifverträgen). Sie beschreibt aber auch Lasten, derentwegen eine Arbeit allein nicht unzumutbar ist (z. B. geringere → Qualifikation oder weitere Entfernung). Unterschieden wird in eine „Erste Zeit der → Arbeitslosigkeit" und eine „Weitere Zeit der Arbeitslosigkeit". Dazu werden die Arbeitnehmer in fünf Qualifikationsstufen eingeteilt. Während der ersten Zeit (i. d. R. 4 Monate) soll dem Arbeitslosen we-

nigstens in etwa das bisherige Qualifikationsniveau gesichert werden.
Danach werden Arbeiten jeweils
eine Qualifikationsstufe niedriger
zumutbar.

Zurechnung (→ Attribution)

Zustimmungsrecht

Durch das → Betriebsverfassungsgesetz bedarf es im Rahmen der → betrieblichen Mitbestimmung bei bestimmten Maßnahmen der → Arbeitgeber positiv der Zustimmung des →
Betriebsrates. Es handelt sich hierbei v. a. um Richtlinien über die personelle Auswahl bei Einstellung, →
Personalfragebogen und Beurtei-
lungsgrundsätze.

Zustimmungsverweigerungsrecht

Der → Betriebsrat hat durch das →
Betriebsverfassungsgesetz im Rahmen der → betrieblichen Mitbestimmung in bestimmten Fällen ein Zustimmungsverweigerungsrecht.
Dies gilt v. a. für personelle Angelegenheiten. Dazu gehören speziell
personelle Einzelmaßnahmen wie
Einstellung, → Eingruppierung, →
Umgruppierung und → Versetzung.
Der Betriebsrat kann seine Zustimmung verweigern, wenn die personelle Maßnahme hauptsächlich gegen ein Gesetz, eine Verordnung,
eine Unfallverhütungsvorschrift
oder gegen eine Bestimmung in einem → Tarifvertrag oder in einer →
Betriebsvereinbarung verstoßen
würde; die durch Tatsachen begründete Besorgnis besteht, daß infolge
der personellen Maßnahme im Be-

trieb beschäftigte → Arbeitnehmer
gekündigt oder sonstige Nachteile
erleiden würden; der betroffene Arbeitnehmer durch die Maßnahme
benachteiligt würde. Verweigert der
Betriebsrat seine Zustimmung, so
muß er dies unter Angabe von Gründen innerhalb einer Woche nach Unterrichtung durch den → Arbeitgeber diesem schriftlich mitteilen. Tut
er dies nicht, so gilt die Zustimmung
als erteilt.

Zuverlässigkeit (→ Reliabilität)

Zwangswahlverfahren

Das Zwangswahlverfahren („forced
choice method") zählt zur Klasse
der → Kennzeichnungsverfahren im
Rahmen der → Personalbeurteilung, speziell der → Leistungsbeurteilung. Es stellt eine weiterentwik-
kelte Variante des → Check-List-
Verfahrens dar und unterscheidet
sich zunächst einmal von anderen
Verfahren dadurch, daß es den Beurteilern kaum möglich ist, ihr eigenes
Urteil so zu steuern, daß bestimmte
Personen benachteiligt oder bevorzugt werden. Die Beurteiler müssen
aus Paaren beschreibender, anscheinend gleichwertiger Feststellungen
(bzw. gruppierten Aussagen von gleicher sozialer Wünschbarkeit, aber
trotzdem unterschiedlicher Bedeutung für die Leistung), die für die jeweilig zu beurteilende Person am
ehesten zutreffenden bzw. am wenigsten zutreffenden angeben. Sie sind
gezwungen, sich jeweils nur für eine
Beschreibung (bzw. für zwei Beschreibungen einer Tetrade) zu ent-

scheiden. Die Beurteiler kennen dabei die Bedeutung der einzelnen Aussagen hinsichtlich ihres positiven bzw. negativen Leistungsbezugs nicht. Die Aussagen selbst werden unter Beteiligung einer Stichprobe von Beurteilern mit Hilfe der → Methode der kritischen Ereignisse ermittelt. Die beschreibenden Aussagen, obwohl gleichgewichtig klingend, sind vorab daraufhin zu überprüfen, welche der Paaraussagen tatsächlich – unbewußt – eine positive bzw. negative Charakterisierung bedeuten. Nur wenn alle Aussagen eines Paares (bzw. genauer einer Tetrade) die gleiche soziale Erwünschtheit haben, ist Schönfärberei weitgehend ausgeschlossen. Gleichgewichtig klingende, aber im Endeffekt leistungsdifferenzierende Aussagen werden dann zu Paaren vereinigt. Die Wertigkeit jeder Frage wird empirisch ermittelt. Mit dem sog. *Präferenzindex* (Bedeutungsindex; Importance, Favorability oder Social Disirability Index) erhält man Auskunft über die Attraktivität bzw. soziale Erwünschtheit der Items, d. h. z. B., ob Aussagen für die betroffenen Beurteiler in etwa den gleichen gewichtigen Klang haben. Statt des Präferenzwertes kann auch ein *Prestigeindex* (Index für den Grad des Ansehens bzw. der sozialen Erwünschtheit) ermittelt werden, um die Gruppierung der Aussage vornehmen zu können. Der *Diskriminierungsindex* (Gültigkeitsindex; discriminability Index) gibt die tatsächliche Beurteilungskraft der Items wieder, d. h. inwieweit mit ih-

nen zwischen guten und weniger guten Mitarbeiterleistungen unterschieden werden kann. Nach der Ermittlung der beiden Indizes werden Beschreibungspaare (sog. Tetraden) von Aussagen gebildet, die den gleichen hohen Präferenzindex haben, deren Diskriminierungsindex aber bei der einen Aussage hoch, bei der anderen niedrig ist. Über die Anzahl und die Form der Gruppen bzw. Gruppierungen gibt es unterschiedliche Ansichten in der Literatur.

Lit.: Bartlett 1983, Becker, F. G. 1994

Zwei-Faktoren-Theorie nach *Herzberg*

Bei der Zwei-Faktoren-Theorie (synonym: Dual-Faktoren-Theorie) handelt es sich um einen aufgrund empirischer Erhebungen entstandenen und heftig umstrittenen Ansatz von *Herzberg* und seinen Mitarbeitern (v. a. *Snyderman* und *Mausner*). Streng genommen und von der Intention her stellt sie einen Erklärungsansatz zur → Arbeitszufriedenheit dar. Dadurch, daß Zufriedenheit als die Grundvoraussetzung für hohe Leistungsbereitschaft angesehen wird, von der Arbeitszufriedenheit also eine indirekte motivations- und leistungsfördernde Wirkung ausgehen soll, ist es üblich und sinnvoll, die motivationstheoretischen Implikationen des Erklärungsansatzes darzulegen. Im Rahmen der sog. *Pittsburgh-Studie* wurden von *Herzberg* ca. 200 Techniker und Buchhalter durch teilstrukturierte Interviews über angenehme Arbeitssituationen (→ Critical-Incident-Technique) befragt. Aus der Feststellung, daß im Zusammenhang mit besonders unangenehmen Erlebnissen häufig unterschiedliche Ursachen bzw. Faktoren angegeben wurden, schloß *Herzberg*, daß es zwei Dimensionen gibt:

- *Motivatoren*: Faktoren, mit denen *Arbeitszufriedenheit* erreicht werden kann (auch Satisfaktoren, Zufriedenmacher oder intrinsische Faktoren genannt). Als wichtigste Motivatoren werden Leistungserfolg, Anerkennung, Arbeitsinhalt, Verantwortung, Aufstieg, Entfaltungsmöglichkeiten u. a. genannt. Diese Faktoren stehen in unmittelbarem Zusammenhang mit der Arbeitsdurchführung.
- *Hygienefaktoren*: Faktoren, die die *Arbeitszufriedenheit* verhindern können (auch Frustratoren, Dissatisfaktoren, Unzufriedenmacher, Kontextfaktoren oder extrinsische Faktoren genannt). Als Hygienefaktoren werden Bezahlung, interpersonelle Beziehungen mit Untergebenen, Vorgesetzten und Kollegen, Status und Ansehen, Unternehmungspolitik und -verwaltung, physische Arbeitsbedingungen und Arbeitsplatzsicherheit u. a. genannt. Sie stehen in keiner unmittelbaren Beziehung zur Arbeit selbst, sondern stellen Begleitumstände der Arbeit dar. Ihr Fehlen löst Arbeitsunzufriedenheit aus. Ihr Vorhandensein kann jedoch keine Arbeitszufriedenheit bewirken. Mit

ihnen ist im günstigsten Falle nur der Zustand der Nicht-Arbeitsunzufriedenheit zu erreichen.

Arbeitszufriedenheit wird infolgedessen nicht auf einem eindimensionalen Kontinuum gesehen, welches von „Arbeitsunzufriedenheit" bis „Arbeitszufriedenheit" reicht. Das *zweidimensionale Konzept* umfaßt die Dimensionen „Arbeitszufriedenheit - Nicht-Arbeitszufriedenheit" und „Arbeitsunzufriedenheit - Nicht-Arbeitsunzufriedenheit" (s. die Abbildung). Eine Person kann, gemäß dieser Feststellung, zu einem Zeitpunkt zugleich sehr unzufrieden als auch sehr zufrieden sein, je nach angesprochener Dimension.

Durch *Modifizierungen* versuchte *Herzberg* seine Aussagen realitätsnäher zu gestalten. So wurde später von ihm angenommen, daß (a) die Motivatoren und Hygienefaktoren nicht immer, sondern nur noch überwiegend zur Arbeitszufriedenheit und Arbeits-Nichtzufriedenheit beitragen, und daß (b) Personen in unterschiedlicher Weise von Motivatoren und Hygienefaktoren angesprochen werden. Bei (b) bezieht er sich auf die Unterscheidung „*maintenance seekers*" (mit vorwiegend extrinsischen Arbeitsinteressen) und „*motivation seekers*" (mit vorwiegend instrinsischer, erfolgsmotivierter Einstellung). Beide Typen bevorzugen jeweils eine bestimmte Dimension von Faktoren.

Die Gestaltungsempfehlungen von *Herzberg* lauten nun einerseits, leicht feststellbare Aspekte der Hygienefaktoren (quasi negative Be-

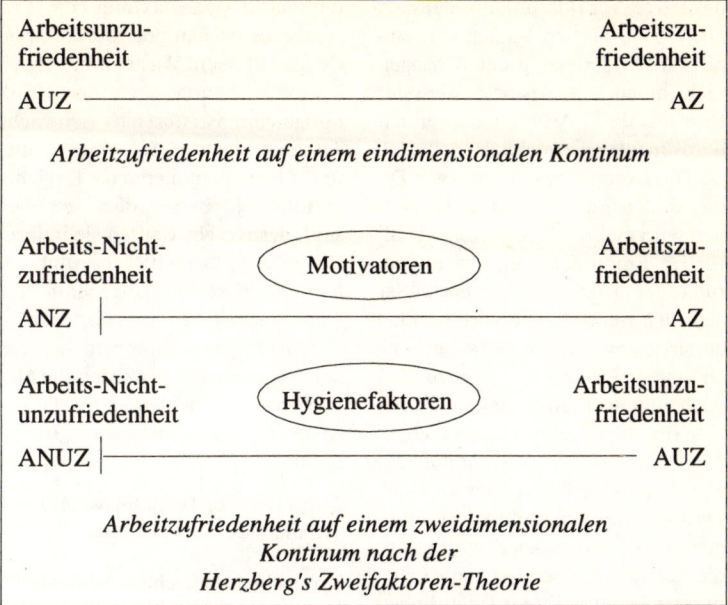

Arbeitsunzu-
friedenheit

Arbeitszu-
friedenheit

AUZ ——————————————————— AZ

Arbeitzufriedenheit auf einem eindimensionalen Kontinum

Arbeits-Nicht-
zufriedenheit

Motivatoren

Arbeitszu-
friedenheit

ANZ ——————————————————— AZ

Arbeits-Nicht-
unzufriedenheit

Hygienefaktoren

Arbeitsunzu-
friedenheit

ANUZ ——————————————————— AUZ

*Arbeitzufriedenheit auf einem zweidimensionalen
Kontinum nach der
Herzberg's Zweifaktoren-Theorie*

Dimensionen der Arbeitszufriedenheit

gleitumstände der Arbeit) und damit Arbeitsunzufriedenheit zu beseitigen, und sich andererseits schwerpunktmäßig zur Aktivierung der Leistungsbereitschaft von Mitarbeitern auf die Motivatoren und damit auf die Arbeitszufriedenheit zu konzentrieren. Am erfolgreichsten ließe sich die Förderung der Arbeitszufriedenheit durch eine Anreicherung des individuellen Aufgabenbereiches mit interessanten, zusätzlichen Aufgabentätigkeiten erreichen. Die Ergebnisse der *Herzberg*schen Studien haben dadurch weitreichende organisationsgestaltende Konsequenzen gehabt, indem sie sowohl zur Begründung für die Einführung von → Job-Enrichment-Maßnahmen angeführt wurden, als auch die Bemühungen zur → Humanisierung der Arbeit maßgeblich mitbeeinflußt haben. Die große Resonanz, die *Herzberg* mit seinem Erklärungsansatz trotz der schon frühzeitig geäußerten *Kritik* gefunden hat, ist wohl auf die einfachen Grundannahmen, die leicht nachvollziehbare Erhebungsmethode, den humanistischen Zeitgeist, die unmittelbare „Einsichtigkeit" seiner Schlußfolgerungen, mit der sich direkt betriebliche Gestaltungsmaßnahmen durchführen ließen, zurückzuführen. Allerdings ist die Kritik sehr massiv: (1) Der überwiegende Teil des Erklärungsansatzes ist nur vage formuliert, so daß eine empirische Widerlegung der Aussagen nicht möglich ist. Insbesondere der Begriff der Arbeitszufriedenheit wird nicht ausdrücklich definiert. (2) Die Unterteilung in die zwei Dimensionen der Arbeitszufriedenheit wird mehrfach bestritten. (3) Situative Einflußfaktoren zur Bedeutung der Faktoren werden außer acht gelassen. (4) Die vorliegenden empirischen Ergebnisse lassen eine eindeutige Bestätigung nicht zu. Kritisch anzumerken bleibt, daß sich eine Bestätigung der Aussagen *Herzberg*s nur bei der Anwendung des „Verfahrens der kritischen Ereignisse" (als „Kunstprodukt der Methode") ergab. (5) Kritisiert wird ferner die Auswahl der Befragten, die Erhebung lediglich früherer Erfahrungen sowie die fehlende Erklärung dafür, warum die verschiedenen Motivato-

ren und Hygienefaktoren die Leistungsbereitschaft positiv oder negativ beeinflussen. Was von der Zwei-Faktoren-Theorie nach der Kritik übrigbleibt, ist nur eine schwache *Tendenzaussage*: Auf einer „unteren" Ebene dominieren die Hygienefaktoren. Je besser diese gegeben sind, desto mehr werden sie in ihrer Bedeutung abgeschwächt und fallen erst wieder unangenehm auf, wenn sie ausfallen. In dem Maße, in dem die Hygienefaktoren in ihrer Bedeutung verblassen, werden die Motivatoren entscheidender für die Zufriedenheit und Leistung des Individuums.

Lit.: Herzberg 1972, Wiswede 1980, Wunderer/Grunwald 1980

Zweischichtbetrieb (→ Schichtarbeit)

Literaturverzeichnis

DBW - Die Betriebswirtschaft
HWB - Handwörterbuch der Betriebswirtschaft
HWFü - Handwörterbuch der Führung
HWO - Handwörterbuch der Organisation
HWP - Handwörterbuch des Personalwesens
ZfbF - Zeitschrift für betriebswirtschaftliche Forschung
ZfP - Zeitschrift für Personalforschung

Ackermann, K. F. (*1985*): Personalstrategien bei alternativen Unternehmensstrategien. In: Die ganzheitliche Betrachtung der sozialen Leistungsordnung. Hrsg. v. W. Bühler u. a., Wien/New York 1985, S. 347 – 373.

Ackermann, K. F. (*1991*): Strategisches Personalmanagement im Visier der Wissenschaft. In: Personalmanagement für die 90er Jahre. Hrsg. v. K. F. Ackermann/H. Scholz, Stuttgart 1991, S. 13 – 34.

Ackermann, K. F. (*1992*): Auf der Suche nach kundenorientierten Organisationsformen des Personalmangements. In: Visionäres Personalmanagement. Hrsg. v. J. Kienbaum, Stuttgart 1992, S. 241 – 254.

Ackermann, K. F. (Hrsg.) (*1994*): Reorganisation der Personalabteilung. Stuttgart 1994.

Adams, J. (*1963*): Wage Inequity, Productivity and Work Quality. In: Industrial Relations, 3 (1963), S. 9 – 16.

Akerlof, G./J. L. *Yellen* (Hrsg.) (*1986*): Efficiency Wage Models of the Labor market. London 1986.

Alderfer, C. P. (*1969*): An Empirical Test of a New Theory of Human Needs. In: Organizational Behavior and Human Performance, 4 (1969), S. 142 – 175.

Alderfer, C. P. (*1972*): Existence, Relatedness and Growth. Human Needs in Organizational Settings. New York/London 1972.

Antoni, M. (*1982*): Arbeit als betriebswirtschaftlicher Grundbegriff. Bern 1982.

Arnold, U. (*1992*): Personalwerbung. In: HWP, hrsg. v. E. Gaugler/W. Weber, 2. Aufl., Stuttgart 1992, Sp. 1815 – 1825.

Atkinson, J. W. (*1957*): Motivational Determinants of Risk Taking Behavior. In: Psychological Review, 64 (1957), S. 359 – 372.

Atkinson, J. W. (*1964*): An Introduction to Motivation. Princeton u. a. 1964.

Atkinson, J. W. (*1974*): The Main Springs of Achievement Oriented Acitivity. In: Motivation and Achievement. Hrsg. v. J. W. Atkinson/J. O Raynor, New York 1974, S. 13 – 41.

Atteslander, P. (*1991*): Methoden der empirischen Sozialforschung. 6. Aufl., Berlin/New York 1991.

Baarss, A. u. a. (*1981*): Psychologische Arbeitsanalyse zur Erfassung der Persönlichkeitsförderlichkeit von Arbeitsinhalten. In: Beiträge zur psychologischen Arbeitsanalyse. Hrsg. v. F. Frei/E. Ulich, Bern u. a. 1981, S. 127 – 164.

Backes-Gellner, U. (*1993*): Personalwirtschaftslehre – eine ökonomische Disziplin?! In: ZfP, 7 (1993) 4, S. 513 – 529.

Literaturverzeichnis

Bandura, A. (*1979*): Sozial-kognitive Lerntheorie. Stuttgart 1979.

Bartlett, C. J. (*1983*): What_s the Difference Between Valid and Invalid Halo? In: Journal of Applied Psychology, 68 (1983) 2, S. 218 – 226.

Bartölke, K. u. a. (*1981*): Konfliktfeld Arbeitsbewertung. Frankfurt/New York 1981.

Bartscher, T. R./S. *Fritsch* (*1992*): Betriebskrankenkasse (BKK). In: HWP, hrsg. v. E. Gaugler/W. Weber, 2. Aufl., Stuttgart 1992, Sp. 586 – 598.

Bartscher, T. R./S. *Fritsch* (*1992a*): Personalmarketing. In: HWP, hrsg. v. E. Gaugler/W. Weber, 2. Aufl., Stuttgart 1992, Sp. 1747 – 1758.

Baumgarten, R. (*1977*): Führungsstile und Führungstechniken. Berlin 1977.

Becker, F. (*1992*): Arbeitnehmerüberlassung. In: HWP, hrsg. v. E. Gaugler/W. Weber, 2. Aufl., Stuttgart 1992, Sp. 242 – 253.

Becker, F. G. (*1988*): Die Rolle des Personalmanagements im Rahmen einer strategischen Führung. In: Strategische Planung, 4 (1988), S. 45 – 52.

Becker, F. G. (*1990*): Anreizsysteme für Führungskräfte. Stuttgart 1990.

Becker, F. G. (*1991*): Potentialbeurteilung – eine kafkaeske Komödie!? In: ZfP, 5 (1991) 1, S. 63 – 78.

Becker, F. G. (*1992*): Potentialbeurteilung. In: HWP, hrsg. v. E. Gaugler/W. Weber, 2. Aufl., Stuttgart 1992, Sp. 1921 – 1929.

Becker, F. G. (*1992a*): Selbstentwicklung. In: Personalwirtschaft, Sonderheft 1992. S. 37.

Becker, F. G. (*1993*): Strategische Ausrichtung von Entgeltsystemen. In: Entgeltsysteme. Hrsg. v. W. Weber, Stuttgart 1993, S. 313 – 338.

Becker, F. G. (*1994*): Grundlagen betrieblicher Leistungsbeurteilungen. 2. Aufl., Stuttgart 1994.

Becker, F. G. (*1994a*): Personalmanagement im Marketing. In: Handwörterbuch des Marketing, hrsg. v. B. Tietz/R. Köhler/J. Zentes, Stuttgart 1994, i. D.

Becker, F. G./A. *Martin* (Hrsg.) (*1993*): Empirische Personalforschung. München/Mering 1993.

Becker, F. G./C. *Meurer* (*1988*): Personalfreisetzung. In: Das Wirtschaftsstudium, 17 (1988), S. 272 – 280.

Becker, M. (*1992*): Umschulung. In: HWP, hrsg. v. E. Gaugler/W. Weber, 2. Aufl., Stuttgart 1992, Sp. 2221 – 2231.

Becker, M. (*1993*): Personalentwicklung. Bad Homburg v. d. H. 1993.

Becker, W. (*1980*): Anforderungen an Planungssysteme. München 1980.

Berger, U./I. *Bernhard-Mehlich* (*1993*): Die Verhaltenswissenschaftliche Entscheidungstheorie. In: Organisationstheorien. Hrsg. v. A. Kieser, Stuttgart/Berlin/Köln 1993, S. 127 – 159.

Bernardin, H. J./R. W. *Beatty* (Hrsg.) (*1984*): Performance Appraisal: Assessing Human Behaviour at Work. Boston 1984.

Berthel, J. (*1991*): Personal-Management. 3. Aufl., Stuttgart 1991.

Berthel, J. (*1992*): Fort- und Weiterbildung. In: HWP, hrsg. v. E. Gaugler/W. Weber, 2. Aufl., Stuttgart 1992, Sp. 883 – 898.

Berthel, J. (*1992a*): Laufbahn und Nachfolgeplanung. In: HWP, hrsg. v. E. Gaugler/W. Weber, 2. Aufl., Stuttgart 1992, Sp. 1203 – 1213.

Berthel, J./H. E. *Koch* (*1985*): Karriereplanung und Mitarbeiterförderung. Sindelfingen/Stuttgart 1985.

Berthel, J./M. *Touet* (*1990*): Das Assessment Center als „umfassender

Ansatz" der Eignungsbeurteilung. In: Personal-Management. Teil IV: Zentrale Schwerpunkte des Personal-Managements, 2.6. Hrsg. v. J. Berthel/H. Groenewald, Landsberg a. L. 1990.

Bestel, S./A. *Hurtz*/F. *Voigt* (*1990*): Erfahrungen beim kombinierten Einsatz des VERA- und RHIA-Verfahrens bei der SpanSet GmbH & Co. KG. In: Personal-Management. Teil IV: Zentrale Schwerpunkte des Personal-Managements, 3.1. Hrsg. v. J. Berthel/H. Groenewald, Landsberg a. L. 1990.

Besters, H. (*1992*): Vermögensbildung. In: HWP, hrsg. v. E. Gaugler/W. Weber, 2. Aufl., Stuttgart 1992, Sp. 2276 – 2288.

Beuthien, V. (*1992*): Arbeitskampf und Arbeitskampfrecht. In: HWP, hrsg. v. E. Gaugler/W. Weber, 2. Aufl., Stuttgart 1992, Sp. 136 – 148.

Beyer, H. T. (*1992*): Arbeitszeitmodelle. In: HWP, hrsg. v. E. Gaugler/W. Weber, 2. Aufl., Stuttgart 1992, Sp. 458 – 471.

Bisani, F. (*1992*): Personalbeschaffung und Personalbeschaffungsplanung. In: HWP, hrsg. v. E. Gaugler/W. Weber, 2. Aufl., Stuttgart 1992, Sp. 1619 – 1631.

Blake, R. R./J. S. *Mouton*/E. *Lux* (*1987*): Verhaltensgitter der Führung (Managerial Grid). In: HWFü, hrsg. v. A. Kieser/G. Reber/R. Wunderer, Stuttgart 1987, Sp. 2015 – 2028.

Bleicher, K. (*1992*): Unternehmungskultur. In: HWP, hrsg. v. E. Gaugler/W. Weber, 2. Aufl., Stuttgart 1992, Sp. 2241 – 2252.

Bleicher, K./E. *Meyer* (*1976*): Führung in der Unternehmung. Formen und Modelle. Reinbek 1976.

Blohm, H. (*1993*): Betriebsvereinbarungen und Betriebsordnung. In: HWB, hrsg. v. W. Wittmann u. a., 5. Aufl., Sp. 408 – 423.

Bokranz, R. (*1992*): Arbeitsplatzgestaltung. In: HWP, hrsg. v. E. Gaugler/W. Weber, ? Aufl., Stuttgart 1992, Sp. 253 – 269.

Borman, W. C. (*1986*): Behavior-based Rating Scales. In: Performance Assessment: Methods and Applications. Hrsg. v. R. A. Berk, Baltimore/London 1986, S. 100 – 120.

Bortz, J. (*1985*): Lehrbuch der Statistik. 2. Aufl., Berlin u. a. 1985.

Bosch, G. (*1990*): Qualifizieren statt entlassen – Beschäftigungspläne in der Praxis. 2. Aufl., Opladen 1990.

Brandstätter, H. (*1970*): Die Beurteilung von Mitarbeitern. In: Handbuch der Psychologie, Bd. 9: Betriebspsychologie. Hrsg. v. A. Mayer/B. Herwig, Stuttgart 1970, S. 668 – 734.

Breisig, T. (*1990*): Mitarbeitergespräche. In: Betriebliche Sozialtechniken. Hrsg. v. T. Breisig, Neuwied/Frankfurt 1990, S. 305 – 322.

Brickenkamp, R. (*1975*): Handbuch psychologischer und pädagogischer Tests. Göttingen u. a. 1975.

Brinkmann, G. (*1981–1984*): Ökonomik der Arbeit, Bd. 1 – 3. Stuttgart 1981 – 1984.

Bronner, R./W. *Schröder* (*1992*): Evaluation der betrieblichen Bildungsarbeit. In: HWP, hrsg. v. E. Gaugler/W. Weber, 2. Aufl., Stuttgart 1992, Sp. 853 – 864.

Buchner, H. (*1992*): Arbeitsrecht. In: HWP, hrsg. v. E. Gaugler/W. Weber, 2. Aufl., Stuttgart 1992, Sp. 302 – 315.

Bungard, W. (*1992*): Qualitätszirkel. In: HWP, hrsg. v. E. Gaugler/W. Weber, 2. Aufl., Stuttgart 1992, Sp. 1963 – 1976.

Literaturverzeichnis

Buttler, F./K. *Gerlach* (*1982*): Arbeitsmarkttheorien. In: Handwörterbuch der Wirtschaftswissenschaft, hrsg. v. W. Albers u. a., Stuttgart u. a. 1982, S. 686 – 696.

Buttler, F./L. *Bellmann* (*1992*): Arbeitsmarkt. In: HWP, hrsg. v. E. Gaugler/W. Weber, 2. Aufl., Stuttgart 1992, Sp. 159 – 169.

Campbell, J. P. u. a. (*1973*): The Development and Evaluation of Behaviorally Based Rating Scales. In: Journal of Applied Psychology, 57 (1973) 1, S. 15 – 22.

Capol, M. (*1965*): Die Qualifikation der Mitarbeiter als ganzheitliches Führungsmittel im industriellen Betrieb. Bern/Stuttgart 1965.

Coenenberg, A. G./J. *Funk*/M. *Djarrahzadeh* (1993): Internationalisierung als Herausforderung für das Personalmanagement. Stuttgart 1993.

Coester, M. (*1991*): Rechtliche Rahmenbedingungen der Gestaltung von Entgeltsystemen. In: Handbuch Anreizsysteme in Wirtschaft und Verwaltung. Hrsg. v. G. Schanz, Stuttgart 1991, S. 305 – 325.

Conrad, P. (*1992*): Identifikation. In: HWP, hrsg. v. E. Gaugler/W. Weber, 2. Aufl., Stuttgart 1992, Sp. 1043 – 1054.

Conradi, W. (*1983*): Personalentwicklung. Stuttgart 1983.

Daegling, K. D./J. *Hermsen* (*1973*): Die Planung des Personaleinsatzes. In: Der Betrieb, 26 (1973) 43, S. 2101 – 2108.

Delhees, K. H. (*1987*): Führungstheorie – Eigenschaftstheorie. In: HWFü, hrsg. v. A. Kieser/G. Reber/R. Wunderer, Stuttgart 1987, Sp. 748 – 756.

Deppe, J. (*1991*): Anreizpotentiale von Qualitätszirkeln. In: Handbuch Anreizsysteme in Wirtschaft und Verwaltung. Hrsg. v. G. Schanz, Stuttgart 1991, S. 637 – 666.

Deppe, J. (Hrsg.) (*1992*): Euro-Betriebsräte. Wiesbaden 1992.

Dincher, R. (*1992*): Fluktuation. In: HWP, hrsg. v. E. Gaugler/W. Weber, 2. Aufl., Stuttgart 1992, Sp. 873 – 883.

Domsch, M. (*1993*): Personalplanung und -entwicklung für Fach- und Führungskräfte. In: Führung von Mitarbeitern. Hrsg. v. L. v. Rosenstiel/E. Regnet/M. Domsch, 2. Aufl., Stuttgart 1993, S. 403 – 416.

Domsch, M./T. J. *Gerpott* (*1985*): Verhaltensorientierte Beurteilungsskalen. In: DBW, 45 (1985) 6, S. 666 – 680.

Domsch, M./T. J. *Gerpott* (*1992*): Personalbeurteilung. In: HWP, hrsg. v. E. Gaugler/W. Weber, 2. Aufl., Stuttgart 1992, Sp. 1631 – 1641.

Domsch, M./M. *Krüger-Basener* (*1993*): Personalplanung und -entwicklung für Dual Career Couples (DCCs). In: Führung von Mitarbeitern. Hrsg. v. L. v. Rosenstiel/E. Regent/M. Domsch, 2. Aufl., Stuttgart 1993, S. 469 – 480.

Domsch, M./A. *Schneble* (*1992*): Mitarbeiterbefragung. In: Mitarbeiterbefragungen. Hrsg. v. M. Domsch/A. Schneble, 2. Aufl., Heidelberg 1992, S. 1 – 11.

Domsch, M./A. *Schneble* (*1993*): Personalinformationssysteme. In: Führung von Mitarbeitern. Hrsg. v. L. v. Rosenstiel/E. Regent/M. Domsch, 2. Aufl., Stuttgart 1993, S. 417 – 430.

Domsch, M./T. J. *Gerpott*/E. *Jochum* (*1983*): Personalbeurteilung durch Gleichgestellte in industrieller Forschung und Entwicklung (F&E). In: Psychologie und Praxis, 27 (1983) 4, S. 173 – 182.

Donat, M. (*1991*). Selbstbeurteilung. In: Beurteilung und Förderung beruflicher Leistung. Hrsg. v. W. Schuler, Stuttgart 1991, S. 135 – 145.

Dorsch, F. (*1982*): Psychologisches Wörterbuch. 10. Aufl., Bern 1982.

Drumm, H. J. (*1987*): Qualitative Personalplanung. In: ZfbF, 39 (1987), S. 959 – 974.

Drumm, H. J. (Hrsg.) (*1989*): Individualisierung der Personalwirtschaft. Bern/Stuttgart 1989.

Drumm, H. J. (*1992*): Personalplanung. In: HWP, hrsg. v. E. Gaugler/ W. Weber, 2. Aufl., Stuttgart 1992, Sp. 1758 – 1769.

Drumm, H. J. (*1992a*): Personalwirtschaftslehre. 2. Aufl., Berlin u. a. 1992.

Dülfer, E. (*1992*): Personalwesen in unterschiedlichen Kulturen. In: HWP, hrsg. v. E. Gaugler/W. Weber, 2. Aufl., Stuttgart 1992, Sp. 1881 – 1893.

Düll, H. (*1993*): Mitarbeitergespräch. In: Empirische Personalforschung. Hrsg. v. F. G. Becker/A. Martin, München/Mering 1993, S. 257 – 278.

Dycke, A./C. *Schulte* (*1986*): Cafeteria-Systeme. In: DBW, 46 (1986), S. 577 – 589.

Ebner, H. G./G. *Krell* (*1991*): Vorgesetztenbeurteilung. Oldenburg 1991.

Eckardstein, D. v. (*1991*): Von der anforderungsabhängigen zur qualifikationsorientierten Entlohnung? In: Handbuch Anreizsysteme in Wirtschaft und Verwaltung. Hrsg. v. G. Schanz, Stuttgart 1991, S. 215 – 232.

Eckardstein, D. v. (*1993*): Personalfreisetzung. In: HWB, hrsg. v. W. Wittmann u. a., 5. Aufl., Stuttgart 1993, Sp. 3091 – 3099.

Elschen, R. (*1988*): Agency-Theorie. In: DBW, 48 (1988), S. 248 – 250.

Elsik, W. (*1992*): Strategisches Personalmanagement: Konzeptionen und Konsequenzen. München u. a. 1992.

Endruweit, G. (*1992*): Arbeitnehmer. In: HWP, hrsg. v. E. Gaugler/W. Weber, 2. Aufl., Stuttgart 1992, Sp. 191 – 202.

Engelen-Kefer, U. (*1992*): Kurzarbeit. In: HWP, hrsg. v. E. Gaugler/W. Weber, 2. Aufl., Stuttgart 1992, Sp. 1191 – 1202.

Evers, H. (*1987*): Entgeltpolitik für Führungskräfte. In: HWFü, hrsg. v. A. Kieser/G. Reber/R. Wunderer, Stuttgart 1987, Sp. 200 – 210.

Festinger, L. (*1957*): A Theory of Cognitive Dissonance. Stanford 1957.

Fiedler, F. E. (*1967*): A Theory of Leadership Effectiveness. New York u. a. 1967.

Fiedler, F. E. (*1987*): Führungstheorien – Kontingenztheorie. In: HWFü, hrsg. v. A. Kieser/G. Reber/R. Wunderer, Stuttgart 1987, Sp. 809 – 823.

Finzer, P. /M. *Mungenast* (*1992*): Personalauswahl. In: HWP, hrsg. v. E. Gaugler/W. Weber, 2. Aufl., Stuttgart 1992, Sp. 1583 – 1596.

Flanagan, J. C. (*1954*): The Critical Incident Technique. In: Psychological Bulletin, 51 (1954) 4, S. 327 – 358.

Flohr, B./F. *Niederfeichtner* (*1982*): Zum gegenwärtigen Stand der Personalentwicklungsliteratur. In: Personalentwicklung. Hrsg. v. H. Kossbiel, Wiesbaden 1982, S. 11 – 49.

Födisch, W. (*1992*): Personalakte. In: HWP, hrsg. v. E. Gaugler/W. Weber, 2. Aufl., Stuttgart 1992, Sp. 1556 – 1563.

Franke, H. (*1992*): Bundesanstalt für Arbeit. In: HWP, hrsg. v. E. Gaugler/ W. Weber, 2. Aufl., Stuttgart 1992, Sp. 709 – 718.

Frey, D./J. *Weidemann* (*1992*): Dissonanztheorie. In: HWP, hrsg. v. E.

Literaturverzeichnis

Gaugler/W. Weber, 2. Aufl., Stuttgart 1992, Sp. 727 – 738.

Friauf, K. H. (*1993*): Gewerbeordnung und Unternehmung. In: HWB, hrsg. v. W. Wittmann u. a., 5. Aufl., Stuttgart 1993, Sp. 1450 – 1459.

Fricke, W. (*1975*): Arbeitsorganisation und Qualifikation. Bonn/Bad Godesberg 1975.

Friedrichs, J. (*1989*): Methoden empirischer Sozialforschung. Opladen 1989.

Frieling, E. u. a. (*1984*): Entwicklung eines theoriegeleiteten, standardisierten, verhaltenswissenschaftlichen Verfahrens zur Tätigkeitsanalyse. München 1984.

Frieling, E./G. C. *Hoyos* (Hrsg.) (*1978*): Fragebogen zur Arbeitsplatzanalyse (FAA). Bern/Stuttgart/Wien 1978.

Fritsch, M. (*1985*): Führungskräftefortbildung bei innovationsorientierter Unternehmungsführung. Frankfurt/Bern/New York 1985.

Fuchs-Wegner, G. (*1987*): Management-by-Konzepte. In: HWFü, hrsg. v. A. Kieser/G. Reber/R. Wunderer, Stuttgart 1987, Sp. 1366 – 1372.

Fürstenberg, F. (*1992*): Betriebs- und Organisationssoziologie. In: HWP, hrsg. v. E. Gaugler/W. Weber, 2. Aufl., Stuttgart 1992, Sp. 625 – 635.

Gabele, E. (*1992*): Führungsmodelle. In: HWP, hrsg. v. E. Gaugler/W. Weber, 2. Aufl., Stuttgart 1992, Sp. 948 – 965.

Gaugler, E. (*1975*): Erfolgsbeteiligung. In: HWP, hrsg. v. E. Gaugler, Stuttgart 1975, Sp. 794 – 807.

Gaugler, E. (*1992*): Personalberatung. In: HWP, hrsg. v. E. Gaugler/W. Weber, 2. Aufl., Stuttgart 1992, Sp. 1608 – 1619.

Gaugler, E./W. *Weber* (*1988*): Die Personalberatung. Freiburg i. Br. 1988.

Gaul, D. (*1992*): Lohnfortzahlung. In: HWP, hrsg. v. E. Gaugler/W. Weber, 2. Aufl., Stuttgart 1992, Sp. 1274 – 1284.

Gebert, D. (*1981*): Belastung und Beanspruchung in Organisationen. Ergebnisse der Streß-Forschung. Stuttgart 1981.

Gebert, D. (*1992*): Arbeitsgruppe. In: HWP, hrsg. v. E. Gaugler/W. Weber, 2. Aufl., Stuttgart 1992, Sp. 120 –129.

Geissler, K. A./W. *Wittwer* (*1992*): Betriebspädagogik. In: HWP, hrsg. v. E. Gaugler/W. Weber, 2. Aufl., Stuttgart 1992, Sp. 599 – 611.

Gerlach, K./O. *Hübler* (*1985*): Lohnstruktur, Arbeitsmarktprozesse und Leistungsintensität in Effizienzlohnmodellen. In: Staat und Beschäftigung. Hrsg. v. F. Buttler/J. Kühl/B. Rahmann, Nürnberg 1985, S. 249 – 290.

Gerlach, K./W. *Lorenz* (*1992*): Arbeitsmarkttheorie/-ökonomie. In: HWP, hrsg. v. E. Gaugler/W. Weber, 2. Aufl., Stuttgart 1992, Sp. 169 – 179.

Glaubrecht, H./D. *Wagner*/E. *Zander* (*1988*): Arbeitszeit im Wandel. Neue Formen der Arbeitszeitgestaltung. 3. Aufl., Freiburg i. Br. 1988.

Grave, A. de (*1991*): Gestaltung beruflicher Erstausbildung in Unternehmungen. Frankfurt/M. u. a. 1991.

Grawert, A./D. *Wagner* (*1988*): Betrieblich beeinflußbare Sozialleistungen als Entgeltbestandteile. In: ZfP, 2 (1988), S. 89 – 106.

Grawert, A./D. *Wagner* (*1990*): Erfahrungen mit Cafeteria-Modellen. In: Personalwirtschaft, (1990) 10, S. 23 – 29.

Gross, W. (*1992*): Arbeitsrecht: 2. Kollektives Arbeitsrecht. 2. Aufl., Wiesbaden 1992.

Grün, O. (*1987*): Delegation. In: HWFü, hrsg. v. A. Kieser/G. Reber/R.

Wunderer, Stuttgart 1987, Sp. 137 – 146.

Grunsky, W. (*1992*): Arbeitsgerichtsbarkeit. In: HWP, hrsg. v. E. Gaugler /W. Weber, 2. Aufl., Stuttgart 1992, Sp. 109 – 120.

Guski, H. G./H. J. *Schneider* (*1983*): Betriebliche Vermögensbeteiligung in der Bundesrepublik Deutschland, Bd. 2., Köln 1983.

Hacker, W. (*1986*): Arbeitspsychologie. Bern u. a. 1986.

Hacker, W./A. *Iwanowa*/P. *Richter* (*1983*): Tätigkeits-Bewertungssystem TBS. Berlin 1983.

Hackman, J. R./G. R. *Oldham* (*1975*): Development of the Job Diagnostic Survey. In: Journal of Applied Psychology, 60 (1975), S. 159 – 170.

Hackstein, R./F.-J. *Heeg* (*1992*): Arbeitswissenschaft. In: HWP, hrsg. v. E. Gaugler/W. Weber, 2. Aufl., Stuttgart 1992, Sp. 429 – 441.

Hamel, W. (*1992*): Arbeitszeit. In: HWP, hrsg. v. E. Gaugler/W. Weber, 2. Aufl., Stuttgart 1992, Sp. 441 – 458.

Hamel, W. (*1993*): Betriebsverfassung. In: HWB, hrsg. v. W. Wittmann u. a., 5. Aufl., Stuttgart 1993, Sp. 424 – 442.

Hanau, P. (*1992*): Arbeitsrecht, Individuelles. In: HWP, hrsg. v. E. Gaugler /W. Weber, 2. Aufl., Stuttgart 1992, Sp. 316 – 328.

Harlander, N./C. Hadack/F. Köpfler/ K.-D. Müller (*1985*): Praktisches Lehrbuch Personalwirtschaft. 2. Aufl., Landsberg a. L. 1985.

Hauser, E. (*1993*): Coaching von Mitarbeitern. In: Führung von Mitarbeitern. Hrsg. v. L. v. Rosenstiel/E. Regnet/M. Domsch, 2. Aufl., Stuttgart 1993, S. 223 – 235.

Heckhausen, H. (*1980*): Motivation und Handeln. Berlin u. a. 1980.

Heidack, C. (*1992*): Vorschlagswesen, betriebliches. In: HWP, hrsg. v. E. Gaugler/W. Weber, 2. Aufl., Stuttgart 1992, Sp. 2299 – 2316.

Hemmer, E. (*1992*): Personalaufwand. In: HWP, hrsg. v. E. Gaugler/ W. Weber, 2. Aufl., Stuttgart 1992, Sp. 1573 – 1583.

Henke, N. (*1992*): Sozialrecht. In: HWP, hrsg. v. E. Gaugler/W. Weber, 2. Aufl., Stuttgart 1992, Sp. 2110 – 2122.

Henssler, M. (*1992*): Arbeitsrecht, Kollektives. In: HWP, hrsg. v. E. Gaugler/ W. Weber, 2. Aufl., Stuttgart 1992, Sp. 328 – 339.

Hentze, J. (*1980*): Arbeitsbewertung und Personalbeurteilung. Stuttgart 1980.

Hentze, J./A. *Kammel* (*1993*): Personalcontrolling. Bern/Stuttgart/Wien 1993.

Herkner, W. (*1986*): Einführung in die Sozialpsychologie. 4. Aufl., Bern u. a. 1986.

Herkner, W. (*1992*): Einstellungen. In: HWP, hrsg. v. E. Gaugler/W. Weber, 2. Aufl., Stuttgart 1992, Sp. 792 – 807.

Hersey, P./K. H. *Blanchard* (*1977*): Management of Organizational Behaviour. 3. Aufl., Englewood Cliffs (N. J.) 1977.

Herzberg, F. H. (*1972*): Work and the Nature of Man. 3. Aufl., London 1972.

Hettinger, T. (*1992*): Arbeitsmedizin. In: HWP, hrsg. v. E. Gaugler/W. Weber, 2. Aufl., Stuttgart 1992, Sp. 179 – 191.

Heubeck, K. (*1992*): Altersversorgung, Betriebliche. In: HWP, hrsg. v. E. Gaugler/W. Weber, 2. Aufl., Stuttgart 1992, Sp. 18 – 29.

Heymann, H. H./L. J. *Seiwert* (Hrsg.) (*1982*): Job Sharing. Greifenau 1982.

Literaturverzeichnis

Hirsch-Weber, W. (*1992*): Gewerkschaften. In: HWP, hrsg. v. E. Gaugler/W. Weber, 2. Aufl., Stuttgart 1992, Sp. 997 – 1008.

Höhn, R. (*1987*): Führungsmodelle – Harzburger Modell. In: HWFü, hrsg. v. A. Kieser/G. /R. Wunderer, Stuttgart 1987, Sp. 614 – 621.

Höhn, R./G. *Böhme* (*1979*): Der Weg zur Delegation von Verantwortung im Unternehmen. 5. Aufl., Bad Harzburg 1979.

Hollander, E. P. (*1987*): Führungstheorien – Idiosynkrasiekreditmodell. In: HWFü, hrsg. v. A. Kieser/G. Reber/R. Wunderer, Stuttgart 1987, Sp. 789 – 803.

Hromadka, W. (*1992*): Tarifvertrag. In: HWP, hrsg. v. E. Gaugler/W. Weber, 2. Aufl., Stuttgart 1992, Sp. 2169 – 2181.

Huber, K. H. (*1992*): Einführungsprogramme für neue Mitarbeiter. In: HWP, hrsg. v. E. Gaugler/W. Weber, 2. Aufl., Stuttgart 1992, Sp. 763 – 773.

Ilgen, D. A./J. M. *Feldman* (*1983*): Performance Appraisal. In: Research of Organizational Behaviour, 5 (1983), S. 141 – 197.

Jacobs, S./M. *Thiess*/D. *Söhnholz* (*1987*): Human-Ressourcen-Portfolio. In: Die Unternehmung, 41 (1987), S. 205 – 218.

Jago, A. G. (*1987*): Führungstheorien – Vroom/Yetton-Modell. In: HWFü, hrsg. v. A. Kieser/G. Reber/R. Wunderer, Stuttgart 1987, Sp. 931 – 948.

Jeiter, W. (*1993*): Arbeitsschutz. In: HWB, hrsg. v. W. Wittmann, 5. Aufl., Stuttgart 1993, Sp. 170 – 179.

Jeserich, W. (*1981*): Mitarbeiter auswählen und fördern. München/Wien 1981.

Jochmann-Döll, A. (*1990*): Gleicher Lohn für gleichwertige Arbeit. München/Mering 1990.

Jochum, E. (*1987*): Gleichgestelltenbeurteilung. Stuttgart 1987.

Jochum, E. (*1993*): Laterale Führung und Zusammenarbeit. In: Führung von Mitarbeitern. Hrsg. v. L. v. Rosenstiel/E. Regnet/M. Domsch, 2. Aufl., Stuttgart 1993, S. 379 – 389.

Joppe, L. (*1975*): Heimarbeit. In: HWP, hrsg. v. E. Gaugler, Stuttgart 1975, Sp. 987 – 996.

Kadel, P./H. *Meier* (*1992*): Vergütung außertariflich Angestellter. In: HWP, hrsg. v. E. Gaugler/W. Weber, 2. Aufl., Stuttgart 1992, Sp. 2253 – 2263.

Kappler, E. (*1992*): Menschenbilder. In: HWP, hrsg. v. E. Gaugler/W. Weber, 2. Aufl., Stuttgart 1992, Sp. 1324 – 1342.

Kasper, H. (*1992*): Sozialisation, Betriebliche. In: HWP, hrsg. v. E. Gaugler/W. Weber, 2. Aufl., Stuttgart 1992, Sp. 2056 – 2065.

Kerber, W. (*1975*): Arbeit. In: HWP, hrsg. v. E. Gaugler, Stuttgart 1975, Sp. 52 – 63.

Kern, H./M. *Schumann* (*1977*): Industriearbeit und Arbeiterbewußtsein. Frankfurt/M. 1977.

Kern, H./M. *Schumann* (*1985*): Das Ende der Arbeitsteilung? 2. Aufl., München 1985.

Kerr, S./C. S. *Mathews* (*1987*): Führungstheorien – Theorie der Führungssubstitution. In: HWFü, hrsg. v. A. Kieser/G. Reber/R. Wunderer, Stuttgart 1987, Sp. 909 – 922.

Kick, T./E. *Scherm* (*1993*): Individualisierung in der Personalentwicklung (PE). In: ZfP, 7 (1993) 1, S. 35 – 49.

Kieser, A. (*1993*): Einarbeitung neuer Mitarbeiter. In: Führung von Mitarbeitern. Hrsg. v. L. v. Rosenstiel/E. Regent/M. Domsch, 2. Aufl., Stuttgart 1993, S. 141 – 152.

Kieser, A. (*1993a*): Max Webers Analyse der Bürokratie. In: Organisationstheorien. Hrsg. v. A. Kieser, Stuttgart u. a. 1993, S. 37 – 62.

Kieser, A. (Hrsg.) (*1993b*): Organisationstheorien. Stuttgart u. a. 1993.

Kieser, A./H. *Kubicek* (*1992*): Organisation. 3. Aufl., Berlin/New York 1992.

Kieser, A./R. *Nagel* (*1986*): Die Gestaltung von Eingliederungsprogrammen für neue Mitarbeiter. In: ZfbF, 38 (1986), S. 956 – 962.

Kirchner, J.-H. (*1992*): Arbeitsstudium. In: HWP, hrsg. v. E. Gaugler/W. Weber, 2. Aufl., Stuttgart 1992, Sp. 387 – 398.

Klein, A. (*1992*): Arbeitskammern. In: HWP, hrsg. v. E. Gaugler/W. Weber, 2. Aufl., Stuttgart 1992, Sp. 129 – 136.

Kleinbeck, U. (Hrsg.) (*1987*): Arbeitspsychologie. Göttingen 1987.

Kleinhenz, G. (*1992*): Tarifverhandlungen. In: HWP, hrsg. v. E. Gaugler/W. Weber, 2. Aufl., Stuttgart 1992, Sp. 2159 – 2169.

Koch, J.-J. (*1992*): Wahrnehmungsprozesse. In: HWP, hrsg. v. E. Gaugler/W. Weber, 2. Aufl., Stuttgart 1992, Sp. 2317 – 2326.

Kompa, A. (*1989*): Personalbeschaffung und Personalauswahl. 2. Aufl., Stuttgart 1989.

Kosiol, E. (*1962*): Leistungsgerechte Entlohnung. 2. Aufl. von „Theorie der Lohnstruktur". Wiesbaden 1962.

Kossbiel, H. (*1992*): Personalbedarfsermittlung. In: HWP, hrsg. v. E. Gaugler/W. Weber, 2. Aufl., Stuttgart 1992, Sp. 1569 – 1608.

Kossbiel, H. (*1992a*): Personaleinsatz und Personaleinsatzplanung. In: HWP, hrsg. v. E. Gaugler/W. Weber, 2. Aufl., Stuttgart 1992, Sp. 1654 – 1666.

Kossbiel, H./T. *Spengler* (*1992*): Perso-

nalwirtschaft und Organisation. In: HWO, hrsg. v. E. Frese, 3. Aufl., Stuttgart 1992, Sp. 1949 – 1962.

Kotler, P./F. *Bliemel* (*1992*): Marketing-Management. 7. Aufl., Stuttgart 1992.

Kötter, P. M. (*1993*): Investive Lohngestaltung. In: Personal, 45 (1993) 12, S. 566 – 569.

Kram, K. E. (*1985*): Mentoring at Work. Glenview/London 1985.

Kreikebaum, H. (*1992*): Arbeit. In: HWP, hrsg. v. E. Gaugler/W. Weber, 2. Aufl., Stuttgart 1992, Sp. 29 – 39.

Kreikebaum, H. (*1992a*): Humanisierung. In: HWO, hrsg. v. E. Frese, 3. Aufl., Stuttgart 1992, Sp. 816 – 826.

Kreikebaum, H. (*1993*): Humanisierung der Arbeit. In: HWB, hrsg. v. W. Wittmann u. a., 5. Aufl., Stuttgart 1993, Sp. 1674 – 1681.

Krell, G. (1992): Arbeitsbedingungen. In: HWP, hrsg. v. E. Gaugler/W. Weber, 2. Aufl., Stuttgart 1992, Sp. 60 – 70.

Krell, G./M. *Osterloh* (Hrsg.) (*1992*): Personalpolitik aus der Sicht von Frauen – Frauen aus der Sicht der Personalpolitik. 2. Aufl., München/Mering 1992.

Kromphardt, J. (*1992*): Arbeitslosigkeit. In: HWP, hrsg. v. E. Gaugler/W. Weber, 2. Aufl., Stuttgart 1992, Sp. 148 – 159.

Krüger, W. (*1972*): Grundlagen, Probleme und Instrumente der Konflikthandhabung in der Unternehmung. München 1972.

Krüger, W. (*1973*): Konfliktsteuerung als Führungsaufgabe. München 1973.

Krüger, W. (*1980*): Konflikte in der Organisation. In: HWO, hrsg. v. E. Grochla, 2. Aufl., Stuttgart 1980, Sp. 1070 – 1082.

Krüger, W. (*1981*): Theorie unternehmungsbezogener Konflikte. In: ZfB, 51 (1981), S. 910 – 952.

Krüger, W. (*1987*): Stellenbeschreibung als Führungsinstrument. In: HWFü, hrsg. v. A. Kieser/G. Reber/ R. Wunderer, Stuttgart 1987, Sp. 1891 – 1897.

Küpper, W./G. *Ortmann* (*1986*): Mikropolitik in Organisationen. In: DBW, 46 (1986), S. 590 – 602.

Lampert, H. (*1992*): Sozialversicherung. In: HWP, hrsg. v. E. Gaugler/ W. Weber, 2. Aufl., Stuttgart 1992, Sp. 2122 – 2131.

Laske, S./R. *Weiskopf* (*1992*): Hierarchie. In: HWO, hrsg. v. E. Frese, 3. Aufl., Stuttgart 1992, Sp. 791 – 807.

Latham, G. P./K. N. *Wexley* (*1981*): Increasing Productivity through Performance Appraisal. Reading (Mass.) 1981.

Laux, H./F. *Liermann* (*1987*): Grundlagen der Organisation. Berlin u. a. 1987.

Lawler, E. E. (*1973*): Motivation in Work Organizations. Belmont (Calif.) 1973.

Lawler, E. E. (*1977*): Motivierung in Organisationen. Bern/Stuttgart 1977.

Leitner, K. u. a. (*1987*): Analyse psychischer Belastung in der Arbeit. Köln 1987.

Liebel, H. J./W. A. *Oechsler* (*1992*): Personalbeurteilung. Wiesbaden 1992.

Lienert, G. A. (*1969*): Testaufbau und Testanalyse. 3. Aufl., Weinheim/Berlin/Basel 1969.

Likert, R. (*1975*): Die integrierte Führungs- und Organisationsstruktur. New York 1975.

Lössl, E. (*1992*): Eignungsdiagnostische Instrumente. In: HWP, hrsg. v. E. Gaugler/W. Weber, 2. Aufl., Stuttgart 1992, Sp. 750 – 763.

Lueger, G. (*1992*): Die Bedeutung der Wahrnehmung bei der Personalbeurteilung. München/Mering 1992.

Luthans, F./M. L. *Fox* (*1989*): Update on Skill-Based-Pay. In: Personnel, 66 (1989) 3, S. 26 – 31.

Macharzina, K. (*1992*): Personalpolitik. In: HWP, hrsg. v. E. Gaugler/W. Weber, 2. Aufl., Stuttgart 1992, Sp. 1780 – 1797.

Mag, W. (*1992*): Personalplanung für besondere Mitarbeitergruppen. In: HWP, hrsg. v. E. Gaugler/W. Weber, 2. Aufl., Stuttgart 1992, Sp. 1769 – 1780.

Maier, W. (*1988*): Arbeitsanalyse und Lohngestaltung. 2. Aufl., Stuttgart 1988.

Marr, R. (Hrsg.) (*1987*): Arbeitszeitmanagement. Berlin 1987.

Marr, R. (*1992*): Datenschutz. In: HWP, hrsg. v. E. Gaugler/W. Weber, 2. Aufl., Stuttgart 1992, Sp. 719 – 726.

Marr, R./H. *Schmidt* (*1992*): Humanvermögensrechnung. In: HWP, hrsg. v. E. Gaugler/W. Weber, 2. Aufl., Stuttgart 1992, Sp. 1031 – 1042.

Martens, K.-P. (*1993*): Arbeitsrecht und Unternehmung. In: HWB, hrsg. v. W. Wittmann u. a., 5. Aufl., Stuttgart 1993, Sp. 151 – 170.

Martin, A. (*1988*): Personalforschung. München 1988.

Martin, A. (*1992*): Arbeitszufriedenheit. In: HWP, hrsg. v. E. Gaugler/W. Weber, 2. Aufl., Stuttgart 1992, Sp. 481 – 493.

Martin, A. (*1992a*): Methoden der Personalforschung. In: HWP, hrsg. v. E. Gaugler/W. Weber, 2. Aufl., Stuttgart 1992, Sp. 1343 – 1354.

Maslow, A. H. (*1965*): Eupsychian Management. Homewood (Ill.) 1965.

Mayer, A. (Hrsg.) (*1978*): Organisationspsychologie. Stuttgart 1978.

Mayntz, R. (*1967*): Soziologie der Organisation. Reinbek 1967.

Mayo, E. (*1945*): The Social Problems of an Industrial Civilization. Boston 1945.

Mayrhofer, W. (*1989*): Outplacement – Stand der Diskussion. In: DBW, 49 (1989) 1, S. 55 – 68.

Mayrhofer, W. (*1992*): Outplacement. In: HWP, hrsg. v. E. Gaugler/W. Weber, 2. Aufl., Stuttgart 1992, Sp. 1523 – 1534.

Mayring, P. (*1993*): Einführung in die qualitative Sozialforschung. 2. Aufl., Weinheim 1993.

McClelland, D. C. (*1966*): Die Leistungsgesellschaft. Opladen 1966.

McCormick, E. J./D. R. *Ilgen* (*1981*): Industrial Psychology. 7. Aufl., London 1981.

McCormick, E. J. *u. a.* (*1972*): A Study of Job Characteristics and Job Dimensions as Based on the Position Analysis Questionnaire (PAQ). In: Journal of Applied Psychology, 56 (1972), S. 347 – 368.

McGregor, D. (*1960*): The Human Side of Enterprise. New York 1960.

Mentzel, W. (*1992*): Trainingsmethoden. In: HWP, hrsg. v. E. Gaugler/W. Weber, 2. Aufl., Stuttgart 1992, Sp. 2209 – 2220.

Mez, B. (*1987*): Das Referentensystem. In: Jahrbuch für Betriebswirte 1987. Hrsg. v. H. Stehle, Stuttgart 1987, S. 76 – 83.

Mitchell, T. R. (*1987*): Führungstheorien – Attributionstheorie. In: HWFü, hrsg. v. A. Kieser/G. Reber/R. Wunderer, Stuttgart 1987, Sp. 698 – 713.

Müller, C. (*1992*): Beschäftigungsgesellschaften. Bonn 1992.

Müller, M. M. (*1974*): Leistungsbewertung von Führungskräften. Bern/Stuttgart 1974.

Neuberger, O. (*1974*): Theorien der Arbeitszufriedenheit. Stuttgart u. a. 1974.

Neuberger, O. (*1978*): Motivation und Zufriedenheit. In: Organisationspsychologie. Hrsg. v. A. Mayer, Stuttgart 1978, S. 201 – 235.

Neuberger, O. (*1981*): Mitarbeitergespräch. In: Handwörterbuch der Betriebspsychologie und -soziologie, hrsg. v. P. G. v. Beckerath/P. Sauermann/G. Wiswede, Stuttgart 1981, S. 269 – 273.

Neuberger, O. (*1990*): Führen und geführt werden. 3. Aufl. von „Führung", Stuttgart 1990.

Neuberger, O./M. *Allerbeck* (*1978*): Messung und Analyse der Arbeitszufriedenheit. Bern/Stuttgart 1978.

Nick, F. R. (*1974*): Management durch Motivation. Stuttgart u. a. 1974.

Nick, F. R. (*1992*): Sozialleistungen, betriebliche und Sozialeinrichtungen. In: HWP, hrsg. v. E. Gaugler/W. Weber, 2. Aufl., Stuttgart 1992, Sp. 2066 – 2080.

Nieder, P. (*1991*): Management von Absentismus und Fluktuation durch Anwesenheits- und Bleibeanreize. In: Handbuch Anreizsysteme in Wirtschaft und Verwaltung. Hrsg. v. G. Schanz, Stuttgart 1991, S. 1049 – 1064.

Nieder, P. (*1992*): Absentismus. In: HWP, hrsg. v. E. Gaugler/W. Weber, 2. Aufl., Stuttgart 1992, Sp. 1 – 9.

Nieder, P. (*1993*): Aktionsforschung. In: Empirische Personalforschung. Hrsg. v. F. G. Becker/A. Martin, München/Mering 1993, S. 189 – 201.

Nienhüser, W. (*1991*): Organisationale Demographie. In: DBW, 51 (1991) 6, S. 763 – 780.

Noll, J. (*1992*): Arbeitsdirektor. In: HWP, hrsg. v. E. Gaugler/W. Weber, 2. Aufl., Stuttgart 1992, Sp. 83 – 92.

Literaturverzeichnis

Oberhauser, A. (*1975*): Investivlohn. In: HWP, hrsg. v. E. Gaugler, Stuttgart 1975, Sp. 1069 – 1078.

Oechsler, W. A. (*1992*): Betriebsvereinbarung. In: HWP, hrsg. v. E. Gaugler/ W. Weber, 2. Aufl., Stuttgart 1992, Sp. 644 – 650.

Oechsler, W. A. (*1992a*): Konflikt. In: HWO, hrsg. v. E. Frese, 3. Aufl., Stuttgart 1992, Sp. 1131 – 1143.

Oechsler, W. A. (*1993*): Mitbestimmung und Personalwesen. In: HWB, hrsg. v. W. Wittmann u. a., 5. Aufl., Stuttgart 1993, Sp. 2863 – 2876.

Oechsler, W. A. (*1994*): Personal und Arbeit. 5. Aufl., München/Wien 1994.

Ondrack, D. A. (*1987*): Entgeltsysteme als Motivationsinstrument. In: HWFü, hrsg. v. A. Kieser/G. Reber/ R. Wunderer, Stuttgart 1987, Sp. 210 – 231.

Osnabrügge, G./D. *Frey* (*1987*): Dissonanztheoretische Aspekte der Führung. In: HWFü, hrsg. v. A. Kieser/ G. Reber/R. Wunderer, Stuttgart 1987, Sp. 147 – 156.

Paschen, K. (*1987*): Führungstheorien – Interaktionstheorien. In: HWFü, hrsg. v. A. Kieser/G. Reber/R. Wunderer, Stuttgart 1987, Sp. 803 – 809.

Pearlman, K. (*1980*): Job Families. In: Psychological Bulletin, 87 (1980), S. 1 – 28.

Perner, D./U. *Wendeling-Schröder* (*1992*): Gewerkschaftsorganisation. In: HWO, hrsg. v. E. Frese, 3. Aufl., Stuttgart 1992, Sp. 701 – 713.

Peters, T. (*1992*): Berufskrankheiten. In: HWP, hrsg. v. E. Gaugler/W. Weber, 2. Aufl., Stuttgart 1992, Sp. 566 – 572.

Pfarr, H.-M./K. *Bertelsmann* (*1985*): Gleichbehandlungsgesetz. Wiesbaden 1985.

Pfeiffer, W./U. *Dörrie*/E. *Stoll* (1977): Menschliche Arbeit in der industriellen Produktion. Göttingen 1977.

Picot, A. (*1993*): Transaktionskostenansatz. In: HWB, hrsg. v. W. Wittmann u. a., 5. Aufl., Stuttgart 1993, Sp. 4194 – 4204.

Pondy, L. R. (*1967*): Organizational Conflict. In: Administrative Science Quarterly, (1967), S. 296 – 320.

Porter, L. W./E. E. *Lawler* (*1968*): Managerial Attitudes and Performance. Homewood (Ill.) 1968.

Pössenecker, F. (*1986*): Die Einführung einer Fachlaufbahn in der Industrie. In: Management-Forum, 6 (1986), S. 199 – 214.

Potthoff, E. (*1992*): Aufbau der Personalabteilung. In: HWP, hrsg. v. E. Gaugler/W. Weber, 2. Aufl., Stuttgart 1992, Sp. 493 – 504.

Preis, U. (*1992*): Direktionsrecht. In: HWO, hrsg. v. E. Frese, 3. Aufl., Stuttgart 1992, Sp. 513 – 521.

Rademacher, M (*1990*): Arbeitszeitverkürzung und -flexibilisierung. Wiesbaden 1990.

Rauscher, A. (*1992*): Arbeitgeberverbände. In: HWP, hrsg. v. E. Gaugler/ W. Weber, 2. Aufl., Stuttgart 1992, Sp. 92 – 99.

Reber, G. (*1969*): Der Scanlon-Plan. In: Personalführung. Hrsg. v. A. Marx, Wiesbaden 1969, S. 99 – 112.

Reber, G. (*1975*): Tantiemen. In: HWP, hrsg. v. E. Gaugler, Stuttgart 1975, Sp. 1909 – 1917.

Reber, G. (*1987*): Führungsforschung, Inhalte und Methoden. In: HWFü, hrsg. v. A. Kieser/G. Reber/R. Wunderer, Stuttgart 1987, Sp. 397 – 411.

Reber, G. (*1992*): Führungstheorien. In: HWP, hrsg. v. E. Gaugler/W. Weber, 2. Aufl., Stuttgart 1992, Sp. 981 – 996.

Reddin, W. J. (*1970*): Managerial Effectiveness. New York 1970.

Reddin, W. J. (1971): Effective Management by Objectives. New York u. a. 1971.

REFA-Verband für Arbeitsstudien (1985): Methodenlehre des Arbeitsstudiums. 5 Teile, versch. Aufl., München 1985.

Reinecke, P. (1983): Vorgesetztenbeurteilung. Köln u. a. 1983.

Reisch, K. (1992): Zeit- und Pauschallohn. In: HWP, 2. Aufl., hrsg. v. E. Gaugler/W. Weber, Stuttgart 1992, Sp. 2359 – 2369.

Reiss, M. (1992): Stellenbeschreibung. In: HWP, 2. Aufl., hrsg. v. E. Gaugler/W. Weber, Stuttgart 1992, Sp. 2132 – 2141.

Ridder, H.-G. (1982): Funktionen der Arbeitsbewertung. Bonn 1982.

Ridder, H. G. (1990): Analytische Arbeitsbewertung. In: ZfP, 4 (1990) 2, S. 179 – 196.

Ridder, H.-G. (1993): Arbeitsbewertung als Methode der Personalforschung. In: Empirische Personalforschung. Hrsg. v. F. G. Becker/A. Martin, München/Mering 1993, S. 173 – 187.

RKW-Handbuch (1990): Personalplanung. 2. Aufl., Neuwied 1990.

Rodenstock, R. (1993): Arbeitgeberverbände. In: HWB, hrsg. v. W. Wittmann u. a., 5. Aufl., Stuttgart 1993, Sp. 107 – 112.

Rohmert, W. (1992): Ergonomie. In: HWP, hrsg. v. E. Gaugler/W. Weber, 2. Aufl., Stuttgart 1992, Sp. 829 – 842.

Rohmert, W. (1993): Arbeitsgestaltung und Arbeitsstudien. In: HWB, hrsg. v. W. Wittmann u. a., 5. Aufl., Stuttgart 1993, Sp. 120 – 131.

Rohmert, W./K. Landau (1979): Das Arbeitswissenschaftliche Erhebungsverfahren zur Tätigkeitsanalyse (AET), Bern/Stuttgart/Wien 1979.

Rosenstiel, L. v. (1973): Motivation im Betrieb. 2. Aufl., München 1973.

Rosenstiel, L. v. (1975): Die motivationalen Grundlagen des Verhaltens. Berlin 1975.

Rosenstiel, L. v. (1992): Grundlagen der Organisationspsychologie. 3. Aufl., Stuttgart 1992.

Rosenstiel, L. v. (1993): Grundlagen der Führung. In: Führung von Mitarbeitern. Hrsg. v. L. v. Rosenstiel/E. Regnet/M. Domsch, 2. Aufl., Stuttgart 1993, S. 3 – 25.

Runggaldier, U. (1992): Arbeitszeugnis. In: HWP, hrsg. v. E. Gaugler/W. Weber, 2. Aufl., Stuttgart 1992, Sp. 471 – 481.

Rüttinger, B. (1977): Konflikt und Konfliktlösen. München 1977.

Rüttinger, B./L. v. Rosenstiel/W. Molt (1974): Motivation des wirtschaftlichen Verhaltens. Stuttgart u. a. 1974.

Sadowski, D. (1991): Humankapital und Organisationskapital. In: Betriebswirtschaftslehre und Ökonomische Theorie. Hrsg. v. D. Ordelheide/B. Rudolph/E. Büsselmann, Stuttgart 1991, S. 127 – 141.

Sauermann, P. (1981): Betriebspsychologie. In: Handwörterbuch der Betriebspsychologie und Betriebssoziologie, hrsg. v. P. G. v. Beckerath/P. Sauermann/G. Wiswede, Stuttgart 1981, S. 113 – 115.

Schachtschabel, H. G. (1975): Indexlohn. In: HWP, hrsg. v. E. Gaugler, Stuttgart 1975, Sp. 1022 – 1027.

Schanz, G. (Hrsg.) (1991): Handbuch Anreizsysteme in Wirtschaft und Verwaltung. Stuttgart 1991.

Schanz, G. (1993): Personalwirtschaftslehre. 2. Aufl., München 1993.

Schanz, H. (1979): Betriebliches Ausbildungswesen. Wiesbaden 1979.

Schanz, H. (1992): Berufsausbildung.

Literaturverzeichnis

In: HWP, hrsg. v. E. Gaugler/W. Weber, 2. Aufl., Stuttgart 1992, Sp. 554 – 563.

Schaub, G. (*1988*): Arbeitsrecht, 12. Aufl., München 1988.

Schaufelberger, M. (*1992*): Personalgespräch. In: HWP, hrsg. v. E. Gaugler/W. Weber, 2. Aufl., Stuttgart 1992, Sp. 1700 – 1711.

Schein, E. H. (*1974*): Das Bild des Menschen aus der Sicht des Managements. In: Management. Hrsg. v. E. Grochla, Düsseldorf 1974, S. 69 – 91.

Schein, E. H. (*1978*): Career Dynamics. Reading (Mass.) 1978.

Scherm, E. (*1990*): Unternehmerische Arbeitsmarktforschung. München 1990.

Scherm, E. (*1992*): Personalabteilung als Profit-Center. In: Personalführung, 25 (1992) 12, S. 1034 – 1037.

Scherm, E. (*1992a*): Personal-Controlling. Eine kritische Bestandsaufnahme. In: DBW, 52 (1992), S. 309 – 323.

Scherm, E. (*1993*): Arbeitsmarktforschung als Unternehmensaufgabe. In: Empirische Personalforschung. Hrsg. v. F. G. Becker/A. Martin, München/Mering 1993, S. 203 – 218.

Schneider, H. (*1992*): Kapitalbeteiligung der Arbeitnehmer. In: HWP, hrsg. v. E. Gaugler/W. Weber, 2. Aufl., Stuttgart 1992, Sp. 1103 – 1113.

Schoenfeld, H. M. (*1992*): Personalkostenplanung. In: HWP, hrsg. v. E. Gaugler/W. Weber, 2. Aufl., Stuttgart 1992, Sp. 1735 – 1746.

Schöllhammer, H. (1992): Personalwesen in multinationalen Unternehmen. In: HWP, hrsg. v. E. Gaugler/W. Weber, 2. Aufl., Stuttgart 1992, Sp. 1863 – 1880.

Scholz, C. (*1993*): Personalmanagement. 3. Aufl., München 1993.

Schönfeld, T. (*1992*): Einigungsstelle. In: HWP, hrsg. v. E. Gaugler/W. Weber, 2. Aufl., Stuttgart 1992, Sp. 774 – 781.

Schregle, J. (*1992*): Internationale Arbeitsorganisation. In: HWP, hrsg. v. E. Gaugler/W. Weber, 2. Aufl., Stuttgart 1992, Sp. 1078 – 1085.

Schreyögg, G. (1987): Führungstheorien – Situationstheorie. In: HWFü, hrsg. v. A. Kieser/G. Reber/R. Wunderer, Stuttgart 1987, Sp. 881 – 892.

Schuler, H. (*1982*): Beurteilen als Messen und Interpretieren. In: Psychologie in Wirtschaft und Verwaltung. Hrsg. v. H. Schuler/W. Stehle, Stuttgart 1982, S. 83 – 100.

Schuler, H. (*1989*): Interviews. In: Arbeits- und Organisationspsychologie. Hrsg. v. S. Greif/H. Holling/N. Nicholson, München 1989, S. 260 – 265.

Schuler, H. (*1991*): Leistungsbeurteilung. In: Beurteilung und Förderung beruflicher Leistung. Hrsg. v. H. Schuler, Stuttgart 1991, S. 11 – 40.

Schultz, R. (*1992*): Erfolgsbeteiligung der Arbeitnehmer. In: HWP, hrsg. v. E. Gaugler/W. Weber, 2. Aufl., Stuttgart 1992, Sp. 818 – 828.

Schuster, F. E. (*1987*): The Schuster Report. New York 1987.

Seidel, E. (*1993*): Führungsmodelle. In: HWB, hrsg. v. W. Wittmann u. a., 5. Aufl., Stuttgart 1993, Sp. 1299 – 1311.

Smith, P. C./L. M. *Kendall* (*1963*): Retranslation of Expectations. In: Journal of Applied Psychology, 47 (1963) 2, S. 149 – 155.

Sorg, P. (*1992*): Sozialplan. In: HWP, hrsg. v. E. Gaugler/W. Weber, 2. Aufl., Stuttgart 1992, Sp. 2089 – 2098.

Spinnarke, J. (*1992*): Arbeitsschutzrecht. In: HWP, hrsg. v. E. Gaugler/W. Weber, 2. Aufl., Stuttgart 1992, Sp. 339 – 350.

Staehle, W. H. (*1988*): Human Resource Management (HRM). In: ZfB, 58 (1988), S. 576 – 587.

Staehle, W. H. (*1991*): Management. 6. Aufl., München 1991.

Staehle, W. H. (*1992*): Führungstheorien und -konzepte. In: HWO, hrsg. v. E. Frese, 3. Aufl., Stuttgart 1992, Sp. 655 – 676.

Staehle, W. H./J. *Sydow* (*1987*): Führungsstiltheorien. In: HWFü, hrsg. v. A. Kieser/G. Reber/R. Wunderer, Stuttgart 1987, Sp. 661 – 671.

Steffen, R. (*1976*): Zur Aussagefähigkeit personalpolitischer Bestandsprognosen auf der Grundlage von Markov-Ketten. In: Zeitschrift für Arbeitswissenschaft, 30 (1976) 4, S. 221 – 225.

Stehle, W. (*1980*): Verfahren zur Auswahl von Führungskräften. In: ZfbF, 32 (1980), S. 89 – 97.

Steiner, G. (*1992*): Lerntheorien. In: HWP, hrsg. v. E. Gaugler/W. Weber, 2. Aufl., Stuttgart 1992, Sp. 1264 – 1274.

Steinle, C. (*1982*): Organisationsforschung und Mehrebenen-Analyse (MEA). In: DBW, 42 (1982), S. 85 – 106.

Steinle, C. (*1992*): Delegation. In: HWO, hrsg. v. E. Frese, 3. Aufl., Stuttgart 1992, Sp. 500 – 513.

Steinle, C. (*1992a*): Führungsstil. In: HWP, hrsg. v. E. Gaugler/W. Weber, 2. Aufl., Stuttgart 1992, Sp. 966 – 980.

Steinle, C. (*1993*): Konfliktmanagement. In: HWB, hrsg. v. W. Wittmann u. a., 5. Aufl., Stuttgart 1993, Sp. 2200 – 2216.

Stitzel, M. (*1992*): Pensionierung. In: HWP, hrsg. v. E. Gaugler/W. Weber, 2. Aufl., Stuttgart 1992, Sp. 1535 – 1545.

Streim, H. (*1993*): Humanvermögens-rechnung. In: HWB, hrsg. v. W. Wittmann u. a., 5. Aufl., Stuttgart 1993, Sp. 1681 – 1694.

Strümpel, B./J. *Scholz-Ligma* (*1992*): Werte und Wertwandel. In: HWP, hrsg. v. E. Gaugler/W. Weber, 2. Aufl., Stuttgart 1992, Sp. 2338 – 2349.

Tannenbaum, R./W. H. *Schmidt* (*1958*): How to Choose a Leadership Pattern. In: Harvard Business Review, 36 (1958), S. 95 – 101.

Teriet, B. (*1976*): Neue Strukturen der Arbeitszeitverteilung. Göttingen 1976.

Teriet, B. (*1981*): Zeitsouveränität – eine personalwirtschaftliche Herausforderung. In: Personal, 33 (1981), S. 94 – 98.

Teriet, B. (*1983*): Flexible Arbeitszeitmodelle. In: REFA-Nachrichten, 36 (1983) 2, S. 22 – 26.

Theis, E. (*1992*): Akkordlohn. In: HWP, hrsg. v. E. Gaugler/W. Weber, 2. Aufl., Stuttgart 1992, Sp. 10 – 18.

Thom, N. (*1991*): Anreizaspekte im Betrieblichen Vorschlagswesen. In: Handbuch Anreizsysteme in Wirtschaft und Verwaltung. Hrsg. v. G. Schanz, Stuttgart 1991, S. 595 – 614.

Thom, N. (*1992*): Organisationsentwicklung. In: HWO, hrsg. v. E. Frese, 3. Aufl., Stuttgart 1992, Sp. 1477 – 1491.

Thom, N. (*1992a*): Personalentwicklung und Personalentwicklungsplanung. In: HWP, hrsg. v. E. Gaugler/W. Weber, 2. Aufl., Stuttgart 1992, Sp. 1676 – 1690.

Tlach, P. (*1992*): Arbeitsproduktivität. In: HWP, hrsg. v. E. Gaugler/W. Weber, 2. Aufl., Stuttgart 1992, Sp. 269 – 279.

Tosi, H./L. *Tosi* (*1986*): What Managers Need to Know About Knowledge-Based Pay. In: Organizational Development, 14 (1986) 3, S. 52 – 64.

Literaturverzeichnis

Tuchtfeldt, E. (*1992*): Sozialpartnerschaft. In: HWP, hrsg. v. E. Gaugler/W. Weber, 2. Aufl., Stuttgart 1992, Sp. 2080 – 2089.

Udris, I./A. *Alioth* (*1980*): Der Fragebogen zur „Subjektiven Arbeitsanalyse" (SAA). In: Monotonie in der Industrie. Hrsg. v. E. Martin u. a., Bern 1980, S. 61 – 68.

Ulich, E. (*1992*): Arbeitspsychologie. 2. Aufl., Zürich 1992.

Ulrich, H./W. *Krieg* (*1987*): Führungsmodelle – St. Galler Modell. In: HWFü, hrsg. v. A. Kieser/G. Reber/R. Wunderer, Stuttgart 1987, Sp. 621 – 629.

Volpert, W. u. a. (*1983*): Verfahren zur Ermittlung von Regulationshindernissen in der Arbeitstätigkeit (VERA). Köln 1983.

Vroom, V. (*1964*): Work and Motivation. 3. Aufl., New York u. a. 1964.

Vroom, V. H./P. W. *Yetton* (*1973*): Leadership and Decision-Making. Pittsburgh 1973.

Wächter, H. (*1974*): Grundlagen der langfristigen Personalplanung. Herne/Berlin 1974.

Wächter, H. (*1987*): Professionalisierung im Personalbereich. In: DBW, 47 (1987), S. 141 – 150.

Wächter, H. (*1992*): Aktionsforschung. In: HWO, hrsg. v. E. Frese, 3. Aufl., Stuttgart 1992, Sp. 79 – 88.

Wächter, H. (*1992a*): Träger der Personalarbeit. In: HWP, hrsg. v. E. Gaugler/W. Weber, 2. Aufl., Stuttgart 1992, Sp. 2202 – 2209.

Wächter, H. (*1992b*): Vom Personalwesen zum Strategic Human Ressource Management. In: Managementforschung 2. Hrsg. v. W. H. Staehle/P. Conrad, Berlin/New York 1992.

Wächter, H. (*1993*): Arbeitnehmerverbände. In: HWB, hrsg. v. W. Wittmann, 5. Aufl., Stuttgart 1993, Sp. 112 – 120.

Wächter, H./T. *Metz* (*1993*): Industrielle Beziehungen. In: Handbuch Unternehmung und europäisches Recht. Hrsg. v. E. Gerum, Stuttgart 1993, S. 125 – 156.

Wagner, D. (*1991*): Anreizpotentiale und Gestaltungsmöglichkeiten von Cafeteria-Modellen. In: Handbuch Anreizsysteme in Wirtschaft und Verwaltung. Hrsg. v. G. Schanz, Stuttgart 1991, S. 91 – 109.

Wagner, D. (*1992*): Personalabbau/-freisetzung. In: HWP, hrsg. v. E. Gaugler/W. Weber, 2. Aufl., Stuttgart 1992, Sp. 1545 – 1556.

Wagner, H./M. *Sauer* (*1992*): Personalinformationssysteme. In: HWP, hrsg. v. E. Gaugler/W. Weber, 2. Aufl., Stuttgart 1992, Sp. 1711 – 1723.

Wank, R. (*1992*): Kündigung und Kündigungsschutz. In: HWP, hrsg. v. E. Gaugler/W. Weber, 2. Aufl., Stuttgart 1992, Sp. 1180 – 1191.

Watzka, K. (*1989*): Betriebliche Reintegration von Arbeitslosen. Münster 1989.

Watzka, K. (*1990*): Interviews als Instrument der Feinselektion. In: Personal-Management. Teil IV: Zentrale Schwerpunkte des Personal-Managements, 2.4. Hrsg. v. J. Berthel/H. Groenewald, Landsberg a. L. 1990.

Weber, W. (*1987*): Fortbildung für Führungskräfte. In: HWFü, hrsg. v. A. Kieser/G. Reber/R. Wunderer, Stuttgart 1987, Sp. 315 – 326.

Weber, W. (*1993*): Erfolgs- und Vermögensbeteiligung. In: HWB, hrsg. v. W. Wittmann u. a., 5. Aufl., Stuttgart 1993, Sp. 943 – 956.

Weber, W. (Hrsg.) (*1993a*): Entgeltsysteme. Stuttgart 1993.

Weber, W./H. *Klein* (*1992*): Strategische Personalplanung. In: HWP, hrsg. v. E. Gaugler/W. Weber, 2. Aufl., Stuttgart 1992, Sp. 2142 – 2154.

Weber, W./W. *Mayrhofer* (*1988*): Organisationskultur. In: DBW, 48 (1988), S. 555 – 566.

Weiner, B. (*1976*): Theorien der Motivation. Stuttgart 1976.

Weitbrecht, H. (*1992*): Karriereplanung, Individuelle. In: HWP, hrsg. v. E. Gaugler/W. Weber, 2. Aufl., Stuttgart 1992, Sp. 1114 – 1126.

Welge, M. K. (*1992*): Führungskräfte. In: HWP, hrsg. v. E. Gaugler/W. Weber, 2. Aufl., Stuttgart 1992, Sp. 937 – 947.

Weuster, A. (*1987*): Der biographische Fragebogen als Instrument der Personalauswahl. In: ZfP, 1 (1987), S. 409 – 434.

Wiese, G. (*1992*): Betriebsverfassungsrecht. In: HWP, hrsg. v. E. Gaugler/W. Weber, 2. Aufl., Stuttgart 1992, Sp. 651 – 664.

Wild, J. (*1974*): Betriebswirtschaftliche Führungslehre und Führungsmodelle. In: Unternehmungsführung. Hrsg. v. J. Wild, Berlin 1974, S. 141 – 179.

Wimmer, P. (*1985*): Personalplanung. Stuttgart 1985.

Winnes, R. (*1992*): Prämienlohn. In: HWP, hrsg. v. E. Gaugler/W. Weber, 2. Aufl., Stuttgart 1992, Sp. 1929 – 1937.

Winterhager, D. W. (*1992*): Bildungsurlaub. In: HWP, hrsg. v. E. Gaugler/W. Weber, 2. Aufl., Stuttgart 1992, Sp. 699 – 709.

Wirth, H. (*1992*): Fachorganisationen der Personalarbeit. In: HWP, hrsg. v. E. Gaugler/W. Weber, 2. Aufl., Stuttgart 1992, Sp. 865 – 873.

Wiswede, G. (*1980*): Motivation und Arbeitsverhalten. Basel 1980.

Wiswede, G. (*1981*): Betriebsklima. In: Handwörterbuch der Betriebspsychologie und Betriebssoziologie, hrsg. v. P. G. v. Beckerath/P. Sauermann/G. Wiswede, Stuttgart 1981, S. 110 – 113.

Wiswede, G. (*1991*): Einführung in die Wirtschaftspsychologie. München/Basel 1991.

Wiswede, G. (*1992*): Rolle, Soziale. In: HWP, hrsg. v. E. Gaugler/W. Weber, 2. Aufl., Stuttgart 1992, Sp. 2001 – 2010.

Witte, E. (*1973*): Organisation für Innovationsentscheidungen. Göttingen 1973.

Wright, P. M./K. *Rowland*/W. *Weber* (*1992*): Konzeptionen des Personalwesens. In: HWP, hrsg. v. E. Gaugler/W. Weber, 2. Aufl., Stuttgart 1992, Sp. 1139 – 1154.

Wunderer, R. (*1978*): Personalverwendungsbeurteilung (PVB). In: Personalenzyklopädie. München 1978, S. 192 – 199.

Wunderer, R. (*1987*): Führungsgrundsätze. In: HWFü, hrsg. v. A. Kieser/G. Reber/R. Wunderer, Stuttgart 1987, Sp. 553 – 568.

Wunderer, R. (*1987a*): Laterale Kooperation als Führungsaufgabe. In: HWFü, hrsg. v. A. Kieser/G. Reber/R. Wunderer, Stuttgart 1987, Sp. 1295 – 1311.

Wunderer, R. (*1989*): Personal-Controlling. In: Organisation. Hrsg. v. E. Seidel/D. Wagner, Wiesbaden 1989, S. 243 – 257.

Wunderer, R. (*1991*): Personalmarketing. In: Die Unternehmung, 45 (1991), S. 119 – 131.

Wunderer, R. (*1992*): Führungsgrundsätze. In: HWP, hrsg. v. E. Gaugler/W. Weber, 2. Aufl., Stuttgart 1992, Sp. 923 – 937.

Wunderer, R. (*1993*): Führungstheorien. In: HWB, hrsg. v. W. Wittmann u. a., 5. Aufl., Stuttgart 1993, Sp. 1323 – 1340.

Wunderer, R. (*1993a*): Führung und Zusammenarbeit. Stuttgart 1993.

Wunderer, R./W. *Grunwald* (*1980*): Führungslehre, Bd. I: Grundlagen der Führung; Bd. II: Kooperative Führung. Berlin/New York 1980.

Wunderer, R./J. *Mittmann* (*1987*): Identifikation. In: HWFü, hrsg. v. A. Kieser/G. Reber/R. Wunderer, Stuttgart 1987, Sp. 1085 – 1097.

Wysocki, K. v. (*1992*): Sozialbilanzen. In: HWP, hrsg. v. E. Gaugler/W. Weber, 2. Aufl., Stuttgart 1992, Sp. 2025 – 2035.

Zalesny, M. D./G. B. *Graen* (*1987*): Führungstheorien – Austauschtheorie. In: HWFü, hrsg. v. A. Kieser/G. Reber/R. Wunderer, Stuttgart 1987, Sp. 714 – 727.

Zink, K. J. (*1992*): Arbeitsanalyse. In: HWP, hrsg. v. E. Gaugler/W. Weber, 2. Aufl., Stuttgart 1992, Sp. 39 – 50.

Zink, K. J. (*1992a*): Qualitätszirkel und Lernstatt. In: HWO, hrsg. v. E. Frese, 3. Aufl., Stuttgart 1992, Sp. 2129 – 2140.

Zink, K. J. (*1993*): Arbeitswissenschaft. In: HWB, hrsg. v. W. Wittmann u. a., 5. Aufl., Stuttgart 1993, Sp. 179 – 190.